MES PREMIERS MINISTRES

DU MÊME AUTEUR
AUX ÉDITIONS DU BORÉAL

Le Pouvoir québécois, 1972
Le Combat québécois, 1973
L'Art de l'impossible, 1987
Lendemains piégés, 1988

Claude Morin

MES PREMIERS MINISTRES

Lesage, Johnson, Bertrand, Bourassa et Lévesque

Boréal

Conception graphique: Gianni Caccia

© Les éditions du Boréal
Dépôt légal: 4ᵉ trimestre 1991
Bibliothèque nationale du Québec

Diffusion au Canada: Dimedia

Distribution en France: Les éditions du Seuil

Données de catalogage avant publication (Canada)

Morin, Claude, 1929-
   Mes premiers ministres: Jean Lesage, Daniel Johnson, Jean-Jacques Bertrand, Robert Bourassa, René Lévesque
   Comprend des références bibliographiques et un index.
   ISBN 2-89052-440-X

   1. Premiers ministres - Québec (Province) - Biographies. 2. Québec (Province) - Politique et gouvernement - 1960-1976. 3. Québec (Province) - Politique et gouvernement - 1976-1985. 4. Morin, Claude, 1929- I. Titre

FC2925.1.A1M67 1991   971.4'04'0922   C91-096945-0
F105.8.M67 1991

Avant d'aller plus loin

Jean Lesage, Daniel Johnson, Jean-Jacques Bertrand, Robert Bourassa et René Lévesque: cinq premiers ministres du Québec.

Ils ont tous exercé la même fonction, mais chacun à sa manière.

En quoi se distinguaient-ils? Comment «fonctionnaient-ils» dans la vie de tous les jours? Quelles étaient leurs méthodes de travail, leurs relations avec les autres (ministres, conseillers, personnel administratif), leurs qualités, leurs lacunes, leurs aspirations, leurs craintes? Leurs espoirs?

Bref, par qui le Québec a-t-il été dirigé pendant ces vingt-cinq ans?

À ces interrogations, j'ai cru utile d'apporter certains éléments de réponse dont je disposais, ayant été sous-ministre des quatre premiers et ministre du cinquième.

* * *

Cette longue fréquentation du pouvoir au plus haut niveau a moins dépendu de moi que des circonstances, mais les expériences vécues auprès de ces premiers ministres m'ont donné l'occasion de les voir agir «en direct» et de suivre de l'intérieur des aspects importants de l'évolution récente du Québec. Si les témoins du temps ne disent rien des choses dont ils ont eu connaissance, celles-ci glisseront avec le passage des années dans un arrière-plan de plus en plus obscur. Non qu'on en vienne à les rejeter, mais on les oubliera: jamais décrites, elles s'effaceront de la mémoire collective où, l'histoire comme la nature tolérant mal le vide, elles seront remplacées par des approximations, voire des légendes.

Si les médias permettent de suivre les événements, sauf exception, ils projettent peu de lumière sur les coulisses du pouvoir. À moins d'y avoir vécu soi-même, il est difficile de se figurer comment les choses s'y passent vraiment.

Connaissant mal la personnalité réelle des responsables de l'État, le public ne comprend pas toujours comment, en tant qu'êtres humains, ils agissent ou réagissent devant les situations auxquelles ils font face, ni au juste quels facteurs influencent leurs décisions. Quant à leurs motivations et objectifs, il faut généralement les deviner dans ce qu'ils veulent bien en dire eux-mêmes. Faute de mieux, on en est ainsi réduit à une perception floue, sinon erronée, de leur identité véritable. On les voit évoluer comme des acteurs, mais leurs traits demeurent diffus.

La devise du Québec est «Je me souviens». Encore faut-il pouvoir se rappeler qui ont été ces hommes qui nous ont gouvernés.

C'est pour parler d'eux que j'ai écrit ce livre.

* * *

Pendant plusieurs années, mes responsabilités ont porté sur les affaires intergouvernementales du Québec. C'est surtout dans ces fonctions et du point de vue qu'elles m'imposaient que j'ai côtoyé les personnages que l'on rencontrera dans ces pages.

Je n'écris pas ici mes mémoires, mais, pour mettre dans leur contexte les faits que je relate, il me faut bien faire état de ma présence à tel moment, de ma participation à tel événement ou de mes réactions à telle remarque.

Je n'ai ni tout vu ni tout su de ce qui se passait au sein du gouvernement québécois pendant les années où j'y étais. D'où deux règles: m'en tenir aux seuls faits dont j'ai été témoin ou acteur, et me fonder seulement sur des dossiers dont j'ai eu à m'occuper.

Mon objectif: raconter cinq premiers ministres à travers des situations que j'ai choisies et dont la narration, outre qu'elle servira à les mettre en scène, contribuera peut-être à mieux faire comprendre comment, au Québec, entre 1960 et 1985, s'est pratiqué l'art de gouverner.

Pour quelques dossiers à mon sens déterminants (les arrangements Québec-Ottawa de 1964-1965, la position de l'Union nationale sur le partage fiscal en 1967, la conférence constitutionnelle de Victoria en 1971, la décision du Parti québécois d'opter pour la voie référendaire en 1974 et l'élaboration de la Question référendaire en 1979-1980), je me suis permis d'entrer dans les détails, doutant qu'on puisse retrouver ailleurs les renseignements que je suis en mesure de fournir. D'autres dossiers, importants aussi, n'ont pas été retenus: à mon avis, ils n'auraient pas ajouté grand-chose au portrait des hommes politiques dont j'ai eu la témérité d'essayer de «faire le tour». De la même manière, certains événements révèlent aussi bien que d'autres les mêmes traits de caractère chez ces hommes; je me suis contenté d'évoquer ceux qui, dans l'optique de mon travail, me paraissaient à tort ou à raison les plus significatifs. Autrement, le présent livre, déjà considérable, aurait été démesuré.

Au fil des pages, on rencontrera des encadrés où j'ai mis de tout: renseignements techniques, rappels historiques, anecdotes, commentaires personnels, etc. Il n'est pas indispensable de les lire, mais ils peuvent être utiles.

* * *

Tout en respectant une certaine réserve, pourquoi écrirais-je sur «mes» premiers ministres sans dire la vérité? En tout cas, celle que j'ai perçue. «Je ne dis pas tout ce que je pense, mais, ce que je dis, je le pense», ai-je lu quelque part; c'est aussi ma règle de conduite. Ce livre n'a donc rien de complaisant. Il est même démystificateur, et s'il ne constitue pas, loin de là, un recueil d'éloges, le respect n'en est pas pour autant exclu.

Heureusement, le temps écoulé depuis les faits, gestes et attitudes dont il est question rend possible un regard critique et dégagé, et permet de raconter des événements qu'il eût été plus délicat d'analyser lorsque l'un ou l'autre des premiers ministres exerçait le pouvoir. Au moment de la rédaction de ces lignes, l'un d'eux, Robert Bourassa, est depuis 1985 de retour dans les mêmes fonctions qu'à l'époque où j'ai été son sous-ministre. À l'observer dans son second passage au pouvoir, je l'ai rétrospectivement mieux perçu, mais, n'ayant pas été témoin direct de sa façon actuelle d'assumer ses responsabilités ni acteur dans aucun des dossiers dont il a la charge, je n'intègre pas cette période comme telle dans le cadre du présent travail. Pas plus, et pour le même motif, que les trois dernières années de René Lévesque au gouvernement; le fait d'avoir été son ministre des Affaires intergouvernementales me contraignait aussi à une plus stricte réserve. De plus, ayant parlé de lui dans deux autres volumes: *L'Art de l'impossible* et, surtout, *Lendemains piégés*, je n'ai pas voulu revenir sur les sujets qui y sont déjà abordés.

Si la distance du temps écoulé a son utilité, la mémoire fait un tri dans les souvenirs; le subconscient, si on ne s'en méfie pas, reconstruit le passé à sa manière. Comment retracer les circonstances de ce qui est arrivé il y a dix, quinze ou vingt-cinq ans quand, comme c'est mon cas, on n'a pas pris de notes en cours de route ni tenu de journal? On peut certes relire les documents personnels qu'on a conservés; ils rendent bien l'atmosphère de l'époque (on trouvera en annexe certains de ceux que j'avais encore, tous inédits), mais c'est loin d'être une matière suffisante pour un livre.

D'autres rappels s'imposaient donc, ne serait-ce que pour préciser des dates et situer des événements dont l'éloignement chronologique rendait les contours vagues. J'ai consulté à cette fin *Jean Lesage et la Révolution tranquille* de Dale Thompson, *La Fin de la grande noirceur, La Difficile Recherche de l'égalité* et *La Poudrière linguistique* de Pierre Godin, la chronique *En flagrant délit de pouvoir* de Louis LaRochelle ainsi que les journaux du temps.

J'ai beaucoup profité des commentaires de quelques personnes à qui j'ai demandé de lire, au fur et à mesure ou en bloc, la totalité de mon manuscrit. Les remerciements n'acquittent jamais adéquatement les dettes ainsi contractées, mais je tiens à exprimer ma gratitude à: Hélène Brassard, professeur de sciences politiques au Cégep Maisonneuve, qui, du début à la fin, a patiemment suivi l'élaboration du livre et sans laquelle des précisions et des clarifications manqueraient; Jean Chapdelaine, longtemps délégué général du Québec en France, qui a connu les mêmes premiers ministres que moi et dont les observations furent toujours pertinentes; Yves Martin, ancien haut fonctionnaire, à la fois ami et confrère d'université, dont j'ai, comme à l'habitude, apprécié la rigueur intellectuelle; Jean-François Lisée, journaliste, qui sait comment rendre une information intéressante; et Daniel Latouche, politologue, qui, après avoir lu la version quasi définitive de mon manuscrit, m'a amené à le retoucher ici et là.

M'ont été essentiels des souvenirs, plus précis que les miens, d'autres témoins bien placés pour me rappeler les épisodes entourant des faits rapportés. Pour avoir lu des passages de mon manuscrit ou m'avoir rafraîchi la mémoire, que soient aussi remerciés: Marcel Bélanger, ami et collaborateur de Lesage en matière économique et fiscale; Roger Ouellet, chef adjoint du cabinet de Daniel Johnson et chef du cabinet de Jean-Jacques Bertrand; Roland Parenteau, directeur du Conseil d'orientation économique du Québec à l'époque où j'étais sous-ministre; André Marier, qui était directeur des études économiques au ministère des Richesses naturelles de René Lévesque; Jean-Paul L'Allier, fonctionnaire au même moment que moi, ensuite ministre dans le premier gouvernement Bourassa; Louis Bernard, conseiller constitutionnel au ministère des Affaires intergouvernementales et, plus tard, secrétaire général du gouvernement; Yves Michaud, ancien député (1966), puis commissaire général à la coopération avec l'extérieur et ensuite délégué général du

Québec en France; Monique, sa femme; Jean-Roch Boivin, chef de cabinet de René Lévesque; Martine Tremblay qui lui succéda à ce poste; Louise Beaudoin, directrice de mon cabinet ministériel à partir de 1976; Denis de Belleval, fonctionnaire, puis ministre; Gilbert Paquette, membre de l'exécutif national du Parti québécois lorsque celui-ci adopta le recours au référendum, plus tard ministre; Michel Lepage, responsable des sondages pour le Parti québécois.

Je veux également remercier Yves Vaillancourt, professeur au département de travail social de l'UQAM. Ses recherches sur le régime d'assistance publique du Canada et sur le droit de retrait du Québec l'ont conduit à un document interne fédéral qu'il m'a aimablement communiqué et dont, à cause de sa pertinence, je fais état à la fin du chapitre 18 qui porte sur la conférence de Victoria.

D'autres personnes m'ont fourni leur concours, mais à condition de n'être pas nommées. Qu'elles aussi sachent combien leur coopération m'a été précieuse.

* * *

Cela dit et selon la formule consacrée, j'assume la responsabilité des pages qui suivent.

Les appréciations qu'elles contiennent sont exclusivement miennes. J'ai essayé d'être objectif, mais honnête serait plus exact: quoi qu'on dise, un récit découle de la vision subjective des êtres et des choses que transmet un auteur, prisonnier qu'il reste toujours de sa propre perception.

Pour restituer l'ambiance et alléger mon texte, je présente plusieurs échanges sous forme de dialogues. Davantage que tel ou tel mot, on comprendra que compte surtout le sens de ce qui s'est dit; de cela, je me porte garant.

Avant tout, on trouvera ici un témoignage personnel. Certains le confirmeront, d'autres croiront devoir y apporter des nuances. En tout cas, il y a un risque à le publier. Mais, pour une société, le risque le plus grand réside dans le manque d'information sur elle-même et sur ses dirigeants.

Risque pour risque, j'ai préféré celui de l'écriture.

CLAUDE MORIN
Sainte-Foy, septembre 1989 - août 1991

Jean Lesage

Né à Montréal le 10 juin 1912. Élu député libéral fédéral dans le comté de Montmagny-L'Islet en 1945. Réélu en 1949, 1953, 1957 et 1958. Adjoint parlementaire du secrétaire d'État aux affaires extérieures du 24 janvier 1951 au 31 décembre 1952  *et du ministre des Finances, du 1er janvier au 13 juin 1953. Ministre des Ressources et du Développement économique du 17 septembre au 15 décembre 1953, puis du Nord canadien et des Ressources nationales du 16 décembre 1953 au 21 juin 1957. Démissionna de son poste le 13 juin 1958, après son élection à la direction du Parti libéral du Québec, le 31 mai 1958. Élu député de Québec-Ouest en 1960 et en 1962 à l'Assemblée législative, et de Louis-Hébert en 1966. Premier ministre et ministre des Finances du 5 juillet 1960 au 16 juin 1966, ministre des Affaires fédérales-provinciales du 28 mars 1961 au 16 juin 1966, ministre du Revenu du 30 mai au 8 août 1963. Chef de l'Opposition de 1966 jusqu'à sa démission comme chef de son parti en janvier 1970. Ne s'est pas représenté en 1970.* (Ajout de l'auteur: *Décédé à Québec le 12 décembre 1980.*)

Source: *Répertoire des parlementaires québécois, 1867-1978*, Bibliothèque de la législature, Service de documentation politique, Québec, 1980.

1

«J'ai lu votre texte. C'est très bien...»

Était-ce devenu possible? Le long règne de l'Union nationale — seize ans — allait-il vraiment se terminer? Le slogan libéral «C'est le temps que ça change!» était-il à la veille de se matérialiser?

Si souvent déçu auparavant, j'avais peine à m'en convaincre en cette soirée du 22 juin 1960, les yeux rivés sur un téléviseur désespérement lent à livrer les résultats de l'élection.

Peut-être serait-ce plus rapide à la radio, si je sautais d'une station à l'autre? Non, impossible de concilier les rapports trop fragmentaires.

De plus, il y avait toujours, lancinant, ce danger que quelque chose vînt briser notre joie naissante en corrigeant la tendance qui s'amorçait: pour le moment, les libéraux de Jean Lesage étaient en avance. Nous craignions d'entendre annoncer inopinément la victoire de l'Union nationale dans une douzaine de comtés éloignés dont on n'avait pas eu d'écho depuis le début de la soirée. Il fallait se méfier des traîtrises ultimes d'une carte électorale où étaient surreprésentés les milieux ruraux, traditionnellement unionistes.

Toutes ces angoisses disparurent enfin. Les libéraux prirent le pouvoir avec 53 députés. L'Union nationale en conservait 41. Un député indépendant était élu.

Pour plusieurs, la victoire libérale symbolisait «le début d'un temps nouveau», expression qui reviendrait avec le Parti québécois. La date du 22 juin 1960 (comme ce serait le cas quelques années plus tard pour celle du 15 novembre 1976) prit figure de moment historique et de point de repère mythique. Ce jour-là, le Québec avait en quelque sorte basculé dans l'avenir. Devant lui, grâce à la dissolution de l'ancien régime, s'ouvraient les portes de la modernisation. Il pourrait désormais, sans entrave, entreprendre des choses nouvelles.

Lesquelles? Comment? Cela restait à voir.

L'Union nationale aurait peut-être pu s'en tirer si Paul Sauvé, successeur de Duplessis, avait survécu. En trois mois, il avait réussi à impressionner les Québécois. Ses décisions sensées contrastaient avec l'arbitraire antérieur. En réprouvant discrètement la stagnation qui prévalait jusque-là, il s'était démarqué du duplessisme et construit une réputation de réformateur. Les chances des libéraux fondaient, même dans des milieux qui leur auraient été normalement acquis.

Sauvé décéda subitement. Antonio Barrette, son remplaçant, fut incapable d'insuffler à son parti la créativité et le dynamisme nécessaires pour combler le vide créé par la disparition de Duplessis, personnage discutable certes, mais de taille. Barrette n'était ni une réplique du «Cheuf» dont de larges couches de la population cultivaient le souvenir nostalgique, ni un successeur à la mesure de Sauvé dont la mort soudaine avait ému le Québec.

Petite cause, grand effet

Quelques mois plus tard, en octobre, appel de René Tremblay, mon ancien professeur à la Faculté des sciences sociales de Laval où j'enseignais moi-même depuis 1956. Ami de longue date de Jean Lesage, il venait d'être nommé sous-ministre de l'Industrie et du Commerce. L'année précédente j'avais pris part avec lui à quelques réunions de «penseurs» organisées par Maurice Sauvé, directeur des relations extérieures du Parti libéral. Les libéraux étaient en quête d'idées originales à insérer dans leur programme pour l'élection prochaine.

— Lesage va bientôt faire un discours important, m'annonça Tremblay. Il veut des notes sur le rôle que l'État doit jouer dans l'économie, mais je n'ai pas le temps de m'en occuper. Peux-tu m'écrire rapidement cinq ou six pages là-dessus?

Le rôle de l'État? Un de nos sujets de prédilection au début des années soixante, objet de colloques universitaires et source de crainte prospective dans les cercles bien-pensants!

Sous l'impulsion de son fondateur et premier doyen, le père Georges-Henri Lévesque, notre faculté s'était, pourrait-on dire, spécialisée dans la remise en cause du statu quo duplessiste. Selon une des idées dominantes de cette époque, toute intervention un peu systématique des pouvoirs publics dans l'économie équivalait à un pas fatal de plus vers l'instauration du socialisme athée. Inutile de dire qu'à la Faculté des sciences sociales nous ne partagions pas cette opinion.

Voilà que, maintenant, le premier ministre lui-même traiterait de la question! Décidément les temps avaient changé.

Flatté de cette demande inattendue, j'étais, en plus, séduit par le thème. Mais comment Lesage pensait-il l'aborder? Réponse de Tremblay:

— On n'en a pas vraiment parlé. Écris ce que tu penses. Je m'arrangerai.

Lu aujourd'hui, mon papier aurait l'air anodin, insignifiant, mais, dans le contexte d'alors, il proclamait des innovations jugées révolutionnaires, anticanadiennes-françaises, bolcheviques même, par l'Union nationale. Car je m'y permettais d'écrire que l'État québécois devait se montrer plus actif, plus inventif, en somme que le nouveau gouvernement n'hésiterait pas dorénavant à faire à l'économie une place déterminante. Une hérésie selon les critères duplessistes!

Le dimanche soir suivant, surprise. Aux nouvelles télévisées, Lesage apparaissait sur l'écran, en train de lire un texte. Le mien. Tel quel! Le premier ministre du Québec annonçait une orientation politique conçue par moi! Je n'en revenais pas. Comment cela se faisait-il?

Le lendemain, Tremblay m'expliqua que, satisfait quant à lui de mes notes, il les avait transmises à Lesage sans modification. Celui-ci les avaient tout bonnement acceptées, sans les changer lui non plus.

Quelques semaines plus tard, nouvel appel de Tremblay. Le premier ministre devait prendre la parole au cours du débat en Chambre sur la loi instituant la Société générale de financement. Autre thème économique:

— Peux-tu m'esquisser deux ou trois idées? Présente-les comme si elles faisaient partie d'un discours. Ce sera plus simple ainsi. On n'aura pas besoin de tout récrire.

Bien sûr que j'avais deux ou trois idées, et même davantage, sur ce projet de société d'État. Mais comment écrit-on un discours pour une personne qu'on ne connaît pas, premier ministre au surplus, et dont on ignore les véritables opinions? Comme à bien d'autres, son style oratoire m'était familier, mais comment s'exprime-t-on devant un Parlement? Quoi dire sur le fond?

— Ce que tu veux, précisa Tremblay. Inspire-toi des grandes lignes du programme libéral. On coupera et on arrangera ensuite ton texte. D'autres conseillers préparent des notes. Je ferai la synthèse.

Bon. Puisqu'on ne retiendrait qu'une partie de mon texte, mieux valait en faire plus que moins. Plus long j'en écrirais, plus j'aurais de chances de voir passer mes propres idées. Autant en profiter. Résultat: un discours complet en bonne et due forme. Or Lesage l'intégra en totalité dans son intervention à l'Assemblée législative. J'étais fier, on s'en doute, mais surtout étonné de voir les opinions d'un novice comme moi si bien accueillies par le premier personnage politique du Québec.

En novembre, nouveau et dernier appel de René Tremblay:

— Lesage accepte un tas d'invitations. Je ne tiens plus à m'en occuper. À l'avenir c'est son secrétaire particulier, René Arthur, qui prendra contact avec toi. Tu lui enverras directement tes papiers.

«À l'avenir»? Tiens, l'affaire prenait certaines proportions.

Quatre ou cinq jours après, René Arthur me demanda de passer le voir à son bureau.

Pour la première fois de ma vie, je mettais le pied dans ce qu'on appelait l'«aile du premier ministre», située dans l'immeuble alors prosaïquement baptisé Édifice C, sur la colline parlementaire. Je n'en menais pas large, arpentant ces corridors où, derrière des portes closes, j'imaginais au travail les planificateurs de l'État québécois nouvelle vague. Avec le temps, je compris qu'il ne s'y trouvait pas tellement de planificateurs et assez peu de nouvelle vague.

Le bureau où je devais me rendre était contigu à celui de Lesage, un petit corridor reliant les deux. C'était celui du secrétaire particulier et chef de cabinet adjoint du premier ministre, René Arthur, déjà bien connu dans la région de Québec où, pendant des années, il avait animé des émissions de radio, sortes de concours-questionnaires où il posait des «colles» à l'auditoire. Son érudition universelle m'avait toujours épaté, en particulier son savoir encyclopédique sur l'opéra. Juste au moment de le rencontrer, je me pris à regretter mon insondable ignorance à ce sujet qui me privait d'une bonne entrée en matière.

Tout de suite, pourtant, je sentis que le courant passait. Affable et cultivé, René Arthur était heureux de son poste, compte tenu du «tablet-tage» qu'il avait subi sous l'ancien régime, mais il ne se faisait plus d'illusions sur grand-chose. C'est en partie à Maurice Duplessis, me raconta-t-il, qu'il devait cette érudition à laquelle je venais de faire allu-sion pour lancer notre conversation. L'ancien premier ministre avait, pendant des années, confiné le fonctionnaire libéral («rouge») qu'il était dans le sous-sol de la Bibliothèque de la législature où il ne pourrait pas «nuire», mais où, surtout, la tâche n'était pas, disons, absorbante. Plutôt que de se décourager, il avait profité des loisirs que lui imposait sa relégation souterraine pour satisfaire son goût inné de la lecture.

Il m'expliqua que Lesage, qui adorait s'exprimer en public, n'avait pas encore trouvé de rédacteur attitré pour les nombreux discours prévisibles. Pourrais-je m'acquitter de cette tâche? En attendant? Cela demanderait quelques heures de travail de temps à autre.

Oui, cela m'intéressait, mais à deux conditions reliées à ma propre insécurité. Arthur les accepta d'emblée: m'en tenir à des interventions portant sur des thèmes économiques ou sociaux et, avant d'écrire quoi que ce soit, recevoir des indications précises sur l'orientation politique souhaitée.

C'est ainsi que ma carrière prit une tangente qui devait finir par la transformer.

Mission impossible?

En mars 1961, Alexandre LaRue, chef du cabinet, me convoqua à son bureau, situé juste en face de celui du premier ministre. Cette rencontre m'intriguait: que me voulait-il? René Arthur l'ignorait aussi. LaRue entreprit d'abord de me dire le plus grand bien des textes que j'avais préparés jusque-là, sept ou huit, et à me confier combien Lesage en avait été satisfait. L'entretien commençait bien.

Il se termina cependant sur un défi.

Selon LaRue, il fallait maintenant s'attaquer au premier discours du budget du nouveau gouvernement, celui de 1961-1962; Lesage avait pensé me confier cette tâche. Ce discours devrait être différent de tous les précédents, me précisa-t-il: il contiendrait des orientations politiques, des priorités. Le sous-ministre des Finances, Jean Bieler, me fournirait les chiffres, et Marcel Bélanger, économiste et comptable agréé, ami de Lesage, préparerait la documentation économique et déterminerait les paramètres de la politique budgétaire. Et moi? Je n'aurais évidemment pas à décider du budget lui-même, mais il me reviendrait de mettre tout cela en forme.

— Pouvez-vous y arriver d'ici trois semaines? me demanda LaRue.

Trois semaines, en plein milieu de mes cours!

En quelques secondes, je recrutai mentalement les motifs plausibles d'un refus: manque de temps, autres obligations, inexpérience, connaissance rudimentaire des finances du Québec, peu d'attrait pour le sujet. D'ailleurs, pourquoi ne pas attribuer cette corvée à des fonctionnaires? LaRue répliqua que, pour avoir du neuf, il fallait quelqu'un de l'extérieur. Les économistes ne pullulaient pas dans le gouvernement québécois de l'époque.

Embarrassé, je songeai un moment à sauver la face en proposant une autre forme de collaboration: je pourrais à la rigueur apporter des ajouts et des corrections à un texte que, dans un premier temps, des fonctionnaires concevraient. Mais comment jugerait-on une esquive de ma part dans un milieu où, je le pressentais, le fait d'être économiste et professeur dans une faculté comme la mienne me désignait, semblait-il, tout naturellement pour exécuter à la vapeur le mandat proposé?

Cette inquiétude, jointe à la perspective de travailler avec Marcel Bélanger, cet ancien professeur auquel je devais ma profession d'économiste, me fit me résigner à ce «contrat» d'autant plus téméraire que LaRue me fournissait bien peu d'indications sur les vues du premier ministre, sauf la notion maintes fois réitérée qu'on avait besoin de présenter du nouveau, de marquer un contraste avec le gouvernement précédent. Bien, mais quelles orientations et priorités adopter?

— Préparez un projet. Le premier ministre le mettra au point avec vous.

Je quittai LaRue avec le sentiment d'avoir manqué de prudence. Bélanger me rassura:

— À part les chiffres de revenus et dépenses qui couvriront plusieurs pages, c'est la même chose que tes discours habituels, mais en plus long.

Ce qui me donna l'idée de dresser une sorte de fresque politique dans laquelle je m'évertuai à montrer combien le nouveau gouvernement libéral, conformément à son programme, allait à tous égards se démarquer de ses prédécesseurs: rôle accru de l'État, revalorisation de la fonction publique, fin de l'arbitraire administratif et du patronage, modernisation nécessaire d'institutions québécoises vétustes, etc. Le tout exprimé en termes assez généraux pour avoir l'air sinon d'un manifeste, du moins d'une reprise des engagements formulés par Lesage pendant sa campagne électorale, décorés de quelques ajouts de mon cru.

Premier contact

Avec les notes, tableaux et conseils de Bieler et de Bélanger, je réussis en une douzaine de jours à fabriquer un premier projet de texte qui avait l'air de se tenir. René Arthur y jeta un coup d'œil avant de le transmettre au premier ministre. Selon lui, Lesage devrait en être content. Je le saurais bientôt: il me rencontrerait à sa résidence, rue de Bougainville, à Québec, le dimanche suivant, à quinze heures précises.

J'ai rarement été aussi nerveux de ma vie, beaucoup plus en tout cas que je ne le fus quelques années plus tard lorsque mes fonctions de ministre m'amenèrent à côtoyer des présidents ou des chefs d'État étrangers! M'entretenir en tête-à-tête avec le premier ministre me donnait un trac fou, le personnage me glaçait.

C'est lui qui vint m'ouvrir, tout souriant. Je me présentai gauchement, figé, oubliant du coup le petit schéma d'entrée en matière soigneusement mis au point durant le trajet. La conversation dériva tout de suite sur ce que j'appellerais mon identité familiale et professionnelle («Ainsi vos parents viennent de Saint-Jean-Port-Joli? C'était dans mon comté, au fédéral»; «Vous êtes né à Montmorency? Tiens, je connais Untel qui vient de la même paroisse; il a été l'un de mes organisateurs au congrès de leadership»; «Dans votre Faculté des sciences sociales, j'ai plusieurs bons amis, vous savez: le père Lévesque, Maurice Lamontagne, René Tremblay»).

Vint le moment de parler du discours du budget. Lesage acheva de me mettre à l'aise:

— J'ai lu votre texte. C'est très bien. Juste comme je voulais. Mais il faudra y apporter quelques petits changements.

Son veston enlevé, assis à la table de la salle à manger, il entreprit de me montrer ses corrections, feuille par feuille, profitant de tel ou tel passage pour amorcer de longs développements sur un aspect ou l'autre des finances publiques du Québec ou pour raconter une anecdote.

Parfois, il doutait de l'exactitude d'un mot: vite, le dictionnaire où, triomphant, il voyait son opinion confirmée. Si le dictionnaire ne suffisait pas, il y allait d'un appel rapide à René Arthur, ultracompétent, me dit-il, en matière de langue et de style, et que j'aurais intérêt à consulter davantage. Arthur m'avoua plus tard s'être demandé quelle frénésie linguistique avait soudainement saisi son patron ce dimanche après-midi.

Je quittai Lesage trois heures plus tard, enchanté: mon projet lui plaisait et le personnage n'avait rien de l'être distant, froid, hautain qui m'avait tant intimidé.

Autre motif de contentement, accessoire mais tangible: comme le texte n'était pas encore au point et que la semaine de Pâques arrivait, période sacrée de vacances en Floride pour le premier ministre, celui-ci me proposa d'aller le rejoindre à Miami Beach, pour trois ou quatre jours. Ensemble, comme il le disait, on «finaliserait le tout». Sans que j'eusse besoin de poser la question, il eut la délicatesse d'ajouter: «Vos dépenses seront assumées par le Conseil exécutif». Puis, il me servit l'argument «logique» suivant:

— Voyez-vous, comme je serai en vacances, le gouvernement ne peut évidemment pas me rembourser mes frais, même si je dois travailler. Vous, vous viendrez pour travailler, alors le gouvernement peut vous rembourser. Mais vous aurez aussi le temps de vous reposer.

Ce petit séjour me permit de mieux comprendre le tempérament de cet homme et surtout de découvrir chez lui une simplicité que je n'aurais pas soupçonnée. Je me sentais de plus en plus décontracté. Mes discussions avec lui en furent plus détendues, mes argumentations moins sèches.

Rédacteur en chef de discours...

Pendant plus de cinq ans, jusqu'à la défaite des libéraux le 5 juin 1966, je fus, sans jamais l'avoir demandé ni même m'être douté que cela se produirait, le principal auteur des discours du premier ministre: plus de deux cents, quelques-uns de trois à cinq pages, la plupart d'une douzaine, et certains, les discours du budget, de cinquante à quatre-vingts pages.

Mes deux conditions de départ — qu'on me confie uniquement des thèmes économiques ou sociaux et qu'on s'entende avec moi, au préalable, sur les messages à livrer — ne furent jamais respectées. Je ne reçus à peu près jamais de commande ferme du genre: traiter de ceci, mentionner cela, faire valoir tel ou tel point, souligner telle ou telle orientation politique. À moi de trouver quelque chose. Comme me le disait René Arthur, avec qui j'avais spontanément établi une amicale complicité:

— Sers-toi de ton jugement: on corrigera au besoin tes textes s'ils sont trop mal foutus.

Comme documentation émanant du bureau du premier ministre, il me donnait copie de tout ce qu'il possédait: l'échange de correspondance — la demande et la réponse —, la date du discours de Lesage et le nom de l'endroit où il s'était engagé à le prononcer. Rien de plus. De la sorte, je savais au moins à quel groupe, association ou congrès celui-ci allait s'adresser, mais pas davantage, même pas le sujet de son intervention. Car ses correspondants, la plupart du temps, n'osaient pas lui proposer de thème; ils préféraient, disaient-ils, lui laisser respectueusement toute latitude à cet égard. De temps à autre, la secrétaire personnelle du premier ministre, Gilberte LaCasse, ou son attaché de presse, Denys Paré, me faisaient aimablement part d'indications aptes à à guider ma production oratoire.

À défaut d'instructions précises, j'abordais des questions que mon appréciation strictement personnelle m'incitait à juger politiquement opportunes. C'est ainsi que le premier ministre Lesage traita d'économie, de culture, de relations fédérales-provinciales, de développement régional devant des auditoires variés: associations d'épiciers ou de constructeurs de routes, groupes de banquiers, congrès de courtiers, groupements nationalistes, étudiants et que sais-je encore, sans qu'il y eût de rapport évident entre l'auditoire et le message. Mais les médias, eux, reprenaient ce message et le retransmettaient à l'ensemble des Québécois; pour moi, c'est ce qui comptait. Pour Lesage aussi. Comme il me l'expliqua, l'important n'est pas toujours devant qui on parle, mais ce qu'en apprennent ceux qui ne se trouvent pas dans la salle.

Je dus m'accommoder de ma situation plutôt bizarre comme rédacteur quasi unique. Sans doute, pensais-je, était-elle foncièrement temporaire. Sans doute y avait-il pour l'instant un vide à combler. Plus tard quelqu'un, ou même une petite équipe, me remplacerait certainement. Car, de mes études universitaires et de mes lectures sur l'administration publique, j'avais retenu comme allant de soi qu'un gouvernement agit en principe de façon ordonnée, qu'il dispose du personnel voulu, qu'il sait où il va, qu'il met en œuvre des politiques réfléchies et que son chef s'adresse à la population en des moments soigneusement choisis, et seulement pour expliquer des orientations politiques importantes ou annoncer des décisions majeures. L'expérience devait m'apprendre qu'il n'en était pas ainsi.

Ma situation perdit cependant de son caractère singulier en ce sens qu'elle devint permanente.

Un jour qu'épuisé je protestais devant René Arthur contre le manque de rédacteurs à plein temps et que je lui demandais où en était leur recrutement (j'avais suggéré quelques noms), il m'avoua que les choses en étaient toujours au même point, c'est-à-dire qu'on n'avait entrepris aucune démarche:

— On est content de toi, on s'est habitué à ta façon de procéder, pourquoi chercher à découvrir quelqu'un d'autre qu'on ne connaît pas? Continue, tout est parfait jusqu'ici.

Parfait, non, mais certainement rentable car, faut-il le dire, mes textes n'étaient pas fournis gratuitement au bureau du premier ministre; j'en recevais quelques compensations financières relativement appréciables, vu ma petite famille de quatre enfants à l'époque et le niveau des salaires universitaires...

Cela adoucissait, sans l'éliminer, la pression constante d'avoir à produire un texte après l'autre, quelquefois sans préavis raisonnable: un ou deux par semaine (sauf l'été, et encore...) si, en plus des discours, je tiens compte des projets de réponse que René Arthur me demandait de préparer à l'intention de correspondants qui s'étaient adressés à Lesage pour obtenir des explications détaillées sur ses politiques.

Pour les discours, il fallait trouver des choses à dire sur à peu près n'importe quoi, des nouveautés surtout, des perspectives originales. À travers les publications gouvernementales glanées dans les bibliothèques des ministères et grâce à mes conversations avec des hauts fonctionnaires sous prétexte d'une recherche en cours, je réunissais la documentation nécessaire. Par mes contacts avec les collaborateurs de Lesage, je déduisais ensuite jusqu'où je pouvais m'avancer. Heureusement aussi que, depuis la petite école, j'avais été passionné de lecture: maintenant, tout cela me servait, surtout ce que j'avais appris sur l'histoire et l'évolution des sociétés. Alors, fonçant sur ma machine à écrire, je tapais mes textes presque d'une traite, le soir, la nuit ou les fins de semaine, en m'adaptant au style oratoire du premier ministre (longues phrases emphatiques, ponctuées de «non seulement...., mais encore...») et aux attentes d'auditoires que j'essayais de m'imaginer.

Je me suis souvent demandé quelle configuration aurait eue ma carrière si je n'avais pas été aussi rapide à la dactylographie, apprise à l'école primaire de Montmorency à la suggestion d'un frère mariste: «Tu verras, ça te servira plus tard pour du travail de bureau».

Sans jamais disparaître totalement par la suite, cet effort acrobatique fut simplifié à partir du moment où, enfin, en février 1961 (le dimanche après-midi du discours du budget), je fis la connaissance du personnage pour qui je m'évertuais à inventer les meilleures façons de dire des choses auxquelles je croyais moi-même, mais sans trop savoir ce qu'il en pensait pour sa part.

Problèmes de cohérence

De temps en temps et par la force des choses, d'autres rédacteurs furent conscrits, notamment René Arthur lui-même, que ce genre de pensum rebutait et qui ne se gênait pas pour le dire, y compris à son patron. D'où des différences patentes de style dans les discours du premier ministre.

Phénomène plus grave, Lesage énonçait à l'occasion, d'un discours à l'autre, des thèses cadrant mal avec celles que l'on connaissait déjà de lui. Il lui arriva même de se contredire.

Cela survenait lorsque je ne pouvais suffire à la tâche et qu'Arthur, lui aussi débordé, devait faire appel à des collaborateurs extérieurs dont les états de service partisans étaient sûrs et que l'aptitude à écrire permettait de greffer à la branche intellectuelle de la famille libérale. Le problème était que leurs préférences idéologiques divergeaient des miennes.

C'est de ce genre de collaboration aussi spontanée qu'inévitable qu'est née, entre autres, l'expression longtemps fameuse et que l'on reprocha tellement à Lesage, selon laquelle le Québec était «en possession tranquille de la vérité». Comme cette autre phrase célèbre et percutante: «La Reine ne négocie pas avec ses sujets», tirée d'une analyse écrite par Louis-Philippe Pigeon, conseiller juridique du gouvernement. Par son caractère lapidaire, évocateur et définitif, la phrase avait visiblement plu à Lesage. Il l'avait faite sienne, pour la servir, en temps voulu, à des journalistes insistant un peu trop selon lui sur les devoirs de l'État face aux fonctionnaires québécois en instance de syndicalisation.

Ignorant que ces oscillations dans la pensée du premier ministre étaient bien davantage dues au recours à des rédacteurs différents qu'à des changements impromptus d'avis de sa part, des commentateurs et analystes se perdaient en conjectures et attribuaient ses variantes oratoires à quelque stratégie finement mise au point.

Prenant mon courage à deux mains — car les contradictions, quoique rares, étaient parfois frappantes et Lesage n'appréciait pas toujours les observations —, je me plaignis timidement un jour à lui de l'incohérence remarquable entre deux discours prononcés sur le même sujet, à deux semaines d'intervalle. Dans le premier, écrit par moi, il avait exalté le rôle nécessaire de l'État comme levier économique; dans le second, il s'était carrément exprimé en faveur de l'entreprise privée. Je me fis sèchement répondre, Lesage niant l'évidence, que je n'avais rien compris: il s'agissait nullement, me dit-il, du même sujet! D'ailleurs, si je n'étais pas content, je devais, n'est-ce pas, m'en prendre à moi-même:

— C'est votre faute, vous n'aviez qu'à rédiger les deux discours!

Difficultés de communication

La vie courante est, entre autres composantes, faite d'adaptations aux gens et aux circonstances. À plus forte raison est-ce le cas pour quiconque a quotidiennement affaire à une personnalité pleine de vitalité, prestigieuse, extravertie et qui, en outre, exerce des fonctions d'autorité. Autrement dit, si la personne en question est un premier ministre et que vous êtes l'un de ses conseillers, c'est vous qui avez à vous ajuster aux traits de son tempérament et à ses manières de faire, pas lui aux vôtres.

La manière de discuter de Lesage était parfois déconcertante pour ceux qui n'étaient pas de ses familiers. Devant une question ou une objection, il lui arrivait de temps à autre d'intervenir sur-le-champ sans laisser à son interlocuteur le temps d'exprimer complètement sa pensée. Il avait déjà compris, disait-il. Alors il se lançait dans une longue explication bardée d'informations, agrémentée d'incidentes documentées ou parsemée de répétitions à but pédagogique, comme s'il donnait un cours à un étudiant dur d'entendement. Seul défaut du procédé: un certain manque de pertinence, car Lesage n'avait pas en fait saisi où son interlocuteur voulait en venir, ce qui l'amenait à répondre à côté d'une question non vraiment formulée ou à démolir une objection inexistante.

La première fois que je vécus cette expérience, je tentai de l'interrompre pour lui signifier respectueusement que ma phrase n'était pas finie. Mais il interrompit lui-même mon interruption et, n'en retenant qu'un élément, il se lança dans une réplique abondante. Je n'étais pas plus avancé. En réalité, il existait un truc: le laisser aller, puis, au terme de son exposé, reformuler sa question ou son objection le plus brièvement possible, en prenant soin, surtout, d'éviter tout préambule dont il aurait pu tirer un motif pour réagir. Précaution supplémentaire: ne jamais lui dire quelque chose comme: «Je crains que vous ne m'ayez mal compris tout à l'heure.» Résultat garanti: on avait droit à la preuve par neuf qu'au contraire il avait parfaitement saisi. Au besoin, il se chargeait, pour les quelques minutes à venir, de le démontrer. D'où nouveaux développements...

Comme le disaient les membres de son personnel les plus proches qui en étaient ses victimes plus souvent que moi, Lesage donnait parfois ses instructions ou formulait ses commentaires en commençant par le deuxième paragraphe! La limpidité faisait alors défaut car on ne savait pas toujours exactement de quoi il parlait. Bien disposé, il s'en excusait en admettant n'avoir pas été clair ou, d'humeur agressive, il blâmait ses interlocuteurs de leur inattention.

C'était au téléphone qu'il fallait particulièrement se méfier. Un appel pouvait ressembler à ceci:

— Claude, j'ai décidé d'intervertir l'ordre de présentation, qu'en pensez-vous?

Il fallait vite deviner de quel ordre il s'agissait et à propos de quelle présentation. Cette fois-là, j'ai confondu: je croyais que Lesage parlait d'un mémoire qu'il devait rendre public à une conférence fédérale-provinciale, alors qu'il pensait à la façon de rédiger la liste des gens qui l'y accompagneraient. Si l'on n'était pas assez alerte, il s'ensuivait des quiproquos amusants ou ennuyeux selon l'état d'âme du premier ministre. Si, en désespoir de cause, on se résignait à lui demander de quoi au juste il était question, on pouvait recevoir une réponse condescendante («Voyons donc, vous ne vous en souvenez pas! Nous en avons parlé hier.

Il s'agit du document X ou de la conférence Y!») ou irritée («Ah, il faut toujours que j'explique tout!»).

Un vendredi en fin de journée, je fus témoin d'une scène qui tenait de l'absurde. Je me trouvais avec René Arthur. L'air préoccupé et pressé, Lesage sortit brusquement de son bureau et, revêtu de son manteau, son chapeau à la main et des dossiers sous le bras, déclara à la cantonade qu'il partait tout de suite pour la fin de semaine et qu'on ne pourrait le joindre que le dimanche soir. Puis, à l'intention d'Arthur, il ajouta sans autre précision:

— D'ici là, vous vous arrangerez avec *vos 8000*!

— *Mes 8000*? s'étonna Arthur, complètement perdu.

C'était à n'y rien comprendre.

On finit par saisir de quoi il retournait. Une manifestation de quelques milliers de personnes — les journaux avaient mentionné le chiffre de 8000 — était prévue pour le samedi sur la colline parlementaire, mais cela ne concernait en rien Arthur qui n'avait pas du tout suivi le dossier. Apparemment, Lesage, juste avant son départ, avait appelé son collègue de la Justice ou un autre ministre au sujet de ce qui lui trottait encore dans la tête au moment où il nous vit ensemble. Il poursuivait simplement l'entretien déjà commencé, mais avec un autre interlocuteur.

Un patron peu reposant

Lesage avait une sorte d'aptitude à s'autopersuader. Par là, je veux dire qu'à mesure qu'il progressait dans une argumentation, il en devenait lui-même de plus en plus convaincu, ce qui le rendait de moins en moins tolérant par rapport aux opposants. En voici une ou deux illustrations.

C'était un dimanche après-midi, en 1964 ou 1965. Nous étions plusieurs autour de la table de la salle à manger de sa résidence. Objectif: «finaliser» un texte d'une soixantaine de pages à intégrer au discours du budget.

À la page 4, Lesage releva une expression qui lui déplaisait:

— Il faudrait dire cela autrement.

— OK, répondis-je, prenant mentalement une note.

À la page 10 (ou 12, ou 14, je ne sais trop), la même expression:

— Claude, ici encore vous corrigerez.

L'expression refit surface, disons à la page 26, pour la bonne raison qu'elle se trouvait déjà dans le texte:

— Ha! Ha! dit Lesage, toujours la même erreur!

Aperçue à la page 4, l'expression déplaisante, par son obstination à ne pas disparaître, prenait désormais des allures d'«erreur».

Puis c'est la page 33 (ou 34, ou une autre) qui crée problème: l'expression condamnée persiste à y survivre.

— Claude, pourquoi conservez-vous ces mots incorrects, me reproche Lesage, maintenant de moins bonne humeur. N'oubliez pas de les changer, ordonne-t-il.

Perplexité de ma part: il s'agit toujours du même document, rédigé de bout en bout quelques jours plus tôt.

Ensuite plusieurs pages se succèdent, sans histoire: le calme serait-il revenu? Hélas non! À la fin du texte, drame: sournoisement tapie au fond d'un paragraphe de la conclusion, l'expression pourchassée, traquée par Lesage depuis la page 4 revient le narguer avec insolence. Alors il vitupère, élevant le ton, vraiment en colère:

— Claude, il me semble pourtant vous avoir averti, tout à l'heure, de corriger cela!

Au cours d'une autre réunion de travail, toujours chez lui et encore au moment de la révision d'un discours du budget, Lesage se méprit sur la portée d'un passage et proposa une modification inappropriée, un vrai contresens. Les témoins comprirent qu'il s'était trompé. Il dut s'en rendre compte lui-même, mais décida de s'entêter malgré les explications:

— Claude et Marcel (Bélanger), vous changerez cela.

Aucune réaction de notre part. L'habitude nous avait appris que mieux valait laisser passer.

— Alors, personne ne tient compte de ce que je viens de dire? Riez-vous de moi? s'étonna Lesage.

— Claude a tout noté, répondit Bélanger pour clore l'incident en puissance.

— Je ne l'ai pas vu faire, répliqua Lesage, soupçonneux.

— Tu ne regardais pas, plaida Bélanger, et, d'ailleurs, ni Claude ni moi sommes des sténographes officiels.

Lesage, comme par défi, trancha:

— En tout cas, notez cela comme vous voulez, mais faites le changement.

— Oui, oui, répliqua Bélanger, il sera fait selon ta volonté.

Il n'en fut rien et Lesage n'en reparla pas.

En séance de travail, devant un auditoire (quatre ou cinq personnes suffisaient), Lesage se montrait souvent de loin plus catégorique que lorsqu'on était en tête-à-tête avec lui. Au fond, il n'était pas toujours aussi sûr de lui qu'il aimait publiquement en donner l'impression. Il fallait alors s'attendre à des décisions en principe sans appel. Ceux qui ignoraient ce trait de sa personnalité et qui, même avec d'excellentes raisons, s'attelaient à la tâche périlleuse de lui faire accepter un point de vue différent de celui qu'il avait déjà formulé aux témoins présents se faisaient jouer des tours. Le moment n'était pas propice à la nuance. Ou bien Lesage les rabrouait sans trop d'égards, ou bien il émettait un avis dont la fermeté apparente avait un caractère granitique. Mieux valait ne plus insister. Du moins, pour l'instant.

Dans ces cas d'arbitrage, une règle s'imposait — ne pas lui faire perdre la face — et deux trucs demeuraient possibles.

Quand on voulait le faire changer d'avis devant un auditoire, le premier truc consistait à présenter la modification proposée comme venant de lui ou comme si elle n'était qu'une simple amélioration de sa propre idée. Comment? En la faisant précéder de périphrases et d'artifices oratoires comme: «Ainsi que vous l'avez laissé entendre plus tôt…», «Pour compléter votre pensée…», «Vous avez raison, mais on pourrait exprimer votre opinion autrement…», etc. Lesage n'était pas dupe et ne se croyait pas infaillible, mais il détestait être coincé devant témoins, surtout devant des gens avec qui il ne travaillait qu'occasionnellement. Il pouvait assez peu importer que le changement recherché contredît son opinion antérieure; les formes sauves, il se ralliait volontiers à l'avis de son interlocuteur, et on passait à autre chose.

Si nous n'étions pas d'accord avec Lesage et que les circonstances ne permettaient pas une discussion de fond devant témoins, Bélanger et moi avions recours à un autre truc. Sous prétexte d'instructions supplémentaires à recevoir, nous passions brièvement le voir à son bureau ou chez lui le lendemain. Les échanges étaient alors plus directs. Nous tentions de lui exposer par $a + b$ nos motifs de refuser ses instructions de la veille. Parfois il nous apprenait un détail important que nous ignorions encore et qui expliquait son attitude, mais le plus souvent il nous écoutait en maugréant et finissait par dire:

— Bon, bon, faites selon vos grosses têtes!

Et, quelques jours après, prenant connaissance de notre texte, il s'exclamait suavement:

— C'est justement ça que je voulais dire! Qu'est-ce que vous aviez donc à vous exciter?

Ces petites désobéissances n'étaient pas bien graves (elles étaient même nécessaires), mais nous nous rendîmes coupables d'une autre, bien plus sérieuse.

En 1961, devant la montée croissante du coût de l'assistance publique au Québec, Lesage s'inquiéta. Solution: mise sur pied d'un comité d'étude qui lui conseillerait des méthodes de contrôle efficace grâce auxquelles on pourrait notamment exclure de l'assistance tous ces gens, nombreux selon Lesage, qui étaient trop paresseux pour travailler ou qui, tout simplement, fraudaient le gouvernement. Cette préoccupation n'était évidemment pas inscrite en toutes lettres dans le mandat du comité, mais Lesage s'en ouvrit à Bélanger et à moi qu'il avait décidé de nommer membres de ce comité devant être présidé par J. Émile Boucher, proposé par Émilien Lafrance, ministre de la Famille. Bref, notre mandat réel serait de trouver des moyens de réduire le coût de l'assistance. Un point, c'est tout. Nous disposions de dix-huit mois pour y arriver.

Les opinions (on peut dire préjugés) de Lesage sur les assistés correspondaient à une notion largement répandue dans la population et il ne fallait pas s'en étonner. Comme nous nous en doutions un peu, l'examen des faits nous conduisit à un autre diagnostic. Bien sûr, il existait des cas de fraude, mais le véritable problème résidait ailleurs. C'est toute l'assistance publique — philosophie, normes, montants, structures et administration — qui était à repenser.

Notre rapport (le Rapport Boucher, comme on l'appela), terminé à temps, opta donc pour une réforme complète de l'assistance publique, mais ne proposa pratiquement aucune des techniques de dépistage que Lesage aurait souhaité y trouver. Au fond, nous lui remettions le genre de recommandations le plus susceptibles de le hérisser. Il n'en fut pas très heureux et nous le reprocha amicalement, mais son gouvernement réalisa néanmoins la plupart des réformes suggérées par nous. Paradoxe, il le fit après qu'Ottawa eut mis en pratique une de nos principales recommandations: la fusion en un seul programme d'assistance publique des diverses mesures catégorisées jusque-là en vigueur.

Sens de l'humour: denrée rare

On ne peut pas dire que Lesage ait eu un sens de l'humour à toute épreuve. Aussi était-il quelque peu risqué de le tester à cet égard, ses réactions n'étant pas toujours prévisibles. Marcel Bélanger et moi étions parmi les rares à nous autoriser certaines libertés sans trop de dommages, à condition de baliser nos audaces avec soin.

Un soir, il me téléphona chez moi vers minuit moins le quart pour me dire que le projet d'allocution que je venais de lui remettre n'allait pas du tout. Curieux! La chose se produisait pour la première fois. Qu'est-ce qui «n'allait pas» dans ce discours qui devait être prononcé devant une association d'électriciens et où il traiterait de l'idée, de plus en plus populaire, voulant que les Québécois contrôlent leurs propres richesses naturelles? Même si j'y avais fait allusion avec maintes précautions, peut-être avais-je trop laissé entendre que quelque chose comme la nationalisation de l'électricité s'imposait, mesure à laquelle Lesage était encore hostile?

Pas du tout. Lesage s'élevait contre une phrase où je lui faisais dire en introduction, pour dérider son public, que ses aptitudes en matière d'électricité se limitaient à visser des ampoules! Il aurait pu de lui-même biffer cette phrase inoffensive, mais il tenait à m'expliquer en quoi et pourquoi elle était profondément inacceptable. Car, affirmait-il, il n'y avait pas que René Lévesque, son ministre des Richesses naturelles, qui s'y connaissait. À cette heure tardive, j'eus droit à un exposé consciencieux sur ses connaissances en hydro-électricité, accompagnées de comparaisons techniques et financières avec d'autres provinces. Rassuré malgré tout sur la valeur du reste de mon texte — il l'acceptait sans hésiter —, je m'endormis ce soir-là dans une atmosphère étincelante de kilowatts-heure et au son des rivières mugissantes qu'il faudrait bientôt aménager au Québec.

Ce ne fut pas le seul moment où il m'appela si tard, et je fus loin d'être le seul de son entourage à vivre ce genre d'expérience. Un soir où je m'étais couché relativement tôt, c'est-à-dire juste avant minuit, son appel téléphonique me réveilla. Je n'étais pas dans les meilleures dispositions.

— J'espère que je ne vous dérange pas, dit-il.

— Non, pas du tout, j'étais seulement en train de corder du bois! répliquai-je, un peu surpris de mon outrecuidance.

— Ah! je ne savais pas que vous aviez un foyer chez vous!

Or, nouvellement installé à Sainte-Foy, je n'en avais pas; qui plus est, on était en juin. Oubliant un instant la raison de son appel, Lesage me prodigua quelques conseils sur l'utilisation sécuritaire de ce foyer imaginaire...

Quelque temps après sa nomination comme sous-ministre des Finances, Marcel Cazavan s'engagea assez loin sur le terrain miné que constituait le sens de l'humour de Lesage. Il faut dire qu'il commençait, comme nous tous, à perdre patience, car ce dimanche après-midi-là, toujours chez lui et toujours à propos d'un discours du budget, le premier ministre montrait beaucoup d'exubérance, allant, venant, changeant de sujet, se lançant dans des digressions et, au milieu de tous ces échanges assez désordonnés, demandant fréquemment à sa femme d'apporter ceci ou de chercher cela (l'heure de l'apéritif était commencée). Soudain, impatientée, elle lança: «Jean, que tu es donc fatigant!» Alors Cazavan s'exclama avec une spontanéité qui fit éclater tout le monde de rire, à commencer par Bélanger et moi-même: «Madame, vous vous plaignez, et il est ici seulement le soir et une partie des fins de semaine. Nous, on l'a sur le dos à longueur de journée!» Après quelques secondes d'hésitation — qui durent paraître des heures à Cazavan —, Lesage, voyant tout le monde s'esclaffer, se mit lui aussi à rire de bon cœur. Ouf!

Son conseiller en matière de lois, de règlements et de constitution, Louis-Philippe Pigeon, extraordinaire personnage à maints égards, au courant de tout et du reste, avait encore moins d'humour que son patron. À l'occasion Lesage lui faisait tenir certains de mes projets de discours, question de savoir s'ils ne recélaient pas d'hérésies juridiques.

Pigeon n'aimait pas les figures de style; il avait tendance à les prendre au pied de la lettre. C'est ainsi qu'il me suggéra, Dieu sait pourquoi, de retrancher un passage où j'avais écrit que, sous l'Union nationale, une «grande noirceur était tombée sur le Québec».

— D'abord, me dit-il, il ne faisait pas plus noir alors que maintenant. En plus, avez-vous déjà vu *tomber* une noirceur quelque part? Une noirceur, ce n'est pas un objet matériel. C'est l'intensité de la lumière qui diminue par suite de la rotation de la Terre. Il faudrait exprimer l'idée autrement.

Et ainsi de suite. Je ne retranchai rien du tout à mon texte.

Quelques jours après, s'en étant rendu compte, Pigeon, haussant les épaules, conclut ainsi:

— Si Jean veut parler de cette façon-là, c'est son affaire. Moi, les discours, ce n'est pas mon rayon.

Je crus bon de jouer avec le mot «rayon» qu'il venait d'utiliser:

— Tiens, vous aussi, vous avez des figures lumineuses!

— Comment cela? répondit-il étonné.

Je m'empressai de parler d'autre chose.

Proposition inattendue

En mai 1961, tout de suite après le discours du budget qui l'avait tant satisfait, je vécus ma première épreuve difficile avec Lesage.

Me croisant par hasard dans le corridor conduisant à son bureau, il m'informa, l'air préoccupé et sans me donner aucune précision, qu'il désirait me voir, le dimanche suivant, chez lui, encore une fois à quinze heures.

— Dois-je apporter des documents? m'informai-je.

— Non, répondit-il, j'aurai une discussion avec vous.

Cela me tracassa. Avais-je pris trop de libertés dans mes discours? L'avais-je involontairement indisposé de quelque manière? René Arthur avoua connaître le motif de la rencontre prévue, mais refusa d'en dire davantage, sauf ceci:

— Non, il n'est pas fâché contre toi. Au contraire. Mais prépare-toi à une surprise!

Pas rassurant.

J'étais à des lieues de m'imaginer que, ce jour-là, Lesage me demanderait de devenir le sous-ministre d'un ministère qui n'existait pas encore: celui des Affaires fédérales-provinciales, créé quelque temps avant, mais non encore administrativement mis en place.

Cette proposition m'atterra. Pendant toute ma jeunesse, j'avais rêvé de devenir professeur d'université, vœu qui s'était matérialisé cinq ans plus tôt, après mes études à Laval et ensuite à l'Université Columbia de New York. J'adorais cette profession où je pouvais gérer moi-même mon temps et lire à mon goût. Mon attachement à la Faculté des sciences sociales était profond. Je m'y sentais bien. Pour rien au monde je n'aurais voulu changer d'emploi. Je devrais sûrement refuser l'offre de Lesage. Mais, comment le lui dire?

Première contre-attaque:

— L'offre me flatte, ainsi que votre confiance en moi, mais je suis complètement ignorant en matière de relations fédérales-provinciales. La dernière fois que j'ai lu la Constitution du Canada, c'était comme étudiant, pendant un cours d'histoire économique à Laval, il y a neuf ans. Et je n'ai pas très bien compris comment le Canada fonctionnait...

— Vous en savez plus que vous ne pensez. Vous m'avez préparé un excellent discours pour la présentation en Chambre de la loi instituant le ministère. Pour les sujets constitutionnels, vous pourrez toujours vous en remettre à Pigeon. En plus, je serai le ministre de ce ministère; je ne vous demanderai rien d'impossible!

Autre argument:

— J'ai seulement trente-trois ans et aucune expérience de l'administration publique.

— Et après? À quel âge croyez-vous que je suis devenu député, ministre fédéral? L'expérience, ça vient en essayant.

Alors une idée me passa par l'esprit; soit dit en passant, c'était plutôt un prétexte pour m'en sortir:

— Je crois que j'ai un contrat avec l'université. Il serait compliqué de partir.

Réponse à laquelle j'aurais dû m'attendre:

— Aucune importance. Je parlerai au recteur!

Rien n'y faisait. Lesage insistait. Craignant sa réaction, je n'osais pas lui dire tout bonnement que l'emploi ne m'attirait pas.

— Je vais mijoter tout cela, concluai-je. Il faut que j'en parle à mon doyen et au directeur de mon département. Et aussi à ma famille.

En fait, je n'en soufflai mot à personne à l'université. Ma décision était prise. Je déclinerais sa proposition.

Comment annoncer la nouvelle à Lesage? Peut-être René Arthur pourrait-il le «préparer»?

— Je vais faire de mon mieux, me dit-celui-ci, mais présente ta réponse par écrit. Comme ça, je verrai sa réaction et je t'en avertirai.

Bonne suggestion.

Au fait, pourquoi cette étrange idée de me nommer sous-ministre?

Bien que formé à Ottawa dont il vantait volontiers les pratiques administratives, Lesage n'était pas pour autant, loin de là, rigide quant aux lignes d'autorité et au compartimentage ministériel ou sectoriel. Traduction: il souhaitait un sous-ministre polyvalent, qui lui servirait en réalité de conseiller plus ou moins tous azimuts et à qui il confierait diverses missions au gré des circonstances et des besoins: par exemple, écrire ses discours! Il lui fallait donc un familier, compréhensif, qui ne s'en tiendrait pas à une définition légaliste de ses responsabilités. Dans cette optique, l'aspect fédéral-provincial du ministère était secondaire, comme l'étaient également, à ses yeux, mon ignorance et mon inexpérience en la matière.

Quelques jours après, je fis parvenir à Lesage une lettre tarabiscotée, ornée de périphrases et pleine de remerciements chaleureux, lui annonçant mon grand regret de ne pouvoir donner suite à sa généreuse offre, etc. À vrai dire, j'étais malheureux de l'avoir reçue. Elle me mettait, et lui aussi par ricochet, dans l'embarras. J'étais persuadé qu'il accueillerait mal ma réponse et qu'il m'en voudrait jusqu'à la fin de l'éternité. Peut-être même y perdrais-je ma charge de concepteur et de rédacteur de discours, mais surtout cette sorte d'amitié confiante qui, j'ose le croire, était en train de s'établir entre nous.

Eh non! Il fut certes déçu, mais, toujours aussi cordial avec moi, jamais il ne me reprocha ma décision. Rien ne changea dans nos rapports. M'avait-il, chez lui, joué une petite comédie? Tenait-il tellement à moi?

La réponse à ces questions vint, on le verra, deux ans plus tard.

2

«Maîtres chez nous!»

Le spectacle en valait la peine. Il fallait en effet voir Lesage quittant son bureau vers dix-huit ou dix-neuf heures le vendredi.

De rares fonctionnaires encore sur place étaient témoins de la scène. Le premier ministre passait dans les corridors, songeur, transportant ostensiblement une ou deux serviettes remplies de «papiers à lire» le samedi et le dimanche, précédé de son chauffeur aussi chargé que lui. «Pour vous, la semaine est finie, mais pas pour moi», avait-il l'air de proclamer à la ronde, moins comme un reproche que comme une attestation muette de sa capacité et de sa volonté de travail.

Un homme de dossiers

Selon le jargon de l'époque, toujours en usage aujourd'hui, Lesage était «un homme de dossiers». Amateur de notes (nous les appelions «mémos»), de documents et de rapports de toutes sortes, il les étudiait le soir, chez lui, jusqu'à des heures avancées. Ou pendant les congés.

Pourquoi ne pas profiter d'une telle disposition?

Je me mis à lui transmettre, même non sollicités, des avis écrits sur ce qui me paraissait devoir être porté à son attention. Tout pouvait y passer: une question d'actualité, un problème économique, un sondage, un éditorial, une déclaration d'un de ses ministres, une émission télévisée à venir, et quoi d'autre encore (voir Documents 1 et 2, en annexe).

Il annotait cette paperasse parfois avec un stylo-bille bon marché, parfois avec une plume de grand prix, mais de ces outils de qualité variable coulaient des jugements toujours péremptoires: «D'accord», «Oui», «Non», «Reparlez-m'en avant d'aller plus loin», «Faites m'y repenser», «Discutez-en avec René Arthur», «Certainement pas», «Pas question», «Pas clair», «Ça vient de qui, cette idée-là?», «Je n'ai jamais dit ça!», «C'est évident», «Je n'en sais rien», «Jamais entendu parler», «Oui, je sais», «Je dois y aller, X a insisté; préparez un discours», «Là-dessus, voyez Untel», «Denys Paré a arrangé ça», «Tant pis pour eux», «Pigeon s'en occupera», «C'est réglé, j'ai oublié de vous le dire», «Gilberte LaCasse est au courant», «Demandez aux Finances», etc.

Si un passage ne lui semblait pas suffisamment explicite ou intelligible dans les «mémos» qui lui venaient d'autres sources, il pouvait appeler l'auteur chez lui, et cela à peu près à n'importe quel moment, pour peu qu'il découvrît son numéro de téléphone. Des fonctionnaires ont ainsi appris, stupéfaits, que la documentation technique préparée pour leurs supérieurs immédiats avait été, à leur insu, jointe au dossier transmis au premier ministre et que celui-ci, incroyable mais vrai, était en train de l'examiner à la loupe.

Ces appels inopinés n'étaient pas toujours sans risque, malgré la politesse de Lesage et le soin qu'il mettait à s'identifier. Certains de ses interlocuteurs ont, sur le coup, cru au tour d'un mauvais plaisant et ont répondu en conséquence, pour se sentir dans leurs petits souliers une fois constatée l'authenticité de l'appel. Le plus embêtant survenait lorsqu'un fonctionnaire, absent de chez lui, se faisait dire, à son retour, par un enfant d'une douzaine d'années: «Il y a un M. Lesage qui t'a appelé. Il veut te parler avant onze heures ce soir à tel numéro. Il dit qu'il est le premier ministre!»...

Indisposé par sa présentation, mécontent de sa teneur ou parce qu'il n'en pouvait souffrir l'auteur (souvent pour des raisons obscures), Lesage se mettait parfois en frais de commenter un document sur-le-champ. Fusaient alors des observations pas toujours gracieuses pour le responsable du texte incriminé, tracées d'une main sévère sur une ou deux feuilles ou, le plus souvent, sur des bouts de papier dont la nature incertaine (une serviette de table?) ou la forme géométrique irrégulière (à cause de la déchirure?) témoignaient d'une réaction immédiate souvent révélatrice pour ceux qui, dans son entourage, devaient ensuite décoder les graffiti nocturnes de leur patron commun pour en extraire quelque lumière.

Mes «mémos», dont la pertinence n'était pas toujours indiscutable, avaient une caractérisque sur laquelle aucun doute n'était possible: la longueur. La concision n'était pas alors ma qualité la plus manifeste.

Tapés sur feuilles de format légal, à simple interligne, ils n'omettaient aucun détail et avaient l'air de travaux de type universitaire, avec arrière-plan historique, sous-titres, notes au bas des pages, citations appropriées et, pourquoi pas, bibliographie. Lesage annotait consciencieusement mes épîtres avant de me les retourner, en général pas plus d'un ou deux jours après. Et il se souvenait de leur contenu bien plus longtemps que moi-même.

Comment ne pas me sentir rétrospectivement un peu mal à l'aise? J'imagine aujourd'hui quel fardeau je lui ai ainsi infligé en toute bonne foi. Il a certainement dû m'en vouloir, en son for intérieur, d'être aussi indécemment prolifique. Pourtant, jamais il ne s'en plaignit, ni ne m'incita à plus de retenue épistolaire.

Cas de conscience

Lesage me témoigna toujours beaucoup d'indulgence. Trop, au goût de certains de ses collègues, inquiets de l'influence, selon eux douteuse, que je parvenais à exercer sur lui à la faveur de discours dont ils jugeaient le contenu contestable. Le problème était, à leur avis, que la politique gouvernementale devait ensuite logiquement s'y conformer, en partie du moins.

De là à conclure, comme cela se produisit, surtout dans les cercles fédéraux préoccupés de l'orientation politique du Québec, que je «manipulais» le premier ministre, abusant de sa confiance ou profitant de son inattention, il n'y eut bientôt pour ces politiciens et leurs acolytes qu'un pas vite franchi.

Le fait était que, malgré nos différences d'âge, d'expérience de la vie, de milieu d'origine et de formation, Lesage m'aimait bien, je pense. Dans les années qui suivirent, il me pardonna divers légers écarts explicables par ma perception longtemps embryonnaire du monde politique et de ses contraintes.

Ce qui ne l'empêcha pas à quelques reprises, sous l'impulsion du moment ou parce qu'il se défoulait sur moi, de m'abreuver de critiques abondantes et de m'envoyer plus ou moins plaisamment promener. Avec, parfois, une réciproque aigre mais relativement respectueuse de ma part, inspirée moins par le courage que par le sentiment que, s'il était insatisfait de moi, il pouvait toujours essayer de se dénicher un autre scripteur.

Je remarquai cependant qu'avec moi ses sautes d'humeur avaient moins d'intensité et, surtout, se produisaient devant moins de témoins que lorsqu'il s'agissait de son personnel le plus proche. Sitôt son éclat terminé, la conversation reprenait comme si de rien n'était.

Lesage n'était ni distrait ni naïf, encore moins «manipulé». Dans sa position, il était normal pour lui de se servir de moi dans la mesure où je pouvais lui être utile. Et moi, je me servais des possibilités qu'il me donnait pour avancer mes propres idées, puisqu'il m'invitait à le faire à travers mes projets de discours. Nous ne raisonnions certes pas de la même façon — il en était pleinement averti —, mais, si nos opinions ne convergeaient pas toujours, elles pouvaient au moins, à l'époque que nous vivions alors, coexister pacifiquement.

Par contre, un fait demeurait: à force d'évoquer dans ses discours des perspectives de réformes, des approches nouvelles, des méthodes originales, non seulement il suscitait des attentes, mais il construisait à la longue une dynamique en vertu de laquelle il était en quelque sorte condamné, sous peine de paraître inconséquent, à prendre des décisions correspondant aux orientations politiques qu'il proposait lui-même.

En tant que principal, sinon unique, concepteur et rédacteur de discours, j'en vins ainsi avec le temps à contrôler une des composantes significatives de la politique gouvernementale. Dans la mesure où, comme on peut le supposer sans s'éreinter l'imagination, les prises de position d'un chef de gouvernement revêtent une certaine importance, j'avais entre les mains un moyen d'influencer la marche des événements. Quelques ministres et hauts fonctionnaires en étaient d'ailleurs conscients: ils me suggéraient discrètement de «faire dire» ceci ou cela au premier ministre, quitte à utiliser ensuite ses déclarations pour réclamer la mise en œuvre de telle ou telle réforme touchant leur sphère d'activités.

Cet aspect des choses me posa quelques problèmes de conscience dont, au hasard de conversations, je fis part aussi bien à René Arthur qu'à d'autres conseillers du premier ministre comme Marcel Bélanger, Maurice Sauvé ou Guy Gagnon, du journal libéral *La Réforme*. Je m'en ouvris également à des fonctionnaires comme Michel Bélanger, alors sous-ministre adjoint de René Lévesque et partisan de la nationalisation de l'électricité, et Arthur Tremblay, conseiller du ministre de la Jeunesse, Paul Gérin-Lajoie. Devais-je modérer l'aspect «réformiste» de mes projets de discours de manière à ne pas engager Lesage, à son insu, dans des avenues qu'il n'aurait pas de lui-même, au préalable, explicitement choisies?

Je me fis répondre à peu près ceci:

— Au fond, tes textes sont des suggestions au premier ministre. À lui d'en retenir ce qui lui convient. Ta responsabilité est de fournir des idées; la sienne est de les accepter, de les rejeter, de les compléter, de les adapter ou de demander des projets de discours à quelqu'un d'autre. Après tout, c'est lui qui est premier ministre et c'est à lui de décider.

En effet... (voir Documents 3 à 7 en annexe sur divers problèmes concernant les discours).

Le Québec à Paris

Dans l'isolement monastique de l'un des chalets gouvernementaux du parc des Laurentides, en août 1961, René Arthur et moi avions rédigé en quelques jours fébriles la quinzaine de discours que Lesage aurait à prononcer au cours d'un voyage officiel en France, prévu pour le début d'octobre. Il devait notamment y inaugurer la Délégation générale du Québec.

«Au cas où il y aurait des textes nouveaux à préparer» (mais sachant très bien qu'il n'y en aurait pas), le premier ministre me fit le plaisir de m'inviter à faire partie du groupe qui l'accompagnerait alors.

Pour justifier ma présence dans la délégation officielle, on ne pouvait quand même pas utiliser le titre de «secrétaire» ou de «rédacteur de discours», encore moins celui d'«invité personnel du premier ministre». On opta pour celui, un peu prétentieux, de «conseiller économique auprès du conseil exécutif». Ce titre avait été inventé avant notre départ, comme je m'inquiétais devant Lesage du fait qu'on commençait à avoir vent, ici et là, de ma participation à la rédaction de ses discours.

Je m'étais fait un point d'honneur de ne rien divulguer à ce sujet (sauf, par nécessité, à des familiers et à quelques autres rares personnes, la plupart des hauts fonctionnaires, dont je croyais la discrétion à toute épreuve). Sans trop y avoir réfléchi, je tenais candidement pour acquis que les personnages politiques, au Canada comme ailleurs, préparaient eux-mêmes leurs propres interventions, quitte à laisser à d'autres le soin de les mettre en forme. À tort, Lesage me paraissait être une exception, puisque j'étais dans son cas responsable tant du fond que de la forme de ses interventions publiques. Il me semblait donc contraire à l'éthique que mon indiscrétion fît deviner ma contribution aux opinions qu'il exprimait. D'où l'idée de justifier ma présence dans la délégation par un titre qui ne laisserait pas soupçonner mes attributions réelles.

Je me faisais des illusions. Dès 1961 et surtout par la suite, je finis par me rendre compte — grâce à des confidences de ministres ou autrement — qu'on savait à peu près partout quel était mon rôle dans les discours de Lesage. Celui-ci ne s'en cachait pas lui-même. J'étais plus catholique que le pape. À certains qui, à l'occasion de rencontres à son bureau ou ailleurs, l'invitaient à prononcer une allocution sur ceci ou cela, il répondait: «OK. Communiquez avec Claude pour lui donner des renseignements; c'est lui qui prépare mes notes».

Quoi qu'il en soit, au cours de ce voyage en France auquel participait une proportion substantielle du cabinet québécois, je me trouvai pour la première fois à proximité de vedettes politiques libérales comme Georges-Émile Lapalme, René Lévesque et Paul Gérin-Lajoie. Je n'avais pas eu jusque-là l'occasion de les connaître, mais eux, ils avaient entendu parler de moi par Lesage.

L'Union nationale, invitée à désigner quelques représentants, refusa de s'associer à une opération dont elle réprouvait, disait-elle, le coût et l'inutilité.

Mon titre de conseiller économique me donna en principe accès à toutes les manifestations officielles et autres réceptions plus ou moins essentielles qui jalonnèrent la tournée parisienne du gouvernement québécois en ce début d'octobre 1961.

L'aisance et la prestance de Lesage voguant au milieu de toutes ces cérémonies me firent grande impression. Nous étions tous fiers de la façon dont il représentait le Québec.

Usant d'un style oratoire aujourd'hui désuet, Lesage prononçait ses allocutions avec beaucoup de conviction et d'élan. Dans des salons imprégnés d'une histoire séculaire et aux dorures inspirantes, il donnait aux textes préparés dans le chalet du parc des Laurentides une coloration si personnelle et paraissait si bien en connaître toutes les nuances, virgules comprises, qu'on aurait juré qu'il venait de les écrire lui-même, la veille.

C'était un professionnel qui détestait l'improvisation. Il se bornait à introduire ici et là une phrase parfaitement en accord avec le sujet traité, ou bien adaptée à son auditoire où se trouvaient maintes personnalités françaises renommées, dont, hélas, l'abord facile n'était pas le trait dominant.

Je voyais enfin Lesage à l'œuvre en public et n'en revenais pas de le sentir si sûr de lui. À sa place, j'aurais fondu. Ce genre de prouesses, visiblement au-dessus de mes moyens, demeurerait toujours en dehors de mes goûts. Décidément, la profession d'universitaire m'allait mieux, dépourvue qu'elle était de ces mondanités à mon avis assommantes.

Un personnage «dérangeant»

Les adversaires libéraux de Lévesque — il en avait plusieurs... — ou ceux parmi les bien-pensants à qui son style décontracté et sa franchise déplaisaient parce qu'il évoquait des problèmes réels sans les dissimuler sous un fard verbal, étaient là-dessus unanimes: l'adhésion au Parti libéral, à l'«équipe du tonnerre» selon la publicité conçue par Maurice Sauvé au printemps de 1960, d'une vedette de la télévision comme lui tenait de l'aberration.

Aberration à la rigueur acceptable dans la mesure où, en mai-juin 1960, tous les moyens étaient bons pour battre l'Union nationale, mais qui devenait nettement intolérable dès lors qu'elle persistait après la «victoire», surtout si elle entraînait les conséquences dommageables que l'on appréhendait.

Pour ces partisans libéraux peu enthousiasmés à l'époque par l'irruption de Lévesque dans leur formation politique, le slogan de 1960: «C'est le temps que ça change!» laissait entendre que l'avènement au pouvoir de leur parti permettrait enfin une réorientation du patronage en faveur de ces fidèles entrepreneurs, professionnels et «organisateurs» que seize ans de règne unioniste avaient, à les entendre, conduits au bord de la mendicité et réduits au rang déprimant de citoyens de seconde zone. Il va de soi que Lévesque, sans être, et de loin, le seul à le faire, véhiculait une tout autre interprétation de ce slogan. Cela n'améliorait en rien sa réputation chez ceux que certains militants appelaient affectueusement «les bons vieux libéraux» et d'autres, moins sympathiques à leur cause et plus directs, «la vieille gang».

En plus de se porter plus souvent qu'à son tour volontaire pour formuler des souhaits de réforme dans des domaines qui ne relevaient pas de lui, Lévesque s'était notamment mis dans l'idée, sitôt désigné comme ministre des Richesses naturelles, de nationaliser l'électricité. Même si, dans les années 1940, un premier ministre libéral, Adélard Godbout, avait posé les premiers jalons en ce sens en créant Hydro-Québec, et bien qu'Hydro-Ontario existât depuis déjà plusieurs années sans que personne n'eût mis l'Ontario au ban, la perspective d'une vaste étatisation de l'électricité au Québec terrorisait ceux des libéraux qui, n'ayant pas beaucoup d'affinité naturelle avec le premier mot de l'expression «révolution tranquille», se sentaient plus à l'aise avec le second.

Leur influence sur Lesage était perceptible. Celui-ci n'avait rien contre les réformes, affirmait-il à qui voulait l'écouter, mais il n'était pas personnellement enclin à les réaliser, ni à les concevoir lui-même. Il a été entraîné vers une Révolution tranquille à laquelle il a davantage présidé qu'il ne l'a provoquée. Au moins, c'est son mérite essentiel, il a permis qu'elle se fît alors qu'il aurait pu, vu ses fonctions, la retarder encore.

Ainsi, s'il déclarait volontiers, dans ses discours, que l'État québécois, après les années d'immobilisme unioniste, avait un rôle indéniable, vital même, à jouer dans à peu près tous les secteurs, y compris celui des richesses naturelles, il ne découlait pas toujours de telles prises de position publiques que ce rôle devait être concrétisé par des mesures précises.

Dans ce cas comme dans bien d'autres, on aurait dit que, pour lui, il n'existait pas de lien nécessaire entre la parole et l'acte, l'une et l'autre appartenant à des univers parallèles.

Bref, sans la condamner en principe, il répugnait à l'idée de la nationalisation de l'électricité. Comme la majorité des ministres, il se sentait bousculé par l'insistance de Lévesque à en propager l'idée dans tout le Québec, en 1961 et 1962, et n'appréciait pas toujours le succès de foule que celui-ci rencontrait dans ses tournées.

Lesage s'impatientait aussi de mon préjugé plus que favorable à l'endroit de l'opération envisagée par Lévesque. À quelques reprises il m'expliqua combien elle serait coûteuse et combien elle pourrait nuire à la réputation du Québec dans les milieux financiers et chez les investisseurs.

Surtout qu'elle était proposée par un ministre aux idées généralement peu orthodoxes qui prenait un soin malin à heurter de front à peu près tous les *establishments*, particulièrement ceux qui acceptent que les choses changent à condition qu'elles ne se transforment pas.

Pendant plusieurs mois, Lesage pencha si visiblement du côté des opposants à la nationalisation que, peu désireux de subir ses remontrances, je m'abstins d'aborder le sujet avec lui. J'évitai surtout de lui montrer, même par allusions indirectes, que son attitude à propos de l'électricité et de la prise en main de leur économie par les Québécois correspondait mal à la teneur de ses discours sur le rôle nouveau et déterminant de l'État...

Volte-face

Ce n'est pas le lieu ici de relater les péripéties qui conduisirent Lesage à ce que d'aucuns, moi le premier, perçurent comme une volte-face spectaculaire. D'autres, comme Georges-Émile Lapalme et René Lévesque, l'ont fait dans leurs mémoires. Toujours est-il qu'après une réunion spéciale du conseil des ministres (réunion à l'origine d'une expression faisant maintenant partie du langage courant: celle du lac à l'Épaule, dans le parc des Laurentides, les 1er et 2 septembre 1962), il annonça, le 19, que des élections générales anticipées se tiendrait le 14 novembre suivant. Elles porteraient sur le thème de la nationalisation de l'électricité, mesure soudainement présentée par lui comme capitale pour l'avenir économique du Québec. Lesage, qui jusque-là s'y opposait, proposait maintenant à la population d'appuyer ce projet en votant pour les candidats du Parti libéral.

Tout un virage.

D'après les sondages, si Lesage était plutôt populaire au Québec, son gouvernement l'était moins, beaucoup moins. Il paraissait divisé et avait réussi à bousculer passablement de monde depuis 1960. Toutefois, en se faisant les promoteurs de la nationalisation de l'électricité — les mêmes sondages montraient que Lévesque avait réussi à «vendre» l'idée dans le public — les libéraux pourraient être facilement réélus, ce qui rétablirait leur unité et leur donnerait le mandat clair qu'ils recherchaient. Un seul risque, mais sérieux: que l'Union nationale se déclarât, elle aussi, favorable à la nationalisation. Le cas échéant, la campagne porterait fatalement sur le dossier du gouvernement, terrain moins avantageux pour les libéraux. Heureusement pour eux, dans les jours suivants, Daniel Johnson, alors chef de l'Union nationale, opta pour l'ambiguïté: il n'était pas contre la mesure proposée par Lesage et Lévesque, mais son parti nationaliserait d'abord deux petites compagnies d'électricité, l'une en Gaspésie, l'autre en Abitibi. Pour les autres compagnies, plus grosses, on verrait plus tard.

Dans les heures d'excitation qui suivirent la nouvelle de l'élection, j'eus l'occasion d'entrevoir furtivement Lesage et de lui exprimer un peu gauchement ma satisfaction: «Je suis tellement content de votre décision», lui dis-je, faute d'un commentaire plus profond. Or, il se mit à me fixer, me prit un instant à part et, à ma stupéfaction, entreprit de m'expliquer, chiffres à l'appui, comme pour ébranler un sceptique, pourquoi il avait quant à lui toujours considéré la nationalisation de l'électricité comme indispensable pour l'avenir économique du Québec! Sur ce, m'incitant à bien réfléchir à toute la question, il tourna les talons.

— Lesage s'est moqué de moi, racontai-je quelques minutes plus tard à René Arthur.

— Mais non, répondit-il, il était parfaitement sincère. Tu ne le connais pas encore? Ce genre de scène, je le vis tous les jours. Non seulement il s'est persuadé, à cause des arguments de Lévesque et de l'opinion publique, qu'il fallait nationaliser l'électricité, mais il s'est en même temps convaincu qu'il y croyait depuis toujours. C'est ainsi qu'il est construit. Un peu plus, il finirait par penser qu'il a lui-même converti Lévesque à ce projet. Note bien: à partir de maintenant et pendant toute la campagne électorale, il va s'en faire le propagandiste le plus acharné.

Qui dit campagne électorale dit discours.

Tout de suite après cette annonce qui me ravit, Lesage me réquisitionna sans trop de ménagement, car, disait-il, «à la guerre comme à la guerre». Il me demanda de l'accompagner pendant toute la campagne. Je ferais partie de sa petite suite personnelle composée aussi de Jean Bienvenue, avocat, et de Maurice Jobin, médecin. Bienvenue agirait comme conseiller juridique, Jobin comme médecin (on présenterait partout ce dernier comme un secrétaire, pour éviter de provoquer la rumeur selon laquelle Lesage aurait été en mauvaise santé!) et moi, comme conseiller économique.

Nous en aurions pour sept semaines. Impossible de quitter l'université en plein milieu du semestre. La perspective de suivre une campagne électorale de près, de la vivre pour ainsi dire, m'emballait, mais il fallait réaménager mes cours et reporter plusieurs engagements. Lesage consentit à me libérer deux jours par semaine pour fins académiques, les mardis et mercredis. De toute façon, il se trouverait généralement à Québec ces jours-là, à cause de la réunion régulière du conseil des ministres. Balayant d'un grand geste les difficultés prévisibles dans la réorganisation de mon horaire, il lança:

— Si ça ne va pas, je parlerai à votre doyen. Je le connais bien.

Mais «ça alla». Mon doyen et la plupart de mes collègues étaient plutôt, pour le moins, d'allégeance libérale.

S'ensuivit alors une expérience humaine qui, vraiment, m'ouvrit plus d'horizons que deux ou trois ans d'études en science politique. Je serai toujours reconnaissant à Lesage de me l'avoir fait vivre.

Cependant, un peu comme pour les aspects mondains de la diplomatie québécoise naissante qui m'avaient rebuté à Paris l'automne précédent, mon premier contact direct avec une campagne électorale me persuada que, sûrement, jamais je ne me laisserais tenter par la politique active...

En campagne

Cette fois, mon contact avec Lesage devait être plus étroit qu'à n'importe quel autre moment depuis que je le connaissais. Souvent, Mme Lesage

Canapress

Lesage, en compagnie de l'auteur, étudie un projet de discours
pendant la campagne électorale d'octobre-novembre 1962.

l'accompagnait. Souriante, attentive, de bonne humeur, elle était pour
son mari une précieuse conseillère, bien placée pour formuler devant lui
des observations personnelles d'un genre qui, malgré mes excellents
rapports avec lui, m'était interdit.

Sauf les deux jours par semaine où je m'acquittais tant bien que mal
de tâches universitaires commodément réduites, avec Bienvenue et Jobin
j'étais constamment en sa compagnie, témoin de ses réflexions et de ses
réactions.

C'est ainsi que, à Montréal, en Gaspésie, en Abitibi, dans la Mau-
ricie ou ailleurs au Québec, je me trouvai souvent, dans des lobbys
d'hôtel, des salles paroissiales ou des sous-sols d'églises, l'auditeur invo-

lontaire mais curieux des confidences de militants ou d'«organisateurs» électoraux de tout niveau. Les uns étaient inquiets ou heureux de l'allure de la campagne, les autres outrés ou satisfaits des déclarations d'un candidat ou de l'allégeance politique d'un maire; d'autres encore, plus nombreux, désiraient sensibiliser le premier ministre à l'urgent besoin d'une subvention. Parfois je jouai le rôle de secrétaire lorsque Lesage, voulant se défaire d'un électeur envahissant, me demandait de noter ses réclamations «pour les transmettre au ministre concerné».

Ma tâche consistait à lui préparer des notes pour chacun de ses discours. En une seule journée, il pouvait en prononcer quatre ou cinq, surtout si nous traversions en voiture plusieurs villes et villages.

Mission impossible pour un unique rédacteur? Pas tellement. Dans une campagne électorale bien planifiée, un chef de parti s'en tient normalement à quelques messages rentables, bien choisis, qu'il lance à chacune de ses assemblées, les décorant ici et là de considérations ou de promesses relatives à la région. En simplifiant quelque peu, on peut dire qu'il répète en gros la même chose partout. Du début à la fin, il existe donc, pour tous ses discours, un cadre global (le thème principal de la campagne), un noyau commun (les attaques contre l'adversaire jointes à l'argumentation favorable au gouvernement) et les variantes régionales.

La cohorte de journalistes qui suivent pas à pas le chef de parti ont cependant besoin, quotidiennement, de leur dose de nouveautés. Autrement, la tournée perdra du relief dans les médias. Pis encore, privés de nouvelles, les journalistes seront tentés de se rabattre sur des aspects périphériques de la campagne, certes parfois importants, mais éloignés des thèmes privilégiés par le Parti ou même carrément nuisibles (attitude froide de la salle, remarque négative d'un auditeur, cris hostiles d'un manifestant éméché, etc.). C'est pourquoi il importe à l'orateur de procéder à des variations sur un même thème. Sans trop modifier la trame fondamentale de son discours, il recourt à des présentations, images ou expressions constamment originales qui, à condition qu'elles frappent suffisamment l'imagination, peuvent mériter la manchette.

Des événements inattendus risquent toujours, en cours de route, d'infléchir la trajectoire stratégique fixée au début de la campagne et de l'orienter vers des avenues moins fertiles en dividendes électoraux. Il s'agit alors de ne pas se laisser déstabiliser par ces accidents de parcours: en profiter si possible, mais sans perdre de vue les objectifs politiques fixés au départ.

La naissance d'un slogan

Dès que j'eus accepté de l'accompagner dans son périple panquébécois, Lesage me demanda d'assister aux réunions de la commission politique du Parti libéral. Se réunissant à Montréal, elle était chargée, entre autres choses, de déterminer les thèmes de la campagne ainsi que le programme du parti pour le prochain mandat. Y participaient comme membres ou à d'autres titres des conseillers de Lesage dont, notamment, Claude Ducharme, Gérard Brady, Philippe Casgrain et Guy Gagnon.

Au cours d'une de ses réunions, la commission se pencha sur le slogan à adopter pour la campagne de 1962. Celui de 1960: «C'est le temps que ça change!» avait été un choix particulièrement heureux. Pourrait-on faire aussi bien cette fois-ci?

Contrairement à ce qu'en a écrit Georges-Émile Lapalme dans ses mémoires, ce n'est pas moi qui ai proposé «Maîtres chez nous!», le slogan finalement retenu. Certes, ces mots apparaissaient dans une ou deux de mes notes à Lesage, notes dont celui-ci avait transmis copie à Lapalme et à Lévesque, mais mon impression est que le slogan venait en définitive de René Lévesque, en ce sens qu'il amena certains des conseillers de Lesage à le lui proposer. Nous craignions en effet l'opposition du premier ministre à un slogan aussi lourd de signification, peut-être même compromettant vu qu'il avait été, paraît-il, utilisé par Fidel Castro!

Une fois qu'il eut accepté le slogan, Lesage proposa cependant de le modifier en: «Soyons maîtres chez nous!». Au cours d'une conversation téléphonique dont je fus témoin, Lévesque convainquit Lesage de laisser tomber le «Soyons»: «Ça ressemblerait trop, plaida-t-il, à nos anciens mots d'ordre patriotards, comme "Soyons fiers de notre langue"!»

Dans la seconde moitié de la campagne, le slogan fut rendu plus pressant, plus incitatif, par l'addition des mots: «Maintenant ou jamais!»

Comme il se devait, le slogan servit partout et pendant toute la campagne: banderoles, affiches, dépliants, etc. Il revint aussi dans les discours de Lesage dont la conclusion, invariable, était: «Rendons au peuple du Québec ce qui appartient au peuple du Québec. L'ère du colonialisme économique est finie. Maintenant ou jamais, maîtres chez nous!»

Mais pourquoi le «Rendons au peuple...»? C'était une idée de Maurice Leroux, réalisateur de télévision et spécialiste de la communication qui agissait comme conseiller de Lesage en la matière. Leroux avait découvert que, dans l'évangile du dimanche 11 novembre se trouverait le passage fort connu où Jésus, en réponse à une question, dit:

«Rendez à César ce qui appartient à César et à Dieu ce qui appartient à Dieu». Tous les fidèles assistant à la messe ce dimanche-là (en plus grand nombre qu'aujourd'hui...) entendraient ces mots au moment de l'évangile. L'astuce consistait à construire, discours après discours, une sorte de réflexe collectif grâce auquel les fidèles-électeurs, en écoutant la Bonne Parole du 11 novembre, trois jours avant l'élection, penseraient inconsciemment à la nationalisation de l'électricité, au Parti libéral, à Jean Lesage...

Ce fut là ma première expérience de publicité subliminale. Il n'y avait pas alors et il n'y aura jamais moyen de mesurer l'efficacité du procédé, mais, comme Lesage le disait: «Ça n'aura peut-être pas d'effet, mais ça ne peut certainement pas nuire. En tout cas, ça termine bien un discours.»

Quant à la campagne électorale elle-même, elle me familiarisa avec un univers encore mystérieux pour moi. Je fus surtout sensible au cortège inévitable de surprises, de joies, de déceptions, de tensions, d'horaires invraisemblables et de pressions de toute nature, certaines presque inhumaines pour les candidats, qui caractérise la lutte électorale.

Si l'on ajoute à cela que, sur une scène politique, les acteurs se voient souvent condamnés à jouer des rôles imposés par les circonstances ou, se faisant violence, à adopter des attitudes auxquelles ils répugnent au fond d'eux-mêmes, voilà qui était plus que suffisant pour me déterminer encore davantage à ne jamais m'y produire.

Victime du Crédit social

En 1960, tout comme René Lévesque, Jean Marchand, alors président de la Confédération des syndicats nationaux (autrefois Confédération des travailleurs catholiques du Canada), fut pressenti comme candidat libéral éventuel. Il n'avait pas donné suite à l'invitation.

Pendant l'été 1962, Lesage l'avait discrètement rencontré pour lui demander, sans succès, de l'aider à convaincre son ami René Lévesque de renoncer à sa campagne en faveur de la nationalisation de l'électricité. Puisque Lesage, en annonçant l'élection de novembre, était désormais devenu un protagoniste de cette politique et qu'il s'apprêtait à adorer ce qu'il avait brûlé, Marchand repensa à l'invitation de 1960 et songea à se porter candidat libéral dans une circonscription de la région de Québec. Il prit même des dispositions à cet égard avec sa centrale syndicale.

Tout cela, je l'appris de Lesage à la fin de septembre après qu'il m'eut, sans préavis, posé la question suivante: «Si Marchand est candidat, pensez-vous que ça peut mobiliser les créditistes contre nous?»

Marchand, excellent orateur, s'était révélé en 1961 et 1962, dans plusieurs interventions, un adversaire redoutable et efficace du Crédit social. Du chef, Réal Caouette, jusqu'aux plus humbles militants de ce parti, les créditistes l'avaient pris en grippe. Caouette était en outre viscéralement et idéologiquement opposé à l'«étatisation» de l'électricité, mesure prônée, selon lui, par certains «communistes» libéraux, Lévesque par exemple. Même si elle avait choisi jusque-là d'évoluer sur la seule scène fédérale, les membres, adeptes, militants et sympathisants de sa formation politique représentaient effectivement une menace potentielle pour les libéraux «étatistes et socialistes». Les circonstances l'y incitant, il n'était pas du tout exclu que le Crédit social vienne leur faire la lutte en appuyant ici et là des candidats unionistes, surtout dans des milieux ruraux. Ce qui pourrait entraîner des résultats désastreux.

Cette problématique, Lesage l'avait en tête quand il me posa sa question. Comme rédacteur de discours, les analyses électoralo-politiques n'entraient pas techniquement dans mon champ de compétence et Lesage, en un sens, n'avait pas à m'interroger à ce propos. Mais il s'adressait à moi, comme il l'aurait fait à quiconque se fût trouvé à ma place à ce moment précis. Et j'avais à répondre.

Ce que je fis sans arrière-pensée: «Ce serait formidable que Marchand vienne, mais c'est sûr, alors, que les créditistes vont y voir un bon prétexte pour vous tomber dessus. Ils le détestent pour l'empaler.» Voilà en somme à quoi se résuma mon unique contribution, spontanée au demeurant, à la réflexion stratégique des libéraux quant au choix de leurs candidats en septembre 1962. N'importe qui aurait pu formuler, sur la candidature de Marchand, le même constat. Nous étions sur le terrain de l'évidence.

Les libéraux furent réélus le 14 novembre. Mais sans Jean Marchand.

J'avais oublié tout cela lorsqu'un soir, un ou deux ans plus tard, à l'occasion d'une réception chez Maurice Tremblay (frère de René), Marchand m'aborda durement: «C'est toi qui as convaincu Lesage, en 1962, de rejeter ma candidature». Saisi, j'expliquai ce qui s'était réellement passé. J'avais répondu à une question du premier ministre. Oui, sa candidature aurait mobilisé les créditistes contre le gouvernement libéral. Qui aurait pu prétendre le contraire? Je n'avais rien dit d'autre, mais, oui, cela, je l'avais dit.

L'attitude agressive de Marchand m'affecta. J'admirais l'homme. À vrai dire, il était un de mes héros de jeunesse lorsque j'étais étudiant au Séminaire de Québec. Son rôle lors de la grève de l'amiante, en 1949, m'avait impressionné. Je m'étais inscrit à la Faculté des sciences sociales, en 1950, en partie parce que des diplômés de la même faculté, comme lui, étaient devenus, dans notre société, des personnages clés, des animateurs, des révélateurs. En 1951 ou 1952, il m'avait permis de l'accompagner à une réunion syndicale dans Montmagny. Tout le temps du trajet, à l'aller comme au retour, j'avais pu échanger avec lui des propos sur le syndicalisme et l'évolution du Québec. Or voilà qu'un de mes personnages de référence s'en prenait à moi qui étais un peu son «disciple». Comme si je l'avais trompé, comme si j'avais été déloyal.

Mais «trompé», «déloyal», comment?

Quelque chose n'allait pas, mais je ne le sus, par recoupements, que bien après cette fameuse soirée. Tout provenait d'un malentendu dont, sans s'en douter, Lesage était à l'origine.

Il avait revu Marchand — ou lui avait reparlé — peu après que j'eus exprimé mon opinion sur les avantages et les inconvénients de sa candidature. Ma réaction était toute fraîche à la mémoire de Lesage et, dans sa conversation avec Marchand, elle prit, semble-t-il, une place démesurée. Selon la manière dont il en rendit compte à Marchand, l'analyse de son cas se résumait en substance ainsi: «J'ai discuté de ton affaire avec René Lévesque, Alcide Courcy (ministre de l'Agriculture et député d'Abitibi-ouest) et Lucien Cliche (ministre des Terres et Forêts et député d'Abitibi-est). D'après eux, tu risques de nous créer des problèmes avec les créditistes. Tiens, je viens aussi d'en parler à Claude Morin, pourtant un de tes admirateurs. Eh bien, il me recommande fortement d'éviter ta candidature. Mieux vaut, je pense, que tu ne te présentes pas.» De la sorte, mon avis, exprimé en passant, était devenu un avertissement formel: «Rejetez Marchand, sinon...».

Sans doute celui-ci m'en voulut-il pendant des années, ignorant ou perdant de vue que mon intervention à son propos s'était produite à l'intérieur d'une conversation portant sur autre chose et, surtout, qu'elle s'était limitée à formuler une évidence. Certes, d'autres avaient émis des réserves sur l'opportunité de sa candidature, mais, à ses yeux, j'avais exploité ma situation privilégiée auprès du chef du Parti pour, Dieu savait pourquoi, ruiner son projet. Cela faisait de moi au mieux un irresponsable ou, au pire, un «tireur de ficelles» qui, sans courage parce qu'agissant à son insu, avait bloqué sa carrière politique au Québec.

En novembre 1976, il céda à l'invitation de Robert Bourassa qui lui avait fait entrevoir une victoire facile et quitta Ottawa pour se présenter contre moi dans la circonscription de Louis-Hébert, où j'étais candidat du Parti québécois. Quel rôle le malentendu de 1962 avait-il joué dans sa décision? Je ne le saurai jamais.

Un scandale?

Le 3 novembre survint un de ces événements susceptibles de faire dériver toute une campagne électorale. Le journal *La Presse* annonçait que la Sûreté du Québec (la «police provinciale» disaient encore plusieurs) venait de saisir 4000 faux certificats d'électeurs dans un casier de la consigne à la gare Windsor de Montréal. Ces certificats, grâce auxquels les électeurs prouvaient leur droit de vote, étaient adressés au principal organisateur de l'Union nationale, André Lagarde. Le sens de la découverte était clair: une vaste fraude électorale se préparait, conçue par l'Union nationale. La saisie de la gare Windsor n'était que la pointe de l'iceberg.

Nous nous trouvions alors à Chicoutimi. La nouvelle pouvait changer l'allure du reste de la campagne.

Depuis un mois déjà, tout avait été dit sur la nationalisation de l'électricité. On sentait, par les réactions des assemblées, que le public avait hâte d'entendre parler d'autre chose. Pourtant, la stratégie était formelle: ne pas dévier du sujet principal de l'élection. De plus en plus, ce cap était difficile à maintenir. Soulevées par l'Union nationale ou même par des candidats libéraux, d'autres questions classiques comme l'agriculture, la voirie, les allocations sociales, menaçaient de plus en plus de remplacer l'électricité comme thème dominant. Lesage lui-même avait dû faire des concessions à ce propos. L'«affaire des faux certificats», ainsi qu'elle fut baptisée par la suite, aggraverait la tendance à la glissade vers d'autres thèmes.

En revanche, cette affaire pouvait considérablement nuire à l'Union nationale. La réputation de ce parti avait été gravement compromise par l'enquête royale sur l'administration publique (commission Salvas), instituée sitôt les libéraux élus en 1960 pour examiner l'étendue et les mécanismes du patronage pratiqué sous le régime duplessiste. Déjà, à l'autre bout du Québec, Lapalme avait brandi la révélation de *La Presse* comme preuve que l'Union nationale, même dans la défaite, demeurait toujours semblable à elle-même, toujours aussi tordue dans ses méthodes. Dans ses premiers commentaires publics, Lesage emboîta le pas. La campagne électorale était en train de prendre une nouvelle tournure.

Jean Bienvenue n'était pas tranquille. Cette histoire de faux certificats lui semblait suspecte. Il fit baisser d'un cran l'excitation de notre petit groupe: «Avant d'accuser tout le monde, suggéra-t-il, essayons d'en apprendre plus». Sur ce, il s'installa au téléphone et se mit en quête de renseignements supplémentaires. De son côté, Lesage chercha à joindre Lapalme. J'ignore à qui Bienvenue parla, mais lorsqu'il revint vers nous une heure plus tard, il conseilla la plus grande prudence, l'affaire n'étant pas assez limpide à son goût. Il s'entretint ensuite en privé avec Lesage. Celui-ci décida en fin de soirée que, pour le reste de la campagne, on s'en tiendrait aux thèmes habituels, quitte à faire en passant quelques allusions au «scandale unioniste», sans plus.

L'affaire ne fut jamais entièrement éclaircie, ni ses auteurs identifiés, mais le fait est qu'elle avait toutes les caractéristiques d'un coup monté contre l'Union nationale par des libéraux.

Une première au Québec: un débat des chefs

La victoire de John Kennedy sur Richard Nixon aux élections américaines de 1960 tenait en bonne partie à sa performance remarquable dans un débat télévisé entre les deux adversaires. Ce débat avait été suivi par des millions de citoyens. Comme cela se produit souvent pour les modes qui naissent aux États-Unis, l'idée d'un face-à-face Lesage-Johnson, télévisé lui aussi, séduisit les médias québécois, en particulier Radio-Canada qui offrit d'en organiser un, le 11 novembre, le fameux dimanche du «Rendez à César...». Les deux chefs de partis acceptèrent à condition que, de part et d'autre, on s'entendît sur les règles du jeu.

Ce débat était toute une aventure, car on risquait gros. Les libéraux n'étaient cependant pas en peine. Plusieurs mois avant l'élection, Maurice Leroux avait eu l'intuition que l'expérience Kennedy-Nixon serait peut-être reprise au Québec et que mieux valait s'y préparer. Accompagné de Maurice Sauvé et de Claude Ducharme, il se rendit à Washington pour apprendre, de certains de ses conseillers, comment on avait procédé dans son cas.

À la télévision, l'image de Lesage aurait plus d'importance que le contenu de ses messages. Selon Leroux, les apparences feraient toute la différence. On concevrait donc les messages en fonction de l'image à dégager. Il fut entendu que l'émission d'une heure serait divisée en quatre tranches égales. Concession libérale: une tranche du débat porterait sur la nationalisation de l'électricité, mais les trois autres aborderaient d'autres sujets. Les deux chefs, parlant alternativement, disposeraient chacun, au début des tranches, de trois minutes pour présenter leurs points de vue respectifs; puis des journalistes en studio leur poseraient des questions; après cet échange, chaque chef aurait une minute pour conclure. Un modérateur de Radio-Canada dirigerait le débat et verrait au respect rigoureux des périodes de temps allouées. Pour corser le tout, Leroux suggéra — on verra pourquoi dans un instant — qu'un petit chronomètre apparaisse en surimpression dans un coin de l'écran.

Quelle image de Lesage transmettre? Il avait la réputation, fondée, de se mettre facilement en colère. Face aux téléspectateurs, il devrait corriger cette perception, donc paraître calme, pondéré, maître de ses réactions. On disait de lui qu'il connaissait bien ses dossiers. Exact. Il ne serait donc pas mauvais de le voir citer quelques chiffres, pas beaucoup, juste assez pour confirmer sa familiarité avec des sujets complexes. Il passait pour hautain, arrogant, distant. Il donnait effectivement cette impression, bien que ce ne fût pas la réalité. Dès lors, il utiliserait un ton simple, pas trop oratoire, ni trop ronflant. Souriant, il s'adresserait toujours au public, pas à Johnson, même pour répondre à des attaques possibles: faire comme si c'était le public qui lui avait formulé des critiques ou des objections et y répondre franchement, en le regardant dans les yeux à travers la caméra. Ne pas mettre Johnson en évidence.

Vaste programme, débouchant sur une exigence: Lesage devrait accepter de se laisser diriger comme un acteur inexpérimenté, suivre scrupuleusement les indications de son metteur en scène et livrer des messages préfabriqués sans en modifier un mot. L'heure ne serait ni à la fantaisie ni à la spontanéité, encore moins à la recherche d'effets de foule soudains.

Voilà qui était beaucoup demander au personnage. Il consentait certes à recevoir des conseils, pourvu qu'ils ne fussent ni trop visibles ni trop impératifs (il fallait bien les lui envelopper!), mais, comme il le disait souvent: «De ce qu'on me dit, j'en prends, j'en laisse et je fais ce que je veux.» Cette fois-ci, il devait se contenter d'en prendre, d'obéir et de «performer».

Surprise! Jamais je ne vis (ni ne verrai par la suite) Lesage aussi docile. Il se plia à tout, sans même maugréer pour la forme. Un vrai charme. Il accepta de passer toute la journée du dimanche 11 novembre dans une suite de l'hôtel Windsor à Montréal, sans sortir, mangeant selon l'horaire établi par Leroux la nourriture suggérée par Leroux, se reposant aux moments décidés par Leroux, travaillant au rythme imposé par Leroux et allant se faire légèrement bronzer à l'endroit désigné par Leroux: «Le bronzage évite un épais maquillage; ça fait plus naturel. Johnson ne pensera sûrement pas à ça», expliqua-t-il.

En effet. On sut plus tard que Daniel Johnson, au lieu de se préparer avec soin à cet événement peut-être déterminant que serait le débat télévisé, passa sa journée à faire des discours, prit peu de repos et lut ses notes dans la voiture qui le conduisait de sa circonscription de Bagot à Radio-Canada où il eut, comme l'avait prévu Leroux, le visage recouvert d'une couche généreuse de maquillage. Il avait pris l'opération beaucoup moins au sérieux que Lesage qui, lui, en avait depuis longtemps compris l'enjeu. D'où sa docilité exemplaire. Et éphémère...

Minutage

Je passai ce dimanche dans la même suite que Lesage. S'y trouvaient aussi Gilberte LaCasse, sa secrétaire, et Denys Paré, son attaché de presse. Dans les jours précédents, au milieu des autres discours, j'avais mis au point toute une série de textes dont Lesage se servirait au cours du débat. Chacun avait été «minuté» de manière à entrer exactement dans l'intervalle prévu. À partir d'enregistrements de discours, j'avais calculé le nombre de mots prononcés en une, deux ou trois minutes par Lesage. Leroux m'avait averti: ne jamais dépasser le temps alloué, ne jamais non plus terminer avant la fin de la période prévue. Bref, j'avais un battement de plus ou moins une seconde!

À quelques heures du grand rendez-vous télévisuel, le moment était venu de constater si Lesage saurait, lui, respecter les durées d'intervention prescrites. Sinon, de faire les corrections requises. Lisant devant nous et, du coup, apprenant peut-être par cœur chacun des textes, il se «minuta» à son tour. Pas mal. Quelques changements à faire ici et là, mais cela devrait aller. Gilberte LaCasse retapa le tout en grosses lettres: Lesage n'aurait pas à se servir de lunettes. Cela n'aurait pas été bon pour l'image. Au cas où, sait-on jamais, il aurait besoin de repères (il reste X secondes, ce paragraphe dure Y secondes...), je marquai ses feuilles de traits crayonnés. Me voyant faire, Lesage se contenta de soupirer, hochant la tête, résigné: «Tout de même...».

À quoi tenaient donc ces préoccupations d'ordre chronométrique?

À une trouvaille, pas bête du tout, de Maurice Leroux. C'est pourquoi il avait demandé à Radio-Canada, l'Union nationale ne se doutant de rien, de faire paraître, dans le coin de l'écran, une mini-horloge comptant les secondes.

Au spectacle des secondes s'écoulant implacablement et connaissant les règles du jeu sur lesquelles le modérateur aurait lourdement insisté dans sa présentation (Leroux y tenait), le public, les yeux sur l'aiguille, tenterait de deviner lequel des deux chefs respecterait finalement le mieux le temps qui lui serait imparti. De la sorte, le débat prendrait aussi l'allure d'une sorte de course contre la montre, d'un jeu télévisé si l'on veut. À cette différence près: puisqu'il s'agissait d'une opération politique, le «concurrent» respectueux de son temps de parole aurait l'air plus discipliné, mieux organisé, en somme plus fiable que son adversaire incapable, malgré sa promesse, de s'en tenir au format prescrit. Si en plus celui-ci — en l'occurrence Johnson —, se faisait rappeler à l'ordre par le modérateur (effet visuel disgracieux garanti), il révélerait un manque de discipline incompatible avec une responsabilité de premier ministre, tâche qui, dans la conception du public, exige ordre et contrôle de soi.

L'hypothèse qui sous-tendait cette petite stratégie, c'était que Johnson trouverait moyen de contrevenir à la répartition rigoureuse des temps de parole, comptant peut-être sur la tolérance du modérateur pour le laisser quelque peu dépasser le sien. À l'époque, cela se produisait parfois dans les interventions télévisées de personnalités politiques ou artistiques. Pourquoi Johnson n'aurait-il pas profité de cet avantage? En tout cas, il était pour nous acquis qu'il raisonnerait probablement de la sorte. De la même façon, on supposa qu'il ne s'en tiendrait pas vraiment à la règle, pourtant acceptée par ses représentants, selon laquelle, durant le débat, un chef politique ne s'adresserait pas directement à l'autre, mais plutôt au modérateur.

Autant le dire: nous comptions sur Johnson pour faire de ce débat un triomphe libéral.

Encore fallait-il que Lesage, notre «star», pût répondre à toutes les questions des journalistes participant à l'émission. Surtout, y répondre sans se mettre en colère, sans sortir du canevas mis au point par Leroux, sans rien ajouter aux textes déjà préparés par moi, sans éclat. Chez Lesage, c'était là le plus inquiétant. Seul sur une scène, il pouvait être admirable, prenant, convaincant, mais comment réagirait-il si un journaliste tentait de le faire sortir de ses gonds?

Un test s'imposait. Pourquoi pas une répétition? Pourquoi Lesage n'essaierait-il pas de répondre aux questions et objections embêtantes de

Leroux, Paré et moi, comme si nous étions des journalistes? Ce qui fut fait avant l'émission. Expérience concluante: Lesage pourrait s'en tirer. Il était conditionné à conserver son calme.

De notre point de vue en tout cas, le débat se déroula impeccablement. Je faisais partie du petit groupe de sept ou huit invités spéciaux que chaque parti avait le droit de faire admettre en studio. Lesage se révéla parfaitement maître de lui. Johnson, plus brouillon en apparence, enlevant et remettant ses lunettes, donna un peu l'impression d'improviser, dépassa fréquemment ses temps de parole et interrompit Lesage; le modérateur dut le rappeler à l'ordre.

À l'époque, aux États-Unis comme au Canada, les débats télévisés en étaient, si l'on peut dire, à leurs balbutiements. Du fait que le public ne disposait alors que de deux ou trois canaux de télévision, l'audience avait été considérable, un million de téléspectateurs, peut-être plus. Stimulés par la performance exceptionnelle de Lesage, nous étions présomptueusement certains que le résultat de l'élection avait été à toutes fins utiles scellé ce soir-là. Au sortir du studio, Leroux courut vers Lesage: «J'ai envie de vous embrasser», lui dit-il. La réplique se perdit dans le brouhaha.

Le lundi 12, tous les médias proclamèrent Lesage vainqueur du débat. Tous, sauf *Montréal-Matin*, le journal de l'Union nationale.

Le mercredi 14, les libéraux furent réélus avec une majorité accrue.

3

«La Caisse de dépôt, c'est moi...»

Après mon refus de devenir sous-ministre des affaires fédérales-provinciales au printemps 1961, le poste resta vacant. L'urgence de le combler n'était apparemment pas si criante...

Ce ne fut qu'au début de 1963 que Lesage y désigna finalement l'un de ses amis, Taschereau Fortier, un avocat de Québec. Le gouvernement l'avait déjà consulté à propos de dossiers concernant les autochtones, ce qui l'avait mis en contact avec les fédéraux.

Or, Fortier décéda subitement la veille de son entrée en fonction.

Une offre...

Quelques semaines plus tard, en avril, je me trouvais à la résidence de Lesage mettant avec lui au point le discours du budget de 1963. Au moment où je m'apprêtais à partir, voilà qu'il me dit, avec l'air de quelqu'un qui s'est préparé d'avance:

— Claude, vous savez que Taschereau est mort. Il me faut quelqu'un. J'ai besoin, à côté de moi, d'un *troubleshooter*. J'ai décidé que vous alliez être mon sous-ministre des Affaires fédérales-provinciales, et cette fois je n'accepterai pas un non comme réponse. Vous n'avez pas besoin d'entrer en fonction demain. Prenez votre temps. Réglez vos affaires. Mais venez!

J'étais abasourdi. Je sentais que c'était beaucoup plus grave que deux ans auparavant. Il y avait chez Lesage une fermeté déconcertante. Je ne m'en tirerais pas facilement, si jamais j'y arrivais... Plutôt que d'entreprendre une discussion et ne trouvant rien d'intelligent à dire, je le remerciai, lui annonçant que j'y repenserais, que je mijoterais tout cela, qu'il fallait que j'en parle à ma faculté, à ma femme, etc.

— Votre femme? Je l'appellerai s'il le faut, répondit-il.

Je le quittai, catastrophé. Tout recommençait. Je croyais pourtant avoir fait une croix définitive sur tout poste de la fonction publique, quel qu'il soit. J'étais résolu à faire carrière à l'université où je me plaisais.

Un autre facteur jouait: je connaissais Lesage, avec ses qualités et ses travers, bien mieux qu'en 1961.

Il n'était pas un patron facile, oscillant entre une humeur enjouée ou massacrante au gré des événements ou de ses états d'âme. Il pouvait se montrer successivement charmant, exaspérant, impulsif, colérique. Dans les jours qui suivirent, ses traits les plus négatifs prirent beaucoup d'espace dans ma grille d'appréciation, comme si j'essayais inconsciemment de découvrir entre lui et moi des motifs d'incompatibilité tellement patents qu'ils justifiaient un nouveau refus de ma part. Du coup, j'en oubliais ses qualités: sa tolérance habituelle à mon endroit, sa simplicité, sa capacité de travail, son dynamisme, son intelligence des dossiers les plus compliqués. Oublié aussi son style de leadership grâce auquel, sans être lui-même un réformateur, il se ralliait aux réformes et les réalisait dès qu'il se sentait convaincu de leur bien-fondé.

Quel intérêt aurais-je à devenir une sorte de secrétaire glorifié, un rédacteur de discours dorénavant soumis aux ordres capricieux d'un patron détenant toute autorité sur moi? Au moins, jusque-là, j'étais *free-lance*, consultant à honoraires, libre d'accepter ou de rejeter tel ou tel mandat proposé. Sous-ministre, je serais soumis à des horaires envahissants, à des obligations administratives et à d'autres contraintes gênantes. Ce n'était pas drôle!

Lesage serait sans doute gravement indisposé par un second refus. Il me faudrait par conséquent une fichue bonne excuse.

Difficile de lui répondre que le poste ne m'intéressait pas. Quoique vrai, cela manquerait de vraisemblance, surtout que le salaire d'un sous-ministre était deux fois plus élevé que celui d'un professeur de mon rang et de mon âge. Difficile aussi de me barricader derrière un prétendu mauvais état de santé dont personne ne se serait jamais aperçu. Le mieux serait que l'Université (entendre ici ma faculté) s'oppose à mon départ ou, en tout cas, exprime des réticences bien senties à me voir quitter l'enseignement, occupation où, disait-on, je me débrouillais plutôt bien.

...impossible à refuser

Discrètement mis au courant de la situation, mon doyen et mon directeur de département, loin de s'inquiéter de mon départ possible, s'empressèrent de me féliciter de la confiance du premier ministre à mon endroit, me conseillèrent chaleureusement d'accepter son offre et me souhaitèrent la meilleure des chances dans ma nouvelle et extraordinaire carrière! Ils savaient depuis longtemps, m'expliquèrent-il, que j'avais la «piqûre politique» et que tôt ou tard je réussirais à aboutir au gouvernement, comme je le souhaitais d'ailleurs, n'est-ce pas?

La «piqûre politique»? Mon désir d'accéder à la haute fonction publique? Je fus peiné de leur réaction: non contents de ne pas me retenir, ils se montraient convaincus que s'approchait enfin, pour moi, la matérialisation d'une vieille ambition intime: me faire offrir un poste prestigieux par les libéraux.

De mes collègues mis dans la confidence, un seul me conseilla de rejeter la proposition. À long terme j'aurais, selon lui, plus d'influence comme professeur d'université qu'à court terme comme sous-ministre. Hypothèse intéressante, qui me réconforta un moment. Au moins, quelqu'un me comprenait (à vrai dire, si l'argument m'avait été présenté quelques années plus tard, il aurait été peu convaincant; j'aurais entretemps appris jusqu'à quel point les politiciens et les hauts fonctionnaires ignorent les travaux d'universitaires, non qu'ils les méprisent, mais parce qu'ils n'en connaissent rien). Par contre, tous mes autres collègues consultés me félicitèrent, s'étonnant même un peu de mon hésitation à sauter sur l'offre de Lesage.

Ainsi donc, l'Université n'avait pas d'objection à mon départ... Plus que cela: serais-je demeuré professeur, on se serait probablement interrogé sur mes étranges mobiles: comment peut-on repousser un poste de sous-ministre du premier ministre?

Peut-être qu'avec sa franchise René Lévesque m'aiderait, lui, si peu conformiste, à me tailler une bonne excuse? Pas du tout. Il fut franc, mais peu utile, du moins par rapport à l'arrière-pensée qui me guidait durant ma rencontre avec lui au restaurant *Le Chalet suisse*, à Québec — alors appelé *L'Aquarium*, lieu de rassemblement de politiciens en exercice, de membres nostalgiques de l'Opposition et de fonctionnaires-conseillers naviguant dans le sillage du pouvoir.

Malgré son retard au rendez-vous fixé, expliqué par un bref «Excusez-moi, on m'a retenu», et parmi mille et une autres considérations, je retins de lui ceci qui planta le dernier clou dans le cercueil de ma liberté universitaire:

— Pour l'amour du bon Dieu, dites oui. Au plus sacrant. Sinon, Lesage choisira quelqu'un d'autre. Vous avez une occasion unique d'exercer une influence permanente. Vous n'avez pas le droit de la laisser passer par paresse ou coquetterie de professeur. Par-dessus le marché, c'est Lesage lui-même qui insiste. Si vous n'êtes pas trop niaiseux, vous accepterez. Au moins pour un bout de temps. Vous savez, l'université c'est comme le journalisme; ça mène à tout à condition d'en sortir. J'en sais quelque chose.

Le lendemain, péniblement et tardivement glanées à travers les volutes de ses cigarettes (et de celles de ma pipe) et au milieu des interruptions spontanées et des salutations joyeuses auxquelles sa notoriété l'astreignait dans cet établissement fréquenté par une faune politique disparate, les paroles de Lévesque s'agrippaient à ma mémoire comme si elles refusaient de s'enfoncer, inutiles, dans ce complaisant oubli qu'on appelle bonne conscience.

J'étais coincé par une sorte de fatalité dont je tentai de desserrer l'étau. Je me mis alors à considérer le poste offert non comme un changement définitif de carrière, mais comme un stage dans la fonction publique québécoise. Après tout, n'est-il pas recommandable pour un professeur d'aller se rendre compte par lui-même de la façon dont les choses se passent réellement dans la vie concrète? Après ce stage où j'apprendrais «sur le tas», je réintégrerais ma faculté, plus expérimenté qu'avant, mieux au fait de la réalité. Mon retrait de l'université ne s'étendrait ainsi que de juin 1963 à juin 1964. Pour m'épargner une nouvelle discussion avec Lesage, je décidai de ne rien lui dire sur la durée, sûrement plus brève qu'il prévoyait, de mon engagement.

Par prudence, je pris en plus ce que je croyais être une «police d'assurance»: je continuerais à donner mon cours de politique économique, celui que je préférais. Ainsi, je garderais un pied dans la place. Cet arrangement convint à ma faculté ainsi qu'à Lesage qui favorisait le rapprochement gouvernement-université.

À quelques semaines de la fin de l'année académique, le moment était approprié pour une transmigration administrative temporaire, mais moins, toutefois, pour la négociation d'un congé sans traitement. Cette pratique, courante par la suite, était alors peu répandue. Je démissionnai donc de mon poste de professeur à plein temps, avec toutefois, comme sécurité de ré-emploi, ma «police d'assurance» et des affirmations amicales, maintes fois répétées, sur le plaisir qu'on aurait toujours à me revoir... Je compris ces paroles comme signifiant: «Reviens quand tu voudras, tu auras toujours une place ici...»

Le lundi 17 juin 1963, j'entrai en fonction. Plus exactement, je me rendis dans mon futur ministère, logé dans deux bureaux de l'Édifice B, au-dessus de la Bibliothèque de la législature: le mien et celui d'une secrétaire que je rencontrai alors pour la première fois. Détail dont j'ignorais encore l'importance stratégique: mon bureau se trouvait à une trentaine de pieds de la salle de réunion du Conseil des ministres et à moins d'une minute de celui de Lesage.

J'atterrissais au centre géographique du pouvoir politique.

Ministère ou secrétariat?

L'encadré qui suit s'adresse à ceux et celles qu'intéresse la petite histoire du ministère des Affaires fédérales-provinciales. Les autres peuvent sauter à la prochaine section.

Je reçus ma première leçon pratique d'administration publique d'un comptable du conseil exécutif. Pour l'année en cours, le budget du ministère avait été fixé à 100 000 $, somme que je jugeai fort généreuse. En effet, une fois déduits mon salaire et celui de ma secrétaire, il restait encore plus de 70 000 $ à dépenser! Mais les dépenser à quoi? Ce n'était pas clair. Le comptable m'expliqua que cela dépendrait des programmes du ministère. Ah oui? Mais quels programmes un ministère des Affaires fédérales-provinciales peut-il bien administrer?

Hormis les renseignements d'ordre technique fournis alors, et dans les jours suivants, par ce sympathique comptable (qui devait se demander en quel honneur Lesage avait choisi un ignare de mon acabit) sur l'engagement de personnel, les heures de travail, la date de la réception des chèques de paie, la manière de présenter les comptes de dépenses, l'allocation d'automobile, la place de stationnement et autres sujets aussi passionnants, le reste, c'est-à-dire le fonctionnement d'un gouvernement et de ses ministères, je l'appris comme j'avais commencé à apprendre les règles de la politique: par une méthode tirée de la sociologie, l'observation participante.

Ou bien encore, en posant des questions à des gens d'expérience comme Michel Bélanger, mon ancien confrère d'université, alors sous-ministre adjoint aux Richesses naturelles, Arthur Tremblay qui deviendra bientôt sous-ministre de l'Éducation ou Roch Bolduc, membre de la Commission de la fonction publique.

Cela dit, si je savais en gros en quoi sa mission consistait, je n'avais pas idée de la façon dont un mini-ministère comme le mien devait être structuré.

Des adeptes enthousiastes de la Révolution tranquille, professeurs bien sûr, m'avaient fait valoir que, pour les ministères en voie de conception, rien de solide ne pouvait survenir sans un organigramme bien fignolé et des définitions précises de tâches. D'ailleurs, me signala-t-on, tous les nouveaux sous-ministres agissaient ainsi, même si leurs ministères avaient été fondés des années avant. Cela s'appelait «repartir sur des bases nouvelles» ou «créer du nouveau à même l'ancien». Ensuite, on remplissait les cases vides de l'organigramme par du personnel récemment recruté, si possible, dans des universités ou d'autres nobles organismes, par exemple le gouvernement fédéral.

Alors, pourquoi pas un organigramme innovateur, original, pour mon ministère encore structurellement vierge?

Questionné sur ses préférences, Lesage prit cinq ou six secondes à me donner une réponse peu fertile en inspirations: «Je vous fais confiance. Organisez ça comme vous voulez. Au besoin, parlez-en à Pigeon». Comme instructions, c'était d'autant plus bref que je décidai d'en omettre le recours à Pigeon.

Il y avait cependant un problème plus sérieux.

Quoique auteur du discours de Lesage proposant à l'Assemblée législative la création d'un ministère des Affaires fédérales-provinciales, j'étais encore peu imprégné de la théologie propre à l'administration publique. Mon impression superficielle était qu'en l'occurrence une structure élaborée — un ministère en bonne et due forme — n'avait pas vraiment de raison d'être, du moins au départ, dans le cas des relations fédérales-provinciales. Pourquoi le gouvernement n'avait-il pas choisi de commencer par un secrétariat relié au conseil exécutif?

Déjà j'avais tendance, pour les nouveautés, à procéder par étapes...

Ce qui fit que je me trouvai, par la force des choses, à devenir sous-ministre d'un ministère dont l'existence même ne me semblait pas essentielle. Ma préférence allait à une structure beaucoup plus légère. Cela tenait à mon manque de conviction et au fait que je ne savais pas comment m'y prendre pour construire un ministère. Pourquoi, dès mon entrée en fonction, afficher mon ignorance en m'informant auprès de tout un chacun?

Je constatai cependant vite que, pour réussir à conserver modeste la structure (ou l'absence de structure) que j'avais en tête, une condition préalable s'imposait. Elle consistait à proclamer à qui voulait l'entendre l'inexistence d'un organigramme créateur d'espoirs («Il y en aura un, mais plus tard»).

Si la nature a horreur du vide, c'est encore plus vrai de l'administration publique, lorsqu'elle se trouve en face de postes inoccupés et, de ce fait, tentateurs. Ce néant structurel était, quant à moi, fort supportable. Faute d'un programme précis de travail, j'aurais été bien en peine de décider quels postes ou cases inventer dans l'organigramme en question. Cette méthode dite «pragmatique» me convenait aussi pour une autre raison difficilement avouable: moins j'aurais de directeurs généraux, de directeurs et de chefs de service à diriger, moins les tâches de gestion accapareraient le temps du sous-ministre novice que j'étais. Et plus elle laisserait de temps au conseiller que j'espérais demeurer.

Ainsi, chez ceux pour qui la perspective d'un nouveau ministère équivalait à l'annonce d'emplois rémunérateurs auxquels ils avaient le droit d'aspirer, il importait de propager de bouche à oreille la notion que ces emplois ne se matérialiseraient pas tout de suite. En d'autres termes: oui, on organise un ministère, mais cela prendra tellement de temps que mieux vaut regarder ailleurs pour un poste éventuel!

À cette époque dont je garde un souvenir nostalgique, le recrutement de personnel n'avait rien de la saga qu'il est devenu depuis que la «rationalisation» de l'administration publique l'a graduellement transformé en une laborieuse course à obstacles à travers lois, règlements, normes, concours et procédures.

Rien n'aurait donc empêché une plus grande voracité de ma part, mais je recrutai le moins possible de fonctionnaires. Ma première employée fut Mercédès Chartier, une de mes anciennes étudiantes à Laval, qui opta ensuite pour la fonction publique fédérale. Puis, l'un après l'autre, mais seulement dans la mesure où nos dossiers réclamaient un personnel accru, trois ou quatre nouveaux fonctionnaires, souvent d'anciens étudiants, vinrent la rejoindre, par exemple, Denis Bédard, (maintenant secrétaire du Conseil du Trésor) ou Marcel Gilbert (plus tard sous-ministre de l'Enseignement supérieur et de la Recherche). Ensuite vinrent Jacques Girard (futur secrétaire général de l'Université de Montréal et PDG de Radio-Québec), ainsi que Jacques Martin, maintenant dans l'entreprise privée.

Il y eut aussi René Dussault, qui devint conseiller du ministre Claude Castonguay, puis sous-ministre de la Justice, ensuite président de l'Office des professions, puis professeur à l'École nationale d'administration publique et maintenant juge à la Cour d'appel.

En 1964, parmi les tout premiers fonctionnaires, j'avais recruté un constitutionnaliste. Jusque-là le besoin ne s'en était pas trop fait sentir. À la rigueur et s'il le fallait vraiment, Pigeon pouvait toujours nous dépanner, mais cet expédient n'avait pas que des avantages. Pigeon était bien plus âgé que moi, n'appartenait pas à mon ministère et m'apparaissait plutôt partisan du statu quo. Et, en plus, difficile de lui réclamer des avis juridiques, sauf par l'entremise de Lesage.

Pierre Martin, membre du cabinet de Paul Gérin-Lajoie, m'avait signalé, avec éloges, que j'aurais intérêt à retenir les services d'un jeune et brillant avocat, spécialisé en droit constitutionnel, qui terminait alors ses études de doctorat à Londres.

Lesage hésita: «Pourquoi un autre juriste? Nous avons Pigeon.» Finalement, je le convainquis, ou plutôt il céda, tout en s'étonnant de mon insistance à choisir un candidat que je n'avais jamais vu. «S'il ne fait pas l'affaire, vous vous arrangerez avec lui. Ce sera votre problème. Moi, je garde Pigeon», conclut Lesage. L'engagement du nouveau constitutionnaliste se fit par simple échange de lettres, procédure plus expéditive que celles auxquelles on doit maintenant recourir. Je ne fis sa connaissance que le jour où il se présenta au travail. Il s'appelait Louis Bernard et devint plus tard secrétaire général du gouvernement, le plus haut poste de la fonction publique québécoise.

Deux ans après mon arrivée, le ministère — le plus petit du monde occidental, disions-nous à la blague — comptait toujours moins d'une douzaine de personnes, secrétaires comprises.

Lesage n'intervint à aucun moment dans mes choix, ni ne suggéra qui que ce soit.

Aucune intervention de sa part non plus lorsque je décidai que l'en-tête du papier à lettres de mon ministère et la couverture des mémoires du Québec aux conférences fédérales-provinciales ne contiendraient pas, comme c'était jusque-là la coutume générale, l'expression *Province de Québec*. J'y substituai celle de *Gouvernement du Québec*, dont l'usage se répandit peu après dans l'ensemble de l'admistration.

Priorité: le partage fiscal

Le jour de mon arrivée, Lesage me fit venir à son bureau dans l'après-midi. S'y trouvaient déjà Jean Bieler et Pierre Lebœuf du ministère des Finances, ministère dont le premier ministre était aussi titulaire. Ils étaient en plein travail: pas de salutations chaleureuses à son nouveau sous-ministre de la part de Lesage, mais brève présentation aux deux fonctionnaires qui me connaissaient déjà.

— Claude, j'aimerais que vous alliez lundi prochain, avec Jean et Pierre, à la réunion du *Continuing Committee* à Ottawa, annonça Lesage. Ils vont vous expliquer l'ordre du jour. Vous représenterez le ministère des Affaires fédérales-provinciales. Vous me ferez rapport mardi.

Quel *Continuing Committee*? Apparemment, j'étais censé le savoir. Je finis par comprendre qu'il s'agissait d'un comité permanent de sous-ministres d'Ottawa et des dix provinces (ou de fonctionnaires de rang équivalent) dont le mandat consistait, depuis des années, à suivre les arrangements fédéraux-provinciaux sur le partage des ressources fiscales au Canada et à formuler des avis sur divers problèmes relatifs au système de taxation, comme la double imposition par exemple.

Les arrangements concernant le partage fiscal existaient depuis 1947 et valaient pour cinq ans à la fois. Au terme de chaque période, ils étaient renouvelés pour une autre période quinquennale, mais parfois avec des changements assez importants. Chaque nouvelle série d'arrangements était précédée par des négociations plus ou moins ardues entre Ottawa et les provinces. Le tout culminait en une ou deux conférences fédérales-provinciales des premiers ministres.

C'était au cours de ces conférences que Duplessis s'était fait remarquer en réclamant constamment le retour au Québec («Rendez-nous notre butin!») des impôts directs dont Ottawa s'était, selon lui, emparé à la faveur de la guerre de 1939-1945. Le Québec était la seule de toutes les provinces à percevoir elle-même ses propres impôts par son ministère du Revenu. Les autres laissaient ce soin à Ottawa qui, par la suite et déduction faite des frais de perception, leur en retournait le produit.

Ainsi donc, réunion du *Continuing Committee* dans une semaine, le 24, jour de la Saint-Jean-Baptiste. Le choix de cette journée pour une rencontre fédérale-provinciale de sous-ministres me heurta quelque peu. J'en fis part à Lesage.

— Oh, vous savez, pour Ottawa et les autres provinces, le 24 juin est une date comme les autres; répondit-il, il faudra vous habituer.

Ça commençait bien! Je décidai de trouver un moyen de ne pas aller à cette réunion.

Le lendemain, je m'arrangeai pour me faire dire par Bieler et Lebœuf qu'il s'agirait d'une rencontre de routine, qu'il y en aurait une autre en septembre ou octobre, que ma présence à celle du 24 juin n'était pas vraiment essentielle et que ma participation serait plus utile quand je connaîtrais mieux tout le dossier de la fiscalité. Fort bien. Deux ou trois heures après, ces faits persuadèrent Lesage que mon abstention ne mettrait pas en péril la Fédération canadienne. Il insista néanmoins sur la priorité que représentait, pour le Québec et pour lui, la question du partage fiscal, priorité qui serait aussi celle, précisa-t-il, du ministère des Affaires fédérales-provinciales. Là-dessus il me demanda de m'y intéresser de près et de relire ses prises de position de l'été 1960.

Effectivement, un des premiers gestes de Lesage sitôt élu avait été de participer à une conférence des premiers ministres sur la fiscalité. Cette conférence, prévue depuis mars 1960, s'était tenue à la fin de juillet, un mois à peine après son arrivée au pouvoir.

Le nouveau premier ministre du Québec avait surpris tout le monde. Sa prestation, logique et bien structurée, contrastait avec le discours classique et répétitif de Duplessis. Plus significative encore, la teneur très proquébécoise de ses propositions fit mentir ceux qui, le sachant ancien ministre fédéral, s'attendaient à lui voir adopter une attitude plus soumise envers Ottawa. À cet égard, non seulement il ne contredisait pas Duplessis mais, au contraire, il se situait, par rapport à lui, dans une continuité certaine. Il fit même distribuer aux participants à la conférence un exemplaire en anglais du rapport très autonomiste de la Commission d'enquête sur les problèmes constitutionnels (commission Tremblay), datant déjà de 1956, mais que Duplessis n'avait pas tellement diffusé au Québec.

Entre autres demandes, Lesage avait réclamé, pour les provinces en général et pour le Québec en particulier, une proportion beaucoup plus large du gâteau fiscal. Il s'était aussi prononcé contre le maintien des programmes conjoints fédéraux-provinciaux grâce auxquels Ottawa, par ses subventions, s'était au cours des années introduit dans des champs de compétence provinciale. Selon Lesage, Ottawa devrait sortir de ces champs et offrir, sans condition, un dédommagement aux provinces sous forme d'espace fiscal accru.

Les idées énoncées par Lesage en juillet 1960 venaient, bien sûr, en partie de lui, mais l'un de ses principaux conseillers avait été Maurice Lamontagne, ancien professeur à la Faculté des sciences sociales de

Laval et, à l'époque, député libéral influent à Ottawa. Lamontagne, auteur d'un livre d'esprit centralisateur sur le fédéralisme canadien, n'était pas mécontent, semble-t-il, d'aider Lesage à formuler des positions certainement peu prisées par John Diefenbaker, le premier ministre fédéral conservateur d'alors.

Si je rappelle ici la conférence de juillet 1960, c'est d'abord à cause de son importance pour la suite des événements: Lamontagne ne se doutait pas que ses suggestions seraient reprises et amplifiées dans les années à venir, au point, cette fois-là, de ne plus convenir aux libéraux fédéraux entre-temps revenus au pouvoir. C'est aussi parce que Lesage y exprima des vues dites «provincialistes» dont certains milieux fédéraux hostiles au nationalisme québécois m'attribuèrent par la suite la paternité.

En vérité, je n'eus même pas connaissance de cette conférence. Les débats fédéraux-provinciaux me laissaient alors plus qu'indifférent.

Offensive fédérale

En 1963, le libéral Lester B. Pearson avait succédé à John Diefenbaker. Dans le discours du Trône du 16 mai, son gouvernement avait annoncé des projets peu rassurants pour les tenants de ce qui s'appelait encore l'«autonomie provinciale».

Ainsi, les allocations familiales fédérales seraient dorénavant étendues aux enfants de 16 et 17 ans. Auparavant, elles cessaient à 16 ans. Or Lesage, conformément à une promesse électorale de 1960, avait instauré au Québec un régime d'allocations familiales à l'intention, précisément, de cette catégorie de jeunes qu'Ottawa voulait maintenant englober dans son propre programme. Québec devrait-il, en conséquence, se retirer d'un champ qu'il venait d'occuper, pour laisser la place à Ottawa? Dans la capitale fédérale, la réponse était évidemment oui.

On instituerait également, toujours selon le discours du Trône, un programme fédéral d'aide aux étudiants en vertu duquel Ottawa rembourserait l'intérêt que ceux-ci auraient à verser en contractant, auprès des banques, des emprunts pour poursuivre leurs études. Problème: compte tenu du fait que le Québec avait déjà mis sur pied un certain nombre de mesures destinées aux étudiants et l'éducation étant de compétence provinciale, Ottawa pouvait-il s'immiscer dans ce domaine par le biais de la mesure annoncée? Les fédéraux semblaient croire que cela allait de soi.

De la même manière, qu'est-ce qui autorisait Ottawa, comme on l'annonçait aussi, à subventionner directement les municipalités, alors que celles-ci relèvent des provinces?

Cela aurait pu suffire pour indisposer le Québec, mais il y avait plus grave. Beaucoup plus grave. Comme le dit l'expression courante, cela «sema la consternation» dans les milieux gouvernementaux québécois.

Le discours du Trône, en effet, annonçait aussi la création prochaine d'un régime de pensions géré par Ottawa et qui s'ajouterait à celui de la sécurité de la vieillesse déjà en vigueur. Ce nouveau régime (que les fédéraux francophones persistèrent à appeler plan de pensions, «traduction» convenable, selon eux, de *pension plan*) viserait l'ensemble des Canadiens et serait financé par un paiement au fur et à mesure (*pay as you go*). Les cotisants, futurs pensionnés, ne verseraient chaque année au régime que les montants nécessaires aux pensions effectivement obtenues par ceux qui y auraient droit cette année-là. Une maigre contribution individuelle des cotisants suffirait donc pour lancer le régime proposé car, au départ, les ayants droit seraient peu nombreux et leurs pensions modestes. Avec l'arrivée subséquente de nouveaux bénéficiaires, les contributions augmenteraient certes, mais cela prendrait du temps.

Autrement dit, le discours fédéral du Trône offrait aux Canadiens une aubaine: un nouveau régime de pensions éventuellement généreux qui, dans l'immédiat, ne leur coûterait pratiquement rien.

Si, dans le contentieux fédéral-provincial, le partage fiscal était une priorité évidente et constante, le nouveau projet d'Ottawa soulevait un immense problème pour le gouvernement québécois de la Révolution tranquille, en fait l'un des plus sérieux auxquels il avait jusque-là eu à faire face.

L'initiative fédérale, on s'en doute facilement, mettait en cause les pouvoirs constitutionnels du Québec en matière de pensions. Mais là n'était pas ni la seule ni la principale source d'inquiétude. Celle-ci se situait ailleurs, à un autre niveau. En effet le projet d'Ottawa pouvait entraîner, pour l'économie du Québec et les finances de son gouvernement, des conséquences d'une portée telle que, pour les évaluer, il faut ici dire quelques mots de l'un des aspects moins connus du slogan «Maîtres chez nous».

Qui gérera l'épargne québécoise?

Tout avait commencé par une préoccupation que l'on retrouvait alors dans les sociétés avancées: l'obstacle à la mobilité occupationnelle que représentait la difficulté, voire l'impossibilité, pour un grand nombre de travailleurs de transférer leurs fonds de retraite d'un emploi à l'autre. Cette situation soulevait aussi un dilemme. Ou bien, de peur de perdre ses droits à une pension acquis en cours d'emploi un travailleur refusait d'en changer, ce qui le privait d'une amélioration possible de son salaire ou de sa qualité de vie. Ou bien il changeait d'emploi, et alors il risquait, au moment de sa retraite, de recevoir une pension insuffisante ou même de n'en recevoir aucune si sa mobilité avait été trop grande.

Autour des années 1960, plusieurs gouvernements avaient commencé à chercher des solutions. À Ottawa, on en avait trouvé une: précisément celle, annoncée dans le discours du Trône, d'un régime de pensions pancanadien institué par l'État fédéral; cette innovation devait aussi être accompagnée d'une réforme des régimes privés de retraite.

Cette nouvelle survint alors que, de son côté, le gouvernement québécois avait déjà entrepris, depuis quelques mois, une réflexion en profondeur sur tout le problème des pensions; un groupe de fonctionnaires du ministère du Travail était déjà à l'œuvre. Au cours de la campagne électorale de novembre 1962, l'Union nationale avait promis qu'élue elle verrait à rendre les pensions «portables». Les libéraux avaient adopté le même point de vue.

À la recherche d'idées et d'experts, le groupe de fonctionnaires consulta plusieurs personnes, dont André Marier, économiste, alors directeur des études économiques au ministère des Richesses naturelles. Se fondant sur certaines expériences européennes réussies, françaises notamment, Marier fit une suggestion que le groupe adopta d'emblée: pourquoi ne pas créer un régime public de rentes auquel tous les travailleurs québécois verseraient une contribution disons, par exemple, de 1 % de leur salaire (les employeurs versant le même montant), ou de 2 % s'ils étaient à leur compte. Les sommes ainsi versées seraient bien supérieures aux rentes versées par le régime pendant les premières années de son existence, puisque, au départ, tout comme dans le projet fédéral, il y aurait peu de bénéficiaires. D'où, avec le temps, une accumulation prévisible de fonds gigantesque: des centaines de millions de dollars, peut-être même des milliards!

À quoi et à qui servirait cette accumulation de capital?

D'abord, comme réserve financière pour le versement des rentes aux bénéficiaires éventuels, mais aussi — c'était là l'astuce du régime proposé — comme source de fonds que le gouvernement du Québec pourrait emprunter au lieu de dépendre uniquement, comme c'était traditionnellement le cas, des syndicats financiers de St. James Street à

Montréal (ou de Bay Street, à Toronto) toujours susceptibles de lui imposer des conditions politiques et même, si la situation selon eux l'exigeait, de lui rationner les vivres. Par la réserve ainsi constituée, le Québec deviendrait financièrement davantage maître chez lui.

Les fonds accumulés seraient gérés par un organisme d'État, une caisse des dépôts, qui aurait légalement le droit de se servir d'une partie de l'accumulation pour l'investir de manière rentable au Québec et qui serait en mesure, par des acquisitions d'actions de sociétés privées ou autrement, d'exercer un rôle sur les tendances de l'économie québécoise. Autre application du «Maîtres chez nous!»

Voilà donc, en gros, l'idée qui était en train de germer au sein du gouvernement. Elle ouvrait tant de perspectives que Roland Parenteau, alors directeur du Conseil d'orientation économique, créé en 1961 conformément au programme libéral et agissant en fonction de son mandat, anima des réunions de travail sur le sujet. J'eus l'occasion d'y participer à quelques reprises à titre de conseiller économique du premier ministre. Ce fut également le cas de Jacques Parizeau, alors professeur à l'École des hautes études commerciales à Montréal et partisan, comme nous, de la nécessité de dégager le gouvernement du Québec de sa dépendance envers les syndicats financiers; Parizeau avait depuis longtemps, tout comme Marier, pensé à la mise sur pied d'une caisse des dépôts, plus ou moins sur le modèle de la Caisse des dépôts et consignations en France.

Petit à petit le projet se précisa. Sans négliger la question, nous avions cependant depuis belle lurette dépassé le problème de la transférabilité des régimes de rentes. À la préoccupation sociale s'était ajoutée une dimension économique et financière que l'esprit de la Révolution tranquille rendait hautement stimulante. C'était aussi, notons-le, l'époque où divers projets déjà conçus étaient graduellement mis en œuvre, à commencer par la nationalisation de l'électricité, et où d'autres mijotaient. Commun dénominateur de ces initiatives: l'affirmation et surtout la croissance du pouvoir économique des Québécois et de leur gouvernement.

Bien que le présent livre ne raconte pas l'histoire de la Révolution tranquille, de ses causes ou de sa portée, je dois signaler un fait important pour la bonne compréhension de ce qui se passait alors. À tort ou à raison l'enthousiasme ambiant nous incitait, comme petit groupe de jeunes fonctionnaires ou de conseillers, à proposer des réformes et à «pousser» sur le gouvernement comme si tout, au Québec, était devenu sinon réalisable, du moins imaginable. Pour ces raisons et aussi à cause des responsabilités décidément stratégiques qui furent les miennes, je crois pouvoir rétrospectivement affirmer que la période de 1961 à 1966 fut la plus exaltante de toute ma vie.

De tous les ministres, René Lévesque était de loin le plus ardent promoteur des idées que, fonctionnaires ou conseillers, nous partagions, et qui correspondaient largement aux siennes. C'est lui qui, maintes fois, avait proclamé que l'État québécois n'était pas un ennemi, mais «le plus fort d'entre nous». Par l'entremise d'André Marier, il se tenait régulièrement au courant de nos cogitations et souhaitait les voir aboutir. Il gardait aussi le contact avec Jacques Parizeau.

L'annonce faite à Lesage

Ce qui me tourmentait le plus, c'était la manière dont Lesage réagirait lorsqu'il apprendrait que, partis de la transférabilité des pensions, nous débouchions sur un projet dont il n'existait aucun équivalent en Amérique du Nord: un organisme public qui, par épargne forcée sous forme de retenues sur le salaire, canaliserait les cotisations des citoyens dans un fonds bientôt multimilliardaire dont l'État se servirait pour se financer lui-même! Le projet n'était pas encore au point, mais ses contours étaient suffisamment nets pour que ses opposants éventuels, dès qu'ils en auraient vent, y découvrent un monstre «socialiste» de nature à effrayer les milieux financiers que l'étatisation de l'électricité n'avait pas encore fait fuir.

Tout cela survenait quelques mois à peine après l'aventure de l'électricité. J'étais tacitement chargé d'amadouer Lesage, en somme de le préparer à recevoir sans exploser et sans nous vouer aux gémonies ce projet de caisse des dépôts, encore plus révolutionnaire et de loin plus alarmant que tout autre pour le milieu anglophone des affaires. Car c'était le pouvoir de ce milieu, dominant depuis toujours l'économie québécoise, qui était directement mis en cause.

Le premier ministre ne savait pas encore à quelle invention inquiétante avait conduit la réflexion de ces comités de travail auxquels il avait délégué son conseiller économique (comme il y déléguera, à compter de juin 1963, son sous-ministre des Affaires fédérales-provinciales, dans les deux cas moi-même!). Si Lesage n'était pas pleinement informé de notre proposition à venir d'une caisse des dépôts, c'était un peu parce que nous n'avions pas fini notre travail à ce sujet, mais surtout parce que, après avoir vécu ses sursauts anti-électriques l'année d'avant, je craignais sa réaction au plus haut point. Même s'il finissait la plupart du temps par accepter et défendre les réformes, on ne pouvait s'attendre à le voir enchanté d'un projet assimilable à une nationalisation partielle de l'épargne.

Nous en étions à ce point du dossier lorsque le discours fédéral du Trône nous obligea à hâter les choses et à concevoir une contre-offensive. Le danger était visible à l'œil nu: si Ottawa établissait un régime canadien de pensions, alors adieu à la caisse des dépôts, adieu à cet instrument capital, c'était le cas de le dire, d'émancipation économique et financière. Un organisme fédéral gérerait en quelque sorte les épargnes des Québécois.

Lesage avait réagi peu après le discours du Trône et s'en était pris à l'intention fédérale de s'introduire dans un domaine provincial. Selon lui, la Constitution canadienne donnait la primauté aux provinces en matière de pensions. D'ailleurs, précisa-t-il, le Québec s'occupait à mettre la dernière main à son propre projet de régime de rentes.

La réaction de Lesage avait en partie été inspirée par Pigeon que le plan d'Ottawa indisposait à deux égards: sur le plan constitutionnel, il affectait une compétence québécoise et, à cause de son mécanisme de financement graduel, il ne prévoyait pas d'accumulation de fonds.

Pour Pigeon comme pour Lesage, cela signifiait que, peu onéreux au début pour le salarié, le régime d'Ottawa le deviendrait bien davantage dans l'avenir, et qu'il serait même alors prohibitif, car il lui faudrait alimenter par des cotisations accrues les pensions de bénéficiaires chaque année de plus en plus nombreux. Pour eux, le projet fédéral non seulement n'était pas sain au plan actuariel, mais il était basé sur de la fausse représentation. Il visait à donner l'impression aux gens qu'on les protégerait à bon compte, alors qu'il reportait tout simplement à plus tard le grave problème du financement.

Les compagnies d'assurances privées, surtout celles de Toronto, se préparaient, de leur côté, à lancer une violente campagne dans le but de démolir le projet d'Ottawa. L'intrusion fédérale dans un champ provincial ne les tracassait pas tellement. Elles s'élevaient surtout, prétendaient-elles, contre les déficiences actuarielles de la mesure envisagée et l'irresponsabilité financière que celles-ci trahissaient chez les dirigeants fédéraux, chez Judy Lamarsh en particulier, ministre de la Santé nationale et du Bien-être social, protagoniste du régime. En fait la véritable objection des compagnies était qu'il fût administré par le gouvernement, plutôt que par elles.

Mais comment informer Lesage?

Avec lui, la forme, le lieu et le moment du message n'étaient pas des considérations superflues. Au lieu de lui exposer verbalement les grandes lignes du projet, risquant ainsi de perdre le fil de mon propos à cause de ses interruptions probables, je préférai tabler sur sa qualité d'«homme de dossiers». Je lui fis remettre par René Arthur un rapport provisoire du comité de fonctionnaires, accompagné d'une brève note exprimant mon accord et ma disponibilité pour des clarifications ou informations supplémentaires. Le rapport, assez volumineux, faisait partie de la liasse de documents qu'il avait coutume d'emporter à la maison en fin de semaine.

Pas d'appel de lui, le dimanche. Était-ce un bon ou un mauvais signe? Le lundi matin, je constatai qu'il avait reçu avec une sérénité inespérée la proposition du comité. On aurait même dit, à l'entendre, qu'il y était gagné d'avance.

Sauf qu'il ajouta ceci, qui n'était pas nécessairement de bon augure: «Vous auriez dû en donner aussi une copie à Pigeon. J'ai besoin de son avis juridique. Je parlerai aussi à George.» Ce prénom, prononcé à l'anglaise, était celui de George Marler, conseiller législatif et membre du cabinet où il représentait la communauté anglophone de Montréal. Marler avait été chef intérimaire de l'opposition libérale dans les années 1950, avant l'accession de Georges-Émile Lapalme à ce poste.

Selon notre groupe de fonctionnaires, il était prévisible que Pigeon et surtout Marler s'opposeraient au projet de caisse, le premier à cause de sa réticence à la croissance du rôle économique de l'État, le second pour la même raison et, en plus, à cause de son appartenance au milieu anglophone et financier montréalais que la caisse à venir risquait de déranger. Ni l'un ni l'autre ne voyaient non plus d'un bon œil se profiler la possibilité, pour le gouvernement, d'augmenter son endettement à même les ressources selon eux trop facilement exploitables de la caisse. Nous savions que, fatalement, Lesage les consulterait, mais nous espérions que cette étape glissante de son processus décisionnel surviendrait plus tard, une fois ses propres convictions davantage ancrées.

D'où venait alors que, pour l'instant en tout cas, Lesage se montrait si réceptif non seulement au principe d'un régime québécois de rentes — peu d'étonnement là, c'était déjà virtuellement acquis —, mais aussi à celui d'une caisse des dépôts?

Heureux de son attitude, j'évitai d'en paraître surpris et de poser des questions qui l'auraient fait s'interroger lui-même, d'où des complications et, sait-on jamais, une remise en cause de sa décision. Celle-ci était en effet encore inconnue du public et trop récente pour qu'il s'y sentît vraiment engagé. Il pouvait toujours subitement la changer, sans avoir l'air de se contredire.

Un premier ministre «socialiste»?

C'est graduellement que les motivations de Lesage finirent par m'être perceptibles. Elles tenaient, au fond, à la conjoncture.

Tout d'abord, le projet annoncé dans le discours fédéral du Trône offrait quatre caractéristiques: il serait *public*, c'est-à-dire géré par l'État ou un de ses organismes, *obligatoire* en ce sens que les citoyens seraient tenus d'y adhérer, *universel* parce qu'il s'appliquerait à tous les salariés et à toutes les personnes travaillant à leur propre compte, et il ne prévoirait *pas d'accumulation* de réserves.

En déclarant que son régime serait public, Ottawa en banalisait ou en désamorçait, du fait même, l'aspect «étatique». Aux yeux d'une partie indéterminée et indéterminable de la population québécoise, les libéraux d'Ottawa passaient alors pour beaucoup moins «socialistes» que ceux du Québec, chez qui, selon cette même population, sévissait ce «gauchiste» impénitent de René Lévesque, assez puissant, avait-elle remarqué, pour forcer Lesage, contre son gré, à nationaliser l'électricité. Or, si les libéraux fédéraux, pourtant plus modérés, optaient pour un régime gouvernemental de pensions, il allait de soi qu'on ne pourrait tenir rigueur aux provinciaux de les imiter. Voilà pourquoi, dans cette optique et sans se faire trop ouvertement taxer de «socialiste», le Québec devint lui aussi en mesure d'envisager un régime de rentes institué par l'État.

Pour les mêmes raisons, le fait que le régime fédéral serait obligatoire et universel permettait aussi au Québec, sans avoir l'air hérétique, de mettre de l'avant un projet s'inspirant des mêmes normes. Là également Ottawa désamorçait un problème potentiel. Mieux encore: le caractère obligatoire et universel du régime militait en faveur d'une direction étatique. Pour l'implanter et l'administrer, l'autorité publique était en effet d'emblée mieux placée que des sociétés privées, naturellement soucieuses de ne couvrir que les «meilleurs risques» et, surtout, dépourvues des instruments efficaces et flexibles de perception dont dispose un gouvernement grâce à son ministère du Revenu. Or un tel ministère existait au Québec.

Il était donc désormais possible, sans grande difficulté, d'introduire dans un projet québécois les caractéristiques du régime fédéral: *public*, *obligatoire* et *universel*. Elles collaient parfaitement à la ligne de pensée propre à la Révolution tranquille. Plus significatif encore, elles convenaient aussi à Lesage pour d'autres motifs.

Le premier tenait à un réflexe normal chez un ministre des Finances: Lesage n'était pas indifférent, loin de là, à la perspective que le gouvernement du Québec puisse à la longue disposer, via une caisse des dépôts ou quelque chose du genre, de fonds abondants lui évitant de toujours dépendre de syndicats financiers privés pour ses emprunts. En plus, investis judicieusement, ces fonds pourraient en partie servir à la croissance économique du Québec.

Cela supposait cependant une condition absolument essentielle: l'existence d'un régime québécois autonome qui, contrairement au régime fédéral annoncé, prévoirait un financement des pensions par accumulation, et auquel le gouvernement du Québec pourrait librement faire appel à des fins d'emprunt ou en vue de la réalisation d'objectifs économiques.

De cette problématique, Lesage avait tiré une triple conclusion politique, sociale et financière dont il me fit part par bribes. Plus exactement, je compris de ses commentaires successifs que: 1) le Québec signifierait au gouvernement fédéral son opposition à le voir occuper un domaine de compétence provinciale, celui des pensions; 2) il instituerait son régime de rentes à lui, mieux conçu sur le plan actuariel que le régime de pensions d'Ottawa (ce dont il était particulièrement fier) et 3) à ce régime, il grefferait une «caisse», c'est-à-dire un réceptacle financier juridiquement constitué et destiné à accueillir les montants perçus de l'ensemble de la population.

Il convient ici de signaler une autre considération. On la sentait présente, sous-jacente et mobilisatrice, dans les préoccupations de Lesage. Elle joua un rôle dans son cheminement. René Lévesque s'était certes identifié à la nationalisation de l'électricité, mais c'est Jean Lesage lui-même que la population du Québec verrait derrière le projet de régime de rentes et, en particulier, de sa résultante, une caisse des dépôts, à ses yeux instrument de «libération économique» bien plus puissant que l'énergie électrique.

Précision: Lesage n'a jamais directement abordé ce motif personnel devant moi ni, à ma connaissance, devant quiconque, mais je crois pouvoir le déduire de ses remarques incidentes, de ses réactions et de ses sous-entendus. Un peu à la manière dont on peut «déduire» une photo du négatif d'un film. En tout cas, il prit à cœur le problème du régime de rentes du Québec et celui de la Caisse, dorénavant ornée d'une majuscule dans les «mémos» que je lui destinais.

Ce fut ainsi que la question des pensions s'ajouta, comme priorité nouvelle pour mon mini-ministère, à celle du partage fiscal entre Ottawa et les provinces.

Du pain sur la planche

Tout cela se passait en mai-juin 1963.

Une nouvelle priorité survint rapidement: celle du bilinguisme et du biculturalisme. La commission Laurendeau-Dunton avait été instituée quelque temps auparavant. Lesage me donna instruction de «suivre ça».

Autre nouvelle priorité: la question constitutionnelle elle-même.

Donnant suite aux pressions de l'Union nationale, le gouvernement avait en effet accepté de créer un «comité parlementaire de la constitution» (aujourd'hui on dirait une commission) formé de représentants libéraux et unionistes. Son mandat serait de se pencher sur le problème de la révision constitutionnelle et de recevoir des propositions de représentants de la population.

Lesage me demanda d'être secrétaire du comité. J'avais à peine dit un oui appréhensif, sans trop savoir à quoi je m'engageais et ne connaissant pas grand-chose au fonctionnement de l'Assemblée législative, que Lesage téléphona à Johnson, chef de l'Opposition: «Daniel, pour *votre* comité, ça marche. Lapalme en sera le président. J'ai ici un nouveau venu, Claude Morin, *mon* sous-ministre. Il agira comme secrétaire. Avez-vous un cosecrétaire à proposer de votre côté?» Johnson en avait un: Charles Pelletier, son rédacteur de discours et son conseiller constitutionnel, ancien journaliste à *L'Action* (autrefois *L'Action catholique*). Un personnage sincère et profondément honnête.

Ainsi donc, le pain politique ne manquerait pas sur la planche du nouveau ministère des Affaires fédérales-provinciales.

Avec tout ce travail en perspective, c'était peut-être après tout un bon moment, à la veille de l'été, pour entreprendre mon année de stage dans la fonction publique du Québec. Mais voilà, il me fallait revoir des «classiques»: la Constitution du Canada (1867), le rapport Rowell-Sirois (1940), *Le Fédéralisme canadien* de Maurice Lamontagne (1953), le rapport Tremblay (1956), et situer tout cela dans un contexte historique global (*The French-Canadians: 1760-1945* de Mason Wade). C'est à ces œuvres croustillantes que furent consacrés, en juillet et août, les temps libres qui me restaient avant que je fusse totalement happé par une succession d'événements que je n'entrevoyais pas encore.

4

Lesage persévérera-t-il?

Annoncer des projets, c'est bien joli; encore faut-il pouvoir les réaliser. On a beau être le gouvernement canadien, on n'est pas maître de tout. Pearson le savait.

En plus, il voulait, disait-il, instaurer un type original de fédéralisme: le fédéralisme «coopératif». Mauvais moment pour agresser les autres gouvernements.

Le discours du Trône du 16 mai évoquait la mise en place d'un office fédéral de développement municipal et de prêts aux municipalités, mais impossible de donner suite à cette intention si les provinces rechignaient trop fort: les municipalités relevaient en effet de leur compétence. Toutefois, bonne carte dans le jeu fédéral: l'office envisagé entraînerait une injection financière que, comme d'habitude, les provinces apprécieraient. Cela dorerait la pilule. Au Canada anglais, les principes autonomistes résistaient rarement à l'attrait des générosités d'Ottawa.

Bien sûr, il y avait le Québec, traditionnellement chatouilleux. Comment réagirait-il? Et que penserait-il aussi de l'instauration d'un nouveau régime pancanadien de pensions?

On s'était dit qu'il n'y aurait pas matière à trop s'inquiéter. Après tout, Lesage était libéral lui aussi, ancien ministre fédéral, adversaire du nationalisme duplessiste. Cela devrait aller. Seule ombre déjà connue au tableau: Lesage s'était montré critique face à l'intention d'Ottawa, annoncée elle aussi, d'imposer une taxe de 11 % sur les matériaux de construction, dont l'impact sur le budget de dépenses d'Hydro-Québec serait considérable.

Dans le but d'obtenir leur collaboration, Pearson convoqua ses collègues provinciaux pour une réunion à Ottawa, les 26 et 27 juillet.

Au moment où j'entrai en fonction, Lesage avait déjà répondu qu'il serait présent. Il me demanda de préparer les dossiers politiques et techniques dont il aurait besoin.

La coutume voulait qu'à l'occasion des rencontres fédérales-provinciales chaque gouvernement dépose un mémoire résumant son point de vue sur les sujets à l'ordre du jour. M'inspirant de ce que j'avais jusque-là appris sur la problématique fédérale-provinciale-municipale et complétant l'énoncé des positions québécoises par des développements et une argumentation de mon cru, je me mis à la tâche, un peu comme si je rédigeais un des discours de Lesage.

Celui-ci, je m'en rendis vite compte, prenait ces conférences très au sérieux. Il insistait pour disposer d'une documentation complète et pour connaître d'avance, autant que possible, les positions que feraient valoir les autres gouvernements, en particulier celui d'Ottawa. Pour glaner des renseignements utiles, il multipliait les appels téléphoniques à des ministres fédéraux et provinciaux, et même à des hauts fonctionnaires qu'il avait connus au temps où il était ministre à Ottawa. Il m'en livrait ensuite la substance.

Il tenait aussi à ce que je mette tout de suite la main à la pâte.

Incident

C'est pourquoi, le 26 juin, un peu plus d'une semaine après être devenu sous-ministre, je me retrouvai à Ottawa pour y rencontrer, à la demande de Lesage, deux ministres fédéraux: Maurice Lamontagne et René Tremblay. Ce dernier avait laissé le ministère de l'Industrie et du Commerce du Québec et s'était fait élire dans la circonscription de Matane lorsque la campagne électorale avait reporté les libéraux fédéraux au pouvoir. Je profitai aussi de la circonstance pour revoir Maurice Sauvé, lui aussi nouveau député fédéral. Lamontagne et Tremblay étaient déjà ministres; Sauvé le deviendrait peu après.

But de l'entretien: faire le point sur le contentieux Québec-Ottawa naissant. Cette première prise de contact depuis mon changement de statut se déroula dans l'amabilité. Il pouvait difficilement en être autrement: Lamontagne et Tremblay m'avaient tous deux enseigné à l'Université Laval et, on le sait, c'était à cause de Tremblay que j'avais commencé à rédiger les discours de Lesage. Quant au contentieux possible, les fédéraux l'estimaient fondé sur des malentendus que des explications supplémentaires clarifieraient. Je n'étais pas sûr que cela suffirait, ni dans le dossier des municipalités ni dans celui du régime de pensions. On décida de maintenir le contact.

Maurice Sauvé me procura un laissez-passer pour assister, en fin d'après-midi, aux débats de la Chambre des communes. Au sortir de cette visite — la seule de ma vie à cet endroit — et juste comme je quittais Ottawa, j'appris qu'à l'heure même de mon entretien avec Lamontagne et Sauvé, Lesage avait fait, à Québec, une sortie, très remarquée par les médias, contre les projets fédéraux annoncés dans le discours du Trône, ceux dont, précisément, je venais de traiter avec mes interlocuteurs-professeurs, dans le but de trouver des solutions.

Sortie dont ils me reprocheraient certainement de ne pas les avoir avertis. Mais comment les convaincre que je n'en savais rien ni ne l'avais prévue? J'étais comme un de ces diplomates japonais qui, au moment de Pearl Harbor, négociaient encore avec les Américains. À cette différence près que ces diplomates savaient, eux, qu'une attaque était imminente...

Le lendemain, embarrassé, je tentai de m'expliquer à René Tremblay, puis à Maurice Sauvé, par téléphone: «C'est du vrai Lesage, conclut Sauvé en riant, ça dépend de qui lui a parlé juste avant sa déclaration.» Sans être demeurée parfaitement intacte, ma crédibilité comme porte-parole et éventuel négociateur n'avait heureusement pas été trop entamée.

Bien que d'accord avec les déclarations de Lesage contre les intentions fédérales, j'essayai de savoir ce qui avait bien pu le pousser à les formuler, alors même que, selon ses instructions, j'étais en réunion avec des ministres fédéraux, de surcroît des amis à lui. René Arthur et Denys Paré, son attaché de presse, m'éclairèrent. Daniel Johnson avait justement interrogé Lesage à ce propos à l'Assemblée législative. Pour empêcher l'opposition de se faire du capital politique en alléguant que, ancien ministre à Ottawa, Lesage n'oserait pas s'élever contre les visées centralisatrices de ses camarades libéraux, celui-ci avait adopté une attitude fortement autonomiste. Dans le feu du débat, il ne se rappela pas, à ce moment-là, la mission qu'il m'avait confiée. Son attitude en Chambre comptait beaucoup plus, pour lui, que ma démarche diplomatique. En quoi il avait raison. Chose certaine, les fédéraux étaient maintenant mieux fixés sur ses réactions à leurs projets.

Avec le temps, l'expérience m'apprit que les lois de la cosmologie politique amènent parfois un premier ministre à évoluer dans des univers parallèles. En raison de la conjoncture immédiate, un de ces univers peut subitement avoir à ses yeux préséance sur les autres. Le cas échéant, ces autres univers ne sombrent pas dans le néant, mais, temporairement, cessent d'apparaître dans les équations. Un fonctionnaire, si haut placé soit-il, doit accepter, comme risque du métier, cette application un peu spéciale de la loi de la relativité.

Quoi qu'il en soit, Lesage lut et commenta avec soin le rapport de mon séjour dans la capitale canadienne. Les initiatives fédérales annoncées l'inquiétaient plus qu'il n'y paraissait en surface. Elles soulevaient des questions fondamentales quant aux frontières des compétences constitutionnelles des deux gouvernements. Il ne s'agissait pas de simples malentendus.

Quelqu'un aurait à céder. Québec ou Ottawa?

L'horizon s'assombrit

Les rapports de Lesage avec le personnel politique fédéral étaient excellents, enjoués même, surtout avec Pearson. Par moments, on aurait dit deux compères n'éprouvant pas de difficultés sérieuses à se comprendre et à se concerter. L'un œuvrait dans la capitale fédérale, l'autre à Québec, mais tous deux faisaient partie de la même famille.

Lester B. Pearson — Mike, comme l'appelait Lesage qui l'avait connu lorsqu'il était sous-secrétaire d'État adjoint aux Affaires extérieures — était, selon certaines apparences, bien disposé à l'endroit du Québec. Du moins était-il perçu ainsi, en partie à cause du contraste que l'on découvrait entre lui et son prédécesseur, John Diefenbaker.

Il venait de créer une commission royale d'enquête sur le bilinguisme et le multiculturalisme dont on pouvait normalement espérer, comme il paraissait le souhaiter, des propositions pour améliorer la situation des francophones au Canada; sinon, pourquoi instituer cette commission? Quant au partage fédéral-provincial de la taxation et à l'avenir des programmes conjoints, Lesage avait déjà fait connaître les réclamations québécoises à ce sujet en juillet 1960, sous Diefenbaker, sans grand succès. Les libéraux maintenant au pouvoir, il n'était pas, selon lui, exclu — «ce sont mes amis!» — que le Québec obtînt une meilleure tranche du gâteau fiscal et qu'on en vînt à une entente sur le reste.

La rumeur voulait aussi qu'Ottawa songeât à doter le Canada de son propre drapeau, délaissant définitivement l'emblème colonial de l'Union Jack. D'aucuns voyaient là une concession majeure envers le Canada français et l'indice que les libéraux fédéraux, pour plaire au Québec, étaient prêts à courir des risques au Canada anglais, où les disciples probritanniques de Diefenbaker demeuraient nombreux et actifs.

De prime abord, les choses ne semblaient donc pas aller si mal pour les libéraux québécois. Il y avait pourtant, chez Lesage, deux sujets de préoccupation, tous deux récents.

Le premier, c'était le Front de libération du Québec, le FLQ, dont les premières bombes avaient explosé en avril et en mai. Selon Lesage, il s'agissait tout au plus d'un petit groupe d'excités — «terroristes parce que séparatistes, cela va ensemble, n'est-ce pas?», me dit-il un jour — qu'on aurait tôt fait de ramener à la raison et qui ne véhiculaient aucune aspiration populaire profonde. Cependant, la publicité qu'ils récoltaient des médias le rendait furieux et, comme il le disait, «jetait du discrédit sur la province».

L'autre sujet était l'attitude envahissante qu'Ottawa venait de manifester dans le discours du Trône de mai. À quoi tenait-elle? Certes, à la tendance classique du gouvernement central à intervenir, sous divers prétextes, dans des domaines qui n'étaient pas les siens. Mais, dans le cas présent, cette tendance était aggravée par autre chose.

Pendant sa campagne électorale, Pearson avait en effet lancé une promesse qu'il regretta par la suite. Pour dramatiser la situation et montrer sa volonté d'agir sans tarder, il s'était engagé à présenter un programme complet et substantiel de gouvernement, agrémenté de plusieurs innovations, tout cela dans les soixante jours, pas un de plus, qui suivraient son élection: *Sixty days of decision*, selon l'expression dont on se servit alors pour qualifier ce téméraire défi. Comme les libéraux fédéraux avaient été élus le 8 avril, la promesse de Pearson se répercuta fatalement sur leur premier discours du Trône, le 16 mai.

Ce discours était effectivement rempli d'innovations et donnait une nette impression de volontarisme. Malheureusement, on le sait, un bon nombre des mesures annoncées touchaient les compétences des provinces et ne pouvaient laisser le gouvernement du Québec indifférent. Elles le condamnaient à réagir négativement, mais les fédéraux avaient plus ou moins prévu le coup. D'où la notion de «fédéralisme coopératif» destinée à faire accepter les interventions d'Ottawa.

Contrairement à ce que beaucoup crurent à l'époque, y compris moi-même, ce type de fédéralisme ne signifiait pas que le gouvernement central s'engageait à respecter dans l'avenir les compétences des provinces et à leur accorder désormais plus de latitude grâce à des ressources accrues. L'objectif était plutôt d'éviter le recours à une action unilatérale, en amenant les provinces à coopérer avec lui dans la mise en œuvre de sa politique lorsqu'elle affectait leur domaine de compétence.

En d'autres termes, Ottawa requérait la coopération des provinces pour faciliter sa généreuse intrusion! Dans l'immédiat, les municipalités étaient visées, mais le régime canadien de pensions était porteur de conflits, tout comme certaines autres intentions fédérales. Puisqu'on promettait de les consulter, les provinces anglophones étaient à la rigueur ouvertes à une telle façon de faire.

Pas le Québec.

Préconférence discrète

Lesage décida de mettre les chances de son côté. Il fit organiser une rencontre secrète entre des ministres fédéraux et québécois à sa maison du lac Beauport, près de Québec, le dimanche 21 juillet, cinq jours avant le rendez-vous fédéral-provincial d'Ottawa. Lionel Chevrier, Maurice Lamontagne, Guy Favreau et René Tremblay y représentaient le gouvernement fédéral. Du côté québécois, outre Lesage lui-même, Georges-Émile Lapalme, Paul Gérin-Lajoie, René Lévesque et Pierre Laporte y participèrent en tout ou en partie. Lesage me demanda d'agir comme secrétaire de la rencontre.

Elle dura tout l'après-midi. L'ordre du jour comprenait deux grandes questions: l'intervention fédérale dans les affaires municipales et, évidemment, le régime de pensions du Canada, mais plusieurs autres sujets furent abordés: le partage fiscal, les prêts aux étudiants, les programmes conjoints et même les loteries. En somme, tout le contentieux du moment et celui qui s'annonçait.

Lesage fit une longue entrée en matière, pleine de fermeté, autant en faveur de l'autonomie nécessaire du Québec que contre le séparatisme (attisé, selon lui, par les gestes centralisateurs d'Ottawa). Les ministres fédéraux n'avaient pas le mandat de conclure des ententes, mais ils durent être étonnés de constater autant de détermination chez Lesage, pourtant lui-même ancien ministre fédéral. Malgré la diplomatie verbale des fédéraux et l'aménité des échanges, on sentait pousser les germes d'un affrontement. À la fin de la réunion, Lesage décida qu'il verrait Pearson le jeudi, dès son arrivée à Ottawa pour la conférence, et qu'il tâcherait de s'entendre avec lui sur le problème des municipalités. Dans l'intervalle, il téléphonerait à John Robarts, premier ministre de l'Ontario, pour discuter de la même question et aussi du projet fédéral de pensions.

Après la réunion du lac Beauport, René Lévesque me reconduisit chez moi. Je le revoyais pour la première fois depuis notre repas du *Chalet suisse*, quelques mois plus tôt. Il était fier de Lesage, qui connaissait ses dossiers à fond et qui avait su être ferme.

— Je commence à connaître mon bonhomme, me dit-il. Ça m'ennuyait de venir ici cet après-midi, mais je l'ai fait pour être dans son auditoire. Pour être sûr de son orientation, pour la consolider, il est parfois important de faire partie de son auditoire.

Son auditoire? Pourquoi?

Lévesque m'expliqua alors que, dans des situations comme celle que nous venions de vivre, Lesage parlait autant pour ses interlocuteurs d'en face, cette fois-ci des ministres fédéraux, que pour ceux de son propre camp auprès de qui il tenait à faire bonne impression et avec qui il s'identifiait. Je m'étais déjà personnellement rendu compte de ce phénomène.

— Lesage est formidable, impressionnant, poursuivit Lévesque, mais il est toujours *versant*. Avec lui, les absents n'ont pas nécessairement tort, mais ceux qui sont présents ont toutes les chances d'avoir raison: il veut leur faire plaisir et souligner leur poids auprès de lui. Il aime pouvoir leur dire ensuite: «Voyez, j'ai dit (ou j'ai fait) ce que vous vouliez. Vous devez être contents».

De ce phénomène aussi, j'avais déjà eu connaissance.

Conférence estivale

Dans le monde universitaire, aucune personne sensée ne songerait à organiser une réunion de travail en plein mois de juillet, surtout pas un vendredi et un samedi.

Dans celui où je venais d'entrer, je découvris rapidement que ces pratiques civilisées n'avaient pas cours. Mon agacement fut toutefois tempéré par la perspective de participer à une conférence fédérale-provinciale, haut-lieu de célébration du rite politique canadien.

Lesage arriva à Ottawa dans l'après-midi du jeudi, pour son rendez-vous avec Pearson. Pendant ce temps, Pierre Laporte, Louis-Philippe Pigeon, Denys Paré, Gilberte LaCasse et moi-même l'attendions dans sa suite du Château Laurier, hôtel où virtuellement toutes les délégations provinciales séjournaient à l'époque. Vers six heures, il revint enjoué, sûr de lui et, se versant un apéritif bien tassé, nous dit d'un ton résolu:

— Bon, j'ai vu Mike. Pour les municipalités, ça devrait s'arranger.

Pour le plan de pensions et le reste, on va continuer à en discuter dans les prochaines semaines.

Les conférences fédérales-provinciales sont, pour l'immense majorité, des événements assez ennuyeux*. J'en étais alors à ma première expérience et j'ignorais encore cette caractéristique qui, en ce qui me concerne, devait être largement confirmée damns les années à venir.

---

*Je fus frappé par le formalisme de la procédure, en particulier par le «tour de table», ce classique et interminable prélude de toute conférence qui se respecte et au cours duquel chaque premier ministre provincial —dix en tout, et chacun peut y consacrer quinze ou vingt minutes! —expose d'un ton plus ou moins monocorde, voire soporifique, ses opinions, commentaires et analyses sur les sujets de l'ordre du jour. Vient ensuite la réplique du premier ministre du Canada et sa propre mise en situation. Le tout peut facilement gruger les deux tiers d'une journée complète sur une conférence qui, la plupart du temps, n'en dure que deux! L'opération sert à prendre date et à mettre en place ses pions sur l'échiquier. Quand le «tour de table» est télévisé (ce qui deviendra à la mode à compter de 1967), il permet aux intervenants de s'adresser à leur auditoire provincial (ou canadien, pour le premier ministre fédéral). Les négociations proprement dites ne se déroulent évidemment pas à cette occasion, en public, ni non plus pendant les moments les plus formels d'une rencontre fédérale-provinciale, au cours de laquelle chacun s'en tient à des notes préparées d'avance. Elles ont plutôt lieu lors des réunions à huis clos, des pauses-café, des réceptions et dîners ou encore en soirée, souvent par téléphone.

La conférence ne provoqua ni éclats ni échanges abrupts. Le contraste me parut considérable entre l'importance des enjeux identifiés par nous au cours des semaines précédentes et la manière feutrée dont les participants communiquaient entre eux. Il y avait tout un décalage entre nos préoccupations et celles des autres provinces. Le Québec mettait en doute aussi bien le fondement constitutionnel des projets fédéraux que leur efficacité réelle. Les autres provinces avaient tendance à les accepter et s'attachaient davantage à leurs modalités possibles d'application.

Aucune variation de ton ne fournissant d'indice, il fallait être attentif pour déceler des changements d'orientation. Ainsi, je n'avais à peu près rien remarqué de nouveau dans la réplique de Pearson quand Lesage se tourna vers nous, chuchotant d'un air entendu: «Mike vient d'arranger ça». En réalité, Pearson venait de dire qu'Ottawa n'avait nulle intention de s'immiscer dans les compétences provinciales à propos des municipalités. La preuve: pour écarter tout soupçon d'ingérence, il modifiait la proposition fédérale initiale. En gros, elle était alors la suivante: les sommes disponibles seraient réparties au prorata de la population de chaque province — plus ou moins 25 % pour le Québec — et elles parviendraient aux municipalités par l'entremise des gouvernements provinciaux. Lesage et Laporte étaient satisfaits. Pour ma part, cela ne résolvait le problème qu'à moitié, puisque Ottawa mettrait quand même sur pied un programme fédéral à l'intention des municipalités.

À l'issue de la séance, en fin d'après-midi, Lesage manifesta son contentement aux journalistes qui s'agglutinaient autour de lui. Pierre Laporte renchérit:

— Une des plus grandes victoires des provinces depuis le début de la Confédération!

Tout près de lui, Pigeon sursauta:

— Non, ce n'est pas vrai, Pierre. Il ne faut pas charrier. Ottawa maintient son programme. Seulement les modalités sont adoucies, lui dit-il à mi-voix.

Tiens, Pigeon était du même avis que moi...

Lesage tenait à émettre un communiqué de presse pour souligner qu'Ottawa s'était rendu à ses arguments. Chargé de le rédiger avec Denys Paré, je m'efforçai d'en tempérer l'allure triomphaliste.

Stratagème

Le lendemain, on devait parler du régime de pensions du Canada. Je n'avais pas préparé de texte pour l'intervention de Lesage. «Pas besoin, je connais le sujet», m'avait-il dit. Pigeon suggéra au contraire, avec raison, un document où les positions québécoises seraient clairement consignées. Le dossier promettait en effet d'être fort litigieux. Déjà, on pensait à convoquer une autre conférence fédérale-provinciale qui porterait spécialement là-dessus. Il ne serait pas mauvais pour le Québec de pouvoir, dans l'avenir, faire référence à un texte précis.

Lesage, changeant d'avis sur-le-champ, se dit d'accord avec la suggestion. Bien entendu, j'écopai de la commande.

Ce serait la première fois que, devant le reste du Canada et d'une façon solennelle, Lesage allait s'engager sur le problème des pensions en faisant part des intentions québécoises au moyen d'une déclaration écrite. Même si on s'en tenait seulement aux grandes lignes, on devrait dévoiler assez d'informations pour qu'on sache partout à quoi s'en tenir.

Cela aurait pu arriver (Lesage n'était pas d'une rigueur absolue quant aux définitions de tâches!), mais il n'avait heureusement pas confié ce travail à Pigeon. Je n'étais pas pour autant rassuré. Vérification faite auprès de plusieurs personnes, il était dorénavant hors de doute que Pigeon, s'il acceptait l'idée d'un régime québécois de rentes, nourrissait les plus fortes réticences à propos de l'établissement d'une caisse relevant de l'État. Marler également, et, j'imagine, quelques autres ministres. Sauf que ces gens-là étaient absents d'Ottawa, alors que Pigeon, lui, s'y trouvait. De fait, pour compliquer les choses, nous étions tous dans la suite du premier ministre, au Château Laurier, attendant la reprise de la séance où Lesage ferait sa déclaration.

Comment, dans ces conditions, préparer un texte substantiel et engageant, si court soit-il, et le faire approuver par Lesage alors que, selon toute probabilité, celui-ci demanderait à Pigeon, sur place, de donner son avis?

S'il n'était pas essentiel que la déclaration de Lesage annonçât tout de suite la mise sur pied, pour telle ou telle date, d'une caisse gérée par le gouvernement, elle devait au moins laisser entendre qu'elle aurait un caractère public, autrement dit qu'elle ne serait pas confiée à des sociétés privées comme la Sun Life. Or, à la lecture de la déclaration, Pigeon serait prompt à se rendre compte de cette intention «socialiste». Il ne partirait peut-être pas tout de suite en guerre contre une caisse gouvernementale, mais tenterait sans doute de gagner du temps. Ainsi qu'il me l'avait déjà fait observer, il objecterait au moins le fait que, en l'absence de décision du Conseil des ministres là-dessus, mieux valait, pour l'instant, être discret sur le caractère public ou privé de l'accumulation de fonds prévue dans notre projet. L'argument relatif au conseil des ministres n'était pas de nature, en lui-même, à ébranler Lesage, mais il aurait pu vouloir «faire plaisir» à Pigeon en se rendant à sa suggestion, c'est-à-dire en reportant sa prise de position à une séance ultérieure du Conseil des ministres. La conversation que j'avais eue avec René Lévesque quelques jours avant me revenait à l'esprit.

Le risque d'un recul était donc réel. Tout n'aurait peut-être pas été automatiquement perdu, mais compte tenu des pressions dont Lesage serait bientôt l'objet de la part de certains milieux d'affaires, notamment de ses amis dans les grandes compagnies d'assurances, il était de loin plus prudent, pour l'avenir de la caisse, qu'il se commît à Ottawa même. C'était d'ailleurs ce qu'il s'apprêtait à faire, sans texte. Il ne fallait pas, maintenant qu'on en aurait un, susciter une occasion de glissement.

Il restait peu de temps pour mettre au point la déclaration. Afin d'accélérer les choses, Lesage proposa que je la dicte sur place à sa secrétaire. Laporte, Pigeon et lui la réviseraient au fur et à mesure. Je prétextai ne pas pouvoir y arriver, entouré d'autant de témoins distrayants. Je me réfugiai dans ma chambre, faisant signe à Laporte de me suivre.

Laporte était également conscient du danger de glissement. Il aurait préféré, bien que c'eût été moins solennel, que Lesage s'en tînt à sa première idée, celle d'une intervention uniquement verbale.

Le petit stratagème suivant nous vint à l'esprit. Je rédigerais un texte dans lequel notre régime de rentes serait décrit comme devant être *québécois, obligatoire, universel* et *public*. Ce dernier terme ne serait pas explicité, mais il était capital de l'insérer dans la déclaration. L'accent serait plutôt mis sur l'idée que le régime relèverait du Québec, conformément à ses attributions constitutionnelles, et qu'il comporterait autant sinon plus d'avantages que le projet fédéral. Ensuite, au moment où Lesage prendrait connaissance du texte, Laporte verrait à détourner l'attention de Pigeon du mot *public*.

Tout se déroula parfaitement, mieux que nous l'espérions. Pour lire le projet en paix, Lesage s'installa au bureau de la chambre attenant à la suite, pendant que Laporte demandait à Pigeon pourquoi, la veille, il avait jugé, dans le dossier des municipalités, que la «victoire» du Québec n'était pas si glorieuse. Il n'en fallait pas plus pour lancer Pigeon dans une rétrospective d'histoire constitutionnelle, au demeurant fort instructive. Elle n'était pas terminée quand Lesage, sans s'occuper de nous (il ne consulta ni Laporte ni Pigeon), demanda à sa secrétaire de taper sa déclaration au propre et d'en faire des copies.

Je me rappelai soudain ne pas en avoir prévu de traduction! Je n'étais pas assez bilingue pour m'en charger, Laporte et Paré non plus. Restait Pigeon. Voilà qui pouvait de nouveau tout compromettre. À moins de confier la traduction à un fonctionnaire du secrétariat de la conférence... Bonne idée à suggérer à Lesage.

Il était au téléphone, à l'autre bout de la suite, cherchant à joindre Robarts. Je réussis à me faufiler vers lui et à attirer son attention quelques secondes, le temps de lui faire part de mon oubli et de ma suggestion:

— Ça ne fait rien, dit-il, sans me laisser poursuivre ma phrase, qu'ils s'arrangent.

«Ils», c'étaient évidemment les anglophones unilingues qui pouvaient toujours faire appel à l'interprétation simultanée.

Curieusement, Pigeon ne formula aucune remarque sur la prestation de Lesage devant les participants à la conférence, ni pendant ni après. Pourtant, j'en étais sûr, rien ne lui avait échappé.

Cette absence de réaction, qui m'intrigua tout d'abord, tenait probablement à sa façon de voir les choses. En un sens, elle n'était pas dénuée de fondement. Selon sa philosophie, un gouvernement ne prenait de véritable décision qu'au moment où il ordonnait la préparation d'un projet de loi, d'un règlement ou d'un décret ministériel (un arrêté-en-conseil, selon l'expression d'alors). Pas avant. Dans cette perspective et même s'il importait de les traiter soigneusement, les discours et déclarations qui précédaient ces actes juridiques pouvaient, au mieux, être intéressants, voire utiles, mais non vraiment déterminants. Au pire, il fallait y voir des fantaisies, parfois déplorables, mais courantes chez les hommes politiques. Ce qui comptait, pour Pigeon, c'était la phase juridique.

Ainsi, en s'exprimant comme il l'avait fait sur le régime de rentes, Lesage avait pris, d'après mes critères plus politiques, une position pratiquement définitive. D'après Pigeon, toutefois, cette position ne deviendrait telle qu'au moment où elle se transformerait en projet de loi. On n'en était pas là en juillet 1963.

Au fond, un peu comme Lesage qui sautait cependant, lui, de l'un à l'autre, Pigeon et moi voguions dans des univers parallèles, ce qui explique pourquoi, lui et moi, nous nous sommes en général plutôt bien entendus.

C'était une délégation satisfaite d'elle-même qui revint à Québec en fin de journée, ce samedi-là, dans un DC-3 gouvernemental fatigué. Cette première conférence fédérale-provinciale m'avait donné l'occasion de voir Lesage évoluer avec énormément d'aisance et de confiance au sein de ce forum où il se sentait tout à fait chez lui. Il connaissait à peu près tout le monde par son prénom, parlait à chacun avec chaleur, essayant de persuader celui-ci, d'amadouer celui-là, rappelant un souvenir à un troisième. De temps à autre, il quittait sa place à la table de la conférence pour aller s'entretenir quelques instants avec des hauts fonctionnaires fédéraux ou échanger avec eux des propos techniques. Peut-être aussi pour leur montrer qu'il possédait ses dossiers aussi bien qu'eux...

Si Joey Smallwood, de Terre-Neuve, était le plus coloré des premiers ministres, Lesage en était le plus remuant.

Quel actuaire choisir?

Vu les circonstances, le comité interministériel de fonctionnaires sur la transférabilité des pensions, dont j'ai parlé précédemment, avait, au cours du printemps 1963, mis les bouchées doubles. On sait aussi que le personnel du Conseil d'orientation économique s'était intéressé de près au projet de régime de rentes auquel le comité avait abouti. Si les principes et les grandes lignes en étaient assez nettement établis pour que Lesage puisse en faire état devant les autres gouvernements, au milieu de l'été, les aspects techniques du projet n'étaient cependant pas encore tous au point.

Faute de spécialiste pour les résoudre, une série de questions étaient en effet demeurées en suspens, surtout au début de la période de gestation. Elles concernaient les données et les hypothèses actuarielles précises grâce auxquelles le gouvernement pourrait prendre ses décisions et donner au régime sa configuration finale quant au taux de cotisations, au niveau de revenu cotisable, aux bénéfices des pensionnés, à la période de transition entre le début du régime et les premiers versements, etc.

Lesage adorait les problèmes d'ordre financier et administratif de ce genre. Avec raison, il était extrêmement exigeant chaque fois qu'on les abordait. Il prenait un malin plaisir à se faire l'«avocat du diable» et, peut-être aussi par coquetterie, à poser des questions subtiles, mais fort pertinentes, sur le financement futur du régime, sur son équilibre actuariel ou sur tel ou tel de ses impacts possibles. Dans ce cas-ci comme dans les autres, il tenait à posséder le sujet à fond.

Pour se rassurer, Lesage se préparait à soumettre le tout à un bureau spécialisé, comme Marler et Pigeon le lui avaient d'ailleurs suggéré; si je me souviens bien, ils avaient pensé à la société Touche, Ross & Associates. Cette préoccupation de Lesage tombait à la fois bien et mal.

Bien, parce que le comité interministériel de fonctionnaires avait déjà repéré un jeune actuaire, un des rares francophones possédant cette discipline relativement nouvelle dans notre milieu; il s'agissait de Claude Castonguay qui, justement, était disposé à assumer le mandat auquel le comité songeait. Mal, parce que Lesage penchait en faveur de la société suggérée. Celle-ci était connue, bien établie et sans doute compétente, mais elle ne partageait certainement pas, c'est le moins qu'on puisse dire, l'idéologie sous-jacente à la Révolution tranquille. Nous craignions que, une fois plongée dans le dossier du régime de rentes, elle n'élève des objections à l'encontre de la caisse publique prévue et ne conclue que la gestion de l'accumulation des fonds devrait plutôt être confiée à des compagnies d'assurance privées. Nous soupçonnions qu'elle avait été proposée à Lesage, précisément pour cette raison.

Lorsque je lui parlai de Claude Castonguay, il ne fut pas très réceptif. Il le trouvait trop jeune, encore inexpérimenté, et la responsabilité du dossier lui paraissait trop lourde pour un seul actuaire.

— Et moi, risquai-je, je suis le seul sous-ministre du ministère et j'ai exactement le même âge que lui! Pourtant cela ne vous a pas inquiété.

— Ce n'est pas la même chose. Je suis là et vous ne faites pas d'actuariat, fut sa réplique.

J'avais beau dire que je connaissais Castonguay depuis mon enfance, que sa réputation dans le monde des assurances était excellente, cela ne l'impressionnait guère. Il préférait toujours les spécialistes de la société suggérée:

— Ils ont des *connections* dans les milieux d'affaires, et aussi à Toronto, plaida-t-il. En plus, je ne connais pas votre Castonguay.

Pour réfuter ce dernier point, je pensai tout à coup à un argument, assez ridicule j'en conviens:

— Claude a épousé la fille de l'ancien lieutenant-gouverneur, Gaspard Fauteux, un libéral que vous avez connu!

Haussant les épaules, il me dit:

— Mais ce n'est pas sa femme qui est actuaire.

Les choses en restèrent là, ce qui n'était pas de très bon augure.

Quelques jours plus tard, la conversation revint sur le sujet. Lesage m'annonça être allé aux renseignements sur notre candidat-actuaire. Il consentait maintenant à retenir ses services, ajoutant toutefois que Touche, Ross & Associates, ou une autre firme semblable, vérifierait ensuite son travail. Ce qui ne se produisit pas, en tout cas pas de cette façon; plus tard, la firme en question reçut effectivement un mandat, mais sur un aspect différent du problème.

Et il eut cette phrase, typique de ses retournements, que je pris soin de ne pas relever:

— Vous devriez savoir que j'aime faire confiance aux jeunes. Vous n'avez que trente-quatre ans, et vous être *mon* sous-ministre. Ce n'est pas parce que Castonguay a cet âge, lui aussi, qu'il ne peut pas être un bon actuaire!

Signes inquiétants

Au terme de la conférence de juillet et après distribution du communiqué final, les premiers ministres s'étaient prêtés, selon la coutume, à une conférence de presse collective. Maniant le français et l'anglais avec élégance, Lesage reçut autant sinon plus de questions que Pearson. À côté de Lesage, la plupart des autres premiers ministres parurent ternes.

On aurait pu attribuer cette impression à la comparaison inévitable entre l'exubérance naturelle de Lesage et la froideur anglo-saxonne. Il y avait évidemment un peu de cela, mais en réalité, comme on devait bientôt s'en rendre compte, c'était la divergence entre les positions du

Québec et celles du reste du Canada qui était frappante. Cette divergence s'accentua de mois en mois.

À la fin d'août, autre conférence, interprovinciale celle-là, à Halifax, présidée par Robert Stanfield, premier ministre de Nouvelle-Écosse. En décembre 1960, s'inspirant du précédent établi au siècle dernier par son lointain prédécesseur Honoré Mercier, Lesage avait pris l'initiative de convoquer une conférence des premiers ministres provinciaux. Il la voulait annuelle; selon lui, on améliorerait ainsi le fonctionnement du fédéralisme.

Ses collègues acceptèrent, mais à des conditions qui en disaient long sur leur état d'esprit. Les conférences seraient «informelles»: on prévoirait du temps pour des tête-à-tête amicaux, sans ordre du jour, ainsi que des activités récréatives pour les premiers ministres et leurs femmes. Elles seraient aussi légères: à peu près seuls les premiers ministres y prendraient part, condition qui, on s'en doute, ne fut pas longtemps respectée et qui amena Joey Smallwood à bouder ce type de rencontres. On n'y traiterait que de sujets de compétence provinciale: pas question de se servir de ces rendez-vous pour élaborer des stratégies ou adopter des positions à l'encontre du gouvernement fédéral. Pour éviter à tout prix d'indisposer le gouvernement central, on accepta aussi la présence d'observateurs d'Ottawa.

L'ordre du jour de la conférence de Halifax ne comportait rien de nature à inquiéter Ottawa, mais, toujours aussi actif, Lesage profita de ses échanges privés pour discuter avec ses collègues, notamment John Robarts de l'Ontario, du problème non encore résolu posé par le régime de pensions du Canada. Il ne me parut pas que la question perturbait fortement les autres provinces. Elles n'étaient pas en principe opposées à l'extension de la présence fédérale dans un domaine où Ottawa se trouvait d'ailleurs déjà installé, grâce au programme de sécurité de la vieillesse institué dans l'après-guerre immédiat. Le nouveau régime ne ferait, selon elles, que s'ajouter à une mesure en vigueur depuis longtemps. Elles ne voyaient pas très bien pourquoi le Québec s'énervait tant.

Les différences de préoccupations entre le Québec et les autres provinces n'étaient évidemment pas, pour moi, une découverte. Chacun sait qu'elles transparaissent à travers toute l'histoire du Canada fédéral. Ce qui m'était nouveau, c'était de les vivre quotidiennement dans à peu près tous les dossiers mettant en cause le partage constitutionnel des compétences.

Ce fut particulièrement le cas au cours d'une autre conférence fédérale-provinciale, les 26 et 27 novembre.

Par rapport à celle de juillet, son ordre du jour comprenait plus de sujets, les uns découlant des annonces du discours du Trône de mai (pensions, développement régional, rôle du ministère fédéral de l'Industrie et du Commerce, etc), certains (comme le partage fiscal et l'avenir des programmes conjoints) insérés dans le programme de travail à la demande du Québec, et d'autres ajoutés sur la suggestion des provinces.

Qui ira à Ottawa?

Les conférences fédérales-provinciales n'étaient pas aussi fréquentes alors qu'elles le devinrent plus tard. Il était donc exceptionnel, pour les premiers ministres, d'avoir à se réunir deux fois dans la même année. Pour une rencontre à ce niveau, il était de mise qu'un premier ministre fût accompagné de l'un de ses collègues. Ce dernier, normalement le ministre chargé du principal dossier à l'ordre du jour, prenait place, à côté du premier ministre, à la table de conférence elle-même où chaque province avait droit à deux sièges.

La variété de l'ordre du jour posa un problème particulier: combien de personnes devraient venir à la conférence? Lesage n'était pas partisan, loin de là, des délégations nombreuses. Dans ce cas-ci, il pensa tout d'abord que lui et moi, plus deux ou trois autres conseillers, suffirions amplement à la tâche:

— Pas besoin de ministres. Dites à ceux qui vous téléphoneront que je leur ferai rapport, en revenant d'Ottawa, décréta-t-il.

Cette décision m'ennuyait. Nous n'étions qu'au début d'octobre et déjà un ministre m'avait appelé pour savoir comment la délégation s'organisait, présumant qu'il en serait. Je tenais aussi, de mon côté, à faire venir à la conférence Mercédès Chartier, la première employée de mon ministère. Elle se faisait une joie d'y assister. Comment faire une exception pour elle, alors que Lesage voulait se passer de ministres? D'ailleurs, l'idée que Lesage fût le seul participant québécois élu n'était pas très heureuse. La présence d'au moins un de ses collègues permettrait des échanges plus abondants, entre politiciens fédéraux et provinciaux, en dehors des séances formelles.

Lesage finit par se raviser. Un ou deux ministres furent inclus dans la délégation, dont Paul Gérin-Lajoie je crois, ainsi que quelques fonctionnaires des Finances et du Revenu, plus Mercédès Chartier. L'adjonction de ces fonctionnaires eut des retombées positives que je n'avais pas prévues.

En préparant les documents techniques, notre équipe avait en effet calculé les montants que pourrait représenter, pour chaque province et pour les années à venir, telle ou telle modification du partage fiscal et de la péréquation. Sauf l'Ontario, aucune province ne disposait, pour son propre compte, de données aussi détaillées. Apprenant cela, certaines délégations se tournèrent vers le Québec pour obtenir des chiffres les concernant. Lesage, fier de son monde, les encourageait d'ailleurs en ce sens et se porta lui-même volontaire pour participer à cette opération de «relations publiques» interprovinciales. De temps à autre, on pouvait le voir, armé de plusieurs feuilles grand format remplies de colonnes de chiffres, exposant à un autre premier ministre, gestes à l'appui, les conséquences financières pour sa province d'un amendement possible aux arrangements fiscaux en cours. Il eut cependant un peu moins de succès lorsqu'il entreprit, dans des conversations particulières avec des fonctionnaires d'Ottawa, de mettre en doute les données du Bureau fédéral de la statistique!

Ce genre de coopération ne rendit pas les autres provinces nécessairement sympathiques à nos positions, mais continua d'accréditer l'idée que le Québec avait beaucoup changé depuis le temps de Duplessis. À l'époque, les porte-parole québécois s'en tenaient, nous disait-on, à la formulation de quelques grands principes chaque fois répétés et présentaient rarement des solutions de remplacement. Dorénavant, le Québec était techniquement mieux préparé que les autres provinces et il inventait volontiers des contre-propositions dignes d'attention, son projet de régime de rentes par exemple ou diverses formules de péréquation.

Si je parle de ces choses ici, c'est également dans le but de rappeler qu'au début des années 1960 le personnel s'occupant à plein temps des affaires fédérales-provinciales était, au Canada, embryonnaire. Les quelques rares personnes dont c'était la responsabilité appartenaient, dans leur gouvernement, soit au cabinet du premier ministre, soit au ministère de la Justice (*attorney general*), soit à celui des Finances. Ce n'est que graduellement et beaucoup plus tard, à l'instar du Québec dont quelques-uns s'inspirèrent, que furent institués dans les divers gouvernements provinciaux des ministères ou des services des Affaires fédérales-provinciales.

Lesage persévérera-t-il?

Au début de la conférence, chaque province avait déposé un mémoire plus ou moins volumineux. Celui du Québec était le plus épais: 52 pages, et aussi le seul document provincial à être présenté dans les deux langues.

Notre thèse fondamentale y était, en gros, la suivante. D'une part, le Québec tient au respect de ses compétences dans tous les domaines; cependant, au lieu de se contenter de protester, le Québec proposera des programmes de son cru là où Ottawa s'apprête à intervenir. Par exemple, son régime de rentes tiendra compte de ses attributions et évitera l'envahissement du gouvernement central. D'autre part, Ottawa doit comprendre que les besoins des provinces, en éducation et en santé notamment, sont devenus prioritaires; en conséquence, elles devraient disposer de ressources accrues pour s'acquitter convenablement de leurs responsabilités.

Rien de bien clair ne résulta de la rencontre. Impressionnés par la performance de Lesage, les fédéraux se persuadèrent que son insistance bruyante sur le respect des compétences du Québec obéissait essentiellement à des considérations de politique interne. Selon eux, vu son passé fédéral, Lesage devait montrer aux Québécois qu'il était aussi autonomiste que l'Union nationale. Cela admis comme étant de bonne guerre, ils demeuraient convaincus de pouvoir s'entendre avec lui grâce à des compromis mutuels.

C'est le sentiment que je recueillis des commentaires de hauts responsables fédéraux comme Gordon Robertson, greffier du conseil privé, Tom Kent, secrétaire et conseiller de Pearson, Robert Bryce, sous-ministre des Finances, et Simon Reisman, qui était alors, je pense, sous-ministre de l'Industrie et du Commerce. Moitié par devoir, moitié par conviction, je leur fis valoir que mon premier ministre était *deadly serious*. Je prenais tout de même un risque. Il n'était en effet pas exclu que Lesage en vienne, sans beaucoup de préavis, à des sentiments plus conciliants et qu'en définitive il accepte des compromis.

Pourquoi ce doute?

Le fait est que les frictions Québec-Ottawa allaient croissant. En projetant dans l'avenir, de manière cumulative, la tendance qui se dessinait alors dans tous les dossiers sectoriels, les uns après les autres et ce depuis quelques mois, il n'était pas difficile de prédire une crise d'envergure.

Foncièrement fédéraliste, Lesage pourrait-il tenir le coup sur autant de fronts à la fois à un moment où certains de ses amis politiques commençaient à lui laisser entendre que, par ses attitudes intransigeantes, il stimulait le nationalisme québécois au point où il finirait par en perdre le contrôle?

Chaque fois qu'une bombe du FLQ sautait ou qu'un terroriste faisait la manchette, il se trouvait quelqu'un, souvent l'une de ses connaissances du temps d'Ottawa ou un homme d'affaires — ou encore un partisan issu de ce que nous appelions «le réseau de la Grande-Allée», à Québec —, pour l'en rendre indirectement responsable. Ces avertissements amicaux ou intéressés lui étaient prodigués au cours de conciliabules privés ou de rencontres fortuites. Je déduisais que de tels avis venaient de lui être communiqués dans les heures précédentes, lorsque, comme pour se dédouaner ou pour compenser, Lesage se mettait soudain à parler des «séparatistes» en termes plus virulents et plus méprisants que d'habitude.

Notre retour à Québec fut moins resplendissant qu'à la fin de juillet. Non pas que la conférence eût été une faillite complète, mais parce qu'on pressentait, comme des observateurs anglophones l'avaient noté, que le Québec et Ottawa se dirigeaient vers l'affrontement.

Les conditions atmosphériques avaient peut-être aussi affecté notre humeur. Le vieux DC-3 du gouvernement était ballotté par un fort vent pluvieux de «nordet». Il nous sembla que les secousses étaient plus intenses au nord de la ville de Montréal, près de Sainte-Thérèse où venait justement, quelques heures plus tôt, de s'écraser un avion d'Air Canada...

5

Qu'est-ce qu'un *troubleshooter*?

— Vous leur direz que c'est moi qui vous envoie.

Telle fut la réponse de Lesage. Il venait de me demander de participer à un comité de fonctionnaires mis sur pied par le Conseil d'orientation économique. On y discuterait de développement régional dans le Bas-Saint-Laurent et la Gaspésie. Petit problème: le lien entre ce sujet et mes fonctions n'était pas d'une évidence aveuglante. Mes collègues s'interrogeraient sûrement sur la raison de ma présence. Hésitant à me rendre à la réunion, je m'en étais ouvert à Lesage.

À l'époque où je devins sous-ministre, les structures gouvernementales, si elles étaient souvent improvisées, ne souffraient pas de l'étanchéité et de la rigidité qu'elles ont acquises (ou auxquelles elles ont été soumises) depuis qu'on a cru opportun, année après année, de «rationaliser» l'administration publique par des strates successives et sédimentaires de normes et de règlements.

Le gouvernement d'alors construisait un État moderne et il était encore possible de se promener ici et là sur le chantier. Je pouvais d'autant plus allègrement me le permettre que mon patron, qui était en même temps le maître d'œuvre du projet québécois de modernisation, n'entretenait pas de vénération particulière pour les lignes d'autorité logiquement agencées ni pour les organigrammes finement sculptés.

Si mes premiers mois dans la fonction publique furent, en grande partie, consacrés à l'apprentissage de mon nouveau métier et à la préparation des conférences de juillet et de novembre 1963, il aurait fallu mal connaître Lesage pour imaginer que mes tâches courantes correspondraient à celles que comprend normalement la définition du poste de sous-ministre.

Comme prévu, je continuai à assumer la rédaction d'à peu près tous ses discours. Ce travail, souvent assommant, était cependant, à bien des égards, une aubaine: il me fournissait l'occasion de contacts encore plus fréquents avec lui, en plus de me donner la chance d'exercer une influence sur l'orientation de la politique gouvernementale. Je cessai donc de proposer le recrutement d'un rédacteur à plein temps...

Il arriva aussi qu'à cause de Lesage mes responsabilités suivirent des trajectoires en forme d'arabesque.

Un foisonnement de comités

Nombreux étaient alors les comités de fonctionnaires auxquels des ministres avaient confié la responsabilité de réfléchir sur telle ou telle réforme possible et aux moyens de la mettre en œuvre. J'ai déjà parlé de celui qui se penchait sur le problème de la transférabilité des pensions.

Sous la direction d'abord de Maurice Joubert et ensuite de Roland Parenteau, le Conseil d'orientation économique servait en quelque sorte de lieu commode de regroupement, d'animation et de coordination des comités interministériels traitant de l'économie ou de questions connexes. Les ministres concernés, Lévesque en particulier, pouvaient compter sur cet organisme pour contribuer à doter le Québec d'un réseau de sociétés d'État qui, se complétant et agissant de concert, pourraient un jour permettre aux Québécois de prendre en main leur propre économie.

Directement ou indirectement, des années 1961 à 1965, le personnel du conseil participa ainsi aux réflexions sur la nationalisation de l'électricité, la mise sur pied de la Société générale de financement (SGF), la création d'une sidérurgie québécoise, l'établissement d'une Caisse de dépôt et placement, le développement régional, la subdivision du territoire du Québec en régions administratives et, plus tard, l'élaboration des projets qui devaient conduire à la création de la Société québécoise d'exploration minière (SOQUEM) et à celle de la Société québécoise d'initiative pétrolière (SOQUIP).

En plus de ces comités touchant plusieurs ministères, il en existait d'autres portant sur des politiques sectorielles: éducation, gestion des mines et des forêts, développement régional, assistance sociale, autochtones, etc. De tels comités, sectoriels ou interministériels, sont chose parfaitement normale dans tout gouvernement, mais le commun dénominateur de ceux dont il est question ici est que chacun, presque sans exception, prenait activement part à cette modernisation globale du Québec qu'on a appelée la Révolution tranquille. Il y naissait donc des idées et des projets dont, dans le contexte de l'époque, on ne peut pas dire que le conservatisme et la pusillanimité étaient la marque de fabrique.

Le Conseil d'orientation économique relevait du conseil exécutif du gouvernement, donc ultimement du premier ministre. Aussi Lesage me délégua-t-il d'office à pratiquement tous les comités interministériels quand le conseil, par l'intermédiaire de René Paré, son président, ou de Roland Parenteau, son directeur, lui demandait de «désigner quelqu'un de son choix».

Il avait statué, pour ma gouverne personnelle, que «le premier ministre a le droit de déléguer qui il veut, où il veut». D'où sa réponse citée plus haut. Ce grand principe mettait d'autant plus aisément un terme à la discussion que j'avais conservé mon titre de conseiller économique en devenant sous-ministre. Ce titre était inconnu de la plupart des fonctionnaires, mais j'entrepris de m'en servir pour expliquer ma présence à ceux qui, je le sentais, se demandaient en vertu de quoi le sous-ministre des Affaires fédérales-provinciales participait à des réunions dépourvues de lien apparent avec ses attributions officielles.

En réalité, Lesage me choisissait un peu parce qu'il n'avait personne d'autre de son entourage à proposer, et beaucoup parce qu'il me percevait surtout comme un de ses conseillers personnels. Il savait que je le tiendrais au courant, verbalement ou par écrit, de l'orientation des travaux au sein de ces comités (groupes de travail, comme nous les appelions). De cette manière, il pourrait voir venir et réagir à temps si jamais nos réflexions prenaient des plis à ses yeux discutables. Il aimait aussi montrer à ses ministres jusqu'à quel point il était au fait des dernières idées en gestation.

Qu'est-ce qu'un troubleshooter?

Lesage ne me donnait à peu près jamais d'instructions sur la conduite à suivre ou le point de vue à défendre au sein de l'un ou l'autre de ces comités.

À vrai dire, je n'estimais pas avoir besoin de telles instructions car, pendant longtemps, je vécus sous l'impression tout à fait sincère de les avoir en substance déjà reçues au moment où, me demandant d'être sous-ministre, il m'avait expliqué quel rôle je jouerais auprès de lui. Voyons de plus près.

On se souviendra qu'il avait dit voir en moi son *troubleshooter*. Je ne l'interrogeai pas alors sur le sens de ce mot, nouveau pour moi. Dans les semaines suivantes, me présentant à diverses personnes, il réutilisa la même appellation: «M. Morin est *mon* sous-ministre des Affaires fédérales-provinciales. C'est aussi *mon troubleshooter*», disait-il.

Incidemment, Lesage avait une manière bien à lui, dans ses conversations, de se référer aux institutions ou aux fonctions. Il les personnalisait toujours par rapport à lui ou à quelqu'un d'autre. C'est pour faire état de ce trait que j'ai souligné les deux *mon* dans le paragraphe précédent. Plutôt que de me présenter comme *le* sous-ministre des Affaires fédérales-provinciales, il se servait du possessif *mon*. Il disait aussi *mon* gouvernement.

Dans le cas d'un organisme ou d'un fonctionnaire ne relevant pas directement de lui, le vocabulaire demeurait tout aussi personnalisé, bien que différent. Ainsi, le ministère de l'Éducation, avec Paul Gérin-Lajoie comme titulaire, devenait *le ministère de Paul*; celui des Affaires culturelles dont Pierre Laporte était responsable, se traduisait par l'expression *le ministère de Pierre*. Parfois, on devait décoder: *le ministère de Bob* — il fallait le savoir — était celui de Robert Winters, ministre fédéral, ami de Lesage, comme il fallait aussi savoir que *la banque de John* (un autre de ses amis) était celle de Montréal (ou de Toronto, je n'en suis pas sûr).

En 1965, il alla même jusqu'à parler à Pearson du *Claude's Department*, c'est-à-dire du ministère des Affaires fédérales-provinciales! Je n'en demandais pas tant...

On aurait dit aussi que Lesage «personnalisait» pour réduire les menaces ou les problèmes. Mécontent d'une proposition ou d'une attitude de l'un de ses collègues, plutôt que de s'en prendre au ministre lui-même (ce qui lui arrivait néanmoins), il préférait mettre en cause tel ou tel des conseillers de ce ministre, comme si, vu le transfert de responsabilité, l'importance de l'affaire baissait d'un cran. Exemples: «Lévesque a prétendu ceci, mais ça vient de Michel[1]»; «Lajoie[2] dit ça, mais c'est à

---

1. Michel Bélanger, ancien étudiant à la Faculté des sciences sociales de Laval, économiste et fonctionnaire fédéral, fut recruté par René Lévesque. En 1962-1963, il agit comme conseiller de Lévesque pour la nationalisation de l'électricité. Il fut ensuite nommé sous-ministre des Richesses naturelles. Puis, après avoir occupé d'autres postes stratégiques dans l'administration publique québécoise, il devint président de la Bourse de Montréal, puis président de la Banque Nationale du Canada et, plus tard, coprésident de la Commission sur l'avenir politique et constitutionnel du Québec.
2. Il s'agit ici de Paul Gérin-Lajoie, mais Lesage s'obstinait, par moments, à l'appeler Lajoie. Je n'ai jamais au juste su pourquoi, mais j'ai toujours été convaincu que l'intéressé n'appréciait pas beaucoup cette réduction patronymique.

cause d'Arthur[3]»; «Laporte annonce telle chose, mais c'est Frégault[4] qui y a pensé». Ou bien, de loin plus grave, ce genre de remarque souvent injuste: «Le ministre X nous arrive avec telle idée, mais c'est son ami Y — il n'a jamais rien réussi avant d'arriver au gouvernement — qui a tout mijoté».

Mais, revenons à la notion de *troubleshooter*.

La consultation rapide d'un dictionnaire bilingue m'en aurait probablement révélé le sens, mais — Dieu sait pourquoi — cette idée ne me traversa pas l'esprit. J'interprétai le mot à ma façon, en le décomposant: *trouble*, à n'en pas douter, signifiait en français la même chose qu'en anglais: trouble, problème, etc., et *shooter* était aussi limpide: lanceur, jeteur, etc. Donc, *troubleshooter* = lanceur de problèmes ou, si l'on veut, brasseur d'idées, innovateur. C.Q.F.D.

Je compris donc que Lesage attendait de moi, en ma qualité de *troubleshooter*, que je sois «dérangeant» et même que je bouscule un peu ce conservatisme rampant qui rôde toujours autour d'un gouvernement lorsqu'il est au pouvoir. Cette acception du mot cadrait d'ailleurs avec l'ambiance de l'époque, celle de la Révolution tranquille. À la blague (malgré son sens de l'humour peu spectaculaire, Lesage aimait parfois se moquer gentiment de ses conseillers), il disait de Louis-Philippe Pigeon qu'il était le «tranquille» de la Révolution tranquille! Comment ne pas conclure que je devais en être, pour lui, la «Révolution»?

Muni de ce passeport implicite pour l'innovation et la créativité qui convenait alors fort bien à mon propre état d'esprit, je profitai de ma participation aux divers comités interministériels de fonctionnaires pour appuyer les projets dynamiques et «dérangeants» de réformes qui jaillissaient des travaux de mes collègues. Lorsque des ministres me consultaient sur les positions à prendre à telle ou telle conférence fédérale-provinciale sectorielle, j'avais tendance, par goût personnel et aussi à cause du «mandat» confié par Lesage, à opter pour celles qui remettaient le plus en cause, en faveur du Québec, le partage fédéral-provincial des pouvoirs. N'était-ce pas ce qu'on devait attendre d'un *troubleshooter*?

---

3. Arthur, c'était Arthur Tremblay, d'abord conseiller spécial du ministre de la Jeunesse, Paul Gérin-Lajoie, puis, avec le même ministre dont il devint sous-ministre, concepteur de la réforme de l'éducation et à l'origine du ministère de l'Éducation.
4. Guy Frégault, historien québécois réputé, fut nommé sous-ministre des affaires culturelles à l'époque où Georges-Émile Lapalme était titulaire du poste. Frégault demeura à son poste après le départ de Lapalme à qui Pierre Laporte succéda.

Cela dit, ma contribution à l'ébullition de l'époque se situa toujours, vu mon tempérament, à l'intérieur de limites que j'estimais raisonnables, et je ne manquais jamais d'en faire rapport à Lesage.

Ce n'est qu'au printemps 1965 que le sens du mot mystérieux me fut accidentellement révélé.

Un journaliste anglophone préparait un autre de ces reportages, alors fréquents, sur les hauts fonctionnaires de la Révolution tranquille. Après s'être entretenu avec, je crois, Arthur Tremblay, Roch Bolduc et Michel Bélanger, il venait maintenant rencontrer, me dit-il, le personnage chargé, entre autres missions, d'éviter des problèmes à Lesage, d'arrondir les angles et de prévenir les surprises, en d'autres termes le *trouble-shooter*! Ainsi donc, la composante *shoot* du mot ne signifiait pas seulement, comme je l'avais supposé, lancer ou jeter, mais aussi abattre, faire disparaître! Enfin consulté, le dictionnaire confirma l'interprétation du journaliste. Il faut croire que j'avais inconsciemment confondu *trouble-shooter* et *troublemaker*!

Inutile de dire que je ne me vantai pas de ma découverte sémantique auprès de Lesage...

Confidences à des journalistes

Comme tout premier ministre, Lesage tenait à savoir ce qui se passait dans son gouvernement, surtout ce qui s'y préparait.

À cet égard, rien ne l'indisposait plus que d'apprendre le matin, à la lecture des journaux, sans en avoir au préalable été averti, que l'un de ses ministres songeait à une réforme fondamentale de tel ou tel programme. La nouvelle pouvait émaner du ministre lui-même qui divulguait ses projets à l'occasion d'un discours, ou bien encore elle résultait d'une fuite, volontaire ou non, prenant sa source dans l'un des multiples comités de fonctionnaires.

Lesage arrivait alors furieux au bureau et faisait par téléphone «parader» les ministres incriminés qui devaient alors se forger à la vapeur des circonstances atténuantes ou se déclarer aussi étonnés que le premier ministre lui-même de ce coulage qu'ils jugeaient évidemment regrettable et dont, bien sûr, ils se hâteraient de découvrir les coupables.

La plupart du temps, Lesage ne les croyait qu'à moitié. Il n'avait pas toujours tort. Certains ministres, craignant de ne pas pouvoir réussir à le convaincre du bien-fondé d'une réforme, tentaient, par des déclarations calculées ou des tuyaux à la presse, de susciter dans le public une impression favorable à la réforme envisagée et, de là, des pressions qui s'exerceraient ensuite sur le premier ministre. Lesage en était conscient. Sitôt le téléphone raccroché, il exorcisait le procédé en se livrant à des jugements sans appel et pas toujours mesurés sur le ministre présumé fautif et en déclarant à qui voulait l'entendre que jamais, au grand jamais, il ne consentirait à appliquer la réforme annoncée prématurément. «Ça lui montrera à essayer de me charrier!» concluait-il. À ma connaissance il ne mit que très rarement cette menace à exécution et, le cas échéant, ce fut pour des motifs plus sérieux que sa mauvaise humeur.

Car Lesage était ainsi fait: il explosait facilement et fréquemment, mais ses éclats, si bruyants fussent-ils, étaient brefs et n'entraînaient ni rancune ni méfiance permanente. Encore moins de désir de vengeance. Il lui suffisait de quelques minutes pour oublier un incident qui venait tout juste de le mettre en colère et pour poursuivre une conversation comme si de rien n'était. Les membres de son personnel immédiat étaient habitués à ses sautes d'humeur. Pressentant l'orage, ils se contentaient d'attendre, sans mot dire, la fin de la scène. Sans mot dire: sinon la bourrasque reprenait soudain de la vigueur...

J'adoptai la même attitude lorsque j'eus, rarement il est vrai, à subir ses foudres, par exemple quand j'outrepassais, selon lui, les limites variables qu'il fixait à mes confidences aux journalistes. Le problème, justement, venait du caractère flou ou irréaliste de ses «instructions». Voici comment les choses se passaient.

Dans les années 1960, plusieurs journalistes de la tribune de la presse prenaient régulièrement leur repas du midi au *Café du parlement* (aujourd'hui *Le Parlementaire*). Quelques tables leur étaient réservées, une grande, en particulier, autour de laquelle une quinzaine d'entre eux pouvaient prendre place. Détestant les repas d'affaires, j'étais assez souvent libre pendant la période du lunch. M'assoyant à la même table qu'eux, j'en profitais pour bavarder avec les journalistes dont certains avaient suivi mes cours à l'Université Laval. Fatalement, la conversation roulait sur des sujets politiques. Sans tomber dans l'exposé de révélations, mais à la manière d'un observateur plus ou moins détaché, je donnais volontiers mon opinion personnelle sur le discours de tel ministre, sur telle décision gouvernementale ou sur la situation courante.

Une règle non écrite voulait que fût *off the record* toute confidence faite par un ministre ou un fonctionnaire aux journalistes attablés: elle ne pouvait servir de matière à nouvelle. La règle était suffisamment respectée pour qu'un «observateur» comme moi (il y en avait aussi quelques autres) puisse se permettre de pratiquer plutôt librement cette conquête de la démocratie qu'est la liberté de parole.

Lesage eut tôt fait d'entendre parler de mes fréquentations journalistico-alimentaires. Sur le coup, cela m'inquiéta, vu les risques possibles d'indiscrétion et l'opinion peu élogieuse qu'il nourrissait envers cette profession en général et certains de ses membres en particulier. Mais non, il fut ravi de mes «bons contacts» et me donna instruction de les maintenir afin, disait-il, de «savoir comment, selon les journalistes, les choses se présentaient».

Lesage souhaitait certes que je m'entretienne avec eux — que je fasse mes «relations publiques», selon son expression —, mais à condition de ne rien leur dire. Commandement plutôt difficile à suivre vu la fréquence de mes rencontres avec eux — deux ou trois par semaine — et leur durée — environ une heure chaque fois. Je m'en tirai grâce à la règle du *off the record*. Elle me permit de raconter aux journalistes «comment les choses se présentaient du côté du gouvernement», tout en évitant que mes confidences n'engendrent des répercussions tonitruantes dans les médias.

Sans le savoir, je pratiquais alors, sur une échelle réduite et bien peu formelle, ce que les journalistes appellent des *briefings*, c'est-à-dire des séances d'information qui, officiellement, sont censées leur fournir — en toute objectivité... — les éléments d'arrière-plan expliquant le sens, les motifs et les buts de l'action du gouvernement, mais qui, officieusement, visent à les influencer et éventuellement à les conduire à se prononcer dans le «bon sens», celui, on l'aura deviné, du gouvernement en place.

Parce qu'ils respectaient la règle de confiance dont j'ai parlé, je me dois d'affirmer ici, à l'honneur de mes journalistes-interlocuteurs d'alors, que pratiquement aucune de mes «confidences» ou «révélations» n'aboutit jamais dans les médias à la suite d'un de mes *lunches-briefings*.

Problèmes de «coulage»

Néanmoins, certaines indiscrétions provenant d'autres sources y figurèrent souvent. Très souvent même, car le gouvernement de l'époque, si revitalisant fût-il pour le Québec, n'avait rien, en matière de discipline, qui pût impressionner quiconque. Lesage en était conscient, mais pas au point de l'admettre, ce qui eût mis son leadership en cause.

Les indiscrétions dont il prenait connaissance dans les journaux du matin, juste avant de partir pour son bureau, le catapultaient automatiquement vers une recherche effrénée, en général stérile et brève, mais délibérément culpabilisante pour ses proches, de ces «placoteux», «chiâleurs» et autres fonctionnaires insubordonnés qui, selon lui, ne cherchaient qu'à lui nuire ou à se créer une gloriole personnelle. Offusqué que des «secrets du Cabinet» ou autres divulgations du genre se trouvent dans les nouvelles, il ne s'embarrassait alors plus de nuances: «Vous avez trop parlé avec X», me reprochait-il ardemment, ou «Vous en avez encore trop dit à Y. Je vous avais pourtant bien averti de faire attention». J'avais beau tenter de lui démontrer mon innocence dans le cas de telle ou telle indiscrétion, c'était peine perdue. Ou plus exactement, il faisait semblant de ne pas me croire.

Finalement, j'en vins à comprendre son manque de réceptivité à mes explications: si je n'étais pas la source de l'indiscrétion, elle provenait donc de quelqu'un d'autre dont il ignorait l'identité, ce qui équivalait, pour lui, premier ministre, à reconnaître ne pas très bien contrôler son administration et le forçait à y poursuivre des dépistages dont tous devinaient le peu d'efficacité. Il préférait alors laisser passer l'incident en s'inventant, pour se donner à lui-même le change, une version des faits dans laquelle je jouais le rôle de l'indiscret naïf qui s'était «fait avoir» par des journalistes habiles. Bien sûr, il était convaincu au fond de lui-même que tel n'était pas le cas. D'où, malgré ses froncements de sourcils et ses rappels à l'ordre, sa tolérance constante à mon endroit.

Tolérance, mais pas toujours cohérence. Car, tout en m'enjoignant la plus grande prudence dans mes commentaires à la presse, il lui arrivait de me blâmer parce qu'il ne retrouvait pas dans les médias certains *scoops* qui auraient été favorables à lui ou à son gouvernement. Sans me l'avoir indiqué, il aurait souhaité que je les refile à tel ou tel journaliste.

Le cas dont je me souviens le mieux à ce propos est celui de la négociation secrète que j'avais entreprise à sa demande avec les fédéraux sur le régime de rentes du Québec en avril 1964 (je reviendrai encore sur cette question plus loin). À cause, précisément, de son caractère secret, je n'avais fait aucune allusion à qui que ce soit sur les pourparlers en cours, encore moins sur notre impression selon laquelle leur déroulement pouvait conduire à un gain substantiel pour le Québec. Lesage était fier de la réussite qui se dessinait et voulait, c'était légitime, s'assurer qu'il en tirerait tout le bénéfice politique possible. Mais, pour préparer les esprits en ce sens, il aurait fallu que la nouvelle transpirât dans les médias et, en particulier, qu'elle mît en lumière le fait que le projet québécois de rentes était si bien conçu que les fédéraux n'avaient d'autre possibilité que de s'en inspirer, rejetant ainsi leur propre régime de pensions.

Je n'aurais jamais osé couler pareille nouvelle, de peur de mettre en péril les négociations en cours. Pourtant, des bruits en provenance d'Ottawa circulaient déjà: les deux gouvernements se livraient à des discussions délicates et il se produisait tout un va-et-vient entre les deux capitales.

Lesage craignait, avec raison, que les fédéraux qui avaient semé ces rumeurs «oublient» d'insister sur ce qui, pour lui, était capital: la valeur supérieure de la proposition québécoise comparativement à celle d'Ottawa. Il scruta les médias pendant deux ou trois jours et, n'y découvrant rien de nature à le satisfaire, il me prit amicalement à partie:

— Je ne comprends pas. Il me semble que vous auriez pu dire un mot de tout ça à X ou encore à Y que vous connaissez si bien.

— C'est moi qui ne comprends pas, répondis-je; vous m'avez vous-même dit de me méfier des indiscrétions avec les journalistes.

J'eus immédiatement droit à l'énoncé d'une règle de conduite pour le moins obscure, fondée sur une audacieuse distinction:

— Voyons donc, ça dépend des cas. Il ne s'agit pas ici d'une indiscrétion, mais d'une information!

Mésaventure

Ma familiarité avec les journalistes en incita plusieurs à communiquer régulièrement avec moi, à mon bureau ou à la maison, pour obtenir des précisions d'arrière-plan (du *background*, disaient-ils) sur l'un ou l'autre des grands projets du gouvernement. Ce qui provoqua quelques malentendus.

L'élaboration de ces projets (nationalisation de l'électricité, Caisse de dépôt, ministère de l'Éducation) était en effet saccadée, tiraillée entre les objectifs de ceux qui rêvaient de réformes d'envergure et les craintes nourries par ceux qui voulaient éviter les initiatives téméraires. En se renseignant ici et là, les journalistes glanaient souvent des informations contradictoires. Quelle version des faits devaient-ils privilégier? Perdus dans leurs conjectures, ils me demandaient parfois l'«heure juste». Ma proximité de Lesage me permettait généralement de les dépanner, mais il arriva aussi que mon «heure juste» soit quelque peu décalée.

C'est ainsi qu'un jour j'expliquai en toute bonne foi à un journaliste de *La Presse* l'état du dossier concernant le projet de caisse de dépôt et placement. Ce journaliste avait eu vent, par d'autres sources, des débats internes entourant la mission du nouvel organisme.

Selon les prévisions actuarielles, la caisse en viendrait à gérer des milliards de dollars et serait en mesure, dans les années à venir, d'exercer une influence considérable sur l'orientation économique du Québec. Quelques ministres et surtout les milieux d'affaires anglophones de Montréal craignaient d'autant plus l'avènement de ce géant financier qu'il relèverait de l'État. Ils y percevaient, ce en quoi ils avaient raison, une nationalisation partielle de l'épargne individuelle et alléguaient les réactions négatives du marché et même un boycott du gouvernement par le monde financier canadien et américain, celui des assurances en particulier. Bref, ils faisaient pression sur Lesage pour couper les ailes à un projet aussi «bolchevique», le seul de son genre dans l'Amérique du Nord capitaliste et, de ce fait même, perturbateur. En revanche, il était notoire que d'autres ministres — dont, évidemment, Lévesque, ce qui n'avait rien pour calmer les inquiets — pressaient Lesage en sens inverse.

J'ai oublié les détails, mais je me souviens que le journaliste me téléphona à la fin de la journée. Je lui expliquai où, d'après moi, en étaient les choses: il y avait effectivement beaucoup de remue-ménage autour de la caisse, mais Lesage approuverait le projet malgré les réticences de certains milieux influents. Bref, sa position définitive et sans équivoque serait annoncée sous peu, peut-être dans les jours qui suivraient.

Muni de ce tuyau, le journaliste rédigea sa nouvelle. Le lendemain, elle fit une manchette dans *La Presse*. Or, ce lendemain précisément, Lesage me laissa entendre que le journal s'était «encore une fois» trompé. Le gouvernement, dit-il, se posait en effet toujours des questions sur les attributions futures de la caisse et sa décision finale ne serait divulguée que beaucoup plus tard. Voilà qui contredisait la nouvelle exclusive du journal, pourtant rédigée par un journaliste sérieux et expérimenté, mais, pour l'instant, fort embarrassé et persuadé que mon information de la veille n'était pas fondée. Son patron, Gérard Pelletier, alors rédacteur en chef de *La Presse*, partageait, semble-t-il, ces sentiments.

Quelque temps après, Pelletier, de passage à Québec, vint à mon bureau. Il voulait comprendre ce qui s'était passé. La vérité était cependant bien simple: ce que j'avais dit à son journaliste en fin de journée était exact *à ce moment-là*, mais je ne pouvais pas alors savoir qu'au cours de la même soirée et après quelques conversations téléphoniques avec d'autres conseillers, Lesage déciderait, pour se donner le temps d'obtenir une réponse à toutes ses questions, de surseoir à l'annonce rapide qu'il avait l'intention de faire.

Je tirai au moins un enseignement de cette mésaventure: dorénavant, dans mes conversations avec des journalistes, au lieu du futur, j'utiliserais le conditionnel...

Mandat électrique

Je n'avais pas prévu la répercussion qu'aurait sur mes fonctions une tentation à laquelle Lesage succombait parfois: il pouvait spontanément confier des mandats à la personne se trouvant devant lui à l'instant où un problème surgissait. Ce qui m'arriva plus fréquemment qu'à mon tour. À ses yeux, il n'était pas indispensable que ces mandats («mandats de corridor», disions-nous) coïncident avec les responsabilités régulières de son interlocuteur!

Pour parler comme Pigeon, j'étais juridiquement sous-ministre des Affaires fédérales-provinciales, portefeuille que Lesage avait tenu à conserver pour lui, tout comme celui des Finances d'ailleurs. Mais je n'étais pas *le* sous-ministre de Lesage dans son rôle de premier ministre. Je ne faisais pas non plus partie de son cabinet politique.

Présentées de la sorte, ces distinctions sont peut-être flagrantes, mais Lesage voyait les choses autrement. Pour lui, nonobstant ma tâche officielle ou malgré elle, j'étais au fond un de ses conseillers personnels, un de ses adjoints administratifs, bref un de ses «officiers» (*officials*, dans le vocabulaire fédéral).

Il me le fit savoir d'une façon qui ne m'invitait pas à lui offrir une réplique trop circonstanciée, un jour où je me permis de mettre en doute sa sagesse quand il me demanda un avis écrit sur une question à laquelle je ne connaissais rien et dont, déjà, une douzaine de spécialistes autrement plus initiés que moi s'occupaient depuis plusieurs mois. Cela se produisit — mais ce ne fut pas le seul cas — en 1964, alors que le gouvernement du Québec s'apprêtait à négocier avec celui de Terre-Neuve le contrat hydro-électrique de la Brinco sur l'aménagement des chutes Churchill au Labrador.

Il me répondit sèchement qu'il s'agissait d'une question interprovinciale, donc de mon ressort, et qu'au surplus j'étais économiste! Il fallait y penser.

Le problème est qu'il voulait mon avis non sur les retombées politiques du contrat à venir entre les deux provinces (cela il le savait déjà, s'empressa-t-il de préciser, en qualifiant le premier ministre de l'autre province, Joey Smallwood, d'excité déraisonnable), mais sur le prix qu'il conviendrait de payer pour l'électricité terre-neuvienne. Pour étouffer la discussion naissante, il me remit un dossier technique de deux pouces d'épaisseur, pratiquement incompréhensible pour moi, avec la consigne de lui présenter une note écrite dans les quarante-huit heures. Je m'astreignis à cette tâche insensée, en espérant qu'il ne montrerait ma note à personne d'autre, et même qu'il ne la lirait pas.

Mais non. Le hasard voulut en effet que, sans consultation avec eux, mon opinion rejoignît substantiellement celle de René Lévesque et de Michel Bélanger, son sous-ministre, ce qui, comble de malheur, me valut, quelques jours plus tard, une invitation de Lesage à me rendre à une réunion stratégique des négociateurs québécois, au club de la Garnison, à Québec.

Le silence prudent que j'observai alors, pour la bonne raison que je ne comprenais guère les propos savants des autres participants, dut lui paraître approprié puisqu'en fin de soirée, sans que je sache au juste à quoi il faisait allusion, il me déclara en aparté:

— Voyez, vous aviez raison. Puis, il précisa: Lévesque a lu votre papier. Il en était bien content.

Étonné et n'ayant pas une si haute idée de ma contribution, j'en parlai à Lévesque.

— Ouais, c'était pas mal, rétorqua Lévesque, condescendant. En tout cas, ça n'a pas nui!

Sa formule indirecte soulignait diplomatiquement mon incompétence relative. Au point où nous en étions, j'aurais préféré me faire dire par lui que j'avais quand même été utile...

Coordination internationale

Une autre fois, en mai 1965, quelque temps après la signature de la première entente franco-québécoise sur l'éducation, Lesage apprit que Pierre Laporte tenait lui aussi à en conclure une portant sur la culture. Lesage n'était pas trop emballé de ce projet. Pragmatique, il tenait pour acquis que l'entente valant pour le «ministère de Paul» (l'éducation) pouvait fort bien, avec un peu de bonne volonté de part et d'autre, servir aussi au «ministère de Pierre» (les affaires culturelles) sans qu'il fût nécessaire d'en signer une autre.

Or, précisément, c'est la bonne volonté qui manquait le plus. Le ministère de l'Éducation, qui estimait détenir une vocation transcendante, aurait certes consenti à gérer les échanges culturels du Québec avec la France (et bien d'autres choses encore!), mais le ministère des Affaires culturelles, lui, était jaloux de son autonomie et tenait à sa dignité.

C'était un cas de nationalisme administratif. Vu les relations orageuses entre les deux organismes et son amitié pour Laporte, toujours est-il que Lesage, pour avoir la paix, lui donna finalement son assentiment: si la France était d'accord — dans ce cas, elle l'était —, il y aurait donc une entente culturelle franco-québécoise distincte de l'entente sur l'éducation.

Lesage s'inquiéta toutefois à partir du moment où il sentit que d'autres de ses collègues pourraient, dans leurs domaines respectifs, vouloir faire de même. L'ouverture au monde était alors à la mode. Théoriquement, pour peu que la France se fût prêtée à ce jeu (ce qui était quand même douteux), il aurait pu y avoir trois ou cinq ententes sectorielles de plus.

En même temps, des échos parvenaient à Lesage selon lesquels, dans les quelques délégations à l'étranger que possédait alors le Québec, une guérilla latente, à l'occasion ponctuée de clameurs résonnant jusque dans son propre bureau, divisait les représentants extérieurs des divers ministères québécois.

C'était notamment le cas à Paris, où la représentation québécoise était la plus nombreuse et la plus active. Le délégué général du Québec, comme tous ses homologues, bien que désigné par le premier ministre, relevait administrativement du ministre de l'Industrie et du Commerce. Toutefois, le conseiller culturel (parfois appelé le «délégué culturel») recevait ses instructions du ministre des Affaires culturelles; il ne dépendait donc pas du délégué général, du moins c'est ce qu'il affirmait. Il n'était pas non plus question que le personnel responsable de la mise en œuvre de l'entente sur l'éducation (le «délégué en éducation») se sentît soumis à quiconque d'autre que son ministre lui-même, à Québec. L'appartenance administrative du conseiller économique (le «délégué économique», comme certains l'appelaient) présentait heureusement moins de difficultés, puisqu'il relevait du même ministre que le délégué général, celui de l'Industrie et du Commerce. Bref, à ses débuts, la représentation internationale du Québec vivait, pourrait-on dire, des problèmes normaux de croissance et d'adaptation.

Normaux, certes, sauf que, face aux conflits qui en découlaient et aux susceptibilités que tout cela heurtait, Lesage devait souvent, par la force des choses, jouer un rôle d'arbitre qu'il détestait. En matière internationale, tout, ou presque, finissait par remonter jusqu'à lui, faute d'un ministre globalement responsable de l'activité du Québec à l'étranger. Même les cas personnels, individuels, lui étaient soumis pour peu que, de l'avis d'un ministre, il y eût problème. Il lui revenait alors de résoudre des imbroglios psychologico-administratifs lointains à partir de la version forcément subjective de tel ou tel intéressé, ministre ou délégué général, qui passait par son bureau.

«À cause de nos prima donna», tonnait-il, sans préciser si les prima donna en question étaient les ministres à Québec ou les fonctionnaires à l'étranger, «toutes ces histoires vont finir par nous rendre ridicules.»

Un jour, exaspéré par une autre dispute entre le délégué général en France et l'un de ses conseillers sur place, il me demanda de «voir à ça», sans plus d'indications. Sur le coup, je ne protestai pas contre cette mission clairement hors de mes compétences à l'époque: dans les paroles de Lesage, je venais de voir poindre la possibilité d'un voyage à Paris! Mais non, c'était à la fois plus simple et plus compliqué. Plus simple, parce qu'à mon grand regret je compris qu'il fallait régler le cas à Québec même. Plus compliqué, parce qu'il s'agissait, à cette fin, de rencontrer le ministre dont relevait le conseiller et même, au besoin, de le convoquer à mon bureau. Or, il s'agissait de Georges-Émile Lapalme, le ministre des Affaires culturelles, qui n'était pas le plus commode des hommes!

Je m'efforçai d'exposer à Lesage que, par rapport à un ministre, mon rang de sous-ministre et le manque d'autorité administrative de mon ministère sur les délégations du Québec à l'étranger nuiraient sûrement à la pertinence et au succès de la démarche.

— Puisque vous êtes trop timide, répondit-il, je vais moi-même appeler Lapalme pour lui dire de vous voir.

Il s'exécuta en ma présence. J'étais sûr qu'à l'autre bout de la ligne Lapalme regimberait. Or la conversation téléphonique révéla à Lesage un ou deux éléments du dossier qu'il ignorait encore, en tout cas assez pour lui permettre de prendre tout de suite une décision.

Raccrochant, il déclara:

— Vous voyez, c'est réglé. Ce n'était pas la mer à boire. Je ne comprends pas pourquoi vous hésitiez!

Sur ce, il fit venir René Arthur qui, ayant entendu parler du problème, avait tout fait pour éviter de s'en mêler:

— Bon, lui annonça-t-il, Claude vient de résoudre la fameuse question de Paris. Je ne sais pas pourquoi vous n'avez pas vous-même voulu vous en occuper!

Lesage ne se moquait pas de moi. Puisque je me trouvais avec lui au moment de sa conversation avec le ministre, j'avais, selon sa logique, participé à la solution qu'il venait de trouver. Arthur, qui avait deviné à quoi s'en tenir, fit mine de me féliciter et proposa à notre patron commun de me confier, dans l'avenir, d'autres missions internationales du genre. J'étais si efficace...

C'est d'ailleurs ce qu'il fit.

Dans un premier temps, toujours aussi peu friand d'organigrammes et de descriptions de fonctions, il m'ordonna de «surveiller tout le monde», c'est-à-dire tout ministre ou sous-ministre susceptible de nourrir l'ambition de signer un nouvel accord avec la France ou quelque autre pays. Il orna cette commande d'un volet plus délicat: l'informer sans retard sitôt que j'apprendrais, par mes propres contacts, qu'un ministre était en train de mijoter un voyage à l'extérieur. Sous quel prétexte? C'était, d'après lui, tout trouvé: toute incursion québécoise à l'étranger étant génératrice d'appréhensions et de réactions d'Ottawa dont, comme sous-ministre des Affaires fédérales-provinciales, je subissais les retombées, il était normal que, dans le cours normal de mes activités, j'exerce à cet égard la coordination et la prévention nécessaires.

Malgré tout, mon rôle n'était ni clair ni compris de tous. C'est pourquoi, dans un deuxième temps, à la fin de l'été 1965, Lesage fut d'accord pour mettre sur pied une commission interministérielle des relations avec l'extérieur dont il me nomma président. L'idée de cette commission avait été suggérée par André Patry qui conseillait à l'occasion le premier ministre sur les affaires internationales. Elle groupait, pour des fins de coordination, les sous-ministres des ministères désireux d'établir des rapports avec l'étranger.

Cette responsabilité supplémentaire me fit abandonner celle de conseiller économique du conseil exécutif. J'y fus remplacé par un autre économiste de mon âge, professeur à l'École des hautes études commerciales de Montréal, que je connaissais depuis quelques années. Il avait été très fortement recommandé à Lesage par deux ministres: René Lévesque et Eric Kierans. Son nom: Jacques Parizeau.

Un lieu stratégique

Le ministère des Affaires fédérales-provinciales fut longtemps, on le sait, de dimensions plus que modestes. Tout le personnel en était groupé au premier étage de ce que nous appelions alors l'Édifice B, à une minute à peine du bureau du premier ministre situé, lui, dans l'Édifice C.

Mais tout aussi intéressant était le fait que, pendant les huit années et demie où j'occupai le poste de sous-ministre, mon propre bureau fut toujours situé à quelques dizaines de pieds de la salle qui servait alors aux réunions du Conseil des ministres. Cela pour dire que de juin 1963 à octobre 1971, chaque semaine et parfois plus souvent, les ministres défilèrent près de ma porte.

Si je désirais parler à l'un d'entre eux, il me suffisait ou bien de l'attendre, dans le corridor, ou bien de l'inviter à «venir faire un crochet par chez moi» après la réunion du Conseil des ministres. Du temps de Lesage, dangereusement ponctuel, ces réunions commençaient à neuf heures précises. À partir de neuf heures moins le quart, pour peu que j'arrive moi-même assez tôt au travail (j'y parvenais, le mercredi, jour de réunion du cabinet), il m'était loisible de m'entretenir avec tel ministre, comme je le voulais. Du temps de Johnson, on le verra, la ponctualité subit de gigantesques accrocs. Aussi, mes rencontres avec des ministres furent-elles moins faciles à planifier, mais, par contre, comme ils avaient parfois du temps à tuer à cause des retards de Johnson, plusieurs d'entre eux venaient «placoter» à mon bureau.

La disposition géographique de ce bureau dans l'ensemble gouvernemental était l'effet du hasard et de la nécessité. Le hasard: on aurait tout aussi bien pu m'offrir un endroit perdu, quelque part dans l'Édifice C. La nécessité: Lesage tenait cependant à ce que je sois «à côté de lui». Le hasard: il y avait trois ou quatre bureaux disponibles, contigus, dans l'Édifice B. La nécessité: il n'y en avait pas, semble-t-il, d'autres présentant la même configuration ailleurs.

Quoi qu'il en soit, pendant toutes ces années, je profitai pleinement et sciemment de l'incroyable avantage stratégique, sur quiconque dans l'administration, que me procurait ma proximité de deux centres de pouvoir, complémentaires en principe mais parfois en opposition: le bureau du premier ministre, à une minute du mien, et le Conseil des ministres, à dix secondes.

C'est ainsi que je pus, par contacts fortuits ou organisés, connaître personnellement tous les ministres de tous les gouvernements du Québec, de 1963 à la fin de 1971, discuter avec eux, les observer, les comprendre, les évaluer. Autrement dit, construire, à travers la succession des gouvernements et des équipes ministérielles dont je fus témoin, ma propre idée du monde politique québécois.

Je prisais particulièrement les contacts et les confidences de ceux que j'estimais être, à tort ou à raison, les plus inventifs et les moins conformistes de leur équipe. Lorsque c'était nécessaire pour faire avancer mes propres dossiers, je tâchais d'obtenir la complicité de ceux qui manifestaient un préjugé favorable envers le Québec.

La disposition géographique de mon bureau ne comportait pas que des avantages. Ainsi, chaque matin quand il arrivait au travail, vers huit heures, Lesage pouvait tout de suite savoir que son sous-ministre des Affaires fédérales-provinciales n'était pas, lui, encore à l'ouvrage. Il y eut cependant plus embarrassant.

En passant devant mon bureau, Lesage, sans s'annoncer, entrouvrait à l'occasion ma porte pour réclamer un document, m'annoncer quelque chose ou simplement me dire bonjour. En 1964, quelques jours avant Noël, il fut ainsi témoin d'une scène proprement étrange, de ce genre de scène qui, malgré toute la bonne volonté et la sincérité du monde, demeure irrémédiablement bizarre aux yeux de témoins extérieurs.

Ce matin-là, mon frère, conseiller dans une ambassade canadienne et de passage au Québec pour ses vacances, était venu me montrer les cadeaux qu'il avait apportés pour mes jumeaux alors âgés de cinq ans. C'était des camions Dinky Toys lance-fusée, en métal. Actionné par un mécanisme, le camion lançait des fusées de deux pouces de long à une distance de quinze pieds. Il entreprit de m'en faire la démonstration. Au même moment, dans une pièce communicante, ma secrétaire recevait la visite d'une amie. Je dois dire que cette secrétaire était ma propre sœur (comme on le voit, il était plus facile à l'époque de retenir les services de personnel «choisi»)! Si près des Fêtes, l'atmosphère était à la détente. Ma sœur et son amie décidèrent donc d'expérimenter un autre cadeau de mon frère, un ensemble de bâtonnets colorés qu'il faut saisir un à un sans faire bouger les autres.

Or, voilà que Lesage «se pointe» soudainement dans l'entrebâillement de ma porte et nous surprend sur le fait, à l'instant où une fusée particulièrement bien dirigée atteignait son objectif, le tas de bâtonnets de la pièce voisine, performance soulignée par nos exclamations admiratives et des éclats de rire fort peu administratifs. Il avait l'air encore plus gêné que nous:

— Excusez-moi», dit-il, en refermant discrètement la porte, je ne voulais pas déranger la famille. Joyeux Noël!

Mandats de tout genre

Connaissant mes bonnes relations avec certains de ses collègues et parce qu'il jugeait le procédé plus expéditif, Lesage me chargeait parfois, à leur intention, de «commissions» dont je ne me m'acquittais pas toujours avec grâce et jamais avec enthousiasme.

Parfois il comptait sur l'influence que, croyait-il, je pouvais avoir auprès d'un ministre pour amener celui-ci à adopter une attitude plus en harmonie avec les siennes. Il faisait aussi intervenir d'autres personnes dans le même sens.

La mission qui visait Lapalme et dont j'ai parlé plus tôt était typique de démarches au succès improbable. Lorsque d'autres du même genre surgissaient, je décidais simplement de n'y donner aucune suite, ou de m'en acquitter du bout des lèvres; ou bien j'étais sûr de ne pas réussir, ou bien je n'étais pas d'accord avec la demande de Lesage: convaincre Paul Gérin-Lajoie que la création d'un ministère de l'Éducation ne revêtait aucune urgence, expliquer à Lévesque qu'il ne fallait pas trop exiger des sociétés minières, persuader Laporte que sa politique de français prioritaire ne devait pas porter atteinte aux «droits acquis» des anglophones. On voit le genre.

Quand trois ou quatre jours plus tard, Lesage me demandait où en étaient les choses, je recourais à la restriction mentale et je répondais vaguement avoir fait mon possible. Il était probablement conscient de mon manège.

Pour les cas moins délicats ou plus triviaux — propositions d'ordre administratif, suggestions de candidats pour tel ou tel poste —, les démarches à faire demeuraient souvent si étrangères à mes attributions officielles ou paraissaient tellement cousues de fil blanc que les intéressés n'avaient guère besoin de perspicacité pour me voir venir. Si bien que ce petit truc fut bientôt éventé. Tous savaient que je transmettais des messages provenant de Lesage lui-même. Celui-ci n'était d'ailleurs pas, à ce propos, d'une diplomatie à toute épreuve. De temps à autre, avant que j'eusse eu le temps d'appeler le ministre concerné, il lui arrivait de lui annoncer à brûle-pourpoint (à «brûle-coup-de-poing», comme il aimait à dire): «Tiens, je pense que Claude veut te voir», signal plus que limpide d'une «commission» imminente à son intention, mais au succès désormais problématique, vu le préavis.

Censure

En 1964, peu après la période d'ébullition qui accompagna la discussion de la formule d'amendement constitutionnnel Fulton-Favreau (nous y reviendrons plus loin), Lesage finit par s'irriter sérieusement des déclarations, parfois surprenantes dans le contexte d'alors, faites ici et là sur l'avenir politique du Québec par ses ministres les plus en vue: Gérin-Lajoie, Laporte, et surtout Lévesque qui parlait d'États associés Québec-Canada et de la «maison de fous» qu'était devenu le fédéralisme canadien. D'autres ministres, Eric Kierans et Claude Wagner, n'étaient pas

non plus avares de leurs opinions sur le sujet. L'exemple était conta-
gieux. Le résultat de ces prises de positions nullement coordonnées était
cacophonique et déroutant. En plus, au cours de conférences fédérales-
provinciales sectorielles, il arrivait que des ministres tiennent, à Ottawa,
des propos se démarquant, dans un sens ou dans l'autre, des orientations
officiellement proclamées par Lesage.

En accord avec son tempérament soupe au lait, celui-ci résolut de
sévir. Après avoir à quelques reprises fait la remontrance à ses collègues
au Conseil des ministres en des termes non équivoques, mais sans l'effet
escompté, il crut avoir trouvé «la» solution: désormais, m'annonça-t-il
d'un ton décidé, j'accompagnerais en personne les ministres à Ottawa et,
avant leurs interventions, fort de mon autorité de sous-ministre du
premier ministre, je donnerais mon OK! Sinon, pas d'interventions. Pour
plus de sûreté, je lui ferais un rapport téléphonique deux fois par jour.
Quant aux autres discours des ministres, prononcés devant leurs électeurs
ou à l'occasion de congrès, de dîners officiels, etc., copie devrait m'en
être soumise pour approbation préalable. Autrement, interdiction de
prendre la parole!

De toute évidence, la «solution» était impraticable. Déjà, des
fonctionnaires de mon ministère faisaient presque chaque fois partie des
délégations québécoises aux conférences fédérales-provinciales. Je
n'allais tout de même pas, moi aussi, passer la moitié de mon temps à
Ottawa! Pour ce qui est des discours, je me voyais mal dans le rôle de
censeur défendant à Lévesque ou Gérin-Lajoie de prononcer une allocution classée, par moi, comme non orthodoxe. M'auraient-ils d'ailleurs
écouté?

Lesage reconnut, en maugréant, que je n'avais peut-être pas tort
quant à ma présence obligatoire aux conférences fédérales-provinciales.
Surtout que je lui avais fait valoir que je risquais ainsi de manquer de
temps pour écrire ses propres discours... Pour les prises de positions
publiques de ses ministres, il fut cependant intraitable. Fermement décidé
à «mettre de l'ordre», il les informa: tout discours sur les rapports
Québec-Ottawa, les relations internationales ou le fédéralisme devrait
nécessairement être au préalable approuvé par le sous-ministre des
Affaires fédérales-provinciales. Puis, emporté par son bon droit, il
annonça une autre décision dont il ne m'avait pas averti: les ministres et
les sous-ministres me feraient dorénavant parvenir copie de leur correspondance avec les fédéraux. De *toute* leur correspondance!

C'est le lendemain de cette réunion du Conseil des ministres, un
jeudi, que j'appris la redoutable étendue de mes nouvelles responsa-

bilités. Robert Després, alors sous-ministre du Revenu, me demanda, pince-sans-rire, s'il lui fallait me transmettre copie de tous ses échanges écrits avec le ministère fédéral correspondant. Autrement dit, étais-je disposé à suivre des milliers de dossiers d'impôt? Puis le sous-ministre de l'Industrie et du Commerce voulut à son tour savoir si je tenais à recevoir un exemplaire des données que le Bureau de la statistique du Québec faisait régulièrement parvenir à Ottawa. Et ainsi de suite pendant une bonne partie de la journée. Je décidai de mon propre chef de distribuer verbalement, à travers tout le gouvernement, des exemptions à la décision de la veille.

Ce qui devait arriver arriva. Un autre sous-ministre me réclama une directive écrite contenant la liste des exemptions! Car, à défaut d'une telle précision, il devrait appliquer scrupuleusement la recommandation ministérielle de la veille. J'étais menacé d'être submergé par une inondation de papiers inutiles.

Je m'en tirai dans les jours suivants par cette bonne vieille méthode d'administration publique qu'est la technique «GBS»: Gros Bon Sens. On finit par comprendre dans les autres ministères que seule m'intéressait la correspondance de nature *politique* susceptible d'engager le Québec. Comme chacun donna avec le temps sa propre définition de ce qu'était une correspondance *politique* et vu que je n'insistais pas démesurément, ce fut plutôt la sécheresse qui succéda à la menace d'inondation: je finis bientôt par ne recevoir que de rares copies de lettres qui me seraient de toute façon parvenues, même sans décision du Conseil des ministres. Nous étions de retour au point de départ, et c'était très bien ainsi.

Pour les discours, l'établissement d'un équilibre raisonnable prit davantage de temps et plus de doigté. Des ministres, Kierans par exemple — étonnant de sa part —, respectèrent à la lettre la directive de Lesage. D'autres en vinrent tout simplement à me demander de bien vouloir écrire leurs discours puisque j'étais chargé de la sauvegarde d'une orthodoxie dont ils connaissaient mal les tenants et aboutissants. Lesage, informé de cette réaction, m'interdit d'écrire quoi que ce soit pour quiconque d'autre que lui, ce que précisément je voulais me faire dire.

Pendant un certain temps, certains s'amusèrent à mes dépens. Lévesque, par exemple. Brouillons de textes à la main, il venait me voir à mon bureau, arborant un air faussement soumis et un demi-sourire révélateur, pour prier humblement ma «haute autorité» de bien vouloir condescendre à lui accorder le droit d'adresser au bon peuple québécois quelques humbles paroles inspirées...

Malgré tout, trois ou quatre mois plus tard, les choses étaient, pour les discours, redevenues comme avant.

Les «univers parallèles»

Les choses ne changèrent pas non plus en ce qui concerne un phénomène dont j'ai dit un mot précédemment, celui des «univers parallèles», répandu chez les politiciens.

En vertu de ce phénomène singulier, rien n'oblige la logique qui inspire les déclarations des responsables politiques à être nécessairement compatible avec celle qui gouverne leurs gestes. Cette subtile dissociation entre deux réalités définies comme différentes l'une de l'autre, l'univers de la parole et celui de l'action, est à l'origine d'acrobaties commodes grâce auxquelles les politiciens peuvent, si nécessaire, transformer leurs engagements les plus formels en simples intentions non contraignantes, et en souci de réalisme leurs actes contraires aux principes dont ils sont les premiers à vanter la pertinence. Éprouvent-ils alors le sentiment d'agir arbitrairement, de ne pas respecter leurs promesses ou même de mentir? Mais non! Ils font preuve de souplesse. Si la «politique est l'art du possible», elle est aussi, en corollaire, celui de l'adaptation aux circonstances...

Chez Lesage, le phénomène en question, s'il était présent, ne m'a jamais paru être provoqué par la tromperie consciente ou l'astuce malveillante, mais bien davantage par un mécanisme de défense. C'était visible dans son argumentation quand il devait expliquer pourquoi il préconisait aujourd'hui une mesure à laquelle il s'était opposé hier, par exemple la nationalisation de l'électricité, l'institution d'un ministère de l'Éducation ou la syndicalisation de la fonction publique. Dans ces cas, il n'hésitait pas à contredire carrément ses affirmations antérieures, niant même avec véhémence («Je n'ai jamais dit ça») des propos pourtant tenus devant témoins ou consignés dans les journaux. Son but alors, j'en suis persuadé, n'était pas de masquer la vérité, mais d'avoir quelque chose à répondre, n'importe quoi, de manière à ne pas perdre la face.

Le réflexe de défense se manifestait aussi autrement. Je m'en rendis compte une première fois, en mai 1963. Il déclara à Marcel Bélanger et à moi-même accepter les propositions de réforme de l'assistance publique contenues dans un rapport que nous venions de lui remettre (celui de la commission Boucher). Il était également en accord, disait-il, avec les principes dont nous nous étions inspirés. Bien. Or, c'était l'évidence même, l'application de nos propositions se traduirait par une

augmentation de dépenses. Lesage était hypersensible en matière budgétaire, craignant comme la peste les dépassements financiers, les déboursés inattendus et autres calamités du genre, toujours susceptibles de se
produire dans un gouvernement peuplé de ministres «entreprenants» et
«peu regardants» quant au budget. C'est pourquoi, tout de suite après son
acceptation, il enchaîna en disant:

— Je verrai à interdire toute publicité sur les nouveaux taux
d'assistance. Sinon, les demandes de réajustement vont fuser de partout,
et ça va nous coûter cher. Et vous, Marcel et Claude, pas un mot à
personne.

L'accélérateur et le frein! L'image me vint à l'esprit quelques mois
plus tard lorsque j'appris les graves et épiques démêlés du ministre des
Affaires culturelles, Lapalme, avec le Conseil du Trésor, organisme dont
Lesage était particulièrement fier comme moyen de modérer les diva-
gations budgétaires potentielles de certains ministres. Son responsable,
choisi par Lesage lui-même, était André J. Dolbec, comptable, aussi
versé en arts que moi-même en physique nucléaire. Lapalme raconte
dans ses mémoires — c'était d'ailleurs de notoriété publique —, que
Dolbec réduisait systématiquement les demandes de crédits des Affaires
culturelles, quelles qu'elles soient, sous prétexte d'inutilité ou de non-
rentabilité. Certes Lapalme n'aurait jamais pu être candidat au prix
Nobel de la diplomatie, ce qui ne facilitait en rien les choses, mais, à sa
décharge, force est de reconnaître que Dolbec, agissant sur instructions
expresses de Lesage, y mettait du zèle. Au point que le ministre en cause
finit par démissionner.

J'avais personnellement déjà eu à me plaindre d'une décision de
Dolbec: au printemps 1962, il avait tenté de me «couper» un voyage
d'études d'une semaine en France, auquel Lesage avait consenti dans le
cadre des travaux du Conseil d'orientation économique — ce que Dolbec
ignorait —, en alléguant que je n'étais qu'un vague conseiller aux fonctions indéfinies et que mon déplacement ne profiterait à personne. Fort
de cette expérience édifiante qui, croyais-je, m'autorisait à mettre en
doute le bien-fondé de ses autres décisions, je trouvai moyen d'aborder
avec Lesage le «cas» attristant de Lapalme. Première réaction:

— Lapalme n'a pas à se servir de vous pour faire ses messages; le
téléphone, ça existe.

En vérité, je n'étais ni assez intime ni assez «complice» avec ce
ministre pour m'en faire le messager. Je parlais de mon propre chef.
Lapalme n'était pas au courant. Sa situation me paraissait sincèrement
déplorable.

D'où la deuxième réaction, significative:

— Avec les artistes, ça ne sert à rien. Qu'on leur donne n'importe quoi, ce ne sera jamais assez. Il faut donc commencer par limiter leurs ambitions. Connaissez-vous des artistes contents de leur sort? Ce n'est pas moi qui leur ai demandé de faire du théâtre, de la musique, de la peinture ou de la sculpture. C'est eux qui ont choisi. Si ça ne les paie pas, ce n'est pas de ma faute. Ils seront toujours insatiables.

À quoi je crus devoir répliquer qu'il avait lui-même créé un ministère des Affaires culturelles et qu'il devait, par conséquent, un peu s'attendre à la manifestation d'appétits artistiques. Nouvelle réponse, impatiente:

— Vous savez, c'est Lapalme qui voulait ce ministère.

Comme si cela atténuait sa responsabilité de premier ministre.

Ainsi, Lesage consentait à instituer des ministères ou d'autres organismes dont il faisait grand état dans ses discours, ou encore à améliorer le niveau de l'assistance publique, mais — mécanisme de défense — à condition de mettre tout en œuvre pour que ces innovations coûtent le moins cher possible. Je lui fabriquais des discours sur la politique culturelle de son gouvernement, mais la relation entre ces discours et leur suite logique était ténue. L'univers des paroles par opposition à celui des actes.

Problèmes de langue

L'univers de la parole est aussi celui de la langue.

Pierre Laporte et Guy Frégault, son sous-ministre, avaient eu l'idée de concevoir un Livre blanc sur la politique culturelle du gouvernement. Entre autres questions, ils devaient y traiter du statut du français, du «français prioritaire» comme on disait alors. L'idée me séduisait. J'y voyais un complément bienvenu et logique aux déclarations de Lesage sur le rôle du Québec «point d'appui du Canada français».

Il fallait s'y attendre un peu: la première version du Livre blanc n'emballa pas Lesage. Il réagit comme du temps de Lapalme. Les mesures qui s'y trouvaient esquissées en faveur des activités culturelles lui semblèrent autant de mésaventures budgétaires potentielles.

Pour ce qui est du «français prioritaire», il fut encore moins réceptif. Quoique disposé à accroître la place du français au Québec (dans les affaires, la signalisation routière ou encore les communications gouvernementales), il considérait comme principe sacré et intangible le droit pour les anglophones de se servir librement de leur langue et d'attendre la réciproque, c'est-à-dire des réponses en anglais, de la part de leurs interlocuteurs, publics ou non.

Incidemment, si on les relisait aujourd'hui, les propositions linguistiques du Livre blanc auraient l'air de vœux pieux inspirés par une renversante pusillanimité. Mais nous étions alors à la fin de 1965. Depuis, les Québécois ont pris de l'assurance après avoir vécu les débats suscités par la loi 63 de Jean-Jacques Bertrand, la loi 22 de Robert Bourassa et surtout la loi 101 de Camille Laurin.

Lesage me fit lire le texte incriminé, pariant que je me rangerais à son avis. Il n'en fut rien, mais je dus reconnaître que la formulation de certains passages, ici et là, l'avait peut-être inutilement indisposé. Sa sensibilité au problème de la langue n'était pas aussi marquée que celle que l'on devinait chez les rédacteurs du Livre blanc. Pour lui, une politique de «français prioritaire» conviendrait dans la mesure où elle n'affecterait en rien des privilèges qui, pour les anglophones, étaient, avec le temps et les habitudes, devenus des *droits* inaliénables. Belle quadrature du cercle! À ses yeux, l'amélioration de la qualité et du statut du français au Québec reposait bien davantage sur la façon dont chaque francophone donnerait le bon exemple en respectant sa propre langue, en «parlant bien», que sur des mesures d'ordre gouvernemental.

Je suggérai à Laporte de faire préparer une seconde version des passages portant sur la langue. Même contenu, mais présentation un peu moins choquante pour son noble destinataire. J'écopai de la tâche: «Puisque tu sais écrire pour Lesage, reprends-nous tout ça, décida Laporte; on verra bien».

On ne vit rien du tout. Malgré mes corrections et ajouts, Lesage demeura tout aussi réfractaire aux intentions de son ministre, et le Livre blanc, dans son ensemble, resta classé dans les limbes administratives jusqu'aux élections de 1966. Laporte crut alors pouvoir le «faire passer» après les élections. Mais l'Union nationale prit le pouvoir et le nouveau ministre des Affaires culturelles, Jean-Noël Tremblay, ne voulut jamais rien savoir du document conçu sous son précédesseur. On dut attendre la venue d'un autre ministre après 1970, libéral celui-là, Jean-Paul L'Allier, pour que des portions de ce Livre blanc reviennent à la surface et soient adaptées au nouveau contexte.

Les réticences linguistiques de Lesage ne l'empêchèrent pas de sauter, l'occasion s'y prêtant, dans l'«univers parallèle» de la parole.

Un dimanche, au printemps de 1966, il partit en tournée partisane dans la Beauce. Normalement je n'écrivais pas de textes pour ce genre d'occasions, même s'il arrivait parfois à Lesage de se servir, en les transformant quelque peu, de notes déjà préparées par moi pour d'autres circonstances. La veille, il m'appela pour me demander si je n'aurais pas, dans mes dossiers ou projets, quelque chose d'utilisable dans sa tournée. Je réunis quelques papiers, dont un qui n'avait jamais servi, et pour cause: c'était le texte sur la politique de la langue, corrigé à la demande de Laporte. J'en fis part à Lesage:

— Apportez-le-moi demain matin, à 8 h 45. Je le travaillerai pendant le trajet vers la Beauce.

C'est ainsi que Lesage, avec l'éloquence qui le caractérisait, proclama haut et fort les beautés de notre langue, les menaces qui pesaient sur elle et la détermination de son gouvernement à la protéger, message qu'il livra dans une des régions les plus francophones du Québec et, précisément pour cette raison, les moins inquiètes de l'avenir du français!

Une ponctualité culpabilisante

Lesage se faisait un point d'honneur, un peu maniaque à mes yeux de victime, de fixer des heures, je devrais plutôt écrire des minutes, astronomiquement précises pour les rendez-vous. «Venez me voir à trois heures quinze, dimanche» ne signifiait pas *vers* trois heures quinze, mais *à* ce moment bien déterminé, pas une minute plus tard ou plus tôt. Tout retard, si minime et si excusable fût-il, constituait un point en votre défaveur, ce qu'il s'arrangeait pour vous faire comprendre par des allusions à peine voilées.

Il manifestait la même préoccupation chronométrique avec les visiteurs à son bureau. Moins familier avec eux qu'avec son entourage, il leur épargnait les allusions accusatrices, mais, s'il s'était produit un délai quelconque, il se reprenait en manifestant une certaine fébrilité au début de la conversation. Il lui arriva de supprimer des rencontres avec des visiteurs en retard de quelques microminutes. Deux ou trois fois, j'eus à recevoir à sa place, en catastrophe, des gens qu'on me disait avoir ainsi été «punis» et devant qui je devais, malgré leur incrédulité, faire de mon mieux pour expliquer qu'un contretemps de dernière minute avait inopinément bousculé l'horaire déjà surchargé du premier ministre.

J'ai déjà dit que Lesage était un bourreau de travail. Il s'attendait aussi à la réciproque des membres de l'administration québécoise qui, à ses yeux, auraient dû être déjà à l'œuvre dès l'instant où le premier ministre s'installait à son bureau. Comme il y était souvent à huit heures ou même avant, plusieurs de ses appels téléphoniques tombaient dans le vide.

Il me prit moi-même «en défaut» plusieurs fois, au point que, le 1er avril 1966, il me donna, en guise de reproche amical et peut-être aussi de «poisson d'avril», un recueil de poèmes intitulé *Les dormeurs* (auteur: Luc Racine), accompagné de la dédicace suivante: «À Claude Morin, pour qui le titre de ce recueil est tout un programme! En toute amitié. Jean Lesage».

Les réunions du Conseil des ministres débutaient à neuf heures du matin, très exactement. Par précaution, Lesage s'y rendait à neuf heures moins quelques minutes. Un jour de tempête de neige, la plupart des ministres manquaient encore à l'appel à neuf heures dix. La même situation, semble-t-il, s'était présentée le mois précédent. Je vis surgir Lesage, rouge d'impatience, dans l'entrebaillement de ma porte (heureusement, j'étais à mon poste):

— Claude, ne vous éloignez pas, il se peut que je vous fasse venir au conseil, me lança-t-il sans commentaire.

J'appris plus tard ce matin-là qu'il avait demandé au personnel du Conseil des ministres s'il pouvait légalement réunir un quorum valable du cabinet en y convoquant quelques hauts fonctionnaires et conseillers, en remplacement temporaire de ministres au sens du devoir déficient. Le temps d'entreprendre la recherche nécessaire, les retardataires étaient arrivés. Je ne sus jamais la réponse à la devinette juridique du quorum. Pigeon, à qui j'en parlai, se contenta de hausser les épaules, comme si le problème était d'essence saugrenue.

On ne pouvait espérer de René Lévesque, couche-tard invétéré, qu'il fût aussi un lève-tôt, comportement qui hérissait parfois Lesage. Celui-ci ne se gênait pas, sous prétexte d'accélérer la solution d'un dossier, pour le réveiller à son hôtel, le Clarendon. Fatigué de la manœuvre, Lévesque la contrecarra en expliquant à la téléphoniste de l'hôtel qu'un farceur, se faisant passer pour le premier ministre, risquait de l'appeler à des heures indues du matin, et en lui demandant de bien vouloir, en conséquence, se contenter de prendre le message sans le déranger...

6

Une semaine en avril

Lesage avait attendu le moment opportun pour intervenir.

Arborant un air de défi, il brandit soudain, devant ses homologues d'Ottawa et des provinces, une brique d'environ 500 pages. S'y trouvait, détaillée et documentée, la description de *son* projet de régime de rentes.

Les autres l'avaient regardé, médusés, interrogateurs.

Théâtral, c'était peu dire, le geste fut le clou du spectacle, celui de la conférence si l'on veut. Le dernier clou, également, dans le cercueil du projet fédéral de pensions.

La scène? Québec, salle du Conseil législatif.

L'époque? Début avril 1964.

La brique? Le rapport, enfin terminé, d'un comité de fonctionnaires et de conseillers.

Le contenu? La solution de remplacement du Québec à un projet fédéral qui risquait de transformer en symbole creux le «Maîtres chez nous» de 1962, et surtout, sur le plan économique, d'orienter la Révolution tranquille vers un aimable et inoffensif soubresaut de nostalgie nationaliste. Sans lendemain.

Désaccord

La conférence de novembre 1963 n'avait rien réglé du contentieux Québec-Ottawa toujours croissant. On avait décidé de se revoir.

On se revit, mais pas à Ottawa. La nouvelle rencontre des premiers ministres eut lieu pour une rare fois à Québec, du 31 mars au

2 avril, plutôt que dans la capitale canadienne, comme c'était — et c'est encore — la coutume.

Lesage était chez lui. Les membres des autres gouvernements, de celui d'Ottawa en particulier, étaient chez Lesage, sur son terrain.

Pour illustrer la dimension des enjeux, celui-ci décida, contre son habitude, de se faire accompagner d'une abondante délégation, presque trente membres, ministres, conseillers et fonctionnaires. La réunion se tenant à Québec, cela ne représentait pas beaucoup de frais additionnels...

Des Québécois avaient pressenti l'importance peut-être historique et le symbolisme de l'événement. Devant l'immeuble de l'Assemblée législative, un nombre impressionnant d'étudiants manifestèrent bruyamment pendant la conférence. On les entendait du Salon rouge où étaient réunis les participants. Ils appuyaient leur premier ministre et son gouvernement dans sa lutte «contre» Ottawa et le Canada anglais!

À l'époque, c'était du jamais vu. Qu'il s'agît d'indifférence de la population ou d'autre chose, les rencontres de premiers ministres n'étaient généralement pas accueillies par des mouvements de foule. Cela se produisait à Québec en plus, province décidément pas comme les autres. Et, distinction supplémentaire, en faveur du gouvernement en place.

Cet appui visible et sonore eut tôt fait d'embarrasser Lesage et de le mettre de mauvaise humeur. Il avait aussi un peu peur que Lévesque, victime d'une tentation possible, allât s'adresser aux étudiants. Certains de ses collègues anglophones le soupçonnèrent aussi un moment d'être — après tout pourquoi pas? — l'instigateur du tumulte. L'idée d'être les objets d'une pression externe continua de les indisposer, même une fois persuadés qu'elle n'avait pas été suscitée par leur hôte.

La conférence gravita surtout autour du problème de plus en plus aigu des pensions, mais l'ordre du jour comprenait une constellation de sujets, dont les réclamations fiscales persistantes du Québec, son désir de se retirer des programmes conjoints, ainsi que son opposition à des projets fédéraux comme les allocations familiales aux jeunes de 16 et 17 ans ou les prêts aux étudiants. En somme, le contentieux Québec-Ottawa était, dans sa totalité, revenu à la surface.

Peut-être parce qu'il se trouvait sur son propre terrain, peut-être à cause de la manifestation des étudiants, Lesage fut particulièrement insistant, ferme, nullement disposé à des accommodements. Il était monté à bloc, un brin arrogant, sûr de lui et de la valeur intrinsèque des positions québécoises.

de la pingrerie fédérale. En réalité, les demandes brutes des ministères n'avaient fait l'objet d'aucun élagage préliminaire. Elles correspondaient donc à des souhaits dont leurs auteurs étaient eux-mêmes sûrs qu'ils ne seraient pas tous satisfaits. Selon une vieille méthode de négociation, ils «demandaient plus pour avoir moins». Mais Lesage tenait à frapper l'imagination par tous les moyens.

Pour le discours du budget d'avril 1963, un an avant la conférence qui se tenait maintenant à Québec, une idée m'était venue que je regrettai presque tout de suite d'avoir suggérée à un Lesage impulsif. Une fois formulée, il était déjà trop tard.

Pour maintenir la pression sur Ottawa et parce que Lesage tenait plus que jamais à son credo fiscal, j'avais en effet proposé de terminer ce discours par un éclat digne de faire la manchette au Québec et dans tout le Canada. C'était un ultimatum: si, d'ici les douze prochains mois, Ottawa n'avait pas répondu de manière positive aux demandes d'élargissement fiscal maintes fois exprimées par le gouvernement du Québec, celui-ci n'aurait pas d'autre recours que de hausser alors ses taxes, provoquant ainsi, pour ses citoyens, une double imposition dont il rendrait les autorités fédérales clairement responsables! Averti si longtemps d'avance, Ottawa n'aurait pas l'excuse d'avoir été pris par surprise.

Nonobstant ses conséquences possibles et sans examen plus approfondi, Lesage fut ravi du procédé dès qu'il en prit connaissance dans ma première version du discours. Il le conserva intégralement, même si certains de ses conseillers jugeaient qu'il forçait un peu la note.

L'ultimatum avait effectivement fait la manchette. L'ancien ministre libéral fédéral, devenu premier ministre du Québec, non seulement reprenait le combat duplessiste de la récupération fiscale, mais il se montrait aussi audacieux, sinon davantage, que son précédesseur. Si jamais Ottawa ne cédait pas, allait-on revivre quelque chose qui rappellerait l'institution autonome et unilatérale d'un impôt québécois sur le revenu en 1954, haut fait politique dont Duplessis s'était fabriqué toute une gloire pendant des années?

Au début d'avril 1964, les douze mois de l'ultimatum s'achevaient. Jusque-là, faute d'une réponse fédérale favorable, tout portait à croire que le gouvernement du Québec aurait à s'exécuter. Nul doute que cette possibilité était présente à l'esprit de Lesage pendant la conférence. Elle expliquait en partie son attitude, sans compter que l'évolution peu encourageante du dossier des pensions l'entraînait encore plus loin sur la voie de l'intransigeance.

Sur les pensions, les fédéraux n'avaient pas l'air de vouloir céder. Céder, c'est-à-dire permettre au Québec de mettre en vigueur son propre régime de rentes et et de créer ainsi sa caisse de dépôt. Lesage avait instamment demandé aux fonctionnaires chargés de «finaliser» le projet de lui présenter, pour la conférence de Québec, une proposition complète et détaillée. Il tenait absolument à disposer d'une alternative concrète et valable à opposer aux intentions d'Ottawa, et pas seulement d'une esquisse, si inspirante fût-elle.

Pendant la discussion de ce sujet, Lesage tenait, par-devers lui mais bien caché, un exemplaire du rapport volumineux que les fonctionnaires avaient réussi, de peine et de misère, à terminer pour la date requise. C'était la brique dont j'ai parlé plus haut. Fidèle à son habitude, il l'avait lue en entier et la connaissait aussi bien que les spécialistes qui l'avaient préparée. Il attendait visiblement le moment de frapper un grand coup.

Pearson prit la parole et décrivit de nouveau les caractéristiques du régime de pensions fédéral. Il se montra prêt à le modifier ici et là pour satisfaire certaines critiques des provinces, celles du Québec en particulier. Il n'était cependant pas prêt à rendre les armes devant les compagnies d'assurance pour qui tout ce régime était vicié par l'absence d'une accumulation de fonds.

Même si elles étaient motivées par la défense de leurs propres intérêts — elles rejetaient en fait le caractère public du régime canadien de pensions —, ces compagnies avaient, sans s'en douter, préparé le terrain pour la proposition du Québec. On sentait dans certains arguments défensifs de la présentation fédérale que leur campagne publicitaire avait réussi à répandre, surtout au Canada anglais, le sentiment que le projet d'Ottawa était fautif. Les compagnies s'étaient livrées à leur tâche de démolition relative sans soupçonner, apparemment, le sérieux de celui que le Québec mijotait de son côté. On peut même se demander si elles y avait prêté attention. Quoi qu'il en soit, elles étaient loin de penser que Lesage se servirait de leur argumentation pour donner de la crédibilité à son propre régime de rentes qui, lui, conformément aux exigences actuarielles des compagnies, prévoyait une accumulation de fonds. Réédition du thème de l'arroseur arrosé!

Quand vint son tour de parler, Lesage exhiba *son* fameux rapport de 500 pages, vanta la qualité de *ses* fonctionnaires et se mit à décrire avec chaleur *son* régime de rentes. Les délégations se figèrent, attentives. La prestation de Lesage, impeccable, fit grand effet. Sa proposition était objectivement supérieure en qualité à celle d'Ottawa. Immédiatement,

Lesage et l'auteur à une conférence fédérale-provinciale
sur le partage fiscal, en décembre 1965.

cela parut sur les visages. À la blague, Pearson demanda à Lesage si Ottawa pouvait se joindre au régime québécois.

La ministre de la Santé nationale, Judy LaMarsh, partisane acharnée du projet fédéral conçu sous sa direction, n'apprécia pas ce type d'humour noir. Elle était furieuse. Elle ne portait pas Lesage dans son cœur et aurait voulu que, sur-le-champ et sans retour, Pearson repoussât sa proposition.

Peut-être Pearson pressentait-il ou préparait-il les événements qui devaient suivre?

La rupture

Si certains des premiers ministres provinciaux appuyaient parfois Lesage sur l'une ou l'autre de ses positions, aucun ne les approuvait totalement.

Quelques-uns étaient même assez choqués de son ton généralement agressif et de cet air d'infaillibilité tranquille qu'il dégageait en intervenant plus fréquemment que tous les autres. Ils voyaient cependant des qualités au projet québécois et réclamaient des précisions.

Le comportement de l'Ontario était intéressant. Mitoyen, si l'on veut. Selon son premier ministre, John Robarts, il fallait, d'une part comprendre le point de vue de son collègue québécois et, d'autre part, étudier le bien-fondé de celui d'Ottawa. Rien de bien compromettant, mais l'approche de cette province demeurait révélatrice: elle jouait alors un rôle dans lequel je la revis constamment par la suite. À l'époque, j'avais encore trop peu d'expérience pour en comprendre toute la portée et la logique.

L'Ontario était en fait adepte d'un gouvernement central fort et, sans trop le dire, se sentait d'accord avec Ottawa. En même temps, elle devinait qu'une obstination québécoise culminant en un désaccord profond pouvait conduire Lesage, vu son tempérament, à des décisions qui singulariseraient le Québec d'une manière telle que l'équilibre politique canadien, auquel elle tenait, serait modifié. Elle jouait donc son rôle traditionnel d'*honest broker*, tentant de rapprocher les parties ou, plus exactement, d'empêcher le Québec de trop s'éloigner des autres provinces.

Cela ne servit pas à grand-chose. Ottawa et Québec restèrent sur leurs positions et la conférence se termina sur un échec total.

Pour souligner sa mauvaise humeur et illustrer les divergences, Lesage décida d'aller à l'encontre d'une pratique alors courante. Au lieu de participer avec tous les autres premiers ministres à la conférence de presse conjointe classique, il organisa la sienne, distincte de celle de Pearson et des autres provinces, et fit rédiger son propre communiqué. Dans le contexte où nous nous trouvions à ce moment, le geste était hautement symbolique. À vrai dire, Lesage m'étonna. Je ne pensais pas qu'il irait aussi loin.

Ce n'était pas tout.

Pigeon avait émis des doutes sur la constitutionnalité des allocations familiales fédérales élargies et sur celle des prêts aux étudiants. Fort de cet avis, Lesage annonça aux journalistes surpris qu'il songeait à contester ces deux mesures devant les tribunaux. Aujourd'hui, une telle nouvelle ne soulèverait pas nécessairement beaucoup de commentaires, mais, en 1964, elle sortait de l'ordinaire. Elle classait définitivement Lesage dans le clan des autonomistes québécois, ce dont certains, l'Union nationale en tête, doutaient encore.

La conférence se déroulait à peu près en même temps que se concluait la préparation du discours sur le budget de l'exercice financier 1964-1965. Il faudrait inévitablement y aborder l'impasse créée par le refus d'Ottawa d'élargir la marge fiscale du Québec. Et aussi donner une suite quelconque à l'ultimatum de l'année précédente. Pendant sa conférence de presse, Lesage avait laissé entendre que ce discours mettrait des points majuscules sur les *i* et attribuerait largement les responsabilités qui leur revenaient aux fédéraux si peu compréhensifs. J'en déduisis que j'aurais à pondre un texte bien senti, dramatisant l'échec de la conférence et les conséquences, sur le Québec et les Québécois, d'un manque aigu de ressources financières.

Plusieurs éléments conjoncturels jouaient en faveur de Lesage.

Les libéraux fédéraux formaient un gouvernement minoritaire. Vulnérables, ils ne pouvaient pas se permettre le luxe de perdre trop de voix au Québec lors d'une élection subséquente, si jamais le gouvernement québécois agissait de façon à leur nuire.

En plus, même si Lesage bousculait tout l'univers fédéral-provincial, son prestige était immense, peut-être plus encore dans le reste du Canada qu'au Québec même, bien qu'il fût considérable ici aussi. On était frappé par le contraste entre ses positions structurées et l'allure traditionnellement vague des réclamations duplessistes.

L'*establishment* fédéral était, quant à lui, passablement secoué devant un premier ministre québécois aussi décidé et politiquement aussi fort. Cet *establishment*, composé de fonctionnaires très compétents, paraissait perturbé par des propositions québécoises dont la valeur technique et même l'opportunité étaient difficilement discutables. Sous Duplessis, Ottawa s'était habitué à entendre le Québec rouspéter, mais c'était la première fois que ce même Québec, sous Lesage, arrivait à une conférence muni d'autant de contre-propositions impossibles à rejeter du revers de la main sous prétexte qu'elles étaient trop générales ou inapplicables.

Et il y avait aussi Pearson, unilingue, pas très au fait de la réalité québécoise, mais porté à la conciliation. Le premier ministre fédéral n'était pas homme à s'obstiner, si son obstination devait conduire à des tensions, sources de conflits sans fin avec un Québec difficile à manier.

Dans les jours qui suivirent, il contribua de façon décisive à résoudre l'impasse de taille à laquelle la conférence venait d'aboutir.

Peut-on recoller les morceaux?

Au cours des vingt-cinq dernières années, l'échec bruyant d'une conférence fédérale-provinciale incita parfois des participants ou des observateurs manquant de recul à conclure hâtivement que la Fédération canadienne était au bord de l'éclatement. Avec le temps, cette angoisse s'estompa. On peut en dire autant des appréhensions précédant ces nombreuses conférences dites «de la dernière chance» dont on fut témoin pendant la même période. Les pronostics inquiets et les prospectives catastrophiques finirent par ne plus empêcher personne de dormir. La Fédération tint en effet chaque fois le coup, d'autres «dernières chances» se profilant toujours à l'horizon politique.

À compter du milieu des années 1960, les rencontres fédérales-provinciales devinrent de plus en plus fréquentes. Ainsi, à elle seule, la série de discussions constitutionnelles qui s'étendit de février 1968 à juin 1971 (nous en reparlerons) exigea pas moins de six ou sept réunions de premiers ministres, de deux ou trois jours chacune, toutes abondamment analysées dans les médias. Encore plus nombreuses furent celles de niveau ministériel.

En 1964 cependant, ces conférences étaient plus rares. On manquait de points de repère. Aussi, l'échec apparemment sans retour du rendez-vous de Québec et, surtout, l'impression de cul-de-sac politique qui s'en dégageait firent grande impression. Que se produirait-il maintenant?

À Québec, nous n'étions pas rassurés. Une grave crise venait de surgir. On ne pouvait la nourrir indéfiniment. Pour résoudre l'impasse, quelqu'un aurait à céder. Si le Québec tentait d'alléger l'atmosphère en réduisant telle ou telle de ses réclamations, il aurait rétrospectivement l'air d'un tigre de papier. Selon quelle logique se montrerait-il plus souple après la conférence que pendant? Lesage confirmerait avoir bluffé, comme certains fédéraux le croyaient, opinion partagée par des premiers ministres provinciaux. Sa crédibilité ultérieure en serait affectée.

Je passai la fin de semaine suivant la conférence à me morfondre dans des analyses moroses et à évaluer l'état d'esprit de Lesage. Celui-ci, contrairement à mon attente, ne me donna pas signe de vie.

Le vendredi, lendemain de la conférence, j'avais téléphoné à Maurice Sauvé, alors devenu ministre fédéral. Justement, il pensait reprendre contact avec moi pour mieux comprendre ce qui avait bien pu se passer. Il n'avait pas fait partie de la délégation fédérale à la réunion de Québec. À deux ou trois occasions au cours de la conférence, j'avais pris sur moi de l'appeler pour me plaindre de son gouvernement.

Je lui annonçai que le prochain discours du budget, alors imminent, serait fatalement très dur pour Ottawa et son gouvernement libéral minoritaire. Lesage, j'en étais sûr, était décidé à aller jusqu'au bout. Il sentait que la population était d'accord avec ses positions et ses ministres les plus influents l'appuyaient. Selon Sauvé, il fallait éviter d'en arriver là. En se disputant, Ottawa et Québec jouaient avec le feu. Tout cela ne profiterait qu'aux «séparatistes». Son sentiment était qu'on avait mal négocié de part et d'autre. Il termina la conversation en me disant: «Je te rappelle aussitôt que possible. Il faut reprendre la négociation. Je parle à Pearson.» Le samedi il communiqua ses appréhensions au premier ministre fédéral.

Le mardi, il m'annonça que, pour faire le point, Pearson avait convoqué une réunion spéciale de certains de ses ministres pour le lendemain soir, chez lui. Assez abattu, il avait autorisé Sauvé à venir me rencontrer d'ici là, avec son principal secrétaire, Tom Kent. Ce dernier, tout aussi préoccupé que Sauvé, avait soumis certaines propositions au premier ministre fédéral dans le but de découvrir si, malgré la gravité de la situation, un rapprochement n'était pas possible avec le Québec. Les pronostics n'étaient pas euphoriques, mais Pearson pensait qu'on pourrait au moins tâter le terrain avec moi.

Je me rappelai alors que, tout de suite après la conférence, Kent m'avait rapidement laissé entendre que tout n'était pas nécessairement perdu et qu'il faudrait se reparler. Il avait en tête des changements de nature, selon lui, à rapprocher les parties, malgré l'échec auquel on faisait face à l'instant même. Cette confidence me laissa indifférent. J'avais l'esprit ailleurs. De toute façon, Kent me donna à croire que des ajustements techniques touchant les pensions, associés à une plus grande latitude du Québec en matière de programmes conjoints, feraient l'affaire. Nous n'en étions plus là.

Quoi qu'il en soit, les deux émissaires viendraient explorer avec moi les possibilités de dénouer l'impasse. Sauvé m'affirma que ni Kent ni lui n'avaient de mandat précis. Ils viendraient purement et simplement me parler.

Cette intention ne me souriait pas tellement. Non seulement j'étais pessimiste, mais, selon toute évidence, ils s'attendraient à des concessions de la part du Québec en échange, le cas échéant, de l'assouplissement éventuel du fédéral dont Kent avait fait état.

Informé de ce développement, Lesage parut quelque peu soulagé. D'accord pour la rencontre, aux mêmes conditions que mes vis-à-vis fédéraux: pas de négociations, mais une exploration. Sauvé s'organisa alors pour se trouver le soir même à Québec, avec Kent. Toute l'opération devrait demeurer absolument secrète. Ce serait un désastre à la fois pour Pearson et pour Sauvé si les négociateurs officiels d'Ottawa, surtout les ministres qui avaient pris part à la conférence, en particulier Judy LaMarsh, l'apprenaient prématurément.

On peut essayer

Tôt le mercredi matin, je découvris chez Sauvé et Kent beaucoup plus de souplesse que je ne l'aurais cru. On aurait dit qu'ils voulaient à tout prix effacer l'échec de la semaine précédente.

À tout prix? Pas tout à fait: par exemple, le Québec serait-il heureux si Ottawa, abandonnant son propre régime, consentait à appliquer à l'ensemble du Canada le régime de rentes préconisé par Lesage? Sauvé et Kent ajoutèrent que, bien entendu, si tel devait être le cas, le Québec devrait accepter de son côté de s'y joindre.

Ce compromis aurait théoriquement pu flatter l'orgueil québécois, mais il était piégé. Le gouvernement fédéral disposerait, pour ses fins à lui, d'une gigantesque caisse de dépôt et le Québec serait privé de cet instrument financier auquel il tenait. On canaliserait les épargnes québécoises vers Ottawa! Même si Sauvé et Kent m'assurèrent que les fonds perçus chez nous reviendraient intégralement au Québec, je rejetai toute solution qui ne garantirait pas l'existence d'un régime québécois autonome, donc d'une caisse autonome elle aussi. Certes, nous pourrions ajuster notre régime à celui qu'Ottawa mettrait en place dans le reste du Canada, mais pas plus. Mes interlocuteurs me dirent comprendre les réticences exprimées.

Notre échange dura plusieurs heures. Je sentis progressivement qu'on pourrait arriver à quelque chose. Sans s'engager clairement ni définitivement, les deux émissaires fédéraux m'avaient fait entrevoir que leur gouvernement était prêt à faire un bon bout de chemin sur chacune de nos réclamations. Ils avaient visiblement un *package deal* en tête, une offre globale. Ils ne paraissaient pas devoir exiger du Québec, en contrepartie, des concessions inacceptables.

Je mis Lesage au courant par téléphone. Il accepta de recevoir Sauvé et Kent à son bureau dans l'après-midi; Paul Gérin-Lajoie et René Lévesque participeraient à la rencontre. Le soir même Sauvé et Kent devaient être de retour à Ottawa avant la réunion organisée par Pearson.

Pour sauvegarder le secret, les deux représentants fédéraux empruntèrent une porte latérale de l'immeuble où se trouvait le bureau du premier ministre. Bien que confiant et malgré son accueil amical, Lesage semblait nerveux. Si la mission des deux fédéraux n'aboutissait à rien, ce serait vraiment le drame.

Sa figure s'éclaira bientôt. À toutes fins utiles, Ottawa était prêt à jeter du lest sur presque toute la ligne: partage fiscal, programmes conjoints, allocations familiales, prêts aux étudiants et régime de rentes. Qu'aurait à donner le Québec en échange? Il accepterait de demeurer soumis, au moins pendant quelques années, aux normes et conditions fédérales gouvernant les programmes conjoints et, surtout, il consentirait à modifier des éléments de son régime de rentes pour le rendre compatible avec celui qu'Ottawa mettrait sur pied dans le reste du Canada. Lesquels? Ce n'était pas encore clair.

Certaines exigences fédérales allaient à l'encontre de positions de principe exprimées par le Québec, mais, au regard des ouvertures évoquées, peut-être ne seraient-elles pas totalement indigestes. Cela restait à voir. Lesage décida sur-le-champ que, dans les jours qui suivraient, je me rendrais à Ottawa examiner la portée des ajustements requis. Claude Castonguay m'y accompagnerait comme conseiller.

Le premier ministre fédéral était-il, lui, d'accord avec les propositions plus ou moins annoncées par ses deux représentants? Les connaissait-il toutes en détail? Pas en détail, car certaines s'étaient précisées au cours de la journée, mais on nous répondit que cela devrait aller. En fait, s'il y avait un problème, il viendrait de ses collègues Walter Gordon et Judy LaMarsh. On pouvait toutefois faire confiance au diplomate qu'était Pearson pour établir un consensus parmi les siens.

Le jeudi, Sauvé me raconta que l'échange de la veille avec Gordon avait été houleux. Avec Guy Favreau et Maurice Lamontage, cela avait été plus calme. Et avec Judy LaMarsh? Elle n'était pas à la réunion chez Pearson, mais elle protesterait sûrement puisqu'on s'apprêtait à laisser tomber son régime de pensions.

Sur ce, Sauvé m'annonça qu'Ottawa était maintenant prêt à des discussions intensives sur l'ensemble du contentieux. On nous attendait, Castonguay et moi, le surlendemain, samedi.

Tout était en place pour ma première véritable négociation Québec-Ottawa.

Conciliabule dans les toilettes

À quels compromis le Québec devrait-il se résoudre pour permettre aux bonnes intentions fédérales de se concrétiser? Jusqu'à ce moment les représentants d'Ottawa en avaient parlé en termes évasifs. La seule chose que nous savions, c'est que nous aurions à mettre de l'eau dans notre vin. Restait à découvrir dans quelle proportion.

La délégation québécoise comprenait deux membres: Castonguay et moi. Du côté fédéral, ils était quatre: Maurice Sauvé, Tom Kent, Joseph Willard, sous-ministre du Bien-être social et Don Thorson, sous-ministre adjoint de la Justice. Tout devrait se passer en anglais. Nous en doutant un peu et pour éviter tout malentendu, nous avions pris la précaution d'expliquer à Sauvé, au petit déjeuner, que le Québec tenait à la caisse de dépôt comme à la prunelle de ses yeux (si l'on peut dire) et que, là-dessus, Lesage ne céderait jamais.

En négociation, il est plus prudent, selon d'aucuns, de commencer par les points où une entente est le plus facilement réalisable, pour passer ensuite aux plus ardus. La démarche s'engage alors sur un bon pied. À l'époque, j'ignorais tout de ces raffinements stratégiques, de sorte qu'à notre demande les pourparlers portèrent d'abord sur le dossier incontestablement le plus délicat: l'arrimage éventuel des régimes québécois et fédéral de pensions.

Ce choix n'était peut-être effectivement pas une bonne idée.

Après des heures de discussions, nous tournions toujours en rond. Ottawa était disposé à appliquer dans les neuf autres provinces du Canada un régime de pensions inspiré de celui du Québec, mais, à certains égards, il en différerait beaucoup: niveau des bénéfices, revenu maximum admissible, âge possible de la retraite, rentes aux survivants, cotisation des travailleurs, etc. Le Québec pourrait gérer son propre régime de rentes, mais, exigence fédérale absolue, les deux programmes devaient être identiques pour ne pas entraver la libre circulation des travailleurs d'une province à l'autre. Les fédéraux se refusaient aussi à tolérer que des singularités du régime québécois conduisent à un début de statut administratif particulier. Tout cela représentait pas mal d'écueils sur la trajectoire de la négociation. Il serait terriblement difficile de s'entendre sur des concessions réciproques.

À un moment de la discussion, je crus opportun de rappeler qu'en vertu de la Constitution le Québec possédait un droit prioritaire sur celui d'Ottawa en matière de pensions. Le sous-ministre adjoint de la Justice devait s'attendre à une telle remarque car il produisit un long document préparé par ses juristes. On y démontrait, semble-t-il, que cette présomption québécoise n'était pas d'une solidité à toute épreuve.

Plus tard, au détour d'un argument, je me fis gracieusement dire que le Québec serait bien malvenu d'aller seul de l'avant avec un régime de rentes qui pourrait exiger de ses contribuables une cotisation supérieure à celle qu'Ottawa réclamerait, par exemple, des citoyens ontariens. Dans un tel cas, le Québec serait désavantagé par rapport à la province voisine, ce qui affecterait sans doute le niveau d'emploi chez nous, les investisseurs préférant l'Ontario et son fardeau fiscal moindre. Autrement dit, nous n'avions pas autant de marge de manœuvre que nous aimions le croire.

Il y avait du vrai là-dedans et nous le savions depuis toujours. De fait, je me demande encore aujourd'hui si le Québec aurait en définitive osé établir son régime de rentes en l'absence d'un régime identique couvrant le reste du Canada.

Au milieu de l'après-midi, rien n'allait plus, ni à propos des pensions ni à propos du reste. Tout se tenait. Je fis allusion à notre départ possible, malheureux à l'idée de décevoir Lesage. Trois jours plus tôt, à Québec, celui-ci avait offert à Sauvé et à Kent de revenir à Ottawa dans un avion gouvernemental. On nous proposa la réciproque. Ainsi, nous pourrions partir à l'heure de notre choix et passer encore quelques minutes avec nos vis-à-vis fédéraux. C'était gentil, mais le dossier n'en demeurait pas moins bloqué.

Voilà que — petite cause, grand effet, encore une fois — Kent nous quitta pour se rendre aux toilettes, suivi par Sauvé.

Déblocage

À son retour, la négociation prit une tournure toute différente. Sauvé lui avait certainement fait part de notre conversation du petit déjeuner. Toujours est-il qu'il laissa tomber certaines de ses exigences les plus indigestes. À mes côtés, Castonguay avait, depuis le début de la rencontre, chaque fois évalué l'impact des ajustements demandés par Ottawa sur les milliards éventuels de la caisse québécoise. Les nouvelles propositions de Kent, maintenant plus raisonnables, nous coûteraient beaucoup moins cher. Oui, on pourrait probablement s'entendre.

On reprit alors les autres questions: partage fiscal, programmes conjoints, etc. Ottawa était vraiment devenu beaucoup plus souple depuis l'intermède des toilettes. Cela ressemblait de plus en plus aux ouvertures que Sauvé et Kent m'avaient laissé entrevoir quelques jours avant. Nous étions en train de gagner, pratiquement sur toute la ligne. Évidemment, il faudrait consentir à quelques concessions sur le régime de rentes et à d'autres sur les programmes conjoints, mais il n'y aurait là rien d'humiliant, vu le gain d'ensemble. D'ailleurs, Ottawa ferait bien plus de concessions que nous. J'avais le sentiment que le règlement global soudainement à notre portée serait extraordinairement profitable au Québec.

Aucun doute: notre devoir était de sauter sur l'heureuse occasion qui passait. Il était sept heures du soir. Je me déclarai d'accord pour que fût soumis un *package deal,* si Lesage l'acceptait, au Cabinet québécois dans les jours à venir. Une fois cet assentiment obtenu, Pearson en ferait autant avec ses ministres.

Le soir même, revenu à Québec, je fis un rapport téléphonique à Lesage. Il était d'accord avec tout. Heureux, il montra cependant moins de surprise que je ne m'y attendais. Peut-être Pearson lui avait-il déjà parlé? Mais peut-être, après tout, était-il tout simplement plus ému qu'il ne voulait le laisser voir?

Une semaine à peine après l'échec retentissant de la conférence, le Québec de Lesage était en voie de réussir le plus grand déblocage fédéral-provincial jamais vu au Canada.

Le mercredi suivant, le Cabinet québécois fut mis au courant de l'évolution du dossier. J'en avais déjà glissé un mot à Lévesque qui continuait à suivre avec attention le dossier de la caisse. Sa réaction enthousiaste me réconforta. Je craignais toujours un peu que certaines de nos concessions soient mal vues des Québécois les plus nationalistes.

Pour la circonstance et «au cas où il y aurait des questions techniques», Lesage me demanda de venir dans la salle du Conseil. À l'époque, de telles invitations étaient rares pour un fonctionnaire, mais non exceptionnelles. Lesage était radieux, en pleine forme, exubérant. Il exposa le tout à ses collègues, sans rien oublier. J'eus à intervenir une ou deux fois. Lesage aurait fort bien pu répondre lui-même aux questions posées, mais, sans doute pour me faire plaisir, il tenait à ce que je prenne la parole.

Les gains québécois

Pour ceux que la chose intéresse, l'encadré qui suit présente la substance de l'entente intervenue entre Ottawa et Québec. Sa lecture n'est cependant pas indispensable à la bonne compréhension des événements.

L'entente entrait en vigueur le 1er janvier 1965.

1) *Les pensions:* Il y aurait deux programmes, indépendants l'un de l'autre, mais identiques quant aux cotisations et aux bénéfices: celui du Québec (appelé *Régime de rentes du Québec*) et celui d'Ottawa (le *Plan de pensions du Canada*) destiné aux neuf autres provinces[1].

---

1.   Immédiatement après la conférence d'avril, l'Ontario avait laissé entendre qu'elle établirait peut-être aussi son propre plan de pensions. Il y aurait ainsi au moins deux provinces à le faire. De

Comme les Canadiens et les Québécois seraient protégés de la même façon et que les deux programmes seraient compatibles, Ottawa pouvait prétendre que cet arrangement ne créerait pas de statut particulier pour le Québec. Celui-ci, cependant, confierait les fonds accumulés à une caisse qu'il administrerait de manière autonome, selon ses propres orientations économiques et politiques. Les fonds du Plan de pensions du Canada reviendraient aux neuf autres provinces sous forme d'obligations provinciales acquises par Ottawa à même les réserves constituées.

2) *Les programmes conjoints:* Ottawa acceptait la demande du Québec. On remplacerait, par un équivalent exprimé en «points d'impôt» appartenant désormais au Québec, la part fédérale du financement des programmes conjoints (en général 50 %), jusque-là versée par Ottawa sous forme de subventions conditionnelles. Ces subventions (quelques centaines de millions de dollars) disparaîtraient donc, mais on les traduirait par un pourcentage d'imposition sur le revenu des particuliers que le Québec percevrait lui-même.

Sans entrer ici dans des complications inutiles, disons qu'en lieu et place des subventions d'Ottawa dans des domaines provinciaux, cela signifiait, pour le Québec, quelque chose comme 20 points d'impôt d'espace fiscal supplémentaire, à ajouter à celui déjà prévu dans les arrangements fiscaux quinquennaux en vigueur depuis 1962 et valables pour toutes les provinces.

En revanche, le Québec acceptait le maintien, pendant une période de transition de cinq ans, des conditions et normes fédérales en cours. Après cette période, on en viendrait à une équivalence fiscale finale: compte tenu des dépenses qu'il encourrait réellement entre-temps pour ces programmes dits conjoints, le Québec obtiendrait sur cette base un élargissement fiscal définitif (18, 20 ou davantage de points d'impôt, cela dépendrait), mais ne serait plus ensuite soumis aux conditions d'Ottawa.

Conformément à une pratique canadienne devenue courante avec le temps, cet arrangement demandé par le Québec, défendu par lui et fondé sur des aspirations autonomistes qu'aucune autre province ne manifestait, était cependant également offert aux neuf autres provinces. Aucune ne se prévalut de l'offre, mais qu'à cela ne tienne. Un principe capital pour Ottawa était demeuré sauf: aucune province ne jouissait d'un régime particulier! Ces aspect des choses aida les fédéraux à «vendre» au reste du Canada l'arrangement en cause.

---

la sorte seraient réduits les risques, graves du point de vue ontarien, de l'émergence graduelle d'un statut particulier pour le Québec, ce statut fût-il au départ uniquement administratif. Le 8 avril, cette province avait cependant changé d'idée. Elle se joindrait au plan fédéral. Plusieurs raisons pouvaient expliquer ce virage apparent. L'Ontario, contrairement au Québec, n'était pas en réalité bien équipée pour organiser son propre programme. Elle ne disposait pas d'un ministère du Revenu en mesure de percevoir, à la source, les cotisations des citoyens à un régime de rentes public. En vertu d'une entente de perception fiscale, c'est Ottawa qui percevait les impôts provnciaux des Ontariens sur le revenu et qui, ensuite, les remettait à leur province. Difficile, dans ces conditions, de demander au percepteur fédéral d'agir contre son intérêt politique en collectant des impôts dont la province bénéficiaire, en l'occurrence l'Ontario, se serait servie pour se soustraire à la protection du parapluie fédéral! En fait, l'absence de l'Ontario, ajoutée à celle du Québec, aurait rendu problématique l'établissement d'un régime «national» de pensions.

3) *Le partage fiscal:* Officiellement, Ottawa refusa toujours d'accepter la thèse du Québec selon laquelle les besoins des provinces étaient dorénavant prioritaires par rapport à ceux du gouvernement central. Néanmoins, les fédéraux consentirent à leur abandonner une part de leur propre fiscalité. Selon les arrangements quinquennaux en cours, les provinces pouvaient percevoir, sans double imposition, 18 % de l'impôt sur les particuliers en 1964, 19 % en 1965, et 20 % en 1966, Ottawa se réservant le reste. Ces pourcentages seraient haussés de deux points pour 1965 (passant donc de 19 à 21 %) et de quatre points pour 1966 (de 20 à 24 %).

4) *Les allocations familiales* aux jeunes de 16 et 17 ans: Le Québec conserva son programme d'allocations établi en 1961 et Ottawa le compensa en libérant, en sa faveur, trois autres points d'impôt sur les particuliers.

Ces trois points représentaient, sous forme de marge fiscale, l'équivalent des montants qu'Ottawa aurait versés au Québec si celui-ci lui avait laissé la place en acceptant de se retirer du champ des allocations familiales, comme le souhaitaient initialement les fédéraux.

Comme aucune autre province n'avait institué d'allocations familiales, cet abattement de trois points d'impôts ne concerna que le Québec. Toutefois, le montant de ses allocations familiales étant le même que celui que prévoyait Ottawa, les fédéraux purent prétendre que l'abattement fiscal *ad hoc* consenti au Québec n'y créait pas de situation spéciale!

5) *Les prêts aux étudiants:* Le Québec ne participerait pas à ce programme fédéral, mais Ottawa lui verserait l'équivalent de ce que ce programme lui aurait coûté s'il s'y était appliqué. Là encore, pour que soit évité le spectre du statut particulier, cet arrangement fut offert aux autres provinces, mais aucune ne s'en prévalut.

6) *Le comité du régime fiscal:* Il s'agit d'un comité fédéral-provincial d'études proposé par Pearson, mais jusque-là rejeté par le Québec. Celui-ci consentait à participer à ses travaux.

L'encadré résume le contenu de l'accord d'avril 1964 entre Québec et Ottawa, mais il est possible de simplifier davantage comme le fit Lesage, dans les semaines suivantes. Tout peut se ramasser en trois idées:

• Le Québec aura son propre régime de rentes et, grâce à sa caisse, les Québécois deviendront davantage maîtres chez eux.

• La part québécoise de l'impôt personnel, de 18 % qu'elle était en 1964, passera à 44 % en 1965 et à 47 % en 1966.

• Le Québec sera de plus en plus autonome.

Fort bien. Mais les fédéraux avaient, eux aussi, à expliquer l'entente au reste du Canada. On comprend qu'ils insistèrent sur les aspects qui leur convenaient le mieux. Par exemple: tous les Canadiens, Québécois compris, profiteront d'un régime de pensions prévoyant les mêmes bénéfices. Ou encore: le Québec n'obtient ni statut particulier ni privilège. Au fond, Ottawa essaya de diffuser une impression d'ensemble selon laquelle cette entente résultait d'un compromis raisonnable de nature à renforcer le fédéralisme canadien et à assurer l'unité du pays.

Cela n'était pas entièrement faux, mais la version québécoise était plus conforme aux faits. D'ailleurs, c'est bien ainsi que le comprirent certains analystes de la scène politique fédérale qui conclurent, de toute cette épopée, qu'Ottawa avait piteusement cédé au Québec. L'arrangement qui découlait de cette «reddition» était, d'après eux, sans précédent au Canada (en quoi ils avaient raison) et lourd de conséquences dangereuses. Pour eux, il fallait au plus tôt mettre un frein à ce genre de politique d'apaisement. Si généreuse soit-elle, elle ne satisferait jamais un Québec toujours soucieux d'obtenir davantage de pouvoirs. C'est de cette manière, en tout cas, que raisonnait un certain Pierre Elliott Trudeau...

Devant son cabinet, Lesage, plus fier que jamais, préféra se féliciter de la dimension que prendrait, sitôt annoncée, la nouvelle de la «victoire» du Québec et des retombées positives qu'elle devrait entraîner sur le plan politique et même partisan*.

---

*Je fus alors témoin, de la part d'un ministre, d'une des réactions les plus déconcertantes dont j'aie eu connaissance dans mes contacts avec des politiciens québécois. On vient de le voir, la part québécoise de l'impôt sur le revenu des particuliers passerait de moins de 20 % à près de 50 %. C'était énorme et sans précédent, un cas unique dans une fédération. La récupération fiscale, dont Duplessis s'était fait le champion pendant tout son règne, était en train de devenir réalité. Le gouvernement du Québec percevrait lui-même près de la moitié des impôts de ses citoyens. C'est cet aspect des choses qui fit réagir un ministre, jusque-là silencieux. Il se déclara très inquiet du déblocage tant vanté par Lesage: «Avant, le Québec prélevait un petit impôt sur le revenu, comparativement à celui d'Ottawa. Maintenant, il sera plus que doublé, alors que celui d'Ottawa diminuera. En regardant leur chèque de paie, les gens vont donc penser que nous avons augmenté nos impôts alors que le fédéral a baissé les siens. Non, ça ne sera pas électoralement bon pour nous!»

C'est le 20 avril que l'entente Québec-Ottawa fut simultanément révélée au public par Pearson et Lesage. Ce dernier, radieux, insista sur le grand progrès accompli par le Québec sur la voie de son autonomie fiscale et financière et fit distribuer à tous les journalistes présents un long document ne leur épargnant aucun détail de l'entente.

Il revint sur le sujet dans le discours du budget livré peu après et Dieu sait combien de fois par la suite, au cours d'interventions ou d'allocutions diverses. Cela, tout comme les commentaires et analyses de journalistes sur l'envergure de la «victoire» québécoise, contribua à créer une certaine mythologie selon laquelle, pour peu que le Québec fasse preuve de détermination, des gains fédéraux-provinciaux substantiels sont toujours possibles.

De là à croire que l'on pouvait répéter l'exploit de 1964 plus ou moins à volonté, à condition d'en avoir l'audace, il n'y avait qu'un pas que bien des observateurs et des citoyens franchirent dans les années d'après. À l'époque où j'étais ministre, des électeurs m'écrivirent parfois pour me suggérer, face à Ottawa, d'«agir comme Lesage en 1964». D'autres s'appuyaient sur des références historiques plus anciennes; ils me proposaient de «recommencer le coup de Duplessis, en 1954» (l'imposition unilatérale d'un impôt québécois autonome). En réalité, les circonstances permettant des hauts faits politiques comme ceux-à ne se reproduisent tout simplement pas.

J'étais curieux de voir comment l'Union nationale réagirait à une récupération fiscale qui lui coupait l'herbe sous le pied. À ma grande surprise (il me restait encore des choses à apprendre en politique...), elle se déclara terriblement déçue de ce que Lesage n'ait parcouru qu'un bout de chemin. Comme parti, elle réclamait le retour au Québec de la totalité de l'impôt sur les particuliers, pas seulement la moitié!

J'ignorais alors qu'un jour, plus proche que je ne l'imaginais, il me faudrait, avec Jacques Parizeau, déployer des prodiges d'imagination pour insérer plausiblement cette réclamation extrême dans les positions fédérales-provinciales du Québec.

Autre conséquence plus personnelle des péripéties d'avril 1964. La période d'un an que je m'étais fixée pour mon «stage» dans l'administration publique se terminait en effet en juin. Malgré l'heureuse tournure de la négociation qui s'achevait, tellement de dossiers restaient encore à résoudre entre Ottawa et Québec que je décidai de reporter à plus tard mon retour à l'université. Il serait toujours temps d'y songer de nouveau l'année prochaine...

Le courage, ingrédient essentiel

L'après-midi où Sauvé et Kent étaient venus s'entretenir avec lui, j'avais vu un Lesage ému et soucieux.

Par cette sorte de processus cumulatif qui se produit parfois dans la vie et dont on s'aperçoit, quand tout est terminé, jusqu'où il a pu insensiblement conduire, Lesage avait été amené à formuler au nom du Québec, depuis juillet 1960, des positions si fermes et si souvent répétées qu'il ne pouvait plus désormais les adoucir ou les modifier sans perdre de son prestige et sans nuire à son gouvernement. Il avait risqué gros en s'enfermant, et le Québec avec lui, dans des exigences capables de changer la dynamique du fédéralisme canadien et qui, précisément pour cette raison, auraient fort bien pu ne pas être jugées tolérables par Ottawa.

Or, deux personnalités fédérales, appuyées par le premier ministre du Canada, étaient finalement venues reconnaître devant lui qu'il avait eu raison de se montrer si tenace. C'est lui qui avait gagné.

Tenace, Lesage? Sans aucun doute. Téméraire? Sans doute aussi, à l'occasion. Persuasif? À sa façon, certainement. Pour ma part, j'avais surtout admiré son courage, son audace, sa chaleur à défendre des positions dont il s'était persuadé du bien-fondé. De l'expérience que je venais de vivre avec lui, j'acquis la conviction qu'un premier ministre du Québec doit d'abord et avant tout être courageux. Et déterminé.

7

Dérapage constitutionnel

Le sort m'avait bien servi jusque-là.

La situation de mon bureau, à proximité immédiate de la salle de réunion du Conseil des ministres, se révéla, on le sait, une immense aubaine. Or, peu après ma nomination et sans que j'y sois pour rien, les circonstances — encore elles! — m'offrirent une autre aubaine, aussi riche en retombées heureuses pour la suite d'une carrière qui, au départ, ne devait guère durer.

Initiative unioniste

La question constitutionnelle, plus exactement la place et les pouvoirs du Québec dans la Fédération canadienne, préoccupait beaucoup l'Union nationale. Le sujet revenait sans cesse dans les prises de positions de ses représentants les plus éminents, en particulier Daniel Johnson et Jean-Jacques Bertrand. Chez les libéraux, il soulevait aussi de l'intérêt et des interrogations, mais on y cherchait plus à exploiter à l'avantage du Québec le cadre politique existant que, comme l'Union nationale, à le modifier par l'élaboration d'une nouvelle constitution.

Selon l'idéologie du gouvernement, il paraissait possible de résoudre les conflits fédéraux-provinciaux à la faveur d'arrangements administratifs porteurs d'avenir, obtenus grâce à la volonté et à la force politique du Québec et non en se disputant sur des notions éthérées. Je partageais cette vision des choses, à vrai dire celle de Lesage, modernisée par Gérin-Lajoie et soutenue par Laporte. Quant à Lévesque, il ne se privait pas de voir, dans les débats constitutionnels, l'occasion de discussions sur des concepts juridiques réservés aux initiés et peu en rapport avec les véritables problèmes de la société.

À cause, peut-être, de ma formation économique, l'approche «constitutionnaliste» me paraissait concerner des textes, non des réalités; elle me semblait s'inspirer de la méthode défensive traditionnelle d'une Union nationale qu'injustement je jugeais peuplée d'avocats et conseillée par des experts en extrapolation de documents et des vieux notaires inquiets, gérant des papiers vétustes.

Jean-Jacques Bertrand, tenace, raisonnait autrement. Il avait déjà fait accepter par son parti la tenue d'«états généraux de la nation canadienne-française», forum où les corps intermédiaires prépareraient un projet complet de nouvelle constitution. Daniel Johnson défendait la même idée.

Au printemps 1963, Bertrand proposa à l'Assemblée législative une résolution en ce sens. Au lieu de la rejeter, Paul Gérin-Lajoie choisit de la modifier en proposant la création d'un comité de la constitution formé de députés. Son mandat serait de déterminer les «objectifs à poursuivre par le Canada français dans la révision du régime constitutionnel canadien» et d'identifier les «meilleurs moyens d'atteindre ces objectifs». De cette manière, il appartiendrait aux élus et non à des représentants de corps intermédiaires* de se pencher sur la question.

---

*Les états généraux du Canada français se réunirent, mais à l'instigation des mouvements nationalistes et seulement quelques années plus tard, sous la présidence de Jacques-Yvan Morin, alors professeur à l'Université de Montréal.

Le comité fut formé le 7 juin 1963, par un vote unanime. Lesage m'avait demandé, on s'en souvient, d'en être le secrétaire. Je me rendis compte que cette fonction comportait de précieux à-côtés.

Un poste clé

Sans formellement lui conférer de pouvoirs particuliers, le poste de secrétaire plaçait son titulaire dans une position aussi stratégique entre les partis politiques de l'Assemblée législative que la situation physique de mon bureau l'était par rapport à la salle du Conseil des ministres. C'est ainsi que je pus faire la connaissance de plusieurs porte-parole importants de l'Union nationale, comme Daniel Johnson lui-même, Jean-Jacques Bertrand, Paul Dozois et Maurice Bellemare.

Car, à ma grande surprise, au lieu des députés d'arrière-ban que je m'attendais à trouver dans le comité, l'Union nationale y désigna ses élus les plus notoires. Comme contrepoids ou par hasard, les libéraux les imitèrent. Georges-Émile Lapalme en fut le président, et des vedettes comme René Lévesque, Paul Gérin-Lajoie et Pierre Laporte en devinrent membres.

La première rencontre du comité eut lieu à l'automne 1963. Je me demandais si les illustres personnalités choisies par les deux partis seraient toutes effectivement présentes et surtout comment des hommes politiques aussi opposés que Johnson et Lévesque se comporteraient l'un envers l'autre, autour d'une même table. Il faut dire que Johnson n'hésitait pas, à l'Assemblée, à prendre violemment Lévesque à partie et que ce dernier n'avait pas, pour lui répondre, la langue dans sa poche.

C'était aussi mon premier contact avec Johnson et tous les autres unionistes, sauf Jean-Noël Tremblay, lui aussi membre du comité, que j'avais connu de mon temps d'étudiant à l'Université Laval. Tremblay, cela va sans dire, ne partageait pas l'idéologie «gauchiste» de ma Faculté des sciences sociales. En général, je nourrissais peu d'admiration pour les unionistes, exception faite, peut-être, de Bertrand qui avait une réputation de grande honnêteté. Intérieurement, je le plaignais de militer dans un parti au passé déplorable et à l'avenir chétif.

Charles Pelletier, cosecrétaire, s'était chargé. après entente avec moi, de convoquer les unionistes. Je m'occuperais des libéraux. Le président, Lapalme, n'était pas d'un abord facile. À l'entendre, le comité de la constitution n'avait pas été la découverte du siècle. Sa disponibilité et son humeur s'en ressentaient.

À la première séance du comité, Daniel Johnson m'accueillit gracieusement et avec beaucoup de cordialité. Je me demandais s'il connaissait le rôle que j'avais joué au cours de son débat télévisé avec Lesage, en novembre 1962. Bertrand me souhaita une bienvenue enjouée, les autres aussi.

Plus surprenant encore, Lévesque et Johnson se parlèrent amicalement, échangeant d'innocentes plaisanteries.

Là où je m'attendais à des mines renfrognées et méfiantes, je découvris en fait des affinités parfois souriantes, probablement nées du même métier, celui de parlementaire, ou peut-être fondées sur des convergences tacites ou inconscientes quant à la nécessité de réformer le cadre constitutionnel canadien.

En terrain non partisan

Cette absence de crispation se confirma au cours des mois. De bipartisan qu'il était à l'origine et de lieu privilégié pour débats acerbes sur l'avenir politique du Québec, on aurait dit que notre comité devenait à la longue presque non partisan. Au fil de travaux qui se poursuivirent même après la défaite libérale de juin 1966, ses membres adoptèrent toujours une attitude studieuse, assidus et attentifs qu'ils furent aux présentations parfois contradictoires des nombreux groupes et individus venus exprimer leurs points de vue.

Ce comportement me facilita la tâche. Je me trouvai en quelque sorte en terrain neutralisé et je pris l'habitude, lorsque le besoin s'en manifestait et avec l'assentiment de Charles Pelletier, de communiquer directement avec tel ou tel membre de l'Union nationale, allant même jusqu'à rencontrer personnellement Johnson ou Bertrand à leurs bureaux situés, eux aussi, pas très loin du mien, ou encore à les attraper au vol à leur sortie de l'Assemblée législative. J'y croisais en même temps des députés libéraux étonnés de me voir «comploter» avec l'Union nationale!

J'étais sans doute le seul sous-ministre à agir avec autant de désinvolture apparente. Par crainte de mauvaises interprétations toujours possibles dans l'univers soupçonneux où j'évoluais, j'informais scrupuleusement Lesage de mes allées et venues transpartisanes. Il ne s'en formalisait pas: «Vous êtes un fonctionnaire de l'État, pas du Parti libéral», me dit-il un jour, invoquant son expérience à Ottawa où, également, des fonctionnaires du gouvernement devaient à l'occasion, m'expliqua-t-il, effectuer des démarches auprès de l'Opposition.

En plus de me faire connaître des politiciens qui occuperaient tous, un jour, le rang de ministre, mes tâches auprès du comité me familiarisèrent, mieux que toute autre source de renseignements, avec les problèmes liés à la Constitution canadienne.

Là-dessus, l'Union nationale avait une longueur d'avance sur les libéraux, un peu à cause de sa tradition autonomiste, un peu parce que ses députés avaient davantage de temps disponible que les représentants du gouvernement à consacrer à ce type de réflexions, et beaucoup parce que ces réflexions étaient en train de devenir à la mode. Les notions de fédéralisme coopératif, d'États associés, de fédération binationale, de nation québécoise, de partage des pouvoirs étaient tour à tour examinées, analysées, commentées. Elles voltigeaient même, pourrait-on dire, d'un membre à l'autre, soit à la suite de mémoires soumis au comité, soit parce que quelqu'un avait fait des lectures dont ils voulait rendre compte à ses collègues. Bref, l'équivalent parlementaire d'un séminaire d'étudiants gradués!

La rigueur n'était pas toujours au rendez-vous. Se décrivant comme fédéralistes convaincus, des membres préconisaient des réformes si poussées, si novatrices, qu'on pouvait légitimement s'interroger sur l'aptitude d'un régime fédéral à les absorber. Ils paraissaient aussi compter sur la réceptivité éventuelle du Canada anglais aux changements souhaités. La plupart des unionistes et aussi, chez les libéraux, Lévesque ou, moins souvent, Gérin-Lajoie et Laporte avançaient parfois des propositions surprenantes. De temps à autre elles faisaient la manchette, surtout lorsqu'elles venaient de Lévesque dont les journalistes espéraient matière à «copie» de ses déclarations fracassantes.

Lesage n'appréciait pas toujours et s'en prenait à *mon* comité, comme si j'étais vaguement coupable des propos, politiquement outranciers à ses yeux, qui en surgissaient (voir Document 8, en annexe).

Il n'y a pas à en douter, ce comité, dont les réunions s'échelonnèrent sur presque cinq ans, fut bien plus qu'une tribune commode pour politiciens ou groupes de pression. Il contribua, dans le milieu québécois, au mûrissement de certaines idées et enrichit la discussion sur la réforme constitutionnelle.

Un jour, en 1964, Daniel Johnson fit accepter le financement d'études universitaires approfondies sur une longue série de questions d'ordre constitutionnel. Le comité me confia la négociation de ce vaste projet de recherche auprès de l'Institut de recherche en droit public de l'Université de Montréal (Faculté de droit). C'est ainsi que, après avoir été remis aux membres du comité sous forme de manuscrits polycopiés, furent publiés par les Presses de l'Université de Montréal, de 1967 à 1969, à l'intention d'un public plus large, sept ou huit volumes de plusieurs centaines de pages chacun. Ces travaux denses et savants firent par la suite autorité dans le monde juridique et aussi chez les spécialistes québécois du fédéralisme. Y furent traités des sujets aussi variés que les pouvoirs extérieurs du Québec, le territoire québécois, les tribunaux administratifs, le pouvoir déclaratoire d'Ottawa, les structures régionales, la Cour suprême, etc.

Qui aurait imaginé qu'une suggestion aussi intéressante, utile à long terme, proviendrait d'un parti réputé aussi peu intellectuel que l'Union nationale! C'est Duplessis qui aurait été étonné.

En 1960, Pierre Laporte avait écrit un livre intitulé *Le Vrai Visage de Duplessis*. Le comité de la constitution nous dévoilait-il un nouveau visage de l'Union nationale?

Par contre, après sa prise du pouvoir en juin 1966, ce parti, curieusement, tarda à reconvoquer le comité. Et lorsque, enfin, il reprit ses travaux (en partie à cause de mon insistance: Johnson m'avait demandé d'en demeurer le secrétaire, aidé de Charles Pelletier, et Lesage avait désigné Jean-Claude Rivest, un de ses conseillers, comme cosecrétaire), on ne percevait plus chez les membres unionistes le même enthousiasme qu'avant ni, chez les libéraux, le même intérêt.

Lesage ne prit pas part aux travaux du comité et ne les suivit pas non plus régulièrement, loin de là. Il avait toutefois, sans difficulté, consenti à sa mise sur pied malgré les risques d'une entreprise où les représentants de l'opposition auraient beau jeu pour lui créer des embêtements.

Johnson, au contraire, accorda une attention prioritaire au comité, même s'il était chef de l'opposition et, à ce titre, chargé de bien d'autres responsabilités. Il y participait avec assiduité, de même que ses députés les plus en vue. C'est une fois devenu premier ministre, qu'il me donnerait l'impression de ne plus en ressentir le même besoin.

Comme s'il savait désormais quoi faire...

Une priorité du Canada anglais

Bien que Lesage prêtât beaucoup moins d'attention que Johnson au problème constitutionnel proprement dit, il s'y trouva plongé à la suite de circonstances un peu spéciales dont il faut maintenant dire un mot. Auparavant, toutefois, un petit rappel historique s'impose.

De 1963 à 1966, la plupart des sujets abordés par le comité de la constitution étaient axés sur la redéfinition du statut politique du Québec. Cette question devenait de plus en plus d'actualité et l'Union nationale s'y engageait presque fébrilement. Elle ne laissait pas non plus indifférents des libéraux comme Lévesque, Gérin-Lajoie et Laporte. Cela amena le comité à se pencher sur la nécessité d'un nouveau partage des pouvoirs d'où le Québec tirerait les instruments voulus pour assumer pleinement son rôle de «point d'appui du Canada français» comme le disait Lesage dans ses discours. Les unionistes préféraient parler de l'urgence qu'il y avait à modifier le cadre canadien pour permettre le développement harmonieux de la «nation canadienne-française».

On conviendra que c'étaient là des préoccupations de grande envergure, d'un genre dont on raffolait alors dans les colloques universitaires et au sein des mouvements nationalistes. La pression québécoise commençait à se faire sentir en faveur d'une vaste renégociation des termes et de l'esprit de la Constitution fédérale votée par Londres en 1867.

Si exaltants fussent-ils, ces objectifs étaient particuliers au Québec. Ils n'en dépassaient pas les frontières et n'avaient rien de commun avec ceux qui animaient la classe politique du Canada anglais. Pour ce qui était du partage des pouvoirs, celle-ci se satisfaisait globalement du statu quo. Elle n'éprouvait en outre, cela se comprend, aucun besoin de redéfinir le statut du Québec.

Une question, toutefois, la tracassait épisodiquement, et cela depuis déjà plusieurs années: le «rapatriement» de la Constitution. Même si le Canada avait accédé à l'indépendance, sa Constitution était toujours demeurée une loi britannique. Il n'en avait jamais obtenu le contrôle complet et définitif, non pas à cause d'un refus de la Grande-Bretagne, mais parce que, entre Ottawa et les provinces, on ne s'était jamais entendu sur la façon de la modifier une fois qu'elle serait devenue loi canadienne*.

---

*Malgré de nombreuses rencontres fédérales-provinciales, aucun accord final n'avait encore pu être conclu, par exemple sur le nombre de provinces dont l'assentiment serait requis pour effectuer un amendement à la constitution. La difficulté à résoudre le problème venait du fait qu'une formule d'amendement détermine en réalité l'importance relative des provinces les unes par rapport aux autres. Ainsi, si l'assentiment du Québec, de l'Ontario ou de la Colombie-britannique est exigé pour tout changement, il en résulte, pour ces provinces, un droit de veto dont les autres sont privées. Sinon, ces provinces peuvent se retrouver sur le même pied que l'Île-du-Prince-Édouard dont la population dépasse à peine 100 000 habitants.

En 1960, sous la direction de Davie Fulton, ministre fédéral de la Justice, une conférence des procureurs généraux en était provisoirement arrivée à une formule de compromis. On la garda en réserve. Le Québec n'était pas pressé de s'engager. Après l'élection des libéraux fédéraux, en 1963, le nouveau ministre de la Justice, Guy Favreau, conserva l'essentiel du projet, d'où le nom: formule Fulton-Favreau. Au Québec, rien de cela ne transpira beaucoup dans les médias, le sujet y soulevant alors peu d'intérêt.

Il n'est pas nécessaire ici de décrire cette formule en détail. Contentons-nous de dire que, pour les modifications considérées comme fondamentales, elle exigeait l'assentiment des onze gouvernements, donc l'unanimité, d'où beaucoup de rigidité; en revanche, pour rendre la formule plus souple, un mécanisme de délégation de pouvoirs était prévu, en vertu duquel les provinces pouvaient confier l'exercice (mais non la juridiction) de leurs compétences à Ottawa; l'inverse était également possible. À noter que, dans le second cas, la délégation ne pouvait s'effectuer qu'en faveur d'au moins quatre provinces, alors que dans le premier (la délégation vers Ottawa) ce minimum n'était pas requis.

> D'après des spécialistes encore peu écoutés, cette formule faisait dépendre de la volonté du reste du Canada l'évolution constitutionnelle future du Québec. Cette critique devait prendre bientôt beaucoup de poids.

Les parlementaires québécois préoccupés par le statut politique du Québec étaient conscients du problème posé par la formule d'amendement, mais n'y voyaient aucune priorité. Selon eux, on en traiterait en temps et lieu, mais il fallait d'abord s'entendre, au Canada même, sur un nouveau partage des pouvoirs, c'est-à-dire sur une révision en profondeur du fédéralisme. On dégagerait ainsi des principes qu'on appliquerait ensuite à l'élaboration d'une formule d'amendement. Cette façon de voir était perceptible dans les réactions des membres du comité de la constitution pour qui l'opération «rapatriement» ne devait survenir que comme étape ultime de la négociation constitutionnelle.

Au Canada anglais, c'était l'inverse: «rapatriement» en premier lieu, puis révision ensuite, si nécessaire, mais pas nécessairement. À Ottawa, on raisonnait de la même manière.

Les choses auraient pu en rester là, mais l'année 1964 ranima la question. En septembre de cette année-là, on fêterait en effet le centième anniversaire de la conférence de Charlottetown qui, de fil en aiguille, devait conduire à l'adoption par Londres, trois ans plus tard, de l'Acte de l'Amérique britannique du Nord. En plus, la reine Élizabeth II était attendue pour une visite officielle au Canada à l'automne. Elle viendrait à Québec pour souligner un autre centième anniversaire, celui de la conférence qui s'y tint en octobre 1864, un mois après celle de Charlottetown, et qui, elle aussi, prépara la Fédération de 1867.

Certains politiciens non québécois crurent les circonstances propices pour un nouvel essai en vue du «rapatriement». Quel beau symbole si la reine profitait de sa venue au pays pour conférer au Canada son entière souveraineté! Et même si le processus de négociation n'était pas alors terminé, on pourrait au moins faire état des progrès, ce qui, escomptait-on, stimulerait l'ardeur patriotique des Canadiens.

C'est ainsi que la formule Fulton-Favreau fut transportée du niveau des ministres, où elle aurait pu stagner encore pendant des années, à celui des premiers ministres. Pearson fit inscrire la question du «rapatriement» à l'ordre du jour d'une conférence commémorative prévue pour les 1 et 2 septembre, à Charlottetown, dans la salle même où eurent lieu les premiers débats sur la Fédération de 1867.

Deux semaines plus tôt, elle fut abordée dans un autre forum, la conférence annuelle des premiers ministres des provinces, à Jasper en Alberta.

Lesage prit à cet endroit une décision dont il n'avait sans doute pas perçu, sur le coup, toutes les complications. Par la suite, d'aucuns en attribuèrent la cause à un ensemble de circonstances sur lesquelles, pour rétablir les faits, il importe de s'arrêter.

Sur la pente

J'aborde, par la tangente, un aspect du comportement de Lesage que j'ai un moment pensé taire, moins par crainte d'être déloyal envers lui — ce ne peut être le cas, ses biographes en ayant déjà parlé — que par respect pour un personnage que j'admire encore.

On n'apprend rien à personne en «révélant» que la consommation d'alcool est répandue dans le monde politique. Les occasions n'y manquent jamais de prendre un verre, plusieurs même. C'était vrai à l'époque de la Révolution tranquille, ce l'était avant et ce l'est encore aujourd'hui. Lesage, qui supportait assez mal l'alcool, n'était pas toujours à l'abri de ses effets. Connaissant son penchant, il était généralement prudent, son entourage aussi, mais quelques «accidents» se produisirent.

D'aucuns crurent longtemps que tel avait été le cas à Jasper. Or, justement, les choses ne furent pas si simples.

La conférence interprovinciale était présidée par le premier ministre de l'Alberta, Ernest Manning, protestant de mœurs strictes et d'une sobriété à toute épreuve, n'ayant rien d'un gai luron. Il savait pourtant recevoir et avait prévu, pour ses invités moins ascétiques (comme Lesage et d'autres, y compris moi-même), quelques apéritifs et diverses occasions de prendre un verre.

Tout programme de rencontres intergouvernementales prévoit aussi la possibilité d'échanges réservés aux seuls chefs de délégations. Ces tête-à-tête en groupe restreint sont indispensables lorsque des discussions «franches» paraissent s'imposer (ce qui laisse entendre que celles qui se déroulent devant témoins seraient moins authentiques ou moins sérieuses, mais c'est là un autre sujet...). À Jasper, Manning résolut de s'entretenir du «rapatriement» avec les premiers ministres uniquement.

Pour lui, le «rapatriement» de la Constitution était une réforme essentielle, prioritaire et urgente. Même remarque en ce qui concernait la plupart de ses collègues. Il leur proposa donc de souscrire à la formule Fulton-Favreau. À titre de président de la rencontre, il irait ensuite faire officiellement part de la bonne nouvelle au premier ministre Pearson. De la sorte, tout obstacle serait levé et un vieux rêve canadien se réaliserait bientôt. On assisterait à un heureux moment historique et, ce qui n'est jamais négligeable pour un premier ministre, il se produirait dans sa propre province. La conférence commémorative de Charlottetown, le 1ᵉʳ septembre, en serait d'autant rehaussée. Beau projet.

Mon sentiment est que Lesage ne s'attendait pas à une présentation en termes aussi pressants du dossier du «rapatriement». Peut-être, tout au plus, se préparait-il à un échange de vues préliminaire, puisque le sujet atteignait, pour la première fois depuis longtemps, le niveau des premiers ministres.

La réunion à huis clos se tint au début de l'après-midi, la seconde journée de notre séjour en Alberta. Le repas du midi avait été précédé d'apéritifs. Le matin, j'avais vu Lesage de bonne humeur: il aimait toujours revoir ses collègues des autres provinces et, quatre mois plus tôt, il avait réussi la négociation Québec-Ottawa la plus remarquable du siècle, ce qui en faisait un personnage politique hors pair. Après le repas, il était devenu réceptif, enthousiaste, agréable, enjoué. Bref, il manifestait les meilleures dispositions du monde. Euphorique est le mot qui s'appliquait. C'est dans cet état d'esprit qu'il prit part à la rencontre qui suivit.

Quand il en sortit et à voir la physionomie des autres premiers ministres, j'eus l'impression qu'une décision importante avait été prise. Lesage, encore de bonne humeur, me déclara rapidement, presque sous forme de leçon de choses, qu'il y avait du bon dans l'idée du «rapatriement», mais qu'il restait encore certains détails à régler.

Il ne croyait pas si bien dire.

Des membres d'autres délégations m'apprirent peu après que Lesage, «bien disposé», avait opté pour la formule Fulton-Favreau. Le message de Manning à l'intention de Pearson stipulerait en effet que ses collègues provinciaux et lui croyaient possible un accord général sur cette base.

À vrai dire assez peu préoccupé, je ne cherchai pas sur place à en savoir davantage de Lesage lui-même. Dans la mesure où il avait consenti à quelque chose, ce «quelque chose» était d'ordre juridique, donc d'une nature passablement artificielle selon mon échelle de valeurs d'alors. Mes connaissances en matière de «rapatriement» étaient encore rudimentaires.

L'enlisement

Mes premiers doutes sérieux sur l'opération me vinrent quand je mis la dernière main à la préparation de la conférence de Charlottetown. Il

Conférence interprovinciale de Jasper, août 1964. De gauche à droite
au premier rang: Louis Robichaud, premier ministre du Nouveau-Brunswick,
Jean Lesage, l'auteur, John Robarts, premier ministre de l'Ontario
et Robert Stanfield, premier ministre de la Nouvelle-Écosse.

fallait rédiger un texte de circonstance. Me rappelant les réticences de
certains juristes québécois et les discussions du comité de la constitution,
je pris soin, sait-on jamais, de ne pas commettre Lesage irrémédiablement.

Dans son allocution il se montra favorable à l'abolition du lien
colonial du Canada avec la Grande-Bretagne, c'est-à-dire au «rapatriement» dans son sens étroit. Sauf qu'il proposa — ce qu'il n'avait jamais
encore laissé entendre — de donner, disait-il, plus de souplesse à la
formule Fulton-Favreau, en y insérant la possibilité qu'Ottawa délègue
certains de ses pouvoirs à *une* province en particulier, et non plus à un
minimum de quatre comme la formule le stipulait alors.

Du coup, plusieurs premiers ministres crurent comprendre que le
Québec, encore incertain d'y arriver sur le plan constitutionnel, avait mis
une nouvelle corde à son arc stratégique: il chercherait à se construire un
statut *administratif* particulier. Ce qui, dans un cas comme dans l'autre,
conduirait à la longue — par étapes! — à un Québec toujours plus
distinct. Déplaisante perspective.

Selon eux, Lesage se comportait comme si, dans cette affaire de
«rapatriement» et pour des raisons «domestiques», son dernier mot
n'avait pas encore été dit. Changement d'attitude important par rapport
à l'entente de Jasper, jeune d'à peine deux semaines.

Pressentant une réouverture du dossier, ses collègues furent déçus, en particulier Pearson, Robarts et Manning, qui avaient un instant cru le «rapatriement» virtuellement accompli.

La «bonification» de la formule Fulton-Favreau m'avait été inspirée par Paul Gérin-Lajoie. À Jasper, il avait été aussi surpris que moi de la soudaineté avec laquelle Lesage s'était engagé.

À Charlottetown, Lesage n'insista cependant pas trop sur sa nouvelle exigence, ce qui — on se console comme on peut — rassura ses collègues. Je retins néanmoins des commentaires de Pearson et des autres premiers ministres que son engagement à Jasper avait été plus ferme que je ne croyais.

Il continuait devant nous à défendre la philosophie générale de la formule Fulton-Favreau, minimisant d'un geste de la main et avec l'approbation de Pigeon les difficultés qui pourraient en découler au Québec. Comme l'Union nationale s'y faisait de plus en plus la championne d'une révision en profondeur du fédéralisme, il ne fallait pas être grand clerc pour deviner qu'elle lutterait certainement de toutes ses forces contre la position de Lesage. Celle de Jasper.

Celle qu'il avait prise à Charlottetown, même si elle équivalait à une correction majeure de trajectoire, ne fut pas tellement perceptible au Québec.

Le communiqué de la conférence alla en effet plus loin que je ne l'aurais souhaité. Il annonça que les premiers ministres avaient unanimement opté pour un «rapatriement» rapide et qu'à cette fin ils avaient décidé de «mettre au point une procédure en vue de modifier la Constitution au Canada en se fondant sur le projet de loi proposé pendant la conférence de 1961, qu'ils acceptaient en principe». Au-delà de cette terminologie et malgré la nuance qu'introduisait l'approbation «de principe» (en d'autres termes, on pouvait encore améliorer le projet), l'Union nationale en déduisit que Lesage venait purement et simplement de confirmer son appui à la formule Fulton-Favreau. Elle s'efforça de donner l'impression qu'il s'était rallié à l'avis du Canada anglais, interprétation qui commençait à faire son chemin dans les milieux nationalistes.

Pour donner suite à l'accord de principe de Charlottetown, les ministres de la Justice et procureurs généraux se réunirent à Ottawa dans la première semaine d'octobre.

Paul Gérin-Lajoie se présenta au rendez-vous avec une autre nouveauté: la formule d'amendement devrait prévoir une compensation financière fédérale pour une province qui refuserait de déléguer des pouvoirs à Ottawa, alors que le reste du Canada y consentirait.

Cette innovation plus d'autres de moindre importance que réclamait encore le représentant québécois ennuyèrent plusieurs délégations. Elles y virent une démarche à peine masquée du Québec pour faciliter l'émergence d'un régime administratif qui lui serait particulier. Désireux d'éviter une rupture des négociations, les fédéraux offrirent divers compromis, mais ne souscrirent pas à l'ensemble des demandes québécoises, loin de là. Quoi qu'il en soit, le temps manqua pour clore la discussion et le tout fut reporté à une rencontre des premiers ministres prévue pour la semaine d'après.

C'est entre ces deux conférences sur le «rapatriement» que la reine Élizabeth II effectua sa visite à Québec. Nous en reparlerons plus loin.

Le 14 octobre, les premiers ministres étudièrent les changements apportés à la formule par leurs ministres (ceux-ci s'étaient de nouveau réunis la veille). Elle demeurait en substance la même, mais certains assouplissements mineurs y avaient été inclus, en bonne partie pour plaire au Québec dont on s'était mis à craindre une volte-face de dernière minute.

Lesage choisit d'y voir une victoire indéniable. C'est avec enthousiasme qu'il adopta la nouvelle version de la formule, affirmant qu'elle garantissait comme jamais les droits et prérogatives des provinces et surtout ceux du Québec. Il m'avait l'air soulagé et bien davantage sûr de son affaire qu'à Jasper ou à Charlottetown. Tous les premiers ministres promirent de présenter à leur Parlement, dans les plus brefs délais, la résolution nécessaire au «rapatriement» et à la ratification de la formule Fulton-Favreau. Lesage voulait même être le premier à le faire.

Le sort paraissait en être jeté.

Une explication?

L'attitude de Lesage m'avait intrigué. Sa position cadrait mal, et même pas du tout, avec les nombreux énoncés de ses discours sur la nécessité, pour le Québec, de redéfinir sa place dans le régime fédéral, grâce à un nouveau partage des pouvoirs.

Peut-être s'agissait-il du phénomène des «univers parallèles»?

Pendant quelque temps je crus qu'à Jasper les circonstances spéciales décrites plus haut avaient incité Lesage à donner un assentiment un peu trop rapide au «rapatriement». Je pensais que, redevenu moins euphorique, il s'arrangerait pour l'atténuer.

Il parut un temps s'y employer avec les corrections suggérées par lui à Charlottetown et par Gérin-Lajoie à Ottawa: en cas de refus, il aurait une bonne excuse pour retirer son appui. Or, c'est tout le contraire qui survint. Il parut en bout de ligne sincèrement convaincu du bien-fondé de sa décision de Jasper.

Connaissant son tempérament, c'est avec prudence et circonspection que j'osai, une fois encore, revenir sur la question, à la fin d'octobre. Ma tentative fut concluante. Je résolus de ne plus jamais lui en reparler, tellement il manifesta d'impatience, harassé par mon acharnement sur un dossier que mon manque fâcheux de formation en droit constitutionnel m'empêchait, à ses yeux et selon son expression, de saisir «dans toutes ses implications».

C'est Lesage lui-même qui aborda de nouveau le sujet en décembre, sans sollicitation de ma part et sans préavis de la sienne. Il faisait avec moi une sorte de revue de fin d'année pour une intervention à l'Assemblée. La conversation portait sur les gains québécois réalisés au printemps précédent: marge fiscale accrue, régime de rentes, etc. Il en tira matière pour un éloge vibrant de Pearson et pour ajouter ceci, qui m'éclaira sur son option en faveur du «rapatriement»:

— En avril, Pearson s'est mis la tête sur le billot pour nous satisfaire. Il a eu des tas de problèmes avec plusieurs de ses ministres. Mais sans lui, nous n'aurions pas aussi bien réussi. C'est un grand ami du Québec et aussi un ami à moi. Je ne peux pas maintenant, pour le «rapatriement», lui faire faux bond; c'est important pour lui. De toute façon, notre programme électoral de 1960 y était favorable. Pearson a droit à un coup de main de ma part.

Puis, emporté par son sujet, Lesage se lança dans une véhémente diatribe contre les opposants à la formule Fulton-Favreau, formule qui, selon lui, permettrait au Québec de proposer tous les changements constitutionnels qu'il voudrait.

Donc, c'était peut-être cela: Lesage se sentait débiteur par rapport à son collègue fédéral. En somme, il lui renvoyait l'ascenseur. Son appui au «rapatriement» représentait-il une contrepartie québécoise, la partie occulte, inconnue du déblocage d'avril précédent? Inconnue en ce sens qu'elle aurait été décidée entre eux seuls, au cours de l'une de leurs nombreuses conversations téléphoniques à l'époque ou depuis? Je ne me hasardai pas à interroger Lesage là-dessus, appréhendant un éclat toujours possible en ce terrain piégé.

Longtemps, j'eus la conviction qu'un quiproquo amical était intervenu entre les deux premiers ministres, à la faveur d'entretiens réciproquement reconnaissants, non à la manière d'une promesse formelle ou solennelle, mais plutôt comme une sorte de *gentlemen's agreement*. J'en suis encore moralement convaincu aujourd'hui, même si, dans ses mémoires, Pearson n'en dit rien. Chose sûre, je sais, pour l'avoir entendu me les vanter, que Lesage voyait bien des avantages à la formule Fulton-Favreau.

En tout cas, le recul du temps m'incite à conclure que son engagement de Jasper n'a pas vraiment été influencé par les circonstances que j'ai dû évoquer.

Il m'est arrivé à d'autres moments d'être témoin de circonstances similaires, mais je ne crois pas qu'elles aient eu des effets déplorables sur la conduite des affaires publiques par Lesage. Sa consommation d'alcool affectait certes son humeur, le rendant tantôt plus expansif ou attentionné qu'au naturel, tantôt plus tranchant ou plus brusque. Elle soulignait et, on aurait dit, exacerbait chez lui des qualités et des défauts dont l'existence étaient déjà si bien connue de son entourage que nous faisions aisément la part des choses.

Pour lui éviter des tentations, quelques petites précautions s'imposaient toutefois. À l'époque, la réglementation puritaine en vigueur dans les hôtels d'Ottawa ou du Canada anglais n'encourageait pas beaucoup, quand elle ne l'interdisait pas tout simplement, la commande de boissons alcooliques aux chambres. Prévoyantes ou moins rigides, des délégations aux conférences fédérales-provinciales avaient pris l'habitude de se munir de leurs propres provisions liquides. À Québec — discrétion ou code interne? — nous avions adopté l'appellation «statistiques» pour parler de ce genre d'approvisionnement. L'expression était de Marcel Bélanger et eut cours des années durant. Elle s'appliquait bien à ces conférences où, effectivement, nous nous rendions toujours encombrés d'une masse de documentation chiffrée.

Lesage ne pouvait pas, chez lui, introduire ce genre de «statistiques» dans ses bagages. Aussi, il lui arrivait, juste avant de quitter sa maison pour l'aéroport, de m'appeler pour s'assurer que j'en apporterais. Sauf que — c'était là la précaution utilisée par moi-même ou par les autres membres de notre délégation (nous nous étions donné le mot), — sitôt installé à l'hôtel, je les plaçais dans ma propre chambre, à côté des autres statistiques, authentiques celles-là. Lesage n'y avait donc pas aussi facilement accès qu'il l'aurait peut-être, à l'occasion, souhaité.

La chance de l'Union nationale

À la fin de 1964 et surtout pendant la première moitié de 1965, l'Union nationale, comme prévu, entreprit une guerre sainte contre la formule

Fulton-Favreau. Il n'était cependant pas prévu qu'elle remporterait cette guerre.

L'arrivée de cette question dans le paysage politique convenait à merveille à ce parti, traditionnellement soucieux de l'autonomie québécoise, alors en quête de crédibilité et à la recherche d'une cause. Voilà qui lui donnerait l'occasion, espérait Daniel Johnson, de reprendre chez les nationalistes le terrain que Lesage y avait conquis depuis 1960. À l'élection qui suivrait, cela pourrait faire une différence.

Un sujet aussi technique qu'une formule de modification constitutionnelle ne soulève pas les foules, ni au Québec, ni ailleurs. Mais il se prête admirablement à des simplifications qui, elles, peuvent avoir un impact sur la partie la plus politisée de la population: «Pour le Québec, la formule Fulton-Favreau est un carcan», «On rapatrie la Constitution, mais on *dépatrie* le Québec», «Cette formule bloquera notre avenir politique», «Lesage révèle son vrai visage d'ancien ministre fédéral: il cède à Ottawa et au Canada anglais», «Le vieux plan d'assimilation des Canadiens français se poursuit», et ainsi de suite.

La campagne de l'Union nationale aurait certes été moins efficace sans l'intervention, dans le débat, de diverses personnalités — éditorialistes, commentateurs, observateurs, spécialistes — reconnues à la fois comme non partisanes et éclairées en matière constitutionnelle. Je pense ici, par exemple, à Jacques-Yvan Morin, alors professeur à la Faculté de droit de l'Université de Montréal, qui, en plus d'être un excellent orateur, se révéla être un opposant structuré et cohérent à la formule défendue par Lesage.

Je m'en aperçus plus tard: Daniel Johnson, longtemps vilipendé, moqué par les médias et, encore alors, méprisé par une caste intellectuelle dont je faisais allègrement partie, avait été habile. Il avait fait preuve d'assez de vision pour amener à participer à sa cause, bien qu'à leur manière, des gens qui, en d'autres temps, n'auraient jamais songé à s'associer à celui que le sobriquet de «Danny Boy» continuait, en certains milieux, à hanter comme une tare qu'il ne pourrait jamais effacer ou faire oublier.

À cet égard, je dois dire en passant que les libéraux s'étaient montrés ravis, en 1961, de l'élection de Johnson à la tête de son parti. Ils redoutaient le choix de son adversaire, Jean-Jacques Bertrand, réputé plus honnête, donc plus dangereux pour le gouvernement. Il faut dire qu'à l'époque les libéraux faisaient tout en leur pouvoir pour ancrer, dans la population, l'équation: corruption + patronage + népotisme = Union nationale. L'appartenance présumée de Johnson au premier terme de l'équation faisait leur affaire. Ils n'auraient jamais rien, n'est-ce pas, à craindre d'un tel personnage.

Dans une certaine mesure, mais j'ignore laquelle, la certitude libérale d'avoir le vent en poupe, quoi qu'il advienne, peut expliquer pourquoi Lesage, de la fin de 1964 au milieu de 1965, s'est aussi peu inquiété des performances de Johnson et de ses alliés conjoncturels. Me délestant à l'occasion de mes préjugés, je pris parfois le risque de lui signaler que, selon moi — bien sûr, peu compétent en la matière — il n'était pas exclu que l'Union nationale soit en train de «faire du millage» constitutionnel aux dépens du gouvernement. À quoi Lesage répondait que ce parti ne pouvait, selon toute logique, être réélu avant une généra-tion, tant la population en avait été saturée, scandalisée et écœurée de 1944 à 1960.

Si l'optimisme de ces propos ne rencontrait pas toujours mon accord, il me rassurait dans mes espoirs. Ce qui n'empêchait pas l'Union nationale de faire effectivement du «millage».

Le dossier se complique

À la fin de 1964 et plus encore dans les premiers mois de 1965, il devint de plus en plus patent que la formule Fulton-Favreau ne passerait pas comme lettre à la poste. L'opposition à ce qu'elle signifiait, à tort ou à raison, comme obstacle au développement politique futur du Québec servait de point de ralliement aux nationalistes québécois de toutes tendances. Comme on le verra, un bon nombre d'entre eux, sinon la majorité, avaient déjà été surpris et déçus par la façon dont s'était déroulée la visite royale d'octobre précédent.

Mais Lesage, parfois belliqueux, était plus déterminé que jamais.

Fin février 1965, je me trouvais à Paris avec Gérin-Lajoie qui allait y signer la première entente internationale du Québec avec un pays sou-verain. Gérin-Lajoie en était alors venu à la conclusion que la démarche constitutionnelle du gouvernement était prématurée, mais ni lui ni moi n'avions la moindre idée sur la façon d'en convaincre Lesage ou son conseiller, Louis-Philippe Pigeon. Il nous restait un espoir, fort ténu, qui tenait moins au contenu de l'opération «rapatriement» en cours qu'au tempérament du premier ministre. Après avoir été sourdement contre la nationalisation de l'électricité et violemment opposé à la création d'un ministère de l'Éducation, il avait finalement changé d'avis et ces réfor-mes avaient été mises en œuvre. La même mutation était-elle cette fois-ci envisageable?

À Québec, une réponse négative m'attendait.

À la demande de Lesage, Louis Bernard, maintenant membre de mon équipe de jeunes fonctionnaires, avait préparé une longue étude fouillée et objective des avantages et inconvénients de la formule Fulton-Favreau. Lesage en avait été fort satisfait. Il y trouva, sous forme claire et condensée, un état complet de la question. L'idée lui vint de communiquer ce travail à ses ministres dont certains commençaient à se poser des questions sur l'orientation de leur chef et même, pourquoi pas, d'en faire reproduire de nombreuses copies pour l'information des principaux responsables du Parti libéral. À cette nuance près, qu'il distribua uniquement la partie du texte exposant les avantages de la formule!

Le procédé m'étonna.

J'évoquai prudemment le danger qu'il courait à diffuser un document tronqué. Que se passerait-il si jamais on apprenait la soustraction des passages critiques?

— Vous avez tort, répondit-il. Le texte distribué est complet sur les avantages de la formule, rien n'en a été enlevé. Et si, pour l'autre partie — beaucoup moins solide d'ailleurs, — il y a du «coulage» dans les journaux, je saurai bien qui est à la source de l'indiscrétion...!

Autrement dit, toute fuite viendrait de moi-même, de Louis Bernard ou de sa secrétaire. Cet aspect de l'affaire en resta là, mais pas le reste.

L'opposition à la formule prenait en effet de plus en plus d'ampleur. Daniel Johnson alla même jusqu'à laisser entendre que Lesage rêvait de retourner à Ottawa pour y remplacer Pearson et que sa soumission au «rapatriement» visait à lui obtenir, dans cette éventualité, les bonnes grâces du Canada anglais. Entre autres observateurs considérés comme neutres mais lucides, Claude Ryan, du *Devoir*, se prononça aussi contre le projet. Même les associations de jeunes libéraux se mirent à avoir des doutes. Dans les milieux étudiants, on organisait des débats sur la formule Fulton-Favreau, la *FFF* comme on l'appelait.

Au début de mars, Lesage incita tous ses ministres à participer à la discussion publique et à faire preuve de solidarité. Lui même, deux semaines plus tard, prit la parole devant les membres du conseil général du Parti libéral. S'appuyant sur les passages «orthodoxes» du document de Louis Bernard, déjà largement distribué, il prononça probablement le plus long discours de sa carrière: presque quatre heures. Un véritable cours de droit constitutionnel où il n'épargna aucun détail à son auditoire plutôt réceptif, mais surpris de voir Lesage transformé en plaideur.

À peu près au même moment, les étudiants de l'Université de Montréal organisèrent un débat et réclamèrent des porte-parole gouvernementaux. Ceux-ci auraient à affronter l'un de leurs professeurs, le constitutionnaliste Jacques-Yvan Morin. Qui déléguer? Gérin-Lajoie était absent. Lesage pressa Pierre Laporte et René Lévesque de «faire leur part». Laporte m'avoua être tiède, la formule ne lui plaisant guère, mais accepta, dit-il, au moins pour répliquer aux critiques, souvent frivoles selon lui, des adversaires.

Lévesque se montra encore moins intéressé, mais il était mal placé pour s'esquiver. Son refus aurait pu avoir l'air d'un manque de courage ou, pis encore, d'un abandon de Lesage à un moment difficile. Sa réputation de trouble-fête le rendait déjà suspect.

La veille de la rencontre à l'Université de Montréal, ronchonnant et sans s'être annoncé, il fit irruption dans mon bureau, soi-disant pour venir chercher les «savantes études» qui, selon son expression sarcastique, justifiaient sans doute les fines «avocasseries» de Fulton-Favreau. Comme «études», il n'y avait que celle de Louis Bernard. En sa compagnie, Lévesque prépara une argumentation assez originale dans les circonstances. Plutôt que de défendre la formule, il décida de démontrer qu'elle aurait bien peu d'importance et de poids comparativement à la volonté politique des Québécois, impossible à «encarcaner», et qui, au-delà de toute balise juridique, déterminerait en dernière analyse l'orientation constitutionnelle du Québec.

Lévesque était, largement, le ministre le plus populaire auprès des étudiants. Sa prestation fut cependant désastreuse, non à cause de l'argumentation utilisée, mais parce que le discours de Jacques-Yvan Morin était particulièrement substantiel, persuasif et éloquent. Le lendemain, Lévesque avoua s'être fait proprement «déculotter» par le professeur de droit:

— J'espère qu'il n'est pas parent avec vous, me dit-il à la blague.

Bien involontairement, Lesage n'avait pas non plus arrangé les choses.

À l'époque, les journalistes attendaient la fin des séances du Conseil des ministres dans la pièce attenante à la salle du Cabinet. J'y allais moi-même souvent pour voir un ministre ou, tout simplement, pour «placoter» en prenant un café. Le matin du débat à l'Université de Montréal, un journaliste lui avait demandé pourquoi, face à l'opposition grandissante contre la formule Fulton-Favreau, il ne songeait pas à faire trancher le tout par la population, par exemple par un référendum ou quelque chose du genre. Je me trouvais sur place. Tendu, agressif, Lesage répliqua qu'une telle consultation était pratiquement impossible vu la complexité du sujet. On ne pouvait pas, dit-il, en expliquer les tenants et aboutissants à des gens «non instruits» d'une matière aussi technique!

Dans le contexte, Lesage n'attribuait aucune connotation péjorative à cette expression. Elle était même appropriée, mais le «non instruits» le talonnera pendant le reste de sa vie politique, comme symbole verbal d'une arrogance que ses adversaires aimaient condamner chez lui.

L'«arme secrète»

En un court laps de temps, trois mois peut-être, le «rapatriement» et la formule Fulton-Favreau se transformèrent en «patate chaude» pour Lesage. Les enjeux se clarifièrent en ce sens qu'ils se résumèrent en une problématique en partie incorrecte, mais politiquement rentable pour l'opposition unioniste: dans le but de plaire à Ottawa et au Canada anglais, les libéraux imposaient au Québec un carcan constitutionnel qui affecterait tout son avenir, alors que l'Union nationale tenait à sauvegarder les droits inaliénables de la nation québécoise.

Plus le temps passait, plus Daniel Johnson agissait comme un général à la veille de gagner une bataille. On sentait l'opinion publique sensible à son argumentation parfois simpliste. Lesage, lui, s'embourbait facilement dans des considérations juridiques peut-être exactes, mais moins percutantes que les attaques à l'emporte-pièce de ses adversaires.

Un jour, Johnson fit allusion à une «arme secrète» de son parti, grâce à laquelle il était sûr de bloquer l'opération libérale. Minoritaire à l'Assemblée législative, il était majoritaire au Conseil législatif, sorte de chambre haute non élective qui n'existait pas dans les autres provinces et où, pendant des années, l'Union nationale avait, sous Duplessis, nommé ses amis. Or, l'adoption par le Québec de la résolution de «rapatriement» exigeait l'assentiment non seulement de l'Assemblée, mais aussi du Conseil, tout comme à Ottawa où il fallait celui de la Chambre des communes et du Sénat. Impossible à bloquer à l'Assemblée, la résolution le serait donc fatalement au Conseil législatif. Si l'arme de Johnson n'était pas tellement «secrète», Lesage ne devait pas en sous-estimer la menace.

Il y avait longtemps qu'on s'interrogeait au Québec sur la pertinence de maintenir un Conseil législatif, héritage du XIXᵉ siècle et terrain d'atterrissage pour des nominations guidées par le patronage le plus patent. Dans la perspective de la Révolution tranquille, l'abolition d'une institution aussi anachronique paraissait aller de soi, sauf que la réalisation de ce dessein se heurtait à des conditions difficiles à satisfaire.

Lesage, toujours décidé, entreprit des démarches en ce sens auprès d'Ottawa, moins par souci de réformisme et de modernisme, que pour priver l'Union nationale de son «arme secrète».

De toute façon, cette démarche lui fournissait aussi l'occasion de retarder l'adoption de la formule Fulton-Favreau. Elle ajoutait une dimension au débat en cours: le Conseil législatif discuterait en effet fort longtemps avant de se saborder. En vertu d'une loi britannique, il ne pouvait être aboli qu'avec son propre consentement. Tant que ce débat durerait, pas question de traiter du «rapatriement». Autant de gagné, sans avoir à se prononcer sur le fond.

Lesage n'eut ni le temps ni même, finalement, besoin de se rendre au bout de cette entreprise compliquée.

À l'Ouest, pas de nouveau

En mai, un sondage effectué par les libéraux révéla qu'une majorité de la population était grandement réticente à l'adoption de la formule Fulton-Favreau. L'opposition unioniste, les milieux nationalistes et divers spécialistes soudainement promus à la notoriété avaient réussi à persuader une bonne partie de l'électorat qu'il était inquiétant pour le Québec d'emprunter cette voie.

Au départ, Lesage aurait voulu agir rapidement en faisant voter par l'Assemblée législative, dès février ou mars, une résolution ratifiant la procédure de «rapatriement», y compris la formule d'amendement. Conscient de la résistance de plusieurs milieux et du problème posé par un Conseil législatif dominé par l'Union nationale, il dut freiner cette ambition. Le sondage l'incita plus que jamais à réfléchir. Ce qui le choquait, c'était de constater que l'opinion publique était si peu favorable alors qu'elle ne connaissait vraiment pas de quoi il retournait au juste. Elle raisonnait, selon lui, à partir d'impressions incorrectes et superficielles. Les «non-instruits»...

En octobre, au moment où il accomplissait une vaste tournée de l'Ouest canadien dont nous reparlerons, le «rapatriement» était encore à l'état de projet et toujours aussi peu populaire. Il n'en dit pratiquement rien dans l'Ouest. Ayant personnellement exclu ce sujet de nos échanges, je n'allais pas la réintroduire par le biais des discours que je lui préparais. S'il en était préoccupé, il n'en laissait rien voir.

Dans l'avion de retour, il me glissa soudainement ceci, qui n'avait pas beaucoup de rapport avec le reste de la conversation:

— Ces gens-là ne sont pas encore prêts.

Les gens en question étaient ceux des provinces de l'Ouest qu'il avait rencontrés en grand nombre au cours de sa tournée de presque trois semaines.

— Pas prêts à quoi? demandai-je?

— À accepter le Québec comme il est. Ils ont du chemin à faire.

Lesage venait-il de trouver une excuse honorable pour avoir mal réussi à les amener à souscrire aux positions québécoises? La réceptivité des *Westerners* à ses propos avait en effet été, pour dire le moins, plutôt faible. Mais je compris vite que sa remarque visait aussi l'imbroglio du «rapatriement». Cherchait-il un moyen d'en sortir? Il avait bien constaté que, si Québec tenait à un nouveau partage constitutionnel des pouvoirs — ce qu'il avait exposé à presque tous ses auditoires —, l'Ouest réprouvait cette aspiration, préférant s'attaquer à la formule d'amendement et rejetant en fait le caractère distinctif du Québec.

Quelques jours plus tard, le 22 octobre, à l'Assemblée législative, Johnson condamna la formule Fulton-Favreau en raison de son incompatibilité «avec les intérêts du Québec et les aspirations de la nation canadienne-française». Lesage, qui s'attendait à une intervention de ce genre, profita de l'occasion pour effectuer un virage à 180 degrés, non sur le fond, mais sur le *timing*, comme il disait. Son voyage dans l'Ouest l'incitait maintenant, dit-il, à penser qu'il n'était plus urgent d'approuver la formule d'amendement. Il ne fallait pas geler la situation constitutionnelle; le Canada anglais avait besoin d'évoluer davantage et de mieux comprendre le Québec.

C'est ainsi que l'affaire se termina. Du moins pour la décennie 1960-1970...

Elle avait beaucoup nui aux libéraux dans la mesure où l'Union nationale y avait flairé une planche de salut politique. Elle affecta le prestige de Lesage dans le reste du pays: il n'y était plus le *Great Canadian* qu'on avait déjà acclamé. Au niveau des gouvernements provinciaux, on retint l'impression qu'en matière constitutionnelle il fallait se méfier de la parole donnée par le Québec. Cette impression devint certitude quand, en juin 1971, sous Robert Bourassa, le Québec rejeta la «Charte de Victoria» à laquelle, là aussi, on avait fini par croire qu'il adhérerait. Mais n'anticipons pas.

Lorsqu'il changeait soudainement d'avis, brûlant ce qu'il avait adoré, Lesage avait l'habitude de passer à l'offensive d'une étrange façon. J'en ai parlé dans un chapitre précédent: il se transformait en ardent défenseur de la thèse que, jusque-là, il avait combattue ou à laquelle il s'était opposé.

Rien de tel, cependant, dans le cas de la formule Fulton-Favreau. À ce propos, il pratiqua toujours la plus grande discrétion, n'essayant jamais de faire croire que son abandon tenait au fait que, tout bien réfléchi, il avait découvert qu'elle était inacceptable. Une ou deux fois par la suite, il expliqua en termes généraux pourquoi il avait choisi d'en repousser l'adoption, mais il ne se vanta jamais de sa décision ni ne critiqua la formule.

Curieux. Plus curieux encore: il cessa d'en parler.

Mon impression? Il croyait probablement, avec sincérité, que cette formule aurait, somme toute, été une «bonne affaire» pour le Québec.

Mais il s'était rendu compte que son opinion était discutable et discutée.

8

«*What does Québec want?*»

De tous les jours de la semaine, le dimanche était celui où Lesage travaillait le plus à ses dossiers. Seul chez lui, il pouvait passer des heures à lire et à annoter des documents arides ou des projets de lois, donnant ici et là à travers le Québec maints coups de téléphone pour obtenir des renseignements supplémentaires, pour discuter avec l'auteur d'une note ou pour organiser son horaire de la semaine à venir.

Visite à domicile

Tôt un dimanche après-midi, en novembre 1965 je crois, il m'appela, un peu plus tendu que d'habitude, pour me demander si j'étais à la maison. Ne me risquant pas à faire de l'humour en lui répondant que je devais y être puisqu'il venait de m'y joindre, je le laissai parler:

— Je vais aller vous voir. Ça ne prendra que quelques minutes. Vous pourrez sortir avec votre famille ensuite. Je ne veux pas trop vous gâcher votre dimanche.

Bizarre. Normalement, j'aurais dû me rendre chez lui. Son intention de ne pas «trop gâcher mon dimanche» me laissa perplexe. Avait-il quelque mauvaise nouvelle à me transmettre? Pourquoi alors serait-ce chez moi plutôt qu'à son bureau? Vraiment étrange, d'autant plus que les rares fois où il s'était approché de ma maison, à Sainte-Foy, c'était la veille des conférences fédérales-provinciales, pour me donner un *lift* en direction de l'aéroport ou, au retour, pour m'y déposer en passant.

Branle-bas de combat domestique pour rendre les lieux présentables et avertissements solennels (mais qui se révélèrent peu efficaces) aux enfants de bien vouloir se tenir tranquilles. Un quart-d'heure plus tard, Lesage arriva, conduisant sa propre voiture.

Il salua tout le monde avec gentillesse, mais rapidement. Il avait hâte, aurait-on dit, d'en venir au fait. Installé dans mon bureau du sous-sol, à coté de piles de livres en équilibre instable, il me dit à peu près ceci, sans préambule:

— Claude, est-ce vrai que je deviens conservateur et que le gouvernement s'essouffle?

Je fus soulagé de constater qu'il n'était pas porteur d'une mauvaise nouvelle pour moi, mais surpris de sa question. Je lui en demandai la raison.

Me montrant deux ou trois articles que j'avais déjà lus, il m'expliqua que les journalistes et commentateurs s'étaient mis dans la tête, depuis quelque temps, de découvrir des preuves de ralentissement dans le rythme des réformes. Ils commençaient à dire que Lesage s'efforçait désormais de freiner les velléités novatrices de ses ministres les plus dynamiques, qu'il n'osait plus se lancer dans de vastes changements, bref que la Révolution tranquille était terminée. Motif sous-jacent à cette mutation: le premier ministre en avait assez, disait-on, de se faire «pousser dans le dos» par des personnalités de son cabinet, plus progressistes et parfois plus populaires que lui, et tenait à affirmer son leadership personnel.

Que répondre? Si je confirmais l'impression que les médias étaient en train de véhiculer, j'aurais probablement droit à des plaidoyers pro domo peu propices à une discussion sereine. Si je la niais, il me faudrait asseoir ma conviction sur des arguments décisifs qui, à cet instant, ne me venaient pas à l'esprit. Je l'ai déjà dit: les conversations avec un Lesage en veine d'impulsivité n'étaient pas de tout repos. L'important était de savoir le prendre*.

---

*Une anecdote. Au cours d'une conférence interprovinciale, Lesage s'était montré encore plus expansif que d'habitude, intervenant presque à tout propos, au point que Louis Robichaud, premier ministre du Nouveau-Brunswick, m'avait lancé: «Tâche de dire à ton *boss* d'arrêter de couper la parole à tout le monde». Tard, le soir même, Lesage vint me voir à ma chambre pour m'annoncer que Robichaud lui avait injustement reproché d'avoir «empêché les autres de parler» pendant la séance de l'après-midi. «Est-ce votre impression?» demanda-t-il. Grâce au ciel, la question était mal posée: de fait, il avait interrompu les autres à quelques reprises, mais on ne pouvait pas dire qu'il les avait «empêchés» de parler. Je le sentais sur la défensive, mauvais augure pour un échange aussi nocturne. «Non, vous n'avez empêché personne de parler», lui répondis-je diplomatiquement, «mais vous êtes beaucoup intervenu, ce qui a pu indisposer ceux de vos collègues qui ont moins de facilité à s'exprimer que vous.» Il se retira satisfait, le message compris. Le lendemain, il fut d'une amabilité extrême envers chacun d'eux, les invitant même à prendre la parole alors qu'ils ne la réclamaient pas...

Ce dimanche après-midi, je pouvais aisément m'en tirer sans faux-fuyant car j'étais en total désaccord avec les appréciations critiques qui perturbaient Lesage. Absorbé dans de multiples comités de fonctionnaires œuvrant sur de nombreux projets encore en gestation, en somme témoin privilégié de l'activité gouvernementale, je ne voyais vraiment pas comment quiconque pouvait conclure à l'essoufflement de la Révolution tranquille. Cette opinion me paraissait due à une erreur d'analyse et me choquait moi aussi. Les journalistes, insuffisamment au fait des projets en cours de conception, étaient, semble-t-il, victimes des apparences extérieures.

Cela me suggéra une image. Lorsqu'une voiture au repos se met en mouvement, on s'en rend compte sans effort. Cependant, lorsqu'elle file déjà à toute allure, l'observateur perçoit difficilement les accélérations. Voilà ce qui se passait chez les journalistes. La Révolution tranquille a fait démarrer l'automobile québécoise. Tout le monde a alors salué l'arrivée du mouvement. Maintenant elle roule à bonne allure et on s'est habitué. On oublie que le mouvement est toujours là, qu'il se maintient, qu'il se confirme.

Cette application un peu forcée, à la politique, de la théorie de la relativité plut à Lesage. Pour lui, comme pour moi, elle expliquait en bonne partie le phénomène déroutant qu'il avait constaté:

— C'est vrai, dit-il, on ne peut pas tous les jours nationaliser l'électricité, créer une Caisse de dépôt ou mettre sur pied un ministère de l'Éducation.

Il me quitta, plus rassuré qu'à son arrivée, en me recommandant de ne pas oublier d'exploiter, dans un discours à venir, l'utile parabole du véhicule en mouvement. La conversation n'avait duré qu'une vingtaine de minutes.

Perception et réalité

Peut-être aurais-je pu davantage rendre service à Lesage si j'avais eu plus de recul et si je ne m'étais pas senti moi-même visé par les critiques sur le ralentissement de la Révolution tranquille. J'étais aux prises, comme lui d'ailleurs et comme tous les politiciens que j'ai connus par la suite, avec un problème bien caractéristique de perception.

Le point de vue des politiciens est en effet fatalement (dans tous les sens de ce mot) influencé par leur travail quotidien accaparant, par les projets qu'ils envisagent et par le milieu fébrile dans lequel ils évoluent. Leur vision des choses, déjà subjective, se charge des apports, biaisés eux aussi, de leurs collègues vivant dans le même milieu et obéissant inconsciemment à ses critères particuliers d'appréciation. À un degré moindre, le même phénomène se remarque dans d'autres groupes professionnels, mais la politique semble être un monde en soi. Elle se nourrit des éléments qu'elle engendre. Ceux qui en font profession peuvent ainsi, la perdant de vue, être coupés d'une réalité socio-économique plus globale qu'il leur appartient pourtant de façonner par leurs propres décisions et qui finit toujours par les rattraper.

Cet hiatus fait partie de ce qu'on appelle l'«usure du pouvoir». Il se traduit par le fait que le personnel politique peut, à la longue, être victime d'une représentation erronée des véritables sentiments, aspirations et priorités de la population et du «pays réel». On comprend dès lors l'attrait presque maladif qu'exercent sur lui les sondages d'opinion. Et, aussi, les exclamations d'incrédulité qui en ponctuent parfois les résultats.

Si, en 1965, les journalistes et autres observateurs commençaient à déceler un essoufflement de la Révolution tranquille, c'est qu'il y avait d'autres motifs que leur incapacité à percevoir le mouvement de l'automobile québécoise. Leur sentiment me paraît avoir été provoqué par une série de facteurs dont l'impact n'était pas, à l'époque, aussi évident qu'il l'est, aujourd'hui, avec le recul.

Ainsi, il y eut les démêlés de Lesage au sujet de la formule Fulton-Favreau qui mirent en cause, malgré ce qu'il en affirmait dans ses discours, la profondeur de son attachement à un «État du Québec» de plus en plus autonome.

Il y avait eu aussi, en octobre 1964, la venue d'Élizabeth II à Québec.

Un grand honneur...

Lesage se faisait une fête, une joie presque enfantine de recevoir la reine Élizabeth II. Ce serait un des points forts de sa carrière politique, un temps mémorable. Du moins en donnait-il l'impression, tellement il tenait à ce que tout soit parfaitement au point. Il avait été honoré par l'accueil que lui avait réservé de Gaulle en 1961, mais, cette fois-ci, c'est lui qui, en sa qualité de premier ministre, serait hôte. Et, contrairement à son expérience avec de Gaulle, il y aurait des milliers de témoins.

Justement, cela le tracassait. Il ne faudrait pas que deux ou trois exaltés viennent, en créant du chahut, ternir un moment privilégié dont le Québec, croyait-il, serait longtemps fier. Pis encore, que quelque terroriste felquiste se manifestât. Aussi avait-il demandé aux autorités policières de voir à ce que la reine conserve de son passage à Québec un souvenir positif et, des Québécois, l'image d'un peuple civilisé et accueillant.

On le sait, les choses ne se déroulèrent pas comme Lesage l'aurait espéré. Des manifestants protestèrent contre la visite royale, image à leurs yeux de colonialisme. Ce fut le «samedi de la matraque». La population resta chez elle, davantage par crainte des incidents que d'aucuns lui avaient annoncés que par manque de curiosité envers Elizabeth II. De toute façon, plusieurs des cérémonies étaient télévisées.

J'eus, soit dit en passant, assez de peine à faire accepter par Lesage ma propre absence desdites cérémonies où, me disait-il, je serais pourtant «en bonne place», vu mon poste de sous-ministre des Affaires fédérales-provinciales. Mon attitude n'était nullement inspirée par quelque penchant antiroyaliste. Cette fois, comme Dieu sait combien d'autres fois dans les années qui suivirent, j'essayais tout simplement d'éviter une corvée: participer à une manifestation mondaine où sont forcés de se rencontrer ceux qui détestent y aller et ceux qui aiment y être vus, souvent les mêmes d'ailleurs. Le devoir d'état n'impose pas toutes les abnégations.

Le comportement des forces policières fut largement critiqué. Elles relevaient de Claude Wagner, nouveau venu en politique. Lesage l'avait nommé solliciteur général à la fin d'août 1964. Il deviendra procureur général le 30 octobre de la même année, après le départ de la reine, et ministre de la Justice en juin 1965. Ancien juge, Wagner tenait à donner une image de fermeté dans sa lutte contre les «séparatistes» et autres trouble-fête. Il prenait son rôle au sérieux.

Il prenait d'ailleurs tout au sérieux. Daniel Johnson me dira de lui, plus tard: «Quand il était juge, Wagner se comportait en politicien; une fois politicien, il se mit à agir en juge». C'était un personnage qu'on aurait dit responsable d'une haute mission dans un Québec en ébullition. Laquelle? Je ne l'ai jamais précisément su, mais peut-être était-ce celle du redresseur de torts longtemps espéré, selon lui, par la population. Il aurait probablement été fort malheureux de ne pas avoir d'ennemis. En tout cas, il agissait comme s'ils foisonnaient. Je me souviens encore de le voir prendre sa marche de santé, le soir, dans la pénombre qui séparait les immeubles parlementaires, marchant sans mot dire avec l'un de ses gardes du corps. L'obscurité, m'expliqua-t-il un jour, désavantage les terroristes par rapport à leurs cibles.

Dans les médias, la réputation de Wagner s'était cristallisée une fois pour toutes avec le «samedi de la matraque». Des journalistes s'expliquaient mal que Lesage maintînt sa confiance envers un ministre au comportement aussi discutable.

Chez les nationalistes, on en voulut à Lesage pour les mêmes raisons, mais aussi parce qu'on avait perçu chez lui un attachement jugé immodéré à la monarchie britannique. Dans ce milieu, ce double événement — la visite royale et le «samedi de la matraque» — ternit l'image de Lesage plus qu'il ne voulut jamais le reconnaître. Conséquence: avec lui, le sujet devint bientôt tabou. Mieux valut dorénavant n'y faire aucune allusion, surtout pas humoristique.

Il n'en reste pas moins qu'une question avait implicitement été soulevée dans la presse: comment poursuivre la Révolution tranquille lorsque des forces hostiles au changement commençaient à prendre aussi ostensiblement le dessus?

Cette question, l'«intelligentsia» québécoise se la posait aussi, mais non la plupart des membres du gouvernement. Selon eux, le premier ministre avait eu raison de faire réprimer les «excités séparatistes». Révolution tranquille, oui, mais pas révolution, tout de même.

Les ministres-vedettes

L'année précédente, un autre nouveau venu en politique avait un moment rendu les observateurs perplexes. Il s'agissait d'Eric Kierans, ancien président de la Bourse de Montréal. Pendant l'élection fédérale du début de 1963, il s'en était efficacement pris aux créditistes, se faisant de la sorte un nom comme politicien. En revanche, vu qu'il provenait du milieu anglophone des affaires, certains craignirent voir surgir en Kierans un autre George Marler, c'est-à-dire un autre ministre inquiet des réformes économiques de la Révolution tranquille. Ce ne fut pas le cas. Kierans se révéla être un des éléments les plus dynamiques du cabinet. Mais pas forcément un des plus disciplinés.

Ainsi, à la fin de 1965, mécontent d'une décision des États-Unis relative aux investissements à l'étranger, il avait, sans consulter qui que ce fût, écrit directement aux ministres américains responsables. Il s'était exprimé en termes durs et avait rendu sa correspondance publique, ce qui souleva l'émoi à Ottawa et provoqua quelques éditoriaux défavorables à une initiative ne relevant pas d'un gouvernement provincial.

Lesage, furieux du geste de son collègue, s'en était dissocié, l'obligeant à récrire aux deux ministres américains pour bien préciser qu'il n'avait parlé qu'en son propre nom.

Ce n'était pas la première fois que Lesage éprouvait des problèmes avec un ministre-vedette (voir Document 9, en annexe). La même chose lui était souvent arrivée avec Lévesque et Lapalme, ou, à des degrés moindres, avec Gérin-Lajoie, Laporte et Wagner. Pourtant, jamais il n'hésita à faire entrer de fortes personnalités dans son équipe. Il était plutôt content de réussir à persuader des Québécois éminents de se joindre à lui. Par contre, ceux qui, comme moi, faisaient partie de son entourage étaient de plus en plus fréquemment témoins de ses sautes d'humeur à propos de tel ou tel de ses collègues. On sentait que, quoique vaste, sa tolérance avait des limites.

Un jour il s'était élevé contre Gérin-Lajoie qui, à titre de premier ministre intérimaire (Lesage était en vacances), avait demandé qu'on plaçât un fanion fleurdelysé sur sa limousine. Consulté à ce propos en Floride, il avait fait toute une scène: «Le premier ministre, c'est moi!», avait-il crié au téléphone, menaçant de revenir tout de suite au Québec montrer à ses ministres (et pas seulement à Gérin-Lajoie) qui était le chef.

Même s'il était au fond d'accord avec la manière dont Wagner avait procédé lors du «samedi de la matraque», le style général de ce ministre l'indisposait parfois. Par exemple, Wagner consulta Maurice Leroux, conseiller de Lesage en communications, et moi-même: quelles attitudes devait-il adopter et quel genre de discours devrait-il prononcer pour sensibiliser les Québécois à la suprématie de la loi et de l'ordre, comme valeurs sociales fondamendales, mais sans se faire pour autant taxer de rétrograde ou de réactionnaire? Il me demanda même, si mon emploi du temps le permettait, de lui écrire un discours type dans cette veine. Manquant de temps, je déclinai l'invitation, mais je n'aurais jamais accepté, de toute façon, d'y donner suite, la loi et l'ordre n'étant pas du tout ma spécialité.

J'eus le malheur, par acquit de conscience, d'en glisser un mot à Lesage. Il bondit:

— Pas de discours pour personne. Vous collaborez à ceux du premier ministre, mais pas à ceux des ministres qui se prennent pour d'autres.

Tentant de lui expliquer que Wagner ne s'était pas pris pour le premier ministre, je m'entendis répondre avec une logique inattendue:

— Ah non? Alors comment expliquez-vous qu'il fasse appel à un conseiller du premier ministre?

Inutile de poursuivre.

Les frictions avec ses collègues, causées par des malentendus ou nées de conflits réels, étaient connues des journalistes auxquels des ministres se confiaient parfois. Chose certaine, elles jouèrent un rôle dans le genre de campagne électorale axée sur sa personne que Lesage choisira de mener au printemps de 1966. Dans l'intervalle, elles accréditèrent l'idée que l'«équipe du tonnerre» de 1960 avait perdu le feu sacré et que Lesage était désormais plus préoccupé d'affirmer son leadership que de laisser à ses ministres la latitude voulue pour continuer à innover.

Lesage, auteur

Il est de mise dans tout débat politique que les adversaires consacrent une partie de leur énergie à s'accuser mutuellement de diffuser des idées vagues et de prendre des engagements contradictoires. Johnson et Lesage n'échappèrent pas à la règle.

À la fin de 1964 et au début de 1965, devant la tournure prise par l'épopée Fulton-Favreau, Johnson revenait invariablement sur le prétendu manque de logique de Lesage qui, d'un côté, proclamait la nécessité de construire un État québécois moderne et puissant, alors que, de l'autre, il enfermait cet État naissant dans une camisole de force constitutionnelle conçue par le Canada anglais.

À la fois pour répondre à ces attaques et pour que le public puisse disposer d'un recueil de ses interventions les plus importantes, depuis 1960, sur le fédéralisme, je proposai à Lesage d'en réunir de larges extraits dans une brochure qui devait être publiée par l'Office d'information et de publicité du gouvernement. Il s'en montra enchanté. Je me mis au travail avec Louis Bernard.

J'avais aussi une autre idée en tête. Prononcés en diverses circonstances, ici et là au Québec ou au Canada et devant des auditoires très variés, certains de ces discours, assez rares à vrai dire, avaient été écrits par d'autres personnes que moi. Un examen attentif aurait permis de relever des nuances importantes et même quelques contradictions, source possible d'embarras. Pourquoi ne pas éditer une brochure où le public intéressé trouverait une version, cohérente, officielle et définitive de la doctrine gouvernementale?

Nous croyions avoir plusieurs mois devant nous pour venir à bout de l'entreprise, mais Lesage parla un peu trop, nous forçant à accélérer la production. Dans un échange avec Johnson, il avait mis celui-ci au défi de consigner dans un livre, «comme je vais bientôt le faire moi-même», l'essentiel de sa pensée constitutionnelle. Lesage ignorait, comme nous d'ailleurs, que Johnson songeait précisément à s'engager dans cette direction, mais sa décision finale n'était pas encore prise. Il était hésitant à se livrer formellement par écrit, trait de tempérament que je serais à même de constater par expérience lorsqu'il deviendrait premier ministre.

Cette bravade précipita les événements. En mars 1965, Johnson publia un livre, célèbre surtout par son titre, *Égalité ou Indépendance*. Il avait été conçu par Charles Pelletier et Paul Gros d'Aillon, deux de ses conseillers. Désormais, Lesage (ou plutôt Louis Bernard et moi) devait s'exécuter rapidement.

Trois mois plus tard, mission accomplie. Une brochure d'une cinquantaine de pages bien tassées. Sa parution passa relativement inaperçue, peut-être parce que son contenu n'était pas vraiment nouveau, peut-être aussi à cause de son titre moins accrocheur que celui de Johnson, mais qui me procura alors une candide satisfaction car il résumait toute la philosophie de Lesage: «Un Québec fort dans une nouvelle Confédération»! Titre qui, aujourd'hui, fait sourire...

Comme il s'agissait d'une publication gouvernementale, j'avais décidé d'en exclure en principe tous les discours prononcés devant des associations partisanes. Johnson aurait été trop heureux de sauter sur l'occasion pour condamner le document. C'était le premier ministre Lesage qui parlait, non pas le chef du Parti libéral. On pourrait penser que, pour cette raison, des passages importants de ses allocutions aient été soustraits à la connaissance de la postérité, mais l'omission fut de peu de conséquence puisque Lesage y reprenait le plus souvent des thèmes développés dans des discours non partisans.

La méthode adoptée pour la mise en forme du recueil me posa tout de même un petit problème.

Édition ni revue ni corrigée

Selon une règle de conduite approuvée par Lesage, je ne préparais pas de discours de nature partisane. Mais toute règle a ses exceptions. C'est ainsi que j'avais été amené à écrire un discours devant être livré à la Fédération libérale du Québec, à Montréal, le 10 septembre 1964. C'était une intervention majeure. Lesage y avait exposé les grands principes qui guidaient l'action gouvernementale dans tous les domaines, y compris celui des relations du Québec avec le reste du Canada.

Or j'y commis une erreur sérieuse. Il fallait une fois de plus revenir sur l'idée que le Québec était le point d'appui du Canada français. Pour changer de vocabulaire, j'écrivis que le Québec en était «l'expression politique», sans me rendre compte que cette notion laissait poindre une définition du Québec peu en accord avec son statut actuel au sein de la Fédération, ni même avec celui qu'il pourrait obtenir dans le cas d'une évolution profonde du régime politique canadien. Tout simplement parce que le Canada français dépasse les frontières du Québec. À toutes fins utiles, elle niait aussi le rôle des autres gouvernements auprès des francophones hors Québec. Surprenante réorientation de la pensée politique de Lesage!

L'erreur me frappa, quand je relus le texte, le jour même où le discours devait être prononcé. Tout de suite, je songeai à la répercussion possible de la malheureuse formulation à Ottawa et dans les autres provinces. Il fallait évidemment la corriger.

Catastrophe: le texte avait déjà été polycopié et Lesage était en route pour Montréal! Les heures qui suivirent me furent pénibles.

Étrangement, personne ne releva en public le passage qui m'inquiétait tant. On parla plutôt du contenu substantiel du discours qui, semble-t-il, avait été fort bien reçu par la Fédération libérale, pourtant riche en fédéralistes bon teint. Je me calmai, me promettant de bannir pour toujours les mots coupables.

Pour toujours? Non, car je les rencontrai de nouveau en fabriquant le recueil. Que faire? Solution facile: omettre le discours en question puisqu'il avait été prononcé devant un auditoire partisan. Mais comment expliquer que le recueil ne contiendrait rien d'une allocution aussi significative? Autre solution encore plus simple, quoique comportant une part de risque: biffer les quelques mots suspects, en espérant que personne ne s'aviserait de comparer au texte original les passages inclus dans le recueil. Si minime fût-il, je ne voulais pas courir ce risque. Que répondrait Lesage pour se justifier si, d'aventure, quelque chercheur studieux tombait sur la «supercherie»? Sait-on jamais avec les universitaires! Chose certaine, un premier ministre ne déclare pas, dans un premier temps, que le Québec est l'«expression politique du Canada français» pour retirer, dans un second temps, une affirmation aussi lourde de sens.

Alors, ce serait la version originale. Voilà pourquoi ces mots séditieux apparaissent encore à la page 28 du recueil. Sauf un frisson interrogatif à Ottawa, ils ne causèrent jamais, au Québec, l'ombre du moindre problème...

Au cas où cela se serait produit, j'offre ici mes excuses tardives aux analystes politiques et aux historiens qui ont peut-être élaboré de doctes interprétations à partir d'une formule née du mariage acccidentel de l'inattention et de la distraction d'un rédacteur pourtant de bonne foi.

Et pendant que j'y suis, j'ajoute quelques précisions pour ceux — sait-on jamais là aussi — qui se seraient interrogés sur le sens à donner à l'expression «État du Québec», fréquente dans les discours de Lesage. Elle ne préfigurait pas, de façon subliminale, la souveraineté du Québec: je n'y pensais pas. Elle ne prenait pas non plus racine dans les écrits de l'abbé Lionel Groulx comme certains l'ont cru: je ne les avais pas lus. Tout au plus faut-il y voir mon dessein de diffuser et d'apprivoiser la notion, encore nouvelle ces années-là, d'un «État» québécois entreprenant, créateur de sociétés publiques comme Hydro-Québec ou à l'origine d'initiatives économico-financières comme la Caisse de dépôt. J'avais en tête l'«État» levier économique, plutôt que l'«État» national. Lesage aussi.

Le statut particulier

D'où vient cette notion, mieux connue, de «statut particulier» qui a fait parler d'elle plus que toutes les autres découvertes sémantiques de la Révolution tranquille?

Comme option politique, je ne crois pas l'avoir introduite dans les discours de Lesage (on ne la retrouve pas dans la brochure ci-dessus mentionnée; quant aux autres discours, impossible de vérifier, faute d'en avoir conservé copie). Mais si je l'ai fait, c'est certainement après que lui-même se fût prononcé devant moi en faveur de cette orientation. Là-dessus, je n'aurais pas osé le devancer.

Bien sûr, j'étais partisan d'un tel statut pour le Québec. Il combinait les avantages de la souveraineté et ceux du fédéralisme. Que rêver de mieux? Il se situait dans la continuité historique d'un peuple toujours en quête d'une plus grande autonomie, mais paniqué à l'idée de se retrouver isolé, «petit peuple» face à lui-même et aux autres. Quoi de plus conforme aux tendances fondamentales des Québécois que le «statut particulier»?

De là à profiter des discours de Lesage pour faire avancer cette idée, il existait une marge que je ne pense pas avoir franchie. Lesage, je le savais, favorisait une décentralisation du fédéralisme canadien; il était un champion du bilinguisme; le sort des francophones hors Québec le préoccupait; il croyait au rôle international du Québec; et il était disposé à aller très loin dans la voie des réformes de toute nature, y compris certaines auxquelles il s'opposait tout d'abord. Mais changer le statut du Québec? C'eût été beaucoup lui demander. J'avais plutôt l'impression qu'il s'y refuserait, ne serait-ce que pour éviter de confirmer que les «séparatistes» et autres perturbateurs du même acabit avaient peut-être, après tout, partiellement raison.

Pourtant la notion de «statut particulier», en 1964-1965, était en train de faire son chemin. Jacques-Yvan Morin et d'autres experts s'en étaient faits les défenseurs, Claude Ryan du *Devoir* n'y était pas hostile, l'Union nationale la courtisait, elle attirait des ministres libéraux, et le comité parlementaire de la constitution recevait mémoire sur mémoire la préconisant.

Je ne me souviens plus quel soir exactement cela arriva, mais c'était sûrement en 1966. Lors d'une émission télévisée d'affaires publiques, Lesage se déclara partisan du statut particulier, idée qu'il défendait, dit-il, «depuis longtemps». Bien qu'heureux, je fus d'autant plus surpris de cette prise de position que, contrairement à la coutume, je ne lui avais préparé aucun dossier pour son émission, ignorant même qu'il passerait à la télévision.

Nous ne discutâmes jamais du statut particulier ensemble. Je préférais laisser Lesage évoluer par lui-même. Il ne reçut de moi, en tout et pour tout, qu'une seule note un peu élaborée sur le sujet (voir Document 10, en annexe). L'occasion d'y puiser matière à discours se présenterait sûrement un de ces jours, pensais-je. Ce jour ne vint jamais. Les élections de juin 1966 eurent lieu avant.

Si je ne m'entretins pas de ce sujet avec Lesage par crainte de le voir se braquer, la possibilité m'avait été donnée, en 1964, d'en parler pendant presque tout un après-midi avec André Laurendeau, coprésident de la Commission royale d'enquête sur le bilinguisme et le biculturalisme, chez lui à Montréal. Mes idées étaient alors encore vagues, mais Laurendeau me parut tout à fait ouvert à un fédéralisme renouvelé en ce sens.

Tout autre fut l'avis de Pierre Elliott Trudeau. Fin 1965 ou début 1966, de passage à Ottawa, je le rencontrai en compagnie de Maurice Sauvé. (Je l'avais connu en 1957 ou 1958, au cours d'une ou deux réunions de réflexion groupant des sympathisants du CCF — plus tard: Nouveau Parti démocratique — dans des locaux de l'Université McGill. But: produire un ouvrage collectif sur les problèmes canadiens de

l'heure. On avait pensé à moi pour un chapitre sur la politique économique.) Son aversion était évidente pour tout ce qui, de près ou de loin,
hier ou aujourd'hui, pouvait s'approcher d'un statut particulier, administratif ou constitutionnel, pour le Québec. Notre conversation avait
roulé sur le partage fiscal et la répartition des compétences au Canada.

J'en retins qu'il avait peu prisé les «faiblesses» de Pearson à l'endroit du Québec, au printemps 1964, et surtout que le statut particulier
était, à ses yeux, l'«antichambre du séparatisme» en plus de constituer un
anomalie politique, de toute façon irréalisable: en effet, il serait difficile
de tolérer que les députés fédéraux d'un Québec doté de pouvoirs différents de ceux des autres provinces se prononcent sur des lois s'appliquant
uniquement à elles. Et ainsi de suite.

Son argumentation m'avait assez impressionné.

Peut-être étais-je encore incapable alors d'y déceler les sophismes
derrière lesquels ses admirateurs indulgents s'obstineraient plus tard à
déceler une incomparable puissance dialectique*?

---

*Des années après, quand je fus devenu ministre, un échange avec lui m'illustra
cette dialectique. C'était à Ottawa, au cours d'une réception de fin d'après-midi,
juste après une séance de discussions constitutionnelles. Trudeau me tint à peu près
ce syllogisme: «Selon toi, le Québec est différent? Fort bien, mais les autres provinces se croient, elles aussi, différentes, tout comme lui. Donc, tu vois bien que le
Québec est une province comme les autres.»

What does Québec want?

Le Québec de la Révolution tranquille avait profondément dérouté le
Canada anglais. Il avait peine à s'y reconnaître. Rien ne lui avait permis
de prévoir que s'y produiraient des changements aussi marquants que
ceux dont on y était témoin depuis quelques années et qui touchaient tous
les domaines.

Il s'était construit l'image rassurante d'un Québec rural, latin,
folklorique et joyeux de vivre, politiquement symbolisé à ses yeux par un
Duplessis à qui, parce qu'il savait contrôler sa province, on pardonnait
hypocritement bien des comportements peu conformes aux «normes»
canadiennes-anglaises.

Or voilà que de ce Québec, jusque-là inoffensif et pittoresque,
provenaient des nouvelles étonnantes, inquiétantes parfois. L'État y
jouait désormais un rôle économique et social contrastant singulièrement
avec la crainte viscérale qu'on y avait pourtant, des générations durant,

nourri du socialisme et de l'étatisme. On y transformait l'ensemble du système d'éducation. On y établissait des relations avec des pays étrangers, et avec la France en particulier, traditionnelle rivale du monde anglo-saxon, sans passer par le gouvernement central.

Plus grave encore: on mettait ouvertement en question la valeur du fédéralisme, on exigeait en même temps une réforme majeure des structures politiques canadiennes, on dénonçait des injustices historiques, on réclamait toujours plus d'argent d'Ottawa, on se plaignait de l'absence de bilinguisme dans les autres provinces et dans l'administration fédérale.

Bref, le Québec remettait tout en cause et bousculait le reste du Canada.

En prime, le terrorisme, fléau dont le Canada avait jusque-là été épargné, commençait à s'y manifester. Allait-il infecter tout le pays?

Au fait, pourquoi toute cette ébullition? De quoi, en réalité, les *Quebeckers* avaient-ils tant à se plaindre? Qu'est-ce qui leur prenait? *What does Québec want?*

Si l'évolution apparente du Québec alarmait certains Canadiens anglais, Lesage jouissait cependant chez eux d'un énorme prestige. Ils le créditaient d'avoir tiré sa province d'une sorte de Moyen Âge borné pour la hisser au niveau du reste du Canada, pour la moderniser, pour faire en sorte qu'elle soit de moins en moins une province «pas comme les autres». Par contre, peut-être avait-il ainsi déclenché des forces dont il se méfiait lui-même et qu'il réprouvait? À tout prendre, on lui faisait confiance: il saurait, au besoin, les mater. Ne l'avait-il pas prouvé lors de la visite de Sa Majesté Élizabeth II?

Des commentateurs avaient, depuis quelque temps déjà, imaginé une hypothèse séduisante: Lesage successeur possible de Lester B. Pearson? Peut-être y pensait-il déjà lui-même? Le cas échéant, ce serait, croyait-on, une excellente idée. On se disait que ses réalisations au Québec l'autorisaient à nourrir une telle ambition.

Bien qu'elle le flattât, Lesage ne m'a jamais dit un seul mot de cette hypothèse et je ne lui en ai jamais parlé, même à la blague. Personnellement, elle me déplaisait. S'il se mettait en tête d'aboutir à Ottawa comme premier ministre du Canada, comment concilierait-il ce dessein avec la poursuite de l'affirmation du Québec dont certains aspects indisposaient le Canada anglais? Il se mettrait forcément à ménager la chèvre et le chou.

Lesage, lui, était heurté par autre chose: l'incompréhension du Canada anglais face aux aspirations québécoises. Elle lui paraissait fondée sur un amalgame d'ignorance et de préjugés. L'ignorance venait, selon lui, de ce que les médias étaient davantage portés à ébruiter les dernières frasques du FLQ ou des «séparatistes» qu'à diffuser les nouvelles moins tonitruantes, mais plus positives. Quant aux préjugés, une bonne information sur le Québec réel et sur ses véritables objectifs contribuerait à les atténuer.

Ignorance ou préjugés, dans les deux cas, l'heure d'une campagne d'information avait sonné.

La conquête de l'Ouest...

Lesage décida au début de 1965 de s'en charger lui-même. Il ferait une longue tournée de l'Ouest du Canada, quitte à en entreprendre ensuite une semblable dans l'Est. Elle aurait lieu essentiellement en octobre et durerait trois semaines.

Sitôt connue, cette intention provoqua une pluie d'invitations. Lesage y effectua une sélection. Dans telle province, il verrait tels groupes, etc. Sa secrétaire, Gilberte LaCasse, prépara soigneusement un itinéraire, du Manitoba à la Colombie-Britannique. À la vingtaine de groupes auxquels Lesage comptait s'adresser s'ajoutèrent des personnes choisies en raison de leur influence ou de leur connaissance antérieure de Lesage (alors qu'il était ministre fédéral) et des représentants d'organismes divers. Une place très importante était réservée aux francophones de l'Ouest.

Je recevais copie de toute la correspondance. Il était entendu que j'accompagnerais Lesage, comme pour la campagne électorale de novembre 1962. Averti suffisamment d'avance, dès juin, je me mis à préparer des textes sur tous les sujets dont il était susceptible de parler dans ses nombreux discours.

Il y manquait toutefois un ingrédient dont l'absence me rendait mal à l'aise dans mon travail préparatoire. Je réussis à concevoir un grand nombre de pages dont je n'étais pas mécontent, mais mes textes me semblaient préfabriqués, froids, mécaniques. Il m'était impossible de les adapter à des auditoires éloignés dont seuls des échanges de lettres m'avaient appris l'existence. Je ne connaissais aucun des groupes à qui Lesage parlerait et je pouvais encore moins en deviner l'importance relative, la notoriété ou l'influence dans leurs provinces respectives. Souvent, Lesage n'en savait pas beaucoup plus. Entre tous ces gens, à qui parler de quoi? Et comment? Peut-on préparer d'avance vingt discours complets? Oui, à condition de pouvoir les modifier, une fois leurs destinataires mieux connus et une fois sur place.

En septembre, Lesage reçut tous mes projets de textes en bloc, comme il me l'avait demandé. Ils avaient été traduits en anglais et, quoique se recoupant, chacun portait sur un thème précis: évolution historique du Québec, considérations démographiques, préoccupations constitutionnelles, réformes économiques, sens de la Révolution tranquille, bilinguisme, situation des minorités de langue française, etc. J'étais sûr que Lesage me demanderait, comme je le souhaitais, de les retravailler sur place, dans l'Ouest, et d'en tirer la trame de discours et de communiqués de presse.

Il prit toutefois une décision déroutante. Puisque chacun des textes formait un tout, il les assigna séance tenante, les uns après les autres, aux groupes retenus: le texte n° 3 serait prononcé à Winnipeg, le n° 7 à Saskatoon, le n° 4 à Vancouver; quant au n° 11, il serait livré en français devant des francophones à Edmonton, et ainsi de suite... De la sorte, expliqua-il, il suivrait une séquence logique de présentation, traitant d'abord de thèmes généraux et, ensuite, de sujets plus spécialisés.

Cette méthode de pédagogie politique me paraissait discutable. J'aurais préféré qu'il se gardât plus de latitude: comment procéderions-nous aux adaptations requises selon le déroulement de sa tournée? D'après Lesage, il n'y en aurait pas: il allait décrire une réalité québécoise dont la nature ne changerait pas en fonction des auditoires. En revanche, d'autres projets de discours seraient sans doute nécessaires car, avait-il appris, bien des gens voulaient profiter de son passage pour le rencontrer par petits groupes, invitations auxquelles il lui serait difficile de se soustraire. Cela me tracassa: jamais encore je n'avais écrit de discours directement en anglais. Je n'eus à relever ce défi qu'une fois.

Lesage fut très courtoisement accueilli. Des délégations de citoyens ou d'organismes se portèrent à sa rencontre à chaque aéroport, agitant parfois des petits fleurdelysés. Tout un cortège de journalistes l'accompagnait. Sur place des représentants de la presse de l'Ouest se joignirent à eux. Il prononça au moins une allocution importante chaque jour, sauf le dimanche. Le reste du temps servait à des contacts avec des particuliers influents ou avec l'équipe éditoriale de divers médias. Partout où il allait, des francophones venaient le saluer avec admiration. En moins excité et en moins excitant, c'était presque une tournée électorale, à cette différence près qu'était exclue la compétition ouverte avec des adversaires reconnus.

En septembre Pearson lui avait transmis une lettre personnelle le pressant d'utiliser sa tournée pour promouvoir l'unité canadienne. Elle tombait un peu en porte-à-faux. Lesage allait dans les provinces de l'Ouest avec un autre objectif en tête: présenter et expliquer le Québec. Cette mission, sans forcément le contredire, s'accommodait mal de la diffusion d'un message axé sur les priorités fédérales.

Cependant, la lettre de Pearson avait peut-être une autre motivation. La tournée avait été décidée au printemps et s'était organisée entre-temps. Il était depuis longtemps prévu qu'elle aurait lieu fin septembre début octobre. Or, quelques semaines avant le départ de Lesage, dans l'espoir d'obtenir un gouvernement majoritaire, Pearson avait déclenché des élections générales (ce furent celles où les «trois colombes», Pierre Elliott Trudeau, Jean Marchand et Gérard Pelletier furent élus comme députés libéraux). Pearson craignait que la juxtaposition dans le temps du périple de Lesage et de l'élection fédérale n'entraînât des effets pervers en venant brouiller les cartes: le public se demanderait dans quelle mesure ses déclarations étaient appuyées par ses cousins d'Ottawa. Tout dépendrait donc du message qu'il livrerait. Lesage promit verbalement à Pearson de ne pas lui nuire.

On ne connaîtra jamais au juste l'effet de la tournée sur les ambitions des libéraux fédéraux, mais, lors de l'analyse de cette élection, certains de leurs porte-parole rendirent Lesage responsable de leur incapacité à atteindre la majorité espérée.

Le message ne passe pas

Dans l'Ouest tout se déroula sans anicroche, sans incident inattendu, sans retard à l'horaire et exactement selon la séquence déterminée avant le départ. Trop même, car ce souci d'ordre, recommandable sur le plan logistique, s'étendit aussi au contenu du message et affecta la façon dont il fut reçu. Lesage livra en effet ses textes préparés, sans aucun change-ment et devant les groupes qu'il avait désignés d'avance dans son bureau, à Québec. Il les prononça en entier, sans songer à les raccourcir en omettant des passages moins essentiels. Tout d'abord, cette façon de procéder me convint: elle m'évitait de passer du temps à l'hôtel pour y composer des textes nouveaux à partir de la «matière première» déjà colligée.

Pendant un temps, les auditoires me parurent réagir correctement, mais j'eus bientôt l'étrange sentiment que le contact entre Lesage et le public manquait de chaleur, phénomène peut-être attribuable, croyais-je, à l'émotivité moindre des anglophones. En revanche, comme il se faisait l'avocat d'un Québec en transformation et dont les revendications étaient fondamentalement naturelles, la couverture de presse québécoise s'en portait bien. Lesage y donnait l'image dynamique d'un représentant sûr de lui et qui avait le courage de «parler aux Anglais dans la face». Les reportages des médias de l'Ouest étaient, eux, plus froids. Pas forcément hostiles, mais peu éclairants sur le Québec.

Un midi, à Victoria, Lesage devait parler devant une association formée en grande partie de retraités d'âge plus que vénérable. À cause de leur âge, précisément, il avait choisi de les entretenir des relations entre le régime de pensions du Canada et le régime de rentes du Québec, sujet peu émoustillant. Visiblement, cette fois son message ne passait pas et, en plus, son discours, sans être soporifique, était particulièrement long et aride, vide de toute trace d'humour et «agrémenté» des données chiffrées que j'avais eu la malencontreuse idée d'ajouter en annexe. Soudain, à côté de moi, un journaliste anglophone, qui avait renoncé à prendre des notes, soupira ceci à l'un de ses collègues: «*Why is he so deadly serious!*» À quoi le collègue répondit: «*And why does he stick to topics these people couldn't care less about?*»

Il fallait se rendre à une évidence confirmée par quelques autres journalistes: depuis le début de sa tournée, Lesage s'était souvent mal ajusté à ses auditoires et avait tendance à les sermonner, donnant une impression d'intransigeance. C'était peut-être à cause de mes discours, mais peut-être aussi au fait que lui et moi avions été jusqu'à ce jour induits en erreur sur la réceptivité des groupes auxquels il s'adressait, par les remerciements dithyrambiques de maîtres de cérémonie complaisants et par les félicitations d'usage émanant de tel ou tel membre «représentatif» de l'assistance. Lesage se rendit compte que, de toutes ses allocutions, celle de Victoria ne lui vaudrait certes pas la palme de l'éloquence persuasive. Cela me donna une bonne excuse pour lui proposer d'adapter celles qui restaient, sans me livrer à la périlleuse et désagréable tâche de critiquer celles qui avaient précédé.

Si ses interventions publiques ne furent pas toutes des succès, les fréquentes discussions privées, sauf quand elles se déroulaient avec des francophones, étaient révélatrices d'un manque d'ouverture aux aspirations québécoises quelles qu'elles fussent. J'accompagnais presque toujours Lesage à ses rencontres avec des hommes d'affaires, des politiciens de l'endroit ou des représentants d'associations.

Comme on dit en termes courants, on en entendait «des vertes et des pas mûres». Ainsi, quand il évoquait le besoin de protéger et de promouvoir le français, Lesage se faisait demander en vertu de quoi on n'en ferait pas autant pour l'ukrainien ou le polonais dans l'Ouest, langues bien plus répandues que le français dans cette partie du Canada.

Ou bien ses interlocuteurs s'étonnaient de l'entêtement des francophones à ne pas s'assimiler alors que «les autres immigrants», plus sages, plus pratiques et comprenant le bon sens, le faisaient volontiers. Certains laissèrent aussi plus ou moins entendre que la question de la langue avait été définitivement résolue sur les plaines d'Abraham en 1759 ou que, plutôt que de réclamer davantage de droits et de pouvoirs, le Québec devrait s'estimer heureux de la générosité et de la tolérance du Canada anglais à son endroit.

D'ordinaire si impulsif, Lesage m'étonna par son calme et sa patience angélique. Poliment, il expliquait et réexpliquait, chiffres ou faits historiques à l'appui, la situation québécoise et les problèmes des francophones. Ce qui m'impressionna davantage, c'est qu'à aucun moment il ne chercha à obtenir l'approbation de ses interlocuteurs ou à les amadouer en minimisant la portée des réclamations du Québec. Il ne tenta pas non plus de les «excuser». Souvent des politiciens ont tendance à se montrer davantage «raisonnables» en privé qu'ils estiment pouvoir l'être en public alors qu'ils se sentent surveillés par leur électorat. Dans ces groupes de l'Ouest où les échanges étaient vifs et francs, parfois même involontairement insultants pour le premier ministre québécois, Lesage tenait le même langage qu'en public.

Quelques années plus tard, un autre premier ministre se comportera de la même manière: René Lévesque. D'aucuns diront certes qu'il est malhabile de prendre de front ceux que l'on veut convaincre. Peut-être, mais est-il vraiment plus habile de «vendre» des positions tronquées ou réduites si ceux qui les jugent acceptables, ainsi masquées, se rendent compte plus tard qu'on leur en a caché une partie?

Même s'il n'en laissait généralement rien voir à ses auditeurs anglophones, les commentaires de Lesage à son entourage montraient qu'il était affecté par le peu de réceptivité de ses interlocuteurs, pour la plupart des personnages influents dans leur milieu. Un jour, pourtant, il eut toutes les peines du monde à se contenir et, pour ma part, je ne fus pas non plus enclin à l'inciter au calme.

Pendant plus d'une heure, il avait eu à subir les remarques simplettes de quelques *rednecks* particulièrement obtus. Sentant que Lesage avait pu en être blessé, quelqu'un s'interposa pour alléger l'atmosphère. Il crut bien faire en affirmant que, si les francophones exaspéraient souvent leurs compatriotes anglophones par leurs incessantes revendications, il fallait au moins leur reconnaître une indéniable utilité: ils permettaient au Canada de se distinguer des États-Unis, en mettant dans la recette canadienne une sorte de piment qui manquait aux Américains. Et il ajouta, espérant sans doute faire preuve d'humour, que, pour ne pas gâter tout le plat, on devrait cependant prendre soin de ne pas y mettre trop d'épices!

Le rapprochement culinaire ne fut pas du goût de Lesage. Il le fit savoir en répliquant que, si le Canada était un plat, les anglophones avaient tort de croire que les francophones se satisferaient de n'en constituer qu'un vulgaire assaisonnement.

Cet incident m'en rappela un autre. En août 1963, à Halifax, lors d'une conférence interprovinciale, certains participants en vinrent à parler du Québec au cours d'une réception. Pour alimenter la conversation, je risquai une question, d'allure bien naïve aujourd'hui: «Que pensez-vous des Québécois?». La femme du premier ministre de l'Île-du-Prince-Édouard répondit immédiatement avec entrain:

— Oh, je les adore, ce sont des gens si agréables, si gentils, si différents. Tiens, je me souviens d'un voyage de pêche au Québec. Notre guide était un bon Canadien français, pas instruit du tout, mais tellement sympathique. Il nous rendait un tas de services, sans jamais rien critiquer. Le soir, après les repas, il nous racontait des histoires drôles, même si nous ne comprenions pas toujours bien son anglais. À l'occasion, il chantait pour nous. Il faisait aussi de la musique avec des cuillers. Parfois il dansait. Vraiment, il nous faisait bien rire.

Le Canadien français qui «nous faisait bien rire...» ou qui est «une sorte de piment»...

De ce genre de situations et de l'absence évidente de compréhension, dans l'Ouest, à l'endroit du Québec, Lesage tira au moins une conclusion qu'il annonça dès son retour de tournée. J'en ai déjà parlé: le Québec retirerait son appui à la formule d'amendement constitutionnel Fulton-Favreau. «Ces gens-là ne sont pas prêts», avait-il constaté.

Je ne sais pas s'il tira cette autre conclusion de sa tournée: si tel avait été son objectif intime, force devait lui être de reconnaître que ses déclarations dans l'Ouest n'avaient sûrement pas accru ses chances de devenir un jour premier ministre du Canada.

Quoi qu'il en soit, aucun indice ne me permit jamais de croire qu'il regretta de s'être lancé dans cette tournée.

Une marque d'amitié

Quelques jours après notre retour, le 18 octobre, mon père mourut. Sa condition s'était de beaucoup aggravée pendant mon séjour dans l'Ouest et Lesage m'avait offert, si je le jugeais à propos, de revenir à Québec, toutes affaires cessantes, avant la fin de la tournée.

La veille des funérailles, il m'annonça qu'il y assisterait en personne. Cette intention me toucha, mais, le sachant fort occupé, je lui fis valoir que je comprendrais très bien qu'il s'abstînt d'y venir. Il insista, soutenant que c'était à ses yeux un devoir plus que normal.

Effectivement, il se rendit au salon funéraire saluer les membres de ma famille et suivit le cortège jusqu'à l'église de Montmorency où il assista au service. Et il n'était pas seul: au moins une dizaine de ministres étaient venus avec lui: René Lévesque, Paul Gérin-Lajoie, Pierre Laporte, etc.

Inutile d'essayer de décrire ici le sentiment que j'éprouvai à voir le premier ministre du Québec et la moitié de son cabinet s'être déplacés pour la circonstance. Ce témoignage d'estime et d'amitié de la part de Lesage et de ses collègues, jamais je ne l'oublierai.

9

«Ne partez pas...»

En somme, je passai près de six années auprès de Lesage. Plongé dans des dossiers captivants, je repoussais constamment mon projet, toujours vivant, de retour à la vie universitaire. Le moment ne convenait jamais.

J'appris énormément de Lesage, de ses paroles et de ses silences, de ses colères et de ses enthousiasmes, de ses convictions et de ses préjugés, de ses grandeurs et de ses petitesses. Il fut mon premier maître politique à une époque où je ne pensais pas en avoir d'autres.

Il ne m'enseignait rien. Je le regardais faire.

Dans les années qui suivirent, je constaterais que ma formation souffrait de lacunes. Il me restait encore beaucoup à apprendre. Je n'avais pas encore tout vu. J'avais connu *un* gouvernement, celui des libéraux et *un* style, celui de Lesage. Les autres à venir, ceux de Daniel Johnson, de Jean-Jacques Bertrand, de Robert Bourassa et de René Lévesque, devaient se révéler, à maints égards, fort différents.

En 1966, un continent de la mappemonde québécoise m'était devenu familier, pas la totalité de la planète politique.

Dans ce continent, il me fut donné de parcourir un territoire en particulier, celui du pouvoir détenu par un premier ministre.

Le capitaine

Dans notre système démocratique respectueux des individus, un premier ministre doit en principe guider sans dominer. Il doit savoir s'informer, consulter, convaincre. Fort des appuis obtenus, il lui revient ensuite de donner le ton et d'orienter. C'est un rassembleur qui sait découvrir des harmonies et des convergences là où règnent les déséquilibres ou les conflits.

En théorie, car la pratique admet des écarts à ce schéma idéal.

Par exemple, si le premier ministre, grâce à sa personnalité, détient un leardership hors du commun, s'il a du charisme, si l'on croit qu'il jouit d'une vision prophétique, le Système tolère que son ascendant lui permette, plus qu'à un chef ordinaire, de s'imposer de manière autoritaire, expéditive même, sans nécessairement respecter à la lettre les procédures et normes en vigueur. Il dispose pour cela d'une puissance morale qui complète et colore les pouvoirs formels que lui confèrent la loi et la coutume.

En dehors de ce cas exceptionnel, il demeure qu'un premier ministre, quelle que soit sa personnalité — brillante, inventive, charmante ou terne —, détient en droit et en fait des attributions considérables.

Voilà pourquoi ses collègues, dans le cours normal des choses et sous tous les partis, font de leur mieux pour l'influencer en leur faveur. À lui seul, il peut presque tout, et eux, laissés à eux-mêmes, pas beaucoup plus que pas grand-chose. Ils ne peuvent avancer que s'il leur donne la clef de la porte qui mène à la réalisation de leurs projets ou, au moins, que s'il ne les empêche pas de l'ouvrir.

Dans le bateau politique, les indications des boussoles varient en fonction des choix du capitaine. Et ceux-ci sont souvent déterminés en cours de navigation, non au quai de départ.

Comme, parmi tant d'autres, dans le cas suivant.

L'option internationale de Lesage: pourquoi?

Je ne reviendrai pas ici sur les faits relatés dans un autre livre, *L'Art de l'impossible: la diplomatie québécoise depuis 1960*. En revanche, comme j'en ai peu parlé dans le présent ouvrage, essayons de comprendre comment Lesage, qui aurait fort bien pu freiner l'avènement du Québec sur la scène internationale ou le contenir à l'intérieur de limites modestes, en a au contraire été le premier artisan.

Inspiré à ce propos par Georges-Émile Lapalme, le programme libéral de 1960 proposait la création d'une «Maison du Québec» en France. Lesage pouvait difficilement s'opposer à une intention inscrite en toutes lettres dans son propre programme de gouvernement. L'objectif initial était d'ordre culturel; les visées économiques vinrent plus tard.

Les choses se compliquèrent quand des ministres, Gérin-Lajoie d'abord, Laporte ensuite, formèrent le dessein de signer des accords avec la France. Se posait ainsi le problème de la compétence internationale d'une province canadienne. D'après Ottawa, cette compétence était nulle, non conforme au fédéralisme. Une province pouvait tout au plus, sous la surveillance et le contrôle du gouvernement central, conclure des arrangements administratifs avec certains États américains voisins dans des domaines comme les infractions au code de la route, la lutte contre les incendies en forêt ou le tracé du réseau routier.

En février 1965, dans un discours au corps consulaire de Montréal, Gérin-Lajoie proposa une doctrine constitutionnelle, révolutionnaire dans le contexte d'alors. Selon lui, le Québec jouissait de ce qu'il appelait «le prolongement externe de ses compétences internes». Ce qui revenait à dire qu'il avait le droit de négocier et de signer avec des pays étrangers des accords portant sur des échanges en matière d'éducation, ce domaine relevant de Québec et non d'Ottawa. Qui plus est, Gérin-Lajoie précisa que le Québec n'avait nulle obligation de consulter le gouvernement fédéral là-dessus, à la condition, bien sûr, de respecter la politique étrangère du Canada. Par exemple, il ne négocierait pas d'accords avec des pays non reconnus par Ottawa.

Cette doctrine allait très loin. Le discours de Gérin-Lajoie avait en bonne partie été écrit par André Patry, conseiller en relations internationales, mais c'est le ministre lui-même qui avait ajouté les passages les plus susceptibles de faire sursauter les fédéraux.

Conscient de la secousse ainsi provoquée et des récriminations fédérales que j'aurais à recevoir, Gérin-Lajoie me semblait en avoir beaucoup mis. Peut-être aurait-il dû être moins explicite, moins provocant. Néanmoins, sa position me plaisait dans son ensemble, mais j'appréhendais la réaction de Lesage: sa conception à lui du fédéralisme ne me paraissait pas suffisamment élastique pour autoriser le genre de latitude provinciale réclamée de façon aussi spectaculaire par son ministre.

Il n'était pas non plus exclu que Lesage sautât sur l'occasion pour faire la leçon à un collègue agissant souvent, à ses yeux, davantage comme vice-premier ministre que comme ministre de l'Éducation.

Il était alors en vacances à l'extérieur du Québec. Dès sa descente de l'avion, au retour, les journalistes se précipiteraient sur lui pour obtenir son avis sur la sortie de Gérin-Lajoie. D'une phrase critique, d'une réserve verbale, il risquait non seulement de rejeter la position de son ministre, mais, par ricochet, de couper court à toute velléité d'action internationale relativement autonome de la part du Québec. Mes interlocuteurs du ministère des Affaires extérieures comptaient d'ailleurs sur lui pour ramener ce ministre à plus d'orthodoxie et s'en faisaient une joie à l'avance.

Pour parer le coup, l'idée me vint de le joindre au téléphone. Il ne refusait pas en principe qu'on l'appelle pendant ses vacances pour lui faire part d'un problème ou pour lui demander conseil. Même s'il n'en avait jamais été question auparavant, j'essaierais de lui «vendre» la nouvelle théorie de Gérin-Lajoie, de lui en montrer la logique, de lui expliquer le contexte de la déclaration, de présenter les réactions préliminaires d'Ottawa comme autant de réflexes irrationnels fondés sur une mauvaise compréhension de la Révolution tranquille, et que sais-je encore.

Évidemment, je l'informerais aussi de mon propre accord avec la doctrine surprenante du «prolongement externe».

Son chef de cabinet adjoint, René Arthur, tenta de m'en dissuader:
— Lesage va te croire de mèche avec Gérin-Lajoie. Il sentira que tu le pousses dans le dos. Ça va le braquer, tu le connais. Laisse-le revenir et arrange-toi pour recoller les morceaux qui resteront.

Conseil auquel je décidai de passer outre. Il m'était suspect. Arthur, comme son patron, ne prisait pas toujours les attitudes du ministre de l'Éducation, et il n'avait pas apprécié sa déclaration devant les consuls.

Impossible cependant de joindre Lesage. C'est donc avec anxiété que j'attendis les premiers échos de sa réaction. Comme prévu, des journalistes allèrent à sa rencontre à l'aéroport. Surprise! Il se déclara en total accord avec la position de son ministre: elle allait de soi. Ce que Gérin-Lajoie avait dit représentait le point du vue du gouvernement. Un point, c'est tout.

À mon insu, quelqu'un d'autre avait-il réussi à l'orienter dans le «bon sens»? Apparemment non.

Alors, en vertu de quel miracle Lesage avait-il, de lui-même, opté pour une interprétation audacieuse de la situation constitutionnelle canadienne qui niait le monopole d'Ottawa sur les relations avec l'étranger et qui allait si clairement à l'encontre de la conception classique du fédéralisme en la matière, la sienne justement? N'avait-il pas, deux ou trois ans plus tôt, refusé de donner suite à une demande d'aide de missionnaires québécois en Afrique? Motif: ce genre d'intervention relevait indéniablement d'Ottawa, non d'une province. La Constitution, avait-il écrit aux missionnaires, l'interdisait!

Or, en avril 1965, le même personnage prenait une attitude qui se révéla déterminante pour la suite des événements. S'il s'était prononcé autrement, l'émergence internationale du Québec ne se serait peut-être pas réalisée. Petite cause, grand effet, encore une fois...

Les règles du jeu

Mes interrogations n'eurent pas de réponse immédiate. Lesage avait choisi l'orientation que je souhaitais lui voir prendre. Pourquoi lui donner, par mes questions ou mes marques de satisfaction, l'impression d'une connivence de ma part avec son ministre ou de l'aboutissement heureux d'un complot tramé dans son dos? D'autant que ce n'était pas le cas. Je gardai mes questions et commentaires pour moi.

Au moment des débats et des louvoiements sur la nationalisation de l'électricité, en 1961-1962, j'avais eu le «tort» de me déclarer trop rapidement favorable à la vision de Lévesque. Lesage m'avait derechef classé parmi les «étatisateurs» et mes plaidoyers ultérieurs en faveur de la nationalisation perdirent auprès de lui une portion de leur poids et de leur pertinence. Pour Lesage, je répétais, en les adaptant à mon style, les arguments de Lévesque, sans y ajouter grand-chose. Comme instrument de conviction, le procédé n'était pas des plus efficaces.

La même chose survint pour la création d'un ministère de l'Éducation, par exemple. Là aussi je lui annonçai trop vite mon adhésion aux innovations proposées. Sachant déjà à quoi s'en tenir sur mon opinion, pourquoi aurait-il ensuite sollicité mon avis?

J'avais donc fini par apprendre à me taire. Règle essentielle pour tout conseiller. Mais elle n'est pas la seule*.

---

*Par expérimentation, c'est-à-dire par mes propres erreurs en cours de route et par mes tâtonnements d'un dossier à l'autre, j'en vins ces années-là à comprendre que, dans la mesure où un conseiller veut exercer une certaine influence, il a intérêt à se conformer à des règles au demeurant assez simples.

Plutôt élémentaires aussi. Elles émanent en définitive d'un principe de base: le respect de l'autre. Il n'est pas nécessaire d'être cynique pour comprendre que ce principe vaut moins pour des raisons éthiques que pour des motifs d'efficacité.

S'il est question de ces règles dans le présent encadré — du moins de celles que j'ai apprises entre 1961 et 1964 (il m'en restait d'autres à connaître) —, c'est qu'elles permettent de mieux saisir la personnalité des premiers ministres en cause.

Incidemment, je ne prétends pas avoir toujours et régulièrement pratiqué ces règles. Leur connaissance résulte d'un apprentissage progressif qui a graduellement modifié mes façons de voir, de faire et de dire les choses.

La première apprise: *à moins d'être expressément sollicité, un conseiller ne doit pas prendre parti trop vite.*

Mieux lui vaut garder des munitions pour des interventions précises portant de préférence sur un aspect original d'un dossier ou sur un point négligé par les autres. Autrement dit, jouer des solos au lieu de se joindre au chœur. Quand la majorité des intervenants de poids paraissent opter pour la même orientation et qu'une réforme a par conséquent de bonnes chances d'être concrétisée, pourquoi s'en mêler? La trop grande fréquence d'avis, toujours dans le même sens, conduit à leur banalisation.

Dans le cas des relations internationales du Québec (ou d'autres cas du genre), une seconde règle s'appliqua aussi, plus risquée, mais d'une efficacité durable lorsqu'elle réussit: *laisser le décideur se décider lui-même.*

René Arthur avait raison. Je suis moralement sûr aujourd'hui que, relancé dans son hôtel de vacances ou sur un terrain de golf, Lesage aurait pu soupçonner Dieu sait quelle collusion entre Gérin-Lajoie et moi-même. Un premier ministre n'a pas à être paranoïaque pour penser qu'il peut être l'objet de pressions habiles de la part d'alliés conjoncturels ou de groupes d'intérêts. Un ministre non plus. Le moins qu'on puisse dire, c'est que ces choses se produisent...

J'aurais aussi pu tomber à un moment inopportun ou mal m'exprimer, ce qui aurait donné à un Lesage contrarié un prétexte commode pour rejeter mon point de vue.

Or, Lesage, informé des nouvelles du Québec par quelqu'un de son secrétariat, s'était tranquillement fait sa propre idée et avait opté pour la position qu'il fallait. Il s'y était lui-même engagé et identifié. L'ouverture du Québec à l'extérieur était devenue son affaire. Désormais, tout virage éventuel de sa part équivaudrait à une négation de sa propre décision. Acrobatie plus ardue à exécuter, au vu et au su du public, que celle qui consiste à abandonner une orientation suggérée par un conseiller encombrant.

Le même mécanisme joua à propos du statut particulier du Québec. Comme l'explique le chapitre précédent, Lesage s'était convaincu lui-même de la pertinence de cette option politique. J'aurais pu m'en faire l'inlassable avocat auprès de lui, mais l'opération n'aurait peut-être pas donné de résultats. En tout cas, pas autant.

Pour le statut particulier comme pour les relations avec l'étranger, Lesage connaissait mes opinions, celles de ses ministres et celles d'autres conseillers. L'ambiance l'a sûrement influencé. C'est quand même lui qui, ultimement, a choisi sa voie à partir de son propre cheminement.

Au cours de réunions avec ses ministres ou de conférences fédérales-provinciales, il lui arrivait de s'avancer auprès de ses collègues en proposant des idées ou des actions suggérées par moi. De temps à autre, il en sortait pour venir m'annoncer, sans aucun remords: «Claude, j'ai eu beau essayer, mais *votre* proposition n'a pas marché!» Mieux encore: incertain de la façon dont une idée serait accueillie par ses interlocuteurs, il n'hésitait pas à la présenter comme provenant de tel ou tel de ses conseillers. Bien reçue, elle devenait sienne. Il en prenait le crédit et en parlait dorénavant comme s'il était le premier à y avoir pensé. Sinon, aucun dommage pour lui: on n'avait pas refusé *son* idée, mais celle de quelqu'un de son entourage.

Ce que j'écris ici de Lesage vaut aussi pour ses successeurs. Un tel comportement, qui paraît de prime abord peu courageux, n'a pourtant rien à voir avec la faiblesse, l'indécision ou la duplicité. Il faut comprendre que, pour un politicien, la crédibilité est la base même de son action et que ses fonctions le forcent à l'éprouver tous les jours. Pour sauvegarder son autorité et son ascendant, il est pour lui capital de la protéger. Par certaines astuces, s'il le faut. C'est la loi du milieu qui le veut.

Cette même loi veut aussi qu'un politicien serait mal avisé de toujours dire la vérité crue ou de proclamer en public ses intentions, ses doutes ou ses états d'âme. S'il le fait, il gagne des points en matière de sincérité, mais il en perd sur le terrain de l'habileté. La politique ne punit pas nécessairement la vertu ni la franchise, elle les récompense encore moins, mais elle offre une prime à la dissimulation straté-gique. Sans préconiser le mensonge comme technique de gouvernement, consta-tons que s'applique aussi au monde gouvernemental un proverbe fort bien accepté dans les autres milieux: «Toute vérité n'est pas bonne à dire».

Thème qui mériterait certes un long développement, mais tel n'est pas ici mon propos. Il s'agit plutôt de dégager une autre règle: si frustrantes soient-elles pour lui, *un conseiller doit comprendre qu'un politicien est obligé de se conformer aux exigences de la politique*.

Souvent décrite comme l'art du possible, la politique est aussi celui du com-portement adapté aux circonstances. C'est, je crois, l'ancien président américain Harry S. Truman qui disait: «*If you cannot stand the heat, get out of the kitchen!*», avis à méditer par tout conseiller actuel ou potentiel.

Autre règle pour le conseiller: *occuper tout l'espace offert*.

Ainsi, comme je l'ai expliqué précédemment, j'ai meublé les discours de Lesage d'orientations politico-administratives auxquelles j'adhérais moi-même. Le premier ministre sollicitait mon avis sur leur contenu; à lui ensuite de décider quoi en conserver. Tel était mon raisonnement.

En revanche et pour ne pas lui «passer de sapins» dont j'aurais, de toute façon, été tôt ou tard la victime, je prenais soin d'attirer son attention sur les passages les plus délicats de ses discours et sur leurs répercussions possibles. De temps à autre, il annotait mes objurgations par des graffiti du genre «J'ai vu». Presque toujours, il livrait mes textes dans leur intégralité.

La règle de l'«espace offert» se complète par celle-ci: sans outrepasser arti-ficiellement ses capacités, *le conseiller doit accepter d'être la personne ressource qu'on voit en lui*. Lesage rechignait quand je lui transmettais un avis écrit coiffé d'un avertissement «modeste» où j'avais la gaucherie d'insister trop lourdement sur ma connaissance imparfaite du sujet ou sur le fait que j'avais manqué de temps pour les recherches nécessaires. «Pourquoi lirais-je vos notes si vous m'annoncez qu'elles ne valent rien!», s'impatientait-il.

La fausse modestie détruit à la longue la crédibilité et, de là, l'utilité, de celui qui la pratique trop systématiquement. Personne n'est rassuré par les conseils de quelqu'un qui paraît douter de lui, de ses idées ou de ses aptitudes.

À tort ou à raison, un politicien peut se montrer fier de la compétence de ses conseillers, au point d'en vanter sur le mode dithyrambique les aptitudes à des tiers. Par contre, surtout s'il apprécie leurs avis, il tient mordicus à une exclusivité — à une loyauté, dirait-il — qui confine parfois à la jalousie. J'ai mis du temps à le comprendre, mais cela explique, je pense, pourquoi Lesage m'interdisait de préparer des discours ou même des schémas d'intervention pour tel ou tel de ses collègues qui m'en réclamait. Il appréciait encore moins mes «mémos» à leur intention. Si peu, d'ailleurs, que je me résignai à ne plus en écrire, me limitant, lorsqu'il le fallait, à des avis verbaux.

Une dernière règle, paradoxale, colore les précédentes: *il n'existe pas de règle absolue de comportement, ni pour les politiciens ni pour les conseillers!*

En politique, les recettes ne sont jamais sûres. Celles qui ont fait merveille hier peuvent, demain, provoquer des désastres. Et inversement. Les ingrédients en sont toutefois assez connus. J'en ai pour le moment identifié quelques-uns en ce qui a trait au rôle de conseiller. Il s'agit de mélanger ces ingrédients et de les agiter en gardant un œil sur les circonstances et un autre sur les personnalités.

Problèmes de leadership

Après la tournée de Lesage dans l'Ouest, mais surtout au début de 1966, j'acquis l'impression que les projets, initiatives et déclarations de certains ministres plus inventifs que les autres l'agaçaient de plus en plus. Il s'en montrait bien davantage impatienté et contrarié qu'auparavant.

Au lieu de provoquer de brèves colères ouvertes et bruyantes, l'annonce inopinée de projets originaux de réforme par tel ou tel ministre l'assombrissait et le rendait taciturne. On peut penser qu'à cette époque il aurait beaucoup moins bien toléré des prises de position comme celle de Gérin-Lajoie sur les relations internationales du Québec, en avril précédent, et pas du tout des innovations comme l'avait été, à cause de Lévesque, la nationalisation de l'électricité.

Non seulement, on l'a vu plus tôt, des journalistes et d'autres observateurs avaient décidé que la Révolution tranquille manquait désormais de souffle, mais ils commençaient à laisser entendre que la source de cette stagnation relative résidait chez Lesage lui-même. Selon eux, il brimait les velléités de changement de ses collègues plus progressistes que lui.

Dans quel but? Pour affirmer son autorité devant des collègues imaginatifs, toujours prêts à de nouvelles aventures? Pour mettre un terme à des remises en question trop manifestes du fédéralisme canadien?

On s'appuyait sur l'une ou l'autre de ces motivations pour expliquer l'état du gouvernement, mais, en fait, tout se résumait à une question de leadership. Il y avait effectivement un problème de ce côté, non de fond, mais de perception. Lesage en souffrait. Je devinais qu'il y voyait une injustice.

En simplifiant un peu, le problème se présentait, selon moi, de la façon suivante. Plusieurs de ses ministres étaient identifiés à des innovations précises: Lévesque à l'électricité et au contrôle, par les Québécois, de leurs richesses naturelles, Gérin-Lajoie à la réforme de l'éducation ou Lapalme à celle du Parti libéral à la fin des années 1950 et (avant sa démission) à la politique culturelle. Dans le cas de Lesage, les observateurs n'établissaient pas ce genre d'équation, malgré sa bataille acharnée pour le régime de rentes et la caisse de dépôt ou ses efforts pour moderniser l'administation publique québécoise. On avait au contraire tendance à le décrire comme le gestionnaire, involontaire et passif, d'idées conçues par les autres et qu'il n'aurait jamais par lui-même pu découvrir, encore moins voulu appliquer.

De nombreux articles élogieux avaient aussi paru sur ceux qu'on appelait les «technocrates», vocable dont le sens n'était pas encore péjoratif. Il s'agissait des nouveaux fonctionnaires ou conseillers de l'État comme Arthur Tremblay à l'Éducation, Michel Bélanger aux Richesses naturelles, Jacques Parizeau à l'Économie, Roch Bolduc à la Fonction publique, Louis Bernard et, bien sûr, moi-même aux Affaires fédérales-provinciales (on ne parlait cependant pas de ma contribution aux discours de Lesage).

La conclusion qui se dégageait implicitement de tels articles et des commentaires de la presse sur le rôle des ministres les plus en vue était limpide: si le Québec avait réalisé des progrès et s'était affirmé comme jamais auparavant, c'est à ces ministres et conseillers qu'il le devait! L'apport de Lesage était présumé sinon inexistant, en tout cas peu digne d'attention sympathique. En caricaturant un peu, on aurait dit que son rôle se limitait à présider à des changements qu'il n'avait ni pensés ni prévus ni voulus. Il suivait ses ministres et ses conseillers, mais ne les influençait guère.

Bref, si Lesage était le chef d'un orchestre, cet orchestre jouait en cacophonie et lui-même n'était virtuose d'aucun instrument.

Cette réputation qu'on lui faisait n'était pas entièrement imaginaire. Il n'avait effectivement ni pensé ni prévu ni, dans quelques cas, voulu certaines des réformes accomplies sous son régime.

Son mérite se situait ailleurs, pas dans telle ou telle législation aisément identifiable de l'extérieur du gouvernement, mais dans le fait assez remarquable qu'il avait su rassembler des ministres énergiques, qu'il avait (au-delà de ses hésitations initiales) laissé libre cours à leur créativité et qu'il les avait ensuite appuyés.

Qui plus était, il collait probablement mieux à l'ensemble de la population et à ses aspirations qu'aucun de ses ministres du temps, dont on ne voit pas bien aujourd'hui lequel, à sa place, aurait mieux réussi que lui. En un sens et à cette époque, il était davantage représentatif que n'importe lequel d'entre eux. Pour l'avoir souvent accompagné, tant à l'intérieur qu'à l'extérieur, j'ai vu, à la réaction des groupes et des foules, qu'il symbolisait le Québec nouveau.

Cet aspect des choses, les observateurs le passaient généralement sous silence. Il faut dire que Lesage, lorsqu'il était d'humeur peu engageante, n'offrait pas une image d'affabilité. Il cédait, sans trop la combattre, à la tentation de faire sentir à des interlocuteurs le peu de considération qu'il nourrissait à leur endroit. Cela ne les incitait pas à des interprétations compréhensives.

Encore aujourd'hui, il est difficile d'identifier hors de tout doute et avec leur importance relative les causes éloignées et immédiates de la Révolution tranquille. Je n'essaierai pas de le faire, mais on me permettra ici une opinion d'un autre ordre. La Révolution tranquille n'était pas, si l'on peut dire, inscrite dans le code génétique de l'histoire québécoise. Elle aurait pu ne pas se produire ou survenir plus tard, dans des conditions plus pénibles. Si elle a effectivement eu lieu, on le doit à quelques personnes qui ont, à un moment précis de notre évolution, exercé le pouvoir politique au Québec et sur le Québec.

Ces personnes, c'est Lesage qui les a réunies. Ce pouvoir, c'est Lesage qui le leur a donné. Et ce moment, c'est Lesage qui l'a saisi.

Lesage absent, que serait-il advenu de la Révolution tranquille?

La campagne d'un chef

Vingt-cinq ans après, le rôle propre de Lesage dans la transformation du Québec des années 1960 est plus facile à évaluer, mais on comprend qu'en 1966 le premier ministre du temps se soit senti choqué devant l'impression plus ou moins diffuse, chez les commentateurs comme au sein de l'administration, d'un manque de leadership intellectuel et politique de sa part.

Certains de ses conseillers partisans ne se gênaient pas pour lui inspirer le désir d'un coup de barre de nature à affirmer ce leadership une fois pour toutes. Ils s'élevaient contre ce qu'ils estimaient être le «vedettariat», nuisible à l'autorité de leur chef, de ministres comme Lévesque, Gérin-Lajoie, Wagner, Laporte ou Kierans. D'aucuns s'en prenaient surtout à Lévesque, le mouton noir perpétuel, «gauchiste» à ses heures, socialement non orthodoxe et peu respectueux d'une solidarité ministérielle de type britannique: «Tu devrais te débarrasser de Lévesque, lui disaient-ils, sinon il va continuer à charrier le gouvernement et à t'apporter des troubles».

Lesage était sensible à ces pressions. Elles allaient souvent dans le sens de ses propres intuitions. Elles expliquaient les apartés incidents et les remarques grommelées à la cantonade qui émaillaient ses réactions lorsqu'on lui apprenait la dernière frasque politique de l'un ou de l'autre de ses ministres les plus en vue: «Celui-là, il va finir par savoir qui mène ici», «Je vais leur montrer qui est le boss», «Lui, je l'attends au tournant; il ne s'en tirera pas comme ça». Pourtant, rien de particulièrement dramatique ne suivait ces imprécations qui, on peut s'en étonner, concernaient rarement Lévesque, le plus visé. Sachant mon admiration pour ce ministre, Lesage se retenait-il devant moi? Possible, mais je soupçonne qu'il éprouva toujours un attachement complexe envers cet «enfant terrible».

Dès son retour de l'Ouest, Lesage avait muté Lévesque au ministère de la Famille et du Bien-être social et Kierans à celui de la Santé. Le geste était inattendu. Il n'en fallait pas plus pour donner confirmation à ce «virage à droite» du gouvernement que les observateurs avaient déjà cru déceler, puisque ces deux ministres perdraient bientôt leurs portefeuilles économiques. Le calcul de Lesage n'était peut-être pas aussi simpliste. Fréquemment je l'avais entendu dire que les ministères sociaux devait être gérés par des ministres à poigne. Tout de même, ces mutations ministérielles ancrèrent dans le public la perception d'un progrès du conservatisme.

Il y aurait bientôt quatre ans que le gouvernement avait été reporté au pouvoir, le 14 novembre 1962. L'année 1966 serait donc marquée par une campagne électorale. Bonne occasion pour raffermir un leadership présumé chancelant. En 1960, la propagande politique avait été axée sur l'«équipe du tonnerre». Pourquoi celle de 1966 ne ferait-elle pas mousser les qualités du «tonnerre» de l'équipe, Lesage lui-même? C'est à cette conclusion qu'en vinrent des stratèges libéraux.

Elle plut à Lesage.

Ces années-là, les sondages n'étaient pas encore très perfectionnés, mais ceux des libéraux semblaient leur donner une avance insurmontable sur l'Union nationale. Ils révélaient bon nombre d'indécis, mais en supposant que ces indécis (ou discrets) voteraient comme les autres électeurs, on pouvait conclure à une victoire libérale largement assurée.

Réconforté par ces données superficiellement analysées, Lesage décida de conduire une campagne très personnalisée, où on miserait sur le chef beaucoup plus que sur l'équipe. C'est au printemps 1966, en vacances en Floride, que ces orientations furent prises par Lesage et un petit groupe de conseillers. Les élections auraient lieu le 5 juin. Ce serait un dimanche, pour la première (et dernière) fois au Québec.

Des ministres furent consultés sur la date et sur divers thèmes, mais il fut peu question avec eux de l'accent qu'on mettrait sur le chef. L'expectative créée par les sondages était assez optimiste pour dissiper toute inquiétude de leur part sur la direction générale de la campagne. Qu'on mette en évidence le chef ou l'équipe, cela ne devrait pas changer l'heureux résultat escompté.

Quelques semaines plus tôt, en décembre, j'avais eu toute une surprise. Le chef de cabinet, Alexandre LaRue, m'avait invité d'un ton mystérieux à passer immédiatement à son bureau. Il arborait un air solennel. Que se passait-il?

— Jean a pensé à vous faire une proposition, me dit-il. Il aimerait bien, pour les élections à venir, que vous vous présentiez comme candidat libéral dans Montmorency dont vous êtes natif. Une petite enquête nous a montré que vous y feriez excellente figure. Pouvez-vous me donner une réponse rapide?

J'étais consterné. Une offre si inattendue. Deux ou trois jours plus tard, Lesage me confirma la proposition. Mes balbutiements peu éloquents durent lui faire entrevoir mon état d'âme. Sa confiance me flattait, lui indiquai-je en guise de première réaction, mais la politique active n'était peut-être pas ma vocation. Le 5 janvier 1966, je lui répondis par écrit dans le même sens. «Je respecte votre décision; ce sera peut-être pour une autre fois», conclut-il, sans insister davantage, après avoir reçu ma lettre (Document 11, en annexe). Et il ne fut plus question de ma candidature possible.

Je n'eus rien à voir avec la campagne électorale. Mon poste de sous-ministre interdisait à l'époque toute activité partisane. Il évita de me demander des textes ou même des conseils.

Je suivis la campagne assez distraitement, tellement j'étais sûr, comme tout mon entourage, de son aboutissement à nos yeux évidents. Tout au plus remarquai-je que Lesage était bien plus impatient qu'en novembre 1962 et qu'il commettait ici et là des erreurs dans sa façon parfois abrupte de répondre aux questions des journalistes, qu'il n'hésitait pas à rabrouer.

La soirée du 5 juin fut angoissante et catastrophique.

Angoissante parce que les libéraux et les unionistes se talonnaient. Longtemps le gouvernement parut devoir finir par remporter la victoire, quoique par une faible marge en nombre de sièges, mais entre dix et onze heures les résultats tardifs détruisirent tout espoir d'une remontée: l'Union nationale avait obtenu 54 sièges, le Parti libéral 51. Lesage avait perdu.

Catastrophique car mon univers de fonctionnaire d'allégeance libérale et d'adepte passionné de la Révolution tranquille venait, comme on le dit dans certains romans, de «basculer».

Dans les moments difficiles, on s'accroche à n'importe quel simulacre de bouée de sauvetage. En me couchant pour affronter une nuit presque sans sommeil, j'avais appelé à la rescousse deux mécanismes de défense en forme de consolations.

Certes l'Union nationale disposait d'une majorité de sièges, mais sa proportion du vote populaire n'atteignait pas 41 % alors que celle des libéraux se situait à un peu plus de 47 %. L'élection avait conduit à un résultat dont l'injustice et l'absurdité étaient patentes: dans ces conditions, pourquoi Lesage serait-il obligé de partir après avoir obtenu plus de votes que son adversaire? En démocratie, n'est-ce pas l'appui populaire qui compte? À la télévision, un Lesage abattu n'avait-il pas lui-même laissé entendre, précisément pour cette raison, que son dernier mot n'était pas dit? Peut-être, après tout, les libéraux n'avaient-ils pas vraiment été défaits?

Deuxième consolation: l'élection s'était tenue au début de juin, mois qui se situe entre deux années universitaires. J'avais quitté l'Université en juin 1963. Pourquoi ne la réintégrerais-je pas en juin 1966? Le lendemain ou le surlendemain, je devrai penser à prendre contact avec le doyen de ma Faculté.

Majorité de votes, minorité de sièges

Le lendemain de l'élection le courage me manquait pour faire face à Lesage.

Nul besoin d'un talent exceptionnel pour deviner qu'il se présenterait à son bureau complètement décomposé par l'épreuve. Il était en effet sûr de remporter la victoire sur le vestige des temps duplessistes et ruraux qu'était à ses yeux (et aux miens) l'Union nationale, parti auquel, pour causes de salubrité politique et d'horizons bornés, il s'imposait d'interdire l'accès au pouvoir politique... C'est ainsi que je raisonnais le 6 juin au matin. Lesage aussi, supposais-je.

À huit heures quinze, j'étais à mon bureau, relativement décomposé moi aussi, mais avec un projet en tête: je verrais évidemment Lesage au cours de la journée (pas moyen de l'éviter), mais *après* tous les autres: chef de cabinet, chef adjoint, attaché de presse, conseiller juridique, secrétaires et garde du corps.

L'homme propose et Dieu dispose. Il arrive même que Dieu dispose de l'homme en des moments où l'homme a des préoccupations bien terre-à-terre. Autour de neuf heures vingt, je me dirigeai vers les toilettes de l'Édifice B, celui de mon bureau. Cet immeuble est relié par un corridor à l'Édifice C, celui de Lesage. La sortie de l'ascenseur de l'Édifice B, le plus utilisé, donne sur le corridor qui mène à C. Elle est située juste en face des toilettes.

Pourquoi ces considérations architecturales? Pour expliquer que, au moment où je quittais lesdites toilettes, je tombai face à face avec Lesage qui, précédé de son chauffeur, sortait de l'ascenseur. Avait-il pleuré? Il était écarlate et sombre en même temps, les yeux fixés sur le plancher.

Mais pas assez pour ne pas me voir! «Claude, dit-il, venez avec moi». S'ensuivit une marche silencieuse, funèbre, vers son bureau. Moi qui voulais éviter Lesage, voici que j'étais le premier à le rencontrer! Fixant toujours le plancher, il ne salua personne de ceux qui nous croisèrent. Moi non plus.

Ce matin-là, tout le monde regardait à terre.

Dans son bureau, René Arthur, qui nous avait rejoints, tenta vainement de le consoler:

— Vous avez eu plus de votes que Johnson.

— Justement, répliqua Lesage, je n'ai pas été battu.

La veille, à la télévision, Johnson avait dit: «Si les libéraux pensent qu'ils n'ont pas perdu, nous, nous sommes certains d'avoir gagné».

Lesage se lança alors dans un développement juridico-constitutionnel sur la possibilité, encore ouverte selon lui, qu'il conserverait malgré tout le pouvoir:

— On ne part pas quand la population veut vous garder. Johnson a encore moins de votes qu'en 1962 et moi, j'ai six points de pourcentage de plus que lui. Cela ne se passera pas comme ça. J'en parle à Pigeon.

Je le quittai alors, content de sa réaction. Plus tard, je sus qu'il avait effectivement consulté Pigeon sur les lois, coutumes et précédents pouvant s'appliquer à la situation en cause. En vain. Il semblait bien que, dans notre régime parlementaire, c'était la pluralité des sièges qui comptait. Pas l'appui populaire. J'en fus grandement peiné. Nous vivions dans un régime ridicule.

Ainsi, tout était bien fini.

Par la suite, des analystes pressés ont décrété que Lesage avait été battu un peu à cause de son arrogance et de sa «politique de grandeur», mais surtout parce que les Québécois, fondamentalement conservateurs, avaient voulu protester contre la rapidité et l'ampleur des réformes de la Révolution tranquille. Plusieurs ministres partageaient ce sentiment: «On est allé trop vite», concluaient-ils. Le ministre de l'Agriculture de l'époque, Alcide Courcy, fut encore plus précis: «Pas étonnante la défaite: nous avons dérangé tout le monde au Québec!»

«Dérangé tout le monde», c'était vrai. Mais la victoire unioniste était-elle vraiment attribuable à ce facteur?

Les premières analyses négligeaient la performance de deux partis indépendantistes: le Ralliement pour l'indépendance nationale (RIN) et le Ralliement national (RN). Le RN n'avait obtenu qu'environ 2 % du vote, mais le RIN 6 %. Les stratèges libéraux avaient espéré que le RN, plus conservateur que le RIN perçu comme extrémiste et vaguement felquiste, irait chercher des votes ruraux dont serait ainsi privée l'Union nationale. C'est le contraire qui se produisit. Divisant les votes, le RIN puisa beaucoup de ses appuis chez des nationalistes qui, jusque-là libéraux, jugeaient maintenant que Lesage avait freiné la Révolution tranquille et qu'il n'était pas suffisamment «québécois».

Les stratèges avaient aussi beaucoup misé sur les hauts faits fédéraux-provinciaux de Lesage, en particulier sur ses gains spectaculaires de 1964, pour conserver l'adhésion des nationalistes les plus exigeants. Il est probable que le soutien de Lesage à la formule Fulton-Favreau avait déçu cette attente, assez en tout cas pour faire perdre aux libéraux les quelques sièges qui auraient pu faire toute la différence dans des circonscriptions francophones. Et il y avait aussi eu le «samedi de la matraque» lors de la visite de la reine.

Quoi qu'il en soit, après l'élection de 1966, la thèse du «conservatisme naturel» des Québécois connut ses beaux jours. Elle fut propagée par des partisans de l'Union nationale puisqu'elle rendait honorablement compte d'une victoire obtenue par la seule (et mince) pluralité des sièges. Elle devint une sorte d'idée reçue. On la revit poindre, pendant les années qui suivirent, chaque fois qu'un gouvernement s'engageait dans des réformes sérieuses. Avec le recul, elle a perdu beaucoup de sa fausse capacité explicative. On ne peut plus, aujourd'hui, s'en tirer avec une évaluation aussi sommaire des résultats de 1966.

Gaffe

J'eus peu de loisirs, la semaine après l'élection, pour m'occuper de mon retour à l'Université. Je voulais d'abord faire le point avec quelques collègues sous-ministres, Arthur Tremblay par exemple.

Pendant la campagne électorale, Tremblay était devenu le type vivant du «fonctionnaire libéral» dont Johnson s'empresserait, s'il était élu, de hâter le départ. Il était coupable d'avoir animé une réforme scolaire à la faveur de laquelle on avait, selon les candidats unionistes, «sorti le crucifix des écoles», accru les taxes scolaires et provoqué une centralisation administrative néfaste aux écoles en milieu rural.

Il n'était pas le seul technocrate ainsi visé. Tous, nous passions pour être inféodés aux «rouges» de Lesage. Johnson ne m'avait jamais nommé dans ses discours accusateurs, mais il n'était pas nécessaire d'être un inquiet invétéré pour se sentir menacé. Identifié à Lesage comme ce n'était pas permis, je tenais pour acquis que ma carrière de sous-ministre arrivait rapidement à son terme.

Arthur Tremblay n'en menait pas large lui non plus. Sauf que quelque chose s'était produit, le soir même de l'élection. Interrogé par un journaliste sur le sort qu'il réserverait aux fonctionnaires «rouges», Johnson avait en substance répondu à la télévision qu'il prendrait le temps d'y voir. Message: l'Union nationale ne se précipiterait pas sur ces fonctionnaires comme la misère sur le pauvre monde. Tiens, tiens!

Je connaissais encore mal Johnson. Son attitude moins vengeresse signifiait-elle qu'il avait changé d'avis?

Le rendez-vous pris avec le doyen de ma faculté fut remis à plus tard. Il en avait deviné l'objet. Des remarques préliminaires de sa part m'intriguèrent: il lui fallait voir où en était le budget de la faculté et de quels professeurs elle avait actuellement besoin. Il me semblait qu'un doyen aurait dû spontanément savoir ces détails.

Le report du rendez-vous avait été causé par une demande pressante de Lesage:

— Je veux laisser tout en ordre. Je veux que Johnson ait un bon *briefing* sur l'état du ministère des Affaires fédérales-provinciales. Il ne pourra jamais dire que j'administrais mal. Vous allez donc préparer à son intention une série de notes documentées sur tous les dossiers en cours, sans en oublier aucun. Mettez des annexes. Rien ne doit manquer. À Ottawa, quand le gouvernement change, c'est ainsi que font les sous-ministres.

La tâche était immense. J'y passai des jours, aidé de mes collaborateurs. Devais-je vraiment tout raconter et lui fournir des copies de notes internes?

— C'est lui qui sera bientôt assermenté comme premier ministre, trancha Lesage. Il a le droit de tout savoir et votre devoir est de tout lui dire. Je lirai d'ailleurs tous vos dossiers avant.

Résultat: des dizaines de pages de texte, un véritable compendium des relations fédérales-provinciales et constitutionnelles, y compris une étude de l'évolution du budget du ministère et de son personnel. Au terme de cette corvée, j'étais mieux renseigné sur mes propres dossiers que jamais auparavant. J'étais satisfait de notre travail. Il impressionnerait certes Johnson qui partirait ainsi du bon pied. Sans compter que ma propre réputation auprès de lui ne s'en porterait que mieux. C'était toujours cela de gagné.

Un point me mettait mal à l'aise. Je me faisais un peu penser à cet ingénieur militaire britannique, prisonnier des Japonais, qui, dans un film, dirige la construction du pont de la rivière Kwaï à l'intention de ses ennemis. J'avais préparé, pour l'adversaire unioniste, toute une documentation dont il se servirait. Excuse: Lesage lui-même me l'avait demandé.

Deux ou trois jours avant la passation des pouvoirs, fier, j'allai remettre à Lesage l'œuvre complétée avec tant de soin, ma dernière, croyais-je, comme fonctionnaire.

À peine y avait-il jeté les yeux qu'il me regarda étrangement. On aurait dit qu'il avait un point d'exclamation dans la figure. Il ouvrit la bouche sans parler, regarda de nouveau mes notes et, finalement, murmura sur un ton de reproche très doux, contrairement à son habitude quand il était contrarié:

— Mais voyons, Claude, c'est pour *moi* que vous deviez faire ces notes. C'est *moi* qui dois les remettre en personne à Johnson (il appuyait sur le *moi*). Je suis encore le premier ministre, vous savez.

Soudain, je compris. M'étant mépris sur la forme à donner à mon texte, j'avais intitulé le tout: «Note à M. Daniel Johnson, *premier ministre*, de Claude Morin, sous-ministre». En plus, vu que, dans ma tête, le destinataire en était Johnson, le style de mon texte et son contenu différaient de mes mémoires habituels. Je donnais aussi des renseignements superflus pour Lesage. Il comptait utiliser mes notes pour son entretien avec Johnson et, ensuite, les lui offrir généreusement. Par ma gaffe bien involontaire, je venais de lui briser la preuve qu'il voulait donner à son adversaire vainqueur de sa grandeur d'âme malgré l'épreuve qu'il vivait.

Allait-il en outre se mettre à penser que, par carriérisme ou obséquiosité, je profitais des circonstances pour me valoriser auprès de son successeur, en principe mon futur patron?

J'étais navré. Je proposai de reprendre le tout. En quelques heures, ce serait refait dans les formes.

— Non, répondit Lesage, ça va aller comme cela. Ce n'est pas si grave.

J'insistai.

— Non, ne vous en faites pas. Je vais m'arranger, conclut-il tristement.

Je partis le cœur gros, sentant lui avoir fait de la peine.

Je venais de le rencontrer pour la dernière fois à son bureau. Je savais que je ne l'y reverrais plus.

Cela aussi m'attristait.

Ceux qui partent, ceux qui restent et ceux qui arrivent...

Johnson et ses unionistes allaient bientôt envahir nos quartiers. Je ne voulais pas être là à ce moment. C'était déjà assez pénible de voir partir, les uns après les autres, des gens qu'on avait si longtemps côtoyés, avec qui on avait élaboré des projets et avec qui on avait aussi réalisé pas mal de choses.

Les fonctionnaires de mon ministère, toujours aussi peu nombreux mais que j'affectionnais toujours autant, se demandaient ce qu'il adviendrait d'eux. Je n'en savais rien, mais j'essayais de leur communiquer une assurance qui me manquait et dont, à vrai dire, je pouvais me passer.

Ma décision était en effet prise. Fini le «stage pratique». Je prendrais les prochains jours pour m'occuper de mon rapatriement universitaire.

J'étais encore sur place quand Johnson vint rencontrer Lesage pour l'entretien traditionnel de la passation des pouvoirs. Je me terrais dans mon bureau pour me donner l'illusion de mettre de l'ordre dans des dossiers déjà fort bien rangés. Plus tard dans la journée, j'irais dans son antichambre saluer Lesage.

Dans l'après-midi, bruits inhabituels dans mon corridor. Peu avant, on m'avait déménagé vers des espaces plus vastes, mais j'avais tenu à demeurer tout près de la salle du Conseil des ministres et toujours à proximité du bureau du premier ministre. Mon bureau était maintenant contigu à celui de Jacques Parizeau, alors conseiller économique du gouvernement.

Pourquoi ce brassage en face de ma porte? «C'est M. Lesage qui vient nous dire au revoir», m'annonça une secrétaire. Ce n'était pas prévu.

Il venait d'entrer chez Parizeau. Quelques minutes après, il arriva chez moi. Il refusa le siège offert:

— Ce ne sera pas long. Dans quelques instants je serai parti, mais j'ai deux ou trois choses à vous dire. J'ai parlé à plusieurs de vos collègues et je viens de voir Jacques. Je vous ai gardé pour la fin. Je veux vous remercier de votre collaboration et de votre loyauté. Elles m'ont été indispensables, vous le savez.

J'esquissai quelques formules de plate protestation, du genre: «Vous avez été un premier ministre formidable», «Je n'ai fait que mon devoir», etc.

Mais Lesage voulait parler. Je me souviens de ses paroles, comme si c'était hier:

— Votre devoir? Justement, enchaîna-il, pour vous, ce devoir est maintenant de rester. J'ai appris que vous vous apprêtiez à retourner à l'enseignement. Je vais vous dire ceci. On ne m'a pas toujours donné le crédit des réformes que j'ai faites ou que j'ai permises. Mais il y en a une à laquelle je tiens particulièrement. Elle est la condition essentielle de tout le reste. J'ai modernisé l'administration du gouvernement et j'ai créé une fonction publique compétente, efficace, au service de l'État, non d'un parti. Je n'aurais réalisé que cela que ce serait déjà énorme. Si vous, Arthur Tremblay, Jacques Parizeau, Michel Bélanger et tous les autres, vous partez, Johnson devra vous remplacer. On risque alors de revenir au point de départ et de tout avoir à recommencer. Ma réforme sera détruite. Ne partez pas, en tout cas pas tout de suite. L'université sera toujours là. D'ailleurs, je pense que vous allez pouvoir vous entendre avec Daniel.

Ce fut tout.

Pas tout à fait. Sur le pas de la porte, il se retourna:

— Vous voudrez bien m'excuser auprès de votre famille de vous avoir si souvent dérangé avec mes appels tardifs et mes commandes de dernière minute...

Il s'éloigna dans le corridor, seul, sans chauffeur, sans garde du corps. C'est ainsi que nous quittait cet homme plus simple, plus chaleureux, plus humain que le public ne le pensait.

En cette fin d'après-midi, il ne regardait plus à terre.

Daniel Johnson

Né à Sainte-Anne de Danville, le 9 avril 1915. Élu député de l'Union nationale à l'Assemblée législative dans le comté de Bagot à l'élection partielle du 18 décembre 1946. Réélu en 1948, 1952, 1956, 1960, 1962 et 1966. Adjoint parlementaire

du président du Conseil exécutif du 1ᵉʳ janvier au 15 décembre 1955. Orateur suppléant du 15 décembre 1955 au 30 avril 1958. Ministre des Ressources hydrauliques dans les cabinets Duplessis, Sauvé et Barrette du 30 avril 1958 au 5 juillet 1960. Élu chef de l'Union nationale en 1961. Chef de l'Opposition jusqu'en 1966. Premier ministre du 16 juin 1966 au 26 septembre 1968. Ministre des Richesses naturelles du 16 juin 1966 au 31 octobre 1967, des Affaires fédérales-provinciales du 16 juin 1966 au 26 avril 1967 et des Affaires intergouvernementales du 26 avril 1967 au 26 septembre 1968. Décédé au barrage Manic, le 26 septembre 1968.

Source: *Répertoire des parlementaires québécois, 1967-1978*, Bibliothèque de la législature, Service de documentation politique, Québec, 1980.

10

«Ma confiance, vous l'avez»

M'entendrais-je si bien avec Johnson?

En me suggérant de ne pas quitter mon poste, Lesage semblait y croire, mais j'étais loin d'en être convaincu. Je me voyais mal m'occuper d'affaires fédérales-provinciales sous un gouvernement unioniste.

La question me hanta pendant la période interminable — elle me parut telle — qui s'écoula entre le moment où Lesage quitta définitivement son bureau et celui où Johnson m'invita, enfin, à passer le voir. Cela se produisit quatre ou cinq jours après sa désignation comme premier ministre.

Entre-temps, l'entourage de Lesage était parti. Plus personne ne restait de ceux et de celles, conseillers, attachés de cabinet, secrétaires, que j'avais croisés presque chaque jour pendant des années. De tous les habitués de l'«aile du premier ministre» devenue déserte, j'étais pratiquement le seul de ma catégorie, avec Jacques Parizeau, à être demeuré sur place.

Mes consultations avec celui-ci ainsi qu'avec Arthur Tremblay, Michel Bélanger, Roch Bolduc et quelques autres m'amenèrent à penser que nous devrions laisser les événements suivre leur cours, non dans le but de nous incruster en dépit de tout, mais pour voir venir. En vertu de quel motif partirions-nous, alors qu'on ne nous l'avait pas encore officiellement demandé? Pour éviter une décision difficile à un parti élu avec à peine 41 % de l'électorat? Il fallait que l'Union nationale prenne ses responsabilités!

Pour ma part, ces consultations faites, j'étais devenu moins anxieux que curieux, désormais, de voir ce qui allait se passer: un changement de gouvernement. Qui voudrait manquer une nouvelle expérience comme celle-là? Pas moi, en tout cas. D'autant plus que si je déplaisais trop aux unionistes, mon université, n'est-ce pas, me récupérerait à bras ouverts...

Je l'ai dit: depuis 1963-1964, des articles par trop flatteurs de revues et de journaux nous avaient décrits comme de puissants fonctionnaires nouveau style, formant l'armature de l'État québécois, œuvrant à son service exclusif, assurant sa permanence, etc. Valorisants, ces sympathiques jugements nous faisaient chaud au cœur, mais le temps venait de découvrir s'ils étaient réellement fondés.

Ironie du sort, le premier problème que me posa l'arrivée de l'Union nationale au pouvoir concerna justement la permanence de l'État.

Problème diplomatique

En innovateur, le Québec avait en 1965, année qui précéda l'élection, signé deux ententes avec la France, l'une sur l'éducation, l'autre sur la culture.

On ne peut pas dire que l'Union nationale avait accueilli cette percée internationale avec un engouement débordant. Pour beaucoup de ses partisans, ces initiatives, comme les voyages de ministres à l'étranger et la création de «maisons» du Québec en France, en Grande-Bretagne et en Italie, ne faisaient qu'ajouter des frais supplémentaires aux regrettables dépenses fastueuses et improductives déjà provoquées par la «politique de grandeur» de Lesage, vivement dénoncée pendant toute la campagne électorale.

La mise en oeuvre des ententes franco-québécoises devait relever d'une commission formée de hauts fonctionnaires de chaque gouvernement. Exceptionnellement présidée par des ministres en 1965, elle s'était déjà réunie à Paris. L'alternance exigeait que la prochaine rencontre se tînt au Québec. Quelques mois plus tôt, on était tombé d'accord sur une date: la troisième semaine de juin. J'agirais comme principal porte-parole du gouvernement québécois, autrement dit comme président de notre délégation.

Normalement, les priorités et les budgets de la coopération franco-québécoise auraient dû être déterminés de façon définitive dans les jours précédant la réunion, disons au milieu de juin. Nous avions pensé achever notre préparation avec les services concernés, dès après l'élection.

Avant la campagne électorale, c'eût été trop tôt, et pendant c'était impossible.

Personne n'avait évidemment prévu le changement de gouvernement. Voilà qui nous mettait dans une drôle de situation.

Il eût été peu séant d'assaillir Johnson pour obtenir de lui des directives. Il venait à peine d'entrer en fonction et connaissait mal le contenu des ententes franco-québécoises. Au surplus, je n'avais pas encore pris contact avec lui. Comment, dans ces conditions, lui demander de consentir, pressé par l'urgence, à donner aux «libéraux» qui représenteraient le Québec à la rencontre un chèque en blanc pour des opérations internationales critiquées par ses partisans comme discutables, voire futiles? Je ne me voyais pas non plus, face au nouveau gouvernement, m'autoriser d'un assentiment implicite de l'ancien. Il y a des limites à l'outrecuidance.

Pourquoi ne pas reporter à plus tard la rencontre de la commission? Bonne idée.

Informé du projet, Jean Chapdelaine, délégué général du Québec à Paris, s'y opposa vivement. Il était plus expérimenté que moi en diplomatie. «Les libéraux sont partis, me dit-il, mais l'État reste. Nous ne sommes pas une république de bananes. La réunion doit avoir lieu, d'autant plus que ce sera la première au Québec. Johnson comprendra.»

La réunion eut lieu, comme prévu. Les engagements nécessaires auprès de la France furent pris par Arthur Tremblay, Guy Frégault, sous-ministre des Affaires culturelles, et moi-même, plus quelques autres. À un moment de transition où la sagesse la plus élémentaire aurait dû inciter les fonctionnaires de l'ancien régime à filer doux et à ne pas faire de vagues, j'étais ennuyé d'avoir à agir avec une telle liberté, faute d'instructions politiques, et d'être aussi «visible». C'était presque de la provocation. Johnson allait-il approuver cette manière d'assurer la permanence de l'État?

La réponse à cette question me viendrait au cours de ma première rencontre avec lui, quelques jours plus tard.

En attendant, une autre question se posait: comment l'entourage du nouveau premier ministre se comporterait-il avec moi, à leurs yeux l'un des conseillers politiques de l'ancien premier ministre?

En pays de (relative) connaissance

La composition du Conseil des ministres me plut en ce sens que Daniel Johnson, à l'instar de Lesage, conservait le portefeuille des Affaires fédérales-provinciales. Comme son prédécesseur, il serait donc mon patron immédiat. Tant mieux. Du moins, s'il me gardait en fonction...

Mon poste de secrétaire du Comité parlementaire de la constitution m'avait permis plusieurs conversations avec lui. Je n'étais pas pour autant devenu un de ses intimes, mais il y aurait ainsi moins de glace à casser entre nous. C'était toujours cela d'acquis.

J'avais aussi connu quelques personnes de son entourage immédiat: son secrétaire particulier, Roger Ouellet, qui avait aussi servi sous Duplessis, Charles Pelletier, son principal rédacteur de discours, Paul Gros d'Aillon, un de ses proches conseillers, et Paul Chouinard, son attaché de presse. Lorsqu'ils commencèrent à circuler dans mon corridor, transportant leurs dossiers et cherchant leurs nouveaux bureaux, aucun d'eux ne parut surpris de me voir encore dans les parages. Bon signe.

Meilleur signe encore: ils me présentèrent comme *le* sous-ministre des Affaires fédérales-provinciales à deux nouveaux personnages importants: Mario Beaulieu, futur chef de cabinet de Johnson, et Jean Loiselle, son conseiller en communications. Spontanément et avec simplicité, tous ces gens, sauf Ouellet, me tutoyèrent, ajoutant qu'avec le temps on ferait sans doute plus ample connaissance.

Je ne faisais pas encore partie du groupe, mais on ne me boudait pas. Ouellet me marqua beaucoup de déférence et m'interrogea brièvement sur l'état des relations fédérales-provinciales. Je fis allusion aux documents touffus que Lesage m'avait fait préparer à l'intention de Johnson. Superbe initiative, reconnut Ouellet, mais il semblait jusque-là en ignorer l'existence, ce qui m'étonna un peu. Je tenais pour acquis que Johnson avait consacré pas mal de temps à les parcourir et que son secrétaire avait dû s'en rendre compte.

Le test

Deux ou trois jours après l'assermentation de Johnson et de son cabinet, Ouellet m'avertit de me tenir disponible: le nouveau premier ministre me verrait «vers onze heures du matin».

À l'heure dite, j'étais dans l'antichambre de Johnson, assez nerveux, un paquet de dossiers sous le bras. Mon échange imminent avec lui serait déterminant. La suite de ma carrière en dépendait. Pourtant, pas trop d'inquiétude chez moi, ni vive émotion de me trouver face à face avec le nouveau premier ministre. Il m'intimidait beaucoup moins que Lesage quelques années plus tôt.

Ouellet m'annonça que Johnson n'était pas encore arrivé. Retard bien concevable vu la fébrilité du moment. On ne devient pas premier ministre tous les jours. Le mieux, me suggéra Ouellet, serait d'attendre un nouvel appel à mon bureau.

Midi. Je mange un sandwich sur place. Une heure. Deux heures. Pas d'appel. Je rapplique chez Ouellet: «Johnson, m'explique-t-il un peu mal à l'aise, a parfois des problèmes de ponctualité». Je ne savais pas encore combien ce petit commentaire était un *understatement* considérable.

Enfin, autour de trois heures, vint le signal attendu: Johnson m'attendait.

Il me reçut avec une grande affabilité. Cela me fit un drôle d'effet de le voir assis dans le fauteuil où j'avais si souvent vu Lesage. Il faudrait m'y habituer.

Roch Bolduc, familiarisé avec les us et coutumes de la fonction publique, m'avait indiqué qu'un sous-ministre devait faire preuve de décence en offrant de lui-même un choix à son nouveau ministre. Par exemple, proposer quelque chose comme: «Je peux partir, si ça vous convient, mais je resterai si vous voulez».

Comme entrée en matière, je félicitai Johnson de sa victoire, tout en prenant bien soin de me soumettre aux consignes de Bolduc.

Il ne parut pas entendre. Étrange.

Ne sachant trop à quoi m'en tenir, je tentai alors d'aborder les divers dossiers de mon ministère. Il continua pourtant à parler de choses et d'autres, puis, comme s'il venait soudain d'y penser, il me posa une question qui, sur le coup, m'ébranla:

— Ah oui! On m'a dit, Claude, que vous aviez participé à la rédaction du programme libéral de 1960. Est-ce vrai?

Que répondre?

C'était vrai, au moins quant à certaines idées socio-économiques, mais comment le chef de l'Union nationale souffrirait-il que son nouveau sous-ministre potentiel ait été mêlé à la conception du programme libéral qui avait contribué à faire perdre l'élection à son parti, en 1960?

Nier était impensable. Johnson finirait bien par découvrir la vérité. Un micro-instant, j'eus la vague tentation de me tirer de ce mauvais pas par une réponse peu compromettante du genre: «Comme bien d'autres, les libéraux m'ont effectivement consulté sur deux ou trois idées, mais c'est à peu près tout. D'ailleurs, ils ne les ont pas toutes retenues.»

Pour compliquer les choses, le spectre de ma participation, très active celle-là, au débat télévisé Lesage-Johnson de novembre 1962, me traversa alors l'esprit: et s'il s'avisait de m'interroger aussi là-dessus?

Toute cette réflexion n'avait pas duré une seconde, que je m'entendis répliquer à Johnson, avec fatalisme, que, oui, en effet, j'avais donné un coup de main aux libéraux pour leur programme de 1960. Je ne cherchai même pas à m'en excuser ou à minimiser mon apport.

Advienne que pourra.

Johnson éclata de rire:

— Bon, alors, je tiens à vous féliciter. C'était un excellent programme! Vous devriez en être fier. Maintenant, parlons de vos dossiers. Nous avons tout notre temps.

Sans l'avoir vu venir, je venais de subir un test.

Des indications recueillies par la suite m'apprirent que Johnson était parfaitement au courant de ma consultation prolibérale de 1960, comme il l'était d'ailleurs du fait que j'avais accompagné Lesage pendant sa campagne électorale de novembre 1962. Même chose pour le fameux débat télévisé. Si j'avais fait mine de nier ces activités ou, pour en réduire l'importance, de les traiter un peu comme des erreurs de jeunesse, j'aurais perdu sa confiance. Peut-être en aurait-il été déçu?

Je finis par déduire que, en se préparant à accéder aux responsabilités gouvernementales, il en était venu à une conclusion: il aurait avantage à retenir dans la fonction publique les conseillers «libéraux», comme Jacques Parizeau, Michel Bélanger et moi-même. Y compris Arthur Tremblay, le plus menacé de nous tous.

À condition d'être sûr de leur loyauté à l'endroit de son gouvernement*.

---

*L'expérience de cette journée-là me fit assortir d'un nouveau précepte — *toujours dire la vérité* — la liste déjà mentalement dressée par moi des règles de conduite applicables à un conseiller. Ce précepte, je l'avais observé avec Lesage, mais le changement de gouvernement lui conférait une dimension supplémentaire. Il assoyait la crédibilité et garantissait la loyauté de ceux qui, d'un régime à l'autre, doivent assurer la continuité. Pour ces raisons, il méritait d'enrichir ma petite liste personnelle, autant à cause de sa valeur intrinsèque patente qu'en vertu de son importance capitale en période transitoire.

À la même époque, je fus témoin d'une scène qui me fit ajouter une autre règle à ma liste: le respect envers les anciens patrons ou, si l'on veut, *le devoir de réserve*.

Lors de la première réunion du cabinet unioniste, ce n'était pas la cohue, mais une sorte d'anarchie sympathique. On pouvait entendre de loin le va-et-vient de tous les gens qui se pressaient, entrant et sortant de la salle d'attente du Conseil des ministres: organisateurs politiques, entrepreneurs, promoteurs, vendeurs et acheteurs du temple, parents éloignés ou désireux de se rapprocher, etc. Leur espoir: accrocher au passage un ministre récemment désigné, se présenter à lui (pour ne pas être oubliés lors de contrats à venir?), se faire voir par qui comptait, en somme prendre date. Il y avait aussi des journalistes, c'était normal, mais, tiens, tiens!, deux ou trois hauts fonctionnaires du régime Lesage. C'était un peu insolite. Attendaient-ils leur nouveau patron? Peut-être, mais pourquoi pas dans leurs ministères respectifs? Pourquoi s'aggloméraient-ils dans cette antichambre enfumée et bruyante, grouillante de quémandeurs? Pourquoi se pressaient-ils dans le corridor adjacent?

Survint alors ceci. Un sous-ministre, bien connu et que Lesage considérait comme un ami, agrippa son nouveau ministre, l'entraînant à l'écart. Au même moment, me rendant à mon bureau, je passai par hasard près d'eux. À cause du bruit, ils parlaient à haute voix. Je saisis une partie de la conversation. La voici, en substance. Le sous-ministre: «Salut! Je suis content en maudit que vous soyez mon ministre; ça fait tellement longtemps que j'attends un changement«. Le ministre: «Ça n'allait pas avec (mon prédécesseur)?» Le sous-ministre: «Non, il n'était pas fort». Le ministre: «J'avais pourtant une bonne impression de lui». Le sous-ministre: «Vous ne le connaissiez pas. Je vous raconterai. Préparez-vous à en apprendre de belles.»

Ce comportement m'estomaqua. Que valait la loyauté d'un sous-ministre dont le premier souci était de dénigrer son ancien supérieur? Car, fatalement, le ministre actuel aurait lui aussi, tôt ou tard, un successeur. Le sous-ministre agirait-il alors, devant ce successeur, comme il venait de le faire pour le prédécesseur?

Leçon: aucun bavardage sur Lesage; m'en tenir aux renseignements d'intérêt public; discrétion sur des confidences qu'il avait pu me faire. On mesurerait ma loyauté envers le nouveau premier ministre à celle dont je ferais preuve envers son prédécesseur.

Un auditif

Mon «test» réussi, j'entrepris avec Johnson de passer en revue les principaux dossiers du ministère.

Une importance conférence fédérale-provinciale de premiers ministres était prévue pour septembre ou octobre. Entre autres sujets, on y discuterait des arrangements fiscaux entre Ottawa et les provinces, traditionnel cheval de bataille de l'Union nationale. Au cours de l'été, des réunions de fonctionnaires prépareraient cette rencontre. Justement, la prochaine aurait lieu à la mi-juillet. Il s'agissait du *continuing committee* dont l'existence m'avait été révélée lorsque j'étais devenu sous-ministre, trois ans plus tôt.

Le «test» m'avait rendu un peu plus sûr de moi. Au lieu de demander à Johnson l'autorisation de représenter le Québec auprès de ce comité, je lui annonçai purement et simplement que j'y participerais, de même que certains fonctionnaires du ministère. Quelles instructions jugeait-il utile de nous donner?

Il n'en savait trop rien. Pour une bonne raison: bien qu'elle fût en sa possession depuis presque deux semaines, il n'avait pas lu une seule feuille de la liasse de dossiers que Lesage m'avait fait préparer pour lui! Je me permis de supposer que des tâches plus urgentes d'ordre électoralo-politique ne lui en avaient pas laissé le loisir. Après tout c'était compréhensible. Peut-être alors en avait-il commandé un résumé à l'un de ses conseillers, Charles Pelletier, par exemple? Non, répondit-il. Tout le paquet se trouvait, intact, dans sa suite du Château Frontenac.

— Voyez-vous, je suis plutôt un auditif, finit-il par me dire. J'aime mieux discuter verbalement des dossiers que d'en prendre connaissance dans des mémoires. Les conversations font ressortir des éléments dont les textes rendent mal compte. Les textes sont figés, mais les mots sont vivants. Je me souviens mieux des paroles que de l'écrit. Lorsqu'il y aura des questions à régler, passez-moi un coup de fil ou venez faire un saut à mon bureau. Vous n'aurez pas à consacrer de longues heures à rédiger des notes. Ce sera plus facile ainsi pour vous.

Plus facile? En un sens, peut-être, car effectivement la rédaction de mémoires était absorbante, mais j'aurais à changer toutes mes habitudes de travail. Lorsque je transmettais une note à Lesage, sa réaction m'était la plupart du temps connue dès le lendemain. Johnson laissait entendre que ce serait encore plus rapide avec lui.

Bon, on verrait bien.

Conversion

Je revins sur la grande priorité des semaines à venir: négociation du partage fiscal fédéral-provincial pour la période quinquennale 1967-1971. Il me demanda si j'étais au courant du programme de l'Union nationale à ce propos.

Bien sûr que je l'étais: son parti réclamait le transfert au Québec de la totalité des champs d'impôt direct, c'est-à-dire de tout l'impôt sur le revenu des particuliers, de tout l'impôt sur le revenu des sociétés et de tout l'impôt sur les successions. Aussi peu que cela! C'était la vieille position de Maurice Duplessis, la réclamation que résumait son célèbre slogan à l'adresse des fédéraux: «Rendez-nous notre butin!»

À mes yeux, cette réclamation était indéfendable en régime fédéral. Elle signifiait qu'Ottawa serait privé de ressources fiscales essentielles pour ses fins de politique économique et sociale. Dans la mesure où l'on acceptait l'existence et l'action d'un gouvernement central — ce qui paraissait établi dans l'optique de l'Union nationale —, on ne pouvait pas demander à ce gouvernement de se départir de sources de revenus aussi importantes. Qu'on exige une portion substantielle de ces impôts, comme l'avait fait Lesage avec succès, soit. Mais la totalité, non.

Je me trouvais avec Johnson depuis à peine une demi-heure, les échanges se déroulaient d'une manière plus que satisfaisante, et soudain il me mettait mal l'aise.

Comment consentir à une vision aussi inconsidérée, selon moi, des contraintes du fédéralisme? Je m'en sentais incapable.

J'avais supposé que ce passage du programme de l'Union nationale constituait davantage un tribut symbolique à ses origines et à ses traditions duplessistes qu'une orientation vraiment sérieuse. Mais non. Je découvrais tout à coup que cette réclamation fiscale représentait une des assises essentielles de la position du nouveau gouvernement québécois.

— Vous devriez lire mon livre *Égalité ou Indépendance*, recommanda Johnson.

Il se dit heureux d'apprendre que c'était déjà fait. Ce qu'il ne savait pas, c'est que le livre ne m'avait pas beaucoup éclairé sur les orientations précises de son parti. Égalité du Québec avec le reste du Canada ou égalité entre Canadiens français et Canadiens anglais? Quelle sorte d'indépendance? En revanche, je me sentais parfaitement d'accord avec l'idée que les Canadiens français formaient une nation, tout comme les Canadiens anglais.

Tout compte fait, il me sembla trop tôt pour exprimer des doutes sur la vision unioniste du fédéralisme fiscal. Même si nous nous connaissions depuis le début des réunions du comité sur la constitution, Johnson et moi n'en étions qu'à nos premiers échanges de fond. Il serait toujours temps d'y revenir. Pour le moment, ne rien brusquer.

Je gardai néanmoins l'espoir que le contact avec la réalité administrative et budgétaire adoucirait la position du Parti sur la récupération fiscale. Ce sentiment me fut inspiré par une phrase de Johnson. Se comparant à Lesage qui avait été jusqu'à lancer un ultimatum fiscal à Ottawa, il m'avait déclaré que, quant à lui, il serait, dans ses pourparlers avec les fédéraux, «ferme sur les principes, mais souple sur les modalités». Ce qui pouvait signifier n'importe quoi, une fermeté souple aussi bien qu'une souplesse ferme. En tout cas, ces dispositions d'esprit modifieraient peut-être dans le sens du réalisme la dimension des réclamations fiscales de son gouvernement.

Avec une certaine appréhension, je lui fis ensuite rapport des travaux de la Commission de coopération franco-québécoise. Contrairement à mon attente, il montra de l'intérêt pour l'état des relations qui s'amorçaient entre la France et le Québec. Le budget engagé à cette fin aussi bien que les coûts de notre délégation générale à Paris n'avaient tout à coup, à ses yeux, plus rien de ces «dépenses fastueuses» que ses collègues et lui avaient si fréquemment stigmatisées du temps de l'opposition. Il tenait, me dit-il, au rapprochement franco-québécois.

Il aurait été stupide de souligner la contradiction entre ses propos positifs et ses anciennes attaques. Je me contentai d'être silencieusement heureux de la tournure des événements. L'Union nationale m'avait toujours semblé s'appuyer sur des milieux dont l'horizon politique s'arrêtait aux frontières du Québec, quand ce n'était pas à celles de leur circonscription ou de leur village. Après tout, Duplessis n'avait-il pas, en son temps, aboli la maigre représentation québécoise à l'extérieur?

Là-dessus, Johnson ne tenait pas de Duplessis. La coopération franco-québécoise devait, selon lui, être accrue, mieux structurée, plus adaptée aux besoins du Québec. J'étais loin de m'attendre à pareille profession de foi. J'avais hâte d'en informer les autres fonctionnaires, aussi inquiets que moi de l'avenir de notre «politique étrangère».

Puis, Johnson prit un air grave et dit, comme se parlant à lui-même:

— Je n'ai pas aimé du tout les commentaires de la presse française sur notre arrivée au pouvoir. Elle est mal renseignée. La Délégation de Paris n'a pas fait son travail. Elle n'a pas de politique de communication. Il faudra corriger la situation.

Il avait un peu raison de se montrer offusqué par la presse française. Au cours de ses voyages officiels, Lesage avait fait forte impression. On l'avait porté aux nues. La Révolution tranquille avait impressionné les Français. Brusquement venait d'accéder au pouvoir le parti qui, jugeait-on, s'était acharné contre les réformes entreprises au Québec et contre son ouverture au monde. Un peu plus, et les articles incriminés auraient pu s'intituler: «Le retour des barbares» ou «La grande noirceur envahit de nouveau le Québec».

Johnson semblait croire que le personnel de notre Délégation en France avait eu tort, le lendemain de l'élection, de ne pas se précipiter dans les salles de rédaction pour encenser l'Union nationale.

Sa sortie me laissa perplexe. Comment comptait-il corriger la situation? Je n'en sus pas davantage ce jour-là. La Délégation ne relevait pas des Affaires fédérales-provinciales, mais du ministère de l'Industrie et du Commerce.

Après plus d'une heure de tête-à-tête, fort content, je quittai Johnson pour aller porter à mes collaborateurs du ministère la bonne nouvelle du maintien en poste de leur sous-ministre et de la conversion unioniste aux relations internationales du Québec.

Dans l'antichambre, cinq ou six visiteurs attendaient de rencontrer le premier ministre. Johnson m'avait pourtant dit avoir tout son temps! Peut-être quelqu'un avait-il par inadvertance convoqué tous ces gens pour la même heure?

Comme je devais bientôt et fréquemment en faire l'expérience, mon nouveau patron avait une conception bien personnelle de l'horaire et de la ponctualité...

Confiance

Les choses se présentaient donc plutôt bien, non seulement pour moi mais pour à peu près tous mes collègues.

De Parizeau, j'avais su qu'il demeurerait en fonction, de Michel Bélanger aussi. Même Arthur Tremblay s'en tirerait, croyait-on. Johnson ne paraissait pas enclin à faire le «ménage» souhaité par certains de ses partisans.

Je repris mes habitudes du temps de Lesage, me rendant sans rendez-vous dans l'«aile du premier ministre» pour discuter de n'importe quoi avec quiconque se trouvait sur place. J'avais fait plus ample connaissance avec le chef de cabinet (Mario Beaulieu), le conseiller en communications (Jean Loiselle) et le responsable des relations avec la presse (Paul Chouinard). Avec chacun, le courant avait passé.

Vers le 20 juin, un collègue d'une autre province s'enquit par téléphone de mon sort: «Oui, lui dis-je, imprévu mais vrai, je représenterai le Québec à la réunion de la mi-juillet à Ottawa.» J'appris toutefois de lui que des représentants d'autres gouvernements douteraient peut-être de ma crédibilité. Ils s'étonneraient de retrouver devant eux un porte-parole québécois aussi irrémédiablement associé aux libéraux. Ils me verraient plutôt en sursis que confirmé dans mes fonctions. Bref, une position de faiblesse pour les convaincre du bien-fondé des positions unionistes.

Les attaques de l'Union nationale contre les «technocrates rouges» avaient en effet eu des échos au Canada anglais. Dans les milieux gouvernementaux, elles avaient laissé présager un remplacement en règle des fonctionnaires et des conseillers de Lesage. Pour le parti créé par Maurice Duplessis, un tel comportement leur semblait aller de soi.

Des instructions politiques, si précises fussent-elles, ne suffiraient plus pour la conférence de la mi-juillet; il me faudrait m'y rendre armé, en plus, de la confiance avouée du nouveau premier ministre à mon endroit.

Faute de pouvoir toute de suite m'en ouvrir à lui, je fis état de cette exigence de la diplomatie intergouvernementale à quelques membres de son entourage. Ce qui revenait à dire que, avant de me rendre à Ottawa, je réclamais, de Johnson, une déclaration publique de pleine confiance envers moi. On trouva que j'y allais un peu fort: «Parle-lui-en si tu veux, nous on ne se mêle pas de ça», me fis-je répondre.

Le lendemain, pour un autre motif, Johnson me fit venir à son bureau. J'en profitai pour lui exposer mon petit problème.

À travers mes prudentes circonvolutions oratoires, il finit par deviner de quoi il s'agissait. Craignant sa réaction, je n'avais pas été particulièrement clair. Je voulais choisir mes mots et j'avais opté pour des périphrases.

— Si je comprends bien, fit-il, vous voudriez que j'exprime publiquement ma confiance envers vous. Il me semble que le fait de vous avoir gardé comme sous-ministre, au vu et au su de tout le monde, devrait suffire. Ma confiance, vous l'avez. Un tas de gens croyaient que je mettrais à la porte tous les hauts fonctionnaires nommés par Lesage. Je ne l'ai pas fait. Ça doit signifier quelque chose, n'est-ce pas?.

Il avait raison. Une intervention de sa part ne s'imposait pas. J'en demandais trop. Je regrettai de m'être énervé pour rien. Peut-être me sentais-je moins rassuré que je ne le pensais?

N'empêche. Le 23 juin, un ou deux jours après cet entretien, parut dans les journaux un article intitulé: «Québec-Ottawa: M. Johnson se fie à M. Morin». Interrogé par des journalistes sur diverses questions, Johnson avait trouvé le moyen de glisser à mon sujet la remarque qu'il fallait. Cette attention me toucha.

Continuité

Ces développements, positifs certes, ne me fournissaient cependant pas beaucoup d'indications sur l'attitude que je devrais prendre à Ottawa à la mi-juillet.

Il restait maintenant moins de trois semaines avant la rencontre et le doute subsistait encore, du moins dans mon esprit, quant à la position du nouveau gouvernement sur le partage fiscal. Aucun document n'était prêt ni même en voie de préparation. Certes, on savait que le programme

Septembre 1966. Daniel Johnson consulte un document
avant de répondre aux questions des journalistes.

de l'Union nationale prévoyait un transfert au Québec de la totalité des impôts, mais, au pouvoir, Johnson comprendrait peut-être les choses autrement. Ne m'avait-il pas dit qu'il serait «ferme sur les principes, mais souple sur les modalités»?

Je le voyais fréquemment, sur diverses questions précises et seulement quelques minutes à la fois. Ces contacts me permettaient de mieux le saisir, mais ne suffisaient pas pour vraiment me renseigner. Le temps d'une sérieuse discussion avec lui était venu. J'en fis part à Roger Ouellet, son secrétaire. Compréhensif, il essaierait, me dit-il, de me ménager une ou deux heures d'entretien avec Johnson dans les jours à venir.

Les jours vinrent, mais pas le rendez-vous réclamé.

Le gouvernement était aux prises avec la perspective d'une grève des infirmières, conflit qui absorbait aussi Parizeau. Je commençais à sentir un peu déplacée ma requête pour une «rencontre au sommet» sur une préoccupation fédérale-provinciale à plus ou moins long terme, alors qu'un drame social imminent menaçait le gouvernement. Par contre, mon insistance se justifiait: le partage fiscal n'était-il pas, tout autant que la révision constitutionnelle, une préoccupation traditionnelle, classique, presque mythique de l'Union nationale?

Nous étions maintenant à quelques jours de la réunion. Je n'avais toujours pas obtenu mon rendez-vous. Ouellet m'expliqua que Johnson était vraiment trop occupé à cause de la menace de grève. Il n'aurait pas le temps de me voir à loisir. D'ailleurs tous ses dossiers étaient en retard:

— Essayez de l'attraper dans le corridor.

Ces jours-là, pour la première fois (mais non la dernière) depuis le changement de gouvernement, j'eus la nostalgie des «mémos» qu'encore peu de temps avant je transmettais à Lesage en quantité quasi industrielle: je n'avais alors pas besoin de courir après le premier ministre pour obtenir rapidement des indications.

Problème logistique: pour «attraper» Johnson dans le corridor, il convenait de savoir à quel moment il y passait. Inutile de l'attendre le matin; le moins qu'on puisse dire est que ses heures d'arrivée au bureau, si elles étaient régulièrement tardives, variaient d'un jour à l'autre. Même remarque pour son départ: il se produisait souvent en soirée, alors que j'avais déjà quitté le bureau. Je n'allais tout de même pas faire le piquet à longueur de journée.

Le mercredi, jour du Conseil des ministres, mes chances étaient meilleures. Convoqué en principe pour dix heures, il commençait rarement avant onze heures ou onze heures et demie, moment où Johnson se présentait enfin. Les ministres patientaient en lisant leurs dossiers ou en conversant les uns avec les autres. Des hauts fonctionnaires, des visiteurs et des solliciteurs, connaissant les propensions chronologiques de Johnson, en profitaient pour voir brièvement tel ou tel ministre dans l'antichambre de la salle du conseil. «Passez me voir au conseil, mercredi, avant la réunion du cabinet»: c'est par cette phrase que plusieurs ministres fixèrent bientôt leurs rendez-vous. Ils avaient appris à rentabiliser l'attente.

Le mercredi matin donc, me voilà en embuscade, mon dossier à la main, dans un endroit stratégique du corridor d'où je pourrais voir venir Johnson de loin. Des ministres circulaient, dont Paul Dozois, ministre des Finances, qui voulait que je continue à écrire les discours du budget. Tiens, pourquoi ne pas lui glisser un mot des arrangements fiscaux? N'était-ce pas son domaine?

Je n'aurais pas dû.

— Les fédéraux nous pensent peu sérieux avec notre demande de

100 % des impôts directs. Servez-vous de votre réunion pour les préparer à la nouvelle, me dit-il avec l'air de s'amuser.

À défaut de parler à Johnson, je devrais me contenter de ces indications. Pas très gai comme orientation. Peut-être, espérais-je, le premier ministre aurait-il autre chose en tête? Pourvu que je ne le manque pas!

Justement, il se pointait à l'horizon du corridor, accompagné de trois ou quatre personnes de son cabinet (la scène me rappela un peu Paul Gérin-Lajoie qui évoluait toujours en groupe, constamment accompagné lui aussi de conseillers et d'autres assistants).

Johnson m'aperçut et se détacha de sa cohorte:

— Depuis deux ou trois jours, on me raconte partout que vous cherchez à me voir à propos de votre réunion d'Ottawa, dit-il à la hâte. Vous le savez, j'ai les infirmières sur les bras. Dites à vos collègues fédéraux et provinciaux que je les salue amicalement. Et ajoutez: sur les plans culturel, linguistique et historique, le Québec est différent des autres provinces et tient à cette différence; administrativement et financièrement, il a cependant les mêmes problèmes que les autres face à Ottawa. Vous connaissez le programme de l'Union nationale, vous avez lu mon livre *Égalité ou Indépendance*. Bonne chance et faites-moi rapport.

Comme instructions, on avait déjà vu plus contraignant! Au moins Johnson n'avait pas spécifiquement parlé de la récupération fiscale. Je ne perdais cependant rien pour attendre...

Il s'engouffra ensuite dans la salle du conseil, au grand dépit de deux ou trois solliciteurs qui avaient dessein, eux aussi, de l'«attraper dans le corridor». Ils durent en vouloir à un fonctionnaire «libéral» de leur avoir ravi le temps précieux que le premier ministre aurait pu consacrer à leurs affaires, sûrement plus pressantes à leurs yeux que les miennes.

Quelques minutes après, je fis part de l'échange à Parizeau. Faute d'en savoir davantage, nous aurions donc, semble-t-il, à nous inspirer des orientations encore nébuleuses du nouveau gouvernement, sans pour autant contredire les positions déjà exprimées par le précédent. C'était probablement une façon comme une autre d'assurer la continuité de l'État.

Parizeau résuma la situation ainsi:

— Arrange-toi pour naviguer entre la pénombre et l'obscurité!

D'utilité pratique discutable, le conseil n'était pas dépourvu de sagesse. D'autres rencontres de fonctionnaires suivraient celle de juillet.

Nous finirions bien à la longue par découvrir où logeait le nouveau gouvernement. En septembre, octobre au plus tard, il aurait à se «brancher». D'après nos prévisions, c'est à cette date qu'aurait lieu la conférence des premiers ministres sur la fiscalité.

Le puzzle prend forme

Notre difficulté à déterminer en quoi consistaient exactement les positions fédérales-provinciales du nouveau gouvernement provenait en réalité d'un décalage, celui qui existait entre les grands principes constitutionnels de l'Union nationale et la traduction que nous devions maintenant faire de ces principes pour les appliquer à des situations concrètes. C'est une chose que de demander, dans le programme électoral d'un parti politique ou dans des discours partisans, le rapatriement au Québec de tous les impôts directs («Rendez-nous notre butin»); c'en est une autre que de juger, une fois ce parti devenu gouvernement, quand et comment exprimer une réclamation aussi vaste.

Dans ses interventions aux conférences fédérales-provinciales, Duplessis introduisait rarement des considérations techniques du genre de celles dont Lesage et ses conseillers (les «technocrates») avaient été friands. Il préférait s'en tenir à l'affirmation, plus ou moins impétueuse selon les circonstances, de principes définis une fois pour toutes et gravitant autour de la notion d'«autonomie provinciale». L'Union nationale de 1966 allait-elle rééditer ce style?

Depuis le temps de Duplessis, les choses avaient changé. L'interrelation et l'interdépendance entre Ottawa et les provinces s'étaient accrues, ce qui avait multiplié les rencontres entre responsables politiques et administratifs fédéraux et provinciaux. On s'attendait dorénavant à des justifications et à des précisions de la part de ceux qui exigeaient des réformes au régime politique canadien. C'est ainsi que Lesage s'était comporté, par exemple dans ses propres réclamations fiscales ou pour le débat sur les pensions. Toujours utiles, les principes ne suffisaient plus.

Au début, je n'osai pas aborder, avec Johnson, ces règles nouvelles de la conjoncture fédérale-provinciale de peur de laisser poindre chez moi une nostalgie qu'il eût peut-être jugé suspecte envers le règne regretté de son prédécesseur. Par précaution, j'adoptai la méthode oblique. Parfois utilisée avec Lesage pour éviter des éclats, il semblait pour l'instant recommandable d'y recourir de nouveau. D'où l'insistance répétée à obtenir de Johnson des instructions précises avant la réunion de juillet. Cette insistance lui ferait, espérais-je, indirectement comprendre que nos interlocuteurs des autres gouvernements prendraient avec un grain de sel des positions québécoises uniquement étayées sur des citations tirées d'*Égalité ou Indépendance* ou sur des extraits éloquents de discours.

Peu à peu, cependant, des orientations plus nettes, ou plutôt des priorités, commencèrent à se dégager. Au rapatriement vers le Québec des impôts directs qui, avec la réforme de la Constitution, figurait en tête de liste, s'ajoutèrent, au hasard des conversations, d'autres morceaux du puzzle. Imbriqués les uns dans les autres, ils finirent par donner une image un peu plus cohérente des intentions du nouveau gouvernement.

Un jour, en août, Johnson s'informa de l'attitude des libéraux concernant la question du territoire. Je lui expliquai que Lesage tenait à faire admettre par Ottawa le contrôle du Québec sur les ressources naturelles du golfe Saint-Laurent et qu'il voulait également faire reconnaître au Québec un droit de propriété sur la partie est de la baie d'Hudson et de la baie James. Les fédéraux prétendaient que ces étendues faisaient partie des Territoires du Nord-Ouest et qu'en conséquence elles relevaient d'Ottawa. Lesage avait même, à un moment, entrepris de s'entendre avec le premier ministre ontarien, John Robarts, sur un partage de la baie d'Hudson*. Selon lui, une alliance Québec-Ontario à ce propos aurait été de nature à forcer la main d'Ottawa.

---

*Lors d'une conférence interprovinciale à Jasper, je fus témoin d'une discussion Robarts-Lesage, à vrai dire un peu irréelle. Sur une grande carte du centre du Canada étalée sur le plancher du chalet réservé à Lesage, je traçais, selon les indications des deux aspirants conquérants, divers projets de «frontières» séparant ce qui pourrait respectivement revenir au Québec et à l'Ontario. Le principe guidant le partage était simple: on prolongerait dans la baie d'Hudson les frontières des deux provinces, ce qui laissait à l'Ontario une grande surface, perspective attrayante. Lesage avait consenti à laisser à Robarts une portion plus grande de la baie d'Hudson, à condition que celui-ci admette la propriété québécoise des îles Belchers, près de la côte du Québec. C'était là un arrangement avantageux, m'avait-il expliqué à la manière d'un conspirateur: à l'époque où il était ministre fédéral du Nord canadien, il avait en effet appris que ces îles recélaient un large potentiel de richesses naturelles. Robarts ne paraissait pas prendre très au sérieux ces tractations territoriales à la bonne franquette. Moi non plus d'ailleurs. Quoi qu'il en soit, elles n'eurent pas de suite: Duff Roblin, premier ministre du Manitoba, l'autre province concernée et dont l'assentiment était également requis pour influencer les fédéraux, n'apprécia nullement que le Québec et l'Ontario, par le prolongement mécanique de leurs frontières, ne lui laissent qu'une fort modeste partie de la baie d'Hudson.

Johnson n'avait pas en tête ce genre de problèmes. Il pensait plutôt au fait qu'Ottawa possédait déjà de nombreuses enclaves au Québec et que, pour obtenir, à l'instar des autres provinces, la désignation de parcs fédéraux au Québec, il faudrait céder au gouvernement central d'autres portions de territoire. Il était aussi inquiet des ambitions de la Commission de la capitale nationale concernant Hull et la région avoisinante. Je n'avais pas grand-chose à lui raconter, n'ayant jamais eu jusque-là à émettre d'avis sur ces questions. Les «échanges de terrains» étaient perçus comme de la routine administrative et se traitaient surtout au ministère des Travaux publics ou à celui de la Voirie. Johnson me demanda d'être à l'avenir très attentif et m'annonça que désormais le Québec ne céderait plus aucun territoire aux fédéraux.

Je perçus chez lui un attachement vraiment intense au sol québécois, un peu comme celui d'un cultivateur pour la terre ancestrale. Cette préoccupation ne le quitta jamais. Elle conduisit éventuellement à l'institution d'une commission d'enquête sur l'intégrité du territoire (Commission Dorion) et à l'élaboration d'une politique assez rigide. Elle se manifesta notamment lors de la décision d'Ottawa d'aménager le parc Forillon en Gaspésie. Contrairement à la pratique habituelle, le Québec réussit à obtenir ce parc sans céder de territoire, mais en le «prêtant» à Ottawa pour une période de cent ans, innovation dont les fédéraux refusèrent de faire un précédent. «Ferme sur les principes, souple sur les modalités...»

Peut-être influencé par Jean Loiselle, son conseiller, Johnson accorda aussi beaucoup d'attention à la compétence du Québec dans le domaine des communications. Cet intérêt explicitait et prolongeait la volonté du gouvernement précédent d'affirmer la primauté culturelle du Québec. Sous Johnson, il conduisit non seulement à des prises de position inscrites dans les mémoires du Québec aux conférences fédérales-provinciales, mais à la réanimation de Radio-Québec (une loi de Duplessis, jamais mise en application, avait créé Radio-Québec) et à un projet de satellite franco-québécois de communications dont on verra, plus loin, les péripéties.

C'est sur le plan des relations internationales que Johnson me surprit le plus. Comme on l'a vu, il s'y était intéressé au cours de notre premier entretien, mais rien ne pouvait laisser deviner qu'il en ferait une priorité. Il tenait, beaucoup plus que je ne l'aurais tout d'abord cru, aux relations privilégiées entre la France et le Québec. Son entourage aussi.

Peu de temps après son élection, j'appris qu'il avait en secret chargé Jean Loiselle et Paul Gros d'Aillon d'une mission en France: s'enquérir des circonstances qui avaient pu amener certains médias français importants à émettre des jugements aussi défavorables que pessimistes sur l'arrivée de l'Union nationale au pouvoir. Ils devaient prendre contact avec des personnalités connues pour leurs sympathies envers le Québec et s'entendre avec elles sur la façon de corriger l'image peu avenante de ce parti et du gouvernement qui en était issu.

On aurait dit que, dans l'entourage de Johnson, on en attribuait en partie la faute au délégué général du Québec, Jean Chapdelaine. Ce jugement était injuste, mais aux yeux de certains unionistes, Chapdelaine avait, comme bien d'autres, le défaut particulièrement répréhensible d'avoir été choisi par Jean Lesage. Plus grave cependant et guère plus rassurant, on l'estimait fédéraliste orthodoxe et surtout grand ami de Jules Léger, l'ambassadeur du Canada à Paris. L'affaire ne relevait pas de mes attributions, mais je m'autorisai alors de la confiance naissante de Johnson à mon endroit pour essayer, au moins par des remarques incidentes, de rétablir les faits.

En réalité, Johnson ne me donna jamais l'impression de vouloir remplacer Chapdelaine, qu'il apprécia d'ailleurs hautement dans les mois suivants. Il revint cependant à quelques reprises sur le désordre qui lui paraissait caractériser l'encore incertaine politique étrangère du Québec.

Il aurait bientôt d'autres motifs pour m'en reparler.

Continuité (suite)

Au fond, fin août début septembre, les choses continuaient de mon point de vue à bien aller.

J'étais accepté par Johnson et les siens avec qui les relations étaient au beau fixe. Dès juin, pour mieux m'adapter au changement de gouvernement et davantage en connaître les intentions, j'avais suggéré que Charles Pelletier, conseiller constitutionnel, fasse partie de la représentation québécoise aux réunions fédérales-provinciales de fonctionnaires. C'eût d'ailleurs été parfaitement dans les règles. «Pourquoi? m'avait confié l'intéressé. Tu en sais assez du programme du gouvernement pour te tirer d'affaires. J'espère que tu ne vas pas m'obliger à aller à tes réunions!» Selon Roger Ouellet, bien placé pour savoir à quoi s'en tenir: «Mais non, voyons. Ce n'est pas nécessaire. Le Patron vous fait confiance.»

Le Patron! Duplessis était le *Boss*, Johnson le *Patron*. Plus sympathique comme expression.

Un peu en vertu anticipée de ce que dix ans plus tard on appellera la «transparence», je suggérai à Johnson de désigner un membre de son cabinet personnel, Pelletier peut-être ou un autre — pourquoi pas Mario Beaulieu? — à qui j'ouvrirais avec plaisir (et fierté) les dossiers du ministère.

Certes, ils ne contenaient rien de tellement confidentiel, mais la vérité est que je souhaitais que quelqu'un de l'entourage de Johnson reçoive (enfin) instruction d'étudier les résumés assez élaborés que je m'étais donné tant de peine à préparer à la suite du changement de gouvernement. Jusque-là, personne ne les avait lus.

Avec le passage du temps, je dus conclure que jamais non plus personne ne les lirait. J'adorais qu'on me fasse confiance, mais pas à ce point.

Un matin, tard comme de coutume, Johnson m'appela:

— J'ai deux bons amis, conservateurs fédéraux, de passage à Québec. Ils aimeraient vous rencontrer. Parlez-leur en toute liberté de l'état actuel des relations fédérales-provinciales. Ça peut toujours aider. Ils ont de l'influence.

— Ont-ils eu la chance de prendre connaissance de mes notes de juin dernier? osai-je.

— Non, mais vous êtes en mesure de leur dresser un tableau général de la situation, fut la réponse de Johnson.

En effet, je pouvais dresser ce tableau et même un panorama complet.

— Quand devrais-je les voir? dis-je, pensant leur réserver un moment dans les deux ou trois jours à venir.

— À l'instant. Ils sont en route vers votre bureau.

Quelques secondes plus tard, deux jeunes hommes se présentèrent, légèrement moins âgés que moi, déjà vieux de trente-sept ans! Notre conversation, un tour d'horizon, dura environ une heure.

L'un d'eux s'appelait Peter White. L'autre, Brian Mulroney. Ils me questionnèrent et je leur répondis, seul souvenir que je garde de l'entretien.

Certains ministres, comme c'était le cas avec les libéraux, avaient aussi pris l'habitude de venir «placoter» avec moi en attendant leur Patron, les mercredis. Ils me parlaient de tout et de rien, souvent de questions qui ne me concernaient que de loin ou même pas du tout, mais sur lesquelles je me risquais, pourquoi pas, à formuler des opinions sinon toujours éclairées, du moins sincères, en tout cas spontanées. La semaine suivante, les conversations continuaient. Et la semaine d'après.

Aucun de ces interlocuteurs ne se formalisa de l'origine libérale de ma présence dans l'administration. Nous nous étions mutuellement déjà apprivoisés, retombée probable de mes responsabilités, depuis 1963, auprès du Comité parlementaire de la constitution. Ils accordaient au contraire du poids au fait de m'être trouvé *là* avant eux. *Là*, c'est-à-dire au gouvernement, fût-ce celui des libéraux. L'élection au poste de député et la mutation dudit député en ministre de par la volonté du Patron ne conféraient pas, en effet, à l'heureux élu la connaissance automatique du processus gouvernemental. Je n'étais pas moi-même une grande autorité en la matière, mais l'expérience vécue m'avait gratifié, par rapport aux nouveaux ministres, d'une longueur d'avance.

Trois mois après le changement de régime, je n'avais pas à me plaindre.

J'avais même réussi à m'épargner une corvée. Un magnifique soir de juillet que j'avais passé à mon bureau à attendre qu'il me fasse signe, Johnson me déclara, au terme de notre rencontre, que Lesage et lui étaient en réalité d'accord sur l'essentiel de la politique fédérale-provinciale qui convenait au Québec. Ils divergeaient cependant d'avis sur l'importance à accorder à la révision constitutionnelle: l'Union nationale y voyait une priorité, les libéraux non.

— Vous vous êtes souvent parlé de ces sujets? lui demandai-je.

— Non, répondit-il, mais j'ai constaté bien des similitudes entre les positions de Lesage et les miennes en lisant les discours que vous prépariez pour lui. J'aurais pu en prononcer plusieurs moi-même. En passant, ce n'était pas mal comme discours. Vous pourriez peut-être, de temps en temps, en écrire aussi pour moi?

Me faisait-il marcher? Nullement. Charles Pelletier, son rédacteur attitré, était parfaitement consentant, me dit-il. Il se chargerait, si nécessaire, de modifier mon style et de donner à mes textes une allure plus «unioniste».

Encore des discours! C'était la dernière chose que je souhaitais. La disparition de cette tâche représentait un des seuls avantages, pour moi, du changement de gouvernement. Déjà, il était entendu que je rédigerais les mémoires fédéraux-provinciaux et j'avais même accepté, pour une ou deux années, de me charger des discours du budget. J'essayai de lui expliquer que cela était déjà beaucoup, qu'il me serait difficile de m'adapter, etc.

Percevant mon peu d'empressement, il fit mine de rien et eut la délicatesse de glisser sur un autre sujet.

Johnson, je l'appris bientôt, ne disait pas toujours à ses interlocuteurs tout ce qu'il pensait. En revanche, il les comprenait à demi-mot.

11

«Vous êtes capable, avec Parizeau, d'arranger ça!»

— Je ne pense pas pouvoir m'y rendre. On vient à peine de régler notre problème avec les infirmières, et maintenant c'est à Hydro-Québec que ça brasse. Bertrand me remplacera. D'ailleurs, tout le monde a l'air de dire que ce genre de réunion-là ne sert pas à grand-chose.

Johnson m'annonçait qu'il n'avait ni l'intention ni, disait-il, le temps de participer à la conférence interprovinciale annuelle des premiers ministres provinciaux. Elle devait se tenir à Toronto quelques jours plus tard.

Je n'étais pas d'accord.

Une occasion à ne pas manquer

Certes, la réunion manquerait de contenu. Certes, cette fois-là comme les fois précédentes, elle ne correspondrait pas aux espoirs qu'y avait mis Lesage, cinq ans plus tôt, en ressuscitant ce forum interprovincial. Toutefois, en s'abstenant, Johnson se priverait d'une occasion en or de sensibiliser ses collègues des autres provinces aux positions de l'Union nationale.

L'origine duplessiste de ce parti lui donnait d'avance mauvaise réputation au Canada anglais. Johnson lui-même n'avait encore rien fait depuis son élection pour expliquer aux autres Canadiens en quoi consisterait la politique fédérale-provinciale et constitutionnelle de son gouvernement. À défaut de l'avoir lu, puisqu'il n'existait qu'en français, on savait qu'il avait commis un livre au titre provocant: *Égalité ou Indépendance*. Et qu'il comptait, semblait-il, des amis «séparatistes». Que mijotait le nouveau premier ministre québécois?

Pour leur part, des porte-parole fédéraux comme Maurice Lamontagne, alors ministre, avaient déclaré que le gouvernement unioniste se révélerait timoré, passif et terne. Ne s'était-il pas apparemment fixé l'objectif conservateur, rétrograde selon certains, de couper le cou à la Révolution tranquille et, de là, à l'effort de rattrapage qui en découlait?

Pas bien éclairant tout cela.

En s'activant, Lesage avait dérangé l'ensemble du Canada. C'était maintenant au tour de Johnson, par son silence, d'intriguer tout le monde. Chacun son style.

L'idée n'était pas de convaincre les autres provinces du bien-fondé des positions du Québec, l'ordre du jour ne s'y prêtant pas, mais de procéder au moins à une opération de relations publiques. Car, le mois suivant, une conférence fédérale-provinciale, autrement importante celle-là, avait été convoquée pour traiter des arrangements fiscaux 1967-1971. Comme rampe de lancement, la rencontre de Toronto arrivait à point. En plus, elle serait présidée par John Robarts, le premier ministre provincial anglophone le plus influent au Canada.

Tour de piste à Toronto

Johnson consentit finalement à un compromis. Il irait à Toronto pour la réception, la veille de conférence, s'arrangerait pour prendre contact avec tout le monde, mais reviendrait à Québec tôt le lendemain matin, laissant Bertrand sur place.

Arrangement peu satisfaisant, mais impossible d'obtenir davantage. Son entourage accordait sans hésiter la priorité à la solution des problèmes internes du Québec, en l'occurrence celui des relations de travail dans le secteur public. Une «saucette», même brève, à Toronto était contrariante.

Sur place, Johnson fut d'une remarquable affabilité, souriant, de bonne humeur. Il prit le temps de dire quelques mots à chacun. J'observai alors un phénomène qui se répétera plus tard avec Robert Bourassa et René Lévesque.

Quand ses homologues provinciaux font pour la première fois sa connaissance, un nouveau premier ministre québécois transmet de lui-même une image plus positive, plus sympathique en tout cas à leurs yeux, que celle jusque-là véhiculée à travers le Canada anglais par les médias et les simplifications construites sur des rumeurs. Ses collègues s'efforcent de déceler chez le nouveau venu des traits de nature à justifier certains de leurs espoirs. Ils en découvrent presque toujours. *Wishful thinking*?

Ainsi, à Toronto, Johnson leur parut moins «séparatiste» que son *Égalité ou Indépendance* l'avait laissé craindre et plus «moderne» que sa fidélité au parti de Maurice Duplessis portait à le croire.

En 1970, Bourassa combla ses homologues en confirmant l'image, plaisante pour eux, du «jeune administrateur efficace», un peu timide mais pragmatique et soucieux de résoudre rapidement, à l'avantage du régime fédéral et du Canada, le contentieux constitutionnel légué par ses prédécesseurs.

En décembre 1976, à Ottawa, moins d'un mois après son élection, Lévesque impressionna ses collègues de l'époque par sa chaleur, la sincérité de ses propos et sa familiarité avec les dossiers techniques. Cependant, son degré de conviction souverainiste les déçut. Ils s'attendaient un peu à ce que, devenu premier ministre, il leur laisse entendre, à demi-mot, d'un air complice, quelque chose comme: «Voyons donc! Vous connaissez les exigences de la politique. Bien sûr, mes déclarations chez nous (*at home*) sont fermes, dures même, mais au fond je suis plutôt conciliant.»

Sans nier aux autres premiers ministres québécois leurs mérites ni leurs aptitudes diplomatiques, je demeure sûr d'une chose. Peut-être me revient-il de la signaler au passage. Comme on le verra dans la partie de ce livre qui lui est consacrée, Lévesque fut le seul à ne jamais établir, en privé, «entre amis» ou par commodité, de distinction atténuante ou «excusante» entre ses déclarations publiques et ses opinions réelles. Entre un discours devant un auditoire de 5000 partisans et un tête-à-tête avec un autre premier ministre, un financier ou un ambassadeur, seules différaient la dimension de l'auditoire et la forme du langage. Non le sens du message.

Un auditif loquace

Le tour de piste de Johnson dans la capitale ontarienne se déroula fort bien sur le plan des relations publiques, le seul possible en raison des contraintes de temps. En soirée, satisfait et se relaxant dans sa suite d'hôtel, il dit au groupe qui l'avait accompagné: «À Toronto, j'ai fait comme la Sainte Vierge à Lourdes: une brève apparition!»

Il s'était fait servir un verre de son scotch favori, tellement dilué qu'à l'œil on aurait pu le garantir totalement inoffensif. D'autant plus qu'au bout d'une heure il l'avait à peine entamé. À ce rythme, son verre durerait la nuit entière.

La nuit entière? Il comptait être de retour à Québec au cours de l'avant-midi le lendemain. Obligation, donc, de se lever vers six heures. Déjà on approchait de minuit, mais personne n'avait l'air de se préparer à quitter la suite pour le laisser prendre du repos. Au contraire, la conversation allait bon train. Johnson s'était décrit comme auditif, mais à l'entendre raconter des anecdotes politiques souvent hilarantes, il était sûrement aussi un verbal.

Enfoncé dans son fauteuil, il prenait un plaisir évident à la compagnie du groupe. Ce n'est pas lui qui, à l'instar de Lesage dans des circonstances analogues, aurait soudainement annoncé: «Bon! Allez jaser ailleurs. Moi, je me couche.»

Vers minuit trente, Jean-Jacques Bertrand décida de partir. Je m'apprêtais à le suivre discrètement, quand Johnson s'écria à mon intention:

— Restez, servez-vous un autre verre, rien ne presse. Puis, en riant: À moins que, comme fonctionnaire, vous répugniez à entendre parler de politique!

Bien sûr que non, car j'y apprenais beaucoup. Mais l'heure tardive me tracassait. En aparté, j'en dis un mot à Paul Chouinard, son attaché de presse, lui demandant si le lever de Johnson était toujours fixé à six heures: «Oui, mais ne t'inquiète pas, dit-il, le patron se repose en se relaxant avec nous. En plus, il déteste rester seul dans les chambres d'hôtel.» Je comprendrai plus tard le sens réel de cette dernière phrase.

Finalement, à une heure trente, de plus en plus gêné, je pliai bagage, refusant malgré d'autres sollicitations apparemment sincères de rester encore un moment et me demandant surtout à quelle heure Johnson irait au lit.

Il quitta Toronto à l'heure matinale prévue. Combien de temps avait-il dormi? Trois ou quatre heures, semble-t-il. Heureusement, il disposait, pour son retour rapide, du DH-125 du gouvernement acheté par son prédécesseur quelques années plus tôt, ce fameux «jet à Lesage» dont il s'était tant moqué pendant la campagne électorale, à ses yeux symbole fastueux déplorable de la politique de grandeur des libéraux.

Il s'en était moqué aussi à l'Assemblée, sachant très bien que l'évocation du sujet avait le don de pousser Lesage hors de ses gonds. Un jour, prétextant le coût élevé du réacté, il avait provoqué Lesage en disant qu'un avion si luxueux devait sans doute contenir un bar. Lesage, blessé par l'allusion au bar, nia avec véhémence. À quoi Johnson rétorqua:

— Eh bien, pour ce prix-là, il devrait y en avoir un!

Le retour du «butin»?

En septembre 1966, il fallut mettre au point le mémoire que Johnson présenterait à la conférence fiscale convoquée pour les 14 et 15 du même mois, à Ottawa.

Des observateurs se demandaient si l'Union nationale oserait vraiment réclamer le transfert au Québec de la totalité des impôts directs. Parizeau et moi étions fixés. Johnson avait été clair, le ministre des Finances, Paul Dozois, aussi. La réclamation devrait bel et bien faire partie du mémoire:

— Autrement, nos partisans seraient déçus, m'avait expliqué Johnson, voyant ma perplexité. La position de l'Union nationale est trop ancienne et trop connue pour être masquée. Nos partisans doivent savoir, en lisant les journaux, que j'ai effectivement formulé cette demande de transfert à la première occasion officielle. Vous êtes capable, avec Parizeau, d'arranger ça.

Pas de problème pour la manchette souhaitée: elle était assurée pour peu que Johnson allât de l'avant avec son projet. Sa réclamation ferait des vagues, merci. La difficulté se situait ailleurs. Comment concilier une telle demande avec le maintien d'un régime fédéral?

Chez Johnson, Dozois ou Bertrand, personne ne paraissait se le demander. La position classique de l'Union nationale découlait de son interprétation, qu'elle estimait être orthodoxe, du fédéralisme canadien: à chacun ses sources propres de revenu. La Constitution ne stipulait-elle pas que les provinces détenaient, en exclusivité, l'accès aux impôts *directs* alors que les impôts indirects étaient, en exclusivité aussi, réservés à Ottawa?

Cette interprétation était erronée, mais elle confortait les unionistes dans leur perception que, si quelqu'un comprenait mal le fédéralisme au Canada, c'était bien le gouvernement central*. Selon eux, à la faveur de la guerre 1939-1945, Ottawa avait envahi, pour s'y installer à demeure, les champs provinciaux de taxation. Pour faire reculer les fédéraux, Duplessis, en plus d'exiger d'une conférence à l'autre le retour au Québec de son «butin», avait créé en 1954 un impôt québécois sur le revenu.

*Selon la Constitution, Ottawa a accès à tous les impôts, directs ou indirects, et les provinces aux seuls impôts directs. Les arrangements fiscaux fédéraux-provinciaux existent parce que les deux ordres de gouvernement, par la force des choses, doivent s'entendre sur le partage de certaines sources de revenu, notamment les impôts directs. Le gouvernement unioniste n'était pas à l'époque le seul prétendant à l'exclusivité de ces impôts. Celui de la Colombie-Britannique abondait dans le même sens, sauf que, dans son cas, c'était moins en vertu de sa conception du fédéralisme ou de son interprétation de la Constitution que parce qu'il s'opposait à la péréquation, mécanisme de redistribution auquel sa richesse relative l'obligeait à contribuer sans qu'il en tirât quoi que ce fût. Il souhaitait faire remplacer la péréquation par le retour des impôts directs aux provinces. Cela dit, les notions classiques d'impôts «directs» ou «indirects», qui, en leur temps, inspirèrent les «Pères de la Confédération», avaient perdu une bonne partie de leur pertinence dans la seconde moitié du XXᵉ siècle. Sauf chez certains juristes...

Quoi qu'il en soit, l'aspect politique du problème relevait des élus, non de Parizeau ou de moi. Dans cette perspective et en nous bornant à notre rôle strict, il était théoriquement possible au fonctionnaire que j'étais d'insérer dans le mémoire la requête pure et simple de transfert fiscal («Rendez au Québec la totalité des impôts directs, un point, c'est tout»), avec le minimum d'explications justificatrices et sans encadrer la position québécoise de considérations aptes à amortir le choc auprès des autres gouvernements. Si c'est cela que l'Union nationale voulait pour faire bonne figure chez ses partisans, elle pourrait certes l'obtenir. Avec manchettes garanties.

De son côté, Parizeau pouvait sans remords se contenter d'évaluer les rendements attendus de la fiscalité récupérée, sans se soucier de l'effet de ce transfert sur les revenus fédéraux et sur les programmes qu'ils finançaient. Dans son programme, l'Union nationale ne s'en préoccupait pas non plus.

Bonne façon «technocratique» de nous tirer d'embarras. Après tout, nous n'étions quand même pas responsables des positions plus ou moins défendables du gouvernement. Encore moins de l'héritage duplessiste.

J'avais pourtant le vague sentiment que, sans l'avoir exprimé claire-ment, Johnson comptait sur nous et nos collaborateurs du ministère pour enrober sa requête d'une formulation crédible. Pour lui donner, en tout cas, une présentation propre à lui épargner la condamnation systématique possible de tous les éditorialistes, analystes et autres savants québécois, en plus de la réprobation, sûre celle-là, des libéraux provinciaux. N'avait-il pas dit: «Vous êtes capable, avec Parizeau, d'arranger ça»?

Arranger ça? Décodé (je commençais à m'habituer à Johnson), ce commentaire équivalait à peu près à ceci: «Voyez à ce que je puisse exprimer ma position officielle, sans tomber dans des ultimatums à la Lesage ni forcer les choses, tout en respectant les attentes de mes partisans».

La clé du décryptage se trouvait dans une autre phrase, prononcée quelques semaines plus tôt, au début de juillet. Ce jour-là, Johnson s'était exclamé:

— Voulez-vous bien me dire comment Lesage, pourtant ancien ministre fédéral, a pu lancer un ultimatum aussi catégorique à ses amis d'Ottawa? Ce devait être organisé d'avance. Autrement, quel risque!

Il avait en tête la mise en demeure fiscale servie par Lesage, en 1963, et dont j'ai déjà parlé: ou bien, d'ici un an, Ottawa remet au Québec une portion accrue de la fiscalité, ou bien celui-ci recourra à la double taxation, ce dont les fédéraux seront responsables. Visiblement, pour Johnson et malgré son *Égalité ou Indépendance*, les injonctions à l'endroit d'Ottawa devaient être présentées avec certains égards. Attitude qui, selon toute vraisemblance, pouvait très bien tacitement signifier: «Écrivez dans le mémoire que le Québec veut tous les impôts directs, mais pas nécessairement demain matin.»

«Ferme sur les principes, mais souple sur les modalités...»

Johnson avait ses petites coquetteries, légitimes, sur la façon de décrire les positions de son gouvernement.

Parizeau et moi également.

Autant le dire: habitués des cercles fédéraux-provinciaux, nous tenions à y conserver une certaine réputation de professionnalisme acquise au cours des années. Certes, au-delà de l'orientation du parti au pouvoir, nous étions au service du Québec, mais pas n'importe comment. Nous aurions été plus que réticents à nous associer, en cherchant à donner l'impression d'y croire, à des réclamations fiscales échevelées ou pleines de lacunes techniques. Nos vis-à-vis fédéraux et provinciaux ne nous auraient pas pris au sérieux. Comment ensuite négocier avec eux et, handicapés par notre scepticisme évident, essayer de les convaincre? Il y allait de notre crédibilité et, par ricochet, de celle du gouvernement que nous représentions. C'était une question d'honnêteté et d'efficacité à la fois.

Acrobatie fiscale

Il existait une façon, une seule, de résoudre la difficulté, mais elle allait quelque peu à l'encontre de la doctrine du parti au pouvoir.

Il fallait sortir du sillon piégé de la pensée unioniste, fondée sur une interprétation erronée de la Constitution canadienne, et s'inspirer plutôt de la démarche déjà mise en train par Lesage!

On s'en souvient, celui-ci avait obtenu, en 1964, que le Québec se retire, contre compensation fiscale, des programmes conjoints fédéraux-provinciaux. Les subventions conditionnelles jusque-là versées par Ottawa pour financer sa part de ces programmes seraient dorénavant remplacées par un élargissement du champ d'imposition québécois, élargissement rendu possible par une diminution correspondante de la taxation fédérale.

Ne pourrait-on pas, en 1966, lier encore une fois un transfert d'impôts à celui de programmes? Ainsi, le Québec réclamerait la totalité de la fiscalité directe, comme le voulait son gouvernement, mais il accepterait en contrepartie d'assumer des responsabilités jusque-là à tort ou à raison fédérales.

C'était là l'astuce permettant, sans se faire ridiculiser, d'exprimer la position unioniste! Elle évitait d'asseoir la demande québécoise sur des prétentions constitutionnelles indéfendables.

Avantage supplémentaire: l'opération, si elle devait avoir une suite, pourrait s'échelonner dans le temps.

Inutile de dire que Parizeau et moi, de même que Louis Bernard et nos autres collaborateurs du ministère, étions fiers de la trouvaille. Elle représentait une approche parfaitement logique, techniquement irréprochable et, au surplus, conforme, au moins en esprit, aux visées autonomistes de l'Union nationale! Celle-ci n'avait-elle pas toujours reproché aux «centralisateurs fédéraux» d'envahir les domaines de juridiction des provinces grâce aux ressources fiscales qu'ils refusaient de leur rendre depuis la Deuxième Guerre mondiale? Le mémoire du Québec ferait d'une pierre deux coups: il demanderait le rapatriement de *ses* sources de revenus *en même temps* que celui de *ses* responsabilités normales.

Je me gardai bien d'aller tout de suite exposer notre nouvelle approche à Johnson. Sait-on jamais? Le mieux était de le laisser juger à partir du résultat.

J'entrepris donc avec un enthousiasme appréhensif la rédaction du mémoire destiné à contenir la solution de ce qui, pour certains, prenait figure de quadrature du cercle politique: exiger, dans un régime fédéral, la remise de tous les impôts directs à une province, sans mettre en cause le régime lui-même. Des collègues d'autres provinces se demandaient comment Parizeau et moi allions nous en tirer. J'avais hâte de voir leurs réactions lorsqu'ils constateraient que nous avions résolu la difficulté en passant tout bonnement à côté.

L'œuf de Colomb à la sauce fédérale-provinciale!

Accident de parcours

J'en étais là dans ma délectation prospective lorsque Parizeau m'arriva avec une nouvelle catastrophique: ses calculs démontraient que le rendement des impôts à récupérer serait *inférieur* au coût des responsabilités nouvelles à assumer en échange!

Conclusion déprimante: quoique présumée astucieuse (par nous...), notre experte opération d'acrobatie fiscale était en quelque sorte devenue inutile. Car surgissait maintenant un grave problème, a priori insoluble: en effet, selon les données disponibles, l'aspiration à la totalité des impôts directs était condamnée à déboucher sur un déficit! À moins d'être irresponsable au point de se priver sciemment de ressources financières, ou illogique au point de refuser de nouvelles responsabilités en échange d'un pouvoir fiscal accru, le gouvernement ne pouvait plus s'en tenir à sa fameuse et historique réclamation fiscale. S'écroulait ainsi, victime de révélations statistiques, un pan entier des croyances unionistes! Une des positions clés du gouvernement ne pouvait plus tenir*.

---

*Le présent encadré précise les aspects techniques du problème. Sa lecture n'est pas essentielle.

Parizeau et son équipe avaient traduit en «points» d'impôt les coûts des programmes fédéraux dont le gouvernement serait disposé à accepter la prise en charge dans le cas du retour au Québec de la totalité des impôts directs. Comme l'exprimait le mémoire officiel en cours de rédaction: «En vertu de ce réaménagement, le gouvernement du Québec deviendrait graduellement seul responsable sur son territoire de toute dépense publique relative à l'éducation sous toutes ses formes, à la sécurité de la vieillesse, aux allocations familiales, à la santé, au placement et à la formation de la main-d'œuvre, au développement régional et, en particulier, aux programmes d'aide aux municipalités, à la recherche et aux beaux-arts de même qu'à la culture, et, généralement, à tout autre service socio-culturel de notre compétence en vertu de la Constitution actuelle.»

Marque de continuité: plusieurs des programmes mentionnés dans cet extrait avaient déjà fait l'objet d'une demande de rapatriement de la part de Lesage.

Premier élément de ce qui deviendrait bientôt un problème: traduits en «points» d'impôt, les sommes en cause dans le «réaménagement» annoncé par le mémoire (soit le coût des nouveaux programmes que devait assumer le Québec) dépasseraient la portion de l'impôt sur le revenu des particuliers encore perçue par Ottawa. Depuis 1965, elle n'était plus que de 53 %; celle du Québec s'établissait à 47 %. Pour combler la différence, restaient toutefois deux autres impôts directs:

l'impôt sur le revenu des sociétés et les droits de succession, ces derniers ne représentant pas grand-chose comme source de revenus.

Le «réaménagement» proclamé par le mémoire n'était cependant pas la seule composante de la position gouvernementale. Comme les autres provinces, le Québec réclamait, *en plus*, un transfert net de ressources en provenance d'Ottawa, c'est-à-dire des revenus supplémentaires sans acquisition de nouvelles responsabilités. Un comité fédéral-provincial dit «du régime fiscal», formé en 1965, avait conclu, chiffres officiels à l'appui, que dans les années à venir les finances des provinces se détérioreraient de plus en plus alors que celles d'Ottawa seraient en bien meilleure posture. D'où, selon les membres provinciaux du comité (où Parizeau représentait le Québec), nécessité d'un rééquilibrage.

En conséquence, deuxième élément du problème: selon les chiffres de Parizeau, le montant du rééquilibrage espéré correspondait en gros à ce qui resterait encore d'impôts directs à Ottawa, une fois pris en compte le «réaménagement» mentionné plus haut. En d'autres termes, ces deux revendications québécoises avaient déjà grugé une tranche importante des impôts directs à récupérer.

Or, pour être cohérents, nos calculs devaient également faire intervenir la péréquation. La doctrine de l'Union nationale expliquait en effet ce mode fédéral de redistribution des revenus par la mainmise d'Ottawa sur les champs provinciaux de taxation, c'est-à-dire sur les impôts directs. Il fallait donc aussi traduire la péréquation en points d'impôt et les ajouter aux transferts fiscaux précédents. De la sorte nous atteignions pratiquement la limite de 100 % des impôts convoités.

C'était là que se trouvait le troisième élément de notre problème: nous frôlions le fond de la cagnotte fédérale; peut-être nous y trouvions-nous déjà. Il n'y avait tout simplement plus, semblait-il, d'impôts *directs* à aller extraire d'Ottawa!

Nous nous sentions dangereusement à l'étroit. Pour compliquer le tout, se révéla à nous l'existence tout à fait fâcheuse d'un quatrième élément: selon une projection sur cinq ans, le rendement des impôts *directs*, dont le Québec souhaitait la récupération, serait à la longue *inférieur* au coût des responsabilités nouvelles qu'il assumerait en échange.

Les visées fiscales de l'Union nationale conduisaient donc à un manque à gagner. Si seulement ce parti n'avait pas, de si longue date, fondé toute sa position sur la distinction, désormais assez artificielle, entre imposition directe et indirecte, notion inspirée d'Adam Smith et autres économistes depuis longtemps dépassés! En effet, la prise en compte, dans nos calculs, des deux types de taxes (au lieu des seuls impôts directs) nous aurait permis de nous en tirer sans difficulté.

Un mémoire un peu spécial

Que dirait Johnson? Pour l'instant, rien. Il nous avait demandé d'«arranger ça». Eh bien, nous essaierions! À lui, ensuite, de décider.

Notre hypothèse était que, même impeccable, l'argumentation du gouvernement serait de toute façon contestée par Ottawa. Dans le cas présent, il ne fallait pas, en outre, faciliter la tâche de nos opposants par des prévisions de revenus et de dépenses où se profilerait, à partir de nos

À Ottawa, en octobre 1967, de gauche à droite: l'auteur, Paul Dozois, ministre
des Finances, Daniel Johnson, Jean-Noël Tremblay, ministre
des Affaires culturelles et Jacques Parizeau, conseiller économique.

propres données, un déficit québécois accru. Mieux valait donc laisser l'avenir dans le vague. Autrement dit, contrairement à notre habitude, pas de projection détaillée de revenus et de dépenses. C'était en effet dans l'analyse de ces chiffres que pourrait se détecter la principale faille du dossier: l'écart désavantageux prévisible (et gênant) entre les dépenses que devrait assumer le Québec et les transferts fiscaux qu'il demandait. Pourquoi attirer l'attention sur des données mesurables et vérifiables? L'important, sur le plan politique, était de présenter la réclamation fiscale unioniste de manière plausible. Pour obtenir les manchettes désirées. Cela, nous pouvions y arriver. Johnson serait content.

Précaution supplémentaire pour mêler les pistes: dans le mémoire, nous entourerions la position québécoise d'une ou deux explications pointues plus ou moins laborieuses (en bas de page), pas nécessairement complètes, difficilement compréhensibles, de manière à avoir l'air de répondre aux questions normales des initiés, mais en réalité pour recouvrir notre petite manœuvre cosmétique d'un vernis technique de bon aloi.

Résultat: à la fois un des plus clairs, mais aussi le plus obscur des mémoires jamais soumis par le gouvernement québécois à une conférence fédérale-provinciale.

Clair, parce que la célèbre réclamation fiscale y était contenue.

Obscur parce qu'il fallait en fouiller le texte un certain nombre de fois pour saisir que, peut-être, quelque chose n'allait pas quelque part...

Les fonctionnaires spécialisés des autres gouvernements, notamment les fédéraux et les ontariens, ne furent pas dupes. Pas tous, en tout cas. Ils s'amusèrent de bon cœur de notre «bel effort». Personne n'attaqua cet aspect du mémoire. Les diverses délégations prirent calmement note de la position québécoise sur la fiscalité, et ce avec d'autant plus de sérénité que, selon le mémoire, «les transformations envisagées (par le Québec) s'échelonneront vraisemblablement sur une certaine période d'années» et que le gouvernement adoptait en la matière «une attitude d'attente». Indices patents d'espoirs aussi peu frénétiques qu'immédiats...

Dans l'éditorial du *Devoir* où il commentait notre mémoire, Claude Ryan en admira la qualité...

Et la réaction de Johnson qui, le premier, avait constaté notre «bel effort»? Lui remettant, pour approbation, le projet de texte, je l'avais averti à peu près en ces termes:

— J'ai deux nouvelles, une mauvaise et une bonne. La mauvaise: votre demande fiscale se défend plutôt mal. La bonne: nous vous avons quand même «arrangé» ça!

Deux ou trois jours après, il en avait pris connaissance. Manifestement, il était ravi:

— Je n'en attendais pas moins de mes deux conseillers libéraux. J'ai bien fait de vous garder, n'est-ce pas? dit-il avec un sourire complice.

Après septembre 1966, le gouvernement de l'Union nationale ne reformula jamais plus sa réclamation fiscale traditionnelle.

Étrange ministère!

Les apparences sont trompeuses. Sur l'exercice de l'autorité politique et la transmission des instructions administratives, les conceptions de Johnson contrastaient grandement avec celles de son prédécesseur. De l'extérieur il n'en donnait pas l'impression, mais il était à cet égard beaucoup plus strict que Lesage, pourtant en général perçu comme autoritaire.

J'en eus la preuve lorsqu'il se mit en tête de restructurer le ministère des Affaires fédérales-provinciales. L'histoire de cette mutation, ramassée dans les paragraphes qui suivent, illustre ce trait de tempérament.

En août 1966, Johnson demanda l'organigramme du ministère.

— Il est déjà dans les mémos que M. Lesage m'a fait préparer pour vous, répondis-je, heureux de lui rappeler l'existence de cette documentation.

— Possible, dit-il, mais j'aimerais voir le plus récent.

Aucun n'était plus récent que le schéma rudimentaire tracé en juin, à son intention précisément. Le ministère comptait si peu de personnel — une douzaine de professionnels et de secrétaires — que la nécessité d'un organigramme soigné ne s'était jamais imposée. Ni Lesage ni moi n'en avions éprouvé le besoin, lui, par tempérament, moi, parce que les tâches du personnel variaient souvent en fonction des circonstances, des disponibilités de chacun et des dossiers qu'on nous confiait. Personne n'y trouvait à redire. Ce n'était pas du désordre, mais de la flexibilité!

Johnson s'étonna d'un si curieux «organigramme». De tous les dossiers transmis en juin, c'était le plus discutable et, pas de chance, c'était justement celui qu'il demandait à voir!

À peu près tout le personnel du ministère relevait directement du sous-ministre! On n'y trouvait ni directions générales en bonne et due forme, ni services clairement identifiés, ni descriptions précises des tâches! Le tout avait plutôt l'air d'une liste des employés d'un secrétariat aux Affaires fédérales-provinciales. Les noms étaient accompagnés de la mention approximative des dossiers dont chacun était couramment chargé. Le risque de chevauchements était évident. Y apparaissaient en outre les noms de fonctionnaires d'autres ministères; il s'agissait des responsables de dossiers spécifiques auxquels nous n'avions encore assigné personne de notre «secrétariat». Nous donnions l'impression de les avoir annexés à notre propre ministère à l'insu du leur!

En silence, Johnson le parcourut longuement:

— On ne dirait pas un vrai ministère, décréta-t-il enfin, hochant la tête. Compte tenu du travail à venir, ça manque de personnel.

Curieusement, il me posa ensuite plusieurs questions auxquelles j'avais déjà, me semblait-il, donné des réponses au cours d'entretiens antérieurs:

— Qui s'occupe des ententes avec la France?

— Elles relèvent du Service de coopération avec l'extérieur, au ministère de l'Éducation, et d'un service semblable, aux Affaires culturelles, lui expliquai-je.

— Quelle est votre autorité sur les délégations du Québec à l'étranger? poursuivit-il.

— Aucune, elles dépendent du ministère de l'Industrie et du Commerce.

— Lesage ne vous confiait-il pas parfois des mandats à leur sujet ou à propos des ententes avec la France?

— C'était, j'imagine, en tant que président de la Commission interministérielle sur les relations extérieures du Québec, lui rappelai-je. (Réunissant les sous-ministres des ministères concernés par les rapports avec l'étranger, la commission avait été créée en juillet 1965.)

Je l'informai que, de toute façon, son prédécesseur n'était pas à cheval sur les organigrammes et que je n'en étais pas non plus fanatique!

— Eh bien, répondit-il, moi j'aime trop l'ordre pour ne pas leur accorder d'importance. Dans un gouvernement, les lignes d'autorité doivent être nettes. N'oubliez pas qu'il faut accroître nos relations avec la France et repenser le travail de nos délégations à l'étranger. Et l'Exposition de Montréal, l'année prochaine, va nous mettre du pain sur la planche.

La France, les délégations, Expo 67!

En quoi, sur le plan administratif, cela concernerait-il le ministère? Johnson semblait avoir une ou deux idées sur son organisation. Lesquelles?

— Je suis en train d'y réfléchir avec quelques amis. Nous en reparlerons, reconnut-il laconiquement.

J'appris quelques semaines plus tard qu'André Patry faisait partie des personnes consultées. Rassurant. Johnson le nomma bientôt chef du protocole et conseiller diplomatique. Il s'occuperait notamment des nombreux chefs d'État attendus au Québec à l'occasion d'Expo 67.

Je ne pouvais qu'applaudir à cette décision. L'accueil québécois à tous ces hauts personnages aurait ainsi de la qualité. Je m'inquiétais souvent à la pensée qu'on devrait mobiliser à cette fin des ministres unionistes plus doués, selon moi, pour organiser des élections ou résoudre des «problèmes de comté» que pour se plier aux usages diplomatiques et aux impératifs complexes de la politique étrangère! Avec Patry et un peu de chance, les choses seraient en de bonnes mains.

Les «francs-tireurs»

Pendant trois mois environ, plus un mot de Johnson sur le ministère. L'affaire semblait classée. Les amis consultés par lui n'avaient pas dû se révéler très inventifs!

Puis, au cours d'une conversation en décembre, je le trouvai soucieux, avec un soupçon d'impatience: quelque chose devait le contrarier. Dans de tels cas, on ne percevait chez lui aucun éclat comparable à ceux, si fréquents, de Lesage. Il fallait même être attentif et déceler, dans sa figure, une ombre d'ennui ou, dans son élocution, un ton à peine plus traînant que d'habitude. Il était aussi un peu plus agité dans son fauteuil.

Signe plus évident: dans ces cas, il allait plus rapidement au but qu'à d'autres moments:

— M. Morin, qui a autorisé Untel, du ministère de l'Éducation, à rencontrer X aux Affaires étrangères à Paris la semaine dernière et à discuter de l'avenir des relations France-Québec? (De mauvaise humeur, Johnson avait tendance à utiliser le patronyme au lieu du prénom.) Étiez-vous au courant?

J'ignorais la démarche aussi bien que la source de l'autorisation. Il continua:

— Ce genre de situations, m'a-t-on informé, est courant. Tout le monde se permet de parler à n'importe qui de n'importe quoi en France. Des francs-tireurs agissent de leur propre chef, sans mandat, et se prononcent au nom du gouvernement. Ça n'a aucun sens. Un de ces quatre matins, on sera aux prises avec une coche mal taillée.

J'étais tout à fait d'accord avec lui. «Pourquoi n'avertissez-vous pas les ministres concernés de mieux surveiller leurs fonctionnaires?» lui répondis-je, pour dire quelque chose, en me rappelant que dans un tel cas Lesage, nonobstant tout organigramme, m'aurait sur-le-champ «donné instruction» de rappeler à l'ordre ledit X et ses congénères. Ce n'était pas dans la manière de Johnson, davantage enclin à respecter les lignes officielles d'autorité.

— Justement, à propos des ministres, dit-il, comment Lesage autorisait-il leurs voyages à l'étranger?

Je ne le savais pas vraiment, mais je lui indiquai que, grâce au Conseil du Trésor dont il était le titulaire, Lesage était probablement en mesure de connaître leurs déplacements; ceux-ci, en effet, entraînaient des déboursés qui devaient, d'une manière ou d'une autre, être approuvés. Johnson me raconta alors que Jean-Noël Tremblay, à titre de ministre responsable de l'entente culturelle avec la France, avait récemment décidé de son propre chef d'effectuer une mission à Paris. Au ton de Johnson, je déduisis qu'il avait apparemment été plus ou moins mis devant un fait accompli. Ou encore qu'il craignait de l'être dans l'avenir.

— Je ne suis pas, comme Lesage, titulaire du Conseil du Trésor, mais j'ai pensé à une procédure, expliqua-t-il.

Il me demanda de préparer un projet d'arrêté-en-conseil (aujourd'hui, un décret) stipulant que, pour être remboursé des dépenses encourues à l'occasion d'une mission à l'étranger, un ministre devrait obligatoirement joindre à sa réclamation une lettre du premier ministre autorisant la mission. La lettre devant, en toute logique, être obtenue *avant* le départ, Johnson serait ainsi informé en temps utile de tout projet ministériel de voyage vers l'extérieur et pourrait juger de son opportunité. De leur côté, les ministres hésiteraient désormais à prendre des engagements fermes sans disposer au préalable de cette autorisation.

Pas bête comme idée, mais pourquoi m'en parler! La préparation d'un tel décret ne relevait pas des Affaires fédérales-provinciales. En confiant un mandat à son interlocuteur du moment, Johnson parut soudain agir comme Lesage. Je n'osai pas lui en faire la remarque,

Louis Bernard rédigea le projet. Le décret était encore en vigueur dans les années 1980*.

---

*Nos actes nous suivent! Ministre des Affaires intergouvernementales dans le cabinet Lévesque une douzaine d'années plus tard, je me trouvais en mission en Europe au moment où, en Italie, on découvrit le corps de l'ancien premier ministre Aldo Moro, assassiné par des terroristes. Lévesque m'appela pour me demander de représenter le Québec aux funérailles d'État à Rome. Au retour, j'entrepris de me

faire rembourser les frais assez substantiels occasionnés par cette prolongation inattendue de mon séjour. Refus: la note de frais n'était pas accompagnée d'une lettre du premier ministre autorisant mon passage à Rome! J'expliquai l'origine téléphonique de la mission. Nouveau refus: une lettre d'autorisation du premier ministre était indispensable, un décret du gouvernement ne le stipulait-il pas?... Je soumis, comme «autorisation», le communiqué de presse émis par Lévesque et annonçant ma désignation comme représentant du Québec ainsi qu'un article de journal notant ma présence officielle à Rome. Non, il fallait *la* lettre. Le décret l'exigeait! Lévesque trouva ridicule l'idée d'en rédiger une pour autoriser une mission terminée depuis des semaines. La conjugaison de mon irritation et du bon sens me valut finalement le remboursement de mes dépenses. Sans *la* lettre...

«*Rédigez une loi!*»

Fin janvier 1967. Johnson avait pris sa décision. Pour lui, le temps était venu de mettre de l'ordre dans les relations internationales du Québec. Arrivait à terme la phase «franc-tireur» d'une diplomatie québécoise encore balbutiante! Finie l'ère de l'improvisation sympathique et risquée! Le ministère des Affaires fédérales-provinciales se verrait en conséquence confier de nouvelles responsabilités: on lui ajouterait un volet international. De lui relèveraient dorénavant tous les rapports du Québec avec les autres États du monde, pays ou provinces. Il serait aussi responsable des délégations du Québec à l'étranger. Bien sûr, il faudrait inventer un nouveau nom pour le ministère.

Il m'annonça cette intention sans détour. Souvent il dévoilait ses volontés, ou plutôt ses souhaits, avec ménagement, à mots couverts, les enrobant d'une délicatesse qu'on pouvait prendre pour de l'hésitation, comme s'il tenait à laisser à son vis-à-vis le temps de deviner son objectif ou l'occasion d'intervenir et de modifier, peut-être, le cours des choses. Cette fois-là, il avait l'air sûr de son affaire. La consultation de ses amis était visiblement terminée. Son cheminement aussi.

Une pensée me traversa l'esprit: si Johnson voulait un nouveau ministère, devrais-je en déduire qu'il lui faudrait, logiquement, un nouveau sous-ministre? Était-ce là son message à mots couverts? C'eût été conforme à son style. Je n'eus pas le loisir de réfléchir longuement sur la conduite à suivre:

— Claude, dit-il, préparez un projet de loi pour la session qui vient. Et préparez-vous aussi. Vous aurez bientôt pas mal plus de travail!

Je me doutais depuis quelque temps que Johnson songeait à transformer *mon* ministère. André Patry, qui n'était pas étranger au tour que prenait l'affaire, me l'avait laissé entendre. Johnson avait acquis la conviction qu'une direction unique aux rapports du Québec avec l'extérieur s'imposait. Jean Loiselle s'était étonné de mon absence de réaction, en décembre et souvent auparavant, lorsque le premier ministre avait fait allusion, devant moi, au «désordre» caractérisant les relations internationales du Québec. Selon lui, j'aurais dû sauter sur l'ouverture du premier ministre et proposer des changements. Johnson espérait, semble-t-il, me voir faire ma part en m'associant à sa démarche. Ma passivité l'avait un peu pris au dépourvu. Loiselle m'en avait fait la remarque: «Faut-il qu'on t'épelle tout?»

Non, aucun besoin d'épellation. J'étais tout simplement hostile à l'idée d'ajouter des tâches *administratives* à celles de notre petit «secrétariat» des Affaires fédérales-provinciales. Cette surcharge nous distrairait de devoirs à plus long terme. Elle changerait la nature du ministère, telle que je la définissais: il avait été conçu pour élaborer des politiques, pas pour gérer des programmes. Nuance.

Enhardi par le fait que mon poste n'était pas mis en cause, je fis tout de suite état d'une suggestion, à mon avis valable. Afin d'atteindre le degré voulu de coordination, ne vaudrait-il pas mieux créer, au ministère du Conseil exécutif (celui du premier ministre), un poste permanent de conseiller diplomatique ou de chargé de mission? Dans cette perspective, il ne serait plus nécessaire de centraliser l'administration courante des délégations québécoises à l'étranger et des ententes avec la France.

Johnson ne parut pas ébranlé par cette argumentation, mais il ne la rejeta pas non plus. Peut-être son choix n'était-il pas vraiment arrêté? Autant exploiter cette indécision possible et effectuer une dernière tentative. Il s'était décrit comme «auditif», mais, par exception, consentirait-il dans les prochains jours à lire un de mes désormais très rares mémos? Il y trouverait ma propre réflexion, plus élaborée, sur l'organisation des relations internationales du Québec. «Très certainement, dit-il, j'ai hâte d'en prendre connaissance.»

— Intéressant, me dit-il une semaine plus tard, mais il nous faut quand même un vrai ministère. Avec Louis Bernard et d'autres juristes, commencez aussitôt que possible la rédaction de la loi nécessaire. Faites-en aussi une autre pour établir hors de tout doute l'autorité du chef de poste sur sa délégation.

Ma note ne l'avait pas fait changer d'idée, mais elle s'était révélée utile: il accepta de ne pas centraliser l'administration des ententes France-Québec. Les ministères de l'Éducation et des Affaires culturelles en conserveraient la gestion. La prise en charge, par le nouveau ministère, de l'ensemble des programmes de coopération aurait en effet stérilisé la créativité à un moment où ces programmes commençaient à peine à être appliqués. Les liens de nos futurs services avec l'éducation ou la culture n'auraient jamais pu être aussi étroits que ceux des ministères œuvrant déjà dans ces domaines. Ils en connaissaient les besoins bien mieux que nous.

Johnson avait aussi été influencé par les réactions des deux ministres visés: Jean-Jacques Bertrand à l'Éducation et Jean-Noël Tremblay aux Affaires culturelles. Leurs fonctionnaires, appris-je, les avaient persuadés de lutter contre le transfert des services de coopération. Johnson, toujours méfiant des «complots de technocrates», crut un moment mais à tort que j'étais intervenu auprès d'eux pour alimenter leurs réticences.

Les arguments du ministre de l'Industrie et du Commerce, responsable jusque-là des délégations à l'étranger, ne l'avaient pas non plus ébranlé. Les délégations et tout leur personnel seraient transférés au nouveau ministère. Johnson y tenait. Comme Lesage, il s'était rendu compte des querelles, conflits et malentendus nés du fait que les fonctionnaires continuaient, à l'extérieur, de relever de leur ministère d'origine, dont ils recevaient les instructions, alors que le chef de poste, en l'occurrence le délégué (appartenant lui-même au ministère de l'Industrie et du Commerce), exerçait sur eux une autorité pour le moins diffuse.

À l'occasion, Johnson fut agacé de ma résistance passive à ses projets. Exaspéré, il me dit un jour: «Ne craignez donc pas de vous affirmer!» Il attribuait à ma prétendue timidité mon peu d'ardeur envers une réforme qui allait, selon lui, me valoir plus d'autorité! Il ne savait pas combien je redoutais les tâches de gestion qui, absorbantes, m'empêcheraient de jouer le rôle plus valorisant à mes yeux de conseiller politique.

Je mis quelque temps à saisir que son désir de réorganisation découlait autant de sa volonté d'affirmer le rôle international du Québec, que de son souci d'ordre et d'un besoin, profond chez lui, de sécurité. Mario Beaulieu et Jean Loiselle m'ouvrirent les yeux sur ses véritables motivations:

— Le Patron s'attend à ce qu'on le comprenne sans qu'il soit obligé de tout dire, surtout quand il est mal à l'aise d'exposer ses raisons, m'expliquèrent-ils.

Amateur de structures hiérarchiques bien agencées, il se sentait vulnérable devant des lignes d'autorité floues comme celles qu'il avait cru découvrir dans les relations extérieures du Québec. Prudent, il redoutait par-dessus tout, dans ce domaine délicat et encore peu exploré, les initiatives aventureuses ou mal balisées des «francs-tireurs» de tout acabit, bien intentionnés, stimulés par la nouveauté politico-romantique du domaine ou désireux, pour se rendre intéressants, d'énerver Ottawa par des agissements davantage de mise chez des conspirateurs qu'utiles aux intérêts du Québec.

Les nouvelles tâches du ministère exigeaient un nom qui recouvrît en même temps la partie fédérale-provinciale de ses activités et celles qui étaient d'ordre international. On joua d'abord avec des formules comme «ministère des Affaires fédérales-provinciales et internationales» ou «ministère des Relations extérieures», mais, à cette époque, les qualificatifs «internationales» ou «extérieures» auraient fatalement provoqué une tempête à Ottawa. Johnson avait dit tenir plus, en cette matière, à la substance qu'aux apparences. Déjà, le seul fait de créer un ministère officiellement chargé, entre autres choses, des rapports du Québec avec d'autres pays mettrait les fédéraux dans tous leurs états. Inutile d'en rajouter.

Finalement, l'appellation «Affaires intergouvernementales», techniquement juste et en tout point conforme à la nouvelle vocation du ministère, s'imposa, mais le mot intergouvernemental, selon d'aucuns, n'existait pas en français courant, du moins pas dans le sens que nous voulions lui donner. Eh bien, il existerait*!

---

*Le Petit Robert, édition de 1984, page 1021, définit ce terme ainsi: «Adj. (1954; de *inter-*, et *gouvernemental*). Qui concerne plusieurs gouvernements. *Organisation, union intergouvernementale.* √ (Québec; 1967). *Ministère des Affaires intergouvernementales* (fédérales-provinciales, inter-provinciales et étrangères), chargé de la coordination générale des relations du gouvernement du Québec avec tout autre gouvernement.»
(Note de l'auteur: le signe √ indique une nouvelle définition.)

Pour faire plaisir au sous-ministre?

Fin avril, je devais me rendre à Paris pour y préparer la première visite officielle de Johnson en France. La loi du nouveau ministère était prête. Par déférence, Lesage, maintenant chef de l'Opposition, avait été consulté et avait donné son accord. Il n'y aurait aucun débat à l'Assemblée, mais la date de présentation n'était pas fixée. D'autres lois semblaient plus urgentes.

Sans vraiment insister, je mentionnai à Johnson, au hasard d'une conversation, mon espoir de voir cette loi adoptée avant mon départ:

auprès de mes interlocuteurs, le nouveau titre de sous-ministre des affaires intergouvernementales refléterait mieux que l'ancien mes véritables responsabilités. Johnson en fit confidentiellement part à Lesage qui abonda dans le même sens.

Tout le monde finit bientôt par croire qu'on avancerait la présentation de la loi à ma demande expresse! Dans son discours à l'Assemblée, Lesage fit état avec humour de l'urgence de la question. Johnson, jouant le jeu, laissa aussi entendre qu'on se hâtait à cause de moi. Il termina son intervention par ces mots:

— M. le Président, je remercie la Chambre d'avoir coopéré d'une façon si efficace à passer cette loi. Le sous-ministre des Affaires-fédérales-provinciales, à partir de demain midi, s'appellera le sous-ministre des Affaires intergouvernementales et arrivera en France paré d'un nouveau titre*.

---

* *Journal des Débats*, 13 avril 1967, p. 2181. Ce n'était pas la première fois que Lesage et Johnson s'amusaient un peu à mes dépens à l'Assemblée. Du temps qu'il était premier ministre, Lesage me demanda un soir que j'étais chez moi de rappliquer au plus vite à son bureau: on venait à l'instant de décider, sans préavis, de passer à l'étude des crédits de mon ministère et il tenait à ce que je sois disponible à proximité. Pris au dépourvu, je lui dis que j'arriverais à la course aussitôt après avoir trouvé quelqu'un pour garder les enfants, ma femme étant sortie. À mon arrivée, des députés et des ministres me demandèrent comment j'avais réglé le problème de mes jumeaux! Intrigué, je compris que Lesage, pour expliquer mon retard, s'était brièvement étendu, en Chambre, sur mes petites difficultés de gestion familiale, ce qui avait amené Johnson à exprimer publiquement sa compassion...

Vu le côté frivole de l'affaire, certains en déduisirent qu'il y avait certainement, derrière tout cela, quelque chose de plus sérieux, par exemple d'obscures raisons d'État. Maurice Bellemare, ministre influent mais dont personne n'aurait osé prendre sur soi d'affirmer qu'il était un passionné des relations internationales du Québec, s'offusqua de ce procédé qui, affirmait-il, retardait l'adoption de ses propres lois, bien plus pressantes il va sans dire.

12

Que le vrai Johnson se lève !

Au début des années 1960, le public pouvait entrer sans complications dans les édifices gouvernementaux. Il suffisait d'y venir aux heures de travail. Peu ou pas de préposés à l'accueil. Pas de gardiens scrutant des laissez-passer. Si on ignorait où se trouvait le bureau d'Untel, on s'informait sur place auprès de fonctionnaires croisés dans les corridors, à la manière des touristes étrangers auprès des autochtones.

Le règne de la bonne franquette.

Jusqu'à un certain point.

Car personne n'aurait osé s'aventurer dans les parages du bureau de Lesage sans rendez-vous confirmé. C'était peine perdue. Pour rencontrer le premier ministre, il fallait s'y prendre d'avance et, même alors, mieux valait justifier sa requête d'un motif en béton. Cette règle, absolue pour le grand public, visait moins rigoureusement les ministres, mais elle s'appliquait quand même. Lesage était pointilleux sur l'organisation de son temps et de son travail.

«Faudrait se revoir»

Dès le changement de gouvernement, un phénomène m'avait frappé.

Souvent, surtout les mardis, plusieurs personnes se pressaient dans la salle d'attente du premier ministre. Les mercredis, ce genre de rassemblement se produisait dans l'antichambre de la salle du Conseil. Et il était fréquent, à n'importe quel moment de la semaine, de rencontrer ici et là dans les immeubles gouvernementaux des électeurs un peu perdus en quête du bureau de Johnson. En juin et juillet 1966, si peu de temps après l'arrivée au pouvoir d'un nouveau parti, cette affluence pouvait s'expliquer. Je me disais que la même chose avait dû se produire en 1960, après l'élection des libéraux.

L'affluence dura tout l'été. Comment diable Johnson planifiait-il ses rendez-vous? Question d'autant plus pertinente que bien des visiteurs, venant parfois de loin et après des heures d'attente, repartaient relativement bredouilles: ils n'avaient pu voir le premier ministre et avaient dû se contenter d'un court entretien avec un membre de son cabinet.

Intrigué, j'appris que Johnson était lui-même responsable de cette situation.

D'une grande affabilité, comme je l'ai déjà dit, toujours chaleureux, ce n'est pas lui qui aurait bousculé les gens désireux de lui parler. Chacun pouvait l'aborder. Il appréciait les contacts avec le grand public, mais l'emploi de son temps, si élastique fût-il, lui interdisait de se livrer à de longs entretiens avec des électeurs rencontrés fortuitement au cours des manifestations politiques de fins de semaine ou des inaugurations. C'est pourquoi, craignant d'indisposer certains interlocuteurs insistant un peu trop pour lui décrire un problème ou lui formuler une suggestion, il ne savait pas toujours comment clore les entretiens furtifs, sous-produits incontournables de la présence d'un premier ministre aimable au milieu d'un groupe d'électeurs. Alors, il s'en tirait à peu près ainsi:

— Écoutez, c'est très intéressant, mais je n'ai pas beaucoup de temps aujourd'hui. Faudrait se revoir. Tiens, si vous passez par Québec, faites-moi donc signe à mon bureau.

Bien peu de gens donnaient suite à pareille invitation, souvent exprimée un samedi soir ou un dimanche après-midi, loin de Québec, lors d'une foire agricole ou à la fin d'une assemblée partisane. Johnson se libérait ainsi avec délicatesse de solliciteurs sincères mais importuns. Sauf que, en vertu de la loi des grands nombres, il s'en trouvait quand même certains, candides ou avisés, à le prendre au mot et à s'autoriser ensuite de son ouverture pour le relancer, dans les jours suivants, à son bureau du Parlement! Sans rendez-vous.

C'est en septembre 1966, je pense, que cette pratique, sans jamais cesser tout à fait, fut davantage contrôlée par l'entourage du premier ministre où on commençait à en avoir assez de gérer, sans trop le décevoir, le flot variable des «invités de la fin de semaine».

Johnson me prit d'ailleurs moi-même à son petit jeu. Ma première entrevue avec lui, en juin, avait été assez longue, mais non les autres.

Comme Lesage, je ne le voyais, la plupart du temps, que quelques minutes à la fois. Parfois, au terme de l'entretien, il me laissait avec un «Il faudrait qu'on en reparle». Aussitôt, pour poursuivre la conversation avec lui, je demandais à son secrétaire de me trouver un trou dans son horaire des jours à venir. À la nouvelle rencontre, je reprenais l'entretien où nous l'avions interrompu la dernière fois, mais Johnson ne paraissait pas toujours s'en souvenir. En tout cas, il ne semblait plus vouloir en «reparler» comme j'avais cru le comprendre. En fait, sa phrase était une formule de politesse qu'il fallait surtout ne pas prendre au pied de la lettre.

Un jour, cela me joua un tour. Nous avions discuté de la visite imminente du ministre français des Affaires étrangères, Maurice Couve de Murville. Johnson voulait la préparer avec soin. Comme je le quittais vers sept heures, il m'avait dit, comme si souvent auparavant: «Je voudrais que vous m'en reparliez.» Bien entendu, je ne tins aucun compte de cet apparent désir, ni le lendemain, ni après. La semaine suivante, tard le soir, il m'appela chez moi:

— Dites donc, avez-vous oublié ma demande à propos de notre illustre visiteur?

Je m'empressai d'inventer une excuse quelconque.

La clé de l'énigme? L'utilisation du pronom. S'il disait: «Il faudrait en reparler», cela ne signifiait rien. C'était impersonnel, général, vague, non contraignant. Mais tout autre était le sens d'une phrase comme: «*Je* voudrais que *vous* m'en reparliez.» L'interlocuteur venait alors de recevoir des instructions précises.

Il existe des dictionnaires pour toutes les langues, mais pour celle des politiciens il faut, dans le cas de chacun d'eux, s'en construire un sur mesure...

«Je voudrais y repenser»

On peut en arriver, sans trop de prouesses, à comprendre le dialecte propre à chaque politicien. Il est beaucoup plus ardu de s'ajuster à leurs méthodes personnelles de travail. Elles gouvernent en effet le régime de vie du conseiller qui n'a que le choix de s'incliner ou de se chercher un autre emploi.

Johnson manifesta toujours une grande réticence à signer quoi que ce soit, surtout les lettres. Il me revenait assez souvent de lui en préparer à l'intention d'autres premiers ministres. Pour le faire signer, il fallait s'armer de patience et se mettre tôt en campagne. Car un délai assez long pouvait s'écouler entre le moment où un projet lui était soumis et celui où, finalement, il se résignait à y apposer la signature nécessaire.

À l'affût, actif et primesautier, Lesage m'avait donné ce que je croyais être une bonne habitude: chaque fois qu'un projet fédéral de législation paraissait devoir affecter l'exercice des compétences du Québec, Pigeon ou moi lui préparions, sans qu'il ait besoin de la demander, une lettre destinée à Pearson, où il exprimait franchement ses réserves par écrit. Rien ou presque n'échappait à cette surveillance épistolaire. Sous Johnson, cet automatisme se révéla bien peu utile.

Je m'en aperçus en septembre 1966. Ayant vu l'annonce, dans les journaux, d'un plan fédéral qui pouvait soulever les réticences du gouvernement, j'avais alors recouru à la méthode Lesage. Je m'étais hâté de préparer une lettre, prête à être signée, où Johnson ferait part à son homologue fédéral des inquiétudes du Québec. Quelques jours plus tard, sans nouvelles de mon initiative, j'appris de son secrétaire que le premier ministre était bel et bien en possession de ma lettre mais qu'il ne l'avait pas encore signée. Je la récupérai pour faire retaper la première page, histoire de changer la date!

Toujours pas d'écho une semaine plus tard, encore moins de signature. Peut-être le contenu de la lettre ne correspondait-il pas aux vues de Johnson? Il finit par me dire que non, qu'elle était «très bien», mais qu'il aimerait y repenser encore un peu plus avant de la transmettre à son destinataire.

La lettre ne partit jamais. Un mois après, rendue désuète par l'évolution de la conjoncture, je la fis tout simplement retirer de ses papiers à signer. Il ne la réclama pas.

Même scénario quelques semaines plus tard, sur un autre sujet.

L'absence de signature me surprenait. Sûrement, me dis-je, mes projets de lettres ne convenaient pas et Johnson, délicat, hésitait à m'en informer. Il avait toujours peur de faire de la peine aux autres.

À l'occasion d'une rencontre, j'abordai la question. Ma lettre était, selon lui, fort bien conçue. Il eut toutefois ces remarques révélatrices:

— En général, j'aime mieux parler aux gens que leur écrire. Quand je verrai Pearson ou s'il m'appelle, je lui ferai part de nos réticences. En plus, il arrive souvent que les problèmes se règlent d'eux-même sans notre intervention. On ne doit pas toujours se presser. Il n'est pas mauvais de laisser aux événements le temps de mûrir. Sans compter qu'on peut facilement faire dire à un texte ce qui ne s'y trouve pas.

Bon, j'étais fixé. Johnson m'avait dit se classer parmi les auditifs; j'avais constaté qu'il était aussi un verbal; voilà que maintenant il se

révélait avare d'écrits. Pour lui, une lettre ou un document portant sa signature était un piège potentiel. Ses collaborateurs avaient dû lutter longtemps avant de l'amener à assumer son *Égalité ou Indépendance...*

Exit la méthode Lesage.

Mais il est parfois des lettres qu'un premier ministre doit signer, des réponses qu'il lui faut transmettre, que cela lui plaise ou non. Le fait s'est présenté au début de 1968. Mon souvenir n'en est pas agréable.

«Pourquoi nous commettre maintenant?»

J'ai raconté dans *L'Art de l'impossible* comment, en janvier 1968, grâce à l'intervention de la France, le Québec avait été invité à participer, en son propre nom et en l'absence d'Ottawa, à une conférence francophone sur l'éducation. La conférence devait se tenir à Libreville, capitale du Gabon, ancienne colonie française. Cela avait agité les fédéraux au plus haut point. Ils avaient à peu près tout fait, mais sans résultat, pour empêcher le Québec, simple province de la Fédération canadienne, de prendre part, comme s'il était indépendant, à une rencontre qui grouperait des pays souverains.

Juste avant ce développement, le 1er décembre 1967, Pearson avait écrit à Johnson pour lui proposer un arrangement pouvant, selon lui, permettre au Québec d'être présent aux conférences francophones, mais sans mettre en cause la responsabilité fédérale en matière de politique étrangère. La lettre arriva tandis que je m'apprêtais à demander à la France (j'expliquerai, plus loin, comment et pourquoi) de faire inviter le Québec à Libreville, mais pas Ottawa.

Il allait de soi, sur le coup, que Johnson ne se pressât pas pour répondre à Pearson. Nous étions en effet sur une autre piste: la France nous ferait inviter.

Effectivement, le Québec fut présent à Libreville et, à toutes fins utiles, à la manière d'un État souverain. Colère fédérale.

Nouvelle lettre de Pearson, le 8 mars 1968, motivée celle-là par la possibilité que le Québec fût encore invité, à Paris, pour la suite de Libreville, mais toujours à la manière d'un État souverain. Je préparai alors, pour Johnson, un projet circonstancié de réponse: la position fédérale était défendable, certes, mais la nôtre aussi, peut-être plus encore que celle d'Ottawa, car il s'agissait d'éducation, domaine exclusivement québécois, et de francophonie, préoccupation fédérale fort récente. Que rêver de mieux pour remettre les fédéraux, et leur premier ministre anglophone, à leur place?

Mon projet de lettre m'avait l'air de répondre aux arguments de Pearson. Johnson l'apprécia, mais préféra attendre avant de l'envoyer:
— Pourquoi nous commettre maintenant?

Le 5 avril, Pearson rappliqua, avec une autre lettre, regrettant que Johnson n'ait pas encore répondu à la sienne du 8 mars. Il allait bientôt quitter son poste de premier ministre. C'était probablement la dernière fois qu'il communiquait avec le premier ministre du Québec. «J'aimerais régler le problème avant de partir», semblait-il dire.

Ça y était, me dis-je. Il fallait réagir. Mieux valait tard que jamais. Je repris mon projet antérieur pour tenir compte, dans une même réponse, des trois lettres de Pearson, celle de décembre, celle de mars et celle d'avril.

Johnson laissa passer le temps. Le connaissant, j'avais pris soin de lui remettre un projet non daté. On veillerait en temps et lieu à inscrire la date.

Il n'y eut ni temps ni lieu. Ni aucune signature. Mes questions auprès de son secrétariat provoquèrent toujours la même réaction:
— Tu as raison d'insister, mais le Patron ne veut pas être bousculé. Il y réfléchit encore. Il faut le comprendre. Sa réponse engagerait l'avenir.

Pas le bousculer? À mon corps défendant, il fallut bien me résoudre à le faire lorsqu'un appel d'un fonctionnaire fédéral m'apprit que l'on s'apprêtait, à Ottawa, à publier un Livre blanc dont le titre serait *Fédéralisme et conférences internationales sur l'éducation*. Ce nouveau Livre blanc ferait suite à d'autres déjà parus. Les lettres de Pearson y seraient reproduites en annexe. Si Johnson voulait que sa (ou ses) réponses y apparaisse(nt), il lui faudrait faire vite. On tenait, me dit ce fonctionnaire, à ce que le point de vue du Québec y soit consigné. Autrement, il manquerait un élément essentiel. En effet. Tel était aussi mon avis.

Je croyais tenir l'argument ultime, apte à convaincre Johnson de se hâter. Je me fis dire — par lui à mots couverts et avec beaucoup de gentillesse, mais plus directement par ses collaborateurs immédiats — que son cheminement politique et son processus décisionnel ne seraient pas influencés par la programmation de la propagande fédérale! Chaque chose en son temps. Johnson n'était pas prêt.

Tant et si bien que le Livre blanc fédéral, bien sûr non dénué d'arrière-pensées, fut publié sans la réponse de Johnson, parvenue trop tard, finalement signée à contrecœur à cause de mon insistance quelque peu désobligeante. Je n'ai plus cette lettre, et j'ignore ce qu'elle est devenue.

Cet épisode fut le seul moment vraiment désagréable que j'aie connu avec Johnson. J'étais navré à l'idée qu'un document fédéral officiel, promis à une certaine diffusion, défendrait une thèse opposée à la nôtre sans qu'on pût y trouver l'expression du point de vue québécois. Alors que les fédéraux eux-mêmes nous invitaient à le présenter...

À la dernière minute

Avec Lesage, l'approbation du texte des mémoires québécois aux rencontres intergouvernementales s'effectuait selon un mécanisme assez simple. À partir de l'ordre du jour, je rédigeais un projet complet de mémoire qui lui était ensuite remis pour étude chez lui. Deux ou trois jours plus tard, il me revenait avec ou sans corrections. C'était tout. Dès lors, le document était approuvé. On traduisait ensuite le document en anglais et on en imprimait le nombre d'exemplaires nécessaires.

Sous Johnson, le processus était, pourrait-on dire, plus collégial. Plus laborieux aussi.

Le mémoire de septembre 1966 sur la fiscalité avait donné lieu, on s'en souvient, à maintes discussions entre ministres et fonctionnaires. Situation normale. C'était le premier mémoire du nouveau gouvernement et il fallait trouver un moyen crédible, en régime fédéral, de réclamer la totalité de l'impôt direct.

Un an après, vint le moment de préparer un mémoire aussi difficile à concevoir. John Robarts, premier ministre de l'Ontario, avait convoqué une conférence interprovinciale dont le thème serait «Le Canada de demain», conférence sur laquelle je reviendrai un peu plus loin. Cela obligeait le gouvernement du Québec à toucher des sujets de portée beaucoup plus large que la seule fiscalité et à être plus précis sur bien des points. On aurait à évoquer l'avenir du pays, à analyser la situation constitutionnelle et à exposer la vision du gouvernement sur les réformes aptes à assurer des rapports harmonieux et constructifs entre francophones et anglophones.

Sachant dorénavant que le Patron n'appréciait guère être «poussé dans le dos», je me mis à la tâche de bonne heure. Le projet de mémoire fut terminé très tôt. Pour qu'il soit encore plus au point, je consultai quelques personnes de l'entourage de Johnson, dont Charles Pelletier. Trois semaines avant la conférence, un document de plus de trente pages était fin prêt. Sitôt approuvé, on s'occuperait de la traduction et de l'impression. Bonne planification. Nous avions du temps devant nous.

Un exemplaire en fut alors transmis à Johnson et la chasse à son approbation commença. Pour Lesage, je me serais donné trois jours de jeu. Avec Johnson, pas de risques à prendre: trois semaines.

L'attente dura.

Pour mettre toutes les chances de mon côté, je me résolus à un respectueux harcèlement: rappels à sa secrétaire, un mot à son chef de cabinet, une allusion ou deux à Johnson lui-même. Dix jours avant la conférence, il me promit de prendre connaissance du projet plus tard dans la semaine.

Comme il se devait, je ne reçus de lui aucun signe de vie à ce propos. Le lundi suivant, il passait la journée dans sa circonscription. Pas d'appel non plus. Deux précautions valant mieux qu'une, je fis de mon propre chef commencer la traduction du texte. Le cas échéant, on la modifierait pour tenir compte des changements au texte original.

Inquiet devant le temps qui coulait, je fis le siège de son bureau le mardi matin:

— Je lirai votre papier ce soir, dit Johnson en me voyant; ensuite on aura une rencontre.

Le mercredi matin, séance du Conseil des ministres. Comme je m'y attendais, Johnson s'excusa, mais il n'avait pas encore eu le loisir de parcourir le «papier». Qu'à cela ne tienne, m'expliqua-t-il, il y verrait sans faute pendant la journée du jeudi. Promis, juré.

Le jeudi, rien. Était-il en train de corriger le texte? Eh non! Il avait ce qu'on appelait un emploi du temps «mur à mur». Pas un instant de libre pour jeter un coup d'œil sur le fameux document.

Bon signe, enfin, mais désespérément tardif: pour calmer mon impatience, Roger Ouellet, son chef de cabinet adjoint m'apprit qu'une salle de réunion, près de son bureau, avait été réservée pour la plus grande partie de vendredi, à la demande du premier ministre lui-même. Trois ministres participeraient à l'examen de la position québécoise: Jean-Jacques Bertrand, Paul Dozois et Jean-Noël Tremblay. Feraient aussi partie du groupe Marcel Faribault qui venait d'être nommé conseiller législatif, Mario Beaulieu, chef de cabinet de Johnson, Jean Loiselle, son conseiller en communications, et Charles Pelletier, son rédacteur de discours. Tout un groupe, presque un *inner cabinet*!

«La nuit porte conseil»

Vers trois heures le vendredi après-midi, la séance de travail débuta. Comme nous devions partir pour Toronto vers midi le dimanche, il ne

resterait que le samedi pour taper le tout, en français et en anglais, et voir à l'impression d'environ deux cents exemplaires dans chaque langue. Inutile de dire que, ces années-là, les moyens de reproduction n'avaient rien de la rapidité de ceux d'aujourd'hui. En prévision de la dactylographie, j'avais mobilisé deux ou trois secrétaires pour la soirée. Je n'aurais pas dû. Johnson ne voulut pas laisser partir les pages déjà approuvées tant qu'on ne serait pas passé à travers l'ensemble.

À neuf heures, après une brève pause pour le repas, nous en étions à peine à la moitié du document. Chaque mot susceptible d'être significatif était soupesé, chaque phrase le moindrement évocatrice était examinée par rapport aux précédentes, chaque paragraphe était vérifié de manière à ne pas contredire telle ou telle déclaration antérieure de Johnson. Dans les prises de positions, il fallait aller assez loin, sans trop s'avancer, et s'avancer sans aller trop loin! Johnson était le plus pointilleux. Le caractère nocturne de la réunion aidant, on sentait que ses collègues et ses conseillers, moi compris, avaient de plus en plus de mal à supporter le rythme d'escargot des délibérations.

Bizarrement, malgré cet exercice de loupe politique, le projet soumis demeura en substance le même. Un mot changé ici, une phase déplacée là, une idée nouvelle de temps à autre, ce fut tout. Je me félicitai intérieurement d'avoir mis la traduction en marche quelques jours plus tôt.

Vers une heure trente, soupir collectif de soulagement: «Bon, ça devrait aller comme ça», laissa tomber Johnson, en mettant ses feuilles en ordre. Quelques personnes quittèrent alors le groupe, en se déclarant d'avis que la prochaine fois on devrait éviter ce genre de réunion de dernière minute. Dieu sait que j'étais d'accord, mais — disons-le tout de suite — la fois suivante et toutes les autres dès qu'il s'agissait d'un texte officiel, il fallut revivre la même expérience. Heureusement, on s'habitue à tout.

Il se produisit ensuite une scène qui fit éclater de rire les témoins restants, tous exténués. À un moment autre qu'en pleine nuit, peut-être aurait-elle mal tourné. Je tendis la main pour prendre le document de Johnson, devant lui sur la table. C'était l'original à faire taper. D'un geste vif, il le retint. Je tirai le document vers moi. Il me l'enleva. Je le repris. Il s'exclama:

— Qu'est-ce que vous faites?

— Mais voyons, j'ai besoin du texte pour le faire taper demain matin, de bonne heure.

— Non, j'aimerais dormir dessus. La nuit porte conseil. Je vous le remettrai demain. Au cas où j'aurais d'autres corrections...

— Il n'y a plus de corrections à faire! Nous venons de régler ça. On l'imprime demain. Je n'ai plus le temps d'attendre.

— Écoutez, vous êtes sous-ministre. Vous avez autorité pour recruter toutes les personnes voulues. Si elles doivent travailler dimanche, vous les paierez temps double, c'est tout.

— Non, il faut terminer le tout demain; autrement nous n'y arriverons pas; c'est trop risqué.

En mon for intérieur, je décidai alors de procéder quand même, sans le lui dire, à la mise au point finale du mémoire dès le lendemain matin. Je m'assurai que toute les corrections faites à son texte apparaissaient aussi dans le mien. Ainsi j'avais un autre original. Johnson garda le sien, promettant de me faire signe sans délai.

Sans délai? Il m'appela en fin d'après-midi, le samedi:

— Ça devrait aller comme ça! Vous pouvez faire taper et imprimer le tout, dans les deux langues.

C'était déjà fait ou presque! Il ne restait plus qu'à agrafer les mémoires. J'avais attendu, pour cela, le dernier moment. Au cas où, la nuit ayant porté conseil, il aurait fallu changer deux ou trois pages...

Simplicité

La méthode de travail de Johnson et sa notion bien personnelle de l'horaire étaient sources constantes de frustrations pour son entourage qui, en désespoir de cause, s'y était résigné. J'eus davantage de difficultés à m'y faire qu'à m'adapter aux orientations politiques de l'Union nationale!

Mais il y avait des compensations: son humeur généralement égale, son absence de brusquerie, sa gentillesse envers son personnel le plus proche et, surtout, toutes sortes de petites attentions de la part d'un premier ministre dont les soucis ne s'étendent pas, normalement, jusqu'aux états d'âme de ses conseillers.

Au début, quand il me posait des questions sur ma famille ou sur mes lectures, je crus à des formules de politesse. Mais non, il était sincèrement désireux de connaître des détails à mon propos. Il agissait de la même manière avec chacun. Même lorsqu'il y avait urgence, il prenait toujours soin, au début d'une conversation, d'échanger quelques blagues avec ses interlocuteurs. Tout de suite, il les mettait à l'aise, créant une atmosphère amicale. Perte de temps? Non, respect de l'autre.

Il n'ignorait pas combien son mode de travail était déroutant. Lorsqu'il m'arrivait d'être au bord de l'exaspération, il le percevait (ce qui ne réclamait pas une grande perspicacité...) et s'excusait avec une ou deux boutades désarmantes. S'il m'appelait à la maison, il commençait toujours la conversation par une entrée en matière où il regrettait de m'importuner en dehors des heures régulières de travail. Il était curieux de l'entendre, lui, parler d'heures «régulières»...

Dans les échanges en tête-à-tête, il ne se livrait pas beaucoup. Sur lui-même, il manifestait la plus grande discrétion. Sur sa famille, jamais un mot. S'il n'était pas en forme, il fallait le deviner. Quand il était impatient, cela se sentait, mais à condition d'être attentif. Sauf exception, il ne le laissait pas voir. Tel était son style fait de nuances à saisir.

À l'occasion, Lesage aimait bien se vanter; cela faisait partie de sa personnalité exubérante et n'avait généralement rien de choquant. Johnson, lui, était systématiquement modeste; il donnait à ses vis-à-vis tout le temps de s'exprimer et n'hésitait pas, pour bien saisir un dossier, à demander maintes explications sur des points dont on aurait pensé qu'il les connaissait déjà. Peut-être était-ce le cas, mais alors, sans en avoir l'air, il mesurait l'information de ses interlocuteurs, vérifiait leurs données ou mettait à l'épreuve ses propres conclusions.

Sur tous les sujets, Johnson exigeait les renseignements les plus précis, les plus récents et les mieux vérifiés. Pas d'approximations quant aux faits, même si, dans ses déclarations publiques, il optait souvent pour le flou. Sur l'évolution future de dossiers, il tenait à se faire décrire toutes les hypothèses envisageables, ce qui nous conduisait rapidement à des exercices de politique-fiction. Sur les questions complexes, mieux valait disposer, à portée de la main, de toute la documentation pertinente. Ou non pertinente, mais il préférait la savoir disponible. Au cas où...

Étaient-ce là des indices d'insécurité ou des précautions normales? Les deux, sans doute, mais il ne se formalisait pas, en petit groupe, de voir déceler chez lui un certain manque d'assurance.

Il ne me disait pas tout ce qu'il pensait — loin de là, il était en réalité très réservé, même songeur —, mais je crois qu'il m'a toujours dit la vérité. À ma connaissance, il n'a jamais tenté de me circonvenir en quoi que ce soit, ni de me cacher les démarches auxquelles il pouvait se livrer de son propre chef quand, bien sûr, ces démarches me regardaient. C'était une façon pour lui d'être ordonné et loyal.

S'il était perplexe, il ne le proclamait pas mais ne faisait pas d'efforts particuliers pour le dissimuler, du moins pas en privé. Ses hésitations auraient pu jeter des doutes sur son leadership, mais il n'en était rien. On le sentait sincèrement à la recherche d'une solution ou d'une proposition acceptable.

Au fond, un comportement général responsable, une très grande simplicité, pas de prétention. On ne trouvait pas chez lui le panache de Lesage, mais une ténacité tranquille qui impressionnait.

Sa simplicité souffrait néanmoins quelques contradictions. Lesage, que d'aucuns considéraient comme arrogant et distant, pouvait se présenter à Ottawa, pour une conférence fédérale-provinciale, presque seul, sans cérémonie et se contenter, à l'hôtel, d'une chambre ordinaire si par hasard aucune suite n'était disponible.

Johnson, non. Le groupe qui l'accompagnait était toujours nombreux, il ne circulait jamais seul et il tenait absolument à une suite au Château Laurier. Je l'ai rarement vu aussi indisposé que lorsqu'il découvrit, au cours de son premier séjour à Ottawa, que quelqu'un lui avait réservé une suite, oui, mais dans un hôtel tout juste convenable.

Pour s'expliquer, le préposé aux réservations laissa entendre qu'il avait voulu éviter des dépenses excessives, du genre de celles qu'avait dénoncées l'Union nationale dans l'opposition! Johnson l'écouta, ne répondit rien, mais quelques heures après toute la délégation se retrouvait au Château Laurier. Et Johnson, dans une suite...

La relativité du temps

De 1960 à 1966, les retards de René Lévesque étaient devenus si légendaires que, parfois, Lesage le faisait convoquer à des réunions une demi-heure ou une heure plus tôt que les autres participants! Ainsi et jusqu'au moment où il découvrit le truc, Lévesque était presque à l'heure. Je n'aurais cependant jamais pensé que Johnson, ou quiconque, pût le surpasser dans l'indifférence à l'horaire. Pourtant oui.

Si cette caractérisque de son comportement était connue de ses conseillers de longue date, les autres s'en rendirent compte à l'expérience. Ce fut mon cas.

— Je vous verrai à onze heures, demain matin.

Au début, formé à la ponctualité de Lesage, je continuai sur ma lancée et interprétai littéralement ce genre de phrase de Johnson. À l'heure dite, j'étais au rendez-vous. Je finis par apprendre...

Bien des visiteurs et divers hauts fonctionnaires vécurent des expériences similaires. Malheureusement pour eux, leur bureau n'était pas, comme le mien, à proximité du sien. Ils devaient donc poireauter dans la salle d'attente. Certains, pour éviter de perdre totalement leur temps, prirent l'habitude d'emporter avec eux des dossiers et même des livres. Sur ma suggestion, quelques-uns, pour travailler, se réfugiaient dans mon propre bureau en mon absence ou dans un autre, momentanément libre, de l'«aile du premier ministre».

Il va de soi qu'on apprit rapidement, à travers tout le gouvernement, que le premier ministre ne rentrait jamais à son bureau avant onze heures ou midi. Inutile d'essayer de le joindre avant. Il n'appellerait pas non plus. On assista alors à un phénomène général de mimétisme horaire débouchant sur un décalage de la journée de travail. Des ministres se mirent, eux aussi, à arriver plus tard. L'exemple venant de haut, leur personnel immédiat, leurs sous-ministres et leurs directeurs généraux en firent autant à la longue. Moi aussi. En revanche, tout ce monde prit l'habitude de partir à la fin de l'après-midi, plus tard que du temps de Lesage.

Avec Lesage, on privilégiait la tendance allant dans l'autre direction. Comme il risquait d'appeler n'importe qui à des heures outrageusement matinales, les ministres et les hauts fonctionnaires avaient intérêt à se trouver sur place. Lévesque, lui, ne se laissa jamais influencer par la mode courante.

Pendant un temps je crus que l'arrivée tardive de Johnson tenait à son comportement de couche-tard. J'en avais été témoin à Toronto, en juillet 1966, et on m'avait ensuite confirmé que c'était à peu près toujours le cas. J'imaginai en conséquence qu'il ne devait pas se lever à la barre du jour. Erreur. Ce couche-tard était aussi un lève-tôt.

Peu avant l'ouverture de l'Exposition de 1967, j'allai le consulter, vers neuf heures du matin, sur une question urgente à sa suite du Château Frontenac. Cette démarche, à une heure aussi indue, m'embarrassait, mais, m'avait-on assuré, il m'attendait. Je le trouvai en robe de chambre devant un bureau couvert de feuilles sur lesquelles apparaissaient des noms et des numéros de téléphone. Je m'excusai d'être venu si tôt, mais il me dit qu'il était debout depuis six heures, qu'il avait depuis longtemps pris son petit déjeuner et qu'il était déjà au travail. «C'est cependant du travail politique», précisa-t-il en souriant.

J'appris alors qu'il lui arrivait souvent, le matin dans sa suite, de communiquer par téléphone avec des partisans politiques, souvent de simples organisateurs régionaux, ici et là au Québec. Il s'informait auprès d'eux de la réaction de leur milieu à telle ou telle décision du gouvernement, allant même jusqu'à leur demander conseil sur la façon de résoudre un problème. Je fus épaté. Le procédé était génial. Il valorisait au plus haut point le citoyen que Johnson rejoignait. On se doute bien que la personne ainsi contactée par le premier ministre lui-même racontait l'affaire tout autour d'elle, ce qui multipliait les retombées positives de l'intérêt montré par Johnson envers le «monde ordinaire». Et, en plus, il maintenait ainsi le lien avec l'opinion publique à une époque où les sondages n'étaient pas encore très fréquents.

Un énorme ascendant

On peut s'étonner que l'horaire de travail d'un premier ministre ait pu entraîner, sur les diverses instances du gouvernement, l'effet de décalage dont j'ai parlé il y a un instant. Ce n'est pas tout: le style de Johnson déteignit aussi sur l'ensemble de l'État et lui imprima une démarche administrative faite d'attente, de patience et de prudence. Cela résultait pour beaucoup, semble-t-il, de la combinaison de deux facteurs: l'ascendant de Johnson sur ses collègues et son processus décisionnel particulier.

L'admiration qu'on nourrit à l'endroit d'un chef politique n'exclut pas forcément la conscience qu'on peut avoir de ses défauts, ni la liberté d'en discuter entre collègues, ne serait-ce que pour tenter, ensemble, de les atténuer. Autant sous Jean Lesage que, plus tard, sous René Lévesque, des ministres pourtant fidèles à ces patrons prestigieux n'avaient aucune honte à s'entretenir discrètement les uns avec les autres des aspects positifs aussi bien que négatifs des méthodes de travail ou des intentions de leur chef. Et même à formuler des commentaires réprobateurs.

Avec Johnson, rien de tel. Ses ministres lui portaient une dévotion si respectueuse que je ne me souviens pas d'avoir, une seule fois, entendu l'un d'eux émettre une remarque critique à son endroit. Personne, certes, n'allait jusqu'à affirmer qu'il était le plus grand personnage de l'histoire du Québec, mais tout le monde se comportait comme si on avait affaire, en sa personne, à un puits sans fond de sagesse politique, de flair électoral et de connaissance administrative. Plusieurs de ses ministres le tutoyaient et l'appelaient par son prénom, mais s'adressaient toujours à lui avec une grande déférence.

J'ai cru un certain temps qu'on se retenait devant moi (après tout j'étais un fonctionnaire «rouge»!) d'avancer des opinions peu élogieuses sur le premier ministre ou qu'on s'autocensurait en présence de quelqu'un non inféodé à la famille politique immédiate. Une petite expérience m'apprit cependant que la déférence était authentique et n'avait rien à voir avec ma présence.

Au cours d'une réunion où se trouvaient plusieurs personnes dont Jean-Jacques Bertrand et Paul Dozois, tous deux doués du sens de l'humour, il fut question du rapport Tremblay, ce rapport de la Commission royale d'enquête sur les problèmes constitutionnels nommée par Duplessis au début des années 1950. Johnson devait se joindre à nous un peu plus tard. À deux ou trois reprises, Dozois d'abord puis Bertrand me demandèrent si, dans mes projets de mémoires aux conférences fédérales-provinciales, je prenais toujours bien soin de comparer les positions actuelles du Québec à celles que contenait ce rapport, vieux déjà d'une douzaine d'années.

La réponse aurait dû être que j'avais pris connaissance de ce document en mon temps d'étudiant et que je l'avais quelquefois consulté depuis. Assez ennuyé par leur insistance, je préférai rétorquer insolemment ceci:

— Pas besoin, je médite tous les soirs des versets de l'*Évangile selon saint Daniel* et, chaque jour, je lis le puissant éditorial de la *Pravda* de Montréal!

L'*Évangile* c'était l'*Égalité ou Indépendance* de Johnson et la *Pravda*, le *Montréal-Matin*, quotidien de l'Union nationale.

Tout le monde s'esclaffa, hormis les deux ministres qui se contentèrent de sourire. Certains textes sacrés ne se prêtaient pas à la blague. Dozois me glissa en aparté, sur un ton de reproche amical:

— Pour *Montréal-Matin*, ça va, mais nous, les ministres, ne faisons jamais d'esprit aux dépens de Daniel. Des témoins pourraient interpréter cela comme un manque de considération à son endroit. Daniel est un bonhomme tellement formidable.

Je n'eus pas le temps de répondre. Johnson entrait dans la pièce. Il avait entendu les rires et s'informa de leur cause. Je lui racontai tout bonnement ce qui venait d'arriver. S'il le prenait mal, tant pis. Au contraire, il s'amusa à son tour. L'expression resta. Par la suite, chaque fois qu'on fit allusion à son livre, devant lui ou non, on parla de l'*Évangile*...

En fait, des personnes de son entourage immédiat, comme Mario Beaulieu ou Jean Loiselle, se permettaient avec Johnson, tout en le respectant au plus haut point, bien plus de libertés que les ministres. Ils ne craignaient pas, au besoin, de le contredire et prenaient passablement d'initiatives. En cela, je les imitai: j'estimais faire moi aussi partie de l'entourage. Il ne me reprocha jamais mon attitude.

La confiance de ses ministres en son jugement était considérable. À cause de son ascendant sur eux, ils dépendaient beaucoup de lui. Bien peu prenaient de décisions importantes sans lui demander conseil au préalable, soit en lui parlant durant les séances du conseil, soit au téléphone. Johnson les écoutait avec attention, mais, vu son tempérament et sa circonspection systématique, il ne se précipitait pas pour leur fournir les recommandations requises. Comme pour les lettres, il préférait y «repenser». Alors il prenait son temps, tout son temps. Avec le résultat que les ministres devaient rappliquer et, souvent, se faire demander un délai supplémentaire de réflexion.

De nombreux projets restaient ainsi en plan. Johnson était réfractaire à l'idée d'engager son gouvernement ou de l'orienter dans des directions dont il n'avait pas au préalable mesuré les moindres aspects. Rien de majeur ne se décidait sans lui, ce qui était assez normal puisqu'il était premier ministre. Le problème venait du fait qu'il n'aimait guère décider et que les dossiers en suspens pouvaient dès lors le demeurer longtemps.

On comprend qu'avec de telles dispositions rien ne lui déplaisait autant que les événements inattendus ou hors de son contrôle qui l'obligeaient à réagir sur-le-champ. Il en exagérait même le danger réel.

C'est ce souci qui, en bonne partie, l'avait amené à ajouter un volet international et plus d'autorité au ministère des Affaires fédérales-provinciales. N'empêche qu'ils étaient très rares du côté québécois les jeunes fonctionnaires qui pouvaient être tentés d'appliquer leur propre version de la politique étrangère du Québec. Du côté français, Johnson avait encore moins à craindre: les amis du Québec étaient des fonctionnaires responsables et expérimentés sans qui, d'ailleurs, et malgré la présence de de Gaulle, l'émergence internationale du Québec eût été beaucoup plus lente et laborieuse. Je pense ici en particulier à des personnes comme Jean Jurgensen, Bernard Dorin, Philippe Rossillon et Xavier de la Fournière à qui le Québec doit tellement.

Ambivalence + prudence = Johnson

Bien des observateurs ont noté l'ambivalence de Johnson, ce qui n'avait rien d'un exploit: elle était magnifiée par une prudence tout aussi ancrée chez lui, au point qu'il aurait fallu le faire exprès pour ne pas s'en rendre compte. On confondait d'ailleurs souvent l'une et l'autre.

Si la prudence de Johnson avait l'avantage de le mettre à l'abri de tout geste intempestif, elle se conjuguait aussi avec son ambivalence naturelle. Cela transparaissait dans sa façon de s'adresser au public ou dans sa manière d'agir et pouvait être assez déroutant, car on ne savait pas au juste quel message retenir de lui. Il trouvait le moyen d'énoncer une idée et, en même temps, de dire presque son contraire. On aurait parfois cru qu'il s'adressait à deux publics simultanés en s'efforçant de plaire à chacun.

Il redoutait les extrêmes, aussi bien dans l'expression que dans l'action, peut-être moins par souci réfléchi d'équilibre et de mesure, que du fait qu'il craignait, en naviguant trop près des rives du possible et des récifs de l'impossible, voir sourdre des difficultés dont la solution réclamerait des gestes radicaux auxquels il répugnait au fond de lui-même. Quoi qu'il en soit, il tâchait en tout de n'intervenir qu'en cas de nécessité évidente ou absolue. S'il lui fallait agir, il le faisait en exploitant tous les délais plausibles et, alors, sa décision prise, il cherchait à se «positionner» au centre. Calcul par ailleurs assez défendable au point de vue électoral.

La citation qu'on lui attribue: «L'indépendance si nécessaire, mais pas nécessairement l'indépendance», est exemplaire: elle pouvait plaire aux souverainistes sans heurter les fédéralistes, puisque chaque groupe y découvrait des motifs d'espoir.

Accédant à un poste comme celui de premier ministre, on bénéficie peut-être d'une sorte d'état de grâce, mais on n'acquiert pas pour autant la science infuse. Il se peut fort bien que, aux prises avec des dossiers comme celui de l'avenir politique du Québec, Johnson n'ait tout simplement pas eu une idée bien nette de la voie à suivre. Ce n'est pas lui faire injure que de constater qu'à ce sujet sa limpidité n'était pas frappante, ni dans son livre ni dans ses discours.

Ni, d'ailleurs, dans le programme de son parti. S'il contenait des prises de position catégoriques sur la fiscalité ou sur l'urgence d'une nouvelle constitution canadienne, leur contenu prenait la forme d'énoncés de principes. Pour un programme électoral, cette évocation peut suffire; pas pour un gouvernement. Il lui faut traduire ces principes en revendications présentables à Ottawa et au reste du Canada.

À cet égard, des commentateurs et des spécialistes ont rétrospectivement décelé une continuité, à leurs yeux saisissante, entre les orientations unionistes et libérales.

Ils avaient raison, mais, en fait, celle-ci fut plus marquée qu'elle ne l'aurait dû: après tout, malgré les convergences révélées par le Comité parlementaire de la Constitution, les deux partis s'opposaient souvent l'un à l'autre, par exemple sur l'importance de réviser la Constitution en profondeur, par exemple encore sur la récupération de la totalité des impôts directs proposée par l'Union nationale.

Alors comment, dans ces conditions, a-t-on pu noter une continuité aussi indiscutable entre les deux partis?

Peut-être un peu pour deux raisons, l'une tenant à la surprise, l'autre à la nécessité.

La surprise. Tout le monde s'attendait, moi le premier, à ce que l'Union nationale fût, sur les relations internationales du Québec, beaucoup plus réservée que le Parti libéral. Or, c'est l'inverse qui se produisit. Johnson choisit de prolonger Lesage plutôt que de le contredire. Cette décision inattendue prit valeur de symbole et devint une sorte de «preuve» maintes fois rappelée que, sur certaines questions fondamentales, les intérêts à long terme du Québec pouvaient transcender les calculs à court terme des partis. La découverte d'une telle constance en relations internationales prédisposa les observateurs à la retrouver dans d'autres domaines.

La nécessité. Lorsque, faute d'indications, j'étais dans le vague quant aux positions fédérales-provinciales à exprimer sur tel ou tel sujet, je m'inspirais tout simplement, dans mes projets de mémoires, de celles que le gouvernement Lesage avait avancées en son temps. De cette façon, sur bien des points, Johnson prit la relève de son prédécesseur. Et assura la continuité.

En était-il conscient? Évidemment. Et, en plus, d'accord avec le procédé.

En effet, loin de lui déplaire, cette manière de proclamer et de souligner la permanence de l'orientation du Québec le réconfortait. Elle le plaçait dans le sillon rassurant de son prédécesseur, qui s'était aussi situé, me disait Johnson, dans celui d'un autre prédécesseur, Duplessis, lequel s'était lui-même laisser guider par Honoré Mercier. Ainsi de suite, et de là dans l'avenir.

Sa fidélité à la continuité lui traçait des balises sûres, inspirées de voies déjà empruntées, donc éprouvées et sans surprises déstabilisatrices, mais que jamais encore personne n'avait parcourues jusqu'au bout.

Se rendrait-il, quant à lui, au terme de la route? Non, mais il tenait à faire accomplir au Québec un bout de chemin. Après lui, un successeur continuerait la marche qu'un autre successeur, ensuite, poursuivrait. À chacun sa part du trajet.

La continuité — véritable *leitmotiv* chez lui —, il s'en servit comme argument auprès des fédéraux pour bien leur montrer qu'il ne parlait pas au nom d'un parti mais d'une patrie.

En un sens et face à l'Histoire, Johnson a, consciemment ou non, si bien réussi à camper son personnage qu'aujourd'hui encore, malgré le recul des années, certains peuvent voir en lui, textes et déclarations à l'appui, un indépendantiste potentiel — les trudeauistes étaient tentés de le qualifier de crypto-séparatiste —, alors que d'autres, s'appuyant aussi sur des documents et des faits de l'époque, le percevront plutôt comme un partisan du fédéralisme décentralisé. Pour ma part, sans être en mesure d'en apporter une démonstration inédite et irréfutable, j'opte sans hésiter pour la seconde interprétation, conclusion que je tire de mon expérience avec lui.

Johnson n'appartenait pas à la catégorie des idéologues dont, par bonheur pour eux et leurs adeptes les plus acharnés, mais pas nécessairement pour leurs contemporains, la doctrine indique toujours avec exactitude comment forcer la réalité à s'insérer dans des cadres intellectuels rigoureusement prédéterminés.

On aurait dit qu'il connaissait mieux la manière dont il souhaitait se diriger vers un objectif que la nature de cet objectif lui-même. Il paraissait plus à l'aise dans le choix du chemin à prendre que dans celui du but à atteindre.

Somme toute, il faisait ce qu'il estimait être son possible, dans les conditions de l'époque et à la lumière de son interprétation personnelle des faits. Dans une société, les opinions divergent toujours sur la dimension du «possible», voire du «souhaitable» dans telle ou telle circonstance. L'impossible de l'un étant le souhaitable de l'autre, Johnson évoluait avec précaution, à l'aide des moyens du bord, plus exactement de ceux dont il croyait disposer, sans toujours penser qu'il aurait pu en mobiliser d'autres. Peut-être n'en avait-il pas le goût ou craignait-il d'y recourir?

13

L'étau

Sans contredit, la grande affaire de 1967 allait être l'Exposition universelle et internationale de Montréal.

L'occasion serait belle de faire connaître le Québec aux milliers de visiteurs étrangers attirés par l'événement.

Heureuses retombées: elle permettrait aussi au gouvernement de donner de lui-même une image un peu plus moderne que celle que véhiculaient jusque-là les médias à l'extérieur, en plus d'offrir à ses ministres l'occasion de rehausser leur prestige en se faisant voir en compagnie de personnalités officielles de renom.

Personne toutefois ne pouvait imaginer que le général de Gaulle prononcerait à Montréal des paroles dont l'écho politique se répercute encore aujourd'hui.

Un invité de marque

Une trentaine de chefs d'État ou de gouvernement viendraient à l'Expo, avec des équipes plus ou moins nombreuses de ministres et de conseillers. Il fallait les recevoir convenablement. C'est à André Patry, alors chef du protocole, que la mission fut confiée. Il s'en acquitta avec doigté et compétence.

On s'en doute un peu, les fédéraux étaient de la partie. Après tout, pour eux, c'était à Montréal, *au Canada*, et pour commémorer le centième anniversaire de la Fédération de 1867 que l'Expo se tenait.

Pas à Montréal, *au Québec*.

Cette perception, aisément prévisible étant donné le point de vue d'Ottawa, incita le gouvernement Johnson à la vigilance: le risque était grand que l'accueil fait aux représentants des autres pays reflétât surtout la vision fédérale de l'événement et rejetât dans un arrière-plan indistinct le Québec comme État et les Québécois comme société. André Patry fut aussi chargé de cette problématique. Conformément au désir de Johnson, il réussit à assurer la visibilité du Québec à l'intérieur d'une manifestation internationale axée sur Montréal, comme lieu géographique, et sur Ottawa, comme puissance d'accueil. (L'expérience vécue alors se révélera fort utile lorsque, sous Trudeau, chaque visite au Québec d'un représentant officiel étranger donnera lieu à une véritable guérilla protocolaire.)

Pour Johnson, le général de Gaulle était, et de loin, le plus prestigieux de tous les illustres visiteurs attendus. La France était le seul pays avec lequel le Québec était en rapport direct et suivi, et tout le monde savait le rôle joué par son président dans l'établissement et le maintien de cette relation privilégiée. De Gaulle était également, de tous ces visiteurs, le plus impressionnant. Et le plus intimidant...

Pendant quelque temps, on se demanda s'il viendrait à Expo 67, puis, cette décision prise, on s'interrogea sur la manière dont se déroulerait son séjour. Chose certaine, Johnson tenait à le recevoir comme jamais aucun chef d'État n'avait encore été reçu au Québec. Le président français, formaliste et féru de convenances diplomatiques, accepterait-il que son passage chez nous revêtît une certaine originalité? Il s'agissait en même temps de l'accueillir avec chaleur et dignité, tout en faisant en sorte que son séjour au Québec tranchât, avec le cérémonial prévu pour les autres chefs d'État. Acrobaties à l'horizon.

En relation étroite avec Patry et moi-même, Jean Chapdelaine, délégué général du Québec en France, sonda l'Élysée à cet égard et sur le programme du séjour de de Gaulle. Celui-ci envisageait avec plaisir sa venue au Québec, mais avec quelque ennui son détour préalable et obligé par la capitale fédérale. Ottawa était d'avis que son avion devait d'abord y atterrir. De là, après les entretiens d'usage avec les autorités canadiennes, il se rendrait à Montréal. Les fédéraux prétendaient en effet que tous les chefs d'État devaient commencer leur tournée *canadienne* par Ottawa, ce qui, incidemment, se révéla faux par la suite.

Comment éviter à de Gaulle de leur payer un tel tribut? Chapdelaine lui suggéra tout simplement de venir par bateau. D'autres aussi, semble-t-il, pensèrent à la même astuce. Ainsi il serait «forcé» d'arriver d'abord à Québec! L'idée lui plut et il l'accepta d'emblée. Ottawa dut adapter son accueil à ces circonstances inattendues.

Il restait aux fédéraux une mini-carte dans leur jeu: les ports relevant de leur juridiction, de Gaulle accosterait fatalement sur leur territoire! On se console comme on peut..

Rencontre au sommet

Pour respecter les formes et souligner le caractère particulier de la visite de de Gaulle, Johnson effectua un voyage officiel à Paris en mai 1967. J'y étais moi-même allé le mois précédent pour préparer le passage de Johnson et pour faire le point sur de nouveaux projets de coopération franco-québécoise. J'eus l'occasion de discuter de la venue prochaine du président français avec le secrétaire général de l'Élysée et avec le conseiller diplomatique de de Gaulle, René de Saint-Légier.

Aucun des deux ne savait au juste ce que leur président dirait aux Québécois. Cela était un peu embarrassant: Johnson souhaitait faire préparer d'avance le schéma de ses propres allocutions en réponse à celles de de Gaulle. Saint-Légier me dit au moins ceci: «Soyez sûr que le général ne se contentera pas, au Québec, d'inaugurer des chrysanthèmes...» Je me souviens d'autant mieux de la confidence que j'entendais l'expression pour la première fois.

J'avais vu Lesage «performer» à Paris en 1961. Il s'en était admirablement tiré et avait fait honneur aux Québécois. De caractère différent et de style moins théâtral, Johnson serait-il à la hauteur au milieu des hautes et distantes personnalités avec lesquelles il s'entretiendrait? Il disposerait certes de tous les dossiers voulus pour traiter des échanges entre la France et le Québec, mais quels messages politiques transmettre et de quelle manière? Comme il était impossible de connaître d'avance le contenu précis des allocutions de de Gaulle, Johnson aurait à improviser dans les moments les plus «glissants».

N'ayant pas été témoin de ses conversations en tête-à-tête avec le président français, je le fus en revanche de toutes ses prestations publiques. Johnson m'épata par la simplicité de ses propos et sa façon modeste de les exprimer. Il n'essaya pas, pour la circonstance, de se fabriquer un comportement sur mesure. Il demeura lui-même, laissant jouer son charme naturel. On le sentait familiarisé avec son sujet, sincère dans son amour du Québec et en confiance avec ses auditeurs. Il parla avec une émotion contenue, mais sans effets rhétoriques, des Québécois et de leurs aspirations.

Pour sa rencontre avec le premier ministre Pompidou, il s'était fait accompagner de Paul Dozois, de Jean Chapdelaine et de moi-même.

Pompidou fut affable, mais, pour une raison quelconque, il me sembla au départ distrait, comme préoccupé par autre chose de plus pressant que ce dont Johnson voulait lui parler. Je crus un instant que le contact demeurerait courtois, c'est-à-dire sans substance, et que Pompidou ne nourrissait vraiment aucun intérêt pour le Québec. Mais Johnson renversa la situation et l'entretien se termina sur une note fort chaleureuse.

En 1961, à l'occasion du premier voyage officiel de Lesage à Paris, des journalistes avaient dit que le premier ministre avait été reçu «comme un véritable chef d'État». L'expression fut reprise en 1967, pour Johnson, et elle fit par la suite partie du vocabulaire classique chaque fois qu'un premier ministre québécois se rendit en France. À vrai dire, les journalistes comme la plupart des observateurs, peu au fait des subtilités du protocole international, confondaient les genres. Chaque fois, l'accueil était effectivement fastueux, surtout si on l'évaluait en fonction des normes québécoises courantes, mais ce n'était ni ne pouvait être celui que l'on réservait à un chef d'État, pour la bonne raison qu'un premier ministre du Québec, en mission à l'extérieur, demeure un chef de gouvernement.

Il n'empêche que Johnson eut droit à des égards et à des marques d'amitié, presque de complicité, qu'il sut apprécier et qui le confirmèrent dans sa résolution de «faire les choses en grand» au moment où le président français viendrait à son tour au Québec. Ainsi, il fut invité par de Gaulle à assister avec lui à un match de football au stade du Parc des Princes. Ce seul fait, tout à fait exceptionnel selon le rite protocolaire en usage en France, était de nature à faire comprendre à toute la population de ce pays ainsi qu'aux ambassades étrangères à Paris, et de là aux gouvernements qu'elles représentaient, combien la France tenait le Québec en estime particulière. C'était d'ailleurs précisément le but du geste. De Gaulle savait jouer sur les symboles.

Cet après-midi-là, un événement fortuit combla d'aise l'entourage de Johnson, notamment Jean Loiselle. Celui-ci, heureux comme nous tous de la qualité de l'accueil, souhaitait que la visite du premier ministre, sans nécessairement faire les manchettes, fût en bonne place dans les médias. Objectif difficile à atteindre dans une capitale comme Paris où les allées et venues de présidents ou de premiers ministres étrangers sont si fréquentes qu'elles attirent rarement une attention soutenue. Or, pendant la partie, le ballon disputé par les deux équipes fut soudain lancé en direction de la loge présidentielle où de Gaulle l'attrapa. Les nombreux photographes sur place pointèrent leurs caméras sur cet exploit sportif.

Le lendemain, publication à la une de tous les journaux de la photo de de Gaulle et Johnson, riant, aux prises avec le ballon baladeur. Ce fut

À la sortie de la rencontre avec le président Charles de Gaulle
lors du voyage officiel à Paris en mai 1967.

ainsi que des millions de Français apprirent la présence chez eux du premier ministre québécois, un «cousin», francophone malgré son patronyme déroutant.

Plus que le client n'en demande?

Beaucoup d'acteurs et de témoins ont déjà décrit et analysé le séjour de de Gaulle au Québec. On connaît cependant moins la façon dont Johnson a réagi à son *Vive le Québec libre!*, autant sur le coup qu'après.

Certains critiques, surtout des fédéraux et des libéraux québécois, ont avancé une hypothèse: Johnson aurait influencé le président français et l'aurait incité à prononcer ses mots célèbres du balcon de l'hôtel de ville de Montréal. On invoque par exemple l'interprétation biaisée qu'il aurait pu lui donner de l'évolution du Québec au cours du trajet de plusieurs heures, en automobile, sur le «Chemin du Roy»: accusation assez saugrenue vu le tempérament de Johnson. On ne connait pas avec exactitude de quoi il fut alors question entre eux pendant le périple, mais deux faits dont j'ai été témoin me portent à penser que Johnson ne s'attendait pas au *Vive le Québec libre!* Et qu'il en fut plutôt ennuyé.

J'ai déjà parlé de ces deux faits dans *L'Art de l'impossible*. On me permettra — ce sera la seule fois — d'en reproduire deux passages (pages 79 et 81):

> Le 24 juillet 1967, j'avais pris place dans le cortège qui accompagnait le général dans son trajet de Québec à Montréal. Au moment où il adressa la parole à la foule massée devant l'hôtel de ville de Montréal, je me trouvais sur une terrasse arrière avec un groupe d'invités que de Gaulle devait venir saluer après son allocution. Je fus aussi étonné que tout le monde du *Vive le Québec libre!* et je dus avoir une sorte de sourire intérieur quand je songeai à la tête que feraient les fédéraux. Dans les minutes qui suivirent, Johnson s'arrangea pour rejoindre un instant trois de ses conseillers sur la même terrasse que moi: Jean Loiselle, Paul Gros d'Aillon et Paul Chouinard, près desquels j'étais. Il nous demanda nos impressions et, inquiet, eut à peine le temps de nous dire: «Il va falloir penser à tout cela; on va avoir des problèmes».

Johnson, il me semble, se serait comporté différemment s'il avait été à l'origine de la fameuse déclaration. De la même manière, il n'aurait pas autant tardé à faire connaître le point de vue officiel du gouvernement:

> Au Conseil des ministres, les avis étaient partagés sur la façon dont le gouvernement devait réagir à la déclaration de de Gaulle; on s'en remettait à «Daniel». Pendant plusieurs jours qui me parurent interminables, celui-ci hésita à se prononcer clairement. Il attendait visiblement qu'à peu près tout le monde fût intervenu. Je crois qu'il attendait surtout les résultats des sondages d'opinion; chose certaine, il savait que les Québécois n'avaient pas trop mal reçu le *Vive le Québec libre!*, mais qu'ils étaient fort réticents à l'appellation de *Français du Canada* que de Gaulle leur avait appliquée.

> Je résolus finalement de prendre sur moi de préparer pour Johnson, à tout hasard, un projet de déclaration dont il disposerait à son gré. Il fallait en même temps, et sans donner trop de prise à la critique, ne pas désavouer de Gaulle, ne pas approuver son *Vive le Québec libre!* (slogan du Rassemblement pour l'indépendance nationale), souligner combien utile était l'ensemble de ses messages pour un Québec minoritaire en Amérique du Nord et désireux de manifester sa

spécificité, et annoncer que les rapports franco-québécois seraient dorénavant encore plus étroits.

Ce n'est que tout à la fin de la semaine, comme on commençait à s'étonner ici et là de son silence, notamment dans l'entourage de de Gaulle, que Johnson se résolut à émettre la déclaration que je lui avais soumise. Il fut probablement le dernier homme politique d'importance, au Canada et au Québec, à se prononcer.

Si Johnson appréciait à sa juste valeur l'attachement de de Gaulle au Québec, il n'était pas nécessairement prêt à se rendre aussi loin dans la voie de l'affirmation nationale que le présumait de son côté le président français. Je n'ai jamais eu l'impression que de Gaulle voulait «pousser dans le dos» le premier ministre québécois, mais — malentendu? — il croyait peut-être que celui-ci souhaitait des appuis spectaculaires de sa part. Peut-être aussi de Gaulle poursuivait-il, quant au Québec, ses propres objectifs historiques sans trop se soucier de «ce qui grouille, grenouille et scribouille», auquel cas il se préoccupait moins des réticences prudentes des personnalités politiques du moment que de l'élan global qu'il contribuait, à long terme, à donner au Québec par ses interventions.

Quoi qu'il en fût, au-delà de la réaction quasi hystérique d'Ottawa et du Canada anglais aux paroles de de Gaulle, au-delà aussi de la perplexité suscitée par elles chez Johnson, les retombées de la visite présidentielle sur la coopération franco-québécoise furent immédiatement palpables. Dès septembre, de Gaulle délégua son ministre de l'Éducation nationale, Alain Peyrefitte, avec mission de répondre aux attentes du Québec. Il donna aussi un statut spécial au consulat général de France à Québec: désormais ce consulat communiquerait directement avec le ministère des Affaires étrangères à Paris, et non plus par l'entremise de l'ambassade de France à Ottawa. Entre la France et le Québec, se confirmait ainsi une connivence qui ne devait pas cesser de sitôt.

De cet aspect des choses, Johnson fut reconnaissant à de Gaulle. Il est moins certain qu'il ait autant goûté les déclarations ultérieures du président français sur le Canada et le Québec, au cours de ses conférences de presse. L'une d'entre elles tomba à un moment où, selon moi, Johnson s'en serait passé. Nous verrons plus loin en quelles circonstances.

La muraille de Chine

Le séjour de de Gaulle au Québec avait provoqué des vagues politiques d'envergure. Combiné à d'autres éléments de la conjoncture, il eut aussi un impact financier ou, plus exactement pourrait-on dire, psychologico-financier.

Déjà, quand Lesage avait, quelques années plus tôt, procédé à la nationalisation de l'électricité et, plus encore, lorsqu'il institua la Caisse de dépôt et placement, les milieux d'affaires proches du gouvernement, mais hostiles à ces deux mesures, s'étaient évertués à semer l'inquiétude auprès de certains ministres: à cause des craintes suscitées par ces mesures politiques perçues comme carrément «gauchistes», les prêteurs américains et canadiens ainsi que les investisseurs étrangers boycotteraient le Québec et la situation financière de son gouvernement, décrite comme ultrafragile, friserait la banqueroute. Sans négliger tout à fait ces prophéties cataclysmiques, Lesage alla néanmoins de l'avant et, évidemment, rien de tragique, bien au contraire, ne survint.

Du temps de Johnson, aussi bien que par la suite, ces milieux d'affaires continuèrent, si on peut s'exprimer ainsi, à veiller à leur grain. Ils pressentaient que les Québécois, encore peu «sophistiqués» en matière d'économie et de finance, demeuraient fort vulnérables à l'évocation des vengeances possibles que pourraient exercer sur eux les investisseurs étrangers et autres «philanthropes» dans le cas où le Québec manifesterait trop d'inconvenance politique. Leçon à retenir: mieux valait filer doux pour ne pas indisposer ces gens qui, avec générosité et largeur de vues, daignaient développer une économie québécoise qui en avait grand besoin...

À cet égard, le gouvernement unioniste était aussi influençable que le citoyen québécois moyen de l'époque. La plupart des ministres et leurs amis, petits commerçants ou aspirant à le devenir, étaient spontanément portés à tenir pour inéluctable et fatal le ressac négatif des grands milieux financiers si jamais le gouvernement optait pour des orientations jugées téméraires par ceux-ci.

Si Dieu avait créé le monde, les «financiers» (quinze ans plus tard, on dira les «milieux d'affaires» ou la «communauté des affaires», traduction servile de *business community*) pouvaient apparemment renvoyer le Québec au néant si «on les fâchait trop». «Chien méchant», peut-on parfois lire, sur des inscriptions plantées sur certaines pelouses, à l'intention des rôdeurs. «Financiers dangereux», aurait-on pu placarder à l'extérieur du Québec pour ramener à la raison les perturbateurs de statu quo.

Le fait que Johnson eût accepté de publier un livre au titre aussi discutable, dans ces milieux, que *Égalité ou Indépendance* pouvait à la rigueur se tolérer: la longue et patiente recherche du premier terme de l'équation reportait à un avenir indéterminé mais lointain la réalisation, problématique de toute façon, du second.

Que de Gaulle se mît lui aussi, armé de son prestige international, à agiter la notion d'indépendance et à tenter de la sorte des électeurs peu avertis dépassait cependant davantage les bornes tacites de la marge de manœuvre admissible dans le cas du Québec.

Qu'en conséquence et avec la caution passive d'un gouvernement ambivalent, le mouvement indépendantiste s'agitât et se crût permis des espoirs, la veille encore réputés illusoires, voilà qui commençait à aller trop loin. La remise en cause des structures politiques risquait de conduire à celle des pratiques économiques et, qui sait, à d'autres initiatives étatiques comme celles qu'avait, en son temps de ministre d'une Révolution pas si tranquille, préconisé un certain René Lévesque. Il venait d'ailleurs de faire paraître son propre livre: *Option Québec*, et on le sentait de plus en plus «séparatiste». Le pouvoir d'entraînement d'un tel homme n'était pas menace à négliger.

Le temps était arrivé d'empêcher les choses de se gâter encore plus. Un bon avertissement paraissait de mise, un rappel à l'ordre s'imposait.

Les pressions s'accentuèrent sur Paul Dozois, ministre des Finances, et sur d'autres membres de l'entourage de Johnson. Des financiers de Montréal faisaient état d'une «fuite des capitaux», alors en cours selon eux et de nature à s'aggraver si quelqu'un ne déclarait pas la fin de la récréation. Quelqu'un? Le mieux placé était, bien sûr, le premier ministre lui-même.

Au milieu de septembre, Johnson avait éprouvé un malaise cardiaque, caché au public; on parla d'une phlébite. Ce n'était pas la première alerte, mais elle paraissait cette fois-là plus sérieuse. Pressé par ses médecins, il décida de prendre du repos, au loin, à Hawaï, où quelques amis influents, dont Marcel Faribault qui deviendrait bientôt conseiller législatif, le rejoignirent pour l'informer de la nervosité, dommageable pour l'économie québécoise, du milieu des affaires. Pendant ce temps, des journaux et autres publications du Québec, mais aussi de Toronto, faisaient des allusions assez alarmistes à ladite «fuite des capitaux». Une atmosphère d'inquiétude avait été créée. Bien des ministres y étaient sensibles, surtout Dozois lui-même, premier ministre par intérim, qui se trouvait un peu seul pour gérer la crise appréhendée.

Finalement, le 4 octobre, Johnson émit un communiqué qui se répercuta sur-le-champ en une manchette de neuf colonnes dans *La Presse*: «Daniel Johnson à Hawaï: pas de muraille de Chine autour du Québec!» C'était une prise de position en faveur du fédéralisme, un fédéralisme rénové il va de soi, mais pas question d'«isoler» le Québec, comme semblaient le souhaiter les «séparatistes». Pourtant, petite trace d'ambivalence, la mise en garde contenait quelques mots où l'aile la plus nationaliste du gouvernement pouvait à la rigueur déceler matière à consolation relative.

Et, comme par enchantement, la «fuite des capitaux» cessa net. Prodige d'autant moins miraculeux qu'elle n'avait jamais vraiment existé...

Une nuit à New York

Johnson était au pouvoir depuis presque un an et demi, et il n'avait pas encore effectué la tournée, rituelle pour tout nouveau premier ministre du Québec, des financiers new-yorkais, ceux qui vendaient et achetaient les obligations d'Hydro-Québec. Il était temps, surtout après les événements de l'été, d'aller faire connaissance.

Les maisons américaines de courtage et les compagnies prêteuses savent en général fort bien à quoi s'en tenir sur les forces et faiblesses économiques des institutions à qui elles avancent des fonds. Ce qu'elles connaissent moins, lorsqu'un gouvernement change, c'est la personnalité réelle des nouveaux dirigeants. Elles aiment bien rencontrer les plus influents, pour s'en faire d'eux leur propre idée. Autrement dit, elles cherchaient, en novembre 1967, une réponse à des questions comme: «What kind of a guy is Johnson?», «What makes him run?» ou «What is he really up to?»

Accompagné de quelques conseillers et d'hommes d'affaires québécois, Johnson plut aux Américains. Au lieu de les indisposer, l'équivoque sympathique qu'il laissa parfois percer dans ses discours et ses conversations les séduisit. Ils conclurent avoir devant eux un politicien habile et réaliste, capable de ne pas dévoiler tout son jeu et nullement désireux de semer la pagaille au Canada, tout en défendant les droits et les aspirations des siens. Bonne combinaison.

Après un dîner assez long avec des financiers et des industriels, il se retira dans sa suite d'hôtel avec trois ou quatre personnes. Je quittai le groupe pour revoir une consœur de mon temps d'étudiant à l'Université Columbia. À mon retour, vers une heure du matin, il y avait des voix chez Johnson. Tiens, la discussion se poursuivait!

C'est lui, en robe de chambre, qui vint m'ouvrir. À ma grande surprise, il était seul. Les bruits de voix provenaient de la télévision. Je m'excusai et voulus partir:

— Mais non, me dit-il, les autres sont allés marcher avant de se coucher. On peut «placoter» quelques minutes.

Il avait l'air de tenir à ma présence. (Je sus, longtemps après, qu'à cause de son état de santé il craignait de se trouver seul au moment d'une attaque, d'où son besoin constant de compagnie, en particulier tard le soir et la nuit; sa suite d'hôtel comprenait toujours une chambre pour un membre de son entourage).

Notre «placotage» dura près de deux heures et, même après ce délai presque indécent selon moi, je dus insister pour prendre congé de lui.

Ce fut ma plus longue conversation avec lui. Il fut question de Lesage, de Lévesque, de telle ou telle décision du gouvernement précédent. Je notai chez lui le besoin de reconstituer l'atmosphère des événements dont nous parlions. Souvent, il m'interrompait pour savoir, demandant tout un luxe de précisions, comment celui-ci ou celui-là avait réagi devant tel problème, pourquoi il avait rejeté les autres solutions envisageables, etc. Il cherchait moins à connaître l'état d'un dossier qu'à comprendre le cheminement de ceux qui en étaient chargés.

Puisque le premier ministre était en face de moi, pourquoi ne pas lui glisser quelques mots du mémoire que le Québec présenterait à Toronto, au cours d'une conférence prévue pour la fin du mois? J'avais des difficultés avec la partie traitant du bilinguisme et du sort réservé par la majorité canadienne-anglaise aux francophones hors Québec. Johnson se lança alors dans un monologue inattendu et qui me fit saisir certaines de ses préoccupations sur lesquelles je n'avais pas encore eu l'occasion de l'entendre s'exprimer.

Les minorités françaises à l'extérieur du Québec, m'expliqua-t-il en gros, vivaient dangereusement et on pouvait se demander s'il existait, pour elles, des solutions permanentes. Pour leur donner une chance de survivre, Ottawa devrait imposer le bilinguisme à travers le Canada; cela, les anglophones le ressentiraient comme une obligation intolérable née de la pression québécoise. Si, par contre, le Québec intervenait ouvertement en leur faveur grâce à des programmes d'aide établis sur mesures à leur intention, les gouvernements des autres provinces risquaient de voir ces initiatives d'un mauvais œil. Il aurait l'air de prendre sous sa protection une population qui ne relèvait pas de lui selon la constitution actuelle. On n'avait qu'à imaginer, mentionna-t-il, la réaction du Québec si l'Ontario s'avisait de venir appuyer la minorité anglophone chez nous, sous prétexte qu'elle aurait besoin de protection et d'encouragement.

Johnson admit qu'il ne connaissait pas vraiment la voie à suivre en la matière, mais qu'on devrait quand même faire état de la question dans le mémoire.

Il reconnut ne pas savoir non plus comment résoudre un autre problème en puissance, encore plus délicat d'après lui: celui de la place relative du français et de l'anglais au Québec même. Je lui rappelai que Pierre Laporte avait déjà proposé que le français devînt langue prioritaire et qu'il semblait exister maintenant un assez large consensus là-dessus.

— Non, ce consensus n'est qu'une illusion, répliqua-t-il. En réalité, il cache un malentendu. Pour les francophones, priorité signifie prédominance et pour les anglophones elle veut dire bilinguisme. Le jour où il faudra trancher, le malentendu deviendra évident, l'abcès éclatera et on assistera à un débat déchirant. En bout de ligne, on débouchera peut-être sur des mesures politiques plus radicales que toutes celles auxquelles on peut songer aujourd'hui. Avec le statut politique du Québec, la langue deviendra un objet d'affrontement et de division. Croyez-moi, le premier gouvernement qui tentera de légiférer sur la langue ne sortira pas du bois de sitôt. Il sera victime de sa propre décision, quelle qu'elle soit. En matière de langue, on ne peut en même temps plaire aux francophones et aux anglophones.

Ces paroles me reviendront à l'esprit quand, un an après, son successeur, Jean-Jacques Bertrand, fera adopter le «Bill 63» et, plus tard, Robert Bourassa, le «Bill 22»...

De Gaulle à Toronto!

Le besoin d'une révision en profondeur de la Constitution canadienne formait un des thèmes récurrents des discours de Johnson et de ses ministres. Il n'est cependant pas certain que ces énoncés répondaient avec assez de précision à la question toujours d'actualité au Canada anglais, surtout après la visite de de Gaulle: *What does Québec want?*

Avec l'accord de Johnson, John Robarts, premier ministre de l'Ontario, prit une décision qui tranchait avec l'habituelle placidité ontarienne: dans un geste original, il invita ses collègues des autres provinces à une conférence de deux jours entièrement axée sur *Le Canada de demain.* L'idée sous-jacente était à peu près la suivante: les provinces ayant été à l'origine du fédéralisme canadien, il était normal qu'un siècle après elles se réunissent pour le repenser.

Outre que cette notion ne correspondait pas à l'expérience historique de l'Alberta et de la Saskatchewan créées par le gouvernement fédéral, elle choquait Ottawa à qui, selon certains experts, il appartenait de convoquer les provinces. Ottawa était tout de même, selon eux, le *Senior Government.*

Néanmoins, la conférence eut lieu, en présence d'observateurs fédéraux sans droit de parole, dont un certain Marc Lalonde, qui prirent studieusement des notes. Les provinces anglophones y décrivirent leur vision plus ou moins précise du Canada de l'avenir et, sans s'engager à agir, formulèrent les bons sentiments d'usage sur l'unité nécessaire du pays et sur les rapports fraternels à établir entre anglophones et francophones.

En plus de la déclaration d'ouverture assez élaborée de Johnson, le Québec y soumit un long mémoire, substantiel et structuré: il contenait une rétrospective politico-historique du fédéralisme canadien, un diagnostic sur la situation présente des francophones au Canada et diverses revendications sur un nouveau partage des compétences constitutionnelles.

C'était assez bien parti et l'Ontario n'avait pas, semble-t-il, à craindre que son initiative entraînât des prises de positions trop tranchées, sources de regrettables tensions. Malgré des divergences stridentes sur le bilinguisme, la rencontre pourrait peut-être même, comme il se devait pour ce genre de situations, se terminer sur des expressions harmonieuses d'optimisme.

Mais voilà! Une rumeur, inquiétante pour certains de ses membres, vint secouer la délégation québécoise et semer la colère dans celles des autres provinces. Au cours d'une conférence de presse à Paris, de Gaulle semblait en avoir remis; il aurait évoqué la nécessité de revoir complètement la structure de la Fédération canadienne!

Voulait-il indiquer la voie aux hommes politiques réunis à Toronto?

Vérification faite, il s'était bel et bien prononcé dans le sens redouté. Il avait bien dit ce qu'on craignait, plus d'autres choses encore, toutes aptes à nourrir des réactions négatives chez les participants anglophones. Pour eux, aucun doute: cet ennemi de l'unité canadienne et adversaire traditionnel des Anglo-Saxons qu'était de Gaulle le faisait exprès pour déstabiliser le rendez-vous historique de Toronto. Comme si le président français avait choisi le moment d'une de ses rares conférences de presse en fonction de la réunion en cours...

À moins que cette initiative fracassante n'eût été ourdie par Johnson lui-même ou par ses conseillers zélés... Cette idée troublante traversa l'esprit de quelques délégués de l'Ouest.

Des déclarations outrées de plusieurs premiers ministres fusèrent bientôt. Certains, à l'instigation de Louis Robichaud du Nouveau-Brunswick, firent pression sur Johnson pour qu'il se dissocie publiquement de cette nouvelle intervention de la France dans les affaires intérieures du Canada. De leur point de vue, c'était le moment où jamais pour Johnson de lever des ambiguïtés et de se déclarer résolument canadien. (Autre sujet d'inquiétude, moins lancinant toutefois que les déclarations de de

Gaulle: une semaine avant la conférence de Toronto, les États généraux du Canada français avaient terminé leurs travaux à Montréal et, à toutes fins utiles, avaient rejeté le fédéralisme.)

L'incident contrariait visiblement Johnson. L'éclat qui venait d'arriver, s'il lui plaisait à long terme (mais en était-on sûr?), le plongeait pour le moment dans l'obligation de gérer un fait inattendu dérangeant ses calculs.

Paul Dozois et surtout Marcel Faribault, présent à Toronto à titre de conseiller constitutionnel, exigeaient une rebuffade publique à de Gaulle. Les autres membres de la délégation ne partageaient pas cet avis. Johnson décida qu'il était urgent de ne pas se prononcer, mais, comme pour donner le change, tenta de démontrer aux autres premiers ministres que les positions du Québec, si radicales pussent-elles leur sembler, restaient le meilleur moyen, si elles étaient agréées, de lutter contre le séparatisme.

What does Johnson want?

Ce genre de comportement n'aidait pas les autres provinces à deviner où Johnson voulait en venir au juste.

Depuis son accession au pouvoir, leurs représentants tentaient d'interpréter ses propos mais n'arrivaient à rien de limpide. Johnson était encore, pour ses collègues assis autour de la table, une énigme ambulante. Ils le savaient autonomiste québécois et avaient fini par comprendre que l'Union nationale de Johnson n'était plus celle de Duplessis. Fort bien jusque-là.

Mais d'aucuns avaient également cru voir, dans ses propos, que la «nouvelle constitution binationale» préconisée par lui ne se réaliserait qu'au prix d'une interrogation fondamentale sur la nature du Canada. Démarche inquiétante, car elle pourrait conduire à un chambardement du pays. Un chambardement du genre, peut-être, de celui mis de l'avant par de Gaulle?

Était-ce vraiment le sens du message de Johnson? Selon plusieurs participants, probablement pas. Ils avaient affaire, croyaient-ils plutôt, à un politicien louvoyant, obligé de jouer, devant les autres, son rôle de premier ministre du Québec, pensant surtout à son électorat *at home* et visant à l'impressionner favorablement. D'où certaines affirmations discutables de sa part, compréhensibles certes, mais qu'il était sage («*We know the rules of the game*») de ne pas prendre au pied de la lettre.

C'est Johnson lui-même ou, plus exactement, son charme personnel qui, en bonne partie, orienta ses collègues vers cette interprétation, davantage rassurante. Sa civilité, son égalité d'humeur, son sens de l'humour, sa familiarité avec la langue anglaise, tout cela joua. Ils décidèrent que c'était un *good guy*, trop réaliste, trop gentil et trop pondéré pour plonger le Québec et le Canada dans des affres politiques à l'issue douteuse.

Sans en être tout à fait sûrs, ils en vinrent à se dire que, de leur point de vue, Johnson était l'homme de la situation. Certes, il avançait des choses déplaisantes pour eux, mais qu'attendre d'autre du Québec? On conclut qu'il n'agirait pas de manière inconsidérée.

Malgré de Gaulle et l'agitation des «séparatistes».

Ne venait-il pas, un mois plus tôt, à Ottawa, à l'occasion d'une autre conférence, d'encaisser sans trop la dramatiser une décision fédérale contraire à toutes ses prétentions en matière de récupération fiscale? Lui qui avait réclamé la totalité des impôts directs!

Le ministre fédéral des Finances, Mitchell Sharp, sans doute inspiré par un nommé Pierre Elliott Trudeau, avait en effet annoncé qu'Ottawa ne céderait dorénavant plus aucune portion de ses champs de taxation aux provinces. Fini le «rapatriement» vers le Québec des impôts (le «butin») prétendument saisis par le gouvernement central à l'occasion de la Deuxième Guerre mondiale. Une page du débat classique Ottawa-Québec venait d'être tournée.

Johnson n'avait pas hurlé.

Dans les diverses délégations, on ne fut pas loin de penser que, pour ne plus se heurter au mur fiscal d'Ottawa, il délaisserait ce sujet et qu'il concentrerait de préférence ses énergies sur un autre front cher à son gouvernement: le changement des règles du jeu, c'est-à-dire la révision de la Constitution.

Ce qu'il avait dévoilé, à Toronto, de ses intentions à cet égard persistait à être vague et offrait évidemment une mine de tensions potentielles, mais, là encore, plusieurs premiers ministres purent espérer qu'il se montrerait responsable: sa stratégie consistait à se trouver des appuis parmi eux et non à les affronter.

Au demeurant, jugèrent-ils, si ses idées n'étaient pas toutes acceptables, comme par exemple son insistance sur le bilinguisme et sur l'accroissement des droits des francophones hors Québec, son style n'avait rien d'agressif, contrairement, estimait-on, à celui de Lesage. Il ne paraissait pas engagé dans une campagne pour tendre Dieu sait quel traquenard québécois aux autres provinces. Il voulait plutôt en faire ses alliées naturelles contre les fédéraux.

La conférence de Toronto fut la seule du genre. Pour ne pas la laisser aux provinces, Ottawa reprit l'initiative dans les semaines qui suivirent et entreprit un exercice laborieux: la révision de la Constitution. Une conférence fédérale-provinciale de premiers ministres fut convoquée à cette fin pour le début de février 1968.

Encore une fois, le reste du Canada allait avoir l'occasion de se poser de nouvelles questions sur Johnson.

Décidément, cet homme était ardu à saisir.

Trudeau en scène

Le 5 février 1968 commença donc la plus longue période de pourparlers constitutionnels de l'histoire du Canada. Elle allait durer trois ans et demi pour se terminer à Victoria, en juin 1971.

Pendant ce temps, les premiers ministres se réunirent à six ou sept reprises, au moins deux jours chaque fois.

Des comités fédéraux-provinciaux de ministres furent mis sur pied afin d'étudier les aspects sectoriels de la révision en cours. Sur ce plan, cela dut donner lieu à une vingtaine de rencontres.

En plus, on forma un comité permanent de hauts fonctionnaires de tous les gouvernements. Il se réunit pratiquement tous les deux mois et alimenta la discussion des premiers ministres et des ministres.

En tout, près d'une cinquantaine de réunions. Pour tous ces forums, on créa un secrétariat, permanent lui aussi.

Au début, le Québec se sentit heureux de la tournure des événements. À cause de son insistance, les onze gouvernements du Canada prendraient place autour d'une table de négociation, résultat dont il pouvait être fier. En outre, il était mieux préparé que les autres gouvernements à discuter de constitution.

Il ne se doutait pas encore qu'Ottawa et le Canada anglais entendaient bien profiter des circonstances pour en tirer quelques avantages fondés sur leurs propres priorités.

Cette fois, malgré de longs passages sur les principes en cause, le mémoire du Québec comportait des réclamations assez précises sur le partage fédéral-provincial des pouvoirs, notamment sur la politique sociale, les relations internationales et les communications.

On constata vite que les objectifs des participants seraient difficilement conciliables.

Entre Ottawa et les provinces anglophones, on aurait dit un consensus tacite: pour ces gouvernements, contrairement à celui du Québec, la priorité ne résidait pas dans le partage des compétences, mais dans le rapatriement de la Constitution et l'élaboration d'une formule d'amendement.

Cette divergence entre le Québec et le reste du Canada se maintint tout le long de l'exercice (Ottawa tenait en outre à l'insertion, dans la Constitution, d'une charte des droits fondamentaux). Si bien qu'à la fin, comme on le verra à propos de la conférence de Victoria en juin 1971, la priorité québécoise sera virtuellement oubliée.

Commencé à cause de lui, l'exercice ne tournera pas à l'avantage du Québec.

La conférence de novembre, à Toronto, avait été télévisée. Celle de février, à Ottawa, le fut également. C'était le début de l'ère des discussions constitutionnelles en public. Il n'était pas certain que la négociation-spectacle garantirait une plus grande efficacité dans la recherche des solutions, mais l'originalité du procédé attira l'attention.

Il permit en particulier de propulser le nouveau ministre fédéral de la Justice, Pierre Elliott Trudeau, à l'avant de la scène et sous l'œil sympathique et réceptif du Canada anglais.

Du temps de Duplessis ou de Lesage, aucun représentant fédéral n'aurait osé, dans une conférence fédérale-provinciale, mettre en cause la légitimité ou la représentativité du premier ministre québécois, pas plus d'ailleurs que celle d'aucun autre premier ministre. C'est pourtant ce que fit Trudeau au moment où Pearson lui donna la parole pour répliquer à Johnson. Celui-ci ne s'y attendait sans doute pas. Il en résulta, entre les deux, un bref échange télévisé devenu célèbre. Au grand plaisir du Canada anglais témoin de la scène et prenant spontanément parti pour le ministre fédéral, deux élus du Québec se disputèrent leur aptitude à véhiculer les aspirations de la population québécoise.

À l'intérieur de la salle, l'échange fut moins animé qu'il parut l'être au grand public dans les nouvelles télévisées. Chose sûre, il lança politiquement Trudeau. Un Québécois fédéral avait, jugea-t-on, remis à sa place un Québécois provincial! Beau coup!

Une douzaine de jours plus tard, Trudeau posa sa candidature à la succession de Lester B. Pearson comme chef du Parti libéral du Canada.

Conscient des répercussions, Johnson parut affecté par sa dispute avec Trudeau.

Je crus qu'il tirerait quelque consolation des nombreux télégrammes d'appui qui commencèrent alors à lui parvenir des quatre coins du Québec. J'avais déjà remarqué le même phénomène à la conférence de Toronto. À peine avait-il terminé sa présentation que, là aussi, des dizaines de télégrammes de félicitations se mirent à affluer. À Ottawa, il y en avait encore plus. Dans les mêmes circonstances, Lesage recevait fort peu de messages. Étrange.

En réalité, ces télégrammes émanaient de militants et d'associations unionistes régionales ou locales à qui des organisateurs haut placés avaient demandé de se manifester auprès de leur chef pour lui remonter le moral. À Toronto, c'était pour le féliciter de sa performance. À Ottawa aussi. Presque dans les mêmes termes...

Par moments, Johnson sembla fatigué.

L'expérience, nouvelle alors, d'une conférence télévisée était sûrement éprouvante, mais il y avait autre chose.

En parallèle un autre incident, favorable celui-là, survenait à des milliers de kilomètres d'Ottawa. Pour la première fois de son existence, le Québec, simple État fédéré, prenait part, en son propre nom, à une rencontre internationale de pays souverains.

Inutile de dire que cette incursion dans un territoire de compétence fédérale exclusive déplaisait aux fédéraux.

Johnson n'était pas tranquille.

Un bon tour

En décembre précédent, il m'avait autorisé à accepter une offre audacieuse de la France. Celle-ci ferait inviter le Québec à une conférence des ministres francophones de l'Éducation à laquelle elle participerait elle-même, à Libreville, Gabon. Plusieurs pays africains, anciennes colonies françaises, y seraient représentés. On tiendrait à l'écart le gouvernement fédéral. Motif officiel: Ottawa n'avait pas de ministère de l'Éducation.

Johnson prit un certain temps à se laisser convaincre d'accepter l'offre: une réaction fédérale véhémente s'ensuivrait fatalement. Son ministre de l'Éducation, Jean-Guy Cardinal, plaidait pour l'acceptation, de même que plusieurs fonctionnaires de son ministère. J'étais du même avis qu'eux: une occasion unique.

Fidèle à son style, Johnson entoura son consentement de divers appels à la prudence. Son sentiment se résumait à ceci:

— D'accord, mais pas d'histoires.

Mais comment éviter les «histoires» avec une opération qui, par définition, en susciterait à coup sûr?

Quoi qu'il en soit, Cardinal s'était rendu au Gabon et — coïncidence — la conférence débutait là-bas le jour même où s'ouvrait celle d'Ottawa.

Dans les semaines précédentes, les fédéraux avaient voulu faire avorter l'opération. Ils étaient intervenus tant auprès de la France que du Gabon. Sans succès.

Le lundi 5 février, pas de nouvelle de Cardinal. Paul Chouinard, responsable de la presse, était aux aguets. Au cas où des échos nous parviendraient de Libreville. Les journalistes présents à Ottawa également. La mission confiée à Cardinal avait fait les manchettes et soulevé des critiques dans des médias québécois et canadiens. Aux Affaires extérieures à Ottawa, les fonctionnaires étaient sur les dents.

Sans être ouvertement nerveux, Johnson s'informait de temps à autre auprès de Chouinard. Se rappelant la situation où l'avait mis, à Toronto, la déclaration de de Gaulle, il se demandait comment se déroulerait l'«incartade» québécoise et si des nouvelles à ce sujet commençaient à circuler.

Quant à moi, j'étais assez inquiet. J'avais conseillé l'expédition africaine à Johnson. Il m'en voudrait certes si des «histoires» survenaient.

Alors que j'écoutais l'intervention d'un premier ministre de l'Ouest, je vis soudain Chouinard, le regard sombre, se diriger à la hâte vers Johnson. Il lui remit un papier. J'étais assis derrière. Se tournant vers moi, il me tendit le papier, l'air grave:

— Occupez-vous de ça. Tout de suite. C'est sérieux.

Sur le papier, un télégramme, je lis quelque chose comme: «Rien ne va plus. Retour d'urgence au Québec. Cardinal.»

Que s'était-il passé? Ma crainte était qu'à la dernière minute Ottawa ait réussi à faire annuler l'invitation au Québec. Un gain considérable deviendrait ainsi, pour nous, une humiliation spectaculaire. Situation dont toute la gent politique ferait des gorges chaudes. Et dont Johnson me blâmerait.

Désespéré, je quittai la salle en coup de vent à la recherche fébrile d'un téléphone.

Mon idée était de rejoindre Chapdelaine à Paris qui, lui, prendrait contact avec Cardinal, au Gabon. Pourvu qu'on pût l'atteindre...

Chapdelaine était absent.

J'appelai mon bureau, à Québec. Personne n'était au courant de rien.

De retour dans la salle, je remarquai les mines réjouies de la délégation du Québec. Aucune inquiétude, apparemment, sur le sort de Cardinal. Du coup, le télégramme me devint suspect.

Et puis, Chouinard, hilare, passa aux aveux. De connivence avec lui, des journalistes avaient fabriqué un faux télégramme à mon intention. Johnson faisait partie de la conspiration.

Celui-ci me dit alors, se pinçant les lèvres pour ne pas pouffer de rire:

— On dirait que des salauds vous ont joué un tour!

— En effet, répondis-je, et le plus coupable d'entre eux est en train de me parler!

Johnson ne détestait pas les *practical jokes*, comme il disait.

La veille d'une conférence, il avait demandé à l'un de ses adjoints de prendre bien soin d'apporter à Ottawa toute la documentation dont la délégation pourrait avoir besoin. Toute. L'adjoint chercha à obtenir des précisions:

— Je veux un exemplaire des mémoires de Lesage et de ceux d'Ottawa depuis 1960, précisa Johnson. Il ne serait pas non plus vilain d'avoir à portée de la main ceux de l'Ontario et des autres provinces. Ah oui, n'oubliez pas les rapports de commissions royales comme la commission Rowell-Sirois et la commission Tremblay. Plus les annexes. Et aussi de bons dictionnaires français et anglais. Plus un ou deux traités de droit constitutionnel.

La commande équivalait à deux ou trois rayons de bibliothèque. L'adjoint apprit heureusement à temps que Johnson s'était amusé à ses dépens.

Comment organiser la négociation?

L'absence d'entente sur des modifications constitutionnelles déçut ceux qui escomptaient des résultats tangibles de cette première conférence.

En fait, on n'avait pas encore entrepris de négociation. La longue marche commençait à peine. Après l'énoncé des souhaits et espoirs de chacun, on s'entendit d'autant plus facilement sur l'ordre du jour des rencontres ultérieures qu'on y inscrivit tout simplement la liste des sujets chers à chaque gouvernement. Le temps des choix douloureux, s'il devait y en avoir, n'était pas imminent. On se reverrait en octobre ou novembre prochain.

Les choses se corseraient sans doute avec le temps. Les fédéraux prirent tout le monde par surprise en publiant deux livres blancs, l'un sur *Le fédéralisme et l'avenir*, une déclaration de principes signée par Pearson, et l'autre sur la *Charte canadienne des droits de l'homme*, signé par le ministre de la Justice, Pierre Elliott Trudeau. Trois autres devaient suivre, dont deux sur la conduite des relations internationales en régime fédéral.

La presse voulut interroger Johnson sur son échange avec Trudeau. Celui-ci jugea plus indiqué de rappeler que le Québec avait fermement fait valoir son point de vue et qu'il s'en était tenu aux principes qu'il défendait. Il souligna aussi, en passant, la bonne volonté apparente des participants et, optimiste, le fait qu'un mécanisme sérieux de négociation venait d'être mis en place.

Sérieux comme mécanisme, nul n'en doutait, mais surtout inaccoutumé dans le contexte canadien de l'époque.

Il reviendrait en effet à des fonctionnaires délégués par leur gouvernement (le comité permanent mentionné plus haut) de comparer et d'analyser les suggestions avancées de part et d'autre, pour en faire une synthèse commentée à l'intention des ministres et des premiers ministres. C'est sur ces derniers, cela allait de soi, que reposerait la décision finale quant aux propositions à retenir.

Jusque-là, aucun problème, mais la suite des événements mit Johnson mal à l'aise.

Notre comité de fonctionnaires se réunit tôt après la conférence. Il constata vite que la réalisation de son mandat — faciliter la négociation entre les politiciens — n'était possible qu'à une condition: chaque partie devait lui révéler confidentiellement ses positions dans des documents à soumettre à l'examen du comité. Si personne ne s'avançait, comment comparer les points de vue en présence et en analyser les conséquences? La logique du mécanisme mis en place obligerait ainsi des fonctionnaires à se livrer, avant les élus, à des discussions sur les visées constitutionnelles des divers gouvernements. Au fond, la négociation débuterait avec eux.

Johnson ne se formalisa pas du caractère politique inévitable des échanges entre fonctionnaires. Il n'ignorait pas que, malgré les vérités reçues, la frontière entre tâches administratives et tâches politiques s'estompe à partir d'un certain niveau de la fonction publique.

Il était tracassé de savoir que circulerait à travers le Canada un document où le gouvernement du Québec décrirait ses projets de réforme constitutionnelle avec un degré de précision que l'on n'avait jamais exigé de lui auparavant. On ne pouvait plus en effet, à l'étape où on en était rendu, se satisfaire d'expression évocatrices sur l'avenir radieux du Canada, de déclarations de principe sur les «deux nations» ou d'intentions vagues sur le partage des pouvoirs. On arrivait à la phase où les changements désirés devaient presque être rédigés en dialecte juridique.

On s'était longtemps demandé: *What does Québec want?* Eh bien, le temps semblait venu de livrer la réponse, sauf qu'il faudrait d'abord la révéler aux «technocrates» plus ou moins discrets des dix autres gouvernements.

C'était beaucoup exiger de Johnson. Il se sentait «poussé dans le dos». Il aurait à s'engager alors que la pensée constitutionnelle du Québec (la sienne aussi) évoluait encore.

Son cas n'était pas unique, mais, d'un certain point de vue, il se trouvait en posture moins délicate que plusieurs de ses collègues provinciaux. Son équipe avait longuement réfléchi à la question constitutionnelle: au besoin, elle pouvait avancer des idées crédibles, structurées. Ce n'était pas vrai partout. Des provinces qui n'avaient pas, jusque-là, exprimé de demandes explicites se mirent en quête d'experts extérieurs aptes à en découvrir pour elles et à les formuler.

Le plus inquiétant pour Johnson était sans contredit le risque que le document, quoique confidentiel, fût divulgué, accidentellement ou non. Cela gèlerait les positions québécoises. Il serait ensuite difficile de les corriger ou de les modifier au gré de la négociation. En outre, s'il devenait public, les opposants trouveraient sûrement, dans le document, ample matière à l'embarrasser, alors que des partisans y découvriraient peut-être des passages étrangers au programme officiel du Parti.

Ennuyeux!

Un document au statut incertain

Le comité de fonctionnaires avait pensé aux inquiétudes que ferait naître, chez les politiciens, la démarche proposée. Pour les rassurer, il inventa une fiction.

Il décida que les propositions soumises pour examen et négociation préliminaires émaneraient des fonctionnaires eux-mêmes et seraient consignées dans des documents de travail dépourvus de caractère officiel. Ainsi, elles n'engageraient pas les gouvernements de manière ferme et définitive. Ceux-ci seraient toujours libres de se dissocier des positions avancées «à titre indicatif» par leurs représentants ou de les changer, pour quelque raison que ce soit. Leur liberté de manœuvre demeurerait intacte.

En principe.

En pratique, le truc était cousu de fil blanc — comment faire croire que des fonctionnaires produiraient, sans aval ministériel explicite, des documents destinés à préparer une négociation? —, mais il fut bien reçu par les responsables politiques partout au Canada. En cas de «coulage» ou autre mésaventure, ils pourraient toujours ranger ces textes au rayon des «versions préliminaires non encore approuvées». De toute façon, à moins que les premiers ministres n'affrontent le défi périlleux de se réunir sans préparation technique et sans indication préalable sur les orientations de leurs collègues, il n'existait aucun autre moyen d'entreprendre avec ordre et efficacité des discussions constitutionnelles aussi complexes que celles qui se dessinaient.

Au cours du printemps 1968, une petite équipe de travail composée notamment de Louis Bernard, constitutionnaliste de mon ministère, de Charles Pelletier, du cabinet de Johnson, ainsi que de moi-même s'attela à une tâche encore jamais amorcée au sein du gouvernement: la rédaction d'un document exposant tous les changements que le Québec aimerait voir apporter à la Constitution du Canada.

Pour fabriquer ce recueil, terminé en juin, le programme de l'Union nationale fut mis à profit; on puisa aussi dans les revendications déjà avancées par Lesage ou Duplessis. Nous ajoutâmes aussi plusieurs propositions de notre cru, par exemple celle qui visait à changer le nom du Canada en celui d'«Union canadienne» ou cette autre selon laquelle le Québec serait disposé, sans tarder, à devenir une république au sein de ladite Union canadienne!

Produit fini: un texte de plus de cinquante pages, grand format. Il décrivait un fédéralisme binational et décentralisé, reconnaissant au Québec les pouvoirs nécessaires à son rôle de «point d'appui du Canada français».

On s'était entendu pour que les propositions préliminaires des divers gouvernements parviennent au secrétariat de la conférence constitutionnelle vers le milieu de juillet. En prévision de cet envoi, j'ornai le tout du titre pudique de: *Documents de travail* et le fis parvenir à Johnson pour obtenir ses commentaires.

Il fut malheureusement victime d'une autre crise cardiaque au début de juillet.

Bertrand, premier ministre intérimaire, parcourut notre texte. Satisfait, il acceptât qu'on le transmît au secrétariat, à condition de préciser dans la lettre d'accompagnement qu'il n'avait été l'objet d'aucune approbation formelle.

Johnson poursuivit une partie de sa longue convalescence à La Malbaie. En août, il accepta de recevoir Charles Pelletier et moi-même pour «examiner», m'avait-il fait savoir, les *Documents de travail*. Bertrand serait aussi présent.

Gêné de faire irruption auprès de lui en pareille circonstance, j'étais en plus inquiet de la façon dont se dérouleraient les discussions. Les expériences assez pénibles vécues durant les interminables séances de travail sur les mémoires fédéraux-provinciaux me revenaient à l'esprit, mais cela m'inquiétait moins que la fatigue qu'elle imposerait à Johnson.

Il me parut en forme, mais amaigri et peu enjoué, ce qui était concevable, et parfois distrait, comme détaché. Contrairement à mon attente, le sort du document fut réglé en un temps record: quelques heures à peine, alors qu'il n'aurait été nullement surprenant de le voir nous prier de revenir deux ou trois jours plus tard, une fois qu'il l'aurait parcouru à tête reposée, après y avoir «repensé». Il donna son accord sans apporter de changement — fait sans précédent — et nous félicita. Vu la teneur du texte, une telle sérénité était inattendue. Il est vrai qu'il insista beaucoup sur la nécessité absolue de la confidentialité, mais je déduisis de son atttitude que le caractère non officiel du papier le rassurait.

Peut-être aussi se savait-il plus malade qu'il n'en donnait l'impression?

Quelque temps après cette réunion, un journal anglophone annonça en primeur que le Québec proposerait de remplacer la monarchie par un régime républicain. Manifestement, quelqu'un avait dévoilé l'une de nos propositions à l'auteur de l'article, un journaliste de la tribune de la presse à Québec.

La nouvelle, on le devine, provoqua toute une secousse au Canada anglais. J'étais embêté. À peine venais-je de démontrer à Johnson que toutes les précautions avaient été prises pour garantir la confidentialité de notre texte, qu'il commençait déjà à «couler»!

Aucun des rédacteurs n'avait pu se livrer à cette indiscrétion. Qui alors? Peut-être quelqu'un du secrétariat, à Ottawa?

Johnson me renversa. Il me conseilla de ne pas m'en faire et fit preuve d'un flegme si déconcertant, d'indifférence même, face au «coulage» que je me surpris à imaginer qu'il avait peut-être demandé à un membre de son cabinet de lancer un ballon d'essai pour évaluer l'état de l'opinion canadienne-anglaise... Hypothèse aberrante quand on songeait au caractère irritant pour le Canada anglais du «ballon» choisi!

Décidément, Johnson ne réagissait plus comme avant.

Dernier «mémo»

Trudeau avait été élu premier ministre fédéral le 25 juin 1968. La veille il assistait, à Montréal, à un défilé tumultueux de la Saint-Jean-Baptiste où il avait bravé des «séparatistes» vociférateurs. Ses prises de position antinationalistes avaient depuis longtemps fait le tour du pays. Le Canada anglais, sous le charme de la «trudeaumanie», devinait en lui le Québécois qui «remettrait le Québec à sa place».

Et maints Québécois estimaient qu'il les «représenterait bien à Ottawa»...

Pour le gouvernement Johnson, l'avenir ne paraissait pas rose. Les difficultés internes, les anciennes comme les nouvelles — problèmes financiers, conflits de travail, tensions linguistiques dans la région de Montréal, etc. —, absorbaient l'attention des ministériels, alors que les libéraux provinciaux subissaient l'ascendant de Trudeau. Même s'ils avaient été à l'origine des relations internationales du Québec, c'était par exemple devenu pour eux une mode de s'en prendre dorénavant avec sarcasme aux «gaboniaiseries» et autres visées extérieures du gouvernement unioniste.

Bien que partisan convaincu de l'ouverture du Québec au monde, Johnson était sensible à ces critiques. Il tenait, en la matière, à ne pas alimenter l'opposition. Après la visite de de Gaulle, son tour viendrait de retourner en France. Tout indiquait que le président français lui réservait un accueil d'un faste inouï pour un premier ministre québécois. Il en mettrait plein la vue aux fédéraux et aux observateurs étrangers à Paris. Plus que jamais, le Québec serait «sur la carte du monde».

Johnson se faisait certes une joie de se retrouver en France, mais le projet gaullien, trop grandiose à ses yeux, l'inquiétait. Comment réagirait la population? Elle risquait de mal comprendre la raison d'un déploiement aussi faramineux. Avec Trudeau à Ottawa et les libéraux provinciaux à l'affut, il s'attendait à des attaques virulentes.

En un sens, sa maladie de l'été 1968 lui offrit une solution: ses problèmes de santé le forcèrent à reporter le voyage prévu.

Ignorant, comme l'ensemble des Québécois, la gravité réelle de son état, les Français crurent d'abord que Johnson commençait à montrer de la tiédeur envers la France. André Patry, de passage à Paris, s'évertua à mettre les choses au point, tout comme je le fis moi-même auprès du consulat de France à Québec.

Quelques mois plus tôt, René Lévesque avait quitté le Parti libéral et lancé le Mouvement souveraineté-association. Un soir que je me trouvais avec lui à l'heure des nouvelles télévisées, Johnson demanda soudain aux personnes présentes de garder le silence: on venait d'annoncer là-dessus un reportage qui l'intéressait:

— Écoutez ça, dit-il; ce qui se passe maintenant, au congrès de Lévesque, fera des petits et on va en entendre parler longtemps.

Dans les commentaires qu'il fit ce soir-là et à d'autres moments, Johnson se révéla assez intuitif pour saisir qu'un tel mouvement pouvait, tôt ou tard, conduire à la formation d'un parti indépendantiste capable d'attirer les éléments les plus nationalistes de son propre électorat et de contribuer à la polarisation des Québécois en souverainistes désabusés du régime ambiant et en libéraux défenseurs inconditionnels du fédéralisme.

En ce milieu de 1968, on aurait dit que, jaillissant de tous les points de l'horizon politique, des pressions de toute nature convergeaient sur un Johnson de plus en plus désemparé, pourtant si bien servi jusque-là par son ambivalence. Et cet étau multiforme se refermait, implacable, sur lui à un moment où sa santé flanchait.

Le temps approchait où les esquives ne lui suffiraient plus pour reporter à plus tard des choix déchirants qui le forceraient à s'engager clairement dans une direction ou dans une autre.

On a dit que l'irrésolution de Johnson, sur le statut futur du Québec, par exemple, ou sur les politiques linguistiques, n'était, au fond, que la résultante d'un calcul tactique. C'était peut-être vrai en partie: tout premier ministre désireux de réussir doit se préoccuper de tactique. Mais on peut aussi penser que, chez lui, l'ambivalence était sincère en ce sens qu'elle découlait de son tempérament prudent et du fait que, comme pour beaucoup de Québécois d'alors, son cheminement personnel n'était pas achevé.

Bref, pour des fonctionnaires comme moi, l'atmosphère de l'époque ne portait pas à l'enthousiasme. Bien qu'il fût un «auditif», je préparai à l'intention de Johnson un mémoire groupant certaines de mes réflexions sur la conjoncture du moment. Ce mémoire était du genre franc et direct (voir Document 12). Peut-être Johnson en serait-il indisposé? Tant pis. Il le reçut, en septembre, au retour de sa longue convalescence. Je décidai de lui laisser tout le loisir nécessaire pour le lire. Il finirait bien par réagir.

Je n'ai jamais su ce qu'il en pensait.

Le matin du 26 septembre 1968, je me trouvais à Ottawa pour une des réunions de notre comité constitutionnel permanent. Vers neuf heures, je téléphonai à Roger Ouellet, au bureau de Johnson à Québec, pour lui demander de me réserver un quart d'heure avec le premier ministre dans les jours à venir.

— Vous n'êtes pas au courant? me dit-il; le Patron est mort cette nuit!...

Jean-Jacques Bertrand

Né à Sainte-Agathe-des-Monts le 20 juin 1916. Député de l'Union nationale à l'Assemblée législative du comté de Missisquoi en 1948, 1952, 1956, 1960, 1962, 1966 et 1970. Adjoint parlementaire du ministre des Terres et Forêts et du ministre des Ressources hydrauliques le 17 décembre 1954.

Ministre des Terres et Forêts du 30 avril 1958 au 8 janvier 1960. Ministre de la Jeunesse et ministre du Bien-être social du 8 janvier au 5 juillet 1960. Candidat défait à la direction de son parti en 1961. Ministre de l'Éducation du 16 juin 1966 au 31 octobre 1967 et de la Justice du 16 juin 1966 au 2 octobre 1968. Chef intérimaire de l'Union nationale après le décès de Daniel Johnson. Premier ministre du 2 octobre 1968 au 12 mai 1970. Ministre des Affaires intergouvernementales et ministre de la Justice du 2 octobre 1968 au 23 juillet 1969. Confirmé chef permanent de l'Union nationale lors du congrès de ce parti, le 21 juin 1969. Chef de l'opposition officielle du 12 mai 1970 au 19 juin 1971. Décédé à Montréal le 22 février 1973.

Source: *Répertoire des parlementaires québécois, 1867-1978*, Bibliothèque de la législature, Service de documentation politique, Québec, 1980.

14

Contrastes

Par respect pour la mémoire du premier ministre québécois, notre réunion d'Ottawa fut immédiatement ajournée. Triste et silencieuse, notre petite délégation de fonctionnaires était de retour à Québec vers midi.

Que se passerait-il maintenant? nous demandions-nous. Aucun doute sur l'identité de celui qui remplacerait Johnson: ce serait Jean-Jacques Bertrand, ministre de la Justice. Mais ensuite?

Dès mon arrivée, Roger Ouellet m'informa que plusieurs ministres étaient réunis au Café du Parlement, dans la salle réservée aux membres du Conseil exécutif. Ils se concertaient sur la suite des événements. Un ou deux collaborateurs immédiats de Johnson se trouvaient avec eux, pendant que les autres revenaient de la Manicouagan où le premier ministre était décédé près du barrage qui, bientôt, porterait son nom.

L'organisation des funérailles de Johnson ne me concernait pas, encore moins les dispositions à prendre pour la désignation d'un nouveau premier ministre. Mais j'avais fini par éprouver pour Johnson un attachement réel. Il me sembla parfaitement normal d'aller voir ses collègues réunis au Café pour partager leur peine qui était aussi la mienne.

Ils étaient quatre ou cinq, dont Jean-Jacques Bertrand et Paul Dozois, écrasés par la perte de cet homme qu'ils aimaient. Le spectacle de leur détresse — quel autre mot conviendrait? — me fit tout à coup paraître ma présence présomptueuse, superflue, déplacée. Je résolus de les quitter sitôt mes condoléances offertes, mais Bertrand m'invita à m'asseoir un moment.

Intimidé, je m'approchai d'une chaise libre au bout de la table. Dozois me dit alors doucement:

— Non, Claude, pas cette chaise, c'était celle de Daniel...

Transition

Aurait-on cru que les funérailles de Johnson poseraient un problème Québec-Paris-Ottawa? Et un problème protocolaire en plus!

Pour souligner son amitié envers le Québec, le général de Gaulle songea à venir en personne représenter la France aux obsèques. C'eût été exceptionnel, Johnson n'étant pas chef d'État. Difficulté: de Gaulle était, lui, chef d'État, mais pas Trudeau qui représenterait le Canada à la cérémonie. Lequel des deux aurait la préséance? Comment les choses se passeraient-elles entre eux? En outre, la stature et la renommée du président français obligeraient les autorités québécoises à lui réserver un accueil spécial, sans compter que sa venue attirerait au Québec quantité de journalistes français et étrangers et donnerait peut-être aux funérailles une connotation politique malvenue. Que de complications!

Le moins qu'on puisse dire c'est que, dans ces circonstances pénibles, la possibilité d'une «guerre de drapeaux» n'enchantait pas Bertrand. J'étais d'accord avec lui, André Patry de même. L'atmosphère avait changé depuis le discours de l'hôtel de ville de Montréal, en juillet 1967. Patry fit diplomatiquement comprendre à la France que le Québec, touché par l'intention de de Gaulle, n'en exigeait pas tant et se sentirait honoré de la présence du premier ministre, Maurice Couve de Murville...

Au début d'octobre, les députés et conseillers législatifs unionistes désignèrent Bertrand au poste de premier ministre. Un congrès à la direction permanente de l'Union nationale aurait lieu dans les mois suivants. Bertrand y tenait pour acquérir la légitimité nécessaire comme chef du gouvernement. Cette légitimité, il reviendrait ensuite à la population québécoise de la lui confirmer par une élection générale.

Bertrand n'était pas du genre cachottier. Ainsi qu'on le dit en termes courants, il ne «tournait pas autour du pot».

Ses confidences sur ses intentions, il me les fit dès notre premier entretien après les funérailles de Johnson, sans sollicitation de ma part (ce n'était quand même pas de mes affaires!), comme s'il voulait aller au-devant des critiques éventuelles sur sa procédure de désignation au poste de premier ministre. Pourtant, vu les événements, elle était correcte, mais Bertrand n'y voyait qu'un pis-aller temporaire:

— Je suis un démocrate convaincu, me dit-il, et je veux être choisi autrement que par une petite assemblée de parlementaires. Les électeurs auront éventuellement à trancher.

On aurait pu penser que, devenu premier ministre, il paraîtrait heureux de son sort. Ne s'était-il pas, des années plus tôt, opposé à Daniel Johnson au cours d'un congrès au leadership de l'Union nationale? Le statut de premier ministre n'était-il pas pour lui, par conséquent, l'aboutissement normal d'une ambition compréhensible?

Si tel était le cas, il ne laissait rien voir de son contentement, n'hésitant jamais, au contraire, à exprimer sa loyauté posthume à Johnson dont il regrettait sincèrement la disparition. En privé, il ne formula jamais la moindre critique sur les méthodes ou les objectifs de son prédécesseur. Même après sa mort, Johnson maintenait intact son ascendant sur ce compagnon de lutte comme sur les autres membres du cabinet.

Cela n'empêchera pas Bertrand, on le verra, de se démarquer de lui à bien des points de vue.

Mes rapports avec le nouveau premier ministre étaient si anciens et si cordiaux que je ne songeai pas un instant à lui dire de se sentir libre de se choisir un autre sous-ministre s'il le souhaitait.

Je n'en eus d'ailleurs pas le temps. Dès notre première rencontre et sans me laisser le loisir de me lancer dans les périphrases d'usage, il m'annonça qu'il avait décidé, comme Lesage et Johnson, de conserver le portefeuille des Affaires intergouvernementales. Ce domaine était, à ses yeux, capital. Après tout, la révision constitutionnelle en cours depuis février 1968 découlait des pressions exercées par lui sur son parti alors qu'il se trouvait dans l'opposition. Il voulait continuer à suivre le dossier de près.

Il me fit faire le point sur l'état des relations fédérales-provinciales. Détails à l'appui, j'évoquai les problèmes auxquels l'arrivée de Trudeau comme premier ministre du Canada exposerait désormais le Québec. Autrement dit: «Lesage et Johnson ont eu affaire à Pearson, un anglophone au fond conciliant, mais vous allez devoir vous battre avec un dogmatique, Trudeau, élu par des Québécois en plus».

À ma grande surprise, Bertrand ne prit pas les choses aussi gravement que je l'aurais espéré. Selon lui, avec de la bonne volonté et des concessions réciproques, bien des difficultés s'aplaniraient. Il prononça alors cette phrase qui me laissa songeur:

— Trudeau et moi, nous sommes tous deux des Canadiens français. Je ne vois donc pas pourquoi nous ne réussirions pas à nous entendre!...

Sur les relations internationales du Québec, une question, entre autres, tourmentait Bertrand: que faire avec l'invitation déjà reçue par Johnson de se rendre en France? Apparemment, il venait d'en apprendre l'existence. Sa réaction n'eut rien d'ambigu:

— Tu sais, ce genre de voyages-là, ce n'est pas mon fort. Je m'imagine mal me pavaner sur les Champs-Élysées alors qu'on a des problèmes de chômage au Québec. Qu'en diraient mes électeurs?

Ces électeurs de Missisquoi, j'aurais quelques autres occasions de les voir surgir dans le panorama politique du nouveau premier ministre...

Bertrand m'informa que, pour les mois suivants, il se concentrerait sur les affaires internes. Ce voyage en France, s'il le faisait, ne pourrait avoir lieu qu'au cours de 1969. S'il le faisait... En fait, il percevait ce déplacement officiel à travers un prisme aux reflets guindés qui lui en renvoyait une vision peu sympathique.

Même réaction assez défavorable sur les autres initiatives extérieures du Québec: pour lui, les Québécois devaient avoir des rapport avec les autres peuples, mais fallait-il pour autant indisposer Ottawa comme cela avait si souvent été le cas depuis quelques années?

— Il y en a qui ont beaucoup charrié, me dit-il.

Qui donc avait «charrié»? D'après le contexte de la conversation, sûrement pas Johnson. Les fédéraux? Je n'eus pas l'impression qu'ils étaient visés par Bertrand. Les «francs-tireurs» dont Johnson m'avait déjà parlé? Ou bien moi-même? Je préférai ne pas essayer d'en savoir davantage, du moins pas tout de suite.

Ces propos et prédispositions de nature troublante montraient, sans l'ombre d'un doute, que les partisans déjà clairsemés de l'ouverture du Québec vers l'extérieur auraient toute une côte à remonter. Je me consolai en pensant qu'au moins quelques ministres avaient une idée plus positive de la question: Jean-Noël Tremblay, évidemment, Jean-Guy Cardinal, ministre de l'Éducation, et Marcel Masse, ministre délégué à la Fonction publique chez qui plusieurs voyaient un ardent nationaliste (et, tant qu'à y être, une sorte de jeune René Lévesque!). Combinaison appréciable certes, mais qui ne correspondait en rien, dans le cabinet Bertrand, au poids de personnalités comme Lévesque, Gérin-Lajoie, Lapalme ou Laporte du temps de Lesage.

Cela promettait!

En quittant Bertrand, j'étais passablement perplexe. Une conclusion encourageante toutefois: il me parut devoir être, et de loin, plus expéditif que Johnson. Avec lui, les choses ne traîneraient pas. Et, en plus, dans ses conversations, il allait droit au but, ce qui, croyais-je, m'autoriserait à en faire autant dans mes échanges avec lui. D'où quelques motifs d'optimisme, faute de mieux pour le moment.

Nouveau fuseau horaire

On s'en rendit compte dès les premiers jours: Bertrand était ponctuel. Pas autant que Lesage, là-dessus imbattable, mais incomparablement plus que Johnson. Si bien que le petit monde gravitant autour du premier ministre eut le sentiment de transmigrer dans un autre fuseau horaire. Il fallut, sur-le-champ, adapter nos habitudes de vie à de nouveaux paramètres chronologiques.

Bertrand se pointait à son bureau autour de huit heures trente, non vers dix heures trente ou onze heures comme Johnson, à qui d'ailleurs il ne répugnait pas d'y arriver plus tard encore, par exemple au début de l'après-midi. Mais Johnson, une fois solidement installé à son bureau, ne le quittait pas avant le soir, souvent même à des heures avancées de la nuit.

Bertrand, lui, estimait que, vers dix-huit heures et hormis une situation anormale, il avait «fait sa journée». En quoi il n'avait pas tort, vu la quantité de décisions prises pendant ce qu'il appelait les «heures régulières de travail». Il retournait ensuite chez lui, satisfait du devoir accompli et content de la célérité qu'il avait mise à résoudre des problèmes auxquels Johnson aurait, avec ses conseillers, consacré peut-être des jours de réflexion sans pour autant parvenir à une décision ferme. Car, on le sait, Johnson aimait «y repenser»...

Bertrand, lui, décidait. Vite. J'en eus une multitude d'exemples.

Ainsi, tard un après-midi, alors que je n'avais rendez-vous avec lui que le lendemain, il m'appela:

— Viens maintenant avec ton dossier. On va le régler tout de suite. Je veux nettoyer mon pupitre avant de partir.

Nettoyer son pupitre? Non, ce n'était pas une figure de style. Il tenait à enlever physiquement de sa table de travail les quelques papiers relatifs à mon affaire qui y seraient demeurés jusqu'au lendemain matin si notre entretien avait eu lieu à l'heure convenue. Il «nettoyait» aussi son pupitre avec ses autres collaborateurs.

Bertrand supportait difficilement de laisser en suspens une question qu'il croyait pouvoir résoudre sans retard. «Ne pas remettre au lendemain ce qu'on peut faire aujourd'hui» était un de ses proverbes favoris. Proverbe pour proverbe, Johnson aurait sûrement préféré «La nuit porte conseil»... À tout prendre, sa façon d'agir me plaisait*.

*À la lumière de mes expériences avec Lesage et Johnson, et m'inspirant de celle que je vivais désormais, je déduisis une nouvelle règle applicable aux conseillers politiques de tout niveau (je termine ici la nomenclature de ces règles que rien, par la suite, ne remettra en question): *au-delà de ses préférences ou de son idéologie, un conseiller doit comprendre qu'il existe bien des façons de diriger un gouvernement... La meilleure?* Cela dépend des circonstances et des talents de celui qui détient le pouvoir.

Mais, n'est-ce pas, toute médaille a son revers: la célérité de Bertrand avait ses aspects inquiétants.

Comme Lesage, il approuvait mes projets de documents fédéraux-provinciaux aussitôt lus et ne suggérait pratiquement pas de modification. Pas question non plus, comme le faisait Johnson, d'en soupeser chaque mot et d'en évaluer chaque phrase, en soirée et même la nuit, en compagnie d'un patient et respectueux aréopage de collègues et de collaborateurs jetant alternativement un coup d'oeil furtif sur l'horloge et un autre, plus attentif, sur les textes à étudier.

Ainsi, deux semaines au moins avant une conférence sur l'économie à Ottawa, il me retourna mon projet de mémoire, inchangé, avec la mention: «Lu. OK.» (signé JJB). Appréciation concise! Et rapide. Ce mémoire, il l'avait reçu la veille.

Puisque nous avions du temps devant nous et que l'absence de corrections m'intriguait, je crus prudent de revenir à la charge. J'attendais les commentaires d'autres personnes, dont Marcel Bélanger, toujours conseiller, et Robert Després, sous-ministre du Revenu, qui avaient lu une première version du texte. Bélanger me suggéra quelques ajouts pertinents dont je fis part à Bertrand deux ou trois jours plus tard.

— Parfait, me dit-il, les changements de Marcel me conviennent.

Je lui proposai alors de relire le tout, au cas où lui-même, depuis son premier coup d'œil, aurait songé à diverses améliorations. Cela m'aurait rassuré.

— Ça va, me répondit-il, rien à ajouter. Le mémoire est clair.

Et il continua en citant l'*Art poétique* de Boileau, réminiscence de son cours classique:

— «Ce que l'on conçoit bien s'énonce clairement

Et les mots pour le dire arrivent aisément.»

Sa vitesse de réaction s'étendait aussi aux réponses aux communications provenant de Trudeau ou d'autres ministres fédéraux.

«*T'imagines-tu que je signe sans lire...*»

Un jour, Mitchell Sharp, devenu ministre des Affaires extérieures du Canada, prétendit, dans une lettre à Bertrand, qu'en vertu de ses responsabilités en matière de politique étrangère le gouvernement fédéral se devait de participer aux conférences internationales francophones sur l'éducation. Autrement dit, lui seul pouvait y parler au nom de l'ensemble du pays. Cette argumentation n'était pas nouvelle, mais la lettre de Sharp laissait sous-entendre que, du moment qu'elle faisait l'objet de pourparlers avec d'autres pays, l'éducation entrait dans la sphère de compétence d'Ottawa. Le Québec avait toujours rejeté cette interprétation.

L'occasion était belle de démontrer à Sharp que, privé de compétence constitutionnelle en éducation, Ottawa n'avait aucun droit, en ce domaine, de parler à la place de quelque province que ce soit, surtout pas du Québec. Je n'ai malheureusement pas retrouvé la réponse de quatre ou cinq pages à laquelle je consacrai plusieurs heures de préparation. L'objectif de cette lettre était de coincer les fédéraux dans une argumentation politico-logique serrée. Bertrand consentirait-il à la signer telle quelle? On pouvait en douter. Il voudrait certes en modifier les passages les plus polémiques, car elle prenait Ottawa de front à propos d'une question qui avait le don d'irriter Trudeau.

Y ayant ajouté la note: «Que diriez-vous de cette réponse à Sharp?», je transmis à Bertrand mon projet prêt pour signature. Vingt minutes plus tard, un messager me rapporta la lettre. Signée et sans autre annotation que: «Fais-en une copie pour mes dossiers». Un record de diligence.

Bertrand s'était-il vraiment rendu compte de la portée de ce qu'il venait de signer? Comment le savoir? Une idée: je me rendrais à son bureau de manière routinière et, en entrebâillant sa porte, lui demanderais simplement s'il avait reçu mon projet; il ignorait peut-être encore qu'un messager me l'avait déjà retourné. Bonne excuse, mine de rien, pour échanger un ou deux mots sur son contenu et sur la réaction prévisible de Trudeau.

— Ta lettre était correcte. Tu vas la recevoir, signée, d'une minute à l'autre, répondit-il.

Je décidai d'aller à la pêche:

— Vous n'avez pas peur que Trudeau monte dans les rideaux, lui répliquai-je, espérant une réaction sur son contenu.

— Trudeau grimpera dans tous les rideaux qu'il veut. Avec l'éducation, nous sommes en terrain solide.

Puis il ajouta, haussant un peu le ton:

— Dis donc, t'imagines-tu que je signe sans lire?

— Non, jugeai-je séant de préciser, mais je pensais que vous laisseriez mûrir la lettre un ou deux jours, quitte à ce qu'on en reparle.

— À trop mûrir, on pourrit! décréta-t-il, citant Sainte-Beuve. Sans doute, une autre réminiscence de son cours classique.

Les fédéraux ne furent pas longs à comprendre que le nouveau premier ministre du Québec était du genre expéditif, en même temps qu'éminemment accessible. L'appelait-on d'Ottawa pour obtenir son avis? Il le donnait. Tout de suite.

Aussi m'arriva-t-il d'apprendre de lui, surtout au début, qu'il venait «en principe» de s'entendre avec Trudeau (ou avec quelqu'un d'autre parlant en son nom) sur des questions litigieuses faisant depuis longtemps l'objet de discussions entre fonctionnaires québécois et fédéraux. Ce fut particulièrement le cas en matière de relations internationales.

Technique qui m'obligeait, ensuite, à «remonter le courant» pour expliquer à Bertrand que son engagement hâtif mènerait à une modification des positions jusque-là défendues par le Québec. Était-ce bien son intention? Si oui, fort bien. Sinon...

Il était souvent le premier à constater s'être trop avancé dans des conversations qu'il avait jugées, sur le coup, sans conséquence sérieuse et à me demander de corriger le tir, blâmant les fédéraux d'avoir abusé de sa bonne foi.

Ces «corrections de tir» firent qu'aux yeux des défenseurs de l'orthodoxie trudeauiste, je pris figure d'«obstructionniste» en chef. Au point que Trudeau lui-même, dans un discours sur le thème «Finies les folies!», prononcé à Montréal en octobre 1969, accusa Bertrand d'être manipulé par des fonctionnaires de tendance «séparatiste». Tout le monde comprit qu'il m'avait visé. Cette intervention provoqua à peine une remarque amusée de Bertrand («Tiens, Trudeau essaie de t'écœurer!») et une ou deux allusions dans des journaux anglophones, mais, arrivant au pouvoir, les libéraux de Robert Bourassa s'en souviendraient...

Ces anecdotes illustrent bien que la continuité politique que Bertrand tenait en général à maintenir par rapport à son prédécesseur ne s'étendait pas aux méthodes de travail. Consciemment ou non, voulait-il se démarquer de lui? Je n'en sais trop rien, mais il se distingua bientôt davantage.

Transparence

Comme on le dit d'un horaire d'autobus, Lesage pouvait changer d'opinion «sans avis préalable» et préconiser aujourd'hui ce à quoi il s'opposait hier. Avec Johnson, il fallait se livrer à des recherches quasi spéléologiques pour découvrir ses intentions précises et à des fouilles encore plus minutieuses pour dessiner le contour de ses sentiments profonds, tout cela sans certitude garantie.

Bertrand était, lui, la transparence ambulante. Je n'ai jamais rencontré d'homme politique aussi aisément «décodable» (une fois comprises une ou deux clefs) et, pour utiliser une expression courante, plus «facile à vivre avec». Superbe combinaison pour ce qui concernait mes rapports avec lui, mais pas nécessairement la meilleure pour faire face aux manœuvres trudeauistes.

Dans toute stratégie, il existe une part obligatoire de dissimulation, en ce sens qu'on n'explique pas d'avance à l'adversaire quels gestes on fera dans telle ou telle circonstance, pas plus qu'on ne lui télégraphie les faiblesses qu'il pourra exploiter à son avantage. Pour éviter tout malentendu, empressons-nous de préciser que la transparence de Bertrand n'allait pas jusque-là.

Il demeure toutefois qu'il était frustré de se voir, en vertu de ses responsabilités, obligé de cacher des choses ou, du moins, de ne pas les divulguer séance tenante.

D'emblée, sa préférence allait à la limpidité, nullement parce qu'il voulait faciliter la tâche d'opposants politiques, les fédéraux par exemple ou les libéraux de l'Assemblée nationale, mais parce qu'il estimait que la population avait le droit le plus strict de savoir exactement ce qui se tramait pour être ensuite en mesure de se faire une idée en connaissance de cause. (Incidemment, Bertrand fut toujours un partisan convaincu du recours au référendum comme moyen permettant aux citoyens de se prononcer sur leur avenir collectif; premier ministre, il commanda même la préparation d'une loi en ce sens, mais n'eut pas le temps de la mener à terme.) De ce point de vue, la transparence souhaitée par lui découlait moins d'une candeur répréhensible chez un personnage aussi haut placé que, je crois, d'un véritable souci démocratique.

Bertrand, on s'en souvient, avait été à l'origine du Comité parlementaire de la constitution, créé en 1963. Sous Lesage qui n'était pas au départ emballé, le comité se réunit à plusieurs reprises et présenta régulièrement le rapport de ses activités. L'Union nationale, alors dans l'opposition, profita beaucoup de ce comité pour faire valoir ses orientations constitutionnelles et pour les préciser.

Après son élection, Johnson ne sembla pas pressé de le réanimer. S'il le fit après un long délai, ce fut sans enthousiasme, un peu à cause de mes pressions et surtout de celles de Bertrand qui tenait, lui, à donner au public une occasion de s'exprimer sur des questions qui touchaient le statut du Québec. Johnson aurait mieux aimé ne pas offrir cette tribune potentielle à ses opposants libéraux. (Il s'inquiétait à tort: défaits en juin 1966, ceux-ci eurent bientôt, pour leur propre compte, à repenser leur orientation constitutionnelle et à se prononcer sur le projet de souveraineté-association de René Lévesque. Qu'ils rejetèrent.)

«Le peuple a le droit de connaître...»

L'attitude ouverte de Bertrand découlait, pour la Constitution et tous les autres sujets, de sa volonté d'associer le public aux grands débats de l'heure et lui permettre d'y participer en connaissance de cause. Voici quelques illustrations de ce trait.

En 1964, mon ministère avait entrepris une étude poussée sur ce que nous appelions alors les «flux financiers fédéraux-provinciaux». Il s'agissait, en gros, de déterminer si le Québec recevait d'Ottawa plus de revenus qu'il n'en envoyait au gouvernement fédéral sous forme de taxation.

Diverses opinions circulaient. Selon les unes, le Québec était la «vache à lait de la Confédération»; selon les autres, au contraire, il était résolument gagnant. Terminée en 1965, l'étude concluait que, de ces deux interprétations de la réalité, la première était plus près de la vérité, mais pas d'une façon aussi dramatique que le prétendaient certains «séparatistes«. Pour Ottawa, la seconde interprétation était la bonne. En tout cas, c'est ce que tenta de prouver une recherche menée par le fédéral après la nôtre. Sauf qu'elle était fondée sur des méthodes différentes de calcul... Le débat se poursuivait.

En 1969, notre étude fut reprise pour savoir si la situation avait changé. Elle n'était pas terminée au moment de la défaite unioniste aux élections d'avril 1970, mais Bertrand se montra toujours désireux de la rendre publique aussitôt achevée. Comme c'était mon devoir, je lui fis observer qu'il serait peut-être ennuyeux de constater, à la lumière de données plus récentes, que le fédéralisme canadien avantageait financièrement le Québec: que ferait-il si cela se produisait? De plus, l'insistance pour une révision constitutionnelle en profondeur en souffrirait peut-être et les critiques québécoises habituelles à l'endroit d'Ottawa deviendraient moins crédibles.

— Ça ne fait rien, répondit-il. Le peuple a le droit de connaître les faits et, si nous en disposons, notre devoir est de les lui transmettre, quels qu'ils soient.

«Le peuple»! Cette expression, comme celle de «démocratie», faisait partie du vocabulaire courant de Bertrand qui l'utilisait naturellement, sans aucune affectation ni prétention. Chez lui, survenant au cours de conversations, de tels mots ne sonnaient pas faux. Il croyait aux réalités qu'ils recouvraient. Mettre la population dans le coup? L'informer? Cela, pour lui, allait de soi dans un régime qui se respecte. Peu importait alors que les politiciens au pouvoir fussent desservis par la connaissance des faits exacts.

Si toute vérité n'est pas nécessairement bonne à dire, il fallait à Bertrand des raisons fichtrement sérieuses pour la cacher ou même pour en retarder la divulgation jusqu'à un moment jugé opportun par le pouvoir. (C'est d'ailleurs à lui que le Québec doit la création du poste d'ombudsman. Non seulement le citoyen avait, selon lui, le droit de savoir ce que l'État tramait, mais il avait aussi celui de s'en protéger.)

Son souci de transparence fut, pour moi, particulièrement détectable le jour où il prit connaissance des *Documents de travail* soumis à Johnson en août 1968 et dont j'ai parlé dans le chapitre précédent. Il était d'accord sur la nécessité d'éviter toute fuite prématurée de ces *Documents*, mais paraissait tenir pour acquis que le gouvernement devrait tôt ou tard les diffuser à l'intention du grand public.

Devenu premier ministre, il m'interrogea sur le sort de nos fameux *Documents*. Entreprise quelques mois plus tôt, la ronde constitutionnelle était alors en cours. Je lui expliquai que tous les gouvernements, provinces comme Ottawa, les avaient en leur possession et les étudiaient pour connaître la position du Québec. Et que nous, en contrepartie, nous disposons des leurs. Le tout de manière confidentielle.

Bertrand s'offusqua:

— Il commence à être temps que nos bons Québécois en sachent autant sur nos intentions que les Anglais! Il faut publier ces *Documents*.

Nulle objection de ma part. De toute façon, tôt ou tard, des fuites se seraient produites.

C'est ainsi qu'en 1969 les *Documents* furent remis aux journalistes de la tribune de la presse. Le lendemain, ils remplirent les principaux journaux du Québec. Bertrand ne s'en fit pas beaucoup de ce que ces textes, signés par moi, semblaient émaner de fonctionnaires et que, dès lors, ils n'engageaient pas automatiquement le autorités politiques. Délaissant ces subtiles nuances, il admit que les positions énoncées reflétaient en réalité les orientations du gouvernement.

À Ottawa et dans les provinces, on ne comprit pas très bien où Bertrand voulait en venir en faisant paraître des textes jusque-là traités presque comme des secrets d'État. Voulait-il forcer les autres gouvernements à en faire autant? En somme, les piéger? Je développai une explication aussi officielle qu'exacte: Bertrand ne cherche à brusquer personne, mais il juge le temps venu d'informer la population du Québec sur des questions touchant son avenir.

On resta néanmoins persuadé que, pour quelque obscur motif stratégique, il y avait anguille sous roche et que j'y étais probablement pour quelque chose... C'était mal connaître Bertrand.

Des idées claires

Dans la mesure où on pouvait les identifier, les réformes constitutionnelles souhaitées par Johnson s'inspiraient d'une vision binationale du Canada. Elle le conduisit à réclamer une transformation en profondeur du fédéralisme et, de là, un changement des structures politiques et du partage des pouvoirs. Son successeur n'avait rien contre cet objectif, mais sa démarche se fondait sur des considérations différentes de celles de Johnson; elle était en quelque sorte plus idéologique.

Bertrand croyait en la nécessité d'instaurer au Canada ce qu'il appelait un *authentique* (ou *véritable*) fédéralisme. Ce régime de gouvernement assurerait le maintien de relations harmonieuses entre francophones et anglophones car, par définition, il respecterait pleinement l'autonomie des provinces en général et du Québec en particulier. Les pratiques fédérales centralisatrices représentaient, pour Bertrand, des déviations inadmissibles, presque immorales, de l'idée de fédération. Dans cette perspective, il s'opposait à Trudeau moins par nationalisme qu'en vertu de sa conception du fédéralisme. À cet égard, il raisonnait davantage en Canadien français des années 1950 qu'en Québécois de la Révolution tranquille.

Je ne sais pas où il avait acquis les notions de droit et de science politique qui l'avaient amené à son fédéralisme *authentique*. Peut-être cela datait-il de lectures faites au moment de ses études universitaires? Quoi qu'il en soit, il s'en inspira toujours dans ses attitudes. De temps à autre, au cours de discussions, il rappelait l'opinion de deux ou trois penseurs ou juristes, la plupart s'étant illustrés au siècle dernier (j'ai

Canapress

À l'occasion d'une conférence fédérale-provinciale: Pierre Elliott Trudeau, Jean-Noël Tremblay, Jean-Guy Cardinal, Jean-Jacques Bertrand et l'auteur.

oublié leurs noms). N'étant pas expert en la matière, j'étais incapable de citer d'autres auteurs que ceux qu'il invoquait.

Le fédéralisme de Bertrand ne tolérait pour ainsi dire pas de variantes. Il n'en existait qu'un seul, l'*authentique* précisément, celui qu'il défendait lui-même, aux caractéristiques peu nombreuses, mais incontestablement nettes et, à vrai dire, quelque peu utopiques. On peut les énoncer sous forme de postulats.

Premier postulat: les provinces étant antérieures au gouvernement central, c'est d'abord à elles qu'il revenait de proposer les réformes dont le régime politique canadien avait grand besoin. Elles jouissaient sur Ottawa d'une primauté qui ressemblait, chez Bertrand, à un droit d'aînesse.

Deuxième postulat: le fédéralisme canadien visait, comme raison d'être initiale, à la sauvegarde permanente de l'autonomie des provinces. D'après Bertrand, c'était là l'«esprit de 1867», celui des Pères de la Confédération.

Troisième postulat: chaque ordre de gouvernement, fédéral et provincial, était entièrement souverain quant à ses propres attributions. Il devenait donc inadmissible, en saine doctrine, que l'un tentât d'influencer ou d'orienter l'exercice des compétences de l'autre, encore moins qu'il envahît par des moyens détournés ses domaines de responsabilités.

Directe ou indirecte, cette façon d'agir représentait un abus de pouvoir doublé d'une perversion de l'idéal fédéraliste.

Quatrième postulat: le fédéralisme canadien résultait d'un pacte conclu entre anglophones et francophones. Pour cette raison, les Canadiens français vivant hors du Québec étaient en droit de s'attendre de leurs gouvernements provinciaux à des privilèges semblables à ceux que le Québec reconnaissait à sa minorité anglophone.

On conçoit que, dans plusieurs de ses composantes, ce type de fédéralisme n'avait pas beaucoup de liens de parenté avec celui que pratiquait effectivement Ottawa, et presque aucun avec celui que Trudeau entendait imposer au Canada. C'était, à vrai dire, un régime juridiquement idyllique, noblement inspiré, où la répartition des pouvoirs et des ressources était tranchée une fois pour toutes, et où les règles du jeu, claires et connues, étaient scrupuleusement respectées par tous les intervenants.

En théorie, le fédéralisme souhaité par Bertrand pouvait exister. À condition de ne pas être vicié par des manœuvres partisanes plus ou moins perfides, des rivalités interrégionales plus ou moins égoïstes, des frictions plus ou moins rationnelles entre nationalités ou d'autres accidents de parcours plus ou moins dus à des calculs tactiques d'arrivistes fédéraux, provinciaux ou locaux.

Autrement dit: son fédéralisme fonctionnerait dans la mesure où les politiciens seraient tous de bonne foi, gardant vaillamment le cap sur la réalisation de ce que saint Thomas d'Aquin, l'une des autorités parfois invoquées par Bertrand, décrivait comme le bien commun.

Vaste programme, si l'on tient compte du peu de probabilités de voir, dans la réalité, réunies de telles conditions de succès. Car l'exercice quotidien du fédéralisme (ou de quoi que ce soit dès lors que des gouvernements sont en cause) est d'abord et avant tout de la politique.

Bertrand le savait, mais il combattait pour des principes, fondés sur un idéal: la compréhension entre anglophones et francophones et, par conséquent, le respect, par le reste du Canada, des «termes du pacte confédératif de 1867».

Comme si, en 1867, les anglophones et les francophones s'étaient vraiment entendus, par contrat, sur la nature du pays à construire.

On part de loin

Si elle l'amenait à défendre avec vigueur le respect par Ottawa des compétences québécoises, la conception que Bertrand avait du fédéralisme présentait au départ un danger majeur par rapport à l'une des innovations de la Révolution tranquille: l'émergence internationale encore incertaine du Québec.

Par formation, par goût et par tempérament, Bertrand n'était pas, on le sait, porté à accorder aux relations extérieures du Québec la priorité qu'y avait décelée son prédécesseur. Ce chapitre n'entrait pas dans le champ de ses préoccupations spontanées. Par rapport à ces relations et à leurs manifestations visibles (visites officielles, entretiens avec des représentants de divers pays et missions à l'étranger), il conserva toujours une certaine distance, s'y engageant en personne le moins possible. Il se méfiait, au départ du moins, des projets et des initiatives de ceux qui cherchaient à les accroître et à y faire davantage s'engager le Québec. Selon lui, les électeurs — ceux de son comté, en particulier — nourrissaient bien d'autres soucis que de voir l'argent des contribuables utilisé pour faire flotter le drapeau du Québec à l'étranger.

Cette réticence ne tenait cependant pas seulement à ses préférences personnelles. Elle était aussi issue d'un constat allant pour lui de soi: dans une fédération équilibrée, les relations avec les pays étrangers relèvent hors de tout doute de l'autorité fédérale. En pénétrant dans ce domaine, le Québec traitait Ottawa comme il ne voulait pas être traité par lui: il envahissait un champ de compétence appartenant à un autre ordre de gouvernement.

Or, non sans quelques ratés, bien sûr, Bertrand en vint quand même à faire progresser le Québec sur ce plan, alors qu'on aurait pu s'attendre exactement à tout le contraire de sa part, ce qu'espérèrent un moment les fédéraux. Comment expliquer ce paradoxe? Aussi curieux que cela puisse paraître, par sa conception de l'autonomie provinciale! Voyons cela de plus près.

Bertrand considérait évidemment utile l'ouverture des Québecois vers l'extérieur, mais, suivant en cela sa tendance profonde, il aurait sûrement été satisfait de la voir se réaliser par le truchement d'un gouvernement fédéral plus compréhensif envers les besoins et les aspirations des francophones et non par le Québec lui-même. Il était peu sensible à l'argumentation et à la dynamique politiques qui avaient guidé Lesage et Johnson sur cette voie. Par exemple, pour l'apprivoiser aux relations internationales, la théorie du «prolongement externe des compétences internes du Québec», avancée en 1964 par Paul Gérin-Lajoie, n'était pas d'un grand secours.

Pour convaincre Bertrand, il fallait présenter les choses autrement, sous peine de voir s'étioler les premières initiatives internationales du

Québec. Mais comment? L'idée m'en vint par accident en décembre 1968, deux mois après son accession au poste de premier ministre.

Méthodique comme à son habitude, Bertrand examinait alors avec moi quelques dossiers intergouvernementaux et planifiait le travail des mois suivants. La conversation roula bientôt sur les activités de coopération avec l'extérieur et, en particulier, sur le projet alors envisagé d'un satellite franco-québécois de télécommunication, idée née en mai 1967. Ce projet énervait les fédéraux et, en plus, il était de nature suffisamment ésotérique pour décourager Bertrand qui risquait d'y voir une intrusion indue du Québec dans la chasse gardée d'Ottawa. Pour compliquer les choses, le projet de satellite avait été proposé initialement par certains conseillers de Johnson que Bertrand, je l'avais appris, ne tenait pas en haute estime.

Je ne savais pas comment défendre, devant lui, une entreprise aux aspects aussi discutables. C'était probablement l'initiative franco-québécoise la moins attrayante pour lui, vu ses présomptions («Me vois-tu essayer de la vendre aux électeurs de mon comté?»). Je croyais venue la dernière heure de ce projet encore embryonnaire.

— Veux-tu bien m'expliquer, me dit-il, quel rapport existe entre ce satellite et l'éducation?

Pour Bertrand, nos relations directes avec la France se justifiaient à la rigueur parce qu'elles concernaient en grande partie l'éducation, domaine exclusivement provincial. Il considérait toutefois que les communications et l'attribution des fréquences relevaient d'Ottawa. À plus forte raison les satellites!

Un peu pour l'amuser et aussi, en vérité, faute d'un meilleur plaidoyer (les autres motifs seraient sûrement tombés à plat), je recourus à l'argumentation fortement tirée par les cheveux qu'un de nos fonctionnaires avait déjà servie à ses collègues fédéraux médusés. Ils s'étaient, eux aussi, demandé en vertu de quelle autorité le Québec cherchait à entrer dans le domaine des télécommunications. Je m'exprimai à peu près comme ceci:

— L'éducation relève des provinces, c'est admis. Par conséquent, les écoles et leur équipement aussi, y compris les bibliothèques, les pupitres dans une classe et les tableaux sur le mur derrière l'enseignant. Or, le satellite est une sorte de tableau qui retransmettra des émissions éducatives venant de France. Ce n'est pas parce que ce tableau sera au-dessus de nos têtes, dans le ciel, qu'il entrera, pour cette raison, dans la compétence fédérale. À cause de son but, le satellite-tableau fait donc autant partie de l'équipement scolaire que les tableaux classiques auxquels les élèves font face dans une classe!

Fin du raisonnement.

Sceptique, Bertrand trouva mon exposé «charrié», ce dont je convins aisément au fond de moi-même, mais il ajouta ceci:

— C'est certain: tout ce qui concerne l'éducation ou nos autres juridictions doit être absolument protégé. Ottawa ne peut se permettre de faire indirectement ce que la Constitution lui interdit de faire directement. Nous n'avons peut-être pas de juridiction en communications, mais Ottawa ne doit pas se servir de la sienne pour intervenir dans la nôtre, l'éducation.

En l'écoutant, j'eus un *flash*.

L'émergence internationale
au service de l'autonomie provinciale

Je venais de découvrir le biais par lequel Bertrand serait peut-être désormais sensible à la nécessité de nos relations avec l'étranger. L'équation était très simple: le Québec devait s'ouvrir de plus en plus vers l'extérieur non dans l'intention de se mêler de politique étrangère, domaine fédéral dans la perspective de Bertrand, mais parce que, s'il restait passif dans les échanges et autres rapports internationaux qui touchaient ses compétences, Ottawa s'appuierait sur sa juridiction en politique extérieure pour justifier ses incursions dans les domaines provinciaux intérieurs. J'accrochais la thèse de Gérin-Lajoie à sa conception du fédéralisme, régime où les compétences sont compartimentées, étanches, et où chaque ordre de gouvernement est souverain dans les siennes.

Cette façon de voir les choses était, pour lui, beaucoup moins «charriée» que le satellite franco-québécois décrit comme tableau scolaire sidéral.

Bertrand tenait en effet pour acquis que, sous la gouverne d'un personnage aussi centralisateur que Trudeau, le fédéralisme, déjà non *authentique*, risquait de subir encore d'autres distorsions. C'est pourquoi le Québec se devait d'exercer la plus grande vigilance et de ne pas laisser aux fédéraux, historiquement peu scrupuleux, de nouvelles excuses pour s'immiscer dans des sphères d'activités ne les regardant pas.

Voilà comment la présence internationale du Québec, perçue d'abord par lui un peu comme arme offensive contre Ottawa, fut, sous Bertrand, transformée en moyen de défense de l'autonomie provinciale.

J'ignore si le fondateur de l'Union nationale, feu Maurice Duples-sis, aurait souscrit à cette mutation politico-conceptuelle, mais — autres temps, autres mœurs — elle convenait au premier ministre d'alors. Timoré dans le domaine, original, des rapports québécois avec l'étranger, il avait besoin, pour s'y maintenir, de points de repère familiers. Or quoi de plus familier pour lui que la sauvegarde de l'autonomie provinciale?

À partir de ce moment, je pris un soin spécial à présenter toutes les initiatives internationales du Québec, les anciennes aussi bien que les nouvelles, comme autant de gestes protégeant les droits constitutionnels du Québec, son autonomie.

Ainsi fut plaidée la participation, en son nom propre, du Québec à des conférences internationales de pays francophones sur l'éducation ou son adhésion à l'Agence de coopération culturelle et technique réunissant une trentaine de pays. De la même manière furent justifiées des missions à l'étranger, en Afrique surtout, même si mon argumentation ne fut pas toujours là-dessus d'une logique impeccable.

Quelques bavures se produisirent en cours de route et même des reculs apparents, mais, globalement, malgré des réticences çà et là, Bertrand confirma et accrut l'émergence internationale du Québec de façon plus marquée qu'on le perçut de son temps.

Une période de décisions

Cela tient probablement à son style, peu flamboyant en comparaison de celui de Lesage, et à sa personnalité, plus ouverte que celle d'un Johnson dont la démarche, davantage intrigante, attirait l'attention: toujours est-il que Bertrand a laissé le souvenir d'un premier ministre plutôt terne. On éprouve de la difficulté à l'associer spontanément à des actes précis, sauf, mais de manière négative, en ce qui a trait au «Bill 63», législation linguistique qui devint pour lui une colossale épreuve.

Je crois pouvoir dire que l'impression floue qui subsiste encore aujourd'hui à l'endroit de Bertrand est assez injuste. Il n'exerça le pou-voir que pendant un an et demi à peine, mais réussit, au cours de cette brève période, à faire adopter plus de réformes et à mettre en place plus d'innovations que son prédécesseur, moins porté que lui à prendre des décisions catégoriques. Cela n'est pas une critique rétroactive de Johnson, mais un effort pour rappeler des faits oubliés.

Les décisions de Bertrand n'eurent pas toutes une portée con-sidérable et peu sont comparables aux grands virages spectaculaires de l'époque Lesage, comme la nationalisation de l'électricité, le régime de rentes, la Caisse de dépôt et placement ou la récupération fiscale. Elles furent cependant variées. S'il changea le nom de l'Assemblée législative en celui d'Assemblée nationale, mesure d'ordre symbolique qui intervint deux semaines après son accession au poste de premier ministre, il compta aussi à son actif plusieurs autres réalisations d'ordre concret.

Par exemple, en novembre 1968, il créa le ministère de l'Immigration et, en décembre, l'Université du Québec. Il fit également adopter une loi sur l'enseignement privé.

Voulant un peu témérairement résoudre le problème linguistique auquel Johnson hésitait à s'attaquer, il mit aussi sur pied une commission d'enquête (commission Gendron), ne cachant pas qu'il prendrait ses responsabilités aussitôt le rapport déposé.

Il procéda à l'abolition du Conseil législatif et résolut le problème des «comtés protégés» grâce auxquels, dès 1867, la minorité anglophone du Québec se vit, nonobstant l'évolution démographique, garantir sa représentation à l'Assemblée législative.

À la fin de 1969, il institua la Société québécoise d'initiative pétrolière (SOQUIP) et le ministère des Communications. À peu près au même moment, il fit adopter une loi permettant la création de communautés urbaines.

Dans le discours du Trône de février 1970, deux mois avant de perdre le pouvoir, il évoqua aussi la nécessité d'un programme d'assurance-maladie.

Nul besoin de présenter ici un relevé complet de ses réalisations ni de prétendre qu'elles furent toutes imaginées sous son règne — certains projets étaient en gestation sous Johnson — pour retenir que Bertrand manifesta plus de dynamisme que ses contemporains ne s'en rendirent compte, peut-être parce qu'ils ne prêtaient plus attention à sa gouverne de l'État. En 1969-1970 la désaffection à l'endroit du gouvernement unioniste s'aggravait, coincé qu'il était entre les libéraux qui se donneraient bientôt un nouveau chef, Robert Bourassa, et le Parti québécois naissant. On peut penser que, dans ces conditions, eût-il voulu expliquer ses politiques aux électeurs, ceux-ci n'auraient plus eu le goût d'écouter.

Modeste par tempérament et peu enclin à se vanter, Bertrand réprouvait la propagande gouvernementale, fatalement fondée selon lui sur des manipulations politiciennes douteuses et, de ce fait, malhonnête.

Il n'aurait pas dû raisonner ainsi: l'information objective et factuelle est aussi une forme de propagande. Les apparences sont, comme les impressions, la matière première de la politique.

Son successeur, Robert Bourassa, en était convaincu, lui pour qui la fabrication d'une «image» appropriée aux humeurs changeantes de l'électorat était l'arme de choix du politicien astucieux dans sa lutte contre des adversaires moins alertes.

Bertrand n'était pas homme à jouer ce genre de jeu.

Changement d'équipe

Si, pour moi, Bertrand se révéla «facile à vivre avec», il était difficile de supposer, en octobre 1968, que la même expression pourrait s'appliquer aux rapports prévisibles entre lui et les membres du cabinet politique de son prédécesseur. Non pas que l'on fût, de part et d'autre, à couteaux tirés — loin de là —, mais les méthodes de travail, la démarche, les perspectives et les priorités du nouveau premier ministre étaient si différentes de celles de Johnson qu'elles auraient pu, à la longue, conduire à des frictions sérieuses. De toute façon, il était normal que Bertrand cherchât à s'entourer d'un personnel de son choix.

Mario Beaulieu, directeur du cabinet de Johnson, démissionna bientôt. Il avait d'ailleurs déjà indiqué à Johnson qu'il souhaiterait quitter son poste. Il fut élu député à la suite d'une élection complémentaire, en mars 1969, Bertrand le nomma ministre de l'Immigration, puis ministre des Institutions financières, Compagnies et Coopératives et, plus tard, ministre des Finances. Jean Loiselle remplaça Beaulieu pendant quelques mois, puis devint sous-ministre de l'Immigration. Paul Chouinard, conseiller de presse de Johnson, demanda à être muté à un autre poste de la fonction publique et fut remplacé par Antoine Ladouceur. Émile Tourigny, conseiller spécial, retourna à la vie privée, bien qu'il revînt de temps à autre «faire son tour». Jean Lamy, un nouveau venu, devint secrétaire exécutif.

Jusqu'au personnel de bureau qui fut presque entièrement renouvelé.

De l'équipe de Johnson, il ne resta en fait que Roger Ouellet et Charles Pelletier: Bertrand les connaissait depuis des années et les avait appréciés. Dans l'entourage du premier ministre les changements furent si considérables qu'on aurait cru à l'arrivée au pouvoir d'un nouveau gouvernement.

La nomination la plus significative fut cependant celle de Julien Chouinard, jusque-là sous-ministre de la Justice, ministère dont Bertrand était titulaire depuis juin 1966 et qu'il détenait encore juste avant la mort de Johnson. Chouinard devient secrétaire général du Conseil exécutif, poste créé à l'époque et qui existe depuis lors. À ce titre il devenait le fonctionnaire québécois hiérarchiquement le plus élevé.

Et aussi, potentiellement, le plus influent. Il jouissait de la confiance absolue de Bertrand. Juriste compétent, travailleur acharné, il était de tendance nettement conservatrice et fédéraliste convaincu, hostile pour ces raisons aux nationalistes trop avancés et autres «séparatistes». Il entretenait d'excellentes relations personnelles avec des personnages haut placés à Ottawa, particulièrement avec John Turner, alors ministre de la Justice, avec qui il avait fait une partie de ses études à Oxford.

Toutes ces transformations s'échelonnèrent sur plusieurs semaines, mais sans brusquerie, l'une après l'autre, comme si Bertrand mettait en œuvre un plan bien réfléchi.

Les fédéraux virent là des motifs encourageants. Ils comptaient sur les dispositions censément plus conciliantes de Bertrand et sur la volonté de compromis de Chouinard pour réduire les incessantes contestations provenant du Québec depuis Lesage, et surtout pour mettre enfin un terme aux randonnées, à leur yeux intolérables, du Québec en matière internationale.

Ils furent déçus.

15

«Je ne camouflerai pas mes principes...»

— Je vais leur parler du Québec nouveau.

C'était le thème du discours que Bertrand devait prononcer quelques jours plus tard devant une assemblée de partisans unionistes. Je m'étonnai de son insistance subite sur l'hydro-électricité et les mines.

— Non, non, pas le Nouveau-Québec, mais le Québec nouveau! Le monde évolue; il y a des problèmes qui traînent; les gens se posent des questions, mais n'ont pas de réponses. C'est le temps de leur parler d'avenir.

Il pensait peut-être à ce qu'on appellerait plus tard un «projet de société». Le discours fut bien reçu, sans plus. Les observateurs n'y découvrirent pas d'innovations dignes de mention.

Selon toute apparence, le «Québec nouveau» de Bertrand ne l'était pas assez. En tout cas, il ne réussirait pas à maintenir l'Union nationale au pouvoir. Elle se révélerait incapable de s'ajuster aux changements de valeurs de plus en plus manifestes dans de larges couches de la société québécoise.

Notamment, comme on le verra, en ce qui avait trait à la langue.

Une nouvelle donne

Peu après le choix de Bertrand comme premier ministre, notre Comité permanent de fonctionnaires sur la constitution se réunit de nouveau à Ottawa, pour reprendre ses travaux, interrompus en septembre en raison du décès de Johnson.

Aucune requête de ma part pour de nouvelles instructions. Je tenais pour acquis que Bertrand suivrait la voie tracée par son prédécesseur. Il avait été consulté sur le dossier depuis le début et connaissait parfaitement les positions déjà énoncées par le Québec.

Mes collègues des autres gouvernements présumaient (ou espéraient) cependant que l'arrivée de Bertrand conduirait à une réorientation politique. Dans ce milieu, il avait la réputation d'être plus modéré, plus «canadien», en somme moins porté que Johnson sur le diptyque «égalité ou indépendance».

C'est néanmoins une impression de continuité qui se dégagea des interventions de notre délégation de fonctionnaires. Pour ma part, je laissai entendre que le Québec maintenait intégralement ses positions et que le nouveau premier ministre les confirmerait lui-même à la conférence prévue pour février 1969.

Il y avait un certain risque à m'avancer ainsi. Il demeurait toujours possible, vu sa conception du fédéralisme, son souci de «bonne entente» et l'influence de Julien Chouinard sur lui, que Bertrand adoptât dorénavant des attitudes plus conciliantes.

Par contre, c'est moi qui conserverais la responsabilité de rédiger les documents officiels du Québec. Ce qui pourrait, au besoin, prévenir les embardées trop voyantes...

J'étais préoccupé. Certes, je craignais un peu qu'en bout de ligne, quelque part au cours des prochains mois, Bertrand n'en vînt à modifier les positions québécoises dans un sens moins réformateur, mais là n'était ni le seul ni le principal motif de souci.

Depuis l'avènement de Trudeau, les fédéraux semblaient revigorés, confiants. Ils disposaient d'arguments inédits et avaient déjà commencé à nous les servir: Trudeau n'était-il pas lui aussi un Québécois, tout autant que Bertrand, disaient-ils? Son parti n'avait-il pas reçu, au Québec même, plus de votes que l'Union nationale? Sous-entendu: Trudeau pouvait parler au nom des Québécois autant sinon davantage que le premier ministre du Québec.

Il ne fallait plus non plus beaucoup compter sur les libéraux provinciaux. Leurs tendances autonomistes des années prédécentes étaient devenues beaucoup moins péremptoires. À peu près personne chez eux ne paraissait désireux d'affronter les visées constitutionnelles du nouvel Oracle d'Ottawa. (Un peu plus tard, après la démission de Lesage comme chef du parti, ils en vinrent même à favoriser l'alignement en douce sur le «grand frère» fédéral.)

Quant à l'opinion publique québécoise, on avait l'impression diffuse qu'elle commençait à éprouver une certaine lassitude envers le
gouvernement. La mort de Johnson avait privé le parti au pouvoir d'un
gros morceau.

Bref, les temps évoluaient.

C'est Bertrand qui écoperait des aléas de la nouvelle conjoncture!
Comment s'en tirerait-il?

Il aurait, dès février, à discuter avec Trudeau de fédéralisme
authentique! Il pourrait certes, pour se rassurer, se rabattre sur ses certitudes personnelles — relevées au chapitre précédent — auxquelles un
certain public adhérait encore au Québec, mais avec Trudeau on changeait d'accent, de registre et d'époque. On apprendrait bientôt que le
fédéralisme pouvait être *authentique* de bien des façons, entre autres
celle-là même du premier ministre fédéral.

Dans l'ensemble du Canada, à Ottawa et dans les rangs libéraux
provinciaux, la mode n'était pas du tout au rétablissement de l'«esprit de
1867» recherché par Bertrand, mais à l'édification de celui qui allait
prévaloir un siècle plus tard. Et un certain Trudeau avait sa petite idée
là-dessus!

Jusque-là le Québec avait vogué à l'avant-garde constitutionnelle,
suggérant des réformes qui faisaient jaser. Pour des raisons inspirées par
le courant du jour (la trudeaumanie) ou les exigences médiatiques (il
fallait de l'inédit), les positions dites traditionnelles du Québec avaient
désormais moins de chance d'attirer l'attention. L'intérêt à leur endroit
s'était émoussé. Le point de mire n'était plus le Québec, mais un Québécois, le premier ministre Pierre Elliott Trudeau, décrit dans des publications étrangères comme une sorte de Kennedy canadien. On tablait sur
lui pour régénérer le débat en cours et les médias comptaient sur ses
reparties pour faire de la «copie». Pas sur Bertrand, trop prévisible:
depuis le début de sa carrière politique, en 1948, il avait déjà dû prononcer des dizaines et des dizaines de discours. On connaissait sa pensée
depuis longtemps.

À la fin de 1968, le personnage dans le vent était Trudeau. Il
s'avançait sur la scène canadienne pour se produire devant un public qui
ne demandait qu'à l'applaudir.

Nuance sémantique

Bertrand ne semblait pas trop s'en faire à propos de la nouvelle conjoncture. Il se prépara avec soin à la conférence de février et consacra tout le temps voulu à l'étude des dossiers techniques mis au point par les fonctionnaires de mon ministère. Signe rassurant: à aucun moment il ne dévia sérieusement des orientations déjà défendues par Johnson. S'il devait y avoir des changements, ce serait davantage dans le style et la présentation des idées que dans le contenu. Tant mieux.

Au cours de la conférence de février 1969, Bertrand transmit le même message que Johnson. Du moins le crut-il, et nous aussi.

Il revint souvent sur la nécessité de respecter, au Canada, le véritable esprit du fédéralisme; le reste, selon lui, en découlerait.

Bien involontairement cependant, il donna ainsi, à quelques autres premiers ministres attentifs et à leurs conseillers, l'impression de s'éloigner de Johnson qui, lui, prônait plutôt la nécessité de transformer le régime ambiant par des modifications majeures de la Constitution, fondées sur le caractère binational du Canada. Bertrand, on l'a dit, ne rejetait pas cette approche, mais il ne s'y référait pas autant que son prédécesseur. Plus moralisateur, il avait tendance à exhorter les responsables politiques et les leaders d'opinion canadiens-anglais à un changement d'attitudes et de mentalités, à une sorte de «retour aux sources» grâce auquel surgirait la conclusion du nouveau «pacte confédératif» souhaité par le Québec.

Quoique visant les mêmes objectifs que Johnson, il avait, nuance importante, insisté sur le «véritable esprit du fédéralisme». (Il pensait à son fédéralisme *authentique*.)

C'est pourquoi certains délégués crurent un moment comprendre que le nouveau premier ministre du Québec était un chaud partisan de ce régime et qu'il l'acceptait sans arrière-pensée, sans changement majeur. En effet — c'était là le problème —, pour ces représentants du Canada anglais, l'adhésion au fédéralisme ne pouvait signifier qu'une chose: l'adhésion à *leur* fédéralisme*. Ils pensèrent que Bertrand contrairement à Johnson, n'insisterait pas sur des remises en cause fondamentales!

---

*Ce n'était (ni ne sera) pas l'unique fois où, par leur façon de s'exprimer, des personnalités politiques québécoises suscitaient des espoirs au Canada anglais. Le malentendu vient du fait que les vocables n'ont pas toujours les mêmes sens au Québec et ailleurs au Canada. Ainsi, au Québec, quand on évoque le «fédéralisme renouvelé», on met implicitement l'accent sur *renouvelé*, tandis qu'ailleurs on retient plutôt *fédéralisme*. Cela explique également pourquoi, à l'occasion, le «fédéralisme renouvelé» a pu articifiellement réunir autant de partisans tant canadiens-anglais que québécois francophones: ils se rejoignaient sur un concept saisi différemment. Dans le même ordre d'idées, un porte-parole québécois qui se proclame fédéraliste a ensuite de la difficulté à faire comprendre à ses interlocuteurs des autres gouvernements qu'il veut *aussi* des réformes substantielles.

Ces réflexes sémantiques n'entraînèrent pas de conséquence concrète sur les discussions de février. On finit par mieux saisir la pensée de Bertrand. Ses interventions furent finalement sans surprise. Ses collègues apprécièrent son style modéré, direct, sans apprêt, et son éloquence un peu désuète.

Il ne chercha pas à prendre Trudeau de front, non qu'il le craignît, mais parce que cette tactique répugnait à son tempérament. On aurait pu voir là un calcul de sa part: encore une fois, c'eût été mal connaître Bertrand. Il ne refusait pas le combat en soi, mais ne cherchait pas non plus à le provoquer. «On est là pour atténuer les problèmes, pas pour en fabriquer», disait-il à ceux qui s'étonnaient qu'il n'eût pas davantage «planté» Trudeau, amateur de sophismes.

De fait, les échanges entre les deux se situaient sur des plans parallèles, si bien que leurs arguments respectifs n'entrèrent pas vraiment en collision. On aurait aussi dit que Bertrand admirait Trudeau sans être d'accord avec lui, alors que celui-ci manifestait envers Bertrand une condescendance vaguement méprisante. Trudeau n'essaya pas, du moins alors, de le prendre en défaut ni de le mettre dans l'embarras devant les autres participants à la conférence. Jugeait-il déjà réglé le «cas du Québec»?

Bertrand n'exerça pas, sur ses collègues des autres gouvernements, le même charme que Johnson. Tous s'entendaient pour le considérer comme un honnête homme, sympathique, nullement distant, exprimant son point de vue avec clarté, sans aigreur. Personne ne ressentait le besoin de décoder ses sous-entendus, car il n'y en avait pas. Il s'intégra sans difficulté au club des premiers ministres.

Avec les membres de la délégation québécoise, ses relations demeurèrent toujours amicales et empreintes de simplicité.

Où les ministres s'assoient-ils?

Au moment de former notre délégation à Ottawa, les réactions spontanées de Bertrand firent penser à celles de Lesage. Je lui avais fourni les noms de ceux qui, d'après moi, devraient se trouver à Ottawa. Il jugea ma liste trop longue. À la rigueur, il se serait rendu dans la capitale fédérale avec, comme toute suite, moi-même, plus deux ou trois fonctionnaires, dont un seul de son cabinet personnel.

— Avec de solides arguments, pas besoin de mobiliser une armée, disait-il.

Il finit par consentir à une délégation plus costaude. Il demanda à Paul Dozois de venir et, sur ma suggestion, ajouta quelques fonctionnaires. J'imaginais qu'il offrirait à Julien Chouinard de se joindre au groupe, mais, fit-il remarquer, le secrétaire général du gouvernement devait normalement rester à Québec en l'absence du premier ministre.

Du temps de Johnson, la dimension des délégations du Québec avait posé un petit problème particulier, surtout lorsque les conférences étaient télévisées. Sans disparaître, la difficulté diminua avec Bertrand.

Johnson, on le sait, n'avait rien contre une délégation comprenant quinze ou vingt personnes: ministres, conseillers, fonctionnaires. Mais voilà: les ministres tenaient, pour des raisons de prestige sans doute légitimes, à ce que leurs concitoyens et surtout leurs électeurs soient au courant de leur présence auprès du Patron dans ces moments privilégiés. C'est-à-dire aux moments télévisés. La meilleure méthode consistait à arriver assez tôt dans la salle de conférence pour choisir un siège derrière le sien. De la sorte, lorsque Johnson prendrait la parole, ces ministres apparaîtraient dans l'image transmise en direct par la télévision et aussi dans les extraits repris aux bulletins de nouvelles. Les fonctionnaires et les conseillers se placeraient plus loin derrière. Si on entrevoyait leurs figures à la télévision, ce serait dû à une erreur technique (espérée par certains...).

D'où une difficulté logistique. Johnson me demanda discrètement d'y trouver une solution. Sur tel ou tel point de l'ordre du jour, il aurait en effet besoin, à l'occasion, de précisions dont seul disposait le personnel qui avait participé à la préparation immédiate de la conférence, souvent des fonctionnaires de rang modeste. Comment les lui transmettre sans que tout le Canada en eût connaissance via la télévision? Et sans déranger toute la délégation du Québec en se frayant un passage à travers les sièges? Car la distance obligeait les fonctionnaires et spécialistes requis, installés loin derrière, à mettre rapidement leurs papiers en ordre, à quitter leur rangée, à s'approcher du premier ministre sans faire trop de bruit, à s'accroupir près de la table de conférence et à lui chuchoter rapidement des renseignements pas toujours audibles ou complets. Et que faire si Johnson voulait une explication supplémentaire, disons vingt secondes après le retour du conseiller à sa place? Recommencer le même manège?

L'idéal eût été que les fonctionnaires prennent les premières places, derrière Johnson, les ministres s'assoyant plus au fond. Mais cet agencement aurait piqué la susceptibilité de certains élus. Avec la complicité de Johnson et de son personnel politique, on aboutit à une solution, aussi astucieuse que pratique: on séparerait la délégation verticalement, les élus d'un côté et les fonctionnaires de l'autre. Ainsi des ministres pourraient se succéder dans le champ de la caméra, tandis que moi, assis immédiatement derrière lui, mais dans la rangée des fonctionnaires, je coordonnerais, comme sous-ministre, la livraison des informations à son intention et lui éviterais l'arrivée désordonnée de notes disparates, plus aptes à le confondre qu'à l'aider. À l'occasion, Louis Bernard se chargerait de cette tâche. Cette façon de procéder devint la règle pour toutes les conférences.

Kinshasa, Paris et Niamey

La conférence constitutionnelle de février 1968 avait coïncidé avec la participation directe du Québec à une réunion internationale des ministres francophones de l'Éducation à Libreville, au Gabon. Cette «première» avait hérissé les fédéraux. Johnson parti, Bertrand dut assumer la suite des choses.

Un mois à peine après son accession au poste de premier ministre, Bertrand eut à se colleter avec les fédéraux sur la façon dont le Québec serait (ou non) présent à une autre réunion comme celle de Libreville. Elle devait avoir lieu à Kinshasa, au Congo ex-belge (aujourd'hui Zaïre), durant la troisième semaine de janvier 1969.

Il était pratiquement impossible de répéter l'exploit de l'année précédente, c'est-à-dire que seul le Québec fût invité à Kinshasa et qu'il s'y rendît sans présence fédérale. Un compromis était inévitable. De notre point de vue, il fallait surtout empêcher que le Québec, comme tel, ne fût exclu de la rencontre de Kinshasa, objectif avoué d'Ottawa et en vue duquel les fédéraux avait mené diverses démarches auprès du pays africain concerné. Auprès de la France aussi, mais celle-ci nous fit savoir qu'elle ferait tout en son pouvoir pour que fût respectée la volonté du Québec: s'il tenait à une présence distincte, il avait des chances de l'obtenir. Quant à laisser Ottawa complètement à l'écart de la rencontre, c'était une autre histoire... Cela dépendait à peu près seulement du président Mobutu; il était l'hôte de la conférence.

De toute façon, il était impensable que, dans les années futures, le Québec non souverain fût toujours invité seul. Tôt ou tard, il faudrait en arriver à un arrangement avec Ottawa.

En cette matière qu'il assimilait au départ à un caprice protocolaire, Bertrand, suivant ses réflexes, optait a priori pour la conciliation. Ottawa le présumait peu exigeant et espérait que, sous sa gouverne, le Québec se satisferait de présider une délégation *canadienne*. Des adjoints de Trudeau firent part de cette idée à Julien Chouinard que la perspective parut au début séduire. Après tout, c'était là un honneur auquel le Québec devrait être sensible. Un de ses ministres présiderait une délégation représentant le Canada! Bel arrangement qui pourrait même, pourquoi pas, s'appliquer à de futures conférences internationales?

Encore peu familiarisé avec le dossier international du contentieux Québec-Ottawa, Chouinard en vit bientôt les multiples ramifications et devint plus méfiant à l'endroit des «solutions» fédérales. Restait à alerter Bertrand.

C'est alors que servit l'argumentation dont j'ai dit un mot plus tôt: il s'agirait, à Kinshasa, d'éducation, domaine interdit aux fédéraux. Dès lors, Bertrand se montra plus ferme. Ottawa fut certes présent à Kinshasa, mais le Québec eut sa propre délégation, obtint d'être identifié, se vit confirmer le pouvoir de parler en son propre nom des domaines de sa compétence, et ainsi de suite. À l'époque, l'arrangement fut interprété comme un recul par rapport à l'éclat de Libreville; d'une certaine façon c'en était un, sauf que le cas de Libreville était tout à fait exceptionnel et quasi impossible à rééditer. L'arrangement fut repris en février 1970 pour une nouvelle réunion des ministres francophones de l'Éducation à Nouaktchott, en Mauritanie. (Sans le savoir, le Québec mettait alors au point la formule pratique qui lui permettrait, une quinzaine d'années plus tard, de participer à ce qu'il fut convenu d'appeler le Sommet francophone.)

Le même genre de formule s'appliqua à une autre conférence, encore plus importante, qui se tint à Niamey, au Niger, quelques semaines après Kinshasa. Elle visait à instituer une agence de coopération culturelle et technique des pays francophones. Les activités du futur organisme déborderaient le domaine immédiat de l'éducation, mais toucheraient assez de sujets de responsabilité provinciale pour que le Québec tente d'en faire partie et, là aussi, de parler en son propre nom et de prendre ses propres engagements.

Il n'était pas question, pour Bertrand, d'y laisser toute la place aux fédéraux. Même s'il ne se sentait pas très à l'aise comme promoteur de la «personnalité internationale du Québec» et qu'il se fût volontiers passé des tensions qui en résultaient avec Ottawa, de plus en plus il montra là-dessus un cran qui tranchait avec ses dispositions «bonententistes» initiales, si inquiétantes quelques mois plus tôt.

Julien Chouinard suivit, semble-t-il, un cheminement analogue, bien qu'il demeurât toujours animé par l'espoir que les fédéraux, Marc Lalonde notamment (alors conseiller politique de Trudeau), finiraient, selon ses mots, par «comprendre le bon sens». En échange de ce «bon sens», qui ne se manifesta jamais tant Ottawa était hostile aux ambitions internationales du Québec, il aurait été disposé à des compromis générateurs de paix permanente.

Marcel Masse, ministre de la Fonction publique, fut désigné pour représenter le Québec à Niamey, en février. C'était une semaine après la conférence constitutionnelle d'Ottawa dont on a parlé plus haut. À l'époque, Masse ne se gênait pas pour faire des déclarations de contenu souverainiste. Bertrand paraissait toutefois lui pardonner bien des choses et ne lui en voulait pas pour ce que d'aucuns jugeaient être des écarts de langage. «Il faut que jeunesse se passe», répondait Bertrand, placide ou résigné, à ceux qui s'étonnaient de ne pas le voir tancer son jeune ministre.

C'est Trudeau qui s'en chargea.

En juillet 1969, pour diminuer son fardeau de travail et en raison de sa santé, Bertrand nomma Masse ministre des Affaires intergouvernementales. Il s'occupa surtout du volet international du ministère, Bertrand conservant les questions constitutionnelles. En janvier 1970, Masse prononça en Belgique un discours où il dénonça le comportement fédéral vis-à-vis du Québec. Charge à fond de train, exacte quant à l'argumentation, mais sans beaucoup de nuances dans les formes, fort nationaliste dans le ton et provocante dans ses conclusions. Trudeau s'en offusqua. Il écrivit à Bertrand pour se plaindre de Masse et, à mots couverts, pour espérer que le premier ministre du Québec prendrait les dispositions voulues. Autrement dit, qu'il réprimanderait son jeune collègue.

Bertrand me montra la lettre en souriant:

— Lis ça, c'est édifiant, dit-il, mais tu n'auras pas besoin de me préparer de réponse. Si Trudeau s'imagine que je vais tomber dans son jeu, il se trompe.

Bertrand m'étonnait. Tout le monde devinait qu'il n'était pas d'accord avec les déclarations de Masse. Dans ces conditions, on se serait normalement attendu à ce que la démarche du premier ministre fédéral l'indisposât. Car elle mettait son leadership en cause: ou bien il blâmait Masse, et alors les nationalistes de son cabinet et les citoyens de la même tendance l'apprendraient, ce qui créerait des remous; ou bien, il n'en faisait rien, et alors il avouait manquer d'autorité. En tout cas, c'est en gros l'interprétation que je tirai de l'incident. Or Bertrand choisit de juger l'affaire comique et décréta que Trudeau se comportait en maître d'école irascible. Les choses en restèrent là et je ne me souviens pas si la lettre reçut une réponse.

S'il faisait preuve de tolérance envers Masse, Bertrand fut plus sévère dans ses jugements sur Jean-Guy Cardinal, ministre de l'Éducation. Revenons-un peu en arrière.

Le prétendant

Cardinal avait représenté le Québec à la conférence de Libreville, en février 1968. Logiquement, Bertrand lui demanda de s'acquitter de la même mission à Kinshasa, au début de janvier 1969. Cardinal refusa net: «Je n'humilierai pas le Québec en m'assoyant avec des fédéraux à une conférence sur l'éducation», m'expliqua-t-il quelques jours plus tard, d'une voix décidée. «Je ne cautionnerai pas le recul du Québec», ajouta-t-il, faisant allusion à l'arrangement qui permettait à Ottawa d'être aussi sur place. Cette remarque m'avait peiné: j'étais un des artisans du «recul»!

Elle déplut davantage à Bertrand, mais il n'en laissa rien voir. Il se contenta plutôt de remplacer Cardinal par Jean-Marie Morin, ministre d'État à l'Éducation. Du coup, malgré les qualités du nouveau chef de la délégation québécoise, le pays d'accueil et quelques autres, dont la France, eurent l'impression que le niveau de notre représentation était amoindri par rapport à celui de l'année précédente. Nous déléguions l'adjoint du ministre, pas le ministre en titre. Du moins, ainsi virent-ils les choses, ce qui ne plaidait pas en faveur du sérieux québécois.

Qu'à cela ne tienne. Bertrand, on va le voir, n'était pas rancunier.

Moins de trois mois après son arrivée au pouvoir, il avait subi un malaise cardiaque, mais l'événement ne fit pas la manchette. Quoique partisan de la transparence dans l'information, il observait la plus grande discrétion sur ce qui le concernait personnellement. Il lui fallait seulement du repos, crut-on. Son état réel de santé l'empêchait cependant de donner suite à l'invitation déjà formulée par la France de s'y rendre en visite officielle. Les Français n'étaient pas loin de penser que Bertrand se repliait sur un prétexte. Jean Chapdelaine à Paris, André Patry et moi-même à Québec, nous eûmes à expliquer que Bertrand était vraiment mal en point. Qu'il ne fallait voir là aucune dérobade. Ce qui nous exempta de préciser que notre premier ministre n'était de toute manière pas adepte des pompes diplomatiques...

Bertrand demanda à Cardinal plutôt qu'à Masse de faire à sa place la tournée parisienne prévue. Pourquoi? Un peu à cause de la notoriété dont jouissait alors le ministre de l'Éducation et beaucoup parce que Bertrand voulait, une fois de plus, montrer que les relations internationales du Québec dérivaient de compétences constitutionnelles indéniables, l'éducation justement. Une façon comme une autre de neutraliser les fédéraux, tout en respectant les règles du fédéralisme *authentique*.

Cette fois, Cardinal fut ravi d'accepter. Il serait toutefois accompagné de Jean-Paul Beaudry, ministre de l'Industrie et du Commerce.

Pourquoi ce ministre «économique», au demeurant fort sympathique, faisait-il partie d'une mission politique répondant à une invitation française? Pour l'excellente raison que, depuis Lesage, une règle implicite gouvernait les déplacements ministériels à l'étranger: leur objectif était, expliquait-on, de susciter la venue d'investissements au Québec. Il importait peu que cet objectif fût véridique ou non, en totalité ou en partie. Comme toujours, l'essentiel était de justifier d'une manière ou d'une autre des dépenses que, croyait-on au gouvernement, la population jugerait superflues. La présence de Beaudry et de ses conseillers conférerait une connotation d'«affaires» au déplacement de janvier 1969.

Baignant dans cette mentalité de type «commissaire industriel» et avec d'autres fonctionnaires dont Michel Bélanger, sous-ministre de Beaudry, je fis partie de la mission. Elle se rendit d'abord à Londres où quelques rencontres furent organisées à l'intention de Beaudry. Cette fois-là comme à d'autres moments, ce détour en Grande-Bretagne, obligé et préalable à notre arrivée à Paris, revêtait aussi une signification précise: il visait à rassurer les anglophones montréalais et, par la même occasion, leurs congénères canadiens sur le fait que le Québec ne s'était pas transformé en néo-colonie gaulliste!

Cafouillage

Il n'en reste pas moins que Cardinal fut reçu par le président français comme aucun ministre québécois de l'avait jamais été jusque-là ni ne le serait par la suite. Il était venu à la place du premier ministre et, quoique seulement responsable de l'éducation, aux yeux de de Gaulle il représentait le peuple qui l'avait si chaleureusement accueilli dix-huit mois plus tôt. Cela justifiait quelque faste qui honorait beaucoup moins Cardinal, comme personne, que le Québec à travers lui. Je ne suis pas sûr que l'intéressé ait toujours eu cette nuance présente à l'esprit.

Cardinal était aussi vice-premier ministre, c'est-à-dire vice-président du Conseil des ministres. Au Québec, ce titre est plutôt honorifique et pratiquement inoffensif. En France, toutefois, il contribua à créer un froid entre Cardinal et ses collègues du cabinet. Par déférence en effet, les Français et les Européens en général ont l'habitude, dans la conversation courante, d'omettre des préfixes comme «vice» (ou «sous», dans le cas d'un sous-ministre). Il arriva donc que de Gaulle, dans ses allocutions reproduites par la presse, donnât à Cardinal du «Monsieur le Président du Conseil», ou même du «Monsieur le Président» tout court!

Dans le contexte parisien, cela ne porta pas à conséquence, mais certains ministres et Bertrand lui-même estimèrent que Cardinal usurpait un titre ronflant pour hausser son prestige personnel, ou à tout le moins qu'il s'en accommodait. Il faut dire que, déjà alors, une rumeur commençait à circuler: Cardinal pourrait bien se présenter contre Bertrand au prochain congrès pour le leadership de l'Union nationale.

La même rumeur expliquait peut-être aussi un autre incident beaucoup plus sérieux.

À la fin des années 1960 et longtemps par la suite, toute mission ministérielle digne de ce nom devait être marquée de décisions annoncées à grand renfort de communiqués claironnants.

Ce fut le cas pour la visite de Cardinal. Avec Michel Debré, ministre français des Affaires étrangères, il signa trois lettres d'intention destinées à accroître et à diversifier la coopération franco-québécoise: une sur la participation possible de la France au développement de l'Université du Québec, une autre sur les investissements et les échanges industriels, et une troisième sur le projet de satellite de télécommunication. Les fédéraux n'en ayant pas été avertis, la lettre sur les investissements et surtout celle sur le satellite les firent réagir, le ministre des Affaires extérieures, Mitchell Sharp, en tête. Ils accusèrent le Québec de dépasser le cadre des ententes de 1965. Quant à Trudeau, il se permit quelques blagues grinçantes sur le caractère avant tout gastronomique, selon lui, de la mission québécoise en France.

Quelques mois plus tôt, Bertrand aurait eu tendance à donner raison aux fédéraux: les deux lettres contestées frôlaient dangereusement les compétences fédérales. En janvier 1969, c'était différent. Bertrand voyait maintenant, dans la coopération franco-québécoise une façon de sauvegarder, par des gestes externes, l'autonomie interne du Québec.

Or, surprise consternante, nous étions encore à Paris, quelques heures après la signature des lettres, qu'on nous faisait part, de Québec, d'un commentaire dévastateur de Paul Dozois, premier ministre intérimaire (Bertrand terminait sa convalescence). À des journalistes qui l'interrogeaient sur les critiques du fédéral, Dozois affirma que Cardinal n'avait jamais reçu de mandat autorisant les signatures parisiennes!

C'était un désaveu sans précédent, d'autant plus incompréhensible que l'autorisation existait bel et bien sous la forme d'un décret ministériel adopté par le Conseil des ministres juste avant le départ de Cardinal pour l'Europe.

Le lendemain, Bertrand intervint pour rétablir les faits: Cardinal détenait toutes les autorisations voulues, mais Dozois ne s'en était pas souvenu devant les journalistes! Au retour, je demandai à Bertrand comment avait bien pu se produire une telle erreur, grave sur le plan diplomatique. Il confirma que Dozois s'était trompé en toute bonne foi, mais, comme pour déplacer un peu les culpabilités et bien que cela n'eût pas de lien avec l'oubli de Dozois, il ajouta, amusé:

— Ça montrera à Cardinal à se prendre pour un autre! Quand on invite les problèmes, ils arrivent.

Interprovincialisme

Le 4 juin 1969, à Québec, John Robarts, premier ministre de l'Ontario, et Jean-Jacques Bertrand signèrent un accord de coopération entre leurs deux provinces. Il portait essentiellement sur l'éducation et la culture et prévoyait divers programmes d'échange. Le libellé de l'accord se rapprochait de celui de l'entente franco-québécoise de novembre 1965. De la même manière, sa mise en œuvre était confiée à une commission permanente de coopération formée de hauts fonctionnaires des deux provinces.

Le 18 décembre suivant, un autre accord du même genre fut conclu à Fredericton, entre Bertrand et Richard Hatfield, premier ministre du Nouveau-Brunswick.

C'était la première fois que de tels gestes avaient lieu entre provinces canadiennes.

Des observateurs en déduisirent que Bertrand ouvrait une nouvelle ère d'interprovincialisme et que, désormais au Canada, des sujets importants se traiteraient au niveau des provinces, sans intervention fédérale. Pourquoi pas un nouveau type de fédéralisme?

J'ignore au juste comment naquit l'idée de ces accords interprovinciaux. Il paraît que Johnson, en son temps, en glissa un mot à John

Robarts, premier ministre de l'Ontario, et à Louis Robichaud, alors son homologue du Nouveau-Brunswick. Si oui, je n'en eus pas connaissance. Bertrand m'en parla en décembre 1968. Bien qu'elle ne la contredît pas, sa perspective différait assez de celle que laissèrent entendre les déclarations officielles lors des signatures. Voici en quoi.

Fidèle à la tradition unioniste, Bertrand était partisan de la collaboration interprovinciale; en plus, elle cadrait bien avec sa conception du fédéralisme. Mais, dans le cas qui nous occupe, sa motivation s'appuya sur autre chose.

Aussi curieux que cela puisse sembler, elle survint en partie à cause des relations franco-québécoises.

— Si le Québec a pu s'entendre avec les Français sur des programmes d'échanges, il doit y avoir moyen d'en faire autant avec les gens de l'Ontario et du Nouveau-Brunswick qui sont nos compatriotes, m'avait-il dit en décembre.

Il s'inquiétait alors des critiques possibles sur les priorités du Québec. Il se sentait d'avance embarrassé d'avoir, le cas échéant, à expliquer pourquoi le Québec cherchait à se rapprocher de la France, au lieu de se tourner, en premier lieu, vers le reste du Canada. Les ententes projetées avec le Nouveau-Brunswick et l'Ontario serviraient donc à rééquilibrer l'ouverture du Québec vers l'extérieur et offriraient à Bertrand un moyen de défense. Non sans raison, il était persuadé que Trudeau finirait par blâmer le Québec de se tourner vers d'autres pays avant de penser d'abord aux «provinces-sœurs».

Dans la mesure où le contenu des ententes serait fonction de leurs besoins, elles permettraient aussi au Québec de s'acquitter de son devoir à l'égard des autres Canadiens français. À travers les programmes d'échange, il aiderait les deux provinces à s'occuper des francophones sur leur territoire, et ce dans le plein respect de leurs compétences.

Selon la vision de Bertrand, il revenait à chaque province, entité autonome par définition, de protéger ses minorités linguistiques; cette opinion le guidera d'ailleurs dans sa propre attitude à l'endroit des Anglo-Québécois. Il avait scrupule à admettre une responsabilité directe du Québec envers les francophones du reste du Canada et n'aurait jamais été aussi loin que Lesage qui avait déjà décrit le Québec comme le point d'appui du Canada français, et même de tous les francophones d'Amérique du Nord. Il n'aurait peut-être pas non plus, comme Lesage l'avait fait, accepté la création, au ministère des Affaires culturelles, d'un «service du Canada français outre-frontière». Pour Bertrand, le Québec risquait d'outrepasser ses attributions en assumant un rôle trop visible et trop directif par rapport aux Canadiens français des autres provinces.

Bref, au moyen de programmes de coopération, le Québec pouvait aider ces provinces à assumer leurs responsabilités envers leurs minorités francophones. Pour Bertrand, c'est ce qui comptait et c'est là que se situait la mission réelle du Québec. Par égard pour les autorités légalement constituées, il tenait à conclure les accords nécessaires avec les gouvernements eux-mêmes et non avec des associations francophones ou des individus de l'extérieur du Québec.

Au-delà de ces considérations, Bertrand espérait que le rapprochement avec l'Ontario entraînerait une meilleure compréhension entre les deux provinces, peut-être même une volonté d'action commune s'exprimant par des positions politiques similaires ou complémentaires. Il croyait fermement au maintien et au renforcement de l'axe qui était censé exister, depuis le début de la Fédération, entre Toronto et Québec. Pour lui, cet axe était dans la nature des choses, au point qu'il s'étonnait souvent de constater qu'en matière constitutionnelle l'Ontario ne partageait pas toujours les vues autonomistes du Québec. D'après lui, il devait exister un malentendu quelque part, car ces deux provinces auraient dû être d'accord. Précisément parce qu'elles étaient toutes deux des provinces.

Pas d'ambiguïté

Fin juin, le congrès de nomination de l'Union nationale élut Bertrand chef du Parti, avec 57 % des suffrages. Comme prévu, Cardinal se présenta contre lui et, comme prévu également, il fut défait. Bertrand ne parut pas tenir rigueur à Cardinal de s'être opposé à lui, pas plus qu'il n'en voulut à ceux, quelques ministres et députés, qui avaient fait campagne en faveur de son rival. «C'est la démocratie», fit-il observer une des très rares fois où je parlai de ce congrès avec lui.

Du côté de son opposant et de ses partisans, on digéra moins bien la défaite. On comptait sur le nationalisme de Cardinal pour rallier davantage de votes au moment d'élections générales qui ne sauraient trop tarder. Il aurait pu, croyait-on, trouver un créneau politique fertile entre les libéraux de plus en plus dominés par le trudeauisme et le Parti québécois, récemment créé, qui occupait beaucoup d'espace dans les médias. Le groupe de Cardinal percevait Bertrand comme un fédéraliste classique, impression non dépourvue de fondement. Quoi qu'il en fût, l'Union nationale était divisée, mais, comme le pouvoir soude, les fissures demeurèrent un temps masquées, tout le monde se ralliant en principe derrière le chef.

À l'instar de tout autre parti, l'Union nationale réunissait en son sein plusieurs tendances, notamment une aile franchement fédéraliste et une autre, plus nationaliste, qui n'hésitait pas à emprunter divers thèmes du Parti québécois tout en se déclarant «non séparatiste».

Cette coupure entre fédéralistes et «souverainistes» ne datait pas de 1969. Elle était présente dès 1966, mais Johnson, conscient de la situation, avait réussi, par son charme, son ambiguïté et son habileté — et aussi parce qu'il s'interrogeait lui-même —, à maintenir l'unité du Parti. Il avait toujours appliqué une technique à laquelle il n'était pas dans le tempérament de Bertrand de recourir, celle d'éviter les positions tranchées et définitives. «L'indépendance si nécessaire...», ce n'est pas Bertrand qui se serait exprimé de la sorte.

Résolument fédéraliste, celui-ci avait des opinions arrêtées, parfois trop, et il ne les cachait pas. Projeter une autre image eût été pour lui une tactique condamnable. Il croyait aussi fermement au maintien et à la protection des droits — ses opposants diront des privilèges — de la minorité anglophone du Québec. Si bien que son élection à la tête du parti, si elle en réconforta les éléments conservateurs, laissa peu d'espoir aux partisans d'une ligne plus nationaliste. Chez ceux-ci, Bertrand ne jouissait pas d'un préjugé favorable. Quand ce n'était pas son manque de charisme, on déplorait son peu d'audace constitutionnelle et linguistique, ainsi que son penchant «bonententiste» à l'égard des fédéraux.

À l'occasion, les apparences le desservirent et alimentèrent des jugements sur lui plus durs qu'il ne l'aurait mérité. Bertrand, on doit l'admettre, ne faisait pas beaucoup d'efforts pour corriger les impressions négatives qui pouvaient en résulter.

— Je n'ai pas à m'excuser pour plaire aux séparatistes, répliquait-il quand on lui en faisait la remarque.

Voici un exemple de ces situations où un souci plus aigu de son image aurait été bénéfique au premier ministre.

Une mise au point ratée

Après son «Vive le Québec libre» de juillet 1967, de Gaulle demanda à ses ministres en visite au Québec de ne plus se rendre à Ottawa.

Les fédéraux fulminèrent. Selon eux, tout ministre étranger en voyage officiel où que ce soit au Canada devait se rendre d'abord dans la capitale du Canada ou, à la rigueur, y passer au terme de son séjour.

Dans le cas présent, ils voulaient symboliquement démontrer que les contacts entre la France et la «province de Québec» n'échappaient pas à leur vigilance et qu'ils faisaient partie de la politique étrangère du Canada.

Du vivant de de Gaulle, la règle qu'il avait édictée s'appliqua presque sans exception. Chaque visite d'un ministre français donna cependant lieu à des démarches fédérales infructueuses auprès de la France et à des pressions plus ou moins élégantes sur le Québec. Chaque fois, par des appels téléphoniques aussi nombreux qu'exaspérants, les fédéraux s'adressaient en premier lieu à moi, à cause de mes responsabilités de sous-ministre. Ces tiraillements devinrent pénibles et engendrèrent des frictions graves entre mon ministère et celui des Affaires extérieures.

Parfois, en effet, le ministre français aurait pu profiter d'un «détour» par Ottawa pour tenir avec les fédéraux des conversations sur des sujets non couverts par nos ententes de coopération. Il était alors difficile, sans puiser dans un arsenal d'arguments tirés par les cheveux, de justifier l'absence du «détour». Dans ces cas, l'apparition protocolaire d'un ministre français à Ottawa — quelques heures, pour la forme — n'aurait nui en rien aux relations directes entre la France et le Québec.

J'en vins à penser qu'un compromis quelconque serait de nature à nous épargner des péripéties qui étaient, en l'occurrence, de véritables «chicanes inutiles». Johnson avait le même sentiment, mais longtemps les circonstances se prêtèrent mal à un arrangement.

En janvier 1969, à l'occasion de mon séjour à Paris avec Cardinal, j'eus une conversation étonnante avec un membre du cabinet de de Gaulle. Il me raconta que l'exclusion d'Ottawa des itinéraires des ministres français avait été décidée en son temps un peu à cause de l'humeur du président français, mais surtout pour plaire au Québec. En d'autres termes, nous aurions nous-mêmes insisté en ce sens! Or, à ma connaissance, tel n'avait jamais été le cas. Ce souhait avait-il été exprimé, un jour ou l'autre et de son propre chef, par un «franc-tireur» québécois? Ou même par un ministre? Je n'en sus rien, mais, chose certaine, plusieurs responsables français, appris-je aussi, déploraient ces aspérités fâcheuses du triangle Québec-Paris-Ottawa qui les distrayaient de questions franco-québécoises plus substantielles.

À la fin d'avril, de Gaulle démissionna après l'échec de son référendum sur la réforme du Sénat et des régions. Aux élections présidentielles qui suivirent, il fut remplacé par Georges Pompidou. Malgré les efforts des fédéraux, le changement de gouvernement ne modifia pas le caractère des relations France-Québec. Il importait cependant que j'aille personnellement prendre contact avec les anciens et certains nouveaux collègues français et, si possible, avec certains ministres.

Bertrand fut d'accord pour que je me rende en France au début de juillet. Au cours de notre entretien sur la «politique étrangère» du Québec qui précéda mon départ, la question des voyages de ministres français vint sur le tapis. L'exclusion d'Ottawa par de Gaulle agaçait Bertrand. Je l'avais déjà informé de ma conversation de janvier, à Paris. Je lui proposai alors ceci: pendant mon séjour, j'indiquerais aux Français que nous n'avions pas d'objection à un arrêt à Ottawa de leurs ministres en visite chez nous, à la condition expresse toutefois qu'on n'y traitât jamais de coopération franco-québécoise. Par contre, si un ministre venait en mission au Québec strictement dans le cadre de cette coopération, alors le «saut» à Ottawa serait à notre avis superflu.

Bertrand acquiesça d'emblée et me dit de faire part à mes vis-à-vis français que telle était la préférence du Québec. Ce que je fis[1].

Dieu sait comment, la nouvelle de ma démarche parvint aux médias québécois. En tout cas, elle avait l'air de dire ceci: «Dans une note formelle et écrite que lui a remise le sous-ministre Morin, Bertrand enjoint Pompidou de mettre une fois pour toutes un terme au harcèlement pratiqué par son prédécesseur de Gaulle à l'encontre des fédéraux. Désormais, contrairement à la pratique actuelle, les ministres français se rendront à Ottawa avant de venir au Québec.»

Pour l'unique fois sous son administration, je me précipitai, excité, dans le bureau de Bertrand. Mon inquiétude: l'impression négative qu'on tirerait de l'incident en maints milieux. À l'opposé de Johnson (ou de Lesage), on dirait de Bertrand qu'il cédait aux fédéraux ou, si l'on veut, qu'il «laissait tomber la France pour se rallier à Trudeau». Une manière comme une autre de signifier que c'en était terminé des incursions internationales du Québec. Il me déplaisait de penser qu'on présenterait Bertrand comme le liquidateur d'un héritage laborieusement construit, mais qu'il n'aurait pas su assumer. Depuis le temps que les fédéraux espéraient l'avènement d'un premier ministre québécois aussi commode...

Bertrand prit la chose calmement:

---

1. Le Document 13, en annexe, contient mon rapport du 15 juillet 1969 à Bertrand sur cette mission. Il est révélateur de certains comportements fédéraux. J'aurais dû en faire état dans *L'Art de l'impossible*, mais je ne le retrouvai qu'après la parution du livre. Mieux vaut tard que jamais...

Jean-Jacques Bertrand s'adressant à des journalistes à Ottawa en 1970.

— Laisse chialer les chialeux, dit-il. J'expliquerai au public qu'il n'a jamais existé de note pour Pompidou.

Il le fit en parlant à un ou deux journalistes, mais n'alla pas plus loin. Ses explications eurent peu d'échos. L'impression demeura que, même sans remise de note à Pompidou, une démarche avait bel et bien été effectuée par moi à la demande de Bertrand dans le but de rappeler la France «à l'ordre et au respect des convenances». Comme le désiraient les fédéraux, justement. En somme, recul de Bertrand. L'incident contribua à ancrer chez les nationalistes sa réputation à tout prix conciliatrice, mais il ne s'en préoccupa guère.

Peut-être, après tout, la tournure des événements lui plut-elle?

C'est du moins ce que me porta un moment à croire, plusieurs semaines plus tard, une remarque de Julien Chouinard. Pour souligner que, contrairement à Johnson, Bertrand se refusait à faire la cour aux «séparatistes», il m'indiqua que celui-ci tenait par exemple à garder ses distances avec la France; ainsi, il avait profité de l'affaire de la «note à Pompidou» pour faire comprendre à tous son accord avec le rétablissement de bons rapports entre la France et le Canada. (Je doutai cependant que Bertrand eût vraiment fait un tel calcul; cela ne correspondait pas à sa méthode. Précisons aussi que Chouinard se méfiait de certains aspects trop compliés à ses yeux des relations franco-québécoises et qu'il y voyait des encouragements subtils à l'indépendance du Québec, orientation qu'il rejetait résolument.)

De manière générale, on ne peut pas dire que Bertrand faisait de son mieux pour corriger les impressions parfois défavorables que l'on pouvait avoir de lui: il ne faisait pratiquement rien. «J'ai dit ce que j'avais à dire» ou «La population fera la part des choses», commentait-il lorsqu'on l'informait d'opinions négatives véhiculées dans les médias. Il lui arrivait aussi, en philosophe fataliste, d'ajouter: «Nul n'est prophète en son pays».

Le drame linguistique

Avec la question de la langue, Bertrand fit face à la pire épreuve de son règne. Elle le marqua. D'aucuns pensent qu'elle le détruisit.

Je ne relaterai pas en détail ici les circonstances qui amenèrent son gouvernement, d'abord en décembre 1968 avec le *Bill 85*, et en octobre 1969 avec le *Bill 63*, à légiférer en matière de langue. Il suffit de rappeler que la minorité anglophone de Montréal se préoccupait alors de la tendance à l'unilinguisme français de certaines commissions scolaires, notamment celle de Saint-Léonard. Cette inquiétude n'était pas nouvelle (à New York, deux ans plus tôt, Johnson m'en avait longuement parlé), mais elle était devenue plus aiguë.

Bertrand était conscient de la crise qui se profilait à l'horizon politique. Sa manière consistait, on le sait, à ne pas laisser traîner les choses. C'est pourquoi, premier ministre depuis à peine un mois, il avait annoncé, dès novembre 1968, que son gouvernement légiférerait bientôt en vue de protéger les droits de la minorité anglophone.

Cette annonce et les lois qui suivirent indisposèrent les éléments nationalistes de la population du Québec, à Montréal en particulier. On tint pour acquis que Bertrand avait cédé aux pressions de la communauté anglophone et du milieu des affaires de Montréal (comme Johnson lors dans sa déclaration d'Hawaï sur la «muraille de Chine») et qu'il avait pris fait et cause en faveur des anglophones québécois — et plus en faveur de leurs privilèges que de leurs droits. Encore aujourd'hui le souvenir de ce premier ministre est inséparable de celui des *Bills 85* et *63*.

La question de la langue n'entrait pas dans mes attributions, mais j'en parlai à Bertrand. Sa célérité m'avait surpris. Sa réponse à mon interrogation, encore plus. Elle me vint comme si elle avait été toute prête:

— Daniel voulait régler le problème de la langue. Je dois à sa mémoire de prendre le relais. C'est ce qu'il attendrait de moi.

De la dernière réplique, je n'étais pas si sûr. Je lui fis part de l'avis exprimé par Johnson dans ma conversation de New York: le premier gouvernement qui osera s'en prendre à la question linguistique en périrait... Réplique:

— Je ne camouflerai pas mes principes et j'assumerai les conséquences de mes décisions.

Les principes de Bertrand en matière linguistique? Ultrasimples: chaque citoyen canadien, présent ou futur, devrait jouir au Québec du droit naturel et inaliénable d'opter, dans l'enseignement comme ailleurs, pour le français ou l'anglais, les deux langues du Canada. C'est ce qu'on appela alors la liberté de choix. Corollaire implicite: les Québécois francophones n'amélioreraient pas leur situation en s'en prenant aux Québécois anglophones. Autrement dit, on ne corrigerait pas une injustice par une autre.

Bertrand soupçonnait que sa position perpétuerait non seulement les «droits» des anglophones, mais en même temps leurs privilèges. Il se refusait néanmoins, en conscience, à baliser l'exercice des premiers, même si, de la sorte, il risquait de confirmer les seconds. Il savait sans doute aussi qu'une politique de libre choix nuirait à l'intégration des immigrants à la communauté francophone québécoise, puisque rien n'empêcherait ceux-ci, bien au contraire, de se greffer au courant anglophone dominant au Canada et en Amérique du Nord.

Au fond, il aurait aimé que le Québec fît preuve d'une telle générosité à l'égard de ses anglophones actuels ou à venir que le Canada anglais, impressionné, se serait dès lors moralement senti obligé d'étendre la réciproque aux francophones vivant sur son territoire. Il espérait du renoncement pratiqué chez soi l'émergence de la libéralité chez les autres!

Quand j'exprimais des doutes sur la prédication de la vertu par le bon exemple, il s'animait et finissait immanquablement par des aphorismes du genre:

— Nous attirerons à nous les immigrants non en les y forçant, mais quand nous serons devenus attirants!

Ou il invoquait la paix qui existait dans son propre comté, entre Canadiens des deux langues:

— Chez nous, on n'a jamais forcé personne à parler une langue ou l'autre, et tout le monde vit en bons termes depuis des générations.

Son gouvernement aboutit à la présentation du *Bill 63* à l'Assemblée nationale, le 23 octobre 1969. Ironie: c'est Cardinal, dont le nationalisme n'échappait à personne, qui dut s'en charger, à titre de responsable de l'Éducation. Le projet établissait la liberté de choix des parents pour la langue d'enseignement de leurs enfants et la nécessité, pour tous, d'une connaissance d'usage du français. Bertrand pensait que l'insistance sur la connaissance du français par les non-francophones, vieux souhait canadien-français, aiderait à faire accepter, par les Québécois francophones, le principe du libre choix.

Il fut estomaqué de la réaction fort négative à son projet. Il s'attendait certes à des protestations de groupes nationalistes— «Tant pis, j'agis selon ma conscience», disait-il, résigné —, mais pas aux slogans repris par la foule de dix à vingt mille personnes qui manifesta bruyamment contre le projet de loi devant l'Assemblée nationale. J'avais quitté mon bureau pour voir la manifestation à travers les fenêtres du Salon rouge dans le même édifice. C'était, m'avaient affirmé des policiers, le plus gros rassemblement depuis toujours à se tenir «en face du Parlement». Des manifestants criaient: «Bertrand: traître».

Parmi les quelques spectateurs présents au Salon rouge, je croisai René Lévesque allant fébrilement d'une fenêtre à l'autre, prenant soin de ne pas brûler les tentures avec sa cigarette constamment allumée. Il s'était, avec trois autres députés (Yves Michaud, libéral, Jérôme Proulx, unioniste, et Gaston Tremblay, indépendant), opposé au *Bill 63*. Le reste de l'Union nationale et des libéraux y était favorable, y compris un dénommé Robert Bourassa. Lévesque paraissait impressionné:

— Il y a du monde, beaucoup de monde, mais les manifestations sont toujours inquiétantes. On sait quand et pourquoi elles commencent, mais qui sait comment elles vont tourner? me dit-il.

Il ajouta à mon intention:

— C'est *votre* pauvre Jean-Jacques qui doit être malheureux! Il a l'air de prendre le parti des Anglos.

Je balbutiai quelque chose en réponse, mais Lévesque n'écoutait plus: il scrutait la foule devant l'Assemblée nationale.

Je rencontrai Bertrand un ou deux jours après.

— T'as vu ça? me dit-il, nerveux et agité. Ils m'ont traité de traître! Moi, traître? Et toi, penses-tu aussi que je suis un traître?

Il ne me laissa pas répondre, se répétant à lui-même, presque atterré, allant et venant dans son bureau:

— *Ils* disent que *Bertrand est un traître.* Moi, traître?...

Visiblement, la manifestation l'avait ébranlé, et ce cri de ralliement l'avait frappé comme une injustice sans bornes. Il était émouvant de le voir dans cet état, lui d'habitude enjoué, de bonne humeur. Sur le coup, on pouvait penser qu'il sortirait profondément miné de l'expérience.

Bientôt la fin

En fait, il n'en sortit pas. À sa façon de parler, à ses remarques désabusées, on aurait dit qu'il estimait avoir perdu de sa légitimité. «J'ai fait mon devoir et la population me jugera», disait-il dans les semaines qui suivirent. Il avait du mal à suivre l'évolution de l'opinion publique. Il s'évertuait à se convaincre que les attaques virulentes contre le *Bill 63* n'émanaient que d'organisations «séparatistes» fourmillant d'agitateurs opposés à tout et à son contraire.

Le 8 décembre, nouvelle conférence constitutionnelle à Ottawa. Bertrand, pour les fins de la cause un peu remis de ses émotions, s'y prépara avec son soin coutumier. Je me rappelle cette conférence, plutôt routinière, à cause d'un échange révélateur et surtout d'une image qui me frappa.

D'abord, l'échange. Pour ne pas avoir à discuter uniquement de constitution, les premiers ministres avaient pris l'habitude de se réserver du temps, à la fin des rencontres, pour aborder d'autres sujets. En décembre 1969, il fut question d'assurance-maladie.

À son tour de parler, Bertrand prétendit qu'en vertu des principes du fédéralisme un programme comme l'assurance-maladie devait relever des provinces, non du gouvernement central. Or, peu avant, son collègue de la Saskatchewan, le libéral Ross Thatcher, avait soutenu exactement l'inverse: à cause des principes du fédéralisme, il allait de soi, selon lui, que l'assurance-maladie entrait dans la compétence d'Ottawa.

Paradoxal. Deux premiers ministres s'appuyaient sur le même fédéralisme pour en tirer des lignes de conduite en totale contradiction!

C'est à ce moment, mieux qu'à tout autre auparavant, que je saisis l'un des malentendus les plus caractéristiques entre le Québec et le

Canada anglais. J'en ai dit un mot à propos de la conférence de février, la première à laquelle Bertrand participait comme premier ministre: quand ils se réfèrent au fédéralisme, le Québec et le Canada anglais ne parlent pas nécessairement de la même chose, bien que le terme soit identique. Ni non plus quand il s'agit de l'«unité nationale». Combien d'autres notions sont ainsi perçues différemment?

Bertrand fit la même constatation que moi, mais il en conclut que c'était le premier ministre de la Saskatchewan qui comprenait mal le fédéralisme...

Quant à l'image dont je me souviens, elle est abusive, convenons-en, mais, à la manière d'une caricature, elle illustre un aspect visible de la réalité politique d'alors. Ayant changé de siège pendant la conférence, je me trouvai à voir de profil Bertrand et Dozois, de notre délégation, et dans la délégation fédérale Trudeau avec, à côté de lui, John Turner, ministre de la Justice. Dans le camp du Québec, deux hommes dignes et bien intentionnés, mais qui me parurent fatigués, dépassés, maniant des arguments usés. Dans le camp d'Ottawa, deux nouveaux porte-parole, jeunes, alertes, vigoureux. Beaux.

Ce qui me déprima le plus c'est le fait même que cette image, ce contraste, m'eût frappé. J'étais sous-ministre depuis six ans et demi. En si peu de temps — moins de 80 mois! —, Lesage n'était plus là, Johnson était décédé, Lévesque n'était plus qu'un simple député à la tête d'un nouveau parti à l'avenir incertain, et ainsi de suite. Et Bertrand, en politique active depuis 1948 — un vétéran — faisait de son mieux face à Trudeau, chevalier d'un fédéralisme inédit, dont le parti avait, aux élections, reçu des Québécois plus d'appuis que celui du premier ministre du Québec.

J'étais peiné pour Bertrand que la conjoncture lui fût défavorable. Il n'avait pas mérité tout cela. Certes, ses prises de position ne l'avaient pas aidé, surtout celles qui concernaient la langue. Il les estimait, lui, claires et nettes, correctes au plan des principes (les siens), mais il s'était petit à petit aliéné une tranche d'électeurs qu'il avait tendance à sous-estimer, ceux qu'il appelait les «séparatistes», sans gagner pour autant la faveur des anglophones et des fédéralistes.

Il y aurait bientôt quatre ans que l'Union nationale, élue en juin 1966, exerçait le pouvoir. En général, on s'attendait à des élections au printemps 1970. Bertrand n'en faisait pas mystère. En février, il me dit soudain:

— Aurais-tu envie de te présenter dans Montmorency? Tu viens de ce comté et il n'y a pas de candidat de l'Union nationale (le député

Gaston Tremblay, élu unioniste en 1966, était devenu indépendant entre-temps).

Je crus plus délicat de ne pas lui révéler que Lesage m'avait fait une proposition du genre quelques années plus tôt. Je me contentai de le remercier de sa confiance et de refuser, évitant même de lui poser des questions sur mes chances possibles d'élection.

Et les chances de succès de l'Union nationale? Curieusement, l'entourage de Bertrand était silencieux là-dessus. On y parlait rarement de sondages. D'ailleurs, en faisait-on? Du temps de Lesage ou de Johnson les supputations étaient bien plus courantes.

Toujours est-il que le 12 mars j'appris en même temps que tout le monde que des élections auraient lieu le 29 avril. La décision me parut subite: le gouvernement n'avait même pas présenté son budget, omission qui, d'après les libéraux, laissait croire que le Québec était au bord de la faillite financière et que l'Union nationale n'osait pas l'avouer.

En un sens, le résultat de l'élection m'était indifférent. Si Bertrand gagnait, j'en serais sincèrement heureux pour lui. Pour moi, ce serait *business as usual*. Sinon, une connaissance de longue date deviendrait premier ministre: Robert Bourassa. Avec lui, je pourrais m'arranger. Quoi qu'il advînt, rien d'inquiétant.

Je souhaitais seulement que le Parti québécois, dont c'était la première campagne électorale, fît bonne figure, surtout à cause de Lévesque que j'admirais profondément, mais aussi pour mettre du piment politique à l'Assemblée nationale.

La campagne électorale me donna un répit pour oublier la Constitution: deux semaines de vacances au Mexique. En sortant de l'aéroport de Mexico, une immense banderole m'agressa. En gigantesques lettres rouges sur fond blanc, elle clamait: *¡Viva la revolucion y la constitucion!*

La constitucion! Décidément...

«Le peuple a jugé»

Ayant obtenu le pouvoir avec 40 % des voix quatre ans plus tôt, l'Union nationale le perdit, le 29 avril 1970, d'une manière qu'on pourrait qualifier de mémorable: il ne lui resta que 19,7 % du vote et elle ne sauvegarda que dix-sept sièges! Toute une reculade.

Fondé l'année d'avant, le Parti québécois obtint une proportion remarquable du vote: 23,1 %, mais ne fit élire que sept députés, dont six à Montréal. Résultat aberrant si on considère le nombre de sièges et injuste selon plusieurs, dont moi-même. D'autant plus que le chef du parti, René Lévesque, était défait dans sa propre circonscription.

Le Ralliement des créditistes venait à peine, lui, de se choisir un chef. Il réussit pourtant, avec seulement 11,2 % des voix, à «mériter» douze députés!

Et avec 44,4 % des suffrages, moins du double de ceux du PQ, les libéraux obtenaient dix fois plus de députés: soixante-douze!

Le retour des libéraux au pouvoir me convenait. J'avais apprécié les qualités de Bertrand, celles de Johnson aussi; ce dernier m'avait même réconcilié avec certaines positions de son parti. Néanmoins, le temps d'un changement était venu. L'Union nationale manquait de ressort et son style n'était plus à la mode. Elle n'arrivait plus à suivre le Québec.

Les libéraux revenus, peut-être le dynamisme du début des années 1960 renaîtrait-il?

Le soir de l'élection, je me retrouvai en compagnie de fonctionnaires. Notre «doyen» à tous, Arthur Tremblay, faisait partie du groupe, avec d'anciens collègues de son temps de sous-ministre à l'Éducation. Nous déplorions la défaite de Lévesque, mais l'atmosphère était quand même à l'optimisme. Tous nostalgiques de la Révolution tranquille, la nouvelle donne politique n'avait pour nous rien de décourageant.

Au début de mai, j'allai saluer Bertrand avant son départ. Me souvenant de Lesage en juin 1966, je m'attendais à le voir désemparé. Mais non. De bonne humeur, chaleureux, presque souriant, il me reçut avec une de ses phrases typiques:

— Le peuple a jugé, je m'incline, ainsi va la vie.

Était-il, au fond, aussi détaché que le laissait croire sa résignation apparemment sereine? Qui pourrait l'affirmer?

N'empêche. Je suis persuadé que cet homme, devenu premier ministre par accident, quittait son poste avec le sentiment réconfortant du devoir accompli.

Robert Bourassa

Né à Montréal le 14 juillet 1933. Élu député libéral dans le comté de Mercier aux élections de 1966. Chef du Parti libéral du Québec du 17 janvier 1970 au 1ᵉʳ janvier 1977. Réélu en 1970 et 1973. Premier ministre du 12 mai 1970 au 25 novembre 1976. Ministre des Finances du 12 mai au 1ᵉʳ octobre 1970. Ministre des Affaires intergouvernementales du 11 février 1971 au 2 février 1972 et du 12 octobre au 26 novembre 1976. Défait en 1976. (Ajout de l'auteur: Redevenu chef de son parti et, en décembre 1985, premier ministre, il fut réélu en septembre 1989.)

Source: *Répertoire des parlementaires québécois, 1867-1978*, Bibliothèque de la législature, Service de documentation politique, Québec, 1980.

16

«C'est bon pour l'image, tu sais...»

C'est en automne 1963 que je rencontrai Robert Bourassa pour la première fois.

Il était alors secrétaire et directeur de la recherche à la Commission d'enquête sur la fiscalité présidée par Marcel Bélanger qui l'avait recruté à Ottawa où il était conseiller au ministère des Finances. Bélanger et quelques autres me l'avaient décrit en termes élogieux. On comptait beaucoup sur ce jeune avocat spécialisé en questions fiscales.

Un personnage sympathique

Je fis sa connaissance dans les bureaux de la commission. Je le revois encore, debout derrière son bureau, tenant d'une main un rapport du Bureau fédéral de la statistique et me tendant l'autre pour me saluer. Ma première impression de lui fut positive. Celle d'un chercheur un peu timide, intelligent, studieux, désireux de comprendre les problèmes et de mettre au point les solutions les plus adéquates.

Par la suite j'eus d'autres occasions d'être en contact avec lui, mais toujours à propos de la commission ou du partage des champs de taxation entre Ottawa et les provinces.

Sur le plan humain, je le connus davantage en une autre circonstance, bien différente.

En été 1965, il nous invita, Bélanger et moi-même, ainsi que quelques autres fonctionnaires à passer trois jours dans un chalet, propriété de la famille de sa femme, dans la région de La Tuque. Contrairement à nous et malgré notre insistance, il n'alla pas pêcher dans le magnifique lac situé à proximité. Il préféra rester seul à lire un paquet de revues et de journaux.

Un après-midi, au retour de la pêche, prenant un verre près de lui (il ne buvait pas non plus!), je l'interrogeai sur la revue qu'il lisait:

— C'est une revue française, *L'Express*. Je me tiens au courant des débats en France, mais on y trouve bien d'autres choses. Tu devrais t'abonner.

Il parcourait régulièrement un bon nombre de publications, tant du Québec que de l'extérieur (mais peu de livres semble-t-il). La politique, surtout, l'intéressait, n'importe où dans le monde, mais aussi les sujets économiques. Comme j'étais passionné de lecture, cet aspect de Bourassa me plut.

Cette fois-là comme les autres, il se révéla de contact facile et de conversation agréable, nullement prétentieux, tolérant aisément la contradiction, ouvert aux nouvelles idées, faisant preuve d'un bon sens de l'humour. Un agréable partenaire de discussion, mais presque exclusivement sur la politique!

En ces années-là, je le classai d'emblée dans le groupe des «jeunes technocrates» de la Révolution tranquille (il avait quatre ans de moins que moi) dont parlaient souvent les médias. Moins connu qu'Arthur Tremblay ou que moi-même, son poste à la commission sur la fiscalité n'était pas aussi stratégique que les nôtres. Malgré la rareté de nos échanges sur l'idéologie réformatrice qui nous animait, nous présumions qu'il la partageait.

S'il savait à peu près tout de la politique québécoise, rien en revanche, du moins en ce qui me concerne, ne me portait alors à croire qu'il songeait à s'y engager lui-même. Je le voyais plutôt comme un haut fonctionnaire éventuel, peut-être un jour sous-ministre. Aussi fus-je surpris d'apprendre, en 1966, son intention de se présenter comme candidat libéral dans Mercier où il fut élu le 5 juin.

Après son élection, mes contacts avec lui devinrent par la force des choses plus rares. Je le croisais occasionnellement dans les parages de l'Assemblée nationale, et nous parlions alors de relations fédérales-provinciales, mais sans entrer dans les détails.

À l'automne de 1969, alors que se préparait le congrès au leadership du Parti libéral, il vint me voir chez moi. Pour me consulter sur «quelque chose», avait-il annoncé au téléphone, mais sans préciser.

Ce «quelque chose» me renversa. Il pensait en effet à se présenter comme chef du Parti libéral et faisait le tour de quelques amis pour connaître leur sentiment. Je n'avais pas la moindre idée de ses chances de succès, mais je le voyais mal dans les chaussures de Lesage. Il ne correspondait pas à la perception qu'à tort ou à raison je me faisais d'un chef politique. Il n'entrait pas dans la catégorie des Lesage et Johnson, encore moins dans celle de Trudeau. Certes il possédait des talents indéniables, était au courant de plusieurs dossiers sectoriels importants et jouissait d'une certaine notoriété dans son parti, mais par son apparence physique il faisait plutôt penser à un comptable appliqué. Ses qualités d'orateur n'étaient pas non plus du genre à faire vibrer les foules. Et il n'avait que trente-six ans! Je me demandais d'où il tenait ce projet, invraisemblable à mes yeux.

Sa décision était, en fait, virtuellement prise. Après tout, pourquoi n'y donnerait-il pas suite s'il en avait envie? Les autres personnes consultées étaient également de cet avis, m'expliqua-t-il, en ajoutant que ses chances étaient bonnes et que Lesage l'appuierait.

Tenant pour acquis que Bourassa appartenait au courant nationaliste et autonomiste du Parti, je fis ensuite rouler la conversation sur l'influence prévisible des anglophones et des fédéralistes inconditionnels sur l'orientation libérale.

— Ça ne m'inquiète pas, répondit-il. Je ne ferai évidemment pas exprès pour les attaquer de front avant ou pendant le congrès, mais je pense à un thème qui conviendrait bien à l'actualité: la nécessité de rendre le fédéralisme rentable.

Il fut élu chef du Parti libéral, le 17 janvier 1970, battant Pierre Laporte et Claude Wagner.

Quelques semaines plus tard, il m'invita dans un restaurant de Sainte-Foy, encore pour me parler de «quelque chose»: il m'offrait la candidature libérale dans la circonscription de Chauveau! Les élections générales étaient imminentes.

Sa proposition me toucha, mais trop d'aspects de la politique active me déplaisaient. Mes motifs de refus ne l'impressionnèrent pas: manque de vocation, poursuite de ma carrière, retour possible à l'Université, etc.

— Je voudrais que tu viennes m'aider, dit-il deux ou trois fois. J'aurai d'autres bons candidats. Nous formerons une équipe formidable. Il y a tellement à faire.

Je fus frappé par son ton pressant, presque suppliant. On aurait dit qu'il demandait un service personnel. C'était la première fois que je le voyais autrement que flegmatique. Sa proposition paraissait lui tenir à cœur et je regrettais d'avoir à le décevoir, ce que je fis néanmoins deux jours plus tard, au téléphone. Il ne parut pas m'en vouloir.

Je le signale en passant, l'occasion s'y prête: Bourassa ne se complaisait pas dans la rancune ni les regrets, et je ne me souviens pas de l'avoir vu se morfondre dans des états d'âme existentiels. En maintes circonstances, surtout lors d'événements survenus après mon départ de la fonction publique, il fit preuve d'une extraordinaire capacité à encaisser et, dans l'adversité, d'un stoïcisme interprété par certains comme une sécheresse de sentiments. Des sentiments, il en éprouvait, mais, on peut le supposer, de manière atténuée, grâce au blindage politique qu'il avait su se construire par réflexe de défense. J'ai vu Lesage faire des éclats, Johnson morose, Bertrand impatient, mais Bourassa presque toujours impassible.

À celui qui l'observait, il paraissait détaché, peu engagé personnellement, froid devant les urgences, pas du tout ému face aux drames. D'aucuns ont cru voir là un manque de tempérament, une désinvolture regrettable, une incapacité à prendre les choses au sérieux. D'autres, une force de caractère hors du commun. Cette impression tenait certes au style de ses prises de décision, sur lequel je reviendrai, de même qu'à son souci de projeter de lui une image bien ajustée, mais aussi, semble-t-il, à un autre facteur: on peut être passionné sans être excité.

Des amis au cabinet

C'est donc cet homme qui accéda au pouvoir le 12 mai 1970, treize jours après son élection.

Avec lui devenaient ministres plusieurs députés que je connaissais bien, particulièrement Claude Castonguay, un ami d'enfance. Il y avait aussi Pierre Laporte, Gérard D. Lévesque, Jean-Paul L'Allier et Raymond Garneau. L'Allier avait été directeur de la coopération avec l'extérieur au ministère des Affaires culturelles et, ensuite, secrétaire général conjoint de l'Office franco-québécois pour la jeunesse. Garneau fut chef de cabinet du chef de l'opposition de 1966 à 1970; il demeurait près de chez moi et nous nous donnions parfois des *lifts*, belles occasions, dans la discrétion d'une automobile, pour discuter de politique.

Je serais donc en pays de connaissance.

Déjà je m'étais permis d'appeler Bourassa quelques jours avant son assermentation. À mon tour je l'avais invité au restaurant pour lui faire état du dossier fédéral-provincial.

Je le trouvai aimable, comme toujours, mais évasif sur les positions qu'il comptait faire valoir devant Ottawa. Je me serais attendu à ce qu'il ait, sur le sujet, des notions plus arrêtées; qu'au moins, puisqu'il lui avait succédé à la tête du même parti, il indiquerait son intention de pour-suivre, en gros, la démarche de Lesage. Certes, il n'était pas forcé de me dévoiler ses plans, mais comme il m'avait dit que je demeurerais sous-ministre, mon souhait de recevoir de lui quelques lumières était logique.

Plus curieux, il ne tenait pas à des dossiers récapitulatifs comme ceux que Lesage m'avaient commandés pour Johnson en 1966: «Ce n'est pas nécessaire, je suis familiarisé avec le partage fiscal», répliqua-t-il. Comme si les relations avec Ottawa se résumaient à la répartition des sources de revenus entre le gouvernement central et les provinces...

Je supposais aussi que, dans la formation de son cabinet, il se réserverait les Affaires intergouvernementales. De sa façon indirecte de réagir («Tu sais, j'aurai beaucoup de travail»), je déduisis qu'il songeait à en confier la responsabilité à un autre ministre. Lequel? J'espérais un peu que, le cas échéant, il penserait à Castonguay, mais je ne lui cachai pas que, selon moi, un tel poste devrait normalement revenir au premier ministre. Il mentionna vaguement que, de toute manière, en plus du ministre en titre qui verrait à l'orientation politique du ministère, il con-viendrait peut-être de nommer aussi un ministre d'État responsable de l'administration (aujourd'hui on dirait ministre délégué). À quoi cela pouvait-il bien rimer?

Je n'en sus pas plus ce jour-là, mais c'est Gérard D. Lévesque qui devint ministre des Affaires intergouvernementales. Sans ministre d'État toutefois. À défaut de Bourassa lui-même ou de Castonguay, je n'étais pas mécontent du choix de Lévesque, un *gentleman*. Deux problèmes cependant.

Le premier: mon ministre serait aussi leader parlementaire et minis-tre de l'Industrie et du Commerce. Lui resterait-il du temps pour s'occuper du ministère? Lévesque me fit savoir qu'il me verrait une fois par semaine environ; nos rencontres auraient lieu dans l'ancien bureau de Parizeau voisin du mien (celui-ci avait quitté son poste de conseiller économique en 1969).

Le second: avec un ministre en titre, aurais-je encore accès au pre-mier ministre? J'avais acquis assez d'expérience pour ne pas poser la question: on aurait été obligé de me répondre négativement. Je deman-derais plutôt à voir le premier ministre quand cela me paraîtrait néces-saire, mais, par délicatesse, j'en ferais part à Lévesque. Ce dernier acquiesça. Bourassa s'était d'ailleurs donné le portefeuille des Finances, avec Garneau comme ministre d'État (délégué). Pour les questions liées au partage fiscal, j'aurais donc affaire au premier ministre lui-même.

Je décidai aussi de continuer, comme sous Lesage, Johnson et Bertrand, à aller «faire mon tour» dans l'«aile du premier ministre» pour m'entretenir avec les membres de son entourage. Et, comme avant, je téléphonerais aux ministres que je connaissais. On pratique la continuité qu'on peut.

Au cours de mai, je rencontrai les principaux collaborateurs de Bourassa: son conseiller spécial, Paul Desrochers; son chef de cabinet, Guy Langlois; Jean Prieur, l'adjoint du précédent; Charles Denis, son conseiller à l'information et Jean-Claude Rivest, officiellement conseiller juridique, mais en réalité conseiller politique. Immédiatement mes relations avec les deux derniers furent très chaleureuses. Je les connaissais d'ailleurs depuis longtemps, surtout Rivest qui avait été, avec moi, cosecrétaire du Comité parlementaire de la constitution à partir de 1966. J'appréciais ce personnage brillant, au cynisme sympathique, plein d'humour, aimant se moquer gentiment d'un peu tout le monde et ne prenant rien au tragique, loin de là.

Auprès des autres membres du cabinet et des diverses sommités libérales aperçues au hasard des corridors, je ressentis cependant de la froideur, dans certains cas de la méfiance. Ils étaient polis, mais distants et peu bavards. Même attitude du côté du personnel politique de plusieurs ministres. Je ne faisais visiblement pas partie, à leurs yeux, de la même famille, même si tous ou presque savaient que je devais mon poste à leur ancien chef, Lesage, et que, du temps de l'Union nationale, je passais pour libéral.

À l'occasion d'une conversation téléphonique, je m'en ouvris à Raymond Garneau. Il me confirma qu'il y avait effectivement quelque justification à mon souci:

— Actuellement, me dit-il, le mieux pour toi est de faire le moins de vagues possibles. Laisse passer du temps. Que veux-tu: il y en a plusieurs qui t'attendent au tournant.

J'appris que le discours de Trudeau sur le thème «Finies les folies», en octobre précédent, avait eu un impact durable au sein des troupes libérales, tant fédérales que provinciales. Comme je l'ai déjà dit, il avait alors, sans donner de noms, dénoncé les fonctionnaires «séparatistes» qui exerçaient une influence d'après lui néfaste sur le gouvernement du Québec. Plusieurs en conclurent qu'il me visait.

En tout cas, bien des militants libéraux se souvenaient, en mai 1970, de la sortie du premier ministre fédéral et certains comprenaient mal pourquoi Bourassa avait conservé dans ses fonctions un être aussi détestable que moi. Ils me reprochaient notamment d'être l'instigateur des incursions internationales du Québec, oubliant qu'elles commencèrent sous l'impulsion de Paul Gérin-Lajoie, libéral au-dessus de tout soupçon, et qu'elles furent appuyées par un autre libéral renommé, Jean Lesage. Ils étaient également d'avis que j'en menais trop large depuis trop longtemps dans le domaine fédéral-provincial. Bref, selon eux, mon objectif de vie était de faire des misères aux fédéraux!

Une «petite douceur»

En juin, justement à propos de la présence du Québec à l'extérieur, j'éprouvai une déception.

À l'instar d'autres provinces, le Québec avait son pavillon à l'Exposition d'Osaka, au Japon, décision prise sous l'Union nationale. Or — sacrilège pour plusieurs nouveaux élus — seuls des drapeaux québécois flottaient sur ce pavillon. Le gouvernement s'empressa d'ordonner le remplacement d'un certain nombre de drapeaux du Québec par ceux du Canada; il y en aurait autant des uns que des autres.

Un communiqué bruyant annonça la bonne nouvelle. Pour la diffuser chez les Japonais? Non. On voulait rapidement créer au Québec même, dès les premiers jours du nouveau gouvernement, l'image d'un parti qui acceptait désormais, au contraire de l'Union nationale, le fédéralisme sans arrière-pensée et recherchait la paix avec Ottawa. Et voici que, par hasard, survenait une occasion qui permettait d'y arriver à peu de frais, symboliquement, grâce à un simple changement de drapeaux!

Cette stratégie me fut confirmée d'abord par un adjoint de Raymond Garneau et ensuite par Jean-Claude Rivest qui trouvait l'affaire amusante. On m'expliqua que les libéraux, contrairement aux unionistes, jugeaient futiles les «chicanes de drapeaux». La présence des seuls emblèmes du Québec sur le pavillon d'Osaka avait irrité les fédéraux.

Les libéraux voulaient aussi introduire un nouvel esprit dans la conduite des affaires publiques. Lequel? Pas très clair encore. Seul indice: Rivest me précisa d'un ton espiègle que le gouvernement devait, tôt ou tard, faire «une petite douceur à nos anglophones du Québec».

Quand, après, j'en parlai avec Bourassa lui-même, il prit un air fataliste:

— Il n'y avait pas beaucoup moyen de faire autrement. J'étais mal pris avec cette histoire de drapeaux héritée de l'Union nationale. Après tout ce qui s'est passé depuis l'affaire du Gabon, on n'aurait pas compris que nous n'agissions pas.

Qui «on»? Les trudeauistes, évidemment, et les anglophones.

Au fond, devais-je comprendre, ce n'était pas de sa faute. Il était devant un cas de force majeure.

Que dire à Winnipeg?

Lorsque Johnson et Bertrand devinrent premiers ministres, ils eurent à participer sans délai à des réunions fédérales-provinciales déjà prévues. Même chose pour Bourassa: une conférence de ministres des Finances aurait lieu, à Winnipeg, le 5 juin et une autre des premiers ministres, sur la Constitution, en septembre.

La préparation de la première, escomptais-je, ne poserait pas de difficultés particulières. Comme toujours le Québec réclamerait une amélioration tangible du partage fiscal et de la péréquation. Autrement dit, encore une fois la continuité.

Depuis plusieurs mois Bourassa insistait sur la notion de «fédéralisme rentable». À l'époque, on le sait, bien des gens, dont les membres du Parti québécois, croyaient que le Québec versait plus en taxes à Ottawa qu'il n'en récupérait sous forme de versements fédéraux; d'autres prétendaient le contraire. La question de la rentabilité du fédéralisme était ainsi dans l'air. Bourassa avait eu le flair de s'en servir pour la traduire en programme de gouvernement. Il s'engageait de la sorte à obtenir des avantages nouveaux pour le Québec. En obtenant des gains monétaires substantiels, il espérait couper l'herbe sous le pied de l'opposition péquiste et démontrer l'inutilité, les dangers même, de la souveraineté.

Par ailleurs, l'étude de mon ministère sur les flux financiers s'achevait. Elle montrait que, sur le plan financier, le régime fédéral n'était pas vraiment généreux pour le Québec. Il y avait de la place pour une amélioration. Avec un peu de chance, Bourassa serait en mesure de réaliser quelques gains qu'il proclamerait ensuite fièrement.

Dans cette perspective, il n'y avait pas de risque à développer, dans le projet de mémoire qui devait être soumis à la conférence de juin, l'idée que le fédéralisme devrait être «payant» pour le Québec. Ce à quoi je m'attelai.

Sur ces entrefaites, un économiste de mon ministère, Denis Bédard, avait mis au point un projet de «caisse d'aide conjoncturelle», sorte de mécanisme fédéral-provincial original qui permettrait aux provinces temporairement défavorisées par la situation économique de profiter de programmes spéciaux.

Je remis à Bourassa le rapport de Bédard. Il en fut enchanté. Le projet répondait à ses préoccupations. Si elle était acceptée, la caisse vaudrait au Québec quelques millions supplémentaires, mais je me rendis compte qu'elle offrait un aspect encore plus intéressant du point de vue de Bourassa: les médias souligneraient que ce jeune premier ministre, comme il l'avait promis, faisait preuve d'innovation, contrairement à l'Union nationale devenue avec le temps moins inventive.

Bourassa reconnut candidement devant moi que, pour des conférences comme celle qui venait, il tenait à une manchette dans les nouvelles, à une annonce qui frapperait l'imagination des Québécois. Tant mieux si la manchette, comme ce serait le cas, attirait l'attention du public sur son désir d'améliorer le sort économique du Québec, son cheval de bataille de la campagne électorale: il avait alors, entre autres engagements, promis la création de 100 000 nouveaux emplois.

La fixation de Bourassa sur la notion de «fédéralisme rentable» m'avait laissé perplexe. Il s'opposait, c'était son droit, à la souveraineté du Québec et, par le fait même, y préférait le fédéralisme. Fort bien, sauf qu'il s'en tenait à une vision tronquée, sectorielle, de ce régime politique. Il mettait tout ses œufs dans le panier de la «rentabilité», comme si le fédéralisme n'était en définitive qu'une Société Saint-Vincent de Paul pour provinces pauvres!

Je n'étais pas moi-même fanatique du fédéralisme, mais il était possible, me semblait-il, de le défendre et de le faire accepter en alléguant des motifs moins mercantiles. Car, dans certaines circonstances, le fédéralisme peut, pour une province ou une nation, représenter un certain coût, mais, en même temps, lui valoir des avantages compensateurs d'un autre ordre. Le vrai bilan du fédéralisme ne se présente pas sous la forme d'un rapport comptable. En fondant toute son approche sur une question de sous, Bourassa se privait d'arguments favorables au fédéralisme.

En réalité, sa perspective était plus immédiate. Il voulait simplifier les choses (message à la population: «le régime fédéral est bon parce qu'il rapporte de l'argent au Québec») et forcer Ottawa à des largesses (message aux fédéraux: «si vous n'êtes pas généreux envers moi, le Parti québécois en profitera pour attaquer le régime et je serai mal placé pour le soutenir!»).

En mai-juin 1970, Bourassa avait déterminé que ces deux messages convenaient à l'opinion publique. Il en découvrirait de nouveaux au besoin, conséquents ou non aux précédents. Cela dépendrait de l'évolution des esprits. C'est ce qui se produirait avec la «souveraineté culturelle» trois ou quatre ans plus tard.

À la conférence des ministres des finances Bourassa fut accueilli avec sympathie par les autres participants. Enfin, un premier ministre québécois qui s'affichait comme un vrai fédéraliste, se disait-on. Il s'exprima avec une apparente clarté.

Je dis «apparente» car, à bien l'écouter, il me rappela un peu Johnson et pas du tout Bertrand. Autour de la table, on comprit de lui qu'il était favorable au régime fédéral, mais qu'il faudrait très sérieuse-ment l'améliorer, surtout en matière de redistribution des ressources financières et fiscales; qu'il défendrait les intérêts du Québec, mais sans mettre du tout en danger ceux du Canada; qu'il serait ferme dans ses revendications, mais nullement déraisonnable, etc. Somme toute, un discours à deux temps, plaisant pour les auditeurs à huis clos, sur place à Winnipeg, et acceptable pour la population québécoise. En somme, attentiste et peu engageant. Inoffensif.

Il fit aussi grand état du projet de caisse d'aide conjoncturelle et, comme prévu, sa proposition se répercuta dans les médias. Elle n'aurait pas de suite, mais l'essentiel était acquis: la manchette! En jargon politico-journalistique: le *lead*.

S'agit-il du même Bourassa?

Globalement, pour le public, la conférence se déroula très bien et montra des résultats positifs. Lesquels? Les gens auraient été en peine de les identifier, mais ils retinrent que le nouveau premier ministre avait bien présenté les demandes du Québec et bien défendu ses positions. Au niveau de l'impression à créer, Bourassa avait atteint son but.

Pour ma part, je ressentis un vague malaise. Le mémoire du Québec était convenable, mais la rencontre n'avait pas été de mon goût, surtout à cause des reparties de Bourassa devant ses collègues et de ses réponses aux journalistes: elles me parurent ambiguës, calibrées pour plaire à tous. Le personnage n'était plus tout à fait celui que j'avais connu auparavant. Ou que je m'étais imaginé. Son attitude envers moi demeurait aussi amicale et sa gentillesse toujours la même, sauf qu'il y avait quelque part un changement, mais pas un changement pour le mieux, du moins selon mon échelle de valeurs.

Ce malaise pouvait peut-être s'expliquer.

Le souci constant de l'image et de la manchette à tout prix que manifestait Bourassa m'avait, c'est sûr, un peu indisposé, mais me dis-je, il était normal qu'il cherchât à projeter de lui-même l'image qu'il privilégiait; chacun, n'est-ce pas, en fait autant à longueur de journée.

J'avais aussi noté le peu de temps qu'il avait consacré à la préparation de la conférence, contrairement à ses prédécesseurs, mais après tout le dossier fiscal n'avait pas de secrets pour lui. À la conférence même, il prit rarement la parole, là aussi contrairement à ses prédécesseurs, mais le phénomène demeurait compréhensible, me persuadai-je, pour quelqu'un qui en était à sa première expérience. Il s'était également montré fort peu agressif devant Ottawa, mais pourquoi, me dis-je encore, s'aviserait-il d'engueuler les fédéraux un mois seulement après son élection, puisqu'il pourrait toujours «se reprendre» à une conférence future?

J'étais assez conscient de me livrer à un exercice que les psychologues appellent rationalisation. De fait, je pratiquais envers Bourassa ce que, six ans plus tard, tout de suite après son élection, Lévesque appellerait «la chance au coureur», c'est-à-dire le bénéfice du doute.

L'«image», le téléphone, les journaux...

Pendant que le personnel de mon ministère s'affairait, avec d'autres fonctionnaires, à la préparation de la conférence dont on vient de parler, j'eus à quelques reprises l'occasion de m'entretenir avec Bourassa. Il n'arrivait pas à son bureau à la pointe du jour, mais y demeurait assez longtemps.

Une journée, en début de soirée, il se présenta au mien, en toute simplicité, pour savoir où en étaient les choses. En me quittant, il eut cette remarque:

— Quand tu partiras, n'oublie pas d'éteindre les lumières. Économie de fonds publics!, c'est notre slogan.

Une blague, évidemment, mais je la mentionne pour rappeler l'esprit de la période qui suivit l'élection de 1970. Pendant la campagne électorale, Bourassa avait condamné les dépenses prétendument exagérées de l'Union nationale et avait promis une administration plus serrée, quasi spartiate. Il tenait à cette image de rigueur financière.

Il tenait aussi, au plus haut point, à une autre image, celle d'un premier ministre peu enclin au faste et assidu au travail. Il logeait, ostensiblement, dans ce que les médias qualifiaient de «chambre d'étudiant» située dans un hôtel de Québec sur lequel l'attribution de la classification cinq étoiles ne risquait pas de tomber. Il réprouvait, sincèrement je crois, le pompeux, le mondain et le clinquant. Ou le «diplomatique», dans le sens péjoratif du terme. Lui, par calcul, manque d'envie et timidité. Moi, surtout par ennui et à cause des pertes de temps inhérentes aux salamalecs et autres échanges obligatoires en ces circonstances.

Au cours des années, certaines attitudes de Bourassa m'ont plu. Notamment ses réactions aux mondanités (à l'occasion, je me suis même demandé, pour cette raison, s'il était aussi fait pour devenir premier ministre que moi, un jour, ministre des Affaires intergouvernementales!). Son attitude à cet égard était, du moins pour moi, un trait attachant de sa personnalité. Durant des conférences à Ottawa ou des voyages à l'étranger, il n'aurait pas pris sur lui de réclamer une «suite royale» ou de courir les réceptions, encore moins de faire organiser des dîners officiels, ces cérémonies interminables où l'on réussit à se consoler en songeant à la paix dont on jouira quand elles seront terminées.

Il lui arriva (c'était après la crise d'Octobre, alors que son hôtel modeste était devenu, à ses yeux, insuffisamment sécuritaire) de s'installer, sous protection policière, dans une partie de l'immeuble de l'Assemblée nationale nommée la «suite du lieutenant-gouverneur». L'expression utilisée était beaucoup plus somptueuse que les lieux réels. Il y avait là une chambre à coucher et un bureau effectivement longtemps utilisé par le lieutenant-gouverneur à l'occasion de la sanction des lois. Ce bureau donnait sur la Grande-Allée.

Un soir, j'allai y voir Bourassa. Je ne me souviens plus s'il dormait là ou ailleurs, mais il y recevait des collaborateurs. Il quitta les lieux en même temps que moi. Me rappelant sa remarque sur les lumières de mon bureau, je notai qu'il n'éteignait pas les siennes:

— Tu gardes tes lumières allumées? lui demandai-je.

Il me répondit, en riant, par une boutade:

— Beaucoup de gens circulent sur la Grande-Allée et plusieurs savent que je passe des soirées ici. En voyant la lumière tard, ils se diront que le premier ministre travaille longtemps et dur. C'est bon pour l'image, tu sais...

Était-ce vraiment une boutade?

Qui dit travail dit instruments de travail. Les dossiers complets, bien documentés, avaient la préférence de Lesage. Pour Johnson, l'«auditif», c'était les contacts directs avec d'autres personnes, les rapports humains. Bertrand lisait et écoutait. L'outil privilégié de Bourassa était, sans contredit possible, le téléphone.

Quand on entrait dans son bureau, il était souvent déjà en conversation avec quelqu'un. Si c'était un de ces appels-sondage qu'il faisait fréquemment dans le but de jauger l'évolution de l'opinion sur un dossier, la conversation avait probablement commencé ainsi (c'est Bourassa qui parle): «Ouais... (silence), c'est moi... (silence), qu'est-ce que tu fais?» Il lui arrivait de téléphoner sans que son interlocuteur sût au juste, à la fin de l'échange, la raison exacte de l'appel. Oubli? Changement d'idée? Non, Bourassa se servait du téléphone, comme le médecin d'un stéthoscope, pour prendre le pouls. Il aurait pu parler de n'importe quoi. Ses antennes décodaient plutôt le style des répliques, le ton, les mots et les arguments de son correspondant. Après quelques coups de fil ici et là, il ne connaissait peut-être pas mieux un dossier, mais il avait compris comment les choses se présentaient politiquement.

Un membre de son cabinet me dit un jour:

— Quand Robert se réveille le matin, il ne prend pas d'abord ses lunettes, mais son téléphone!

Les journaux constituaient aussi, pour lui, un outil de choix. À vrai dire, je n'ai pas connu beaucoup d'hommes politiques (à commencer par moi-même) qui, dès les premières minutes de l'avant-midi, avant même de se rendre à leur bureau, ne se précipitent pas sur tous les journaux visibles à l'œil nu. Avec les nuances qui s'imposent, vu les différences entre les médias, la même remarque s'applique à la télévision et à la radio.

Pour Bourassa, cette curiosité confinait à la frénésie. Il lisait, voyait et entendait tout ce qu'il pouvait, le matin, le midi et le soir, la semaine comme les fins de semaine, printemps, été, automne et hiver. Son personnel avait des instructions précises: l'informer sans délai de toute nouvelle qui, mégarde incompréhensible, aurait échappé à sa vigilance dévorante.

Les faits en eux-mêmes l'intéressaient moins que la façon dont ils étaient rapportés. D'abord il «lisait» la caricature (avant l'éditorial) et portait beaucoup d'attention à la longueur et au ton des articles, à la page du journal où ils paraissaient, à la notoriété du signataire, à la typographie, aux photos ou à leur absence, au rang de la nouvelle à la télévision ou à la radio — a-t-on parlé de ceci en premier ou seulement en troisième lieu? pendant combien de temps? à quelle heure? —, etc.

Parfois le public se demandait si Bourassa disait la vérité à propos de telle ou telle question; on pouvait être sûr que tel n'était pas le cas lorsque, pour éviter de répondre clairement à une question, il feignait ne pas être au courant d'une nouvelle!

Bourassa avait raison de se tenir soigneusement au courant et il eût été irresponsable pour lui de se conduire autrement. Si je parle de son appétit d'information, c'est qu'il était de loin plus vorace que celui de ses prédécesseurs. Il le conduisit à recourir en permanence à des sondages de plus en plus perfectionnés. Ceux-ci devinrent, comme jamais, la boussole du capitaine du navire québécois. Ce fut le cas surtout après mon départ de la fonction publique, mais dès 1970-1971 il était visible qu'on en arriverait là.

...et le contact humain

En face de personnes qu'il rencontrait pour la première fois à Québec ou ailleurs, Bourassa avait de la difficulté à paraître dégagé, ne sachant pas trop que faire de ses bras, touchant le nœud de sa cravate comme pour vérifier s'il était encore à sa place, reboutonnant son veston déjà boutonné. Puis, les présentations finies, il s'assoyait sur les reins, s'étendant presque dans son fauteuil, posture qui a pu auprès de certains lui conférer une allure nonchalante. Ses visiteurs, par contre, se sentaient tout de suite à l'aise avec lui. Ni distance, ni arrogance, mais une séduisante convivialité.

Il en surprit quelques-uns, agréablement je dois dire, par certains commentaires ou diverses questions, tout de suite après les présentations et comme entrée inopinée en matière. Ainsi, il lui arrivait de leur demander conseil sur ceci ou cela, démarche à laquelle ne s'attendait pas l'interlocuteur, flatté d'une telle preuve de confiance. Ou bien encore, sur des sujets délicats, d'énoncer des propos qu'il aurait été bien embarrassé de voir ensuite reproduits dans les médias. Là aussi le visiteur, qui ne rencontrait pas un premier ministre tous les jours, se sentait valorisé. En fait, Bourassa en disait beaucoup, et même trop.

Était-ce là un truc pour charmer des interlocuteurs, une spontanéité planifiée? Quelquefois, je l'ai pensé (notamment lorsque, en conversation privée, il s'ouvrait trop aux journalistes), mais ce procédé tenait plus probablement à un mélange de deux considérations. Bourassa voulait, je crois, qu'on l'aime, qu'on l'appuie, et par conséquent il avait tendance à traiter certains visiteurs en alliés potentiels; en même temps demeuraient chez lui des traces d'insécurité qui l'amenaient à chercher conseil.

L'importance capitale que Bourassa accordait aux médias s'appliquait, par ricochet, aux médiateurs, en l'occurrence aux journalistes. Il les «cultiva» dès son entrée en politique, continua pendant son séjour dans l'opposition et fit de ses contacts avec eux une spécialité après son arrivée au pouvoir. Une spécialité qui ne lui réussit pas nécessairement.

Quand il devint premier ministre, les journalistes de la tribune de la presse étaient pour la plupart les mêmes que ceux qui s'y trouvaient de son temps de député. Il avait commencé à en tutoyer plusieurs, souvent du même âge que lui, les appelait par leurs prénoms et les invitait à la réciproque. Une fois pris, le pli se perpétua. Bourassa y tenait. Cela faisait «démocratique». Plus important encore pour son image, l'atmosphère de camaraderie ainsi créée susciterait, espérait-il, et maintiendrait à son endroit chez les journalistes un préjugé favorable, denrée utile pour tout politicien. Malheureusement, à la longue cette trop grande familiarité ne contribua guère à nourrir chez les journalistes le sentiment de respect normalement dû à un premier ministre.

Pour compléter l'opération, car c'en était une, Bourassa y alla parfois de confidences *off the record* à l'un ou à l'autre et distribua (ou fit distribuer par son personnel) des tuyaux ou des primeurs (*scoops*) à certains médias choisis en fonction de la nouvelle à éventer, du public visé ou de l'objectif poursuivi. Cette méthode est courante chez les élus pour qui elle constitue une forme comme une autre de «relations publiques».

Le procédé peut même être efficace, mais à une condition: si le milieu médiatique apprend son existence par accident ou indiscrétion, il doit n'y voir que des gestes isolés, fortuits et, surtout, rares. Autrement, c'est le désastre. Or, les journalistes de l'époque finirent par y percevoir un exercice régulier, ce qui contribua pour beaucoup à les rendre sceptiques envers Bourassa au cours de son second mandat, de 1973 à 1976.

«OK, on verra»

Pratique déroutante: sa façon particulière de communiquer avec son interlocuteur, au cours de conversations en tête-à-tête.

Qu'il s'agît d'établir une position fédérale-provinciale, de prendre une décision sur la présence internationale du Québec, de trancher une question administrative ou de préciser des attributions de responsabilités, je retenais souvent de mes rencontres avec lui deux impressions difficiles à concilier: d'un côté, j'avais assez d'éléments pour le croire de mon avis, mais, de l'autre, je ne pouvais me départir du sentiment que quelque chose quelque part demeurait obscur, vague, énigmatique. Cela se passait à peu près ainsi:

— Robert, dans notre mémoire à telle conférence (dans telle lettre ou dans telle situation), j'ai pensé à ceci (ici j'expliquais mon idée).

— Ouais, ça peut avoir du bon sens. Peut-être en effet qu'on pourrait aller dans cette direction.

— Bon, alors, c'est ce que je ferai.

— OK. Laisse-moi continuer à y penser de mon côté. On verra.

Mots clés: «bon sens», «en effet», «OK», «continuer à y penser», «on verra». Mais comment les traduire? Il avait dit «OK» à ma proposition (cela, je l'avais bien entendu), mais il allait y repenser et la conversation s'était terminée par «On verra»!

Quand Johnson disait vouloir repenser à quelque chose, il annonçait que rien n'était encore décidé. Au moins, c'était clair. Bourassa, lui, donnait son assentiment à des propositions sur lesquelles, toutefois, il continuerait à réfléchir! Alors? Lui demander de définir sa pensée? Cela finirait encore par un «On verra».

Quoi qu'il en soit, puisqu'il avait exprimé son accord, j'agissais en conséquence. Pour découvrir, peu après, qu'un de ses collaborateurs détenait lui aussi son assentiment, mais différent du mien bien que portant sur le même sujet! Au point qu'il m'arriva, dans les cas les plus sérieux, de consulter ceux qui risquaient, à mon insu, d'avoir reçu des instructions de lui.

Je le fis notamment avec Julien Chouinard sur des matières constitutionnelles et internationales (il était resté Secrétaire général du gouvernement).

Chouinard, juriste, dut lui-même prendre ses précautions auprès de Jean Lesage auquel Bourassa avant demandé d'agir comme conseiller juridique: l'un et l'autre étaient susceptibles de se voir confier des mandats similaires, mais avec des recommandations incompatibles.

Quand Lesage changeait d'avis sur une question, il avait rarement donné à quelqu'un le mandat de s'en occuper dans tel ou tel sens.

Johnson donnait peu de mandats.

Bertrand ne changeait pas souvent d'avis.

Non seulement Bourassa confiait, sur les mêmes dossiers, des mandats parfois peu conciliables, mais en plus, comme on le verra, agissait à l'occasion lui-même, en personne, parallèlement. Ou faisait agir quelqu'un d'autre à sa place.

Ou encore, disait une chose et faisait (ou laissait faire) l'autre...

Était-ce chez Bourassa une façon de diviser pour régner?

Il ne se situait peut-être pas à ce niveau stratégique. J'y voyais plutôt une technique pour se conserver, au jour le jour et même d'une heure à l'autre, la plus vaste marge de manœuvre le plus longtemps possible. Malgré les mandats donnés ici et là, il tenait à garder la latitude, au gré des circonstances ou des sondages et non en vertu de tel ou tel principe, d'adopter soudainement une nouvelle approche (ou son contraire), tout en pouvant prétexter ne jamais s'être engagé dans une orientation définie («Voyons, tu sais bien, j'avais dit que j'y repenserais!» ou «J'avais aussi demandé à Untel de me fournir des renseignements supplémentaires que j'ai reçus depuis»). Méthode défendable à certains égards, mais, vu son côté girouette, peu susceptible d'engendrer l'admiration de l'interlocuteur et l'efficacité de l'administration.

Cette façon de ne pas se lier tout en donnant l'impression de s'engager explique pourquoi des citoyens venus lui exposer leur point de vue le quittaient avec la certitude de l'avoir convaincu. Pour se rendre compte quelque temps après que, non, Bourassa ne les avait apparemment pas compris ni retenu leurs suggestions. Certains de ses ministres ont vécu la même expérience.

Du calcul politique considéré comme un des beaux-arts

On commence à s'en douter: les gestes et paroles de Bourassa contenaient souvent des messages contradictoires.

Ainsi, le remplacement des drapeaux québécois à Osaka signalait au Canada anglais l'arrivée au pouvoir d'un gouvernement québécois enfin soumis à toutes les règles du fédéralisme...

...mais Bourassa continua à soutenir, sur les relations internationales du Québec, les mêmes positions que ses prédécesseurs. Verbalement.

Dès son élection, il accepta auprès de lui un conseiller «prêté» par le bureau de Trudeau (Paul Tellier, nous y reviendrons)...

...mais se décrivit toujours comme indépendant du grand frère fédéral.

Il dut refuser en 1971 la Charte de Victoria (dont nous reparlerons) parce que son esprit, ses priorités et ses dispositions ignoraient les objectifs constitutionnels du Québec...

...mais prit soin de dédramatiser la crise possible en attribuant son attitude à une cause qui escamotait ce problème de fond: le refus d'Ottawa de faire certaines concessions en politique sociale.

Détails et indices fragmentaires certes, mais ils s'accumuleront et finiront par laisser deviner que Bourassa n'était pas du gabarit à assumer des orientations nettes.

Nulle étourderie dans ce comportement, mais, forcément, une certaine improvisation. Les intentions avouées de Bourassa évoluaient par retouches successives au fil des échos provenant des médias et à la lumière des sondages. Attentif, chaque instant, à la façon de se libérer éventuellement de prises de positions plus compromettantes que d'autres (cas à vrai dire peu fréquent) ou de décisions jugées valables à un moment donné, mais se révélant moins heureuses par après, il laissait agir son flair et s'écouler le temps, procédant en cours de route au *fine tuning* requis par les circonstances changeantes. C'était, m'a dit à l'époque un de ses collègues, l'attitude d'un premier de classe qui, à la veille d'un examen, se fie davantage à sa compréhension de la matière qu'à l'enseignement reçu. Et qui espère aussi que les questions de l'examen ne seront pas trop difficiles ou que le professeur corrigera sa copie distraitement...

Aucun des faits mentionnés (ni d'autres qui viendront) n'était en soi irrémédiablement révélateur, mais leur enchaînement et leur somme, tout comme les touches du peintre sur une toile, finirent par former un portrait: celui d'un politicien jouant subtilement sur plusieurs tableaux. Peu désireux de s'engager et, pour cette raison, enclin à changer d'objectifs, il préférait les trajets sinueux et affectionnait le langage double. Par exemple, assez procanadien pour ne pas indisposer les puissants fédéraux et juste assez proquébécois pour ne pas s'aliéner les nationalistes.

Johnson faisait la même chose?

Pas vraiment.

J'en fis la découverte: chez Johnson, il y avait plus d'indécision que de calcul, mais, chez Bourassa, beaucoup plus de calcul que d'indécision.

Bourassa calculateur? Tout politicien l'est par métier, sinon par nécessité. Autrement, il lui reste le choix entre la naïveté et l'angélisme.

Mais calculateur à ce point? Et de cette manière? C'est un des aspects du Bourassa-au-pouvoir que je n'avais pas perçu chez le Bourassa-fonctionnaire. Et qui me déçut le plus. Dans le privé, il manifestait encore de la spontanéité, de l'authenticité, mais dès qu'il jouait un rôle public (un «rôle», en effet), j'avais l'impression de voir évoluer un être programmé pour donner à la population l'impression requise par les aléas du moment.

D'aucuns, subodorant la mise en scène permanente, y voyaient l'influence de spécialistes de l'image gravitant autour du premier ministre. C'était ignorer que Bourassa raffolait de balistique médiatique. Il était lui-même son meilleur conseiller et possédait plus d'instinct que ses experts publicitaires. Nullement manipulé par eux, il était plutôt leur talentueux et joyeux compère.

Ces planificateurs de nouvelles flairaient les courants et humeurs de l'instant, soupesaient les probabilités et s'efforçaient de colmater d'avance toute fissure qu'un hasard contrariant aurait pu insidieusement emprunter pour bousiller l'effet recherché. L'image (ou le message) à projeter était calibrée en fonction de mesures micrométriques effectuées par Charles Denis sur des devis peaufinés avec (ou par) Jean-Claude Rivest et quelques autres.

Cela concocté sur le mode de l'amusement, approprié lorsqu'on monte une bonne blague, *a practical joke* disent les Américains: «Tu vas voir, Untel va croire tout cela!»

À quoi quelqu'un ajoutait: «Les autres journalistes aussi*.»

---

*Témoin de séances de planification médiatique et guidé par maintes conversations à ce propos, j'en vins à déduire les techniques de communication pratiquées par Bourassa. Sans être infaillibles, elles font partie de l'arsenal classique et obligatoire de tout politicien, mais tous n'y recourent pas aussi systématiquement que lui le faisait. C'est pourquoi j'en parle ici plutôt qu'ailleurs. En voici quelques-unes.

La *manchette garantie*. Du fait de son poste, un premier ministre, quoi qu'il dise, est assuré que toute déclaration de sa part se transformera en nouvelle. C'est là un des avantages du pouvoir. Il permet de transmettre, en temps opportun, n'importe quel message. Celui-ci n'a pas à être vrai, vérifié, sage ou pertinent. Pour être repris dans les médias, il lui suffit simplement d'exister sous forme de déclaration durant un discours ou, mieux encore (car plus facile à adapter aux nécessités du moment), au cours d'une conférence de presse, ou sous la forme d'une réplique apparemment spontanée à un journaliste au sortir d'une réunion. C'est ainsi qu'un premier ministre peut faire la manchette autant avec des banalités, des vérités reçues ou des commentaires d'une superficialité navrante qu'avec des affirmations solennelles, profondes et inspiratrices. Car, selon les normes des médias, il serait impensable de ne pas citer un personnage de ce rang, peu importe qu'il ait parlé de température ou proféré une insignifiance. Un premier ministre est le seul citoyen à disposer, dans notre société, d'un haut-parleur ouvert en permanence.

La *rareté stratégique*. Sans égard à son contenu, ce que raconte ou fait un premier ministre a plus de chances d'être remarqué s'il ne se faufile pas tous les jours dans les nouvelles. Mieux vaut espacer intelligemment ses apparitions. Les moduler. Faire la nouvelle non parce qu'on a du nouveau à annoncer, mais parce qu'on n'a rien dit depuis quelque temps.

L'*esquive latérale*. Devant une question gênante, dévier vers autre chose qui fait perdre de vue le sujet soulevé ou dont l'intervieweur constatera trop tard qu'elle n'a qu'un rapport lointain avec son interrogation initiale.

La *référence fuyante*. Comme preuve apparente d'une affirmation discutable, évoquer une citation, une statistique, une opinion d'expert ou un fait impossible à confirmer sur-le-champ.

L'*obscurité complice*. Recette: des statistiques fragmentaires mêlangées à quelques rappels historiques tronqués, plus un zest de phrases incomplètes et de mots savants, le tout résumé dans les nouvelles radio et TV forcément brèves. Résultat: le public ne comprendra pas le message volontairement confus du premier ministre, mais celui-ci aura l'air d'être au courant de faits importants qui échappent à ses contemporains moins bien informés que lui de la complexité des dossiers. Cet hermétisme donnera confiance à une partie de la population qui jugera que, même difficile à saisir, son premier ministre semble savoir de quoi il parle.

Le *désamorçage préventif*. Pour éviter qu'une remarque incidente fasse malencontreusement la manchette ou qu'elle prenne dans les médias la place d'une autre sur laquelle on veut mettre l'accent, la banaliser en mentionnant, au passage, qu'on s'est déjà exprimé de la sorte: «Comme je l'ai dit souvent...» On vise ainsi à soustraire la remarque en cause à une attention trop scrutatrice. N'étant plus perçue comme une nouveauté, elle risque moins d'être candidate au statut de nouvelle.

La *sémantique élastique*. Par là, on tend à satisfaire tout le monde grâce à l'usage de termes ou d'expressions comprises de façon différente, voire contradictoire, selon que les espoirs des citoyens les inciteront à privilégier telle ou telle acception. Ainsi, «œuvrer dans le meilleur intérêt économique des Québécois» peut signifier, pour les uns, ne pas ébranler le régime fédéral et, pour les autres, exiger des réformes majeures.

L'*affirmation créatrice*. Répéter constamment la même intention, sous forme brève mais imprécis, de manière que le public en vienne à croire que, puisqu'elle est si souvent reprise, elle doit sans doute découler d'une volonté patente qui n'a plus à être concrètement démontrée. Par exemple, insister sur la préoccupation économique, sur les droits du Québec, etc.

La *couverte étirée*. Interpréter les événements comme justifiant ses prétentions ou ses politiques. Par exemple, la hausse des prix du pétrole arabe autour de 1974, imprévisible quelques années plus tôt, a servi à démontrer la sagesse du projet énergétique de la baie James annoncé en 1971!

La *loupe ajustée*. Isoler un fait, même anodin, l'extraire du contexte, le grossir et le présenter comme indice incontestable d'une tendance positive quand il s'agit du gouvernement, ou négative dans le cas de l'opposition.

L'*éclairage rose*. Vu que le public est reconnaissant envers le politicien porteur de bonnes nouvelles, minimiser les problèmes et évoquer l'espoir de développements heureux là où n'importe quel observateur objectif décelerait peu de motifs d'optimisme. Lorsque les choses vont mal, ne l'admettre que si la collectivité en est elle-même déjà profondément persuadée. Mais, là encore, laisser entrevoir la possibilité d'une évolution bientôt réconfortante.

La *solution prochaine*. Complément de la tactique précédente qui consiste à laisser entrevoir, quels que soient les faits, qu'on se dirige vers un règlement. Tôt ou tard. Parce que les partenaires (autres gouvernements, syndicats ou quiconque d'autre) sont apparemment en train d'évoluer, qu'ils semblent plus compréhensifs, qu'ils finiront sûrement par comprendre le bien-fondé des aspirations québécoises, qu'il faut leur faire confiance, etc.

L'*auditoire complaisant*. Prendre la parole devant des partisans ou des groupes déjà convaincus, ce qui assure un meilleur accueil à des déclarations qui, devant d'autres auditoires, pourraient être critiquées. D'où une nouvelle positive dans les médias et la création d'une ambiance permettant de penser que le reste de la population est peut-être du même avis.

Je l'ai dit, les techniques qui précèdent étaient utilisées à des degrés divers par tous les politiciens. Il en existe deux auxquelles, à ma connaissance, seul Bourassa, les circonstances s'y prêtant, eut recours à l'époque, mais de façon bien plus subliminale que dans le cas des autres.

Le *complexe de la mère indulgente*. Il avait alors 37-38 ans. N'importe quelle mère de 60 ans et plus aurait pu être à la fois fière d'un fils premier ministre à cet âge, et préoccupée de son sort. C'est ainsi que son manque d'assurance face à des dossiers complexes ou ses hésitations devant telle ou telle décision, tout cela, qui lui nuisait auprès des intellectuels et autres citoyens s'estimant avertis, suscitait, du moins me l'avait-on expliqué, de la bienveillance dans cette couche fidèle et potentiellement influente de la population dont les réactions étaient moins sophistiquées.

Dans le même ordre d'idée: la *pitié compatissante*. Technique en vigueur en particulier lors de la crise d'Octobre quand ce jeune premier ministre, décrit comme bien disposé et plein d'intentions généreuses, se vit soudainement plongé dans une tragédie imméritée. Mao avait déjà conseillé aux révolutionnaires de transformer leurs défaites en victoires. Pourquoi ne pas rentabiliser l'épreuve en soulevant de la sympathie à l'endroit de celui qui devait la gérer? Certains, dans son entourage, y pensèrent.

Prévision n'égale pas prévoyance

Si l'on exclut les cas de sottise caractérisée ou d'angélisme stupide, on admettra qu'un chef politique normal a parfaitement raison de chercher à se renseigner sur tout ce qui concerne les problèmes de l'État ou sa propre gestion des affaires publiques. Si les pilotes aériens et maritimes se servent du radar, en vertu de quoi refuserait-on l'équivalent à un élu? Pourquoi exigerait-on de lui qu'il se conduisît en casse-cou? Pourquoi ferait-on de l'ignorance de ce qui l'attend une condition d'emploi et, à tout prendre, une vertu? On sait pourtant que si, dans ces conditions téméraires, un personnage public se cassait effectivement le cou, l'opinion s'empresserait de le blâmer, avec raison, de son manque de prévision.

«Gouverner c'est prévoir»: sage proverbe. Les premiers temps, je crus que Bourassa, en gestionnaire efficace, avait entrepris de mettre ce dicton en application et j'étais pleinement d'accord. C'était d'ailleurs conforme à son image dans la population et à ma propre perception de lui à l'époque. Lesage avait commencé la construction de l'État québécois moderne. Johnson et Bertrand avaient continué. Ne débouchait-on pas maintenant, tout naturellement, sur l'étape de la consolidation, celle où l'État québécois improviserait moins et planifierait davantage? «Mieux vaut prévenir que guérir» affirme un autre proverbe. Bourassa était bien placé pour le mettre en application.

Aucun doute là-dessus: Bourassa voulait prévoir et maints indices illustraient cette disposition, par exemple son intérêt pour les sondages. Mais était-ce dans le but de prévenir? Dans celui de résoudre les problèmes avant qu'ils ne s'aggravent? Non, il cherchait plutôt à savoir comment réagir et limiter les dégats si jamais, par malheur, certains de ces problèmes éclataient trop ouvertement et inquiétaient la population. Objectif: ne pas être politiquement pris au dépourvu.

Son idée n'était pas d'empêcher ou de surveiller la diffusion des allumettes, mais d'éteindre les incendies éventuels, plus précisément ceux dont le public risquait d'avoir conscience, les autres n'ayant pas beaucoup d'importance à ses yeux; dans une société en effet, tous les incendies ne sont pas visibles.

Quand Bourassa, de manière incantatoire, évoquait ces années-là la «paix sociale», il pensait moins à la justice en faveur des démunis qu'à l'absence de manifestations sur la Colline parlementaire ou de marches populaires dans les rues de Montréal. En ce sens, l'intensité de sa «paix sociale» était directement proportionnelle à une absence de bruit.

Ce premier ministre se comportait en joueur de défense, non d'attaque.

Sa règle de vie devint graduellement évidente: ne rien faire si possible et mieux improviser si nécessaire. Elle était fondée sur deux réflexes courants et complémentaires chez tout politicien.

Le premier: devant un problème, gagner du temps. Car, se dit-on, seul le temps peut résoudre un dilemme classique: ou bien le problème dont on sait l'existence mûrit et éclot, et alors on s'en occupe; ou bien il disparaît de lui-même, change de forme ou est reporté à un avenir lointain, et alors on a bien fait d'atermoyer.

Le second: tant qu'un problème demeure seulement possible ou futur, il a peu de réalité pour le politicien. Il commence à s'en façonner une lorsque s'accroît sa probabilité de matérialisation et ne devient objet d'action qu'au moment où il se concrétise.

Tel un pilote à la barre sur une mer pleine de récifs, le politicien vit dans l'instantané et se concentre sur l'écueil le plus proche. Son horizon chronologique dépasse rarement la date probable de la prochaine élection. L'homme politique, lui, par opposition au politicien, verra plus loin.

Dans le microcosme du second, les «présentologues» ont préséance sur les futurologues. Ou, si l'on veut, les menuisiers qui réparent sur les architectes qui préparent.

«Immédiatisme», souci de l'image, crainte de l'inattendu. Ces préoccupations on les retrouve à des degrés divers chez tout premier ministre et même chez tout responsable politique, mais Bourassa montra, à leur égard, une véritable obsession, bien plus marquée en tout cas que chez ses prédécesseurs.

17

Horloge de Québec, heure d'Ottawa

Passionné de politique, Robert Bourassa se délectait dans les calculs inhérents à cette occupation. À la fois substance de son travail quotidien et hobby de prédilection, ils occupaient le plus clair de ses pensées.

De l'image à la réalité

Pendant la campagne électorale, la propagande de son parti avait proclamé ses qualités de «jeune administrateur efficace». Sous-entendu: il offrirait à la population un leadership dynamique, ordonné, rationnel et moderne.

En réalité toutefois, l'orientation et la gestion de la chose publique, comme telles, ne le captivaient pas vraiment. La direction de l'État et, encore plus, la mise en avant de «projets de société» faisaient appel à trop d'éléments étrangers à ses goûts ou à son tempérament pour l'attirer spontanément. Nul besoin, pour lui, de le dire; cela se sentait. Par exemple, si on l'entretenait des objectifs de la réforme de l'éducation, des principes qui devaient guider les mesures sociales ou des aspirations des milieux culturels, il se conduisait en auditeur poli et posait une ou deux questions parfois distraites, mais rien de cela, semblait-il, ne le faisait vibrer. Il était même difficile de connaître ses propres opinions sur ces sujets.

Bourassa ne se voulait ni porteur ni promoteur d'une philosophie politique particulière. Il appartenait à la catégorie dite des «pragmatiques», encore que ce soit là une forme de philosophie. Faut-il lui reprocher son attitude? Pas nécessairement. Je l'évoque pour mieux faire comprendre le personnage. Dans une société, il survient d'ailleurs des moments où le devoir d'un politicien est de faire preuve de pragmatisme plutôt que de s'enfermer envers et contre tout dans une idéologie définie et rigide. Question de circonstances. En étions-nous là, au Québec, en 1970? C'est là une autre histoire.

Quoi qu'il en soit, un premier ministre demeure humain, et aucun humain ne s'intéresse à tout, ni n'est expert en tout. À chacun son tempérament et ses priorités.

Ses prédécesseurs avaient les leurs. Sauf qu'entre eux et Bourassa existait une différence significative: pour aucun d'eux les publicistes n'avaient fabriqué une image comme celle dont ils revêtirent Bourassa en 1970. C'est pourquoi, dans son cas plus que dans les leurs, on est naturellement amené à comparer l'image véhiculée et la personne réelle, à constater s'il y a ou non adéquation entre les deux.

Sur le plan de la répercussion électorale des actes de ses ministres, Bourassa était plus alerte qu'en matière d'administration publique. En permanence préoccupé de la cote de son gouvernement, il gardait toujours un œil sur les baromètres de l'opinion publique et un autre sur ses collègues qui pouvaient manifester des velléités susceptibles de déplaire aux électeurs. Il n'aurait pas, comme Lesage dans une certaine mesure, ou Lévesque bien davantage, quelques années plus tard, pris le risque de laisser aux ministres la responsabilité entière de leurs ministères.

Le contenu de leurs programmes ou de leurs projets ne le tracassait pas. Ni leur philosophie sociale ou économique. Mais l'impact possible de leurs desseins sur la popularité de son parti, oui. Ils auraient théoriquement pu concevoir à peu près n'importe quoi; hormis le coût financier et politique, cela n'émouvait pas Bourassa.

Avec le temps, il chargerait tel ou tel membre de son cabinet personnel de limiter les dégâts potentiels, manière comme une autre de prévenir pour «guérir». À cause de sa délicatesse naturelle dans ses rapports avec les autres, Bourassa aurait probablement détesté s'occuper lui-même de ce genre de discipline. Contrairement à Lesage, mais un peu comme Johnson, il lui déplaisait de dire lui-même non à quelqu'un* ou, dans une conversation privée, de rappeler un collègue à l'ordre.

---

*Ce trait de caractère me joua un tour. En 1971, un journaliste de la tribune de la presse souhaitait vivement devenir attaché de presse au ministère des Affaires intergouvernementales. Il en glissa un mot à Bourassa qui m'en parla, notant que la démarche du journaliste l'ennuyait: il le voyait mal dans la fonction postulée. Moi aussi d'ailleurs, opinion que j'exprimai sans détour. Plusieurs années après, une tierce personne m'apprit que le journaliste était revenu à la charge auprès du premier ministre et s'était fait répondre quelque chose comme: «J'en ai discuté avec Claude; il ne veut pas. Ça m'embêterait de le forcer»! Or, sans savoir pourquoi, j'avais remarqué à l'époque que ce journaliste, à partir d'un certain moment, était devenu moins amical à mon endroit...

Il existait un domaine auquel Bourassa disait accorder la plus grande sollicitude: le développement économique. À cause de ma formation, je partageais cette prédilection.

Il abordait le sujet presque à chaque intervention. Détenait-il en la matière quelque formule miracle inédite ou des idées innovatrices? Pas vraiment, sauf son insistance sur l'hydro-électricité. J'eus l'impression qu'il en parlait autant par goût personnel et par conviction que pour montrer au public combien la question lui tenait à cœur. De là à penser qu'il aurait, à l'époque, oser nationaliser l'électricité...

Il raisonnait à partir de l'hypothèse selon laquelle, si les choses allaient bien dans l'économie, elles ne pourraient pas aller mal ailleurs. Ou si, malgré tout, elles allaient mal, le public, impressionné par la prospérité apparente, ne s'en apercevrait pas.

Cette perception non entièrement fausse ni toutefois totalement fondée incita Bourassa à ne jamais surseoir à la moindre occasion d'agiter des projets d'investissements ou d'annoncer lui-même l'implantation actuelle, prévisible ou possible d'industries. Sitôt élu, tel un ministre sectoriel de l'Industrie et du Commerce, il s'employa à cette tâche de dépisteur d'investissements probables ou éventuels. Question d'image: il privilégiait, et de loin, les mises de fonds «visibles», c'est-à-dire celles dont le public aurait davantage connaissance parce qu'elles se matérialiseraient dans la construction d'usines ou de barrages.

Ce pli économique (on dirait aujourd'hui «mentalité de développeur»), dont il se fera un titre de gloire, déclassait, chez lui, les autres préoccupations, sauf la politique proprement dite.

On a peu noté le phénomène, mais il est exceptionnel. De tous les premiers ministres contemporains, Bourassa fut celui qui, pendant son premier mandat, parla le moins du Québec comme entité ou comme société. Des thèmes, fréquents jusque-là (Québec point d'appui du Canada français, nation québécoise, autonomie, et autres du genre) brillaient par leur absence dans ses interventions publiques. En dehors de quelques déclarations inévitables au début des conférences fédérales-provinciales ou en des occasions de même nature, il est difficile de retrouver, sur ce sujet, des discours de fond de sa part, alors que chacun de ses prédécesseurs en a prononcé des dizaines.

Et lorsque les circonstances le forçaient à faire allusion à l'avenir du peuple québécois, il se rabattait sur des formules-slogans, comme «fédéralisme rentable», ou vagues, comme «souveraineté culturelle», ou sur des affirmations générales et sans portée identifiable.

Lorsqu'il traitait du Québec à l'extérieur, il le faisait pratiquement à la manière d'un commissaire industriel, axant sur nos richesses naturelles, notamment l'hydro-électricité, ses plaidoyers en faveur des investissements étrangers.

Il arriva même parfois que, à l'écouter, on aurait cru entendre le premier ministre de la Saskatchewan ou de la Nouvelle-Écosse, tant le schéma de ses allocutions différait peu des leurs.

Quant à la spécificité québécoise ou aux problèmes liés au fédéralisme canadien, questions impossibles à masquer auprès d'auditeurs futés ou informés, il les minimisait systématiquement. Il fallait comprendre, d'après lui, que les médias exagéraient ou que les tensions étaient en voie de solution.

Tous ses déplacements vers l'extérieur étaient (et furent toujours) décrits comme des missions «de caractère essentiellement économique», formule désormais consacrée.

En se drapant dans une couverture économique chaque fois qu'il bougeait, il n'innovait d'ailleurs pas. Lesage et Johnson, on le sait, avaient tracé la voie en manifestant la même tendance. Bourassa, lui, l'accentua et l'érigea en règle, presque en passeport. La seule exception dont je me souvienne se produisit la journée de sa visite au pape Paul VI, à l'occasion de sa tournée d'avril 1971 en Europe. Tournée «économique*» quant au reste, a-t-on besoin de le souligner.

---

*Depuis le début des années 1960 le prétexte économique servait à «excuser» des dépenses de voyage que le public aurait, craignait-on, estimé excessives. On ne fit pas grand-chose pour modifier les perceptions, au contraire: chaque changement de gouvernement amenait les nouveaux élus à annoncer, comme une de leurs premières décisions, le gel des déplacements de ministres ou de fonctionnaires. En laissant ainsi sous-entendre que ces voyages équivalaient à des initiatives anormales, source d'un gaspillage éhonté des fonds publics, on confirmait les préjugés attribués à la population. Même remarque à propos des attaques classiques de l'opposition, quelle qu'elle fût au cours des années, contre les «fastes parisiens» et autres largesses répréhensibles du gouvernement en place. Comme aucun État moderne ne peut éviter des contacts avec l'étranger (pour son propre intérêt et celui de ses citoyens, il doit plutôt les développer), on fut donc obligé de les justifier ou de se les faire pardonner en inventant l'«excuse» économique. Inconsciemment on construisit de cette manière une équation: les premiers ministres ou les ministres font, par définition, des voyages «payants», c'est-à-dire qui rapportent de l'argent. Autrement, ils resteraient chez eux. Lorsque l'expérience démontrera que les plaidoyers des ministres auprès des décideurs externes n'entraînaient pas toujours, loin de là, de résultats immédiatement palpables, on adaptera l'«excuse» économique: les voyages, dira-t-on plutôt, servent à *rassurer* les investisseurs des autres pays déjà établis au Québec ou, sait-on jamais, ceux qui songeraient à y venir, comme si le Québec était, de par sa nature, inquiétant! Ces déplacements redevenaient de la sorte «rentables», non plus dans l'immédiat, mais à terme.

Avec de telles dispositions, on conçoit que les débats constitutionnels, autre héritage de l'Union nationale, aient ennuyé Bourassa. Il s'y sentait aussi mal à l'aise que Bertrand avec les relations internationales du Québec. En plus, à trop les remuer on faisait, jugeait-il, le jeu du Parti québécois puisqu'on se situait sur son terrain.

Mais voilà, impossible de les escamoter. Depuis février 1968, une ronde de négociations était en cours. Une nouvelle réunion de travail des premiers ministres aurait lieu à la mi-septembre 1970, cinq mois à peine après l'élection de Bourassa. Y couper? Impensable pour le premier ministre du Québec: sa province était à l'origine de l'exercice.

Comme quoi la marge de manœuvre d'un gouvernement récemment élu est en partie fonction de celle que lui a léguée son prédécesseur. Souvent c'est ainsi qu'une continuité s'établit, imposée plutôt que désirée.

Résoudre le problème constitutionnel en deux mois!

En 1970, l'héritage politique imposait en effet au gouvernement deux priorités dont il se serait passé: la révision de la Constitution et l'extension de la présence internationale du Québec.

Là-dessus et contrairement à mon attente, Robert Bourassa n'était pas très au fait des dossiers courants. Comme s'il ne les avait pas suivis pendant son stage dans l'opposition et comme si son parti s'en était désintéressé. Les libéraux de 1970 n'étaient plus ceux de la Révolution tranquille.

Le plus troublant, cependant, était l'état d'esprit que je crus percevoir chez Bourassa dès nos premières conversations sur ces sujets.

En matière internationale, il affirmait accepter les acquis de ses prédécesseurs, mais rien n'autorisait à déceler dans son attitude une volonté de sa part d'aller plus loin dans la même voie ou de couvrir du terrain inexploré. Gérer les acquis paraissait lui suffire, mais à condition de les axer désormais sur l'économie (comme si personne ne s'en était préoccupé avant!) et, surtout, de ne pas s'exposer à indisposer Ottawa avec des disputes de drapeaux.

Une de ses phrases, typique, me frappa:

— En relations internationales, il n'y aura pas de recul.

Stimulant comme programme d'inaction! Lui qui se targuait de moderniser et d'ouvrir davantage le Québec vers l'extérieur, je me serais attendu à ce qu'il voulût progresser encore! Mais non. En la matière, son objectif minimal (je ne lui ai jamais, quant à moi, connu d'objectif *maximal* en ce qui concerne le Québec...) était en réalité l'arrêt, le sur place, la garde du fort. Peut-être pas par conviction: je pense en effet qu'il aurait sincèrement aimé proposer mieux — mais il aurait fallu, bien sûr, que tous fussent d'avance d'accord! Problème: il craignait les fédéraux et, dans son propre parti, les trudeauistes, nombreux et influents depuis le départ de Lesage.

Il était devenu le principal joueur de défense d'une équipe qui admirait l'adversaire, qui se sentait de tout cœur avec lui et qui consentait à gagner le match contre lui, à condition de ne pas le choquer!

Conjoncture peu propice à des avancées inspirantes!

Sur la Constitution, c'était encore plus inquiétant.

Sans clairement attribuer les négociations en cours à une fantaisie néfaste du défunt gouvernement de l'Union nationale ou les assimiler à l'une de ses marottes, il n'était pas loin d'y voir la méthode par excellence pour perdre son temps et distraire le gouvernement de ce qui intéressait authentiquement la population: la recherche des investissements et la création d'emplois.

Jusque-là, j'avais souvent entendu des premiers ministres de l'Ouest, Ross Thatcher de la Saskatchewan entre autres, fulminer contre le fait que la préoccupation constitutionnelle, au Canada, empêchait les gouvernements de régler les «vrais problèmes», ceux de l'économie (à des dizaines de reprises pendant les années qui suivront, cette opinion sera réitérée par des politiciens et des hommes d'affaires pour qui, à les entendre, tout l'exercice constitutionnel n'était que coquetterie dommageable). Mais, en 1970, pour la première fois, un premier ministre du Québec avait l'air d'être du même avis que les champions du statu quo. Comme s'il regrettait que ses prédécesseurs aient eu l'idée déplacée de s'engager dans un tel labyrinthe, désormais source de jouissances pour l'opposition péquiste.

Devant le fait pratiquement accompli — la séance de travail constitutionnel était déjà prévue pour septembre —, Bourassa, réaliste (que dirait-on s'il faisait avorter les négociations en ne se présentant pas à la réunion?), se résigna à parler lui aussi de constitution, souhaitant que la corvée fût la plus courte et la plus légère possible.

Les boutades révèlent-elles des sentiments profonds? Je ne saurais le dire, mais une réplique de Bourassa me laissa songeur sur ses arrière-pensées:

— Voilà plus de deux ans que les premiers ministres traitent de constitution sans aboutir. Ce serait formidable si j'arrivais à résoudre cette question en deux mois. Ça confirmerait mon image de «jeune administrateur efficace»!

En deux mois! Bourassa blaguait sûrement. Attitude sans doute due à son manque de familiarité avec le dossier.

Mais, au fait, blaguait-il? Quelques mois plus tard, en décembre, je n'en serais plus si convaincu.

Au moment où j'explorais les intentions de Bourassa, mon principal collaborateur, Louis Bernard, vint m'annoncer une décision renversante: il quittait son poste au ministère pour devenir chef de cabinet de Camille Laurin! Ce dernier, élu en avril 1970, agissait comme chef parlementaire du Parti québécois. Je savais Louis Bernard nationaliste, mais pas indépendantiste. De fait, il passait pour un fédéraliste modéré. Bien des gens se seraient attendus à ma propre démission, à cause de ma réputation plus ou moins «séparatiste», sûrement pas à la sienne.

Ce départ était un dur coup. Bourassa avait tenté de retenir Bernard, car il appréciait, comme moi, son talent et sa capacité de travail, mais en vain. Je n'eus pas plus de succès, mais j'étais heureux pour Laurin.

Quelques mois après, un nouveau directeur général des relations fédérales-provinciales le remplacera dans l'organigramme du ministère: Gérard Veilleux, qui retournera plus tard à Ottawa pour y assumer des responsabilités de plus en plus élevées dans le haut fonctionnarisme. Il devint président et directeur-général de Radio-Canada.

Le message de septembre

Dans des débats politiques aussi importants que ceux qui traitent d'une réforme constitutionnelle en profondeur, la persévérance sur les points essentiels est souhaitable: autrement, les rivaux ou les opposants d'un État mettront ses dirigeants successifs en contradiction les uns avec les autres. En revanche, d'un gouvernement à l'autre, l'identité totale des propositions avancées n'est pas indispensable.

C'est dans cette perspective que j'entrepris, en août 1970, la rédaction du mémoire pour la réunion de septembre. Sans aller quérir de directives, j'introduisis dans le texte les éléments qui, de mon point de vue, assureraient une continuité défendable. Mieux valait procéder ainsi.

Une demande d'orientation auprès de Bourassa ou de son personnel, vu leur manque d'information (ou d'intérêt) à l'époque, risquait de conduire à des décisions précipitées ou irréfléchies. Il leur resterait d'ailleurs toujours la latitude d'apporter des corrections au projet de mémoire.

La séance de travail de septembre devait poursuivre l'examen du pouvoir de dépenser du gouvernement fédéral, de son pouvoir de taxer, des inégalités régionales, de la sécurité du revenu, des services sociaux, des langues officielles, des droits fondamentaux ainsi que du système judiciaire. Pour chacun de ces sujets, je me fondai sur les positions déjà prises par Johnson ou Bertrand ou sur celles, explicites ou implicites, de nos *Documents de travail des fonctionnaires*.

Il me semblait aussi capital de faire accepter ces *Documents* par le gouvernement; ils renfermaient bien des points de repère. Leur rejet par la nouvelle équipe au pouvoir ou trop de réticences à leur propos nous auraient obligés à en concevoir d'autres en catastrophe. Pour dire quoi à la place? Que le Québec réclamait désormais moins de réformes? Qu'il était devenu moins exigeant? Les autres provinces et Ottawa auraient trouvé là matière à douter du sérieux québécois.

Or, visiblement, Bourassa tenait à se démarquer de ses prédécesseurs. Souci normal et légitime: comment le respecter sans mettre en cause la cohérence recherchée?

Au ministère, il nous vint à l'idée de faire d'une pierre deux coups. Dans le mémoire, Bourassa se déclarerait en substance d'accord avec les *Documents*, mais, en même temps, il émettrait à leur propos quelques réserves de bon aloi. En réalité les nôtres. À l'usage, nous avions en effet constaté que, sur certains points, les *Documents* manquaient de précision ou étaient silencieux. Pourquoi le premier ministre ne ferait-il pas lui-même état de ces lacunes? Rien là de gênant pour nous. Ainsi, les *Documents* seraient maintenus et le nouveau gouvernement n'aurait pas l'air de les assumer sans y avoir porté un regard critique.

Bourassa voulait aussi accélérer la révision constitutionnelle (les «deux mois»!). Bien. Le mémoire soulignerait ce désir.

Même si la réunion portait sur la Constitution, Bourassa apprécierait certainement un rappel de sa préoccupation économique. Facile: l'ordre du jour prévoyait un examen du pouvoir fédéral de dépenser et du partage des compétences dans le domaine de la taxation. Bonne occasion de consacrer un passage du mémoire à la concertation fédérale-provinciale nécessaire en politique fiscale. En son temps, Lesage avait proposé à peu près la même chose, mais Johnson et Bertrand en avaient un peu moins parlé. Comparé à ses prédécesseurs immédiats, Bourassa donnerait l'impression de mettre plus d'accent sur la question.

Il n'était pas sorcier non plus de présumer que Bourassa tiendrait à exprimer quelque part sa confiance envers le fédéralisme canadien. Cette opinion, ses prédécesseurs l'avaient eux aussi tous émise, mais nous décidâmes qu'il insisterait davantage qu'eux. En fait, il s'agirait, dans son cas, plus de foi que de confiance. Autres temps, autres mœurs.

Et puis, il conviendrait, comme il se devait, d'énoncer quelque chose sur la spécificité québécoise. Après tout, n'eût été d'elle, aucune révision de la constitution n'aurait été amorcée. Le mémoire pouvait au moins rappeler un certain nombre de faits élémentaires sur le Québec.

Pas si simple, cependant. Comment s'y risquer avec un Trudeau qui refusait autant ces «faits élémentaires» que la «spécificité québécoise», et un Bourassa qui ne tenait pas à heurter son homologue fédéral. Je m'y hasardai néammoins.

La première version du mémoire devait être prête au début de septembre, une dizaine de jours avant la rencontre. Au cours d'une conversation, j'en livrai les grandes lignes à Bourassa. Sans s'engager, il admit que mon approche lui semblait correcte, mais ajouta qu'il se ferait une opinion définitive en prenant connaissance du projet.

Réponse à la Johnson: signifiait-elle qu'il faudrait reprendre des pans entiers de mon texte à la dernière minute? Chat échaudé...

Pour parer le coup et alimenter la réflexion du premier ministre, il me sembla prudent, le 27 août, de lui soumettre par écrit les paramètres du texte en cours de rédaction (voir Document 14, en annexe). Ainsi, il saurait d'avance à quoi s'en tenir.

«Robert aimerait un changement de style»

Début septembre, Jean-Claude Rivest vint me voir, enjoué comme toujours. Bourassa avait lu le projet — belle célérité — et, à quelques détails près auxquels Rivest lui-même verrait, mon papier passait le test.

Mais il ajouta ceci:

— La seule chose embêtante, c'est que le style du mémoire ressemble à celui des mémoires déjà présentés par le Québec dans le passé. C'est normal, tu les as tous écrits. Je pense que Robert aimerait un changement de style. Autrement, à Ottawa, ils vont s'apercevoir que tu en es l'auteur et, tu sais, ils ne t'aiment pas beaucoup. Ça peut nuire à nos positions...

Je n'aurais jamais imaginé entendre un jour pareille chose.

Comme s'il était devenu stratégiquement primordial de démontrer mon absence d'influence sur le contenu du mémoire québécois! Autrement dit, les trudeauistes y seraient d'autant moins réfractaires que le sous-ministre Morin — celui de «Finies les folies!» — en aurait été écarté*!

---

*L'idée du «changement de style» venait-elle de Rivest lui-même ou de Bourassa? Peu importait. Le seul fait qu'on ait eu ce réflexe était éloquent. Je savais déjà Bourassa peu hostile aux stratagèmes, mais, maintenant, lui (ou un autre à sa place) se tournait vers une forme de dissimulation encore inconnue de moi, malgré mon expérience de la fonction publique et des politiciens: masquer un fonctionnaire pour faire croire à sa disparition ou à son inexistence! Ou pour prétendre qu'il était devenu objet de *benign neglect*: quelqu'un qui dure parce qu'on l'endure, qu'on entend mais qu'on n'écoute plus.

Qui comptait-on berner? En me voyant encore membre de la délégation québécoise à Ottawa quelques jours plus tard, les fédéraux ne me croiraient jamais étranger au mémoire du Québec. D'ailleurs, la plupart le liraient en traduction anglaise. Alors, le style...

Je fis mine de trouver amusante, brillante même, la suggestion de Rivest: «Un bon tour à jouer aux fédéraux». Son idée ne me peinait pas personnellement; elle m'intriguait.

Je ressentis cependant que mon adhésion au gouvernement issu des élections d'avril 1970 était inversement proportionnelle à sa pusillanimité. Le Bourassa de 1970 n'était certes plus, s'il l'avait jamais été, celui que j'avais cru cinq ou six ans plus tôt. Cette journée-là, ma tentation permanente de réintégration universitaire me lancina.

Bourassa me l'avait déjà dit et Rivest venait de le rappeler: j'étais mal vu des fédéraux. Ce que je savais. Et par beaucoup de libéraux provinciaux adeptes de Trudeau, ce que j'avais appris depuis l'élection d'avril. En me voyant toujours au poste, les médias concluraient, comme Bourassa le souhaitait, au maintien d'une saine continuité. Par contre, paraissant ne plus m'utiliser, il plairait aux fédéraux méfiants. Un équilibrisme auquel il ne répugnait pas. De la stéréoscopie politique. (Si cela avait été électoralement rentable, me dis-je, Bourassa aurait confié un poste à Lénine dans le gouvernement tsariste ou à Adam Smith dans une administration communiste. Ou, pourquoi pas, nommé le comte Dracula gérant d'une banque de sang!)

Pour me faire partir, Bourassa aurait à me le demander lui-même. Vu son tempérament, pas de risque de ce côté. Je partirais certes un jour, mais au moment que je choisirais.

Entre-temps, on allait s'amuser. À commencer par le choix de celui qui ferait une partie du *re-writing* du mémoire, l'autre étant laissée à Rivest: ce fut Yves Michaud. Il avait été député libéral au même moment que Bourassa, mais, contrairement à lui, s'était opposé, avec seulement quelques députés, au *Bill 63* de Bertrand. Défait aux élections de 1970 par Guy Joron, candidat du Parti québécois, il était devenu, depuis le changement de gouvernement, commissaire général à la coopération avec l'étranger. Pas tout à fait le type de fédéraliste orthodoxe qu'eût désiré Trudeau.

Le style du mémoire fut effectivement changé. Le contenu aussi, un peu: Rivest s'en chargea. C'est ainsi qu'on y retrouva plus d'accent que je n'en avais mis sur la nécessité de faire vite et quelque insistance sur le fait qu'en matière constitutionnelle le gouvernement n'était pas «intéressé à des querelles de mots et de symboles».

Bourassa indifférent aux symboles?

Quant aux mots, difficile de penser qu'ils ont peu d'importance dans une constitution...

Souplesse

Aux yeux des observateurs, Bourassa se tira bien de l'épreuve de septembre. Personne ne perçut le nouveau style du mémoire, mais on y nota, selon la formule consacrée, «la continuité dans le changement». L'approche «raisonnable» également. Somme toute, une conférence qui ne passerait pas à l'Histoire et des résultats comme Bourassa les aimait: le Québec n'avait pas reculé. Comme en juin, il était peu intervenu, laissant parler les autres participants. Sans doute pour ne pas provoquer d'échanges abrupts, créateurs de mésententes Québec-Canada dont le Parti québécois aurait profité.

Effectivement, pour la première fois depuis à peu près toujours, la conférence ne donna lieu à aucun éclat ni divergence notable entre Québec et Ottawa. On avait «évité la confrontation». Bourassa ne la recherchait surtout pas. Il préférait, disait-il, agir en gestionnaire tranquille. Peut-être, mais il redoutait aussi Trudeau dans une arène où il se sentait un peu perdu.

Pour accélérer les travaux, Ottawa proposa une nouvelle méthode, moins lourde et laborieuse que l'organisation de conférences fédérales-provinciales: des rencontres bilatérales. Au cours des deux ou trois prochains mois, John Turner, ministre de la Justice, ferait le tour des provinces les unes après les autres. On réunirait de la sorte les éléments sur lesquels, déjà, on pouvait percevoir un consensus. Pour la conférence suivante, en janvier ou en février 1971, ce serait autant de gagné.

Déjà un sujet faisait (presque) l'objet d'un tel consensus: la procédure d'amendement de la Constitution. Du moins, neuf provinces sur dix, plus Ottawa, le considéraient comme prioritaire. Depuis des années, le Canada anglais estimait en effet qu'un accord sur la procédure

d'amendement était un préalable à tout effort de révision constitutionnelle: «Décidons d'abord comment on change la Constitution, après on
examinera les modifications proposées». Quoi de plus logique? Sujet
d'autant plus urgent à étudier que, une fois qu'il serait réglé, on pourrait
entreprendre la canadianisation de la Constitution (le «rapatriement»
selon la formule impropre, mais couramment utilisée). Car, anomalie un
peu ridicule, la loi fondamentale du Canada était demeurée, depuis 1867,
une loi britannique. Justement parce qu'on ne s'entendait pas au pays sur
la formule d'amendement.

Cependant, petit problème. Dès 1965, à la suite de la mésaventure
de Lesage avec une formule d'amendement (dite Fulton-Favreau, du nom
des deux ministres fédéraux qui l'avaient conçue), le Québec avait
adopté une démarche bien différente. L'élaboration de cette formule
devrait, selon lui, être abordée seulement *après* entente sur une nouvelle
répartition des compétences entre Ottawa et les provinces, plus précisément entre Ottawa et le Québec. En d'autres termes: «Définissons
d'abord le Canada que nous voulons, après on trouvera la formule
d'amendement». En 1966, Johnson avait maintenu la même position (elle
venait d'ailleurs de lui, alors que son parti était dans l'opposition). En
1968, Bertrand avait soutenu un point de vue identique.

La mise au point d'une formule d'amendement (accompagnée d'un
«rapatriement») représentait en effet, pour le reste du Canada, la substance même et la raison d'être de la révision constitutionnelle. Un nouveau partage des pouvoirs ne lui paraissait pas crucial. Dans ces conditions, dès que le cas du mécanisme d'amendement serait résolu, c'en
serait virtuellement fini de la révision globale souhaitée par le Québec:
le Canada anglais aurait atteint son but. Le reste pourrait attendre.

Le Québec se trouva donc, en septembre, devant deux suggestions
fédérales auxquelles il devait réagir. Les pourparlers bilatéraux ne
posaient pas de difficultés apparentes. D'accord, nous pourrions les
accepter. Mais la priorité mise sur la formule d'amendement?

Bourassa ne s'était pas encore nettement prononcé là-dessus, mais
tout le monde, y compris moi, présumait qu'il maintiendrait la même
attitude que ses prédécesseurs et cela pour les mêmes raisons qu'eux.

Bourassa discuta de la proposition fédérale avec sa délégation,
soupesa les avis en général assez négatifs, hésita et, en fin de compte, y
donna son consentement, tout en déclarant que, pour le Québec, le partage des pouvoirs restait prioritaire. En pratique toutefois, et malgré ses
précautions oratoires, il acceptait ce que ses prédécesseurs avaient refusé.
Tout en soutenant que les positions québécoises n'avaient pas changé!

Plus tard, dans une conversation, il expliqua que son assentiment ne comportait pas beaucoup de risques. Il n'avait pas accepté une formule d'amendement précise, mais seulement qu'on en discute. De plus, il serait bien étonné, dit-il, qu'une entente générale intervînt rapidement à ce propos. En somme, croyait-il, on avait le temps de voir venir.

N'empêche. C'était là une concession importante aux autres gouvernements. Pourquoi l'avoir faite? La vraie raison:

— Ce n'était pas le moment, à ma première présence à une conférence constitutionnelle, de refuser d'étudier un sujet qui intéresse les autres gouvernements. Je voulais montrer la bonne volonté du Québec, dit-il.

Certains participants conclurent que Bourassa serait moins rigide que ses prédécesseurs. Il l'avait montré, selon eux, par son attitude sur la formule d'amendement et sa technique de négociation *low profile*.

Quoi qu'il en soit, j'estimai que rien d'irrémédiable n'avait été commis. Bourassa avait réaffirmé la priorité québécoise: le partage des compétences; c'est ce qui comptait. Sa décision sur la formule d'amendement m'ennuyait, mais, comme lui, j'étais d'avis qu'elle serait laborieuse à fabriquer: on aurait tout le loisir voulu pour traiter des autres sujets. Quant aux discussions bilatérales, on verrait.

Bien sûr, dans le domaine constitutionnel Bourassa n'était pas à son meilleur. Acquérant de l'assurance et une sensibilité plus aiguë aux enjeux en la matière, il se révélerait peut-être, avec le temps, plus déterminé. N'existe-t-il pas quelque chose comme la grâce d'état?

Pas si «rentable» le fédéralisme!

Mon optimisme relatif s'accrut quelques jours après la conférence.

Les fonctionnaires du ministère avaient terminé leur étude des flux financiers Québec-Ottawa, celle que Bertrand aurait voulu publier si elle avait été disponible. Elle s'intitulait *La part du Québec dans les dépenses et les revenus du gouvernement fédéral de 1960-1961 à 1967-1968* et concluait ainsi: «Pendant cette période, le Québec n'a pas profité plus des dépenses fédérales faites pour lui qu'il n'a contribué à celles-ci. Plus précisément, il n'a reçu du gouvernement fédéral que les bénéfices pour lesquels il a payé et n'en a retiré aucun profit supérieur à sa contribution.»

On l'a vu au chapitre précédent: le véritable bilan du fédéralisme ne peut être uniquement financier. Comme notre étude le rappelait, d'autres variables doivent entrer en ligne de compte. Cela dit, elle correspondait parfaitement à la notion de «fédéralisme rentable» véhiculée par Bourassa. Or les fédéralistes orthodoxes n'avaient pas de quoi pavoiser: sur le plan financier, le Québec ne s'en tirait pas si avantageusement qu'on le prétendait dans les milieux d'Ottawa.

Bourassa allait-il autoriser la publication d'une étude démontrant non seulement que les fédéraux étaient dans l'erreur, mais que lui-même, comme défenseur du fédéralisme, en avait exagéré les bienfaits? Elle allait sûrement apporter de l'eau au moulin du Parti québécois. Allait-il, pour cette raison, nous prier de «revoir» certaines de nos méthodes, de manière à dégager des résultats plus resplendissants?

Non, l'étude lui plut. Il l'estima bien menée et sérieuse sur le plan scientifique. Il était même d'accord pour la rendre publique; d'ailleurs il s'en chargerait lui-même. Pas avant la conférence de la mi-septembre, pour ne pas mêler les cartes, mais peu après. Ce qu'il fit le 30 septembre.

J'étais agréablement surpris. Peut-être m'étais-je trompé sur son compte?

Pas vraiment. Certes le public serait informé, certes Bourassa faisait preuve d'une louable transparence, certes il était disposé à courir le risque, face à l'opposition péquiste, de dévoiler des chiffres peu reluisants pour le fédéralisme. Mais c'était un risque calculé. Comment cela?

Il me l'expliqua. En démontrant que le Québec n'était pas financièrement gagnant, il mettait en cause non pas lui-même ou son option favorable au fédéralisme, mais ses prédécesseurs qui n'avaient pas su négocier de meilleurs arrangements avec Ottawa, ce à quoi il s'emploierait, lui. Car il n'avait jamais prétendu que le fédéralisme était *actuellement* rentable. Il avait seulement pris l'engagement de le rendre tel par ses efforts. Nuance.

Aux yeux de ses partisans qui, nombreux, ne souhaitaient pas le voir s'en prendre au grand frère fédéral, notre étude l'autorisait aussi à faire pression sur Ottawa. Il avait en quelque sorte une bonne excuse pour se montrer plus exigeant. En outre, les chiffres rendus publics enlèveraient des arguments aux fédéraux qui chercheraient sans doute à s'élever contre ses revendications financières éventuelles.

Ainsi, sa «transparence» n'était pas totalement gratuite, ni désintéressée. Qu'à cela ne tienne! Il avait au moins fait le geste.

Octobre

Bien des écrits ont porté sur les événements qui ont constitué ce qu'on a appelé la «crise d'octobre». Encore aujourd'hui tout est loin d'y être clair, mais je ne veux pas en entreprendre ici une nouvelle relation. Je m'en tiendrai plutôt à certaines scènes dont j'ai été témoin.

Quand James Cross, attaché commercial britannique à Montréal, fut enlevé par le FLQ le 5 octobre 1970, on ne s'émut pas outre mesure, à comparer avec les réactions qui suivirent l'enlèvement de Pierre Laporte cinq jours plus tard. Pour le Québec, cela était beaucoup plus grave.

On se demanda s'il fallait ou non négocier avec les ravisseurs pour leur faire libérer leurs deux otages. La question accapara toute l'attention du gouvernement.

Les communiqués du FLQ croisaient les prises de position de Bourassa, celles de Jérome Choquette, ministre de la Justice, et celles de tel ou tel ministre fédéral. Sauf un tout petit groupe autour du premier ministre, personne n'était vraiment au fait. Je n'avais aucune responsabilité dans ce dossier, mais de temps à autre l'occasion m'était donnée d'échanger quelques mots avec Bourassa. Ces contacts étaient brefs et il va sans dire que nous n'abordions plus de sujets fédéraux-provinciaux courants. L'urgence se situait ailleurs; tout le reste était en suspens.

Comme à mon habitude, j'allai un après-midi «faire mon tour» dans l'«aile du premier ministre». Au moment où je discutais avec un de ses conseillers, Bourassa sortit de son bureau. Il était plus voûté que de coutume. De ses commentaires rapides et évasifs, je retins qu'il préconisait la négociation avec les ravisseurs.

Le lendemain (ou le surlendemain) autre rencontre fortuite: il semblait toujours envisager la négociation, mais les fédéraux, selon ce que je déduisis, ne le suivaient pas dans cette voie. Il allait essayer de les convaincre. Autre déduction: leur rôle était considérable, ils prenaient beaucoup de place.

Le soir du 15 octobre, pour des raisons sans rapport avec les événements en cours, je décidai de revenir travailler à mon bureau. Une ou deux heures plus tard, l'idée me prit d'aller aux renseignements, toujours dans l'«aile du premier ministre».

À l'entrée du corridor se trouvaient quelques policiers dont un des gardes du corps de Bourassa, André Théberge, qui avait exercé les mêmes fonctions auprès de Lesage, de Johnson et de Bertrand. Je le connaissais depuis des années. Théberge s'interposa, aimable mais gêné:

— Je regrette, tu ne peux pas aller plus loin. On a des ordres stricts de ne laisser entrer personne.

— Tu ne m'empêcheras quand même pas de passer! Tu sais que je viens ici tous les jours, lui répliquai-je, légèrement vexé, en continuant d'avancer.

Il esquissa un mouvement, mais j'avais déjà fait plusieurs pas en direction du bureau de Bourassa, assez pour apercevoir, soudain, quelqu'un traverser le corridor, une feuille à la main. Quelqu'un dont, j'imagine, on tenait justement à ce que la présence à cet endroit restât secrète. Je rebroussai chemin.

Qui était ce personnage furtivement entrevu?

Marc Lalonde, alors conseiller personnel de Trudeau.

J'appris bientôt que, après de multiples conversations téléphoniques entre Trudeau et Bourassa au cours des jours précédents, il était venu à Québec mettre la dernière main, avec Julien Chouinard, à la lettre par laquelle Bourassa, dans les heures suivantes, inviterait Ottawa à promulguer les Mesures de guerre. Lalonde était sans doute aussi sur place pour diverses autres considérations. Pour ne pas être vu, il était entré dans l'immeuble du premier ministre (alors appelé Édifice C) par une porte peu utilisée du rez-de-chaussée.

Voilà donc pourquoi les policiers avaient reçu des ordres[1]!

Puis, le Conseil des ministres déménagea pour s'installer au dernier étage de l'hôtel Reine-Élizabeth à Montréal. Plus exactement, les ministres et le premier ministre s'y installèrent, sous très bonne garde, loin de tout attentat possible. Pour aller y rencontrer un ministre, il fallait avoir un motif plus qu'impérieux et prouver hors de tout doute son identité plutôt deux fois qu'une.

Après la découverte du corps de Laporte, la prostration s'ajouta à la panique. Seule préoccupation du gouvernement: la gestion de la crise. On sentait que les autorités politiques québécoises étaient dépassées. J'étais personnellement mortifié de savoir que les fédéraux, à toutes fins utiles, dominaient tout. À Québec où, chaque matin, un soldat exigeait l'ouverture des serviettes et scrutait les paquets suspects, des hauts fonctionnaires, montrant d'ordinaire plus de discernement, croyaient réellement que le FLQ était composé de centaines, voire de milliers, de militants «séparatistes» de l'ombre, aptes à frapper n'importe où n'importe qui, et pourquoi pas eux? Les conséquences des événements en cours seraient durables.

La mort de Laporte m'avait affecté. J'avais fait un voyage avec lui, à Paris, en 1965, et nos rapports étaient restés cordiaux. Quelques jours

---

1. Peu après, André Théberge fut affecté à d'autres fonctions. À cause de moi et parce qu'il avait, involontairement, contrevenu aux «ordres»? C'est ce que le sous-ministre de la Justice, Antonio Dubé, m'affirma plus tard. J'en fus navré.

avant son enlèvement, il s'était entretenu avec moi d'une mission officielle en France à laquelle il se préparait activement.

Bourassa me faisait un peu pitié, non dans le sens péjoratif du terme, mais parce que je le supposais désemparé. Cette épreuve, six mois à peine après son élection et à l'âge de trente-sept ans, le marqua de façon indélébile, malgré sa capacité de résistance. Par-dessus le marché, il faisait face à une grève de médecins protestant contre la mise sur pied, le 1er novembre, du régime québécois d'assurance-maladie. On peut résister et en garder des traces.

Je n'ai aucune preuve à offrir, mais j'ai la conviction que, laissé à lui-même, Bourassa aurait opté pour la négociation avec le FLQ. Que cette attitude ait été sage ou non, ce n'est pas ce qui est en cause ici, mais son tempérament naturellement conciliateur l'y prédisposait. Dans toute cette affaire d'octobre 1970, les «durs» logeaient à Ottawa et possédaient quelques amis bien placés au sein du cabinet Bourassa et à la mairie de Montréal. C'est eux qui, finalement, eurent le dessus.

Quant aux desseins politiques plus ou moins machiavéliques que certains ont attribués à des responsables fédéraux et autres, il me serait difficile de croire à leur absence. Je me suis trop souvent fait répéter par eux ou les leurs, sur le ton de la satisfaction: «Avec l'histoire du FLQ, le Parti québécois est pour toujours discrédité» pour présumer de leur candeur.

Dans la gestion d'une crise, les décideurs sont peu nombreux. Tout tourne autour de quelques rares personnes; les autres connaissent mal l'ensemble de la situation et ne sont pas nécessairement consultés. Dans le cas d'octobre 1970, ce groupe comprenait, à Québec, Bourassa, Choquette et Julien Chouinard, plus quelques autres, plus épisodiques. À Ottawa, le *brain trust* était également restreint, mais plus considérable.

J'eus un temps l'impression que, vu ses fonctions, le sous-ministre de la Justice du Québec, Antonio Dubé, était «dans le coup»; c'eût été normal. Mais non. Le jour des funérailles de Laporte, en route vers Montréal dans son automobile, il me révéla n'y avoir pris aucune part, si ce n'est qu'il eut la possibilité de lire rapidement une partie de la liste des suspects que la police devait arrêter après la promulgation des Mesures de guerre. Il en avait été ébranlé: des noms s'y trouvaient de personnes connues de lui et qui n'avaient aucune raison proche ou éloignée d'y être. Il en fit biffer quelques-uns dont la présence sur la liste était manifestement absurde. Quelqu'un qu'il refusa de me nommer lui fit alors la remarque: «Si on en enlève trop, l'opération ne donnera rien.»

L'«opération»?...

«Tu vas apprécier mon plan!»

Graduellement, malgré les Mesures de guerre, la vie politique et administrative reprit tant bien que mal son cours fin novembre, début décembre; mais, pour cause, l'atmosphère avait changé. À la faveur de la crise d'Octobre, l'emprise des fédéraux sur le gouvernement du Québec était sans précédent, et ils avaient en outre infligé une frousse «salutaire» aux Québécois eux-mêmes. Frousse rassurante cependant, en ce sens que si les gens avaient eu peur du FLQ, Ottawa avait su les protéger par l'envoi de l'armée!

L'heure n'était pas à l'affirmation nationaliste, encore moins à celle de l'indépendance. Effectivement, le Parti québécois avait du plomb dans l'aile. S'en relèverait-il, maintenant qu'on avait si bien réussi à l'associer, dans l'opinion publique, à la violence du FLQ, et ce malgré les prises de position sans équivoque de René Lévesque? On pouvait en douter. Commodément, toute opposition d'inspiration nationaliste pourrait être qualifiée de parafelquiste.

Ce dont, quant à moi, je ne doutais pas, c'est que les fédéraux, en vertu des circonstances, seraient plus que jamais en mesure d'imposer leurs vues au Québec.

Bourassa avait reçu leur appui empressé pendant la crise. Ils l'avaient aidé. S'étant, par la force des choses, engagé avec eux comme aucun premier ministre du Québec jusque-là, il eût été malvenu, à ce moment-là, à s'opposer politiquement à eux.

En outre, par suite du traumatisme des événements, la population elle-même n'était pas encline à se faire servir une fois encore l'interminable débat constitutionnel. Confusément elle sentait, la propagande ambiante aidant, que, sans débat constitutionnel, il n'y aurait pas eu de FLQ, pas d'enlèvement, pas de ministre assassiné!

Pourtant, on n'avait pas fini de parler de constitution. Une nouvelle réunion de travail des premiers ministres était en train de s'organiser pour février 1971. Je préparais tranquillement mes dossiers. J'accumulais des données, j'analysais les analyses faites par d'autres sur les sujets qui viendraient, peut-être, à l'ordre du jour. Je rédigerais le mémoire québécois pendant les vacances de Noël. Quitte à lui faire par après subir un «changement de style»...

À la fin de novembre, je téléphonai à un fonctionnaire du Conseil privé, à Ottawa: Gerry Hardy[2]. Je m'entendais bien avec lui. Une remarque de sa part m'intrigua:

— Tu sais, dit-il, il y a des gens sur la ligne.

Les services fédéraux m'espionnaient-ils? Je lui posai la question:

— Possible, répondit-il, mais je parle d'autre chose.

— Quelle autre chose?

Il m'exposa à peu près ceci:

— Tu n'es plus seul dans ton dossier. Il y a de gros pourparlers en cours pour résoudre, au plus sacrant, la question constitutionnelle. C'est Julien Chouinard qui s'en occupe avec Marc Lalonde et John Turner, ministre de la Justice. Lalonde s'est occupé de la crise d'Octobre avec Julien et, comme tu le sais, Turner était confrère de classe de Julien à Oxford. Eux et Lalonde se parlent tous les deux ou trois jours. Il est question d'un *package deal* que nos gens, ici, seraient disposés à offrir.

«Nos gens, ici», c'était les fédéraux. Et ils seraient disposés à des offres? Bizarre. Que se passait-il?

Je bondis dans le bureau de Bourassa, sans rendez-vous:

— On me dit que Julien négocie avec Ottawa sans m'en parler. Avec Turner et Lalonde. Qu'est-ce que c'est que cette histoire? Es-tu au courant?

J'eus alors droit à une des explications les plus tordues que j'aie entendues dans ma carrière.

Un instant, Bourassa sembla ne pas trop savoir quoi répondre. Après avoir commencé une ou deux phrases, il se ressaisit. Avec une bonne dose de compliments à mon endroit, il me révéla ceci:

— Stratège comme tu l'es, tu vas apprécier mon plan. Je voulais d'ailleurs justement t'en parler. Tu sais que les fédéraux ont peur de toi. Par contre, ils aiment bien Julien. Dans les conditions actuelles, on peut aller loin par son entremise. Tu vas être content de savoir qu'il va défendre tes idées auprès d'eux! Venant de lui, Ottawa ne se méfiera de rien. Ainsi, on progressera comme tu le voudrais.

Un peu plus, il aurait ajouté: «Brillant, n'est-ce pas?»

Trois mois plus tôt, il se bornait à changer le style. Voilà que, maintenant, un nouveau messager lui paraissait indiqué.

---

2. Il deviendra ambassadeur du Canada en Espagne et à l'OTAN. C'est à lui — à tout seigneur, tout honneur — qu'on doit l'appellation d'«ententes» dans le cas des relations de coopération entre la France et le Québec. Il me la suggéra en 1965.

À noter qu'il avait le droit le plus strict de procéder ainsi: en négociation, il est normal, voire parfois nécessaire, de remplacer un représentant qui, par sa seule présence dans un dossier, indispose l'autre partie au point de menacer la bonne marche des pourparlers. Il aurait toutefois pu m'en avertir, mais, précisément, il venait d'affirmer que telle était son intention. Fallait-il le croire? Dans ce cas, pourquoi ne pas m'avoir mis dans le coup *avant* puisque, à l'entendre, j'étais si bon stratège? J'aurais pu apprécier à loisir la beauté de la manœuvre et y même y ajouter des raffinements!

Le package deal...

Il était dix-sept heures dix. Je me souviens de l'heure car je consultai ma montre pour savoir si Julien serait encore à son bureau. J'irais derechef le voir. Ce fut aussi l'heure (j'ai oublié le jour) où fut prise ma décision finale: retour à l'université dans les plus brefs délais.

Trois mois plus tôt, j'avais résolu de jouer le jeu. Je le jouerais encore cette fois-ci. Quand je quittai Bourassa, ma réaction lui permit peut-être de croire que je trouvais son approche astucieuse. J'avais appris de lui combien il importait, parfois, de gagner du temps. Donc, pas d'éclats pour l'instant. Il me restait des choses à comprendre.

Précisons. Pourvu qu'il y eût coordination, je n'avais rien contre le fait que Julien Chouinard participât à mes dossiers. J'en discutais souvent avec lui. Le secrétaire général du gouvernement a un rôle global, une responsabilité étendue, et il n'a pratiquement pas le droit de se désintéresser de questions majeures. Son engagement dans le dossier ne me chagrinait pas, mais j'étais intrigué par ce qui se tramait hors de ma connaissance. Inquiet aussi.

Un peu gêné par la situation délicate où nous nous trouvions l'un par rapport à l'autre, Chouinard finit par m'expliquer un scénario qui aurait paru invraisemblable à quiconque était, du côté québécois, au courant de l'évolution du dossier constitutionnel.

J'essaie de résumer notre conversation:

— Il n'est pas question, dit-il, de prendre ta place. Robert a confiance en toi. Mais les fédéraux viennent de découvrir (quand? à quelle occasion? pensai-je) un angle à explorer pour faire avancer le débat. Ottawa est en effet prêt à un *package deal*. On a des raisons de croire qu'on peut s'arranger avec eux. Je t'en parle confidentiellement.

Chouinard parlait toujours confidentiellement.

Et en quoi consisterait le *package deal*?

Il était d'abord fondé sur une constatation: au train où allaient les choses, les négociations n'aboutiraient pas avant des années. Le nombre et la dimension des questions à résoudre, ainsi que les enjeux reliés à chacune d'elles, étaient en effet trop considérables. Le public et les gouvernements en viendraient à perdre intérêt dans un exercice dont personne n'entrevoyait la fin. Seule façon de sortir de l'impasse prévisible: réaliser au plus vite une révision substantielle, quoique partielle, de la Constitution. Autrement dit, cesser pour un temps de s'acharner sur une réforme trop globale. Tout cela provoquait des disputes dont les échos encourageaient les «séparatistes» du Québec et les partisans canadiens-anglais du statu quo.

Le projet prendrait la forme d'un texte — disons d'une charte pour lui conférer plus de solennité — qui devrait être soumis, dans les mois suivants, aux premiers ministres pour leur approbation à l'occasion d'une conférence convoquée spécialement à cette fin.

Le texte était en cours de préparation à Ottawa. Des hauts fonctionnaires du Conseil privé et du ministère de la Justice y intégraient les composantes susceptibles de donner lieu à des consensus à travers le Canada. Déjà ils en avaient identifié plusieurs. John Turner se rendrait bientôt auprès de chaque gouvernement pour vérifier si tel était bien le cas et dans quelle mesure (c'était le but des négociations bilatérales dont on avait accepté le principe en septembre). Turner comptait entreprendre sa tournée sans délai, mais la crise d'Octobre l'avait retardé. Il commencerait par le Québec une semaine ou deux plus tard et verrait Bourassa en tête-à-tête. Il aurait aussi une rencontre avec Chouinard et moi.

Bien, mais que trouverait-on dans le texte — ou plutôt la charte?

Si possible, des dispositions constitutionnelles sur le rapatriement, la formule d'amendement, les droits fondamentaux et les droits linguistiques, le préambule de la Constitution, les disparités régionales, les mécanismes des relations fédérales-provinciales, le Sénat, le pouvoir judiciaire et les relations internationales.

— Tu vois, il y aurait beaucoup de substance, dit Chouinard, content. Imagine-toi quel progrès on ferait si ces questions étaient réglées d'ici deux trois mois, six au plus! On pourrait aussi s'entendre sur les relations internationales, depuis le temps qu'Ottawa et Québec sont à couteaux tirés là-dessus.

Ce que racontait Chouinard était de prime abord assez impressionnant, mais je ne parvenais pas à partager son enthousiasme devant ce qu'il considérait comme un déblocage historique potentiel. Bourassa venait de me dire que Julien défendrait mes idées auprès des fédéraux.

Je ne les reconnaissais pas dans sa nomenclature. Le partage des compétences était absent du *package*, excepté pour les relations internationales, et dans ce cas, c'était qu'Ottawa voulait mettre des balises au Québec.

Chouinard m'indiqua que Bourassa était heureux de la tournure des événements (en juin il espérait régler le problème constitutionnel en deux mois...). Je crus comprendre qu'ils avaient déjà, tous deux, laissé voir à Ottawa (à Trudeau? à Turner? à Lalonde?) que leur plaisait assez l'idée d'une révision partielle de la Constitution, une sorte de Phase I sous forme d'un *package deal* du genre esquissé. S'étaient-ils engagés davantage?

Quant à moi, en dehors de l'allusion téléphonique de Hardy, je n'avais jamais été averti de l'existence du projet. Personne non plus dans mon ministère.

...et son origine

Je demandai une petite clarification à Chouinard: depuis quand l'idée d'un *deal* circulait-elle? D'après lui, il en avait été vaguement question après la conférence de septembre, puis tout récemment, mais après les événements d'octobre.

Je ressentis alors un de ces *flashes* qui surviennent à des moments spéciaux de la vie (du moins, telle est mon expérience du phénomène). Et ce que mon *flash* venait de me rappeler ne réjouirait vraisemblablement pas Chouinard ni Bourassa. Les humilierait peut-être même.

J'exposai alors à Chouinard que si l'idée d'accélérer la négociation était à la rigueur récente, il était en revanche certain que le contenu du projet de *deal* datait, lui, de plus de deux ans et demi! Les sujets retenus pour inclusion dans l'entente envisagée étaient en effet expressément mentionnés comme priorités politiques d'Ottawa aux pages 19 à 33 du livre blanc *Le fédéralisme et l'avenir*, publié en février 1968 par Lester B. Pearson en vue de la première conférence constitutionnelle. Un certain Pierre Elliott. Trudeau, à l'époque ministre de la Justice, participa à la conception du livre.

En d'autres termes, quelqu'un (Lalonde?) avait profité de la hâte de Bourassa à se montrer «efficace» en matière constitutionnelle, du peu de familiarité de Chouinard avec le dossier et des relations des deux intéressés avec diverses personnalités d'Ottawa pour proposer un plan d'action, des priorités et une séquence de décisions correspondant en tous points à la stratégie fédérale, mais pas à celle du Québec. Et cette proposition avait été acceptée.

Voilà donc où nous en étions en cette fin de 1970. Le Québec poursuivrait l'exercice mis en branle à cause de lui en 1968, mais il avait à toutes fins utiles perdu l'initiative. Il se conformerait désormais au schéma stratégique d'Ottawa.

Cela avait commencé avec le peu d'engouement de Bourassa envers la révision constitutionnelle et par son désir de «faire vite». Puis le glissement s'était confirmé en septembre par son consentement à mettre l'accent sur la formule d'amendement. On venait maintenant de franchir une autre étape. On parlerait certes du partage des pouvoirs, mais après le reste, dans une éventuelle Phase 2. C'est-à-dire une fois discutées et satisfaites les priorités fédérales et celles du Canada anglais, en gros les mêmes*.

---

*Le livre blanc d'Ottawa disait (p. 36): «Les entretiens sur l'aménagement des compétences devraient s'engager, de l'avis du gouvernement du Canada, *après* l'étude, au cours de conférences constitutionnelles, des autres éléments *principaux* de la Constitution — les droits du citoyen canadien y compris les droits linguistiques, et les institutions centrales du gouvernement fédéral.» (Italiques de l'auteur.)

Pourtant, le schéma fédéral n'avait rien du secret d'État. Il était proclamé, avec détails et justifications à l'appui, dans un document, très officiellement et très ouvertement diffusé à quelques milliers d'exemplaires depuis presque trois ans! On pouvait le consulter dans les bibliothèques. Encore fallait-il en connaître l'existence. Et s'être donné la peine de l'étudier...

En 1964, Lesage s'était imprudemment engagé dans une voie semblable, celle que privilégiaient les fédéraux et les autres provinces: la formule Fulton-Favreau. Il avait été obligé de reculer.

Que faire maintenant, ce tournant pris, pour que la révision de la Constitution ne tourne pas au désavantage du Québec?

Chouinard parut sincèrement déconcerté:

— Il ne faut pas penser qu'une démarche est nécessairement mauvaise parce qu'Ottawa la propose, conclut-il.

Peut-être, mais j'aurais eu besoin d'autres arguments pour me convaincre que, sous Trudeau, les fédéraux cherchaient à avantager le Québec.

Surtout après les événements d'octobre.

18

Victoria, ou la tentation de céder

Ainsi, désormais située dans le sillon tracé par Ottawa, la démarche constitutionnelle du Québec, entreprise deux ans et demi plus tôt, avait pris une drôle de tangente.

De prime abord, un fait me semblait indéniable: Bourassa avait accepté le principe d'un *package deal* fédéral qui, à toutes fins utiles, évacuait du programme des négociations en cours la plus importante des priorités du Québec: le partage des pouvoirs.

Clarifions un point: il lui était parfaitement loisible d'agir ainsi. Rien ne l'obligeait, de manière stricte, à maintenir intégralement les positions de ses prédécesseurs. Il avait le droit de les adapter, de les compléter et même de les contredire. Dans le cas présent, son virage apparent comblait d'aise les fédéraux, mais, même s'il me déplaisait, ce n'est pas à moi qu'il revenait de déterminer le choix du gouvernement.

Encore eût-il fallu être en face d'un choix clair.

Chouinard m'avait dit que je m'énervais pour rien. Après ma découverte du *package deal*, Bourassa soutint, quant à lui, n'avoir adopté aucune nouvelle orientation. Changement de style tout au plus, avait aussi précisé Rivest.

Preuve? En septembre, dans son mémoire, le gouvernement avait exprimé sa position officielle: la nécessité d'une redistribution des compétences, priorité traditionnelle du Québec. Cette démarche était maintenue, m'assura-t-on. D'ailleurs, Bourassa n'avait-il pas à quelques reprises publiquement exigé un meilleur partage des pouvoirs économiques entre Ottawa et Québec ainsi qu'une participation plus directe du Québec aux décisions monétaires et fiscales d'Ottawa? Aucun reniement, donc. Pas de recul.

Mais alors — c'était là la cause de ma perplexité —, pourquoi Bourassa s'était-il laissé conduire dans une direction qui contredisait ses propres prises de position? Plutôt incohérent comme attitude!

Diverses hypothèses se présentèrent à mon esprit.

Qu'était-il arrivé?

Première hypothèse. Vu son option fédéraliste, le gouvernement avait décidé de pratiquer une politique systématique de collaboration avec Ottawa: baisser pavillon, pour éviter des disputes dont le Parti québécois se servirait pour illustrer les lacunes du fédéralisme? Bourassa n'avait-il pas dit: «Si, moi, je ne peux pas m'entendre avec Ottawa, personne n'y arrivera».

Il s'était ainsi condamné à la bonne entente à tout prix.

C'était l'explication gênante.

Autre raison possible. Obnubilé par la «rentabilité» présumée du fédéralisme, le nouveau gouvernement se disait peut-être que, pour avoir indisposé Ottawa pendant des années par ses réclamations criardes, le Québec s'était sans doute privé de largesses fédérales. D'où l'idée d'adopter un style de négociation moins tranchant, résolument moins revendicateur.

C'était l'explication humiliante.

Bourassa passait chaque jour plusieurs coups de fil à des ministres ou à des fonctionnaires fédéraux — de loin, plus souvent qu'aucun de ses prédécesseurs — pour solliciter un coup de main dans tel dossier ou pour réclamer quelque chose à quelqu'un quelque part. Dès lors, avait-on, en haut lieu trudeauiste, requis sa coopération sur la Constitution, en échange de services rendus ou à venir? Je n'en savais trop rien, mais je me mis à penser que, s'évertuant à se décrire lui-même comme «pragmatique», Bourassa était du genre à marcher dans cette sorte de *give and take*.

C'était l'explication honteuse.

Ceci, probablement

Une autre explication s'offrait, plus terre à terre: pas de grands calculs ni de subtiles manipulations, les fédéraux avaient tout simplement profité des circonstances pour détourner en leur faveur le processus constitutionnel.

Aussi simple que cela.

La tâche leur avait été facilitée par l'attitude peu belliqueuse de Bourassa et de Chouinard qui, eux, voulaient à tout prix, selon leur expression, «montrer progrès» (*show progress*).

Et le traumatisme d'octobre «aidant»...

Explication un peu humiliante, un peu gênante et un peu honteuse. Mais, sans doute, la bonne.

On l'a vu au chapitre précédent, c'est celle que je retins.

Facteur explicatif supplémentaire: dans un laps de temps d'à peine plus de deux ans, le Québec en était à son troisième premier ministre: Johnson, Bertrand, Bourassa. Chaque nouveau leader politique modifiait les équipes de conseillers. Depuis le départ de Louis Bernard, j'étais le seul à être demeuré au même poste depuis le début de la révision constitutionnelle, le seul à avoir participé à toutes les conférences et réunions de travail, celles des premiers ministres, des ministres et des fonctionnaires.

Ce qui, en vertu d'un étrange raisonnement libéral, me rendait suspect. Il n'était pas bon de s'être trouvé là a*vant*. Même si c'était en compagnie d'un autre libéral, Jean Lesage.

On n'avait plus les libéraux qu'on avait!

Pendant la même période à Ottawa, le même premier ministre et la même équipe de conseillers de plus en plus expérimentés s'affairaient toujours au même dossier.

Bourassa — encore une fois c'était son droit — s'intéressait moins que ses prédécesseurs à une redéfinition du statut du Québec au sein du Canada. Pour lui, les pourparlers constitutionnels, séquelle du précédent gouvernement, ne recélaient pas un problème dont se préoccupait la vaste majorité de la population.

En tout cas, il ne s'était, disait-il, engagé à rien de définitif avec les fédéraux. D'ailleurs, en quoi ceux-ci étaient-ils autorisés à déduire d'«une ou deux» conversations téléphoniques «préliminaires» avec lui que le Québec avait changé de cap?

Fort bien, mais que faire si eux avaient interprété en ce sens ses commentaires «préliminaires»?

Bourassa m'affirma qu'à la prochaine occasion il donnerait l'heure juste aux fédéraux.

En consultant quelle horloge?

Remonter la pente

Commençant par le Québec, Turner vint faire la visite annoncée dans le cadre des négociations bilatérales. J'ignore ce que lui et Bourassa se dirent en tête à tête (j'apprendrai plus tard le message qu'en retint Turner, mais n'anticipons pas).

Au cours de sa rencontre avec Chouinard et moi-même, je soulignai à Turner l'importance primordiale pour nous du partage des pouvoirs. Il répondit en être conscient, mais précisa qu'en pratique on devrait d'abord viser à une révision partielle de la Constitution: la négociation sur les pouvoirs durerait encore longtemps et il fallait, pour «montrer progrès», en arriver le plus vite possible à une entente sur au moins quelques sujets, ceux, justement, qui pouvaient faire consensus. Chouinard confirma mes propos, mais se montra plus que moi disposé à discuter du *package deal* avec Turner.

— Il faut être réaliste, m'expliqua-t-il, ce *package* est la seule proposition précise qui existe maintenant et sur laquelle plusieurs gouvernements sont susceptibles de s'entendre.

Pas consolant. La négociation risquait fort de ne plus porter désormais que sur la confection d'une charte conforme au gabarit conçu par les fédéraux.

À moins d'y voir...

Je profitai d'une conversation avec Claude Castonguay pour lui faire part de mes inquiétudes. Il comprit comme moi que les objectifs québécois étaient en train de glisser à l'arrière-plan et le déplora. Il ne s'intéressait pas quotidiennement aux discussions en cours, mais en saisissait pleinement l'importance.

Comment réinsérer la question du partage des pouvoirs dans un ordre du jour dont, si on les laissait faire, dix gouvernements sur onze l'excluraient tacitement, sous prétexte d'y revenir plus tard? Un nouvelle conférence fédérale-provinciale était prévue pour février 1971. Il fallait réussir l'opération entre-temps.

Seule méthode: le Québec devrait proposer officiellement des échanges sur le sujet. L'ordre du jour de nos conférences était en effet fixé non seulement à partir des travaux jusque-là accomplis — l'exercice était un processus continu et, d'une fois à l'autre, on poursuivait les échanges déjà amorcés —, mais aussi des ajouts ou variantes qu'un gouvernement ou l'autre souhaitait y apporter en cours de route. Si le Québec demandait l'ajout d'un sujet, d'un «item» dans le jargon d'alors, nul doute qu'on lui ferait droit.

Mais quel «item»? Parler du partage des pouvoirs en général? S'élever au niveau des principes? Cela conduirait à l'expression de beaux sentiments sans lendemain: tout le monde autour de la table reconnaîtrait le caractère essentiel de la préoccupation du Québec et réitérerait sa volonté de s'y arrêter, mais en temps opportun. C'est-à-dire, en clair, après avoir réglé le plus «urgent»: le *package deal*. Donc, cheminement à éviter.

Le mieux était de provoquer l'examen d'un cas concret de partage. Les autres gouvernements ne pourraient pas s'en tirer avec de nobles phrases.

C'est ici que les circonstances vinrent à la rescousse du gouvernement.

Le 30 novembre 1970, le ministre fédéral de la Santé nationale et du Bien-être social, John Munro, avait annoncé son désir de réformer le régime des allocations familiales. Or, à la fin de janvier 1971, le gouvernement serait saisi du rapport de la commission Castonguay-Nepveu*; elle noterait, entre autres constatations, les problèmes causés par l'enchevêtrement (les chevauchements, dira-t-on cinq ou six ans plus tard) des mesures fédérales et provinciales en matière sociale. De plus, de Lesage à Bertrand, le gouvernement du Québec avait réclamé la responsabilité constitutionnelle de la politique sociale. Il se trouvait évidemment d'autres domaines dont le Québec avait aussi demandé le transfert, la culture par exemple, mais l'actualité — l'intervention de Munro — attirait l'attention sur celle-là. En outre, le ministre responsable du domaine, Castonguay justement, était un des membres les plus en vue et les plus articulés du cabinet Bourassa.

---

*Claude Castonguay avait d'abord présidé cette commission. Créée par l'Union nationale, la commission devait formuler des recommandations sur la politique sociale du Québec. Castonguay ayant été élu député libéral le 29 avril 1970, c'est Gérard Nepveu qui le remplaça.

Conclusion: le Québec requerrait formellement l'insertion de la politique sociale dans l'ordre du jour des conférences à venir, entraînant par là des échanges sur la primauté constitutionnelle en la matière. Son objectif: devenir maître d'œuvre de la politique sociale s'appliquant à ses citoyens. Ce qui n'en excluait pas Ottawa, mais les mesures de source fédérale qui resteraient seraient dorénavant, en vertu de la Constitution renouvelée, soumises à l'aval québécois. La primauté, c'était cela.

Voilà le truchement par lequel le Québec réanimerait le débat politique sur le partage des pouvoirs. Castonguay était plus que d'accord.

Mais de quoi une politique sociale est-elle composée? Et en vertu de quoi devrait-elle être québécoise?

René Dussault, autrefois fonctionnaire à mon ministère et devenu conseiller de Castonguay, participa à la rédaction d'un des discours les plus importants de son ministre, qui le prononça devant le club Richelieu de Sainte-Foy en janvier 1971. Trois idées y étaient développées: la politique sociale couvrait un vaste secteur — la sécurité du revenu dans tous ses aspects, la formation professionnelle, l'habitation, etc. —; elle devait revenir au Québec car celui-ci, comme on le dira dans les années 1980, abritait une «société distincte»; et, de toute façon, la présence simultanée de deux gouvernements dans le même domaine causait de coûteuses et inefficaces duplications de services.

Fin janvier, le Conseil des ministres adopta cette position et résolut de demander l'insertion de la politique sociale dans l'ordre du jour des conférences constitutionnelles à venir. Il pensa aussi à introduire des sujets culturels dans le débat, mais ils viendraient à la suite de la politique sociale.

Un malentendu à longue portée

Dans le but d'annoncer les couleurs, Castonguay profita d'une conférence fédérale-provinciale des ministres de la Santé et du Bien-être social, le 29 janvier, pour exposer le point de vue du Québec. On l'écouta avec attention, mais, comme prévu, la conférence, faute de mandat, n'aborda pas le partage des compétences.

Les 8 et 9 février à Ottawa, nouvelle séance de travail des premiers ministres sur la Constitution. Les fédéraux étaient visiblement très avancés dans la préparation de leur projet de charte annoncée en décembre, le fameux *package deal*. On sentait, autour de la table que les dix autres gouvernements étaient presque prêts à donner leur assentiment. Résultat des négociations bilatérales? Quoi qu'il en soit, seul le Québec avait l'air d'hésiter.

Une série de propositions furent soumises par Ottawa sur les divers éléments censés entrer dans la charte. Je ne m'attendais pas à cette avalanche. Bourassa (ou Chouinard) en avait-il été saisi à mon insu? Des fonctionnaires fédéraux s'étonnèrent de mon ignorance relative à cet égard, indice me révélant que j'aurais dû être au courant.

Il se trouvait cependant autre chose.

La technique des rencontres bilatérales, acceptée en septembre, avait en effet mené à une situation où seul Ottawa connaissait les opinions de chacune des dix provinces. En revanche, aucune d'elles ne savait avec précision à quoi s'en tenir sur les vues des autres. Position avantageuse pour les fédéraux: à cause de leurs contacts avec tout le monde, il leur était loisible de déterminer où se trouvaient, selon eux, les consensus possibles. Sans forcément travestir la vérité, ils donnaient aux positions provinciales qui leur avaient été exprimées l'interprétation la plus conforme à leur plan: la construction d'une charte fabriquée à même les consensus identifiés par eux.

De mes conversations avec divers représentants provinciaux, dont deux ou trois premiers ministres, je déduisis alors l'existence d'un malentendu aux énormes conséquences. C'est à ce moment que je compris la nature du message que Turner avait tiré de son entretien avec Bourassa, en décembre.

Il avait expliqué à Bourassa les grandes lignes de son *package deal* et celui-ci avait eu l'air d'acquiescer sur le principe, en ce sens qu'il ne rejeta pas le plan d'Ottawa. Il n'en fallait pas plus.

L'échange avait dû ressembler à ses instructions sur le contenu des mémoires fédéraux-provinciaux: «Ouais, c'est une approche intéressante, ça pourrait peut-être aller. Vas-y! Je vais continuer à réfléchir. On verra.» Bourassa ne s'était peut-être pas engagé fermement, mais Turner, lui, avait pris son attitude, son ton et ses remarques comme un assentiment dont il avait ensuite informé tour à tour les autres provinces.

J'imagine avec d'autant moins de difficulté le sens du message de Turner à l'intention des autres provinces qu'il me fut résumé à peu près de la même façon par plusieurs de leurs représentants: «Pour la première fois depuis le début de la révision en cours, leur avait laissé entendre Turner, le Québec est prêt à consentir à une réforme partielle, celle du *package deal*, quitte à reporter à plus tard la négociation sur les pouvoirs. En contrepartie de l'accord du Québec, votre province devrait maintenant offrir le sien, notamment en matière de bilinguisme. C'est une occasion à ne pas manquer.»

Ce fut ainsi, on le constaterait en juin, que des provinces comme Terre-Neuve ou l'Ontario acceptèrent un certain degré de bilinguisme institutionnel chez elles. Elles s'y plièrent parce que le Québec, de son côté — du moins le crurent-elles à partir de ce que Turner leur avait expliqué de bonne foi —, consentait pour la première fois à une formule d'amendement et au rapatriement de la constitution. En échange du bilinguisme...

C'est pourquoi, vu l'«ouverture d'esprit» perçue chez lui à travers le message pancanadien de Turner, les participants à la réunion espéraient, en toute logique, que Bourassa se prononçât sans délai sur les dispositions devant faire partie de la charte. Celle-ci franchirait ainsi une étape décisive.

Il prétexta plutôt qu'il lui faudrait, avant, examiner avec soin les «implications juridiques et autres» des propositions du fédéral... Ce qui déçut Ottawa et intrigua plusieurs provinces qui croyaient cet examen déjà terminé.

Faute de mieux, on décida de revenir une dernière fois sur la question, à la conférence qui suivrait.

Garder le cap sur les priorités du Québec

Sur l'insistance du Québec, la politique sociale avait été inscrite à l'ordre du jour de la conférence de février. Mais comme sujet *non* constitutionnel! Ce qui était mieux que rien. Un «gain» en quelque sorte!

Bourassa reprit brièvement l'argumentation développée par Castonguay devant ses collègues, la semaine précédente. Encore une fois, les auditeurs furent attentifs bien que sceptiques sur les motivations et la portée de l'intervention du Québec. Quelle était la relation entre ce sujet et la charte en voie d'élaboration?

Ottawa puisa dans l'arsenal de l'éloge. On félicita le Québec en général et Castonguay en particulier de la pertinence et de la qualité technique des analyses présentées, on reconnut le bien-fondé des critiques formulées, on concéda même qu'Ottawa aurait avantage à s'inspirer des suggestions québécoises. Le chevauchement des mesures sociales fédérales et provinciales suscitait, reconnut-on aussi, des difficultés d'orientation, de financement et d'administration auxquelles il convenait de s'arrêter.

Admise, donc, la nécessité d'harmoniser les réformes envisagées de part et d'autre, notamment les mesures de sécurité du revenu, mais pas celle de changer la Constitution pour transférer des responsabilités aux provinces.

En somme, alors que le Québec réclamait un nouveau partage des pouvoirs, plus exactement la primauté en politique sociale, Ottawa lui répondait par une offre de coordination des mesures existantes de sécurité du revenu. Objectif qu'une gestion mieux ordonnée du statu quo permettrait sans doute d'atteindre, prétendaient les fédéraux. Du moins, c'était le message. Dans l'optique fédérale donc, la politique sociale ne recélait pas de problèmes mettant en cause la Constitution: des ministres sectoriels, négociant de bonne foi, «pragmatiquement», autour d'une table, viendraient sûrement à bout des difficultés.

Bref, arrangements administratifs, oui; changements constitutionnels, non. Ottawa préférait les premiers, temporaires, aux seconds, durables.

En réalité les fédéraux cherchaient délibérément à exclure la politique sociale du contentieux constitutionnel, tandis que le Québec, Castonguay du moins, tenait à l'y introduire. Vu l'insistance de ce dernier, on en vint à un compromis que refléta le communiqué final de la conférence: il y aurait, entre Québec et Ottawa, des discussions bilatérales sur les ajustements à apporter de part et d'autre aux mesures de sécurité du revenu. En prévision d'une autre conférence qui aurait lieu à Victoria, en juin, on examinerait aussi, entre-temps, «les implications constitutionnelles possibles» de ces «éventuels ajustements».

Engagement peu engageant. Pour Ottawa.

Le Québec, lui, dut se contenter de voir la porte entrouverte sur son sujet de prédilection.

Compromis bancal, mais néanmoins acceptable pour Bourassa: il lui permettrait, en conférence de presse, de constater des «progrès». En invoquant le fait que la porte n'avait pas (encore) été fermée sur les doigts du Québec!

Tout le monde n'a pas les mêmes exigences. Certains en ont peu. Selon les normes et valeurs de Bourassa, toute absence (visible) de recul indiquait un progrès. Si, selon le dicton populaire, «une hirondelle ne fait pas le printemps», le passage dudit oiseau présageait, pour lui, l'été imminent. Ce dont il s'était fait une devoir de convaincre les gens.

Durant la séance de travail constitutionnel, fidèle à son habitude, il prit à peine la parole, laissant parfois passer, chez les autres premiers ministres, des affirmations ou des opinions qu'aurait immédiatement relevées n'importe lequel de ses prédécesseurs.

C'est surtout Castonguay qui défendit le dossier de la politique sociale. Au point que les fédéraux purent recourir à une tactique qu'il faudrait être naïf pour qualifier de fortuite: ils se référèrent désormais à la position du Québec sur la primauté en politique sociale comme étant *Mr. Castonguay's proposal*, position avancée par un ministre, mais pas nécessairement celle de son gouvernement.

Le 16 février, après la réunion d'Ottawa, je transmis une longue note à Bourassa lui prédisant que le partage des pouvoirs serait, selon toute apparence, escamoté et que le Québec devrait se contenter du *package deal*. À moins d'un coup de barre, on se dirigeait inéluctablement vers un échec des demandes québécoises. Cette note (Document 15 en annexe) n'émut pas outre mesure le premier ministre ni son entourage. Il m'expliqua que Castonguay continuerait à faire de son mieux dans les mois à venir pour entraîner la rencontre de juin sur la voie du partage des pouvoirs.

Castonguay fit effectivement de son mieux pour défendre la *Castonguay's proposal* au cours des rencontres bilatérales qui suivirent.

Cependant, comme Ottawa avait, en novembre de l'année précédente, soumis une proposition de réforme des allocations familiales, le ministre fédéral John Munro proposa d'engager là-dessus les discussions. Ainsi donc, de la politique sociale, ample sujet, on avait déjà dérivé vers un domaine plus restreint, celui des mesures de sécurité du revenu. Maintenant, de celles-ci, on dérapait vers une seule d'entre elles, les allocations familiales.

L'entonnoir.

Qui plus est, en avril ou mai, Munro déclara que si les propositions globales du Québec l'intéressaient et l'impressionnaient, il ne détenait pas de son gouvernement le mandat de négocier un nouveau partage constitutionnel des compétences. Il devait se limiter à explorer les possibilités d'ajustements entre les allocations familiales d'Ottawa et les souhaits du Québec en la matière. Il fit même, de son propre aveu, beaucoup de chemin dans cette direction. Un peu comme les fédéraux se comportèrent dans le cas du régime de pensions du Canada (en 1964, ils l'avaient transformé en fonction des caractéristiques du régime de rentes du Québec), Munro accepta de modifier son projet de réforme des allocations familiales à la lumière des idées québécoises.

Mais, pas question pour Ottawa de se départir de ce programme au profit d'une province.

La stratégie fédérale était limpide: montrer combien les fédéraux étaient «ouverts». Ne poussaient-ils pas leur volonté de collaboration jusqu'à façonner leurs mesures sociales en fonction de la philosophie et des desiderata du Québec? Ou, selon l'expression en usage, en fonction de la *Castonguay's proposal* ? Qui dit mieux? Dans ces conditions, nul besoin, n'est-ce pas, de transfert de pouvoirs. Cet «item», si on devait encore en discuter, Munro le laissait aux bons soins d'une future conférence des premiers ministres, en juin.

Victoria

Cette conférence, celle de Victoria, devait devenir célèbre.

Son ordre du jour comportait un sujet majeur, le projet de charte dont le contenu était, en pratique, celui du *package deal* présenté à Bourassa en décembre. Quant à la politique sociale, elle faisait aussi partie du programme des discussions, mais était classée à part, en dehors des questions dites constitutionnelles. Selon toute évidence, nous n'avions pas encore réussi à infléchir la trajectoire des pourparlers.

Mais, au fait, s'y était-on réellement employé? Castonguay, oui, mais je devinai qu'une autre considération incitait Bourassa à ne pas forcer la note.

La ronde de négociations durait maintenant depuis presque trois ans et demi. Un document fondé sur les consensus souhaitables du point de vue fédéral — la charte — était virtuellement prêt. Mais il avait été impossible de progresser beaucoup à ce propos pendant la conférence de février. Bourassa avait, on l'a vu, invoqué le besoin d'en étudier plus en détail «les implications juridiques et autres», une de ses échappatoires classiques dans les moments où il ne savait que dire. Quatre mois après, dans les milieux politiques fédéraux et provinciaux, on tenait pour acquis que les fameuses «implications» avaient certainement dû être examinées avec soin par le Québec et que celui-ci se brancherait sûrement à Victoria. Ma note du 16 février à Bourassa (Document 15) visait justement à l'alerter sur la naissance d'expectatives erronées comme celle-là et à empêcher qu'on escamotât les priorités du Québec.

Aucune suite.

Officiellement, la position québécoise était maintenue: réintroduction du partage des compétences dans le débat. Cependant quand je constatai, peu avant la rencontre de Victoria, que les fédéraux (avec l'accord de qui?) continuaient, comme en février, à exclure la politique sociale des sujets constitutionnels, je fus surpris de découvrir que Bourassa ne tenait pas à mener là-dessus la bataille à laquelle on se serait attendu. Certes, il protesterait, mais ne harcèlerait pas les fédéraux ni les autres gouvernements.

Pourquoi? Parce que, selon lui, une attitude intransigeante, décorée d'éclats, risquait de faire échouer la conférence. Or, un tel échec serait une aubaine pour l'opposition péquiste: elle le brandirait comme démonstration de l'impuissance des libéraux provinciaux à faire accepter leurs vues au Canada anglais et comme preuve patente des vices du fédéralisme. Bourassa espérait plutôt persuader ses collègues au moyen d'arguments qu'il décrivait lui-même, devant les journalistes, comme logiques et rationnels (ces qualités annoncées, laissait-il entendre, entraîneraient sûrement l'adhésion des autres gouvernements), et non par des mises en demeure ou des ultimatums. Peut-être pourrait-il gagner à sa cause quelques provinces?

Chose certaine, il n'entrait pas dans ses plans de mettre le poing sur la table.

Il négligeait un fait. Non seulement les autres provinces supposaient qu'un gouvernement libéral québécois serait d'emblée d'accord avec ses frères libéraux fédéraux, mais elles n'étaient plus au courant des intentions exactes du Québec. Si elles connaissaient son intérêt en politique sociale, elles avaient perdu de vue sa priorité constitutionnelle de toujours: une nouvelle répartition des pouvoirs.

Pas étonnant. Dans les derniers mois, en vertu de la technique des négociations bilatérales, c'est Ottawa qui leur avait exposé, à sa façon, les attentes du Québec. La version qu'en véhiculaient les fédéraux était fondée sur ce que Turner en avait compris lors de sa rencontre en tête-à-tête avec Bourassa, en décembre. C'est pourquoi l'irruption, à la conférence de février, de la politique sociale dans le paysage des négociations — la *Castonguay's proposal* — ne leur parut pas être une tentative de réorientation des travaux en cours, mais une préoccupation spécifique d'ordre administratif comportant peu de retombées constitutionnelles, peut-être même aucune. Ottawa avait d'ailleurs pris soin d'encourager cette interprétation, ce qui était d'autant plus aisé que Bourassa lui-même, bien qu'il en fît état de temps à autre, semblait tenir moins que ses prédécesseurs à un nouveau partage global des pouvoirs.

Des provinces commencèrent à se poser des questions sur les véritables intentions du Québec une semaine avant le rendez-vous de Victoria. Une conférence des ministres du Bien-être social avait eu lieu, les 6 et 7 juin, à Ottawa. Castonguay y parla de nouveau de la primauté réclamée par le Québec. Pour répondre à une suggestion de ses collègues, il fit préparer un document explicatif sur les positions du Québec et leur conséquence constitutionnelle. Ottawa s'engagea de son côté à expliciter par écrit son point de vue. Tous les gouvernements du Canada reçurent un exemplaire du texte québécois, le 11 juin, trois jours avant Victoria. Cependant, rien ne parvint au Québec de la part d'Ottawa.

Une réaction fédérale s'était toutefois produite, mais le Québec n'en eut pas connaissance. Et pour cause. Les fédéraux préparèrent effectivement leur propre analyse, mais ne la firent parvenir qu'aux provinces anglophones dites «pauvres», soit toutes sauf l'Ontario, l'Alberta et la Colombie-Britannique. Quant au Québec, il n'en fut même pas informé!

L'opération devait rester secrète, mais j'en fus, à Victoria même, informé par un fonctionnaire de l'Ouest. Il me donna copie du document récemment remis en personne à son premier ministre par un émissaire fédéral. Ottawa avait envoyé un messager dans chaque province «pauvre»! Déformant au passage la position du Québec, il en décrivait ce document en termes volontairement alarmistes, les retombées contraires à leurs intérêts.

Une côte de plus à remonter.

Qui ne le fut pas, malgré les efforts de Castonguay. En allant de l'une à l'autre, il s'efforça de rétablir les faits auprès des provinces visées. Peine perdue. Si besoin était, le document «secret» d'Ottawa les avait irrémédiablement perturbées.

Le double jeu

Bourassa participa peu à l'effort de clarification qui s'imposait sur ses objectifs *constitutionnels* réels en politique sociale. Il donna même, à quelques reprises, l'impression de ne pas vouloir trop s'engager sur ce terrain, se contentant de rappeler que la position du Québec était depuis longtemps connue ou que le ministre Castonguay en avait maintes fois parlé. Comme si, dépourvues de précisions, ces allusions suffisaient.

Attitude étrange, ambiguë, illogique. Cette mollesse évasive et équivoque empêchait le Québec de démontrer la détermination qui aurait été nécessaire dans les circonstances. Le comportement de Bourassa me tracassait. Ce n'est pas ainsi qu'il obtiendrait gain de cause. Avait-il changé d'avis? Apparemment non: il ne reniait rien des aspirations formulées par son gouvernement au début de l'année et reprises ensuite par Castonguay. Pourtant, en juin, au moment où c'était cela qu'on attendait de lui, il semblait devenu réticent, devant ses vis-à-vis, à confirmer ou à infirmer ses intentions.

À vrai dire, il manquait alors un important morceau à mon puzzle. Ce morceau, essentiel, je ne devais le trouver que bien longtemps après la conférence...

Quoi qu'il en soit, Bourassa dut bientôt se concentrer sur la charte, principal sujet de l'odre du jour. Trudeau proposa là-dessus une discussion à huis clos entre premiers ministres seuls. Elle dura neuf heures, de onze à vingt heures, le 15 juin. Le reste de la délégation québécoise passa ce temps à faire des hypothèses. Nous avions compris — cela nous préoccupait — que, seul avec ses collègues tous désireux d'en finir avec la charte à Victoria même, Bourassa serait soumis à une intense pression.

Quand, finalement, il quitta le huis clos, de son compte rendu à Castonguay et, ensuite, à moi-même, il fallut déduire que les premiers ministres avaient scruté à la loupe le projet de charte et proposé diverses corrections. Plus important: par ses réponses et sa manière de parler de la suite de la conférence, il nous donna l'impression de chercher un moyen de souscrire à la charte, telle quelle. Un moyen honorable, évidemment, mais on sentait qu'il éprouverait des difficultés à la rejeter.

Et où en était-on à propos de la primauté sur la politique sociale demandée par le Québec?

— J'en ai parlé à Marc (Lalonde), dit-il, les fédéraux essaient de trouver une formulation.

Il s'agissait, semble-t-il, d'ajouter quelque chose à l'article 94A de la Constitution, peut-être de l'élargir, et d'intégrer tout cela à la charte. En 1964 le Québec s'était appuyé sur cet article* pour étayer sa prétention à mettre sur pied son propre régime de rentes. Après examen plus approfondi, les fédéraux s'étaient rendu compte, comme ils s'y attendaient, de l'ampleur des difficultés pratiques que présentaient les ajustements administratifs auxquels ils avaient songé, depuis le début, à limiter leurs concessions éventuelles au Québec en matière de politique sociale. Ils avaient donc apparemment changé leur fusil d'épaule et s'étaient résignés à proposer une modification constitutionnelle quelconque. C'était du nouveau, mais rien ne disait qu'ils accepteraient la primauté québécoise demandée.

---

*À l'époque (voir chapitre 6), les fédéraux soutinrent que l'article en cause n'avait pas une telle portée et qu'il garantissait quand même à Ottawa le pouvoir de créer un régime de pensions pancanadien. Cet article est le suivant: «Le Parlement du Canada peut légiférer sur les pensions de vieillesse et prestations additionnelles, y compris des prestations aux survivants et aux invalides sans égard à leur âge, mais aucune loi ainsi édictée ne doit porter atteinte à l'application de quelque loi présente ou future d'une législature provinciale en ces matières». Les mots clé sont «aucune loi ainsi édictée ne doit porter atteinte à l'application» (en anglais: *no such law shall affect the operation*). Ils signifient seulement, semble-t-il, que tant et aussi longtemps qu'Ottawa ne vise pas à empêcher juridiquement une action provinciale dans le domaine des pensions, le pouvoir fédéral d'agir en la matière demeure complet.

La conférence reprit le lendemain en présence de toutes les délégations. Ottawa distribua sa proposition d'un nouvel article 94A. De fait, les termes en étaient plus larges, mais non l'esprit. Nous n'étions pas plus avancés qu'en 1964 sur la voie de la primauté constitutionnelle. Pour Castonguay et pour moi, cette proposition ne permettrait certainement pas au Québec de consentir, en échange, à la charte. Bourassa y décela un «bel effort» qui manquait cependant encore de précision. On pourrait peut-être, selon lui, améliorer le projet; le cas échéant, la charte deviendrait plus attrayante.

Je n'en étais pas si sûr. Les fédéraux admirent volontiers que la rédaction proposée de l'article 94A ne clarifiait pas tout, loin de là, et qu'en cas de litige il faudrait forcément s'en remettre aux tribunaux. Ils précisèrent aussi que les changements à cet article ne concernaient que les allocations familiales et les pensions, mais non l'ensemble de la politique sociale; ils n'étaient pas disposés à céder là-dessus. Qui plus était, les ajouts qu'ils acceptaient à 94A reconnaissaient plus clairement que jamais la juridiction d'Ottawa en allocations familiales et autres versements aux individus, et n'engageaient les fédéraux qu'à consulter les provinces avant de légiférer en la matière.

Difficile d'imaginer un texte moins contraignant pour Ottawa: non seulement le gouvernement central se voyait confirmer des compétences déjà mises en doute au Québec dans le passé, mais, quoique obligé de consulter les provinces, rien ne le forcerait à tenir compte de leurs avis! On était à des années-lumières des réclamations québécoises sur la politique sociale. Résultat net du nouveau 94A: Ottawa sortirait renforcé de l'opération et le Québec resterait pratiquement au même point qu'avant*.

---

*Le nouveau libellé de 94A se lisait comme suit (les ajouts sont en italiques): «1) Le Parlement du Canada peut légiférer sur les pensions de vieillesse et prestations additionnelles, y compris des prestations aux survivants et invalides sans égard à leur âge, *ainsi que sur les allocations familiales et les allocations de jeunesse*, mais aucune loi ainsi édictée ne doit porter atteinte à l'application de quelque loi présente ou future d'une législature provinciale en ces matières; 2) *Il n'est pas loisible au gouvernement du Canada de proposer à la Chambre des communes de projet de loi relatif à l'une des matières mentionnées dans l'article 1, à moins qu'il n'ait, au moins quatre-vingt-dix jours avant de faire une telle proposition, informé le gouvernement de chaque province du contenu de la législation proposée et demandé son avis.*»

Des provinces anglophones comprirent les choses autrement. Elles se demandèrent dans quelle mesure les modifications envisagées à l'article 94A, quoique a priori d'apparence inoffensive, permettraient au Québec de se distinguer et de se dissocier encore davantage du reste du Canada. N'avait-il pas déjà affiché ses couleurs en 1964-1965 en créant son propre régime de rentes? Et, de là, sa Caisse de dépôt?

Pour les rassurer, Ottawa déclara qu'il n'était pas question pour lui de transférer à une province des ressources supplémentaires qui lui donneraient la latitude d'établir sa propre politique sociale autonome. Si celle-ci tenait à s'engager dans cette voie, libre à elle, mais elle le ferait *à même ses revenus actuels*; en outre, dans cette province, Ottawa ne se retirerait pas du champ social.

C'était donc cela: un texte de 94A toujours aussi peu clair et que les tribunaux auraient à interpréter, et aucune intention des fédéraux de conférer une véritable primauté au Québec. Cette fois, Bourassa n'osa pas y percevoir un «bel effort». Mais, tenace à sa façon, il cherchait toujours un moyen de ne pas rejeter la charte.

Effectivement, dans la salle de conférences, personne ne mettait en doute cet objectif ultime de sa part. On savait qu'il tentait de faire corriger l'article 94A en faveur du Québec, et cela inquiétait certaines provinces. On se doutait aussi qu'il visait à un *give and take* auprès des fédéraux: la charte en échange d'un 94A amélioré. Sauf que de là à penser qu'il en ferait une condition absolue de son acceptation, il y avait une marge. Il ne fournit aux participants aucune indication ferme de ses intentions, semblant plutôt par moments se résigner à ne pas obtenir ce qu'il désirait.

Il aurait d'ailleurs été difficile pour les autres délégations d'imaginer de sa part un éventuel refus de la charte. Pendant la séance à huis clos, il avait en effet, à l'instar des autres premiers ministres, proposé des corrections de vocabulaire à la charte et demandé des clarifications sur tel ou tel article. Comme les autres, il avait contribué à la réflexion commune. Certes, il laissa à l'occasion entendre à ses collègues qu'un passage ou un autre du texte n'était pas vraiment satisfaisant; il avait aussi indiqué, sans la dramatiser, encore moins l'exagérer, qu'il rencontrerait de l'opposition à la charte de la part du Parti québécois et des milieux nationalistes du Québec. Mais aucune objection fondamentale n'était venue de lui.

En conférence générale, il démontra la même attitude «ouverte», sauf peut-être sur un point. Initialement la charte contenait des articles sur les relations internationales. Après consultation auprès de spécialistes, force fut de constater que le Québec n'y réalisait aucun gain réel; au contraire, ces articles gèleraient le statu quo ou presque. C'était aussi mon avis. Bourassa décida donc de les faire supprimer, prétextant qu'un examen plus approfondi s'en imposait (les «implications juridiques», etc.). Trudeau acquiesça, les autres premiers ministres aussi. Néanmoins, par ses interventions correctrices, Bourassa montra qu'il se souciait de terminer la conférence avec une charte aussi présentable que possible pour les Québécois.

Les autres premiers ministres furent sensibles à ces «preuves» apparentes d'un assentiment probable de sa part à la charte.

D'ailleurs, avant la conférence, personne ne l'avait un seul moment entendu dénoncer la charte en gestation, ni aucune de ses composantes, ni même exprimer des réserves sérieuses. D'habitude le Québec manifestait d'avance son opposition à des propositions lui convenant mal. Ils en conclurent donc que Bourassa se présenterait à Victoria dans les meilleures dispositions du monde, *in a positive mood* selon leur expression. À Victoria même, ils l'avaient ensuite vu à huis clos travailler sur le texte de la charte, puis, en conférence générale, demander le retrait de quelques articles sur les relations internationales.

Quand on s'apprête à rejeter globalement un document, on ne passe pas des heures à le corriger dans le but de l'améliorer et de le rendre plus appétissant pour ses concitoyens*.

*Cette interprétation par les autres premiers ministres du comportement de leur collègue du Québec m'était inconnue à Victoria. J'en fus d'abord saisi en 1972 à l'occasion d'un colloque à Kingston auquel participait Richard Hatfield, premier ministre du Nouveau-Brunswick. Il me raconta sa stupeur d'apprendre, une semaine après Victoria, que le Québec rejetait finalement la charte. Selon lui, les indices, volontaires ou non, semés par Bourassa pendant la conférence allaient dans le sens d'une acceptation. Il ne comprenait pas ce qui s'était produit. Puis, toujours en 1972 (je n'étais plus sous-ministre depuis plusieurs mois), le gouvernement de l'Alberta me consulta brièvement sur la mise sur pied d'un ministère des Affaires intergouvernementales; je constatai que des fonctionnaires albertains, mes anciens collègues, partageaient l'avis de Hatfield. Et, au moment de la campagne électorale de 1976 où il m'affronta dans Louis-Hébert, Jean Marchand m'accusa devant témoins d'avoir, avec Claude Castonguay, incité Bourassa à refuser la charte. Autrement dit, Castonguay et moi étions responsables de l'échec de la conférence! Selon Marchand, il était en effet évident qu'à Victoria Bourassa se dirigeait vers un assentiment.

Tout à la fin de la conférence, sans doute involontairement, Bourassa donna aux participants un autre indice, à leurs yeux frappant, de son orientation présumée favorable à la charte. À ce moment, j'étais toutefois devenu moins convaincu qu'il y souscrirait aussi aisément qu'on l'avait cru jusque-là: les milieux nationalistes québécois étaient partis en guerre contre la charte et Bourassa gardait l'œil sur l'évolution de son opinion publique.

Trudeau avait déjà indiqué que la charte formait un tout, à prendre ou à laisser, sur lequel chaque gouvernement devrait se prononcer officiellement[1]. En concluant la conférence, il proposa que les réponses lui parviennent au cours de l'été. Un silence général parut exprimer l'accord spontané des participants.

Soudain, Bourassa demanda la parole: pourquoi pas un délai plus court, deux semaines seulement, dit-il? Nous étions au 16 juin. Ainsi les réactions formelles des gouvernements viendraient avant la fin du mois. Nouvelle approbation des participants: ils ne demandaient pas mieux que de «montrer progrès» le plus vite possible. Et voilà que, devant eux, le premier ministre du Québec partageait ce sentiment d'urgence!

Du jamais vu. Bon signe.

L'empressement de Bourassa à livrer sa réponse m'étonna. Il m'expliqua que le long délai suggéré par Trudeau donnerait le temps aux opposants québécois à la charte de s'organiser et de monter une campagne à tout casser. Si cela se produisait — hypothèse plausible — et qu'ensuite la charte était refusée, le gouvernement aurait l'air de céder aux pressions. La décision devait donc être transmise avant le branle-bas prévu.

Cette explication me confirma, ainsi qu'à d'autres membres de notre délégation, que Bourassa, contrairement à sa démarche antérieure, cherchait dorénavant un moyen de rejeter la charte sans trop de dégâts et, si possible, en retirant de sa décision un avantage politique.

Devrait-il faire part de cette intention à Victoria même, avant son retour à Québec? D'après lui cette annonce aurait été prématurée: il lui fallait auparavant faire rapport au cabinet pour décider de la marche exacte à suivre. Peut-être, mais, selon moi, cette consultation à venir avec ses collègues ne lui interdisait pas d'exposer ses graves réticences à Victoria même. Il n'en fit rien.

Le problème, toutefois, était qu'il n'avait jamais clairement lié, devant eux, la question du partage des pouvoirs à son acceptation de la charte. En tout cas, pas suffisamment. Si, dans les dernières minutes de la rencontre, il dévoilait en catastrophe cet aspect, nouveau pour eux, de sa stratégie, il aurait l'air de recourir à un chantage désespéré. Il se trouvait en quelque sorte coincé par le déroulement d'événements sur lesquels il n'avait pas assez agi au moment où il aurait pu le faire. Il avait laissé le reste du Canada prendre l'initiative.

---

1. On croyait, à l'époque, que, faute d'une formule d'amendement, la règle de l'unanimité s'appliquait. C'est pourquoi l'assentiment des onze gouvernements s'imposait. Ce n'est qu'en 1982, par un jugement de la Cour suprême, qu'on apprit que cette règle de l'unanimité n'était en fait pas légalement obligatoire.

En tout cas, j'étais satisfait de la tangente que Bourassa paraissait enfin prendre, du moins si l'on en jugeait par ses quelques remarques à son entourage. Toutefois la suite me tracassait. Un rejet québécois de la charte décevrait tellement les autres gouvernements qu'ils ne se réengageraient pas de sitôt dans une nouvelle ronde constitutionnelle. Tout cet exercice de trois ans et demi n'aurait servi à rien et se terminerait sans aucun gain ni actuel ni prévisible pour le Québec.

Sinon une perte de confiance en sa fiabilité.

Ne pourrait-on pas accepter la charte, malgré tout?

Bourassa dut nourrir les mêmes pressentiments.

Dans l'avion de retour, il conversa là-dessus avec presque chacun des membres de la délégation. La tangente que j'avais cru deviner chez lui sembla alors moins nette que je le pensais; on sentait en effet qu'il se demandait si, en définitive, il ne vaudrait pas mieux souscrire à la charte. Mais, pour cela, il faudrait que les fédéraux fassent un geste, qu'ils cèdent quelque chose; cela l'aiderait, devant les Québécois, à défendre son adhésion à cette charte. Il n'aurait pas résolu le problème constitutionnel «en deux mois», mais il pourrait prouver avoir obtenu plus de gains que Johnson et Bertrand.

Un moment il vint s'asseoir près de moi pour me soumettre une hypothèse:

— Si Ottawa nous laissait les allocations familiales, penses-tu qu'on pourrait dire oui à la charte?

— Tu sais bien que Trudeau ne voudra jamais nous transférer les allocations, plus le budget qui va avec!

— Ouais, c'est vrai...

Il rappliqua plus tard:

— Que dirais-tu si Ottawa, dans sa loi sur les allocations familiales, inscrivait que, pour chaque province, le montant en est décidé par le gouvernement provincial? Je crois que les fédéraux seraient disposés à ce genre d'arrangement. Nous pourrions ainsi mettre en œuvre notre propre politique d'allocations, mais Ottawa en assumerait-il le coût?

Lui avait-on discrètement offert une solution de ce genre? Là non plus, je ne fus guère enthousiaste. Même réaction de Claude Castonguay, pour autant que je me souvienne.

Donc, nouveau rétrécissement de l'entonnoir: après avoir réclamé la primauté en politique sociale, avoir abouti ensuite à la sécurité du revenu, puis de là aux allocations familiales, voilà que le Québec devrait maintenant se satisfaire d'une consultation sur certaines des modalités d'application d'un programme fédéral*!

---

*Dix-neuf ans plus tard, en juin 1990, Bourassa appliqua de nouveau la «méthode réductrice» à d'autres positions québécoises. Après avoir décrit comme «minimales» les cinq conditions alors exigées par le Québec pour son acceptation de la Constitution canadienne de 1982 (Accord du lac Meech), il accepta pourtant, en bout de ligne, d'en diminuer encore la portée. En plus, toujours dans le but de faciliter la ratification de l'accord, il consentit à une réforme du Sénat (priorité de certaines provinces anglophones) devant être effectuée dans un sens qui n'aurait pas nécessairement été avantageux pour le Québec. En 1990 comme en 1971, il cherchait à obtenir un accord presque à tout prix. Pour prouver qu'il réussissait là où ses prédécesseurs avaient échoué? Pour montrer qu'il pouvait faire mieux qu'eux en matière constitutionnelle?

Deux semaines plus tard au maximum, le gouvernement du Québec ferait connaître sa décision finale. Dans une semaine, ce serait le 24 juin, fête nationale, occasion de bilans, de rétrospectives et de prospectives.

La pression s'exerçait de plus en plus sur Bourassa: le Parti québécois comme les mouvements nationalistes, plus *Le Devoir* de Claude Ryan, s'étaient prononcés contre la charte. Sans savoir que c'était Bourassa qui était intervenu pour le raccourcir, on jugeait inadmissible le bref délai imposé au Québec; et on en blâmait Trudeau! Selon l'impression générale, Ottawa et les provinces anglophones s'étaient ligués contre le Québec pour le forcer à se plier au cadre politique (au carcan disait-on) qui leur convenait.

Que dirait le gouvernement québécois? Dans l'avion de retour, Bourassa m'avait paru oscillant, «versant» aurait dit René Lévesque, mais l'agitation nationaliste justifiait, chez moi, un certain optimisme. Il y résisterait avec peine, car l'une de ses règles de conduite consistait à se maintenir à mi-chemin entre les fédéralistes orthodoxes et les autonomistes tentés par la souveraineté. S'il rejetait la charte, il offusquerait les premiers. S'il l'acceptait, il se mettrait à dos les seconds. Position ultra-inconfortable, peu conforme à son tempérament. D'où l'obligation pour lui de trouver le moyen de plaire aux uns et aux autres.

C'est-à-dire accepter la charte sans y souscrire, ou la refuser sans la rejeter. Acrobatie à laquelle il n'était pas défavorable.

Comment passer à côté de l'essentiel

Le soir du 22 juin, le conseiller de Bourassa, Jean-Claude Rivest, me téléphona pour m'annoncer que le Québec n'accepterait pas la charte et pour me lire le projet de communiqué tout juste adopté par le Conseil des ministres. Rivest n'était pas un chaud partisan de la charte. Selon lui, je serais heureux de la tournure des événements.

Le communiqué disait notamment ceci:

> Cette décision [du Québec] relève de la nécessité qu'il y a de convenir dans toute la mesure du possible de textes constitutionnels clairs et précis, évitant ainsi de transporter au pouvoir judiciaire une responsabilité qui appartient avant tout au pouvoir politique, c'est-à-dire aux élus du peuple. Ainsi les textes [de la charte] traitant de la sécurité du revenu laissent subsister une incertitude qui cadre mal avec les objectifs inhérents à toute idée de révision constitutionnelle. Si cette incertitude était éliminée, notre conclusion pourrait être différente.

La nouvelle me plut, j'étais content de Bourassa, mais le communiqué était typique de lui par ses silences en même temps que par ses sous-entendus. Ses silences: pas de jugement sur le sens et la portée de la charte ni d'allusion au fait qu'elle ne correspondait en rien au souhait du Québec d'un nouveau partage des pouvoirs. Ses sous-entendus: la décision du Québec reposait surtout sur l'obscurité des textes; s'ils étaient clarifiés, «notre conclusion pourrait être différente». Le cas échéant, le Québec aurait-il adopté une autre attitude? Aurait-il accepté la charte? Pas sûr. Le communiqué ne disait pas «notre conclusion *serait* différente», mais «*pourrait* être différente». Comme prévu, Bourassa voulait faire comprendre aux nationalistes qu'il rejetait la charte et, aux fédéralistes, qu'elle demeurerait éminemment acceptable, pour peu qu'on daignât l'améliorer.

Certains politiciens raffolent de déclarations aux expressions savamment agencées, où les mots sont mesurés, évalués et soupesés les uns par rapport aux autres en fonction de l'effet désiré. Le public visé, lui, ne saisit pas nécessairement toutes ces subtilités et s'en tient à une perception globale et simplifiée. Dans le cas présent, une seule idée se dégagea, la même au Québec que dans le reste du Canada: Bourassa rejetait la charte!

La même idée, certes, mais non la même interprétation.

Au Québec, Bourassa soulagea les nationalistes et, auprès d'eux, revêtit momentanément le manteau de ses prédécesseurs, tous défenseurs des droits du Québec.

Dans le reste du Canada, surprise et déception: après Lesage avec la formule Fulton-Favreau en 1964, voici maintenant que Bourassa, pliant devant une minorité bruyante et sans avertissement lui non plus, faisait faux bond aux autres gouvernements. Décidément, en matière constitutionnelle, mieux valait, conclut-on, se méfier du Québec*.

---

*En 1981, en partie à cause de ces deux expériences, les provinces anglophones opposées au rapatriement unilatéral de la Constitution exigèrent du Québec qu'il signe, avec elles, une entente formelle. Elles n'avaient plus confiance envers ses engagements verbaux. Le Québec fut d'autant plus d'accord pour signer, qu'il n'avait pas, lui non plus, confiance en elles. Il n'avait pas tort: ces provinces agirent par la suite comme si aucune entente n'avait existé! (Voir *Lendemains piégés: du référendum à la nuit des longs couteaux*, Boréal, 1988.)

Comment Bourassa a-t-il pu, en pareille occasion, éviter de se prononcer sur le fond du problème, soit la charte elle-même? Il était arrivé ceci.

Les fédéraux s'étaient longtemps obstinés à ne pas classer la politique sociale dans la catégorie des questions constitutionnelles. À Victoria, cependant, ils soumirent une rédaction nouvelle de l'article 94A, donc un texte juridique d'un style semblable à ceux qui étaient déjà compris dans la charte. Les participants se demandèrent un instant s'il ne serait pas logique d'inclure aussi ce 94A dans la charte. Flottement. Personne n'avait d'idée arrêtée. Tout à coup, un membre de notre délégation (j'ai oublié qui et dans quel but) suggéra à Bourassa d'appuyer la proposition. La conférence l'accepta. L'article 94A ferait donc partie de la charte. Or, on l'a vu, celle-ci formait un tout. Dès lors, en refuser un élément, le 94A en l'occurrence, faisait tomber l'ensemble.

Si cet article n'y avait pas été inséré, Bourassa aurait alors dû expliquer à ses collègues incrédules et à leurs gouvernements en vertu de quoi les imprécisions de 94A lui interdisaient de souscrire à une charte d'après eux juridiquement impeccable. Initiative redoutable: cela signifiait élaborer sa philosophie du fédéralisme devant un Canada anglais frustré, se livrer à une exégèse de ses objectifs politiques auprès de ses concitoyens et, pour le bénéfice de son parti, formuler (enfin) une opinion précise sur le statut nécessaire au Québec.

C'eût été une trajectoire au parcours casse-cou pour quelqu'un dont l'option constitutionnelle s'était jusque-là située à l'intérieur d'un périmètre réduit mais sécurisant, d'où il pouvait se borner à prôner la rentabilité du fédéralisme à la manière d'un article de foi et à éluder le reste.

De toute façon, un événement vint empêcher la poursuite des négociations constitutionnelles. Quelques mois après la conférence de Victoria, les conservateurs de Peter Lougheed remportèrent, en Alberta, les élections sur les créditistes. Parce qu'elle prévoyait un droit de veto pour l'Ontario et le Québec notamment, le nouveau gouvernement décida de rejeter la formule d'amendement contenue dans la charte. Il faudrait donc repartir à zéro.

De son point de vue, Bourassa s'en tira donc, somme toute, plutôt bien. Préférant toujours un futur ouvert à un présent fermé, les Québécois lui surent gré d'avoir contrevenu à la «menace» de la charte de Victoria. Et les circonstances d'alors lui épargnèrent un débat de fond. Parfait!...

La clé d'une énigme

Avant et pendant la conférence de Victoria. Bourassa parut souvent en porte-à-faux par rapport aux démarches du ministre Castonguay, à ses propres positions officielles et à la continuité manifestée par ses prédécesseurs sur la primauté *constitutionnelle* nécessaire au Québec en matière de politique sociale: il n'y était pas opposé, bien sûr (c'était la moindre des choses pour un premier ministre québécois!), mais, curieusement, il n'avait vraiment pas l'air d'y tenir.

Dans des circonstances similaires, Lesage aurait, discours et déclarations diverses à l'appui, remué mer et monde pour obtenir gain de cause. Johnson aurait lui aussi, ouvertement, vilipendé les fédéraux et leurs partisans provinciaux du statu quo; en tout cas, son mécontentement aurait été connu. Bertrand, malgré son adhésion au «fédéralisme authentique», aurait en gros agi de même. Ces trois premiers ministres n'auraient peut-être pas réussi à obtenir entière satisfaction, mais les Québécois auraient au moins su que, de leur mieux, «ils avaient essayé».

Bourassa, lui, avait-il «essayé»? Non! Bien au contraire.

Au cours de la préparation de ce livre, j'ai pu prendre connaissance d'un document particulièrement éclairant. Il s'agit d'une note de Gordon Robertson, le plus haut fonctionnaire fédéral, au premier ministre Trudeau. Un fait sidérant s'y trouve consigné. En effet, le 4 février 1971, à midi, quelques jours à peine avant la conférence qui devait se tenir la semaine suivante à Ottawa et presque cinq mois avant celle de Victoria, Julien Chouinard, à la demande de Bourassa, communiqua par téléphone avec Robertson pour lui faire confidentiellement part des objectifs réels du premier ministre québécois. Chouinard annonça à son correspondant, sans doute ravi, que, malgré les apparences, *le volet constitutionnel du dossier de la politique sociale était en réalité secondaire* et que le Québec visait plutôt à en arriver, avec Ottawa, à un *arrangement administratif* qui lui permettrait d'appliquer sur son territoire une politique intégrée de sécurité du revenu conforme aux orientations dégagées par le rapport Castonguay-Nepveu!

Robertson émit des doutes sur la possibilité de réaliser, à courte échéance, les ajustements désirés. La mise en œuvre de cette politique dite «intégrée» l'inquiéta aussi un moment: devrait-elle dépendre d'un seul centre de décision, le gouvernement du Québec par exemple? Ottawa en serait-il dès lors exclu? Chouinard lui expliqua que Bourassa n'en réclamait pas tant: celui-ci estimait a priori possible de réaliser les objectifs recherchés sans mettre en cause les responsabilités actuelles des gouvernements en présence. Pour l'instant, l'important était, pour lui, d'obtenir un engagement fédéral selon lequel des discussions sur tout ce sujet seraient entreprises sans délai. C'est après l'étude détaillée de la problématique en cause qu'on déterminerait jusqu'à quel point des changements administratifs ou même constitutionnels seraient requis.

À la suite de l'appel de Chouinard, Robertson fit immédiatement savoir aux principaux fonctionnaires d'Ottawa et à Trudeau que le gouvernement fédéral n'avait pas à craindre une remise en question fondamentale du partage des pouvoirs en politique sociale et que Bourassa ne songeait pas, du moins dans l'avenir prévisible, à insister outre mesure pour obtenir des amendements constitutionnels propres à accroître les compétences du Québec par rapport à celles d'Otttawa!

Voilà qui, mieux que n'importe quoi d'autre, explique tout: l'acceptation du *package deal* en décembre 1970, l'absence de suite à mon mémo du 16 février (Document 15), le comportement indéfinissable de Bourassa à Victoria, son désir permanent de découvrir un motif quelconque d'adhérer à la charte qui lui était proposée, etc.

Pourtant, des mois durant, la population québécoise avait compris, de la bouche de son premier ministre lui-même, que le partage des pouvoirs était maintenu au centre des préoccupations constitutionnelles de son gouvernement. Des journalistes et des commentateurs avaient analysé ce dossier politique sous toutes ses coutures, si bien qu'à la fin l'obtention ou non de la primauté en politique sociale devint le critère sur lequel on se baserait pour juger du succès ou de la faillite de la conférence de Victoria.

La fiction fut même confirmée dans le communiqué émis à Québec le 22 juin et où le gouvernement laissait entendre, comme on l'a dit plus haut, que sa décision de rejeter la charte était fondée sur l'absence de «textes constitutionnels clairs et précis».

Or, ces textes, Ottawa savait depuis le 4 février 1971 non seulement que Bourassa ne se battait pas pour les obtenir, mais qu'il ne les réclamait même pas...

19

Objectif: pas de vagues!

La dernière visite officielle d'un premier ministre québécois en France — celle de Johnson — avait eu lieu en 1967. Son état de santé l'avait empêché d'y retourner, comme prévu, après le passage de de Gaulle au Québec. Bertrand, lui-même malade, n'avait pu faire le voyage.

Vu le passage du temps et le changement de responsables politiques de part et d'autre, le moment était venu de renouer contact, au plus haut niveau, avec la France, seul pays avec lequel le Québec avait signé des accords. De Gaulle était décédé le 9 novembre 1970 et son successeur, Georges Pompidou, avait rapidement manifesté son désir de maintenir les relations directes de son pays avec le Québec.

Celui-ci devait se manifester. Un manque d'intérêt de sa part aurait signifié qu'il renonçait à la poursuite des rapports amorcés par Lesage et resserrés ensuite. Bourassa opta donc pour un premier voyage officiel en France au début de 1971, presque quatre ans après celui de Johnson. Il l'inclut dans une tournée «économique» qui durerait du 6 au 22 avril. D'abord il se rendrait à Londres, puis à Dusseldorf, ensuite à Rome et à Milan. Il terminerait par Paris.

L'idée de commencer par Londres n'était pas fortuite. On confirmerait ainsi l'orientation économique du voyage («avec les Anglais, on parle d'économie») et le choix de cette ville, avant Paris, rassurerait les anglophones chez qui l'évocation de la France se mariait au souvenir déplaisant de de Gaulle et de son «Vive le Québec libre».

Belle occasion pour Ottawa

L'attitude de Pompidou avait fort agacé les fédéraux. Depuis des années, ils misaient sur le départ de de Gaulle pour contrôler davantage les rapports franco-québécois. Malgré tout, ils n'avaient pas abandonné tout espoir. Bien sûr, Pompidou paraissait leur avoir plus ou moins fait faux bond, mais Bourassa leur semblait plus coopératif que ses prédécesseurs. Il était, à leurs yeux, l'angle mou du triangle Paris-Québec-Ottawa.

Le Québec n'entretenait pas, avec la Grande-Bretagne, l'Allemagne de l'Ouest, l'Italie et le Vatican des relations comparables à celles qui s'étaient tissées avec la France à partir de 1961. À Londres, Dusseldorf et Rome, le passage de Bourassa ne posait donc pas a priori de problème particulier.

Dans le cas de Paris, cependant, l'enjeu était plus sérieux. Ottawa y voyait l'occasion ou jamais de se «repositionner» avantageusement, en réduisant l'intensité de la liaison privilégiée Québec-Paris et, si possible, en la banalisant.

Pour cela, pas besoin de dénoncer publiquement la collusion franco-québécoise ni de se scandaliser des libertés que le Québec prenait en matière de politique étrangère. Il existait un truc beaucoup moins spectaculaire, d'ordre protocolaire quoique politiquement efficace: faire en sorte que l'ambassadeur du Canada en France soit visible pendant toute la durée du séjour de Bourassa à Paris. Par exemple: qu'il accueille le premier ministre du Québec à l'aéroport, qu'il l'accompagne lors de ses rencontres avec les hautes personnalités françaises, qu'il soit présent aux dîners et réceptions organisés en l'honneur du premier ministre, etc. Avec l'ambassadeur du Canada ainsi à ses côtés, personne ne pourrait désormais prétendre au maintien intégral des relations directes du Québec avec la France.

Vieux rêve fédéral enfin réalisable: liquidation du triangle Paris-Québec-Ottawa.

Bourassa fut informé de cette complication dès le moment où l'on entreprit l'organisation de son voyage. C'était, je pense, au début de janvier 1971. Comme on s'y attendait, les fédéraux venaient de nous faire savoir que, pour «faciliter» le voyage de Bourassa, leurs ambassades et services seraient à notre disposition. Selon eux il était normal que, dans chacun des pays visités, l'ambassadeur du Canada aille accueillir le premier ministre du Québec à son arrivée.

Proposition cousue de fil blanc. Et piégée. Si Bourassa acceptait la venue d'un ambassadeur, en Allemagne par exemple, où elle ne ferait

Robert Bourassa à une réception donnée en son honneur à Londres en avril 1971.

pas problème, en vertu de quoi pourrait-il la refuser ailleurs, disons à Paris?

Il tenta de résoudre la difficulté en passant à côté. Les mondanités l'ennuyaient et sa tournée était décrite comme un voyage d'affaires. Par conséquent, nul besoin d'ambassadeurs du Canada pour l'accueillir, ni de lourd protocole.

Il m'annonça cette décision dont il mit également au courant son chef de cabinet, Guy Langlois, son conseiller diplomatique, Yves Michaud, et le chef du protocole, Romuald Miville-desChênes. Voilà qui était clair. Prière d'en informer les fédéraux.

Ce qui fut fait.

À qui la faute?

Quand un problème est réglé «sur le coin de la table», selon l'expression courante, mieux vaut se méfier. Temporairement enfoui, il conserve une tendance à refaire surface pour peu qu'un des acteurs en cause, guidé par ses raisons à lui, le réanime.

Le 26 janvier, Jean Chapdelaine, délégué général du Québec en France, me transmit un message surprenant: tous les ambassadeurs du Canada dans les pays visités par Bourassa avaient reçu instruction d'Ottawa de l'accueillir et de l'accompagner!

Exactement le contraire de ce que l'intéressé avait lui-même décidé.

Selon le message, le consentement à la présence des ambassadeurs aurait été donné par Jean Prieur, membre du cabinet de Bourassa (voir Document 16 en annexe). Zèle fédéraliste? Malentendu? Interrogé, Prieur m'affirma n'avoir en rien trempé dans cet élément du dossier.

Je demandai à Chapdelaine d'aller de nouveau aux renseignements.

Le 29 janvier, réponse: les instructions d'Ottawa étaient bel et bien authentiques. L'ambassadeur du Canada à Paris confirmait à Chapdelaine que ces instructions avaient «l'assentiment du cabinet de monsieur Bourassa, donc, sans doute, de monsieur Bourassa lui-même» (voir Document 17 en annexe).

C'était invraisemblable. Je fis ma petite enquête auprès de l'entourage au complet du premier ministre. Personne n'avait donné l'accord invoqué par les fédéraux. Je conclus qu'il s'agissait encore d'une de ces tentatives habituelles de *bulldozage* de la part du fédéral et qu'on s'en occuperait en temps opportun.

Le 20 février, nouvelle alerte: un représentant britannique de passage à mon bureau m'apprit que le haut-commissaire (ambassadeur) du Canada en Grande-Bretagne serait présent auprès du premier ministre au moment de son passage à Londres. Il m'expliqua qu'une entente en ce sens était intervenue entre les fédéraux et, semble-t-il, un des conseillers de Bourassa.

Incompréhensible!

Jusque-là nous avions tenté de gérer entre fonctionnaires ces complications politico-protocolaires assez habituelles. Cette fois, je résolus d'en saisir Bourassa lui-même (voir Document 18). Sa réaction? Nous en tenir à la décision de janvier: pas d'ambassadeur nulle part.

Un temps, le problème parut disparaître. L'embrouillamini avait dû être provoqué par un attaché de cabinet non encore identifié (on finirait bien par le connaître, nous disions-nous) qui avait cédé, sans autorisation, aux pressions téléphoniques des fédéraux. Ou avait donné par mégarde l'impression de consentir à leurs exigences. Nous passâmes à la préparation immédiate de la tournée. Jean Prieur voyait au volet économique, Yves Michaud (avec Jean Chapdelaine et Gilles Loiselle à Paris) aux discours à prononcer et Romuald Miville-desChênes aux questions protocolaires.

Le 2 avril, stupéfaction. Dans une communication officielle, un haut fonctionnaire fédéral nous dévoila enfin, par écrit, l'identité du mystérieux personnage qui avait accepté la présence des ambassadeurs. Incroyable mais vrai, c'était nul autre que Bourassa lui-même! Pris en flagrant délit de double jeu!

Il s'était entendu à ce propos avec Marc Lalonde.

Non seulement nous n'en savions rien, mais l'intéressé lui-même nous avait donné des instructions contraires aux arrangements qu'il manigançait de son côté. Instructions que, depuis des semaines, nous essayions en vain — et pour cause! — de faire respecter.

La révélation du double jeu avait été transmise à Miville-desChênes quelques jours avant le début de la tournée européenne. Il se trouvait alors à Rome où lui fut envoyée la clef de l'énigme, c'est-à dire la lettre du fonctionnaire fédéral (voir Document 19).

Déconcerté et vu l'urgence, il réclama aussitôt des explications à Bourassa en personne. De son propre chef et sans passer par les canaux hiérarchiques habituels, il exprima sa requête en termes nets, comme on peut le voir dans le Document 20. Il téléphona aussi à Guy Langlois qui n'en revenait pas.

Après avoir consulté Bourassa, Langlois réaffirma la position de janvier (pas d'ambassadeurs) et la confirma le lendemain par un télex à Miville-desChênes. Et, finalement, Ottawa fut mis au courant de la nouvelle-ancienne position québécoise (Document 21).

On aurait pu penser que les choses en resteraient là.

Pas tout à fait.

En vertu d'échanges ultérieurs (entre qui et qui?), l'ambassadeur du Canada en France, s'il n'accompagna pas Bourassa dans ses rencontres avec ses hôtes, participa tout de même à un certain nombre de manifestations officielles.

Conclusion: le gouvernement du Québec prétendit que rien de significatif n'était changé, mais, de leur côté, les fédéraux se déclarèrent heureux qu'Ottawa fût revenu, comme il se devait selon eux, dans le paysage des relations franco-québécoises.

Escapade gaulliste

Un autre événement ambigu marqua le séjour de Bourassa à Paris.

Quand de Gaulle décéda en novembre 1970, la question se posa tout de suite: le premier ministre du Québec devrait-il se rendre à ses funérailles? La nature et le volume de la coopération franco-québécoise imposaient une réponse positive. De Gaulle n'avait-il pas en outre proposé de venir lui-même aux funérailles de Johnson en septembre 1968? À cause de réticences québécoises exprimées diplomatiquement, il avait alors délégué son premier ministre, Maurice Couve de Murville.

Il fallait rapidement informer la France des projets de Bourassa, mais celui-ci n'était pas disponible sur-le-champ. Je m'en remis à son cabinet dont l'hésitation — je devrais dire le refus — quant à sa présence à Paris fut vite patent. D'ailleurs, me dit-on, Bourassa avait déjà décidé de ne pas assister aux funérailles. Le Parti libéral avait vertement critiqué les déclarations du président français en 1967; depuis, il lui en voulait d'avoir donné de la crédibilité au «séparatisme» et de s'être rendu insupportable aux alliés fédéraux.

Il existait aussi une excellente excuse: on était en pleines séquelles de la crise d'Octobre. Le pire de la crise était passé, mais, bien exploité, l'argument serait crédible. On me fit donc valoir que le premier ministre serait perçu par la population comme inconscient de s'absenter à un tel moment pour, ajouta-t-on, aller rendre hommage au seul chef d'État étranger qui avait «encouragé» le Front de libération du Québec.

Personne n'avoua jamais que l'argument pesant le plus en faveur de l'absence de Bourassa se trouvait à Ottawa: en effet Trudeau ne se rendrait pas aux funérailles, attitude attribuable non à la crise d'Octobre, mais à ses démêlés avec de Gaulle. Dans ces conditions, c'eût été un sacrilège politique pour le chef libéral québécois de passer outre à l'interdit implicite du manitou fédéral. Ce n'était ni dans l'esprit du temps ni dans le tempérament du premier ministre québécois de l'époque.

La France accepta de bonne grâce la dérobade. Plutôt que le premier ministre lui-même, deux ministres, François Cloutier et Jean-Paul L'Allier, et un député de l'opposition, Robert Burns, représentèrent le Québec. D'autres occasions, se dit-on, se présenteraient pour Bourassa de rendre hommage au président défunt.

Or, justement, l'occasion se présenta en avril 1971.

Pendant son séjour en France, Bourassa accepterait-il de se rendre sur la tombe de de Gaulle à Colombey? Informé de la suggestion française, Chapdelaine me demanda d'obtenir une réponse du premier minis-

Robert Bourassa remettant un cadeau du Québec au pape Paul VI à Rome
en avril 1971. De gauche à droite: Marcel Bergeron, délégué du Québec à Milan;
Roland Giroux, président-directeur général d'Hydro-Québec; Yves Michaud,
commissaire général à la coopération avec l'extérieur; l'auteur; l'ambassadeur
canadien Choquette et Charles Denis, responsable des relations avec la presse.

tre. L'affaire semblait de la plus haute simplicité, mais elle soulevait en réalité la même difficulté qu'en novembre. Pas celle de la crise d'Octobre, mais la vraie, celle de la réaction des trudeauistes et des anglophones.

Bourassa mit du temps à se faire une idée. Finalement, il avança l'une de ses solutions typiques: il irait à Colombey, mais sans avertir les journalistes de son déplacement. Ainsi, le gouvernement français serait touché de son geste, mais au Québec et au Canada on n'en saurait rien! Il s'y rendrait seul ou presque un après-midi prétendu libre dans son horaire, c'est-à-dire pendant l'un de ces moments dont on dirait aux journalistes qu'il était consacré à des rencontres privées. Sans doute avec des investisseurs.

Ainsi fit-on. Ce jour-là un déjeuner officiel se tenait à la délégation du Québec. Sitôt celui-ci terminé, il était entendu que Bourassa se hâterait de prendre place dans sa limousine et de partir aussitôt pour Colombey, avant d'être rejoint à l'extérieur par les journalistes présents au déjeuner. J'étais, pour ma part, chargé de les distraire et de les retarder dans le grand escalier de la délégation sous un prétexte quelconque. Ce devoir accompli, je sortis à mon tour de l'immeuble pour découvrir Bourassa attendant Dieu sait quoi, assis dans sa limousine. La scène qui suivit fut cocasse pour les policiers français habitués au décorum empesé des visites d'État. Les journalistes étaient encore dans l'immeuble, mais en sortiraient d'un instant à l'autre. Inquiet, je me précipitai vers Bourassa: «Va-t'en au plus vite, autrement tu vas te faire attraper», lui criai-je presque. Il eut juste le temps de s'esquiver.

Une autre scène cocasse avait eu lieu quelques jours plus tôt, au Vatican. Le pape Paul VI avait reçu Bourassa en tête à tête, puis le reste de la suite québécoise les avaient rejoints. Les présentations faites, un *monsignore* arriva, portant un plateau couvert de médailles de toutes sortes. Le pape offrit aux membres de notre délégation d'en choisir quelques-unes en souvenir. À tout seigneur tout honneur: il invita Bourassa à commencer. Celui-ci, un peu embarrassé, regarda alternativement le pape, le plateau et les autres personnes présentes. Quelques secondes passèrent. Puis, nouveau regard vers le pape: «On a droit à combien?» demanda-t-il avec un sourire timide. Le pape: «Eh bien, prenez-en pour vos enfants!»

Plus tôt encore, dans le petit avion privé qui nous conduisait, la nuit, de Londres à Dusseldorf, Bourassa, fatigué, s'installa pour dormir sur un siège à l'arrière et se couvrit de son manteau. La place qui lui était protocolairement désignée fut prise par un autre membre de la délégation. À l'arrivée en Allemagne, l'hôtesse crut à une blague lorsqu'on lui expliqua que, dans notre groupe, le premier ministre était le jeune homme assoupi derrière et non Roland Giroux, président d'Hydro-Québec, qui avait momentanément occupé son siège.

Ces traits humains de Bourassa, sa simplicité, sa familiarité avec son entourage, tout cela le rendait certes sympathique.

Mais il y avait un revers...

Les drapeaux d'Osaka en mai, la nouvelle formulation du mémoire en septembre, la soumission en octobre, le *package deal* en décembre, les ambassadeurs en janvier-février, la visite à la sauvette à Colombey en avril...

Cela commençait à faire beaucoup.

Dans l'affaire des ambassadeurs, je m'étais demandé quelque temps si Bourassa avait sciemment joué un double jeu ou si nous nous étions trouvés en face d'une équivoque, issue de sa façon de proclamer ses décisions sans se compromettre et ornées de variantes adaptées à son interlocuteur.

Mais à quoi bon ressasser tout cela? De toute façon, je serais bientôt parti.

Décision

En juin 1963, à l'invitation de Lesage, j'avais accepté pour un an le poste de sous-ministre. Contrairement à mes plans, mon «stage» dans la fonction publique durait maintenant depuis presque huit ans. Par ailleurs aucun autre poste de fonctionnaire ne m'aurait attiré. J'avais aussi fait une croix sur la vie politique active. Bien que mes relations avec Bourassa fussent demeurées bonnes, sa manière d'être et d'agir me décevait de plus en plus. Par conséquent, j'avais décidé de quitter*.

---

*À la fin de février 1971, je pris contact avec le doyen de la Faculté des sciences sociales, à l'Université Laval. Mon intention: revenir à ma carrière préférée, si possible dès la fin de juin, même au prix d'une baisse de salaire de l'ordre de 40 %. Or le doyen m'apprit deux ou trois choses. Les eussé-je connues avant, que ma tranquillité d'esprit en aurait été singulièrement affectée! Des années durant.

Première nouvelle: je ne bénéficiais nullement d'un congé sans traitement! En juin 1963, j'avais purement et simplement démissionné. Quitté la place. Une confusion, semble-t-il, s'était produite: les papiers n'étaient pas clairs. Bien sûr, comme il se devait, on y disait souhaiter me revoir, mais malheureusement aucun texte écrit ne garantissait ma réintégration: la pratique des congés sans traitement n'était pas courante au début des années 1960...

Deuxième nouvelle, pas tout à fait inattendue: on m'avait remplacé, c'était compréhensible, mais l'économique, ma discipline, s'appuyait dorénavant sur des instruments mathématiques dont j'étais fâcheusement privé. Absorbé dans l'action gouvernementale et aux prises avec la réalité, j'avais pour ainsi dire manqué un tournant théorique apparemment capital et qui me déclassait. On devait maintenant enseigner une économie censément plus «scientifique», hautement mathématisée. Le doyen aurait pu ajouter qu'elle était, du fait de son abstraction, malheureusement devenue moins utile sur le plan pratique. (Le pli mathématique pris par l'enseignement universitaire de l'économie n'aida en rien, au contraire, les jeunes économistes à accéder à la fonction publique; les règles non écrites de l'administration publique stipulèrent de plus en plus qu'il était davantage prudent de leur préférer des diplômés mieux préparés, se disait-on, à affronter la réalité: ceux du MBA par exemple).

Troisième nouvelle, paradoxale dans mon cas: pour leurs professeurs de carrière, les universités exigeaient désormais un doctorat. Or, je n'avais à faire valoir «que» deux maîtrises (l'une de Laval et l'autre de l'université Columbia, de New York), «à peine» sept ans d'expérience en enseignement et «seulement» huit années et demie de pratique politique et administrative. Une misère...

Pas brillant comme perspectives de réinsertion universitaire.

Heureusement, mon angoisse fut brève. Je rencontrai par hasard Roland Parenteau, ancien collègue haut fonctionnaire, alors directeur-fondateur de la nouvelle École d'administration publique, greffée l'année précédente au réseau de l'Université du Québec. Pour le semestre d'automne, un poste permanent de professeur de relations intergouvernementales me serait accessible. Je pourrais aussi, à temps partiel, enseigner dans d'autres universités. Acceptation immédiate, mais discrétion. J'avais encore des dossiers à terminer. Surtout celui de la conférence de Victoria.

En mars, j'informai Bourassa de mon intention, lui précisant que mon changement d'affectation ne se produirait que quelques mois plus tard, délai suffisant pour me trouver un successeur. Il ne parut ni surpris ni déçu. Il dit comprendre ma décision et me remercia de lui en faire part longtemps avant mon départ effectif.

Une chose l'inquiétait, à laquelle, selon lui, il conviendrait, le moment venu, de s'arrêter: la population québécoise ne devrait pas percevoir mon départ comme l'indice d'un virage «fédéraliste» trop prononcé de la part de son gouvernement, ni comme le signe d'une mésentente profonde entre nous.

D'accord: au cas où ma lettre de démission atterrirait dans les journaux, je tiendrais compte de ce souhait dans le libellé.

Connaissant le personnage, je ne pouvais m'empêcher de l'imaginer déjà en train de calibrer cette annonce de manière à laisser voir au public qu'il s'agissait d'un simple changement normal de carrière dépourvu d'arrière-pensée, tout en expliquant aux fédéraux enchantés qu'ils n'auraient plus affaire à un sous-ministre crypto-«séparatiste», empêcheur obstiné de danser en rond sur l'air de Trudeau...

Un ministre d'État

Début février, léger remaniement ministériel. Bonne nouvelle: Robert Bourassa prit le portefeuille des Affaires intergouvernementales jusque-là détenu par Gérard D. Lévesque avec qui mes rapports, avant et après cette date, furent toujours remarquablement sereins.

À toutes fins utiles, le volet constitutionnel du ministère avait toujours relevé du premier ministre et, comme je l'ai déjà mentionné, Lévesque ne se formalisait pas de mes relations directes avec Bourassa à condition d'en être informé.

La bonne nouvelle était accompagnée d'une mauvaise: Bourassa désigna un ministre d'État, on dirait aujourd'hui ministre délégué, aux Affaires intergouvernementales. Qui? Oswald Parent!

Le point d'exclamation que je viens de placer après son nom résume l'impression faite par cette nomination dans le public. Député de Hull, Parent ne s'était pas encore particulièrement illustré par sa créativité dans le domaine relevant du ministère. Rien, donc, ne laissait présager son accession au poste que lui confiait Bourassa.

Perplexe, je m'enquis auprès de Bourassa des fonctions exactes de son ministre d'État. Il se voulut rassurant: Parent s'occuperait uniquement de tâches administratives (budget, signature de formulaires, etc.), mais serait surtout responsable des dossiers de la région de la capitale nationale. Ottawa projetait, me dit-il, d'effectuer des investissements en immeubles et en aménagements divers à Hull et dans les alentours. Parent, proche des libéraux fédéraux et de Marc Lalonde, serait bien placé pour susciter et canaliser ces venues de fonds. Autre forme de «fédéralisme rentable».

Quant aux sujets constitutionnels et aux problèmes concernant la présence internationale du Québec, ils ne concerneraient en rien le ministre d'État, mais Bourassa lui-même. En d'autres termes, je relèverais politiquement du premier ministre et administrativement d'Oswald!

Sans être maniaque, loin de là, des organigrammes, je n'aurais pas été allergique à un peu moins de flou dans la distribution de l'autorité.

D'ailleurs, cela parut tout de suite.

Deux ministres prirent part, avec Bourassa, à la conférence de Victoria. Un, activement: Castonguay. Et l'autre, pour les apparences: Parent. Pour mettre les choses dans leur contexte, disons tout de suite qu'il n'est pas inhabituel pour un premier ministre d'inclure dans une délégation un collègue (ou même un fonctionnaire) dont il n'a pas vraiment besoin, mais à qui, pour ses raisons à lui, il veut faire cet honneur. La situation s'était déjà produite avant. Je m'étonnai néanmoins du choix de Parent.

— Les gens ne comprendraient pas l'absence du ministre d'État, me confia Bourassa.

— Tu m'as pourtant dit qu'il ne s'occuperait pas de constitution.

— Je sais, mais les gens ignorent ça, précisa Bourassa.

Bon, Parent viendrait à la conférence constitutionnelle, mais pour des motifs non constitutionnels*!

---

*J'eus certes des frictions avec mon ministre d'État, mais rien de tragique. Prenant au sérieux sa fonction de gestionnaire, il demanda à voir et même à signer les formulaires courants sur lesquels, en temps normal, les initiales du sous-ministre suffisaient. Ou même qu'on ne me soumettait pas du tout les décisions relevant des directions ou des services. Pour m'amuser un peu, je résolus de lui transmettre tous les papiers administratifs du ministère qui venaient encombrer mon bureau, aussi insignifiants fussent-ils, y compris ceux que je regardais à peine. Je donnai également instruction à quelques fonctionnaires complices de lui faire parvenir copie de leur correspondance et des rapports de toutes sortes qui aboutissaient chez eux. Curieusement, Parent ne s'étonna jamais de cet envahissement, probablement unique dans tout le gouvernement. Il se montra au contraire satisfait de mon esprit coopératif.

Mis au courant, Bourassa et Jean-Claude Rivest apprécièrent la blague. Ni l'un ni l'autre ne se gênaient pour se moquer de tel ou tel ministre devant témoins.

Un expert d'Ottawa

Parce que cela est bon pour leur image ou parce qu'ils font face à des problèmes réels, ou encore pour ces deux motifs combinés, les gouvernements sont saisis d'un besoin périodique d'annoncer une remise en question de leurs structures et de leurs modes de fonctionnement. «Réforme administrative» est le terme générique applicable à ce type d'opération. Au Québec, aucun gouvernement n'y a échappé au cours de la période contemporaine.

Il était logique que Bourassa, «jeune administrateur efficace», promette lui aussi, pendant la campagne électorale de 1970, de s'engager dans la voie de la réforme. Cependant, chez lui, pas de grands plans appuyés sur un complexe projet de société, ni de néo-Révolution tranquille en perspective. Plus prosaïquement, il fit allusion à l'utilité qu'il y aurait à appliquer au Québec des processus budgétaires inspirés de nouvelles méthodes étrangères, américaines notamment. Sans entrer dans les détails, il insista aussi sur la nécessité de resserrer l'administration de l'État, objectif peu susceptible de soulever la controverse publique.

Bourassa le sollicita-t-il? Ou le lui offrit-on? Toujours est-il que le bureau du premier ministre Trudeau lui avait, on le sait, «prêté» l'un de ses attachés politiques, Paul Tellier*. C'est lui qui conseillerait le premier ministre du Québec sur la «réforme administrative». La désignation à ce poste d'un responsable aussi associé aux fédéraux avait de quoi surprendre. Certains virent en lui un «surveillant» placé par Trudeau auprès de Bourassa, mais tel n'était pas mon avis; j'y perçus plutôt une nouvelle marque de dépendance ou, si l'on veut, un avatar du «fédéralisme rentable» prenant la forme humiliante d'une importation d'assistance technique: «Il va pouvoir nous aider», m'avait dit Bourassa.

---

*Des années plus tard, de retour à Ottawa, Tellier joua un grand rôle au sein de la Commission pour l'unité canadienne. Lors du référendum, le camp du Non profita de la publicité fédéraliste conçue et diffusée par cette Commission à grands renforts de millions de dollars, nonobstant la loi québécoise sur la consultation populaire. Tellier devint par la suite greffier du Conseil privé, le plus haut poste du fonctionnarisme fédéral. À l'été 1991 et dans la foulée de l'échec de l'accord du lac

Meech, le premier ministre Mulroney lui confia la direction stratégique de la nouvelle ronde de négociation constitutionnelle.

Je ne sais pas au juste comment Tellier s'acquitta de sa mission dans les autres ministères, mais elle l'amena à des contacts avec le mien. Il visait à en améliorer le fonctionnement, préoccupation louable que je partageais d'ailleurs.

Et puis, un jour, il déborda le terrain administratif pour aborder celui de la politique, plus précisément celui des rapports historiquement cahoteux entre le Québec et Ottawa.

La chose arriva en avril ou en mai 1971. La date précise aurait dû me frapper davantage, tant la proposition qu'il me fit ce jour-là était à la fois mémorable, inattendue et sans précédent. Tenant pour acquis que les fréquents conflits Québec-Ottawa étaient dommageables à l'unité canadienne et à l'économie du Québec, et qu'il importait par conséquent de les éviter, il m'en expliqua les causes: d'une part, les malentendus sur les buts poursuivis par l'une ou l'autre capitale et, d'autre part, les prises de position exprimées par les gouvernements québécois depuis pratiquement toujours.

En ce qui concernait les malentendus, je ne fus pas difficile à convaincre; c'était assez exact. Mais qu'est-ce qui allait de travers avec les positions du Québec?

Selon lui, elles se caractérisaient d'habitude par l'impossibilité, pour Ottawa, de les accepter. Il se produisait alors une dynamique fatale qui rendait d'avance ardue toute collaboration intergouvernementale: le Québec formulait publiquement des demandes qu'Ottawa était ensuite forcé, publiquement aussi, de rejeter. Cela menait à des tensions graves et même à des conflits ouverts dont la population avait connaissance et qui fournissaient des arguments aux «séparatistes». Évidemment, selon Tellier, les tensions étaient inévitables en régime fédéral; elles pouvaient même être créatrices à cause de la saine concurrence que ce régime entraînait entre les paliers de gouvernement. Son objectif, ajouta-t-il, n'était pas d'éliminer toutes les occasions de frictions, entreprise futile, mais d'en réduire le nombre et l'intensité. Plan désormais d'autant plus réalisable, à ses yeux, que le Québec s'était donné une administration franchement fédéraliste, acceptant les règles du jeu inhérentes au système.

Dissoudre le ministère?

Où Tellier voulait-il en venir?

Son idée était la simplicité même.

Il s'agissait tout bonnement, avant les conférences fédérales-provinciales, d'établir une concertation étroite et soutenue entre Ottawa et Québec. Cette concertation prendrait la forme suivante: des représentants des deux gouvernements se dévoileraient confidentiellement leurs intentions et découvriraient, en les comparant, lesquelles étaient acceptables ou non par l'autre partie; ensuite, connaissant leur *bottom line* respectif (dixit Tellier), c'est-à-dire leurs positions non négociables, les deux gouvernements s'entendraient pour ne pas les mettre en doute ou les attaquer, d'où diminution sensible des occasions de désaccord en public.

Il se servit alors d'un exemple qui aurait fait sursauter n'importe quel fonctionnaire loyal au Québec. Avant une conférence, nous pourrions verbalement soumettre à Ottawa notre liste de revendications, ou même, pourquoi pas, notre projet de mémoire. Les fédéraux identifieraient celles des positions québécoises auxquelles Ottawa répugnerait à donner suite. Il suffirait ensuite de laisser tomber ces points litigieux en les enlevant de la liste (ou du mémoire). De la sorte, notre présentation finale ne contiendrait plus rien qui fût de nature à nourrir des conflits!

On éliminerait les disputes par la disparition des causes.

Je n'en croyais pas mes oreilles. Était-ce, chez Tellier, de la naïveté? Un choix de carrière? Ou une mauvaise compréhension du milieu québécois? Incidemment, Bourassa connaissait-il ce projet de «concertation»? Si oui, l'approuvait-il? Tellier m'assura qu'il n'en avait pas encore discuté avec lui; il poursuivait ses consultations, tout simplement.

Voyant mon peu de réceptivité, il m'exposa un autre élément de sa réflexion. Dans tout gouvernement, les fonctionnaires spécialisés dans un domaine ont tendance à l'idéaliser et même à conférer à ses composantes une valeur d'absolu parfois imméritée. Ainsi, le responsable d'un programme d'assistance finit par y percevoir le *nec plus ultra* de la politique sociale, et ainsi de suite. Là-dessus, pour avoir expérimenté le phénomène, j'étais plutôt d'accord avec Tellier.

Il poursuivit son raisonnement. Les fonctionnaires préposés aux Affaires intergouvernementales cherchent moins à ajuster leurs projets à ceux des autres gouvernements qu'à les défendre *contre* eux. Ainsi, l'existence même de mon ministère, créé pour faciliter la coordination interne (pas toujours réussie, précisa-t-il), avait toutefois eu un effet secondaire moins positif, pervers même, celui d'entraîner l'éclosion d'une idéologie de confrontation et non de collaboration avec Ottawa. Il conclut en se demandant si l'un des moyens de combattre cette idéologie, néfaste aux relations harmonieuses entre fédéraux et provinciaux, ne consisterait pas en une transformation en profondeur du ministère. Laquelle? Il n'était pas encore fixé.

La conversation en resta là. Ses analyses et commentaires ne m'émurent pas outre-mesure. Ce n'était pas la première fois, après un changement de gouvernement, que je rencontrais un jeune attaché politique se sentant la vocation de réorganiser l'État. N'en avais-je d'ailleurs pas fait autant sous Lesage? J'oubliai cette conversation et ne songeai même pas à en dire un mot à Bourassa.

Quelques mois plus tard, le 5 août, appel de Tellier. Il venait de terminer la première version de son rapport à Bourassa sur le ministère. Souhaiterais-je en prendre connaissance? Sûrement.

C'était un document dense qui concluait, purement et simplement, à la nécessité d'abolir le ministère des Affaires intergouvernementales! On transférerait ses services vers divers autres ministères, en particulier le secrétariat du Conseil exécutif (Tellier m'avait indiqué qu'il consultait beaucoup Julien Chouinard, secrétaire général).

D'instinct, je savais que Bourassa, par crainte de la réaction des milieux nationalistes, n'irait jamais jusqu'à abolir le ministère. Manifestation anticipée de la liberté académique que je retrouverais bientôt: je me payai la petite fantaisie de répondre, point par point, par un document presque aussi étendu et de manière caustique, aux assertions et suggestions de Tellier. Tout cela est impossible à résumer ici et n'a, au fond, qu'une valeur anecdotique, révélatrice tout de même de l'état d'esprit prévalant dans l'entourage immédiat de Bourassa. On trouvera des extraits de ces textes dans les Documents 22 et 23 en annexe.

Comme prévu, les propositions de Tellier n'eurent aucune suite et j'ignore si Bourassa prit connaissance de ma prose. Cela m'était devenu indifférent. Rédigée comme il le souhaitait, ma lettre de démission (Document 24) lui était parvenue le 6 juillet et, en août, au moment de ma «polémique» avec Tellier, je préparais mon départ.

Comme Jean Lesage avait été le premier responsable de ma venue au gouvernement, je voulus, en toute déférence, l'informer de ma décision en septembre (voir ma lettre et sa réponse dans les Documents 25 et 26).

Avec l'assentiment des fédéraux

Pour me remplacer, Bourassa songea d'abord à un journaliste connu, professionnel de l'information, fédéraliste convaincu, pondéré et au fait des problèmes intergouvernementaux. Puis, il lui vint à l'esprit de nommer plutôt un fonctionnaire d'Ottawa dont les idées étaient pour le moins éloignées des miennes. Le choix de mon successeur lui appartenait, mais je lui fis observer que je préférais, de loin, son ami journaliste à son ami fédéral.

Puis, un jour il m'annonça qu'on lui avait suggéré Arthur Tremblay, l'un des fonctionnaires les plus respectés. D'abord conseiller spécial du ministre de la Jeunesse, puis sous-ministre de l'Éducation au début des années 1960, il avait ensuite été responsable de l'Office de planification et de développement du Québec. Seul problème pratique: il ne pourrait entrer en fonction qu'en octobre, ce qui m'obligerait à retarder mon départ d'un mois.

À cause des qualités de Tremblay, que j'admirais personnellement, sa désignation me paraissait excellente. Je fis part de ma satisfaction à Bourassa: son arrivée me faisait plaisir autant qu'elle ferait plaisir à la fonction publique dans son ensemble. C'était du sérieux. À quoi il rétorqua candidement:

— À Ottawa, ils sont eux aussi contents de la nomination. Arthur a parlé à Jean Marchand.

Si les fédéraux étaient d'accord, comment Bourassa ne le serait-il pas?

Peu importe: avec son sens de l'État, son expérience et ses réflexes profondément québécois, Arthur Tremblay serait en mesure de sauvegarder l'essentiel et de mettre de l'avant des idées nouvelles. J'étais heureux de le voir prendre ma place.

Bourassa, toutefois, ne raisonnait pas exactement comme moi. Il était d'autant plus disposé à la nomination de Tremblay à ce poste stratégique, qu'il en espérait, me dit-il, outre l'aval fédéral, «des retombées financièrement tangibles» sur le plan du développement régional. Marchand était ministre fédéral responsable des subventions en ce domaine et Tremblay était son ami de longue date. Autant dire qu'il réduisait ce haut fonctionnaire compétent et créateur au rôle d'entremetteur commode et «rentable».

Décidément, il y a de ces moments où les bras vous en tombent, moralement.

Transition

Pour assurer la transition, Bourassa proposa de me nommer «conseiller spécial», expression consacrée depuis des années et s'appliquant, sous tous les régimes, autant à des personnes d'influence déterminante (par exemple, Paul Desrochers sous Bourassa), qu'à certaines dont on avait besoin sur des questions précises, ou à d'autres, inutiles mais difficiles à congédier. J'appartiendrais, présumai-je, à la deuxième catégorie, car je donnerais un coup de main à Tremblay. Le Conseil exécutif, c'est-à-dire le ministère du premier ministre, me rémunérerait en conséquence.

J'acceptai pour octobre. Et ensuite pour le mois suivant: une conférence fédérale-provinciale sur l'économie aurait lieu en novembre et Bourassa voulait me compter dans la délégation québécoise. Motif:

— Tu aideras à la préparation de la conférence. Je ne voudrais pas que le public pense que ton départ signifie un virage politique de ma part. Je ne détesterais pas non plus que les fédéraux continuent à te voir dans le décor.

Ma rémunération? Sept cents dollars par mois, m'apprit Guy Langlois, chef de cabinet. Somme pas trop vilaine en 1971. Et que je recevrais en plus de mon salaire à l'École nationale d'administration publique. Prévenant, le comptable du Conseil exécutif avait fait taper cinq ou six formulaires prédatés. Je n'aurais qu'à en signer un à la fin de chaque mois pour recevoir mon dû. Sans fournir aucun autre détail. Bref, le genre d'offre à ne pas refuser sans bonne raison.

En octobre, je fis effectivement quelques travaux qui justifiaient, selon moi, ladite rémunération. En novembre, je fus membre de la délégation du Québec. Deux ou trois jours à Ottawa: cela valait peut-être, à la rigueur, 700 $, mais je ne fus absolument pas consulté ni sur les positions du Québec, ni sur quoi que ce soit. Pour la première fois, je me rendais dans la capitale fédérale en déduisant de quelques documents d'arrière-plan ce dont il serait question, mais en ignorant ce qu'en dirait le Québec.

C'est dans l'avion de retour que j'en vins à la conclusion qu'il fallait mettre fin à ce qui aura été une carrière éphémère de conseiller spécial, ou plutôt d'«ornement» dans l'image politique du premier ministre. En souvenir, je conservai, non signés, les formulaires du comptable.

Avait-on essayé de m'«acheter» de quelque manière? Nullement. Dans le cas d'un sous-ministre démissionnaire, la pratique d'une période transitoire, sans être constante, n'avait rien d'exceptionnel, quoique, dans mon cas, la «transition» aurait pu durer assez longtemps, Bourassa étant bien disposé à mon endroit. Pour l'avoir connu de près et vu agir, j'avais grandement déchanté à son sujet, mais nous ne nous quittions pas en mauvais termes. J'étais malgré tout resté attaché à lui, et je n'avais pas la moindre intention à l'époque d'entrer politiquement en guerre contre son gouvernement.

Désabusé certes, je ne partais pas pour protester, mais pour faire autre chose.

Bris de continuité

Avec le recul, un phénomène me frappa.

Entre Lesage, Johnson et Bertrand (on pourrait ajouter Duplessis), et malgré les divergences (visibles dans les chapitres précédents), on discernait une certaine continuité sur le plan des relations fédérales-provinciales et du statut du Québec dans le Canada. J'avais contribué à cette continuité, mais le terrain était au départ favorable. Je n'aurais pas pu l'inventer ni l'imposer. Lesage, Johnson et Bertrand ne voyageaient peut-être pas dans le même bateau, mais ils voguaient sur la même rivière! Au-delà des mots, les trois tenaient pour acquise l'existence d'un peuple québécois et pour nécessaire l'obtention par ce peuple des moyens d'action lui permettant de se réaliser. Et c'est de cette perspective que découla pour eux une série de revendications visant à modifier plus ou moins en profondeur le cadre canadien.

Or, ce commun dénominateur entre Lesage, Johnson et Bertrand, impossible de le trouver chez Bourassa. Quelque chose clochait, mais j'étais incapable de l'identifier. Cela m'avait mystifié.

Il ne manifestait pas la même sensibilité qu'eux aux questions constitutionnelles ni la même préoccupation sur le statut du Québec.

Avec Ottawa, il était disposé à des accommodements auxquels aucun de ses précédesseurs n'aurait songé.

Les relations internationales du Québec n'avaient, pour lui, rien d'une priorité, du moins quant à leurs aspects politiques; on l'a vu, tous ses voyages à l'extérieur étaient décrits comme des «missions essentiellement économiques». Longtemps je crus voir là une «excuse» justificatrice (c'est l'interprétation que j'ai donnée dans ce qui précède) et j'ai agi en conséquence, mais, après avoir quitté le gouvernement, j'en vins à comprendre que c'était bien ainsi qu'il concevait ses déplacements: des expéditions de chasse aux capitaux étrangers.

Plus tard, le problème de la langue l'embarrasserait; il ne saurait pas par quel bout l'aborder.

Au fond, les manifestations, les tendances et les exigences du nationalisme québécois le prenaient généralement au dépourvu, le forçant à improviser, comme s'il était privé de points de repère, comme s'il n'y avait pas réfléchi avant, comme s'il manquait à leur propos de connaissances ou (peut-être était-ce là la vraie explication) comme s'il avait persisté à croire qu'elles ne se concrétiseraient pas. Bizarre.

À des degrés divers et selon le style propre à chacun, par leurs discours ou par les politiques de leurs gouvernements, ses prédécesseurs avaient incité les Québécois à l'action et à la prise en charge de leurs propres affaires.

Bourassa, lui, ni animateur ni leader, appelait ses compatriotes à la prudence en tout.

Il ne leur expliquait jamais, ou presque, ce qu'ils serait capables d'accomplir eux-mêmes, mais bien plutôt ce qu'ils *ne pouvaient pas faire*. Au lieu de les inviter à ouvrir des portes, il attirait leur attention sur celles qui, selon lui, étaient fermées. La plupart des instruments de croissance auxquels il songeait pour le Québec relevaient immanquablement d'autres partenaires qu'il fallait solliciter et devant qui mieux valait filer doux: Ottawa ou les investisseurs étrangers. Et les actifs qui, comme l'hydro-électricité, nous appartenaient, c'était en bonne partie en fonction des autres qu'il importait de les développer.

«On est capable!» était un des slogans du Rassemblement pour l'indépendance nationale. Bourassa semblait en avoir implicitement adopté la version négative: «On n'est pas capable!»

Voilà peut-être pourquoi sa passion pour la politique, pourtant visible à l'œil nu, semblait concerner moins l'exercice du pouvoir que les méthodes pour y accéder et les techniques pour le conserver. Souvent, je ne fus pas loin de penser qu'il visait plus à être élu (et réélu) qu'à se servir de l'autorité ainsi acquise.

Longtemps, mais sans succès, je tentai de comprendre l'étiologie de ses comportements selon moi déconcertants. Je les attribuai tour à tour à son manque d'expérience, à une certaine faiblesse, à sa crainte des fédéraux, à sa hantise de voir les capitaux bouder ou fuir le Québec à la moindre secousse, à des excès de prudence frisant la pusillanimité, à ses calculs partisans, à ses méthodes de négociation inédites, au traumatisme subi lors de la crise d'Octobre, et à Dieu sait quoi encore.

Dans tout cela il y avait du vrai. N'empêche qu'un élément d'explication me manquait encore.

Pourquoi?

Cet élément s'imposa à moi quelque temps après mon départ, à l'occasion d'une conférence que je prononçais devant des étudiants Canadiens anglais en stage au Québec.

La discussion avec eux roulait sur les attitudes et les aspirations des politiciens québécois comparativement à celles de leurs homologues provinciaux.

Afin d'illustrer la singularité de la pratique politique au Québec, je leur expliquai que nos premiers ministres occuperaient difficilement le même poste dans une autre province. Au Québec, l'existence de la question dite «nationale» influait en effet tellement sur les conditions de leur accession au pouvoir, et sur son exercice, qu'elle supposait un type particulier de politiciens équipés d'antennes ou doués de sensibilités qui seraient superflues en Nouvelle-Écosse ou en Saskatchewan, par exemple, où ne se posait pas de problème d'ordre «national». Elle les obligeait également à rechercher des solutions non pertinentes ailleurs.

La réciproque me semblait vraie aussi: on imaginait mal, à la tête du Québec, un premier ministre comme ceux qu'on trouvait en Alberta ou au Manitoba. Par contre, on pouvait concevoir que le genre convenant à l'Alberta pouvait aussi convenir au Manitoba ou à la Nouvelle-Écosse. Sur ce plan, il existait, entre ces provinces, une certaine «interchangeabilité», mais pas entre elles et le Québec. Les situations respectives y présentaient non seulement des différences de degré, mais de nature.

Il en était ainsi parce que tout premier ministre québécois assumait, de par ses fonctions, non seulement la responsabilité d'une province, mais surtout celle d'un peuple qui a ses origines particulières, son histoire propre, sa langue, sa culture, ses institutions et ses aspirations. Aucun autre premier ministre provincial au Canada ne détient une double responsabilité de cette nature.

Je n'allai pas plus avant. Une idée venait subitement de me couper l'inspiration: sans qu'on s'en aperçût clairement, Bourassa s'était en pratique comporté comme s'il avait adopté l'optique et les façons d'être d'un premier ministre de province anglophone!

Non qu'il reniât ou méprisât la langue française et la culture québécoise, mais la ligne d'horizon politique qu'il s'était tracée ressemblait, à s'y méprendre, à celle de ses collègues. Similitude de priorités, d'approches, de méthode. Même propension à l'économisme étroit. On pouvait se le figurer, lui ou un autre comme lui, premier ministre du Manitoba ou de Nouvelle-Écosse. Il en avait le type. Un politicien en quelque sorte interchangeable! Il appartenait à une espèce qui n'était pas celle de Lesage, de Johnson, de Bertrand. Ni de Duplessis.

Il y avait donc eu, de ma part, erreur sur la personne ou, plus exactement, sur la façon dont celle-ci s'acquitterait de son mandat. Lorsque Bourassa arriva au pouvoir, je lui appliquai inconsciemment une grille d'appréciation forgée par mes contacts avec ses prédécesseurs et par ce que je connaissais de l'histoire du Québec. Cette grille m'empêcha de saisir, chez lui, l'élément fondamental qui m'aurait plus vite fait comprendre que ce nouveau premier ministre ne se situerait pas dans la continuité respectée par les autres premiers ministres. Qu'il représentait, à lui seul, une catégorie unique.

À l'instar de ses précédesseurs, Bourassa croyait vraisemblablement à l'existence d'un peuple québécois (toutefois, il utilisait plutôt le terme de «société»), mais il différa d'eux en ce sens que cette donnée socio-historique joua un rôle secondaire dans sa démarche globale. Il n'avait pas entrepris, comme Trudeau, de nier cette réalité ou de la combattre, mais il avait résolu d'en tenir compte le moins possible et de ne pas en faire une ligne de force de sa politique. En somme, de ne pas accéder à ce niveau du Québec, de l'éluder.

Quand il se disait désireux d'adopter une nouvelle «approche» fédérale-provinciale, c'est ce que j'aurais dû comprendre. Je crus plutôt qu'il essaierait d'exercer d'autres techniques de négociation.

Bref, son ambition n'était pas d'abord de guider un peuple, mais d'exercer le pouvoir dans une province; de gérer un territoire, non de proposer des objectifs à une nation.

Il était davantage *un* premier ministre provincial que *le* premier ministre du Québec. Voilà pourquoi, contrairement à ses prédécesseurs, il parlait si peu (et, quand il le devait, si brièvement) et avec autant d'imprécision, de l'avenir politique du Québec ou de son statut constitutionnel.

Cependant, s'il ne tenait pas à se faire le champion de la dimension «nationale» de la problématique québécoise, il lui importait par contre de ne pas en être victime.

D'où deux règles: ne jamais attaquer cette dimension de front (sous peine de passer pour un «fédéraliste» inconditionnel) et, si possible, la neutraliser par des formules accrocheuses ou des expressions passe-partout (afin de laisser deviner chez lui, mais sans avoir pour autant à le confirmer ou à s'y conformer, un sentiment proquébécois latent, propre à rassurer les nationalistes).

À long terme, la recette perd de son efficacité, mais à court terme elle peut valoir quelques succès à son utilisateur, par exemple au moment des élections. Dans toute société, il se trouve en effet toujours une tranche de la population que cette démarche floue peut séduire car elle n'oblige pas à choisir une orientation plutôt qu'une autre. C'est sur elle que Bourassa compta systématiquement.

Ainsi, au début de la décennie 1970, il lança, sans la définir, l'idée de «souveraineté culturelle», expression suggérée par Jean-Claude Rivest. Ce «virage nationaliste» ne se situait pas dans la foulée d'une conversion à de nouvelles valeurs. Plus prosaïquement, Bourassa devait trouver une contrepartie quelconque, peu exigeante, à la souveraineté politique préconisée par le Parti québécois.

On est porté à l'oublier: l'existence de ce parti contribua probablement pour beaucoup à accentuer les dispositions naturelles de Bourassa. Aucun de ses prédécesseurs n'avait en effet eu, de manière quotidienne, à tenir compte des faits, gestes et stratégies d'un parti politique organisé autour de l'idée de souveraineté et qui disposait désormais de députés à l'Assemblée nationale. Seul Bourassa eut à vivre avec cette composante nouvelle de la réalité politique québécoise par rapport à laquelle il dut constamment se définir.

Sauf qu'il le fit à sa manière, espérant toujours garder ou reconquérir, au moment des élections, les suffrages des souverainistes dits «mous», c'est-à-dire ces citoyens qui sont plus nationalistes que «séparatistes», sans s'aliéner pour autant l'appui des fédéralistes inconditionnels. Par souci de sécurité, il aurait préféré se situer en dehors du terrain de prédilection du Parti québécois — l'avenir politique du Québec —, mais les événements le forcèrent à s'y engager. Lorsque cela se produisit, il ne lui resta plus, conformément à son tempérament et à sa tactique, qu'à osciller entre le fédéralisme et le souverainisme, si possible en évitant de prendre clairement parti pour l'un ou pour l'autre. Cet exercice obligatoire de voltige explique sans doute son ambiguïté réfléchie.

Puisqu'il ne pouvait l'écarter, il mit (inconsciemment?) la question du statut du Québec sur le même pied que n'importe quelle autre préoccupation courante: construction de routes, subventions à des entreprises ou mesures sociales. Elle devint une des composantes ordinaires de l'agenda gouvernemental et il la traita comme les autres, au jour le jour. Je crois que jamais en ces années-là il n'envisagea de consacrer son énergie à résoudre en priorité le «problème du Québec».

En réalité, son véritable «projet de société» consistait à exploiter le système en place (d'où sa notion de «fédéralisme rentable») et non à le changer (d'où son aversion pour les débats constitutionnels). Son modèle implicite était le type de gestion tranquille propre à l'Ontario, où les citoyens considèrent Ottawa comme le *senior government* et celui de Toronto comme *junior*, et où le titre de *Prime Minister* est réservé au chef de l'exécutif fédéral alors que celui de *Premier* suffit à son homologue ontarien (ou à celui des autres provinces).

À partir du moment, tardif, où l'interprétation qui précède s'imposa à moi, bien des choses qui m'avaient jusque-là dérouté s'éclairèrent avec le recul: son hésitation et sa désorientation devant l'émergence et la manifestation de problèmes complexes de société, les défaillances plus ou moins graves de son instinct stratégique et de son comportement tactique en ces matières, et sa tendance naturelle à pratiquer à leur propos le désamorçage, le colmatage, l'esquive et l'amalgame*.

---

*Tout premier ministre est tenté par ces «méthodes», mais, comme pour les techniques de communication dont j'ai parlé au chapitre 16, Bourassa y recourut plus que les autres. Ainsi, pour désamorcer une situation grave, il essayait d'abord de tabler sur une triple ligne d'argumentation. La première: il n'y a pas de problème. La seconde: il existe un problème, mais pas aussi sérieux qu'on pense. La troisième; il y a un problème, il est sérieux, mais pas aussi terrible qu'ailleurs! Ce qui ne l'empêchait pas, lorsqu'il était coincé, de pratiquer non plus un désamorçage peu crédible mais le colmatage par une décision improvisée ou, au contraire, l'esquive par l'exagération: par exemple, tel problème vécu par le Québec est sans précédent chez nous et, peut-être, sans équivalent ailleurs. Sous-entendu: pas étonnant qu'il soit difficile de le résoudre. Quant à l'amalgame, entre autres occasions, il en userait généreusement pendant le référendum de 1980 en interprétant à sa façon la construction européenne.

Bourassa m'avait déçu à cause non de ce qu'il était, mais de ce qu'il n'était pas.

Un poisson hors de l'eau...

Son parti défait à l'élection générale de 1976 et lui-même battu dans sa propre circonscription, il abandonna la direction de sa formation politique et pratiqua une sorte d'«exil» en Belgique. Pour y étudier, avait-il annoncé, les mécanismes du Marché commun européen.

À l'époque, j'étais ministre des Affaires intergouvernementales et, à ce titre, les délégations du Québec à l'étranger relevaient de moi. Notre délégué à Bruxelles, Jean Deschamps, m'informa que Bourassa venait fréquemment à la délégation pour y lire les journaux ou pour s'entretenir avec l'un ou l'autre des membres du personnel. Deschamps me demanda si j'avais objection à ce qu'un bureau soit mis à sa disposition; il lui semblait qu'un ancien premier ministre du Québec avait droit à cette marque de courtoisie. Je fus totalement d'accord.

En mai 1977, à Bruxelles justement, je repris contact avec lui, heureux de le revoir. C'était, je crois, réciproque. Conversations détendues, échanges amicaux, brassage de souvenirs. Je retrouvais un peu le Bourassa d'avant 1970! La politique le passionnait toujours autant. Il m'avait l'air d'un poisson à qui, par mes commentaires et analyses, j'aurais donné de l'eau. D'autres qui le rencontrèrent entre 1976 et 1985 eurent la même impression.

À l'occasion, il réussit presque, sur certains points, à me convaincre que, pendant ses six ans de pouvoir, il n'aurait vraiment pas pu faire mieux: «Avec Trudeau, il n'y avait pas beaucoup d'espoir de réussir...»

Il ne passait pas tout son temps en Belgique. Un de ses amis de l'Université Laval lui avait fait obtenir une charge d'enseignement. Ironie, on lui confia le cours que j'avais donné jusqu'à mon élection, en novembre 1976[1]! Bourassa lui-même m'apprit sa nouvelle affectation par téléphone à l'automne 1977. Je me trouvais à l'Assemblée nationale lors de l'appel. Délaissant quelques minutes mon fauteuil de ministre, j'allai discuter avec lui de plan de cours, de bibliographie et d'examens. Il adopta, là aussi, une autre «approche» que la mienne!

Je le revis à Montréal, à Washington et à Paris, toujours à l'affût des dernières nouvelles, ressassant ses souvenirs, construisant des scénarios rétrospectifs. Avec le recul, voyait-il des avenues qui lui avaient échappé?

J'eus à me rendre à Washington pour une conférence devant des étudiants auxquels il avait lui-même donné quelques heures de cours (à titre d'invité de leur université). Il m'appela la veille pour me demander de lui apporter les journaux les plus récents et les derniers numéros de l'*Argus*, publication quotidienne de l'Assemblée nationale reproduisant les principaux articles et éditoriaux politiques de la presse québécoise et canadienne. J'en fis préparer une boîte pleine, de quoi lire pendant des heures. Il vint la chercher le soir à mon hôtel et, après un échange

---

1. Même si je n'avais pu retourner à cette université comme professeur de carrière, on m'avait offert de continuer, comme chargé de cours, à enseigner la politique économique, matière non encore victime de la mode théorico-mathématique; elle y succombera finalement...

intéressant avec moi sur les questions courantes, il partit, sa boîte sous le bras. De la fenêtre de ma chambre, j'aperçus sur le trottoir l'ancien premier ministre, encombré de son précieux colis, à la recherche d'un taxi.

Cet homme, pensai-je, doit être malheureux comme les pierres du chemin sous la pluie, un soir d'automne...

Malheureux de ne plus être au poste ou malheureux de n'avoir pu faire mieux pendant qu'il y était? Probablement les deux.

Souvent, à l'écouter, j'eus le sentiment qu'il était devenu premier ministre trop jeune et que si c'était à refaire... Je ne savais pas alors qu'il s'arrangerait pour obtenir une nouvelle chance de «se reprendre».

Je me doutai bien de quelque chose lorsqu'il se «repositionna» pendant la campagne référendaire, mais allez donc savoir ce qu'il avait en tête! Sauf que son comportement et ses arguments de l'époque me portèrent à conclure qu'il n'avait pas, au fond, réellement changé. Non, il n'était pas devenu premier ministre trop jeune. C'était autre chose qui, de mon point de vue, n'allait pas avec lui. Mais quoi? J'ai essayé de le préciser plus haut.

Un jour, pendant un de nos entretiens, je ne me souviens plus lequel, il me confia ceci:

— Avec toi comme conseiller politique et Parizeau à l'économie, nous aurions fait une équipe formidable!

Pas sûr. Ce capitaine redoutait trop les vagues.

Je n'aimais pas non plus sa façon de manœuvrer le navire québécois et je ne savais pas au juste à quel port il voulait le conduire.

Dommage, car c'est vrai qu'il aurait pu faire mieux...

René Lévesque

Né à New-Carlisle le 24 août 1922. Élu député libéral à l'Assemblée législative dans le comté de Montréal-Laurier en 1960, 1962 et 1966. Ministre des Ressources hydrauliques et des Travaux publics du 5 juillet 1960 au 28 mars 1961.

 *Ministre des Richesses naturelles du 28 mars 1961 au 19 janvier 1966. Ministre de la Famille et du Bien-être social du 14 octobre 1965 au 16 juin 1966. Député indépendant à partir de 1967. Quitta le Parti libéral pour fonder le Mouvement souveraineté-association (MSA) le 18 novembre 1967. Président du Parti québécois le 14 octobre 1968. Défait dans le comté de Laurier en 1970 et dans celui de Dorion, en 1973. Élu en 1976 dans Taillon. Premier ministre le 25 novembre 1976. Réélu le 13 avril 1981. (Ajout de l'auteur: Quitte son poste de premier ministre le 3 octobre 1985. Décédé à Montréal, le 1ᵉʳ novembre 1987.)*

Source: *Répertoire des parlementaires québécois, 1867-1978*, Bibliothèque de la législature, Service de documentation politique, Québec, 1980.

20

Un être à part

René Lévesque, premier ministre!

Quand je fis sa connaissance en 1961 et pendant la dizaine d'années qui suivirent, il ne me vint pas une seconde à l'esprit que cet homme pourrait un jour le devenir. Selon l'éclairage approximatif de ma sagesse sommaire, il n'offrait pas le «profil de l'emploi»: impossible en effet de lui imaginer le tempérament requis pour les exigences inhérentes à la fonction.

Peut-on transformer un franc-tireur en général?

Autour de 1965, selon l'idée que je m'étais fabriquée du profil d'un premier ministre, il me semblait que, sous peine d'être inapte à la tâche, tout aspirant à un tel poste devrait réunir, défauts en moins, certaines des caractéristiques d'un Jean Lesage: sens de l'État, capacité de travail, connaissance des dossiers, flair, largeur de vues.

Ma petite réflexion sur la configuration humaine exigée n'était manifestement pas encore au point. Je m'en aperçus avec l'arrivée de Johnson. Il différait à maints égards de son prédécesseur, et pourtant il ne détonnait pas dans la même fonction.

Je constatai ensuite que la personnalité de Bertrand ne correspondait pas à celle de Johnson ni à celle de Lesage.

Puis, ce fut le tour de Bourassa, nullement assimilable aux trois autres.

Conclusion: les préalables obligatoires pour le poste de premier ministre n'étaient pas forcément ceux que j'avais imaginés, en tout cas pas tous.

Une chose me paraissait néanmoins indiscutable: forcé qu'il serait de se plier à des contraintes quotidiennes et frustrantes, tout candidat à cette responsabilité devait pouvoir compter sur une immense capacité personnelle d'adaptation. Pas moyen d'éviter les inconvénients de la fonction: réunions répétées, dossiers volumineux, urgences contraignantes, horaires chargés, visiteurs importuns, rares temps libres, obligations mondaines, assemblées partisanes, spontanéité mesurée, toutes servitudes qui réclament une discipline hors du commun, une capacité stoïque à encaisser les contrariétés et, dans les relations humaines, une souplesse voisine de l'esprit de sacrifice.

Exactement le contraire des caractéristiques de Lévesque!

Le non-conformiste

Avec un personnage aussi original, on n'était pas au bout des surprises. Lesage disait de lui, comme si c'était une lacune, qu'il était imprévisible.

En un sens, il avait raison. Personne ne prévoyait alors ce que Lévesque deviendrait...

Ses précédesseurs étaient de formation universitaire. Lévesque aurait pu obtenir les mêmes diplômes qu'eux, mais voilà, il avait décidé de laisser en plan ses études de droit. Rien de conformiste dans sa «filière» académique, c'est le moins qu'on puisse dire.

Même chose sur le plan professionnel. «Ce n'est pas ainsi qu'on s'équipe le mieux pour réussir dans la vie», auraient sûrement pu déclarer, à l'observer, deux ou trois de mes anciens professeurs du cours classique.

Rien de conformiste non plus dans sa façon d'assumer son poste de ministre.

En 1960 Lesage lui avait confié la responsabilité des ressources hydrauliques. Des adversaires politiques, des commentateurs et, bien sûr, les propriétaires de compagnies d'électricité ne tardèrent pas à qualifier Lévesque de «gauchiste» (un «Castro du Nord») parce que, installé à la direction de ce ministère, il dérangea résolument des intérêts jusque-là assis.

Il estimait que les ministères de l'Union nationale étaient devenus des officines gouvernementales au service d'intérêts privés, souvent étrangers: le ministère des Mines jouait le rôle d'instrument politique des compagnies minières, celui des Ressources hydrauliques œuvrait en faveur des compagnies d'électricité, et ainsi de suite. Une telle interprétation ne laissait pas beaucoup de place à des accommodements chez quelqu'un dont, dès le départ, l'intention était nette et qui n'en faisait pas mystère: donner aux Québécois, par l'intermédiaire de leur gouverne-ment, le contrôle de leurs richessses naturelles. De ce souci naquit le projet de nationaliser l'électricité.

En 1960 il reçut aussi la responsabilité des travaux publics. Après un moment de surprise, tout le monde comprit: Lévesque y lutterait contre le patronage grâce à des méthodes plus rigoureuses de gestion. Personne cependant, peut-être même pas Lesage, ne se doutait de l'ardeur qu'il mettrait à s'acquitter de cette mission.

Certains entrepreneurs et fournisseurs libéraux, longtemps lésés par le régime unioniste maintenant défait, espéraient des retombées correc-trices et profitables de la victoire de leur parti. Ils ne prirent pas très au sérieux la croisade réformatrice du ministre novice. Ils eurent tort.

En matière de favoritisme, Lévesque ne péchait pas par excès de diplomatie. Du moment que l'argumentation d'un solliciteur laissait entrevoir l'espoir d'un avantage quelconque à tirer de l'État québécois, il devenait féroce. Malheur à celui qui brandissait son statut de «vieux militant libéral» comme passeport vers des faveurs possibles; il était définitivement classé dans la catégorie des profiteurs invétérés. Il en rabroua plusieurs sans ménagement et s'en fit, dès le départ, de solides ennemis qui, plus tard, intervinrent assidûment auprès de Lesage pour qu'il se débarrassât enfin de ce fauteur de troubles.

Il ne faisait pas non plus grand cas de certaines règles protocolaires ou d'autres du même genre. Par exemple, lors de l'inauguration de la Délégation générale du Québec en France, en 1961, il se déroba à la plupart des manifestations mondaines prévues (pour aller où?). Moi aussi, mais je n'étais que conseiller économique de Lesage, et personne ne s'apercevrait de mon absence. Lévesque, lui, était un ministre déjà célèbre, en visite officielle.

Son estime fort mitigée pour l'institution monarchique avait aussi le don de hérisser Lesage, davantage respectueux des formes et des nor-mes. Quand la reine vint au Québec en 1964, Lévesque «sécha» résolu-ment les cérémonies de circonstance.

Mais, compris-je, ce fut moins par protestation politique que par ennui appréhendé et répulsion réelle. Il détestait se trouver dans un par-terre snob, soi-disant admirateur dévoué de Sa Majesté, mais en fait composé de notabilités locales qui chercheraient surtout à découvrir lesquelles d'entre elles avaient ou non été invitées.

Plusieurs de celles-ci se vanteraient un jour d'avoir été conviées à la fête («J'ai vu la reine...»). Dans la mesure, minime je pense, où

Lévesque se préoccupait de l'opinion de la postérité, peut-être tenait-il inconsciemment à ce que l'on sût qu'il n'avait pas été, lui, témoin passif et acteur résigné de la mascarade.

Connaître ses dossiers...

Sa détermination à mener à bien son projet de nationaliser l'électricité m'impressionna toujours.

Ses adversaires, aidés par des représentants de compagnies d'électricité et, paradoxalement, par quelques membres haut placés d'Hydro-Québec, s'étaient préparés à une bataille rangée. Confiants, ils croyaient avoir Lesage de leur côté; ce fut d'ailleurs longtemps le cas. Ils alignaient des «preuves» financières et techniques démontrant, hors de tout doute d'après eux, que la nationalisation, inutile, pourrait même être catastrophique. À l'extérieur, l'opération ternirait, selon eux, la réputation du Québec auprès des milieux canadien-anglais et américain des affaires.

Mais l'Ontario n'avait-il pas déjà, sans drame, nationalisé l'électricité depuis des années? Bien sûr, répondait-on, mais c'était une province «fiable». Au Québec, c'était différent. La population n'avait pas le sens des affaires, n'avait jamais pu se débrouiller elle-même et, en plus, un socialiste-étatiste dénommé Lévesque exerçait ses talents démagogiques sur un public économiquement inculte.

Quand Lévesque se rendait à des réunions avec des représentants de compagnies, d'aucuns se demandaient s'il serait en mesure, sans exploser, de faire face à des opposants bardés de raisonnements irritants pour lui et humiliants pour les Québécois. Saurait-il froidement faire appel à des arguments susceptibles d'ébranler la forteresse psychologique que les représentants de compagnies s'employaient à édifier dans le but de convaincre les Québécois de leur inaptitude à produire et à gérer l'énergie hydro-électrique? Pour ma part, j'en doutais, même s'il était appuyé par une équipe ingénieuse et dégourdie de conseillers dont faisaient partie Michel Bélanger (recruté à Ottawa par Lévesque lui-même) et André Marier.

En fait, quoique d'accord avec ses intentions, peu de ceux qui connaissaient Lévesque le croyaient à l'abri de dérapages verbaux dans le cas d'échanges un peu vifs. Plusieurs le jugeaient plus convaincu que convaincant. Fausse impression. Le sentiment d'avoir raison ne l'empêchait pas de posséder son sujet.

Tard un soir, dans un restaurant, je tombai sur lui. Il achevait son repas. C'était, je pense, au début de 1962. À la blague, je le mis au défi de «prêcher à un converti»: prière de m'expliquer, en deux mots, le bien-fondé de son projet (à vrai dire, je cherchais des arguments à utiliser auprès de Lesage).

En deux mots! Il me parla plus d'une heure, statistiques à l'appui, dans un style qui n'avait rien d'émotif, presque comme un technocrate, jetant des chiffres et des courbes sur tous les napperons à portée de main. Sans aucun document auquel se référer, il savait par cœur les caracté-ristiques les plus pointues de l'industrie électrique. Familier avec les us et coutumes du personnel de direction des diverses compagnies, il m'en traça un portrait sociologique peu flatteur. Même connaissance du finan-cement de la nationalisation, de l'état actuel du marché ou des retombées à attendre de l'opération. Perception correcte des forces et des faiblesses économiques des Québécois. Bref, un exposé complet, rationnel et drôle-ment persuasif. Un vrai cours magistral. Il avait assimilé les données de ses conseillers et, ma foi, discutait comme le Ph.D. ès électricité qu'il était devenu, sur le tas. Rien de l'idéologue impulsif que ses adversaires voyaient chez lui.

On pourrait penser qu'un personnage comme lui ne s'intéressait qu'aux grands thèmes ou seulement aux programmes d'envergure. Or, il démontrait un souci du détail et redoutait les approximations. C'était d'ailleurs souvent sur des questions d'apparence secondaire, techniques ou fort terre-à-terre qu'il faisait ses observations. Il n'était pas du style pelleteur de nuages.

Amateur de chiffres, de budgets et de bilans, Lesage avait tendance à classer les gens en deux catégories: ceux qui «savent compter» et les autres. La première ne groupait, selon lui, qu'une fraction infinitésimale de l'humanité, le reste étant tout à fait indigne de cet honneur. Il n'y promut jamais officiellement Lévesque, mais je suis persuadé qu'à l'occasion la tentation dut le frôler.

Le fait est que, quand il s'y mettait, Lévesque acquérait en un temps record une remarquable maîtrise de ses sujets. Tout aussi frappante était sa rapidité à comprendre les dossiers qu'on lui exposait verbalement. Un interlocuteur avait à peine commencé la description d'une situation com-plexe qu'il pouvait l'interrompre: «En somme, vous êtes en train de me dire ceci (ou cela).» La plupart du temps il avait déjà pressenti les conclusions à venir. Frustrant.

Cette célérité lui servait dans des entrevues avec des gens qu'il ne portait pas dans son cœur. Il prenait parfois un malin plaisir à les priver de l'impact escompté. Ces personnes avaient probablement consulté des experts pour peaufiner leur argumentation et s'étaient conditionnées pour la rencontre, imaginant comment répliquer à telle ou telle réaction.

Tout était prévu, sauf la façon dont la réunion se déroulerait réellement. Comme entrée en matière, cela donnait à peu près ceci: «OK, disait-il, vous êtes sans doute venus m'expliquer que... (ou) vous plaindre de...» Alors, en une ou deux minutes, il ramassait la substance de ce que, précisément, ses visiteurs espéraient mettre au moins une demi-heure à lui démontrer, avec effets oratoires et chiffres à l'appui. S'ils n'étaient pas trop désemparés, il ne leur restait plus ensuite qu'à répéter en leurs propres mots ce que leur interlocuteur avait déjà deviné. Procédé qui enlevait du suspense à une conversation.

...et ceux des autres...

Autre trait sympathique, du moins selon moi: il ne détestait pas se mêler des choses qui ne le regardaient pas directement, pour peu qu'elles concernent l'avenir du Québec. Mieux, il finissait par connaître ces sujets extérieurs à son champ immédiat presque aussi bien que ceux de ses collègues qui en étaient officiellement chargés.

En 1964, la négociation avec Ottawa du régime de rentes le passionna: la future Caisse de dépôt et placement du Québec en dépendait. Il pénétra de la sorte dans les arcanes de l'univers, jusque-là obscur pour lui, du commerce des valeurs mobilières et du financement des entreprises. Il se mit à étudier certains organismes européens dans le but d'y découvrir des inspirations possibles pour le Québec.

Au point qu'à la fin Lesage tint un certain compte de ses observations, surpris que son ministre disposât du temps voulu pour des activités «extracurriculaires» aussi absorbantes. (En fait, Lévesque avait «prêté» son directeur de la recherche, André Marier, au comité de fonctionnaires qui étudiait le sujet; par son entremise il obtenait les documents techniques qui nourrissaient sa réflexion).

J'avais eu vent du fait que ses collègues n'appréciaient pas nécessairement les incursions de Lévesque dans leurs territoires. Il avait, semble-t-il, la détestable manie de poser des questions indiscrètes sur telle ou telle de leurs propositions, invoquant des données embarrassantes et inédites, ce qui faisait parfois renvoyer à la planche à dessin des plans insuffisamment mûris.

Début 1966. René Lévesque alors qu'il était ministre
de la Famille et du Bien-être social.

Un précédent

Si Lévesque ne se gênait pas pour suivre les dossiers des autres, il aurait été difficile de le prendre en défaut dans les siens propres. À cet égard, il me fit vivre une expérience un peu spéciale.

En octobre 1965, Lesage l'avait nommé ministre de la Famille et du Bien-être social. Par la même occasion, Eric Kierans, un autre indocile, était devenu ministre de la Santé. Il n'en fallait pas davantage pour que des observateurs concluent que Lesage avait décidé de contrôler ses ministres les plus agités en les plongeant dans des tâches absorbantes qui les éloigneraient des sollicitations des médias.

Lévesque mit autant d'énergie à saisir les problèmes de son nouveau domaine qu'il en avait consacré à ceux de l'électricité.

En janvier 1966, une conférence fédérale-provinciale sur la pauvreté devait se tenir à Ottawa. Comme de coutume, le Québec aurait à y formuler ses positions dans un document officiel. À l'aide de données provenant du ministère de Lévesque, j'avais préparé, pendant la période de Noël, un texte d'une vingtaine de pages pouvant servir de mémoire. Compte tenu de mes études à l'Université Columbia de New York et de mon enseignement au Département de service social de Laval, le thème de la conférence m'était familier. J'avais même commis quelques articles sur la politique sociale dans des revues spécialisées.

Après révision par mes propres collaborateurs, il ne manqua plus bientôt au projet de mémoire que quelques retouches de détail et la traduction anglaise. Ensuite le ministre en titre, Lévesque, le parcourrait dans les jours suivants et donnerait son accord. Et, après, le Conseil des ministres se prononcerait. Favorablement. Comme d'habitude. La routine.

Un matin, début janvier 1966, Lévesque surgit à mon bureau.

— On a daigné m'annoncer que «mon» mémoire était prêt, dit-il, moqueur, dans l'entrebâillement de ma porte; serait-il outrecuidant de ma part de le consulter?

De temps à autre je participais à la rédaction ou à la révision du mémoire de tel ou tel ministre, mais jamais celui-ci ne venait en personne le quérir ensuite à mon bureau. Avec Lévesque, il fallait s'attendre à des singularités.

— À cause de la traduction, il faudrait que vous me le rendiez demain matin sans faute, lui dis-je, et avec vos corrections, s'il y en a.

— Bien sûr, comptez sur moi, même si j'ai quelque scrupule à retoucher vos saintes écritures, répondit-il.

Le lendemain matin, pas de nouvelles. Le midi non plus. En fin d'après-midi, inquiet, je communiquai avec sa secrétaire. Elle ne savait pas où son ministre était passé. Quelques heures plus tôt, il était venu à son ministère en coup de vent, puis avait disparu sans laisser d'adresse. Le soir, même silence. Que diable fabriquait Lévesque?

Le surlendemain, en fin d'avant-midi, il rappliqua à mon bureau, une liasse de feuilles à la main.

— J'ai tardé un peu, s'excusa-t-il, mais j'ai fait quelques modestes changements. Tant qu'à y être, j'ai tout traduit. Pour me faire pardonner mon retard...

Son texte était entièrement nouveau, bien mieux écrit, beaucoup plus clair et mieux conçu que le mien. Mieux documenté et avec davantage de souffle. Bref, il avait refait le tout. Belle leçon d'humilité pour le diplômé de Columbia! Et sa traduction était impeccable. J'en étais ébahi. Les fonctionnaires concernés prirent connaissance du document. Pas de corrections. En réalité, Lévesque nous avait remis un mémoire parfaitement au point.

Ce fut ainsi que, peut-être pour la première fois de l'histoire du Québec, un ministre rédigea lui-même, seul, sa propre présentation à une conférence fédérale-provinciale (elle est actuellement classée quelque part dans les archives du gouvernement; on peut y retrouver, intacts, le style et les expressions caractéristiques de Lévesque).

Je racontai le haut fait à Lesage sans m'apercevoir, sur le coup, de mon impair: ses textes à lui étaient en effet écrits par quelqu'un d'autre, en l'occurrence moi-même. Il ne montra pas de surprise:

— Oh, Lévesque est journaliste, il peut écrire vite. Mais, vous avez remarqué: comme tous les journalistes, il attend la dernière minute!

Comment ne pas se faire des amis

Les politiciens passent pour experts dans l'art de masquer leurs sentiments. Nonobstant leurs propres opinions, on les croit capables de déployer des trésors d'astuce pour garder d'excellentes relations avec toutes les couches de l'électorat. Cette réputation caméléonesque, ce n'est à coup sûr pas au Lévesque des années 1960 qu'ils la doivent.

Il ne prisait pas les associations d'affaires, les organismes professionnels de médecins, d'avocats ou d'ingénieurs, et, en général, les groupes de pression, à ses yeux principalement voués à la défense d'intérêts de caste. S'il en rencontrait des représentants venus solliciter une modification à une loi ou quelque autre privilège, il ne résistait pas toujours à l'envie de leur énoncer leurs quatre vérités. Plus exactement, les quatre vérités qu'il percevait dans leur démarche. Personne n'aurait pu l'accuser de profiter de ses fonctions ministérielles pour se faire des amis au sein des *establishments*...

Ses préventions étaient à fleur de peau. Si bien que les documents présentés sur papier glacé, avec graphiques élaborés et photos en couleurs, lorsqu'ils provenaient de corps organisés espérant amener l'État à leur consentir quelque avantage, n'étaient pas loin de constituer des indices subtils d'une tentative de manipulation ourdie par le personnel permanent à leur service ou par quelque retors spécialiste en relations publiques. Il lui arriva de faire d'injustes procès d'intention à des gens qui lui parurent trop structurés dans leur raisonnement pour être authentiques et honnêtes.

Il était partisan de ce qu'on appellerait aujourd'hui le «parler vrai» et souhaitait la réciproque chez les autres. Il tenait à débusquer les arrière-pensées intéressées, façon comme une autre, d'après lui, de combattre la dissimulation. Quand il apercevait ou croyait subodorer chez un interlocuteur quelque avide convoitise politico-financière enrubannée d'une motivation de noble teneur, il reléguait à perpétuité le «coupable» dans la catégorie peu enviable des parasites mercantiles de l'État. Pratiquement rien par la suite ne pouvait lui faire changer d'avis. Des années après, je l'entendis dire à propos de X ou de Untel:

— Je le connais depuis 1964 celui-là. Il est en faveur de l'entreprise privée et contre l'intervention de l'État, mais il se débat pour que le gouvernement le fasse vivre avec des contrats!

Le même genre de condamnation sans appel risquait de s'appliquer à des gens qui lui donnaient l'impression de manquer de franchise ou de loyauté envers lui ou envers l'organisme auquel ils appartenaient. Son jugement intuitif était en général fondé, mais il lui arriva de se tromper dans un sens ou dans l'autre: une trop sévère appréciation ou une évaluation trop généreuse. Il conserva de la sorte des antipathies surprenantes ou des fidélités discutables qui durèrent des années et que son entourage ne comprenait pas toujours.

Elles tenaient parfois à des épisodes que des témoins auraient estimés triviaux: demande d'un passe-droit, manque d'ardeur, mollesse dans les décisions, refus d'accepter une tâche ou, du côté positif, dévouement d'un militant en telle ou telle circonstance difficile, etc. Il ne s'agissait pas chez Lévesque de rancune ou d'indulgence explicables par le comportement des autres envers sa personne. Pour lui, ce qui comptait chez les gens, c'était leur droiture et la sincérité de leurs convictions; il les jugeait en conséquence, pas toujours avec les nuances voulues.

«Leur parler dans la face»

Ses propres convictions, il ne les cachait pas au public. Le franc-parler, il le pratiquait avec ses auditoires.

Pour l'écouter, on s'entassait dans des salles enfumées et on passait parfois une heure ou deux à attendre son arrivée («Il a été retenu dans la ville voisine, mais il est déjà en route; il sera avec nous dans quelques minutes»). Et cela, n'importe où au Québec. Une fois son discours commencé, nul ne savait au juste quand il le terminerait. Ni comment. Mais l'auditoire demeurait attentif. Jusqu'à la fin, malgré l'encombrement et la chaleur suffocante des lieux. Malgré l'heure tardive. Toute cette patience pour se faire parler de la nationalisation de l'électricité ou de l'avenir possible du Québec! C'était assez phénoménal.

Lévesque extraordinaire orateur? Sans doute, mais cette qualité suffisait-elle pour expliquer l'engouement manifesté à son endroit? On n'envoûte pas les foules seulement par des agencements de mots et d'images, ni parce qu'on a été une vedette de la télévision québécoise naissante.

Il est probable que Lévesque séduisait comme messager parce qu'on le sentait franc. Son message inspirait parce qu'il traçait des voies nouvelles auxquelles le «monde ordinaire» était sensible. À une époque où ils étaient encore plus que craintifs face à la puissance économique des «Autres», Lévesque expliquait aux Québécois qu'ils n'étaient pas nécessairement «nés pour un petit pain». Peut-être souhaitaient-ils entendre quelqu'un le leur dire. Dès lors, les gens s'identifiaient à lui, comme on se reconnaît en quelqu'un qui nous ressemble, qui pense comme nous, mais qui sait mieux que nous comment l'exprimer.

L'inspiration qu'il semait venait aussi de ce que ses auditoires détectaient en lui un personnage assez courageux pour décrire et dénoncer des situations que le public pressentait confusément ou pour dévoiler des vérités qu'aucun de ses collègues n'aurait osé énoncer aussi ouvertement. Ce trait iconoclaste de sa personnalité ne laissait pas grand monde indifférent.

Il y a ici un certain parallèle, hardi, à faire entre Lévesque et un autre orateur du début des années 1960: Réal Caouette. Tous deux exerçaient un charisme indéniable, tous deux savaient s'adresser aux foules et tous deux s'en prenaient à l'exploitation des Québécois par les «Autres», mais ils différaient — et de beaucoup — sur leurs diagnostics et encore plus sur leurs solutions. Progressiste, Lévesque exaltait bien davantage que Caouette la confiance que les Québécois devaient développer envers eux-mêmes et la puissance qu'ils acquerraient en se servant de leur État comme d'un levier collectif, au lieu de le craindre ou de le mépriser. Discours nettement plus inquiétant pour les divers *establishments* que celui de Caouette, réactionnaire et axé sur une réforme financière irréaliste.

À cette époque je fus frappé par le commentaire d'un citoyen, créditiste. Je lui avais demandé s'il croyait vraiment que Caouette, au pouvoir, pourrait amener les anglophones canadiens à de meilleurs sentiments envers le Québec. Il hésita, puis finit par dire, vaguement résigné: «Non, peut-être pas...». Quelques secondes encore, et son visage s'éclaira soudain comme s'il venait de découvrir l'argument-massue: «En tout cas, il leur parlerait dans la face!», ajouta-t-il enthousiaste, fier de sa trouvaille.

«Leur parler dans la face»? Aux anglophones comme à d'autres, Lévesque ne s'en privait pas, mais ne s'en serait jamais contenté. Il réussissait (et réussirait) à convaincre ses auditoires parce que ceux-ci devinaient chez lui l'«homme de parole», la personne fiable; non le politicien du type «beau parleur» dont le terroir québécois est historiquement prodigue, mais l'homme d'action chez qui tant de gens de condition modeste sentaient qu'en plus de savoir s'exprimer, il saurait quels actes poser le moment venu.

Chez Lévesque, la stimulation et l'inspiration venaient probablement moins du discours que de la démarche qu'il pressait ses compatriotes d'entreprendre. Il offrait ce qu'on appellera plus tard un «projet de société».

Les pièges de la parole

La parole, parce qu'elle est interprétée, est toujours risquée.

Dans les années 1960, les médias reproduisaient périodiquement des déclarations fracassantes de Lévesque: il ne se passait pas de semaine sans qu'il prononçât un discours quelque part. Sorties du contexte, insuffisamment précises ou infléchies par les analystes, ses prises de position prenaient parfois l'allure de véritables provocations. Parlant «dans la face» de tel ou tel personnage ou groupe, Lévesque ne donnait pas toujours dans la nuance, ce qui — on le devine — contrariait Lesage au plus haut point. Car il lui revenait, pour le bénéfice de ses amis fédéraux ou financiers inquiets ou révoltés, de procéder ensuite à l'exégèse des *statements* de son ministre déviant et d'expliquer pourquoi il ne jugeait pas opportun de le démettre de ses fonctions.

Je me souviens entre autres d'un incident. La date m'échappe, mais c'était à l'époque des premières bombes du FLQ. Lévesque était allé parler devant un auditoire anglophone d'une autre province. Le sujet: *«What does Québec want?»* ou quelque chose du genre. Il expliqua que les Québécois chercheraient toujours à obtenir davantage de pouvoir politique et économique à l'intérieur du Canada. Sinon, à l'extérieur. Et il ajouta cette remarque: «Si possible, sans recourir aux bombes!»

Dans son esprit, l'allusion, quoique malhabile, signifiait un rejet évident de la violence, mais l'attention des journalistes se braqua sur les mots «si possible». Ils en déduisirent que, le cas échéant, l'orateur n'était pas en principe opposé aux moyens expéditifs de faire avancer la cause québécoise et qu'il se conduisait presque en révolutionnaire paraterroriste incitant honteusement à la révolte armée dans un pays démocratique. Le contraire de ce que Lévesque pensait.

Lesage apprit la déclaration de son ministre par les médias anglophones et en fut exaspéré. Rarement le vis-je d'aussi mauvaise humeur contre l'un de ses collègues. Il n'attendait que son retour à Québec pour lui passer un gigantesque savon. Lévesque, probablement averti, appela Lesage pour rétablir les faits. Selon son personnel, l'échange téléphonique fut véhément, ponctué d'intonations stridentes.

Le lendemain, Lesage me dit que Lévesque «s'était excusé». On peut en douter. En réalité, Lesage avait sûrement conclu à un malentendu. Dans les mois qui suivirent, lorsqu'on l'informait que Lévesque allait prononcer une allocution, il lui arrivait de dire, en soupirant: «J'espère que, cette fois, il n'y aura pas de *si possible!*»

Il faut admettre que, tout maître de la parole qu'il fût (et peut-être à cause de cela), Lévesque, à la manière d'un poète, utilisait de temps à autre des combinaisons de mots évocateurs dont la portée exacte n'était pas a priori aisément perceptible. Un seul exemple: un jour (j'étais alors ministre) il me parla d'un projet en le qualifiant de «relativement essentiel»! Formulation cryptique et contradictoire, signifiant «passablement important» et intelligible à condition de connaître le contexte et de pouvoir décoder les figures de style.

Sonder les reins et les cœurs

Les façon indirectes d'agir le mettaient mal à l'aise. Il ne maquillait pas ses sentiments et aurait aimé le même comportement chez les autres. L'une de ses phrases favorites était «Je le dis comme je le pense». Une fois prononcée, il fallait s'attendre à ce qu'elle soit suivie d'opinions peu flatteuses, mais franches.

Ce qui l'amenait, dans ses rapports avec ses homologues d'Ottawa, à ne pas «tourner autour du pot». J'ai à l'esprit deux cas qui datent de son temps de ministre.

En été 1963 il était présent à une réunion que Lesage avait organisée à sa maison du lac Beauport avec quelques ministres fédéraux de ses amis. Ceux-ci n'avaient pas dû trouver la rencontre agréable. Lesage avait formulé des propositions exigeantes pour leur gouvernement, mais il se sentait le plus fort. Ses collègues d'Ottawa, connaissant son humeur et son style, ne s'en formalisaient pas trop.

Lévesque, en général silencieux et attentif, essayait parfois par des apartés faussement naïfs d'obliger l'un ou l'autre des fédéraux à dévoiler ses petits calculs électoralo-politiques. En somme, la technique à éviter dans une négociation car l'autre interlocuteur peut y perdre la face et, en même temps, ses bonnes dispositions éventuelles. Cette attitude m'avait intrigué; je ne savais pas encore qu'elle illustrait sa méfiance envers les silences stratégiques.

Aux Richesses naturelles, Lévesque s'intéressa de près au sort des populations amérindiennes et inuit du Québec; il fut d'ailleurs le premier homme politique du Québec à s'en préoccuper aussi intensément. Après avoir plusieurs fois visité l'Ungava, il en était venu à la conclusion qu'Ottawa devrait transférer au Québec la responsabilité des Esquimaux (comme on disait alors).

Il avait entrepris à ce propos des pourparlers laborieux avec le ministre fédéral des Affaires du Nord, unilingue anglophone. Au cours d'une séance de négociation avec lui, en 1965, Lévesque exposa brièvement et avec clarté la position du Québec, puis demanda à son vis-à-vis de réagir. Celui-ci avait suivi l'exposé de Lévesque par interprétation simultanée et ne semblait pas enclin à lui donner raison. Peut-être n'avait-il pas tout saisi? Lévesque revint à la charge, résuma son point de vue et termina par une question: «Qu'en pensez-vous?» Ré-interprétation simultanée et ré-hésitation du ministre fédéral.

Alors Lévesque perdant patience s'écria: «Eh bien, c'est oui, non ou merde?»

Le ministre fédéral entendit quelques rires étouffés du côté québécois et l'interprète, surpris, demeura incapable de lui rendre le sens des derniers mots de Lévesque (comment traduire dignement «oui, non ou merde»?). Le ministre renonça, du moins pour lors, à savoir ce que Lévesque avait bien pu lui dire. De toute façon, il en avait assez compris pour décider que la demande québécoise était irrecevable.

À maintes reprises ensuite, je fus le témoin accidentel du même comportement: amener l'«autre», quel qu'il fût (fonctionnaire cherchant de l'avancement, entrepreneur en quête de contrats, ministre d'un autre gouvernement, collègue), à se replier dans ses derniers retranchements.

Ce trait fort visible au début de sa carrière politique s'atténua beaucoup par la suite. Sur le fond, il ne changea jamais vraiment d'idée, mais il tempéra sa façon d'exprimer ses convictions. Heureusement.

Effet secondaire de sa façon de voir les choses: la notion que les stratégies politiques étaient elles aussi des formes plus ou moins condamnables d'hypocrisie ne le quitta jamais entièrement. Elle eut — on le verra — quelque influence sur son cheminement.

La ligne droite

En matière de droiture il se soumettait à ses propres normes et pratiquait même un certain renoncement vaguement scrupuleux et peut-être trop poussé.

Ainsi, il lui eût été facile, dans l'opposition entre 1966 et 1976, de profiter de ses nombreux contacts au sein du monde de la fonction publique pour mettre la main sur des renseignements internes qui l'auraient grandement aidé dans son entreprise partisane. Non seulement il n'en fit rien, mais il n'encouragea jamais ses conseillers à compter sur ce procédé, encore moins à y recourir. Il se montra toujours réticent à utiliser les «tuyaux» non sollicités et anonymes, souvent des aubaines, qui lui parvenaient de fonctionnaires mécontents ou désireux de lui donner un coup de main.

Bourassa avait décidé, en septembre 1970, de rendre publique l'étude de mon ministère sur ce qu'on appelait le bilan financier du régime fédéral canadien et dont j'ai déjà parlé. On connaîtrait enfin la réponse à une question de grande actualité: le Québec recevait-il plus d'Ottawa qu'il n'y versait en taxes?

Pour le Parti québécois, l'information était capitale. Il prétendait depuis des années, comme un article de foi, que le Québec était perdant. Si l'étude du gouvernement confirmait cette opinion, il pourrait l'exploiter à fond. Sinon, toute son argumentation serait à repenser.

Lévesque aurait donc eu avantage à savoir d'avance en gros à quoi s'en tenir sur les résultats non encore divulgués de notre recherche. Pour cela, pas besoin d'en obtenir un exemplaire préliminaire par la bande, ni même de connaître la teneur des principaux calculs. Il lui suffisait de se faire dire si, oui ou non, le Québec était perdant. Pas plus. Genre de renseignement qu'on peut glisser en passant ou laisser sous-entendre à quelqu'un en cinq secondes de conversation téléphonique.

Or, justement, Lévesque me téléphona dans la semaine précédant la publication. Il m'appelait très rarement, et chaque fois c'était pour se rafraîchir la mémoire sur les circonstances ou les décisions d'une conférence fédérale-provinciale à laquelle lui ou Lesage avait participé. Jamais il ne sollicita d'informations confidentielles. Cette fois-là, pourtant, j'étais persuadé qu'il cherchait quelque lumière sur l'étude à venir. Il avait appris, Dieu sait comment, que sa parution était imminente et, en vue de préparer ses commentaires, il voulait simplement que je lui fasse parvenir la copie d'un travail similaire déjà fait par Ottawa (il avait perdu la sienne). Aucune demande d'indices sur le nôtre.

Pour lui éviter des comparaisons risquées, je lui précisai que notre recherche avait été conçue selon une méthode différente de celle d'Ottawa.

— Je ne vous ai pas téléphoné pour savoir ça. J'en prendrai connaissance en temps et lieu, et je m'arrangerai avec les résultats, coupa-t-il brusquement.

Une situation semblable se reproduisit en juin 1971, quelques jours avant l'historique conférence de Victoria. Je tombai par hasard sur lui alors qu'il venait de rencontrer les députés du Parti québécois à l'Assemblée nationale. Il m'invita à prendre un café au restaurant Le Parlementaire, s'inquiétant toutefois, par délicatesse, du qu'en dira-t-on si jamais on me voyait, sous-ministre de Bourassa, attablé avec lui (à vrai dire, je fus moins courageux que Lévesque le crut: ayant déjà décidé de quitter mon poste, je ne me préoccupais pas de ce que les libéraux penseraient de mon voisinage amical avec lui).

Il m'écouta un certain temps parler du dossier constitutionnel et des enjeux de la conférence. J'avais aussi commencé à lui dire que, comme beaucoup d'autres fonctionnaires, je m'opposais au projet de charte constitutionnelle qu'on allait présenter au Québec et que Claude Castonguay n'y était pas non plus très favorable. Il me demanda d'omettre ces détails internes, à mon avis importants. Ils auraient pu lui permettre de mieux saisir l'ampleur du dilemme dans lequel se trouverait Bourassa, porté à accepter la charte, malgré la réticence de son ministre le plus influent. Je sentis que Lévesque ne voulait pas en savoir davantage.

— J'aime mieux attendre de voir comment ça se passera. Je jugerai ensuite, laissa-t-il tomber.

Curieux. La plupart des indications que j'aurais pu lui fournir étaient connues d'un grand nombre de personnes à l'intérieur du gouvernement. J'avais même reçu des appels de journalistes visiblement au courant. Peut-être Lévesque l'était-il aussi? Probable, car comme le disait notre ami commun Yves Michaud: «Au Québec, il n'existe pas de secrets d'État; d'abord il n'y a pas de secret, ensuite il n'y a pas d'État!» Quoi qu'il en soit, Lévesque ne savait pas tout, mais il faisait exprès de ne pas exploiter les circonstances et nos excellentes relations. C'était tout à son honneur.

Huit mois après avoir quitté mon poste, je devins membre du Parti québécois. C'était en mai 1972. Lévesque était heureux de ma décision. Il tint à signer lui-même ma formule d'adhésion et à être présent le soir où, néophyte de la politique active, je m'adressai à une assemblée du Parti pour expliquer mon choix. J'entrais dans son équipe. Mon expérience des relations fédérales-provinciales serait certes utile à sa formation.

Elle le fut, semble-t-il, mais toujours à l'intérieur de balises claires. Autant Lévesque désirait connaître les tenants et aboutissants des dossiers courants, autant il évitait de m'interroger sur le comportement personnel des premiers ministres qui avaient été mes patrons. Je lui fus reconnaissant de respecter ma propre règle de discrétion en la matière.

De fait, c'est dans le présent livre — et bien longtemps après les événements — que j'aborde pour la première fois ces sujets. Si Lévesque avait pu le lire, il aurait appris des choses dont je ne lui parlai pas à l'époque ni par la suite.

La lutte contre la montre

Sous-ministre, il m'arrivait de croiser Lévesque dans les corridors alors qu'il arrivait aux réunions du cabinet, au pas de course, chargé de documents, la cigarette au coin de la bouche, le veston ouvert, la cravate de travers (quand il en portait une...). Si pressé fût-il, il trouvait quand même les instants voulus pour me parler de choses et d'autres. Conversations ultrarapides qu'il n'avait à peu près jamais le temps de terminer:

— Je ferai un saut à votre bureau après la réunion du Conseil des ministres et on reprendra tout ça, concluait-il parfois.

Engagement plus verbal que réel.

Il se nuisait à lui-même par sa désinvolture provocante à l'égard de la ponctualité. Il manquait rarement les réunions du cabinet ou celles des comités dont il faisait partie, mais arrivait à son heure: elle ne coïncidait pas, on s'en doute, avec celle de la convocation. S'il le jugeait opportun, il tentait souvent d'ajouter à l'ordre du jour des thèmes non prévus.

Plus tard, à la grande surprise de ceux qui avaient perdu espoir, il se corrigerait en bonne partie de ses manquements chronologiques coutumiers et de la plupart de ses habitudes brouillonnes. Mais de son temps de ministre, tout cela devint une sorte de légende* qui fit, des années plus part, douter certains de sa capacité à assumer les plus hautes fonctions.

---

*Ce n'était d'ailleurs pas que légende. Au cours des rencontres fédérales-provinciales, son entourage s'évertuait à le réveiller à temps pour lui éviter des retards trop flagrants aux conférences. Pas toujours avec succès. Finalement quelqu'un songea à un truc imparable: à l'hôtel, on commanderait à son intention un petit déjeuner pour, disons, sept heures. Il serait alors forcé de se lever pour répondre au serveur insistant à la porte de sa chambre. Sa ponctualité matinale s'améliora d'un ou deux crans, mais pas son humeur. Une douzaine d'années après, Lévesque m'accusa d'avoir alors inventé ce stratagème diabolique: par précaution, j'y avais recouru lors d'un de nos passages à Ottawa et cela lui avait rappelé des souvenirs.

C'est surtout par contraste avec la rigueur horaire de Lesage que Lévesque acquit sa réputation de lève-tard endurci. Parce qu'il arrivait au bureau bien après son premier ministre, champion incontesté du travail matinal, la notion s'installa qu'il traînait au lit au moment où ses collègues, imitant leur chef, s'affairaient déjà studieusement à leurs dossiers. Sous Johnson, le microcosme ministériel ne commençait à bouger vraiment que vers dix onze heures du matin. Ministre à cette époque, Lévesque aurait davantage été dans la note. Cela dit, il n'est pas question ici de le faire rétrospectivement passer pour un lève-tôt.

Inutile aussi de prétendre que, pendant le reste de la journée, il s'en tenait à la conception du temps admise par la plupart de ses contemporains. Il disait faire pourtant de son mieux pour ne pas être trop en retard à ses rendez-vous, mais n'y réussissait pas. Cela n'allait pas sans quelques inconvénients personnels.

Nous devions, un après-midi, vers quatre heures, examiner à son bureau la première version d'une lettre destinée à un ministre fédéral. Peu avant le moment prévu, il me fit avertir de le rencontrer plutôt à cinq heures, dans un restaurant de la Grande-Allée, près de la Colline parlementaire où il venait de participer à une réunion. Il était en train de manger. Je m'étonnai:

— Pourquoi prenez-vous votre repas si tôt? (Je pensais à celui du soir).

— Comment, si tôt? Je n'ai pris que du café depuis ce matin, je n'ai pas eu une minute pour luncher à cause d'une série de rendez-vous. Je ne savais même pas quelle heure il était.

— Et votre montre sert à quoi?

— Je n'en ai pas!

Son habitude du «repas à toute heure», il la corrigea aussi graduellement.

Mieux encore, il finit, des années plus tard et sur l'insistance de son entourage, par s'équiper de cet instrument de mesure du temps qu'on nomme communément une montre!

S'informer sans intermédiaire

Sans éprouver de culpabilité patente à propos des variations fantaisistes de son horaire, Lévesque sentait quand même à l'occasion le besoin de se justifier. Ainsi, disait-il, il lisait souvent jusqu'au milieu de la nuit alors que les autres dormaient sur leurs deux oreilles.

Il lisait effectivement beaucoup (et pas seulement des rapports techniques), pratique qu'il conservera premier ministre. Il consommait une quantité remarquable de publications de toutes sortes et s'absorbait souvent dans des «briques» littéraires ou historiques qui en auraient rebuté plus d'un.

En préparant ses émissions télévisées «Point de mire», il avait développé son talent naturel pour la synthèse. Il distinguait sans faille l'essentiel de l'accessoire et l'anecdotique de l'insignifiant. Il me parut toujours, et de loin, le mieux renseigné de tous les ministres sur la politique étrangère et l'évolution des autres peuples. Nul doute que ses connaissances accumulées l'aidèrent, quelques années après, à concevoir le projet de souveraineté-association et à mettre ses intuitions politiques en forme présentable et crédible.

Le goût de la lecture n'explique pas, à lui seul, ses levers tardifs. Il y avait d'autres raisons, entre autres celle-ci: il succombait sans le combattre à son penchant pour les discussions nocturnes prolongées, ces séances d'analyse où des participants de passage (j'en étais parfois) refont entre eux le monde sans lui demander son avis. Mais Lévesque ne jouait pas seulement ce genre de jeu. Il ne perdait pas son temps. Il écoutait, se laissait contredire jusqu'à un certain point, endurait les remarques superficielles (jusqu'à un certain point aussi) mais non les stupides (aucune endurance ici), le tout afin d'apprendre du «monde ordinaire» ou d'intellectuels rencontrés dans la rue ou dans des halls d'hôtels des facettes de la réalité qui ne lui seraient jamais aussi crûment révélées dans sa suite ministérielle. Il se servait de ses antennes, faisait la part des choses et tirait ses conclusions.

Là-dessus, il ne changea jamais. Il cultiva toujours une obsession: connaître les faits réels dans leur vrai contexte. Il se méfiait de l'information officielle, soucieuse par définition de défendre les prérogatives d'*establishments* sectoriels, publics ou privés, davantage préoccupés, croyait-il, de leurs intérêts immédiats que du bien commun.

Premier ministre, il n'était pas rare de le voir suivre avec attention le raisonnement d'un chauffeur de taxi, d'un garçon d'ascenseur, d'une serveuse de restaurant, d'un malade alité dans un hôpital, d'un client à la caisse du dépanneur où il allait en personne acheter ses cigarettes, faisant au besoin la queue. Comme tout le monde.

Il n'agissait pas de la sorte en fonction d'une «image» à projeter, mais par affinité naturelle avec tous ces gens d'humble condition qui aimaient lui raconter des choses — leur sort, leur situation budgétaire, leur manque d'emploi — à leur façon, pas toujours informée ni exacte ni correcte ni objective, mais vraie. Ces gens simples et, disons-le, pas toujours désintéressés, lui livraient une matière première non dégrossie mais, à ses yeux, jaillissant de leur réalité vécue. Une matière première vivante qui contrastait avec celle, aseptisée, qu'il disait trouver dans les savants et secs mémoires pondus par les technocrates de l'État.

De manière générale, il avait plus confiance en sa propre intuition alimentée par des contacts humains que dans les raisonnements scientifiquement étayés des autres. Même s'il disposait de renseignements adéquats, il avait besoin, avant d'agir, de sentir que le moment était venu. Il lui fallait une impulsion née de l'intérieur de lui-même.

Un personnage multiple

Quand il devint premier ministre en novembre 1976, je savais déjà qu'il se trouvait chez Lévesque du Lesage (sens de l'État, connaissance des dossiers, vastes horizons), du Johnson (sensibilité, humanité et... manque de ponctualité) et du Bertrand (honnêteté et méfiance envers les «calculateurs» de tout genre).

Mais pas de Bourassa.

21

«Vous avez mon appui total!»

Mon adhésion au Parti québécois, en mai 1972, était un témoignage, non la preuve d'une vocation politique tardive.

Une expérience de huit années et demie m'avait finalement convaincu que l'avenir du Québec se trouvait du côté de la souveraineté. Je voulais que cela se sache. Non pour évangéliser mes concitoyens, mais pour rendre compte de cette expérience et pour l'utiliser. Ainsi en décidai-je durant la rédaction de mon premier livre: *Le Pouvoir québécois*. Si possible, j'agirais comme conseiller auprès du Parti, un peu de la même manière que je l'avais longtemps fait auprès du gouvernement. Pas question de lorgner une candidature.

Aucune abnégation là: la politique active ne m'attirait pas.

Autre facteur: le seul comté où, le cas échéant, j'aurais accepté de me présenter était celui de Louis-Hébert où j'habitais. Claude Castonguay, un ami d'enfance, en était le député libéral depuis avril 1970. Jamais je ne me serais engagé dans une lutte électorale contre lui. Il le savait d'ailleurs.

Indifférence?

Ignorant mes goûts, plusieurs me considéraient déjà comme un «gros candidat» potentiel et me pressaient de me «grouiller», mais, semblait-il, pas Lévesque; il n'aborda pas le sujet avec moi. Étonnant. Je me serais attendu à plus d'insistance de sa part, encore que je ne la souhaitais pas.

René Lévesque signant la demande d'adhésion
de l'auteur au Parti québécois en mai 1972 (page suivante
en haut, fac-similé du reçu signé par Lévesque).

LE PARTI QUÉBECOIS
5675 RUE CHRISTOPHE-COLOMB
MONTRÉAL 326 (514)273-0471

251306

REÇU DE _Claude Morin_

LA SOMME DE $3.00 + $ _8.00_ TOTAL $ _3.00_

LE _21/5_ 19 _72_ PAR _René Lévesque_

Pourtant, rien d'exceptionnel dans cette attitude. D'autres, je le sus plus tard, vécurent la même expérience. Lévesque détestait solliciter des candidatures. Pour le forcer à procéder lui-même aux appels ou aux rencontres nécessaires il fallait y mettre la croix et la bannière. On aurait dit que le recrutement prenait pour lui figure de corvée. Il s'y intéressait, mais préférait souvent la confier à des conseillers sûrs.

Il ne tenait pas non plus à retenir auprès de lui ou dans l'administration publique les gens qui voulaient partir.

Timidité insolite de la part d'un chef de parti aussi bouillant et persuasif, sans doute explicable par un réflexe: les conversations privées le mettaient mal à l'aise. Il n'était pas du genre confesseur ou directeur de conscience. Les tête-à-tête, les entretiens «à cœur ouvert», les étalages d'états d'âme le rebutaient, surtout s'il devinait devoir recruter son vis-à-vis ou faire pression sur lui. Ou encore s'il avait à le blâmer. Il se sentait plus dégagé, davantage dans son élément, moins gêné devant une foule de 500 ou de 10 000 personnes que face à un interlocuteur unique.

Une prévenance naturelle le portait peut-être aussi à ne pas se servir de son prestige ou de son charisme pour influencer des candidats possibles. Il estimait leur motivation plus solide si la décision venait d'eux.

Mes contacts avec lui demeurèrent rares au début. De temps à autre, comme avec Lesage, je lui transmettais des commentaires écrits sur des sujets d'actualité. Jusqu'au jour où il m'avoua avoir «laissé quelque part» une de mes notes confidentielles, oubliée dans une salle de réunion, dans l'auto d'un ami, dans une chambre d'hôtel ou dans un restaurant, il ne s'en souvenait plus au juste. Elle avait heureusement été égarée avec soin: si on l'avait découverte, j'en aurais entendu parler ou je l'aurais lue dans un journal...

En novembre 1972, il m'invita comme personne ressource à une réunion de l'exécutif national du Parti dans un hôtel de Saint-Jovite, au nord de Montréal. On devait y discuter de sujets fédéraux-provinciaux, ma spécialité. C'est à cette occasion qu'il s'exprima de manière à me faire sentir, mais combien discrètement, son espoir de me voir candidat à la prochaine élection générale, prévue pour 1974.

Il y avait là de futurs collègues: Camille Laurin, Marc-André Bédard, Robert Burns, Marcel Léger, Pierre Marois, Guy Joron, etc. S'y trouvait aussi Pierre Bourgault. Entre trois ou quatre d'entre nous, la discussion à bâtons rompus roula un moment sur nos projets personnels. «S'il le faut, je consentirais à la rigueur à un poste de sous-ministre dans un gouvernement du Parti québécois!», lançai-je, un peu à la blague. Bourgault intervint: «Non, ça ne va pas, on a maintenant besoin de gens qui ont le goût de la politique active, qui ont envie de se faire élire!»

L'opinion de Bourgault se défendait. Près de moi, Lévesque me glissa alors, avec un petit sourire:

— Sous-ministre, c'est bien beau, mais vous pourriez faire pas mal mieux.

Ce fut là sa seule allusion à un éventuel engagement électoral de ma part. Du moins l'interprétai-je ainsi.

Pour dissiper de faux espoirs, je lui expliquai l'impossibilité de poser ma candidature contre Claude Castonguay. Déjà mis au courant par d'autres, il me dit comprendre la situation et me suggéra de devenir quand même membre de l'exécutif national du Parti. Selon lui, je pourrais y être élu sans difficulté par le prochain congrès.

La perspective me plut: l'activité politique en question se situait dans la zone sécuritaire et relativement calme réservée à un conseiller. Comme je voulais.

Les choses en seraient peut-être restées là n'eût été un curieux accident de parcours.

Les conséquences d'un réflexe

Au début de l'été 1973, j'eus un mouvement impulsif aux conséquences en forme d'engrenage. En effet, Dieu sait pourquoi, tout à la fin d'une conversation téléphonique, j'annonçai spontanément à Lévesque mon intention de sonder Castonguay sur ses intentions. Des rumeurs d'élections hâtives avaient commencé à circuler.

Étrange. Sans y être poussé par lui, voilà que j'offrais implicitement à Lévesque de me lancer dans la lutte électorale si les circonstances le permettaient! Qu'est-ce qui m'avait pris de m'engager ainsi? Le désir inconscient de faire plaisir à Lévesque?

L'entretien avec Castonguay eut lieu en août. Il n'ignorait pas que des militants de Louis-Hébert faisaient pression sur moi. Ce n'était pas la première fois que nous traitions du sujet. Or, il me fit confidentiellement savoir qu'il ne solliciterait pas un second mandat. Il s'était présenté, en 1970, entre autres motifs pour mettre l'assurance-maladie en œuvre. Mission maintenant accomplie.

Tout aussi confidentiellement, je fis part de la nouvelle à Lévesque. Il s'en montra content, promit le silence et me conseilla de penser à ma «convention», c'est-à-dire à ma propre assemblée de nomination. Il ajouta, dans son style bien personnel:

— Si vous croyez que çe ne vous nuira pas trop et si vous pouvez m'endurer, je suis prêt à y prendre la parole.

J'étais «embarqué». Par ma propre faute! En 1963, j'avais cédé à l'invitation répétée de Lesage en me consolant à l'idée de tirer profit d'un séjour dans la fonction publique. Une décennie plus tard, sans intervention particulière de la part de Lévesque, je plongeais dans une expérience qui me tentait encore moins que la première. En outre, Louis-Hébert passait pour une forteresse libérale. Malgré ses changements de frontières, c'était l'ancien circonscription de Jean Lesage. Castonguay y avait récolté une majorité de plusieurs milliers de votes. Ma performance ne serait pas trop humiliante si je réussissais à réduire de moitié la majorité libérale. Prévision: une autre «victoire morale» du Parti québécois!

Quand ma candidature fut connue, j'expliquai que mon adhésion à la souveraineté débouchait naturellement sur une action électorale. C'était ma version officielle. Je ne pouvais tout de même pas avouer que j'avais surtout voulu faire plaisir à Lévesque et l'aider, et que mon plongeon dans les eaux tumultueuses de l'action politique tenait essentiellement à l'immense ascendant qu'exerçait sur moi comme sur d'autres ce personnage hors pair.

Problème de fond

Mes hésitations de 1973 face à la politique active ne résultaient pas uniquement de considérations personnelles. La méthode retenue par le Parti québécois pour réaliser la souveraineté me paraissait inappropriée et politiquement préjudiciable. Je voulais la faire réexaminer. Vu l'importance du débat que ma remise en cause provoqua, il n'est pas inutile d'expliquer en quelques paragraphes à quoi tenaient mes réserves.

Il me semblait que le parti avait trop peu prêté attention à la manière de réaliser la souveraineté. Ses porte-parole — Lévesque aussi, supposai-je — tenaient apparemment pour acquis qu'il suffirait d'un vote majoritaire favorable de l'Assemblée nationale. On s'en tiendrait ainsi aux normes du parlementarisme britannique, d'ailleurs constamment appliquées aux Québécois depuis la conquête de 1760, même à l'encontre de leurs intérêts. Juste retour des choses: ce serait désormais au tour du Canada anglais de se voir administrer sa propre médecine.

Ce raisonnement négligeait un point selon moi capital. Le parlementarisme britannique, c'est vrai, confère à une majorité de députés toute latitude pour légiférer pendant la durée de leur mandat électoral. Procédé à la rigueur défendable pour les lois courantes *à l'intérieur du régime politique existant*. Le sens commun porte toutefois à croire que des règles d'un autre ordre doivent intervenir à propos d'une législation qui viserait non plus à gérer le système en place, mais à le *remplacer*. Modifier la nature du système ambiant représente une transformation structurelle difficilement assimilable à une banale législation. Une loi à cet effet ne serait pas du type habituel. Légale peut-être, elle manquerait de légitimité*.

---

*Elle manquerait aussi de crédibilité. S'opposant à deux autres partis fédéralistes, une formation souverainiste peut obtenir une majorité de sièges avec seulement 40 % du vote, phénomène fréquent en multipartisme. Déclarer la souveraineté dans ces conditions équivaudrait à entreprendre une mutation politique fondamentale sans l'accord majoritaire de la population. Le geste, antidémocratique, constituerait en plus une invitation pure et simple à des contestations ultérieures. Un gouvernement qui se comporterait de la sorte n'aurait qu'à s'en prendre à lui-même si, à la moindre difficulté de parcours dans la réalisation de son objectif, la population lui reprochait d'avoir agi au mépris de l'opinion publique et s'élevait contre lui.

Même élu avec une majorité absolue de suffrages, un parti proposant la souveraineté ne détiendrait pas de ce fait un mandat incontestable. Lors d'une élection, les choix du public dépendent d'une multitude de variables: valeur du chef, rejet de l'équipe gouvernementale, manque d'attrait des partis adverses, concurrence entre les engagements électoraux, questions locales, qualité des candidats, etc. On peut voter pour (ou contre) un parti à cause de motifs étrangers à son option politique.

L'élection d'un parti souverainiste après une campagne où il aurait fait, de son option, la composante majeure de son message électoral placerait certes ce parti en meilleure position pour prétendre avoir le droit de procéder à une transformation du régime, mais ne serait pas non plus totalement probante. On ne peut, pour n'en conserver qu'une, éliminer les diverses autres considérations guidant les choix du public lors d'une élection générale. Les adversaires fédéralistes de l'intérieur ou de l'extérieur pourraient ainsi mettre en doute la signification du vote, même majoritaire, et réclamer une preuve plus éloquente de l'adhésion des Québécois à l'option souverainiste.

En octobre-novembre 1962, les libéraux de Jean Lesage voulurent axer toute leur campagne électorale sur la nationalisation de l'électricité. Il s'agissait, avant la lettre, d'une «élection référendaire». En cours de route cependant, ils durent introduire d'autres sujets et attaquer vivement l'Union nationale sur son administration de 1944 à 1960. Ce parti avait en effet partiellement réussi à faire dévier le débat. Il fut par conséquent impossible de déterminer à quoi au juste tint la réélection des libéraux. On supposa que la question de l'électricité fut importante, mais sans plus.

Il faut aussi penser que la communauté internationale s'étonnerait à bon droit qu'un État civilisé comme le Québec tente d'acquérir son indépendance sans pouvoir démontrer aux pays dont il souhaitera la reconnaissance qu'il jouit à cet égard d'un appui explicite de sa population. Comme gaucherie de la part d'un aspirant pays, ce serait réussi.

L'accession à la souveraineté est une opération aux conséquences trop lourdes et à laquelle trop d'intérêts tenteront de faire échec pour démarrer du mauvais pied, sans qu'existe chez ses promoteurs une certitude réelle sur les sentiments véritables de l'électorat. D'ailleurs, comment celui-ci réagirait-il sachant qu'une simple majorité de sièges, acquise plus ou moins fortuitement au cours d'une élection ordinaire, suffirait, du coup, à faire basculer le Québec dans la souveraineté? D'instinct un grand nombre de citoyens hésiteraient sans doute à voter pour le parti prônant un cheminement aussi aléatoire. En tout cas, les fédéralistes auraient beau jeu pour brandir la menace d'une élection accidentelle des «séparatistes».

Mon analyse menait à une conclusion nécessaire: le Parti québécois se conduirait de façon à la fois plus démocratique et électoralement plus rentable s'il cessait de considérer son élection éventuelle comme le déclencheur automatique et unique de la souveraineté. Une étape supplémentaire s'imposait: un référendum positif en faveur de cet objectif. Intervenant avant le début des pourparlers avec le reste du Canada ou, selon les circonstances, à un autre moment, il montrerait l'appui indiscutable de la population à l'option souverainiste.

Le référendum était aussi le seul moyen susceptible de forcer le reste du Canada à tenir compte, sérieusement, de la volonté québécoise.

Il n'y aurait plus, sur cette volonté, d'ambiguïté exploitable par les politiciens d'Ottawa du Canada anglais. Quels qu'en soient les thèmes dominants, une élection laisse des doutes. Pas un référendum.

Une idée née à Ottawa

Par une de ces ironies dont l'Histoire est friande, l'idée du référendum me fut involontairement suggérée en 1969 par trois personnalités renommées de l'*establishment* politico-technocratique anglophone fédéral.

C'était pendant la ronde de discussions qui devait conduire à la charte avortée de Victoria. À l'époque, la solution du problème constitutionnel me paraissait résider dans l'obtention, par le Québec, d'un statut particulier, objectif toutefois irréalisable sans un transfert important de pouvoirs fédéraux. D'où deux questions naturelles: de quels pouvoirs nouveaux le Québec avait-il besoin et à quelles conditions Ottawa et le reste du Canada consentiraient-il à leur transfert?

Or depuis des années un phénomène me frappait.

Sous Lesage, presque chaque fois que je faisais allusion à la nécessité d'un nouvelle répartition des champs de juridiction entre Ottawa et Québec, mes homologues fédéraux et provinciaux répondaient à peu près ceci: «En bon politicien, Lesage est en quête de pouvoirs accrus. Normal. Mais les gens sont-ils d'accord avec lui?» Sous Johnson, même réaction: un premier ministre provincial veut toujours plus de pouvoirs, n'est-ce pas, mais les Québécois «ordinaires» sont-ils aussi exigeants? Son successeur, Jean-Jacques Bertrand maintint en gros les mêmes revendications: «Reflète-t-il vraiment l'opinion de ses concitoyens?»

L'affaire m'intriguait: qui parlait au nom du Québec? Trudeau? Suffisait-il d'être premier ministre du Québec pour ne plus véhiculer les aspirations de ses concitoyens? Si, comme cela en avait l'air du point de vue des représentants fédéraux et canadiens-anglais, les premiers ministres québécois ne s'exprimaient qu'en leur nom personnel, la probabilité était pratiquement inexistante que leurs pressions sur Ottawa et les autres provinces aboutissent à un transfert significatif de pouvoirs. Alors, comment faire pour provoquer ce transfert?

À quelques reprises, j'abordai ouvertement le sujet avec trois membres importants de l'équipe fédérale de négociation: Gordon Robertson, secrétaire du cabinet fédéral et, à ce titre, premier fonctionnaire d'Ottawa, Robert Bryce, ancien sous-ministre fédéral des Finances et éminent mandarin d'Ottawa, et Al Johnson, sous-ministre de la Santé nationale et du Bien-être social (il deviendrait plus tard président de Radio-Canada).

Ils me firent chacun, l'un après l'autre et même une fois les trois ensemble, des commentaires fort instructifs. Ces échanges se situent parmi les plus démystifiants de toute ma carrière. Je n'étais pas près de les oublier. Ils corroboraient ma propre observation expérimentale.

Avec une franchise amicale, ils finirent par admettre que jamais les autres gouvernements ne consentiraient au Québec des compétences de nature à lui conférer plus de pouvoirs qu'aux autres provinces, encore moins un statut particulier.

Pourquoi? D'abord parce que le gouvernement fédéral estimait ne pas devoir, par la cession de pouvoirs, consolider l'emprise sur leur population de politiciens provinciaux avides de puissance et de prestige. Les électeurs n'aspirent pas eux-mêmes à une plus grande marge de manœuvre politique, mais seulement les élus (et leurs fonctionnaires...) qui, pour se justifier, prétendent exprimer un consensus populaire en réalité fictif.

Ensuite, toute concession d'Ottawa au Québec devrait aussi être offerte aux autres provinces, avec, comme résultat final de l'opération, un affaiblissement graduel du gouvernement central et, de là, un effritement possible du Canada. Déjà, sous Pearson, le déblocage administratif de 1964 avait, selon plusieurs éminents représentants fédéraux, dépassé les bornes. Cela ne se reproduirait plus: Trudeau y veillait.

Signification de tout cela? Un premier ministre du Québec pouvait toujours, à son gré, agiter en public son intention de se rendre, fringant, à Ottawa pour y réclamer des compétences supplémentaires. Libre à lui aussi de mener là-dessus une élection réussie et de faire miroiter des gains sans précédent aux dépens d'Ottawa. De telles mises en scène (du *posturing*, disaient-ils) n'ébranleraient cependant pas les autres gouvernements. Ils ne céderaient pas à des appétits de toute façon insatiables. Cela, Duplessis, Lesage, Johnson et, maintenant, Bertrand l'avaient appris. Tous, ils avaient formulé des demandes oralement musclées (et même un ultimatum, dans le cas de Lesage), mais, au-delà d'arrangements d'ordre administratif, à peu près rien de fondamental n'avait été changé dans l'équilibre constitutionnel canadien.

Mes trois interlocuteurs ne livrèrent pas toutes leurs explications en une seule occasion et leur façon de les énoncer varia de l'un à l'autre. Toutefois, leur message global était identique et limpide. Tellement, que je me méfiai: ils s'étaient peut-être concertés pour me décourager? Sur le coup, je ne pris pas au pied de la lettre leur leçon de choses politiques, sans doute une tactique de négociation (d'intoxication?). Peut-être mes amis fédéraux étaient-ils trop pessimistes sur les chances du Québec de modifier l'attitude du reste du Canada (essentiellement rationnel et pragmatique, disait-on)? Un de ces jours, me dis-je, il se résoudrait bien à entendre raison et à reconnaître la spécificité du Québec.

Sinon, cela signifiait qu'à l'intérieur du régime fédéral la recherche, par le Québec, de pouvoirs accrus était vaine, et mon travail en ce sens futile depuis des années. Je m'entêtai à croire que, tenace et ferme, le Québec finirait en fin de compte par amener les autres gouvernements à plus de souplesse.

Existait-il un mécanisme de déblocage, un moyen de pression original? Lequel?

Le moyen par excellence

Sur ces entrefaites, Jean-Jacques Bertrand évoqua, devant un auditoire québécois, la présentation possible devant l'Assemblée nationale d'une loi pour permettre la tenue de référendums sur des sujets constitutionnels. Certaines personnalités de l'Union nationale, dont Bertrand lui-même, considéraient en effet qu'une consultation populaire de ce type pourrait, un jour, être requise. Son intention avait été relayée par des médias anglophones. Mes trois interlocuteurs en étaient vaguement au courant. Voilà comment le recours au référendum s'insinua dans nos conversations.

Là-dessus, leurs propos furent transparents: bien que pratiquement jamais utilisée en régime parlementaire britannique, seule une consultation de ce genre serait susceptible, me dirent-ils, d'inciter Ottawa et les provinces à consentir à un nouveau partage des pouvoirs plus avantageux pour le Québec. Pourvu, cependant, que les Québécois s'y fussent montrés très majoritairement favorables et qu'on eût permis l'expression du point de vue fédéral. Même là, le succès de la négociation intergouvernementale n'en serait pas pour autant garanti et les demandes québécoises ne seraient pas toutes satisfaites, mais, chose sûre, l'attitude fédérale et canadienne-anglaise évoluerait si un référendum confirmait qu'une majorité de la population québécoise, et non plus seulement ses politiciens, souhaitait l'acquisition de compétences constitutionnelles nouvelles.

Que dire alors d'un référendum portant sur la souveraineté plutôt que sur un réaménagement du fédéralisme?

Robertson, Bryce et Johnson étaient convaincus qu'une telle consultation prouverait le rejet, par les Québécois, du «séparatisme», mais ils n'hésitèrent pas à reconnaître (aveu peu compromettant, en 1969!) que, mis devant un référendum favorable à l'indépendance, eh bien! Ottawa et les autres provinces devraient s'incliner. Je peux, sans la trahir, rendre ainsi la substance de leur opinion (surtout celle de Robertson, plus explicite):

— On ne peut garder le Québec de force dans la Fédération. Le Canada est une démocratie jouissant d'une réputation internationale excellente. S'il passait outre à une volonté québécoise librement exprimée, son image extérieure serait ternie et il affronterait des problèmes internes aigus. En revanche, un oui à l'indépendance causerait des répercussions immenses. Dans le cas d'un référendum, le reste du Canada devra donc absolument mettre tout en œuvre pour persuader les Québécois d'opter en faveur du maintien du fédéralisme.

Deux indications ressortaient des confidences résumées ici: par les moyens classiques de négociation fédérale-provinciale, jamais le Québec ne parviendrait à une transformation du régime, et la souveraineté ne se réaliserait jamais sans l'expression d'un appui populaire majoritaire.

La première indication fut vite prouvée: les discussions constitutionnelles de 1968-1971 se terminèrent sans que le Québec n'obtînt la satisfaction d'une seule de ses réclamations. Ottawa et les autres provinces ne cédèrent à aucun de ses arguments politiques. Quant à nos arguments techniques, ils n'impressionnaient que les fonctionnaires anglophones les plus alertes: nous en félicitant en privé, ils aidaient ensuite leurs ministres à les démolir; c'était leur devoir. Le Canada anglais, réconforté dans sa bonne conscience par le Canadien français Trudeau, ne manifesta nulle envie de voir émerger, des pourparlers en cours, un Québec plus autonome qu'avant. Au contraire, il ne perdit jamais espoir de lui imposer ses normes, priorités et volontés. Certaines furent d'ailleurs inscrites dans la Charte de Victoria qu'un Robert Bourassa, par penchant naturel désireux d'y souscrire, fut, en bout de ligne, forcé de rejeter.

Une élection trop rapide

Pendant la première moitié de 1973, j'interrogeai des personnalités du Parti québécois sur le mode d'accession à la souveraineté. Plusieurs reconnurent les lacunes du programme et auraient aimé y voir autre

chose, mais quoi? Pour d'autres, mes inquiétudes prenaient racine dans
mon pli de technocrate: les «technicalités» qui m'énervaient ne tracas-
saient pas le grand public. Selon eux, je devrais moi aussi les oublier*.

---

*Dans *Le Combat québécois* paru en février 1973, j'avais songé à développer la
problématique de l'accession à la souveraineté et à traiter du référendum. Toutefois
je m'en abstins, faute d'avoir pu en discuter avec Lévesque et pour éviter une
polémique possible, à un moment où ma connaissance du Parti québécois était
encore déficiente. Je me contentai d'un bref passage (p. 182). En voici quelques
lignes: «... il est essentiel de briser le cercle vicieux fédéraliste et de sortir des voies
sans issue qu'offre le présent régime politique du Canada. On ne peut pas briser
ce cercle grâce aux moyens qui ont déjà servi dans le passé; on ne peut pas, dans
le fédéralisme actuel, découvrir des voies qui n'y existent pas (...) Le cercle vicieux
du fédéralisme actuel, c'est par l'opinion publique québécoise qu'il sera brisé (...)».
Les deux mots *opinion publique* constituaient une allusion voilée au référendum. Si
voilée qu'elle passa totalement inaperçue...

Il me tarda bientôt d'avoir une conversation là-dessus avec Lévesque, mais l'occasion propice ne survenait pas. Je ne voulais pas non plus
brusquer les choses: de quel droit déranger une formation politique
satisfaite des règles du parlementarisme britannique? Par contre, j'imaginais aisément comment Robert Bourassa exploiterait la situation: «Le
lendemain de l'élection du Parti québécois, ce sera le saut dans
l'inconnu!»

Finalement, je résolus de demander un rendez-vous à Lévesque
pour la mi-septembre. Il y avait une certaine urgence: des élections
auraient peut-être lieu dans les prochains mois.

L'urgence était en fait bien plus grande que je ne le supposais:
Bourassa déclencha des élections pour le 29 octobre! Impossible, dans
les circonstances, d'amorcer une nouvelle réflexion sur le programme du
Parti.

Une mini-percée en direction du référendum se produisit néanmoins
dans les derniers jours de la campagne. L'idée vint du député Guy Joron,
membre de l'exécutif national et responsable de la publicité électorale du
parti. Sensible aux craintes soulevées dans la population par l'absence de
toute consultation sur la souveraineté autre que l'élection proprement
dite, il proposa, et l'exécutif, y compris Lévesque, accepta, qu'un
dépliant soit distribué dans tous les foyers avec le message suivant (ou
à peu près): «Chaque chose en son temps: aujourd'hui, on vote pour
changer le gouvernement; demain, on changera le régime politique.»

Dans quelques comtés, des militants bloquèrent la diffusion du
dépliant: son message n'était pas conforme au programme du parti!

Jacques Parizeau, René Lévesque et l'auteur lors du lancement de la campagne électorale du Parti québécois dans la région de Québec, en 1973.

Selon eux, l'exécutif avait cédé à l'électoralisme et masqué l'objectif de la souveraineté.

Comme prévu par presque tous les sondages, les libéraux remportèrent la victoire le 29 octobre: 102 sièges sur 110, avec 54 % des suffrages. Le Parti québécois passa à 30 % du vote (23 % en 1970), score qui, paradoxalement, se concrétisa par une représentation parlementaire moindre: 6 députés (7 en 1970). Coup plus dur encore: Lévesque fut défait dans sa circonscription. Quant à moi, aucune surprise, victoire du candidat libéral. Ou plutôt si, une surprise: sa majorité fut de moins de 800 votes sur plus de 40 000 électeurs.

Pendant la campagne, la question de l'accession à la souveraineté ne fit pas l'objet des vastes débats auxquels je m'attendais. Certes, on en parla, mais les adversaires concentrèrent leur tir sur une cible de choix: le «budget de l'An I».

Pour démontrer sa capacité de gouverner et prouver qu'il savait où il allait, le Parti avait cru opportun, à la demande de Lévesque lui-même, de présenter ses engagements électoraux à la manière d'un discours du budget. Il fut ensuite facile aux adversaires d'en sélectionner des éléments et de les critiquer hors contexte. La campagne se fit ainsi sur le programme chiffré d'un parti d'opposition et non sur le bilan du gouvernement sortant. Ce qui n'empêcha pas le Parti québécois de devenir l'opposition officielle. Les autres formations livrant toutes le même combat, les électeurs fédéralistes craignirent de diviser les forces «antiséparatistes» et optèrent pour le Parti libéral. Avec un maigre résultat de 5 % des votes, l'Union nationale ne fit élire aucun candidat, tandis que le Ralliement des créditistes se retrouva avec 11 % des votes et seulement deux députés.

En un sens, le «budget de l'An I» se révéla plus néfaste pour ces deux partis que pour le Parti québécois! Il n'est d'ailleurs pas sûr qu'il ait autant nui à ce dernier qu'on a pu le croire tout de suite après la campagne.

Le résultat de l'élection m'avait certes déçu mais, comme je n'en espérais pas beaucoup, le coup me fut supportable. Ma carrière en politique active avait été brève, mais celle de conseiller pouvait fort bien se poursuivre.

Peu après, d'aucuns se demandèrent si Lévesque, encore une fois défait dans son comté, n'abandonnerait pas la politique.

Au téléphone, le soir de ma «victoire morale», il m'avait semblé découragé de constater qu'entre autres grandes «victimes», ni Parizeau ni moi n'avions été élus (plus tard, je sus que certains rapports optimistes l'avaient porté, au cours de la campagne, à croire à mon élection facile dans Louis-Hébert). Pas un mot toutefois sur son propre sort, ni ce soir-là ni pendant le *postmortem* de l'exécutif national du Parti quelques jours après. À mon avis, bien que Lévesque pratiquât toujours la plus grande discrétion sur ses propres affaires, ce mutisme persistant était mauvais signe.

Au début de 1974, accentuation des rumeurs. Certains de ses proches me laissèrent entendre que Lévesque se remettait sérieusement en question. Sur leur suggestion, je lui fis, comme bien d'autres amis et partisans, parvenir une lettre personnelle l'incitant à rester. Deux ou trois mois après, il me remercia de ma «sollicitude épistolaire». C'était précisément au moment où, enfin, je pus avec lui aborder à loisir la question de l'accession à la souveraineté.

L' «étapisme»

Sans du tout le rechercher, j'avais été projeté en décembre 1973 vers l'avant-plan inconfortable de l'actualité.

Le journaliste Michel Roy du *Devoir*, une vieille connaissance, m'interviewa sur les perspectives d'avenir dde l'option souverainiste. De toutes mes idées sur une réorientation de la démarche du Parti, celle du recours au référendum était la plus importante, mais il aurait été indécent de la proclamer sans même avoir pris le soin d'en discuter à fond avec Lévesque, son chef.

C'est pourquoi je risquai une autre idée, moins percutante croyais-je: il y avait plusieurs façons pour le Québec d'acquérir la souveraineté. Cela pouvait, par exemple, se faire par un accroissement graduel de ses pouvoirs, plutôt que d'un seul coup. Car, de toute façon, une période de transition s'imposerait. Ainsi, si Ottawa distribue les allocations familiales aujourd'hui, il est peu probable que le Québec puisse s'en charger demain s'il ne dispose pas des données informatiques voulues, ni des sommes dont Ottawa se sert à cette fin. Délai obligé, qu'on le veuille ou non, et qui démontrait que la souveraineté ne se concrétiserait pas par magie. Si on la voulait ordonnée, celle-ci devrait passer par une phase de discussions administratives. Elle pourrait de la sorte se réaliser par étapes.

On a les campagnes de libération nationale qu'on peut!

«Par étapes!»

Deux mots d'un entretien dont les médias firent l'acte officiel de naissance de la notion d'*étapisme*, terme utilisé depuis lors et que je n'avais pas moi-même inventé.

Certains décrivirent l'*étapisme* comme résultant de la réflexion stratégique d'un spécialiste de la négocation intergouvernementale, fraîchement converti à l'action politique. Des militants crurent y déceler l'amorce d'une dilution de leur option, alors que des fédéralistes se persuadèrent que jamais le Parti québécois, intransigeant et idéologue, n'oserait adopter une démarche plus souple d'accession à la souveraineté.

Entrevue décisive

J'étais sûr que l'idée d'accéder à la souveraineté à la suite d'un référendum plutôt qu'à partir du simple processus électoral conviendrait à l'immense majorité de la population québécoise.

Si je l'avais voulu, des conférences, des écrits et des entrevues avec les médias m'auraient, à n'en pas douter, permis de susciter un puissant appui en faveur d'un changement en ce sens du programme péquiste. Je voyais d'avance diverses personnalités influentes intervenir à leur tour, bientôt relayées par des éditorialistes et autres commentateurs, le tout finalement couronné par des sondages où les gens auraient exprimé leur nette préférence pour un référendum. Rien de plus facile, donc, que de créer une situation où le Parti québécois n'aurait pas pu demeurer long-temps indifférent au sentiment populaire. Une opération d'opinion publique réussie d'avance, du type combinaison gagnante. Idéale pour un franc-tireur.

Pourtant, aucune tentation chez moi de l'entreprendre sans con-naître le sentiment de Lévesque. Je n'agirais pas sans son appui. Encore moins par-dessus sa tête. L'idée ne m'en vint jamais. Je le dis une fois pour toutes, ma loyauté envers cet homme était à la mesure de mon respect et de mon admiration pour lui: indéfectible.

De mes attitudes et remarques, Lévesque avait sûrement deviné combien la voie électorale d'accession à la souveraineté me déplaisait. Jusque-là mes réserves visibles n'avaient pas paru l'indisposer. Peut-être le convaincrais-je?

Je le vis à Montréal, en février ou mars 1974. Par précaution, j'avais rédigé un petit aide-mémoire. Si la conversation tournait court — avec lui, sait-on jamais? —, je le lui laisserais. Sauf que, en cas de désaccord, il me faudrait lui annoncer mon intention d'abandonner la politique. Ce «sacrifice» éventuel n'en aurait pas vraiment été un pour moi, mais ma peine aurait été réelle de le décevoir.

Je m'étais figuré que ma rencontre s'étendrait sur au moins une heure, le temps de le «convertir». Elle dura à peine vingt minutes. Et fut extraordinaire.

Une fois formulées mes précautions oratoires sur la délicatesse du sujet et mes assurances d'amitié durable dans l'éventualité d'un désac-cord entre nous (patient, il laissa passer ma pénible introduction sans regimber), je me mis vaillamment à étaler mon argumentation, craignant à tout moment d'être interrompu dans ma séquence logique par l'intru-sion inopinée d'une autre personne qui, dans la pièce à côté, paraissait avoir un problème ultra-urgent à lui soumettre.

C'est lui qui m'interrompit. Prenant le relais (autrement dit, me coupant la parole), il aligna alors d'autres raisons plaidant en faveur du référendum, celles, précisément, que je n'avais pas encore eu le temps de lui donner. Mieux:

— Vous avez mon appui total, me dit-il avec force. Il faut régler cette question. Ça aurait dû être déjà fait, mais le moment n'était pas venu. Le parti ne doit pas s'engager dans une autre campagne électorale amoché d'avance, par sa faute. Poussez à fond, expliquez publiquement votre proposition, défendez votre point de vue. Quant à moi, je n'interviendrai qu'en dernier recours, et seulement si c'est vraiment nécessaire.

Un instant, sa réplique m'avait rappelé Johnson (qui m'avait dit, une fois, de m'affirmer!), mais, soudain, Bourassa me vint à l'esprit.

Lévesque jouait-il lui aussi, à sa façon, une sorte de double jeu: dans un premier temps, sauvegarder une image d'indépendantiste pur et dur en ne prônant pas lui-même l'idée du référendum, puis, si les choses tournaient bien à ce sujet, surgir comme champion de la voie dite *étapiste*?

Ce n'était pas son style, mais connaissant les politiciens...

La fin de notre échange eut l'air de ceci:

— Et si je me casse la gueule? dis-je.

— Alors, il y aura d'autres gueules cassées à la prochaine élection. Nous en avons pour quelque temps encore à ramer contre le courant. Essayons au moins d'avoir un bateau qui ne prenne pas trop l'eau. Le référendum bouchera des trous.

L'entretien m'avait enthousiasmé. Avec Lévesque si résolument de mon côté, l'affaire, croyais-je, était dans le sac.

Pas encore.

Premières réactions

L'insertion du référendum dans le processus d'accession à la souveraineté exigeait une modification au programme du Parti, changement qui devrait attendre la tenue de son prochain congrès national, celui de novembre 1974. Cela ne pourrait se faire que si un comté, une région ou l'exécutif national lui-même soumettait une résolution en ce sens. Vu la portée du changement, il était probable qu'aucun comté ni aucune région ne prendrait les devants. Restait l'exécutif. Lévesque en était membre, mais, m'avait-il dit, il n'interviendrait qu'en tout dernier recours. Sa préférence: le silence, si possible. Dans ces conditions, qui parrainerait la résolution nécessaire? L'exécutif?

Selon les délais prévus dans les statuts du Parti, il suffisait que la résolution requise fût prête en octobre. Dans l'intervalle, l'exécutif aurait à prendre position. La question deviendrait si majeure qu'il ne pourrait l'éviter. Dans le cas où l'option référendaire serait retenue, ce à quoi Lévesque s'attendait, il la ferait sienne, officiellement, sans tambour ni trompette, en tant que membre de l'exécutif. «D'ici là je n'interviendrai pas», m'expliqua-t-il.

Pour l'immédiat, il me revenait donc, compris-je, de convaincre l'exécutif.

Mes consultations dans le Parti me firent découvrir une résistance minoritaire, mais marquée et obstinée, au référendum.

Les opposants soutenaient en général que mon projet retarderait la souveraineté en introduisant une étape de plus dans sa réalisation. Pire, il offrirait une chance supplémentaire aux fédéralistes de faire campagne contre elle. Pour certains, mon projet trahissait un scrupule naïf dont les adversaires, plus vicieux, s'empresseraient de profiter. Pour d'autres, il révélait un souci électoraliste qui laissait poindre, chez des dirigeants du Parti, l'ambition condamnable de se faire élire aux dépens de l'objectif de leur formation.

Quelques-uns y virent même l'indice d'un rejet hypocrite de la souveraineté; un peu plus, ils auraient prétendu que seuls des fédéralistes pouvaient inventer pareille idée!

Certains aussi me confièrent que, malgré les raisons pour lesquelles les électeurs auraient voté pour lui, le Parti québécois arrivé au pouvoir devrait se hâter de faire la souveraineté avant qu'ils ne changent d'idée! Donc, pas de temps précieux à perdre avec un référendum.

D'autres, peu nombreux cependant mais se décrivant comme «réalistes», me firent valoir que, colonisés pendant deux siècles, les Québécois n'auraient jamais le courage d'opter majoritairement pour leur indépendance. D'ailleurs, dans une population comprenant 20 % d'anglophones et d'allophones présumés irrécupérables, la majorité francophone requise devrait dépasser les 60 %; par voie de conséquence, la meilleure stratégie consistait à la conduire un peu malgré elle vers la souveraineté et, pour cela, tabler, aussitôt qu'elle serait acquise, sur une majorité de députés encore euphoriques de leur victoire.

Commun dénominateur chez les opposants au référendum: non seulement la souveraineté pressait, mais sa concrétisation n'exigerait que quelques brèves semaines, pour peu que les dirigeants du Parti fassent preuve de détermination. Le transfert des pouvoirs et des dossiers d'Ottawa vers le Québec ne leur posait aucune difficulté: «de la cuisine». Et d'invoquer le cas de tel ou tel pays sous-développé devenu indépendant en un tournemain.

Ils ne semblaient pas en effet s'inquiéter de l'impossibilité, pour le Québec, de remplacer, en une journée ou une semaine ou même un mois et de son propre chef, Ottawa dans tous les programmes relevant jusque-là du gouvernement central. Ils ne songeaient pas non plus aux moyens financiers à récupérer, ni à diverses autres considérations, techniques il est vrai, mais dont la négligence pouvait aisément déterminer le succès ou la faillite de la démarche souverainiste chez les Québécois, nombreux, qui seraient affectés par les soubresauts prévisibles de tout transfert saccadé de pouvoirs.

Pourtant, la succession d'État (comme disent les spécialistes) supposait, si on la voulait ordonnée (et elle pouvait l'être), des accords administratifs canado-québécois.

Il n'y avait pas à en sortir. La cessation d'un régime fédéral, où quotidiennement les deux ordres de gouvernement agissent auprès des mêmes citoyens, a peu à voir avec la coupure des liens de dépendance avec une métropole éloignée de sa colonie. La France ne versait pas d'allocations familiales dans ses colonies d'Afrique, ni la Grande-Bretagne de pensions de vieillesse dans les siennes, ni le Portugal d'allocations de formation professionnelle en Mozambique!

Ces questions pratiques — plus celles, encore davantage litigieuses, de la monnaie et de la défense nord-américaine — m'inquiétaient, mais les partisans de la méthode abrégée et subite d'accession à la souveraineté avaient tendance à déceler dans mon attitude une prudence trop fortement alimentée par la nostalgie de mon expérience de fonctionnaire.

Cela dit, la perspective d'ensemble n'était pas décourageante, loin de là.

J'ai rapporté ici les réactions négatives à ma proposition, mais il n'empêche qu'elle fut fort bien reçue par ce qui me sembla constituer une bonne majorité des membres du Parti avec qui j'en discutai en groupe ou en privé. Souvent, ils en étaient, par leur propre cheminement, arrivés aux mêmes conclusions que moi.

Lévesque était confiant. Selon lui — il comptait là-dessus —, le Parti passerait, au congrès de novembre, par une salutaire «crise de bon sens», malgré, précisa-t-il, «nos chevaliers indigènes du chaos créateur».

Sa façon de parler desdits «chevaliers» en disait long sur ses sentiments.

Tensions

Recrue péquiste récente, je découvris en ces temps-là un Lévesque en lutte larvée avec des éléments de son propre parti, et pas seulement sur le référendum.

Les uns provenaient des rangs du défunt Rassemblement pour l'indépendance nationale de Pierre Bourgault et en avaient conservé l'approche, les autres se faisaient fort de présenter des propositions dites «de gauche» et se spécialisaient dans la remise en cause plus ou moins ouverte des vues de Lévesque qui les qualifiait d'«experts en picochage». Selon les circonstances, leur comportement provoquait chez lui des réactions qui allaient du haussement d'épaules à la fureur pas toujours contenue, en passant par toute la gamme des manifestations de l'agacement visible.

Le conseil national, instance suprême du parti entre les congrès, constituait la tribune par excellence des contestataires systématiques et leur lieu privilégié d'intervention. Ils y utilisaient à fond toutes les ressources de la procédure des assemblées délibérantes.

Convoqué la veille des réunions, l'exécutif consacrait souvent une grande partie de ses travaux à prévoir leurs manœuvres. Devant cet aréopage restreint, Lévesque manifestait plus ouvertement ses états d'âme. Le lendemain, sauf exception, il était calmé. Il savait d'ailleurs que, la plupart du temps, le conseil national, appelé à voter, opterait pour des orientations raisonnables, mais était horripilé d'avoir à subir des exposés générateurs de manchettes fracassantes dans les médias et dont, à ses yeux, le réalisme politique n'était pas la caractéristique dominante.

Un jour, il me fit ce petit calcul. Sur 10 000 membres du parti, 1000 en suivaient régulièrement l'évolution, 100 étaient des militants actifs et 10 de ceux-là faisaient profession de radicalisme. Or, ces derniers étaient de loin surreprésentés aux réunions du conseil national et donnaient, toujours selon lui, une fausse (et nuisible) impression du Parti*.

---

*Ce genre de calcul eut probablement quelque chose à voir avec la décision de Lévesque, au début de 1982, de passer outre au conseil national et de demander l'opinion de l'ensemble des membres du Parti sur l'accession à la souveraineté et l'association économique avec le Canada (le «renérendum»).

J'ignore si ses proportions étaient exactes (cette fois-là, il était de mauvaise humeur), mais, chose sûre, la frange dite «radicale» du parti s'élevait mordicus contre toute idée de référendum. Dans quelle mesure influencerait-elle le congrès de novembre?

Des quinze membres de l'exécutif national, un tiers partageait le point de vue des «radicaux», quoique pas de manière obstinée.

Un autre tiers était du même avis que moi.

Le dernier tiers, qui pouvait se rallier à un compromis, considérait le recours éventuel au référendum surtout comme un moyen de débloquer les négociations Québec-Canada si jamais Ottawa, après l'élection du Parti québécois, refusait le dialogue ou faisait indûment traîner les pourparlers en longueur: pour le référendum si nécessaire, mais pas nécessairement pour un référendum obligatoire!

Cette dernière approche ne me convenait pas.

Selon moi (et Lévesque), il fallait considérer le référendum comme jalon essentiel du cheminement vers la souveraineté et, en conséquence, en faire un engagement définitif et clair du Parti québécois.

De plus, dire tout simplement que, *peut-être*, on y recourrait aurait laissé entendre qu'en certaines circonstances, on n'y recourrait *peut-être pas*. Dans la mesure où l'un des objectifs du référendum était de rassurer un électorat encore perplexe face à la souveraineté, l'absence d'un engagement ferme aurait perpétué des doutes et continué à nourrir l'inquiétude.

Convaincu que l'adoption de la voie référendaire, sans modifier sa raison d'être, faciliterait singulièrement la tâche du Parti québécois, je comprenais mal les objections de certains. Était-il sacrilège de chercher à rendre plus démocratique et moins traumatisante l'accession du Québec à la souveraineté?

Là-dessus, Lévesque me dit:

— C'est simple. Vous, vous voulez être sûr que l'électorat sera d'accord avec la souveraineté. Eux, ils veulent s'assurer que le Parti ne la perdra jamais de vue. Pour vous, le référendum est un instrument de légitimité. Pour eux, c'est un risque de dilution. Il est difficile de faire comprendre qu'on ne cherche pas à changer l'objectif, mais à adapter notre démarche à notre population. Quand on touche à la liturgie, certains redoutent l'apostasie.

La course d'obstacles

Éclairé par mes consultations du printemps auprès de militants ainsi que d'autres personnes dont les opinions pouvaient être utiles, j'avais remis à l'exécutif un texte détaillé (110 pages!) sur la problématique référendaire. Avec la fin de l'été, il importait maintenant de quitter les strates dirigeantes et «pensantes» du Parti et d'aller mettre le grand public dans le coup.

Mon volumineux document tenait plus de la thèse de maîtrise en science politique que de l'aide-mémoire; impossible, donc, d'en organiser une diffusion étendue. Je préparai un autre texte, d'une dizaine de pages, intitulé «L'accession démocratique à la souveraineté». Lévesque y apporta quelques corrections. Une fois transmis à tous les membres de l'exécutif, je m'arrangeai pour le faire paraître dans *La Presse*, *Le Soleil*,

Le Devoir et *Le Jour* autour du 26 septembre. Une page entière dans quatre quotidiens, et cela pratiquement en même temps!

La suite était prévisible. Et voulue: éditoriaux (en gros, positifs), entrevues que j'accordai aux médias, demandes d'allocutions ici ou là, commentaires de citoyens (en général d'accord), répliques de militants (plus partagés, mais en majorité favorables). Le débat était lancé.

Dès ce moment, les journalistes décidèrent que le congrès de novembre porterait essentiellement sur le référendum. Le Parti québécois effectuerait-il le virage *étapiste*? C'était devenu la grande question, la seule, presque ontologique. Par sa réaction, le Parti lui-même confirma la dimension de l'enjeu: on n'y parla bientôt plus que de référendum.

Après discussions, l'exécutif convint que, sitôt élu et avec l'approbation des députés, un gouvernement du Parti québécois entreprendrait des pourparlers avec Ottawa sur le transfert des pouvoirs requis par la souveraineté et sur les modes d'association. Cependant, en cas de blocage unilatéral, par exemple si Ottawa refusait toute discussion, on prendrait la voie référendaire. La proposition me convenait. Elle fut transmise en octobre à tous les délégués sous forme d'un nouvel article à ajouter au programme du parti. La décision finale relevait désormais du congrès lui-même. Ce texte stipulait les engagements d'un gouvernement du Parti québécois:

> 1- Mettre immédiatement en branle le processus d'accession à la souveraineté en proposant à l'Assemblée nationale, peu après son élection, une loi l'autorisant;
>
> a) à exiger d'Ottawa le rapatriement au Québec de tous les pouvoirs, à l'exception de ceux que les deux gouvernements voudront pour des fins d'association économique confier à des organismes communs;
>
> b) à entreprendre en vue de cet objectif des discussions techniques avec Ottawa sur le transfert ordonné des compétences;
>
> c) à élaborer des ententes avec le Canada notamment sur la répartition des avoirs et des dettes ainsi que sur la propriété des biens publics, conformément aux règles habituelles du droit international.
>
> 2- Advenant qu'il ait à procéder unilatéralement, assumer méthodiquement l'exercice de tous les pouvoirs d'un État souverain, en s'assurant au préalable de l'appui des Québécois par voie de référendum.

Identifié comme l'auteur de cette résolution, j'aurais normalement dû la défendre en personne, d'abord dans l'atelier sur l'accession à la souveraineté, puis en plénière.

Je n'avais rien de l'expert en assemblée délibérante, encore moins du tribun. Profil contre-indiqué pour les discussions à venir. Ma technique professorale transparaissait dans toutes mes interventions. Le référendum devait se trouver un meilleur «vendeur», d'autant plus que, pour certains militants, j'étais devenu le symbole ambulant du souverainisme frileux.

Selon toute probabilité et conformément à la pratique péquiste, le vote de l'atelier déterminerait celui des délégués en plénière. Si la résolution y était acceptée, les chances étaient grandes de voir ce choix confirmé par la plénière. En revanche, vu la fixation des médias sur la question du référendum, un rejet au stade de l'atelier insufflerait de la vitalité à ce courant, latent et classique dans le Parti, selon lequel il était de bon ton de s'opposer périodiquement aux stratégies émanant d'un exécutif jugé trop calculateur. Conjoncture qui, à coup sûr, en vertu de la culture organisationnelle du Parti, interdirait «moralement» à la plénière d'aller à l'encontre de la «volonté démocratique de la base».

En somme, un réflexe se traduisant par une inquiétante équation: rejet en atelier = rejet en plénière.

Les opposants les plus acharnés et, en même temps, les plus volubiles du référendum se retrouveraient nombreux, peut-être même majoritaires, dans l'atelier sur l'accession à la souveraineté.

Autrement dit, dès le samedi matin, premier jour du congrès, avant même la fin de la matinée, l'option référendaire (le préjugé en faveur du bon sens, disait Lévesque) risquait, après des mois de débat, d'être prestement reléguée au rang de tentative manquée. Résultat qui, compte tenu du traitement que lui accorderaient les adversaires de la souveraineté, confirmerait dans la population l'idée que le Parti québécois faisait peu de cas du processus démocratique.

L'expérience politique rendait Lévesque plus que conscient des risques de l'opération. Avec les membres de l'exécutif et appuyé par ses adjoints, il participa de près aux décisions tactiques qui s'imposaient. Même si, conformément à son intention, il ne le manifesta pas toujours dans ses déclarations publiques de l'époque, il participa sans relâche à la victoire de l'option référendaire, suivant de près les événements et mesurant constamment les tendances.

Comment se comporter dans l'atelier sur l'accession à la souveraineté?

Lévesque fut d'accord: j'y serais présent, mais, autant que possible, silencieux. Profil bas fortement recommandé.

Jean-François Bertrand, fils d'un ex-premier ministre, nouvelle recrue déjà célèbre et orateur efficace, défendrait la proposition de l'exécutif. Robert Burns, député, leader parlementaire de l'opposition, membre de l'exécutif, vu par certains comme plus à gauche que Lévesque et peut-être même opposé au référendum, participerait aussi à l'atelier. En réalité favorable au référendum, il y défendrait lui aussi, au besoin, la proposition de l'exécutif.

Burns n'eut pas à intervenir. Malgré des sorties à l'emporte-pièce contre le référendum, certaines outrancières, la proposition de l'exécutif fut acceptée par environ 60 % des membres de l'atelier.

Un facteur avait joué. Un nombre considérable de délégués avaient exprimé leur intérêt à s'inscrire à l'atelier sur le référendum. En fait, tout le monde, aurait-on dit, voulait y être. C'était physiquement impossible. L'exécutif établit une règle: un représentant par comté pourrait y prendre part, c'est-à-dire une centaine de délégués au lieu des trente ou quarante participants habituels. Ce qui rendit l'atelier plus représentatif du sentiment général à l'intérieur du Parti.

Vu la décision positive prise à propos de l'atelier, l'affaire était (presque) réglée. Normalement, la plénière, le lendemain, devrait entériner ce vote. Mais, selon Lévesque, cela restait à voir. Les opposants tenteraient peut-être une opération à la mesure de leur déception. D'après les relevés de ses conseillers, entre 30 et 40 % des délégués au congrès s'opposaient depuis longtemps à l'*étapisme*. Avec 10 ou 15 % de plus, la majorité ne leur était pas inaccessible.

Par contre, le même matin, ils subirent un choc.

Selon Lévesque, il inciterait peut-être quelques opposants plus acharnés à déployer l'énergie du désespoir (ou, comme il le dit sans doute un peu injustement, accroîtrait leur «goût de se péter la fiole sur le mur pour impressionner la postérité actuelle»). La «postérité actuelle»!

Juste avant le congrès, l'Institut québécois d'opinion publique (IQOP) avait en effet procédé à un sondage sur la popularité des partis. Alors que le questionnaire était en voie d'élaboration, un conseiller de l'Institut m'avait demandé si, proposeur du référendum, je jugerais utile que l'IQOP s'informât aussi de l'opinion des Québécois à ce sujet. Bien sûr! J'avais toujours présumé que la majorité de l'électorat opterait pour cette façon de décider de la souveraineté, mais cela demeurait une intuition. Belle occasion de montrer, chiffres à l'appui, comment raisonnaient les gens «ordinaires».

J'informai Lévesque de la nouvelle:

— Est-ce vous qui avez suggéré cette question à l'IQOP?

Pendant le congrès national du Parti québécois de novembre 1974.

— Non, mais j'ai dit que l'idée était bonne.

— Ils ont raison d'interroger les gens. Pour moi, le résultat positif ne fait aucun doute. Nous en aurons besoin. J'espère qu'il sera massivement favorable.

Il le fut.

Plus de 80 % des répondants souscrivaient au référendum, les souverainistes encore plus que les autres. Lévesque avait craint une répartition plus gênante: par exemple une majorité de répondants fédéralistes pour, une majorité péquiste contre.

Heureux du résultat, il s'efforça de n'en rien laisser paraître (ce qui exigea de lui des prodiges de *self-control*). Et, au cas où ils interviendraient en plénière, il recommanda discrètement à des partisans du référendum, surtout les plus connus, de ne pas invoquer le sondage comme argument.

Toujours aussi préoccupé, il suivit avec attention, nervosité même, les échanges de la plénière. Confiant, il ne paraissait pas totalement rassuré à cause des applaudissements bruyants quoique localisés qui, de temps à autre, soulignaient les professions de foi «séparatistes» et autres déclarations hostiles au référendum. Il avait un flair particulier pour sentir ce qu'il appelait les situations «versantes», celles où tout pouvait basculer d'un coup de phrase bien senti ou d'un faux pas quelconque. La dynamique des congrès politiques offre un terrain fertile aux dérapages.

Quelques minutes avant le vote, il demanda la parole. Écoutée en silence, son allocution fut brève, nette, fondée sur la nécessité de respecter un cheminement démocratique, seule méthode sûre et correcte pour le Québec de réaliser la souveraineté. Une ou deux allusions habiles au sondage paru la veille, mais aucune insistance. Ni de ton moralisateur.

Ce fut le vote. Pour le référendum: 630; contre, 353; abstentions: 20. Deux tiers des délégués au congrès souscrivaient au virage *étapiste*. L'autre tiers ne s'y résigna jamais.

La lumière sous le boisseau?

Une semaine après le congrès, dans un ascenseur de l'Assemblée nationale, je croisai Jean Bienvenue, alors ministre libéral de l'Immigration, et avec qui j'avais accompagné Lesage pendant la campagne sur la nationalisation de l'électricité, en 1962. «J'étais sûr que jamais ton parti ne se plierait au référendum, dit-il. Ça va nous causer beaucoup de problèmes. Sans référendum, le Parti québécois était abonné pour longtemps aux défaites électorales. Maintenant, c'est changé.»

Bienvenue avait raison. Les éditorialistes et commentateurs, tant québécois que canadiens, ne manquèrent pas de souligner la position plus favorable dans laquelle le Parti se trouvait désormais.

Mais, dans le Parti lui-même, il se produisit un phénomène curieux. Plutôt que de capitaliser sur la décision du congrès, on cessa d'en parler!

Dès décembre, c'est à peine si l'on évoquait cet aspect du congrès pourtant positif sur le plan électoral.

À partir de janvier, presque plus un mot, sauf, à l'occasion, de ma part dans une conférence ou une entrevue avec les médias.

Pas d'écho de mes collègues et amis.

Le congrès de novembre avait-il eu lieu?

Des mois passèrent.

Toujours le même silence. Si cela continuait, le public oublierait que le Parti avait modifié sa démarche souverainiste.

La veille d'une réunion du conseil national à Rimouski, fin septembre 1975, je déclarai à un journaliste du *Soleil* que le Parti québécois devait, d'urgence, publiciser son option référendaire et adopter comme priorité la défaite du régime Bourassa.

Résultat: manchette plus que visible à l'œil nu dans l'édition du samedi matin!

La réaction des participants au conseil national me sidéra. J'aurais déclaré que le Parti devrait abandonner son objectif fondamental, qu'on ne m'aurait pas regardé plus de travers! J'avais l'air d'un dissident déphasé. Certains, y compris des membres de l'exécutif qui m'avaient appuyé, ne se gênèrent pas pour me reprocher de diviser le Parti par mes déclarations intempestives. Un peu plus — d'aucuns, j'en suis sûr, le pensèrent — on m'aurait accusé de cultiver ma notoriété personnelle pour mes propres fins «électoralistes» (j'avais annoncé ma candidature dans Louis-Hébert et mon congrès de nomination était prévu pour novembre).

C'était absurde.

Le plus absurde fut d'entendre Lévesque, passant à côté de moi dans le hall de l'hôtel où je me trouvais, me dire, renfrogné:

— Ce n'était pas votre meilleure entrevue!

C'en était trop. Je le rattrapai:

— Voulez-vous bien me dire ce qui ne va pas. Il est normal qu'un parti d'opposition veuille remplacer le gouvernement. En plus, je trouve stupide que personne ne parle du référendum qui fait partie de notre programme.

— Ce qui est plus stupide, c'est que *vous* en parliez vous-même!

— Ah oui, et comment ça?

— Dans le Parti, beaucoup vous en veulent. Ce n'est pas le temps d'aller vous mettre en évidence.

— Ce n'est pas moi que je veux mettre en évidence, c'est le référendum.

— Ça revient au même. Laissez les autres en parler.

— Justement, les autres, vous le premier, n'en disent plus un mot.

— Chaque chose en son temps, conclut-il, peu désireux de poursuivre la conversation.

En réalité, le Parti était victime d'une autocensure tacite et préventive. Ceux qui, en novembre 1974, avaient gagné la campagne proréférendum craignaient d'indisposer ceux qui l'avaient perdue, et ces derniers en voulaient apparemment aux premiers — surtout à moi — et auraient mal toléré un rappel trop insistant à leur gré du virage *étapiste*. D'où le silence des uns et des autres. Dans ce contexte, ma déclaration au *Soleil* prit un ton provocateur et, pour certains, triomphaliste. Comme si j'avais voulu narguer tout le monde. Encore une fois, j'étais le mauvais messager. J'étais «brûlé». Quelqu'un me signala que, dans cette affaire, je n'avais pas assez pensé aux réactions du Parti. L'expression «réactions du conseil national» aurait été plus appropriée.

L'incident eut tout de même des séquelles utiles. Le lendemain de ma manchette, Lévesque déclara: «L'indépendance ne se fera que si les gens la veulent». Venant du chef du parti, cette affirmation *étapiste* fondée sur le sens commun n'était guère attaquable.

Mais si elle était venue de moi...

Après la réunion du conseil national, je sus qu'ici et là des militants, rares il est vrai, mais opiniâtres, continuaient à me blâmer d'avoir, selon eux, proposé la prise du pouvoir et non la souveraineté comme priorité pour le Parti québécois. Autrement dit, avatar perfide de mon influence, notre formation politique se muait en «vieux parti»! Lévesque, interrogé, répliqua qu'un vieux parti qui veut gagner ses élections pour faire la souveraineté est préférable à un jeune parti qui s'arrange pour ne pas être élu! Commentaire réconfortant.

Le 19 octobre, je déclarai à un journaliste: «Je changerai d'avis le jour où on réussira à me convaincre qu'on peut faire l'indépendance sans prendre le pouvoir!»

Quoi qu'il en soit, le référendum revint tranquillement sur le tapis, tandis que moi je revins de moins en moins aux réunions du conseil national.

Puis je remarquai que Lévesque commençait à laisser de plus en plus souvent entendre que, selon lui, cette consultation aurait sûrement lieu puisque les fédéraux s'opposeraient à des discussions sur la souveraineté. Je compris après: il préparait ainsi l'engagement ferme du Parti, à la veille de l'élection de 1976, d'y procéder *de toute façon*. En dépit des subtilités du programme...

Au printemps de la même année, je me trouvai avec lui dans la région de l'Outaouais. Un citoyen l'aborda: il se demandait encore si une élection ordinaire n'aurait pas tout simplement suffi.

— Je n'ai pas beaucoup de temps pour répondre, dit Lévesque, mais retenez ceci: de nos jours, les Québécois sont prêts à entrer en religion, mais à condition de pouvoir défroquer!

Image un peu courte, mais sûrement inutilisable devant le conseil national.

L'avers et le revers de la médaille

L'insertion du référendum dans le programme du parti en novembre 1974 confirma le virage *étapiste*, au grand désespoir de certains qui crurent leur formation politique coupable du crime d'«électoralisme» et, aussi, de fédéralistes inquiets qui y subodorèrent un truc capable de neutraliser leurs évocations catastrophiques d'une brisure instantanée avec le Canada.

L'élection du Parti québécois deux ans plus tard fit percevoir l'*étapisme* comme un coup de génie, le seul pouvant permettre l'arrivée au pouvoir d'un parti indépendantiste.

Bien. Il y avait sans doute du vrai là. Mais toute médaille laissant tôt ou tard voir son revers, le résultat référendaire de 1980 relégua pour un temps l'*étapisme* dans la catégorie des erreurs historico-tragiques*. *Sic transit gloria mundi!*

---

*Alors que le Parti québécois était censé avoir abandonné à jamais l'*étapisme*, il affirma pendant la campagne électorale de 1989 que la souveraineté découlerait, au besoin, d'une succession de référendums sectoriels. Ma proposition de 1974 n'allait pas aussi loin.

Puisque le référendum de 1980 avait conduit à un échec, d'aucuns conclurent que ce mode de consultation populaire était intrinsèquement pervers. Donc à rejeter.

Déduction tout aussi valable que celle qui conclurait au rejet du processus électoral en vertu du fait qu'un parti y risque des défaites...

22

La parole et la conviction

À l'automne 1976, Lévesque a-t-il sacrifié la recherche de la souveraineté à celle du pouvoir?

Bonne question.

Il devint en effet premier ministre au terme d'une campagne où son parti, paradoxalement, mit l'accent non sur sa raison d'être, mais sur l'engagement formel, partout proclamé, de se comporter en *vrai gouvernement*. Certes, le congrès *étapiste* de 1974 avait décidé que la population serait consultée par référendum sur son avenir politique, mais, c'était entendu, la promesse de cette consultation ne visait pas à camoufler la cible que demeurait la souveraineté.

Au moment des élections de 1976, celle-ci faisait encore très peur. Par contre, la population réprouvait le manque de leadership, de limpidité et de rigueur du gouvernement Bourassa. L'insatisfaction envers l'équipe au pouvoir était palpable. Là-dessus, les sondages internes du Parti québécois étaient formels: la population exigeait un vigoureux coup de barre.

Le Parti profiterait-il du vaste créneau qui s'ouvrait là, bien plus rentable qu'une campagne axée sur la souveraineté?

Avec l'accord convaincu de son chef, il s'y installa sans hésiter, ce qui en étonna plusieurs qui croyaient Lévesque plus ferme dans ses convictions.

Les politiciens les mieux disposés et les plus sincères ont, hélas, de ces mutations qui défient les prévisions, la logique et les sentiments...

Lévesque s'était-il lui aussi, comme tant d'autres, mis à la remorque des sondages?

Un chef ultra-«étapiste»?

À l'instar de bien des hommes politiques de sa génération, Lévesque éprouva longtemps de fortes réserves à l'égard des enquêtes d'opinion. Il refusa d'abord de s'y fier:

— On ne me fera pas croire qu'on peut connaître la pensée de six millions de citoyens à partir d'échantillonnages de six cents, disait-il.

Puis, il se rendit à l'évidence: cette technique était valable.

Alors il se mit à mépriser les politiciens qui concevaient leurs programmes en fonction des fluctuations de l'opinion. Ces «girouettes qui gouvernent selon le vent des sondages» représentaient à ses yeux un type de politiciens poltrons et cyniques envers lesquels il n'était pas tendre. Sous-entendu: quand on fonde, comme lui, un parti pour défendre des idées et des projets, pour réformer et non pour gérer, on est animé par des convictions assez profondes pour passer outre aux préjugés du moment ou aux modes éphémères.

Cette détermination explique pourquoi, pendant des années, il s'évertua à proposer la souveraineté, bien que, d'un sondage à l'autre, l'électorat persistât à la rejeter.

Son attitude fut même source d'incompréhension entre lui et d'anciens collègues libéraux des années 1960. Ceux-ci trouvaient son obstination irréaliste et mettaient son flair politique en doute: «C'est triste de voir un gars correct comme René piétiner le long d'une voie d'évitement», avaient-ils l'air de dire, faussement contrits. Lévesque, lui, les jugeait peu courageux d'opter pour le fédéralisme parce que ce régime avait la cote. Ce reproche s'appliquait notamment à ceux qui prenaient soin de passer pour «plutôt nationalistes» (il pensait par exemple à Bourassa), mais qui refusaient par calcul d'aboutir à la conclusion — la souveraineté — que leurs ostensibles tendances auraient dû leur suggérer. Il était moins sévère pour les politiciens d'Ottawa: ceux-là, désincarnés, opportunistes ou carrément dans l'erreur, avaient au moins clairement opté pour le maintien du régime. Tout le monde savait où ils logeaient.

Juste avant la campagne électorale de 1976, le Parti s'était assuré les services d'un expert, Michel Lepage, qui suivait avec régularité l'état de l'opinion. Malgré la grande fiabilité de ses relevés, Lévesque les prit d'abord avec un grain de sel. Il avait d'ailleurs traité avec le même scepticisme ceux que le Parti réalisait depuis quelques années sous la direction compétente de Michel Lemieux. Les membres de l'exécutif national ainsi que les permanents du Parti y attachaient cependant plus de poids.

Puis, tout à coup, Lévesque montra moins d'indifférence. Ce fut particulièrement le cas en août ou septembre 1976, peu avant l'élection de novembre.

L'analyse méticuleuse des sondages du Parti indiquait de plus en plus clairement qu'une campagne sur le thème du *vrai gouvernement* avait toutes les chances de séduire les Québécois. Ces données soulevaient tout de même un dilemme de taille pour un parti visant à transformer la *province* de Québec en *État* souverain: la perspective de devoir mener toute une élection sur un modeste changement d'équipe dirigeante risquait en effet de manquer d'attrait pour ses militants et, surtout, d'évacuer sa raison d'être du débat politique.

À la surprise de son entourage, Lévesque décréta qu'il fallait «passer par là», c'est-à-dire, en priorité, remplacer par une administration plus efficace, plus honnête et plus ouverte l'équipe libérale discréditée. Ce qui signifiait que le Parti québécois prendrait l'engagement de se comporter en *vrai gouvernement*, conformément au désir de l'opinion publique, mais qu'il n'insisterait pas sur la souveraineté: celle-ci découlerait du référendum promis. «Les chiffres de Lepage sont éloquents. Il n'y a pas à en sortir», servait-il comme argument sans appel à ceux qui n'avaient pas encore digéré le virage de 1974.

La question pouvait se poser: ce personnage, jusque-là perçu comme homme de convictions, avait-il, sans mot dire, décidé de mettre son option de côté pour se conduire comme le premier électoraliste venu?

Gouverner «par» sondages?

Lévesque ne se livrait pas facilement.

Il n'appréciait pas les questions trop pointues sur son cheminement et n'en admettait aucune sur les sujets qui le regardaient personnellement. On l'a vu: nulle prédisposition chez lui à cacher sa façon de penser, mais sa transparence avait des limites. Comme avec Daniel Johnson, il fallait, sur des matières délicates, le déchiffrer ou attendre la lumière venue d'une confidence fortuite.

Sur les sondages, sa lumière à lui me vint, autour d'un verre, le soir même où les derniers chiffres de Lepage nous étaient parvenus:

— Ils prouvent ce que je pense actuellement sur la façon dont nous devrions aborder la prochaine campagne électorale. Nous serions stupides de ne pas agir en conséquence, dit-il.

«Ce que je pense actuellement...»

Sa décision concernant le contenu de la campagne à venir n'avait donc rien à voir avec les mesures de l'opinion publique que pratiquait le Parti. Il y avait tout simplement découvert la confirmation de *son* analyse intime de la conjoncture et la validation de *ses* intuitions sur la marche à suivre. Autrement dit, avec ou sans sondages, il n'en aurait fait qu'à sa tête, mais, dans le cas qui nous occupe, la convergence entre leurs résultats et ses propres convictions le servait bien: il pouvait invoquer l'état de l'opinion pour influencer des partisans bien intentionnés mais moins réalistes que lui.

Ce soir-là, j'appris aussi autre chose: il ne retenait des sondages que ce qu'il voulait bien. À maintes reprises par la suite, je fus témoin de sa façon, disons, originale d'en interpréter les résultats. Quand ceux-ci laissaient voir une baisse de satisfaction à l'endroit de son gouvernement, il les brandissait pour «brasser» son Conseil des ministres. Si, au contraire, ils étaient favorables, il en réduisait la portée: «Encourageant, d'accord, mais attention: une coche mal taillée, et le public changera vite d'avis.» L'attraction de la souveraineté sur la population n'atteignit jamais des sommets euphorisants, loin de là, mais il trouva toujours moyen de dire quelque chose comme: «Les chiffres d'aujourd'hui sont bien meilleurs que ceux d'il y a cinq ans; ça monte tranquillement, mais il faudra travailler d'arrache-pied.» Si les chiffres «baissaient», alors c'était dû à quelque propagande démagogique d'Ottawa ou au lobby anglophone de Montréal. Ou au fait que les Québécois demeuraient «fragiles» et influençables. Ou encore qu'il faudrait, selon lui, continuer à travailler «en s'arrachant le cœur». Autre refrain cependant, lorsque la popularité de Trudeau chutait: «Vous voyez, il y a quand même une justice immanente...»

Cette désinvolture relative s'était même traduite par un phénomène peu fréquent au sein des formations politiques: les grands engagements du Parti québécois résultèrent toujours d'orientations antérieures à toute enquête d'opinion. Il en fut ainsi de ceux qui furent annoncés au cours de la campagne d'octobre-novembre 1976. Le référendum, on le sait, avait été promis en 1974 et l'assainissement du financement des partis était un vieux projet de Lévesque. Quant à la promotion du français (future Loi 101), à l'assurance-automobile et au zonage agricole, il s'agissait de réformes depuis longtemps préconisées par le Parti. Des sondages révélèrent un large appui à ces engagements, mais cette information, encourageante, fut connue seulement après les prises de position officielles.

Pour Lévesque, une trop grande dépendance envers les fluctuations souvent capricieuses du sentiment populaire menait fatalement à la négation du leadership («autant conduire le nez collé sur la vitre», disait-il), hissait l'absence d'audace et l'inaction au rang d'habiles vertus politiques et, plus grave, induisait les politiciens en tentation permanente de manipulation et de dissimulation.

Les orientations de cet homme mû de l'intérieur, *inner-directed* selon le mot d'un universitaire canadien anglais, étaient déjà fermement établies. Comparé à ses prédécesseurs, il était à mes yeux celui dont les idées étaient les plus structurées et la pensée la plus large. Son livre *Option Québec* publié en janvier 1968 était d'ailleurs révélateur à ce propos. Ses propres conclusions, tant alors qu'ensuite, il les avait dégagées par lui-même, sans se demander constamment en cours de route si elles plairaient ou non à un électorat éventuel. Bien d'autres politiciens cheminent en sens inverse: ils se fabriquent leurs «opinions» à la lumière de ce qu'ils estiment être celles de l'électorat. Ceux-là gouvernent *par* sondages.

Lévesque, lui, gouverna *avec* des sondages, distinction qui marqua son style. Leurs indications l'aidèrent à présenter ses politiques ou à en corriger le tir. Elles lui firent connaître l'humeur de la population, information jamais négligeable dans une démocratie. À aucun moment, cependant, elles ne lui imposèrent un programme d'action, pas plus qu'elles ne lui firent abandonner des innovations d'après lui objectivement nécessaires, quoique au départ mal vues de l'électorat.

Mais revenons à novembre 1976.

Lévesque, phase 2?

L'exécutif national du Parti se réunit à Montréal, deux ou trois jours après l'élection victorieuse du 15 novembre 1976.

À l'issue de la rencontre, Lévesque me prit un instant à l'écart.

— Je suppose que vous n'auriez pas objection à accepter un poste de ministre, me lança-t-il à brûle-pourpoint, souriant et aimablement bourru. Que voulez-vous, dans votre cas, je n'ai pas le choix: je dois vous nommer ministre et votre domaine sera celui des affaires intergouvernementales. Alors, ça vous irait?

J'allais le remercier de sa confiance et lui répondre, entre autres phrases de circonstance plus ou moins modestes, que mon action politique n'avait pas été conçue en vue d'un portefeuille ministériel, mais il poursuivit:

— N'en parlez à personne, sauf à votre famille, précisa-t-il, insistant; j'en ai pour encore une semaine à former le cabinet. Votre cas était facile à régler.

Mon cas!

Voilà comment, en trente secondes, je devins membre du cabinet de René Lévesque, «mon» cinquième premier ministre*.

---

*C'est à ce titre qu'il sera question de lui dans ce chapitre et les suivants. Sans m'en tenir à l'ordre chronologique des événements, j'essaierai de donner un aperçu, profil plutôt que portrait, de cette figure politique complexe, considérable, riche et, pour ces raisons, difficile à saisir. Une de ses collaboratrices, Evelyn Dumas, dira de lui: «Tenter de le cerner, c'est tenter d'attraper du mercure.» Je ne prétends donc pas être arrivé à réaliser cet exploit. Il va aussi de soi que, faute d'espace, il m'est impossible de retenir toutes les situations où s'est manifestée la personnalité de Lévesque. En outre, comme le note l'introduction du présent livre, dans d'autres ouvrages (L'Art de l'impossible et Lendemains piégés) j'ai longuement traité de dossiers importants — les relations internationales du Québec et la négociation constitutionnelle postréférendaire — sur lesquels je ne m'étends pas ici et où transparaissent d'autres facettes de Lévesque.

Bourassa au pouvoir se révéla autre que je l'avais perçu quelques années avant. Lévesque aussi. Entendons-nous: les différences concernaient son comportement, non ses idées; la forme, pas le fond. Il me parut tout de suite moins impulsif devant les faits, plus patient face aux contrariétés. Dans les conversations privées, il s'exprimait d'une manière plus posée, plus douce, plus enveloppée si l'on veut.

On verra toutefois que sa «conversion» ne fut ni totale ni permanente. Chassez le naturel...

Toujours aussi authentique quant à ses principes, il s'adapta également bien mieux que je ne l'aurais cru aux exigences de son nouveau poste. Lui que, dix ans plus tôt, je n'aurais jamais imaginé premier ministre, me semblait maintenant comme un poisson dans l'eau. «Fit for the job, after all!», me confia le correspondant à Québec d'un journal anglophone de Montréal qui avait longtemps nourri, mais en beaucoup plus sévère, les mêmes doutes que moi.

Lévesque accédait au pouvoir pour en changer le statut, mais il accepta l'État québécois tel qu'il le trouva, avec ses us et coutumes, et se plia à des contraintes et à des mondanités qui, à une autre époque l'eussent fait hurler. Par contre, autant par goût que par symbolisme, il en infléchit certaine usages.

Ainsi, l'assermentation devant le lieutenant-gouverneur obéit aux normes classiques, mais elle fut suivie d'une «première» à laquelle Lévesque tenait. Après la présentation de son cabinet au public par l'intermédiaire de la télévision, dans le Salon rouge de l'Assemblée nationale, il alla avec ses collègues saluer une foule de citoyens — des partisans, mais aussi maints curieux — réunie au centre des congrès de l'hôtel Hilton, à proximité des édifices gouvernementaux.

Autre exemple. Sous le régime Bourassa, le discours du Trône traditionnellement lu par le représentant de la reine avait été transformé en discours inaugural, désormais livré par le chef du gouvernement lui-même. Tant que le Parti québécois demeura au pouvoir, le lieutenant-gouverneur continua à venir ouvrir officiellement les sessions de l'Assemblée, mais sa présence devant les parlementaires dura de moins en moins longtemps, le temps d'y entrer, de prononcer une phrase ou deux et de partir.

Que se passe-t-il au Québec?

Non prévue, l'élection d'un parti souverainiste causa toute une surprise dans les milieux de la presse et de la politique au Canada et même hors du pays. Elle attira à Québec une nuée de journalistes canadiens et étrangers.

La plupart de ceux que Lévesque reçut en entrevue ou qui l'observèrent furent frappés par sa simplicité et sa pondération. Ses déclarations firent à leurs yeux ressortir sa volonté de mener démocratiquement à bien le projet de souveraineté et confirmèrent son intention de respecter ses engagements électoraux, entre autres celui d'assainir les finances électorales (je ne sais trop pourquoi — peut-être parce qu'à leur avis c'était aussi difficile à faire! —, cette intention du nouveau gouvernement piquait leur curiosité presque autant que l'indépendance).

Les plus familiarisés avec la politique québécoise furent, de façon générale, impressionnés d'entendre le nouveau premier ministre répéter en substance ce qu'il avait tant de fois dit précédemment, dans l'opposition. Sa volonté et ses messages demeuraient identiques. D'ordinaire, en arrivant au pouvoir et vite aux prises avec diverses difficultés, notamment financières, bien des leaders réformistes trouvent moyen de tempérer leurs ambitions antérieures. Lévesque se comportait autrement. Il irait de l'avant et ne donnait pas l'impression de s'apprêter à invoquer des prétextes habiles pour reporter à un avenir indéterminé les changements promis à la population pendant la campagne électorale.

Sa façon de s'exprimer, nullement fracassante ni revancharde, sans démagogie, diffusait auprès de ces journalistes le sentiment que le plan d'action du gouvernement avait été longuement mûri et serait appliqué selon un échéancier solidement établi d'avance (ce qui n'était pas tout à fait exact...). Le Québec ne leur paraissait pas être tombé aux mains d'un exalté.

Le Parti québécois avait été décrit en termes si péjoratifs par ses adversaires que toute affirmation sensée de la part de son chef créait un contraste avantageux. La placidité de la population et le transfert ordonné des pouvoirs de Bourassa à Lévesque firent le reste.

À la fin de 1976, certains observateurs de l'extérieur en quête d'émotions fortes étaient même un peu perplexes. La grille d'analyse dont ils s'étaient mentalement munis avant leur arrivée au Québec ne leur permettait pas de mettre au jour grand-chose qui fût matière à sensation. Incidemment, se demandèrent quelques-uns, qu'était-il advenu du FLQ? Ils avaient vaguement cru que le parti maintenant au pouvoir en était l'instrument politique, l'émanation, le successeur! Or, l'allure de Lévesque ne laissait présager ni aventurisme débridé ni nostalgie felquiste.

Il y en eut, presque déçus, qui s'interrogèrent: ce gouvernement ne serait-il qu'un tigre de papier? Pas de déclaration immédiate d'indépendance! Pas de mouvements de troupes fédérales (l'armée était pourtant venue en 1970!). Lorsqu'un nouveau pays s'apprête à prendre place sur la scène mondiale, cela se voit. Quand un peuple est au bord de la révolution, cela se sent. Leur mission d'information au Québec était-elle sans objet?

Ces réactions, je les obtins de journalistes sortant d'une rencontre avec Lévesque ou séjournant alors au Québec, de même que d'envoyés d'autres provinces ou d'autres pays qui vinrent aussi s'informer auprès de moi, ministre responsable des Affaires intergouvernementales (ou «étrangères»).

En novembre et décembre 1976, plusieurs de ces visiteurs se posaient la question: s'était-il vraiment passé quelque chose au Québec?

«*What does Lévesque mean?*»

Certains interprétèrent le calme ambiant d'une manière originale. Pour eux, si la secousse attendue ne s'était pas produite, c'est que Lévesque, le nouveau patron, était fermement assis sur le couvercle de la marmite partisane. Il était bien plus modéré que son parti, bien plus réaliste que plusieurs de ses ministres. Là était la clef de l'énigme.

Dans leur esprit, les qualificatifs *modéré* et *réaliste* revêtaient toutefois une signification bien particulière et un peu humiliante. Ils aimaient se figurer que, malgré les craintes suscitées par l'arrivée au pouvoir de «séparatistes» à tendance «socialiste», le nouveau premier ministre saurait en fin de compte orienter le Québec dans d'inoffensives avenues. Ils crurent avoir débusqué en lui un autre de ces politiciens du terroir, verbalement costauds mais accommodants en privé.

J'étais partagé. En un sens, tant mieux si des observateurs extérieurs ne voyaient poindre au Québec aucun bouleversement tragique. Cela compensait les propos inquiétants et les préjugés de leurs collègues alarmistes, malheureusement plus nombreux qu'eux et dont certains ne s'étaient pas donné la peine de venir sur place se rendre compte par eux-mêmes.

En revanche, on avait affaire à une perception de Lévesque qui était ridicule: il fallait vraiment arriver de loin pour déceler en lui un politicien hâbleur devant son public de partisans, mais prêt en coulisses à des compromis dits pragmatiques, euphémisme pour «peu honorables».

Si bien que quelques-uns de ces analystes amateurs crurent découvrir une bonhomie somme toute paisible dans la façon dont Lévesque, jusque-là pourtant décrit par eux comme un excité, assumait le pouvoir dans l'ordre et sans emportement: *«a good politician who knows his people»*.

Plus futés, d'autres y décelèrent l'indice d'un puissant calcul stratégique masquant non une détermination farouche de faire la souveraineté du Québec, mais une astucieuse tentative d'arrangement rentable avec le reste du Canada, en somme une technique de négociation: demander plus pour obtenir moins. *«That guy is more clever than he cares to look»*, se disaient des Américains. Dans les deux cas, la conclusion rassurait: un peu plus, ces gens auraient vu, dans l'élection du Parti québécois, ou bien une fausse alerte, ou bien une démonstration d'exubérance latine. Quoi qu'il en soit, ce serait *business as usual!*

En même temps, quoique beaucoup plus grave, il y avait ces rapporteurs tonitruants et négatifs de la nouvelle réalité québécoise, des journalistes, canadiens-anglais pour la plupart, dont les médias étrangers tiraient la substance de leurs propres nouvelles, et aussi des diplomates (parmi les plus acharnés, certains étaient d'origine québécoise), pour qui, sans être l'abomination de la désolation, l'avènement d'un gouvernement souverainiste au Québec était à la fois une menace et une aberration. Une menace, parce que ce gouvernement serait, selon eux, animé d'une haine tenace envers le Canada et les anglophones. Une aberration, parce que son élection avec seulement 41 % d'appuis n'était qu'un accident de parcours bien davantage dû à la dispersion des votes entre les partis fédéralistes qu'à une volonté populaire d'indépendance.

Sans le rechercher et sans même s'en préoccuper, Lévesque était, aux yeux de beaucoup, devenu simultanément espoir et inquiétude. Les uns le trouvaient ferme mais peut-être intolérant; d'autres, compréhensif mais un brin roublard; d'autres, désordonné mais sourdement arriviste; d'autres enfin, sincère mais chef d'un parti où, en cas d'inattention de sa part, des paragauchistes, se servant entre-temps de lui, prendraient un jour le dessus. Dans la Russie de 1917, Kerensky n'avait-il pas précédé Lénine?

Lévesque n'était ni roué ni sectaire ni naïf ni ambitieux ni (surtout pas) hypocrite. À certains égards, la nature du personnage était plus limpide que celle que les analystes cherchaient à découvrir. Derrière son amabilité et son sens des responsabilités, derrière ses interrogations et, parfois, ses doutes sur la marche à suivre, derrière ses contradictions et ses maladresses (quelques-unes, en effet!), derrière ses sautes d'humeur, ses coups de tête, toquades ou extravagances (il y en eut aussi), il n'en demeurait pas moins que ses convictions étaient toujours aussi profondes. Sur elles, Lévesque n'avait jamais transigé ni ne transigerait jamais.

Ainsi, à peine élu, il donnait matière à des évaluations contradictoires. Le phénomène n'était pas nouveau. Qui plus est, il persisterait.

Car, contrairement à tant de politiciens assistés de spécialistes de la publicité, Lévesque, bien que conscient des avantages qu'il aurait pu en tirer, ne fit jamais d'effort particulier pour projeter de lui une image préfabriquée et scientifiquement cohérente. Comme on le dit en langage courant, il demeura toujours lui-même. Avec ses hauts et ses bas. Pour le meilleur, comme pour le pire.

De l'utilité (relative) des conseils

Lévesque tenait normalement compte des opinions de son entourage politique et administratif.

Il ne s'engageait pas à la légère sur des orientations d'importance ni même sur celles d'ordre secondaire. Sans être docile ni dépendant, il savait alors mettre de côté ses propres intuitions parfois brouillonnes pour appliquer plutôt les recommandations dont il percevait la sagesse. En cas de succès, il s'arrangeait pour en attribuer généreusement le crédit à qui de droit. Sinon, il prenait la responsabilité des échecs et n'abîmait pas de reproches ceux qui l'avaient mal conseillé, mais, de son attitude plus ou moins renfrognée et de ses remarques incidentes, les intéressés le moindrement perspicaces savaient vite à quoi s'en tenir sur l'intensité de son mécontentement.

Mais Lévesque étant Lévesque, il ne détestait pas, de temps à autre, par quelque improvisation brillante, se démarquer des spécialistes friands de subtilités peu de son goût ou de son style. Quitte à se moquer ensuite d'eux s'il arrivait à bon port là où ces savants conseillers lui prédisaient le désastre. Une sorte de tentation de désobéissance l'amenait parfois à passer outre aux conseils.

Parfois, il préférait ne pas requérir d'avis s'il pressentait devoir, à cause d'eux, adopter des positions ou utiliser des formules s'harmonisant mal avec son tempérament. Ainsi, faute d'indications venues d'experts, il se sentait plus libre de suivre des impulsions contestables aux yeux de son entourage, mais attrayantes pour lui. Il chérissait en somme sa liberté de parole et d'action, et redoutait de se sentir encadré. Cachée quelque part en lui, perçait souvent une tendance «anarchiste» larvée, jamais totalement endormie.

N'empêche que, pendant la campagne électorale d'octobre-novembre 1976, il avait sagement suivi les recommandations de ses stratèges politiques. Exploitant les thèmes suggérés, il s'était aussi abstenu de ces éclats oratoires si typiques de lui une décennie avant. Des discours fermes, des orientations nettes, mais pas de dérapage. Sauf qu'il demeurait impossible de le dompter tout à fait, comme le montre la petite anecdote suivante.

On lui avait demandé de prendre brièvement la parole à une assemblée dans mon comté, mais surtout de serrer le plus de mains possible. Il arriva (à l'heure!) au rendez-vous fixé. C'était parfait, mais je le vis circuler à travers la foule, affublé de son vieux manteau de cuir, gondolé ici et trop court là. Sans doute brun foncé à l'origine, il avait «subi du temps l'irréparable outrage» et avait par endroits pris une teinte tirant sur l'orange. Des membres de sa suite lui avaient souvent proposé de s'en acheter un autre, moins offensant. Vaines insistances. Quant à moi, j'espérais toujours qu'il l'oublierait quelque part dans l'immensité québécoise, de préférence dans l'Ungava!

J'offris de l'en débarrasser, mais il refusa et continua à échanger des propos et des poignées de main avec le public groupé autour de lui. Nouvel essai quelques minutes plus tard. «Mais non, ça va! Pourquoi voulez-vous absolument prendre mon manteau?» répliqua-t-il. Ne sachant trop quoi dire (le moment ne convenait pas pour lui rappeler qu'une autre tenue aurait été plus seyante), je lui servis une boutade connue: «Il faut le protéger car si vous le gardez assez longtemps, il va revenir à la mode!» Ébauche de grimace, haussement d'épaules, et il alla son chemin à travers la foule, toujours recouvert de son vêtement historique. L'objet du litige dura jusqu'à la fin de la campagne et prolongea même son existence plusieurs mois encore, en bonne partie, j'en suis sûr, parce que Lévesque, connaissant notre opinion défavorable, s'obstina à nous agacer*.

---

*Quelques semaines plus tard, devenu ministre, je m'étais moi-même procuré un manteau de cuir. De confection contemporaine celui-là! Me croisant à mon arrivée au bureau un matin, Lévesque me lança: «Tiens, pas mal votre uniforme, *Herr Morin*, mais c'est passé de mode depuis 1945!» De quoi parlait-il? Puis, je saisis: ma nouvelle acquisition, la longueur en moins, ressemblait étrangement à la tenue des officiers allemands de la Deuxième Guerre mondiale. Lévesque, l'ancien correspondant de guerre, s'en souvenait, tout comme il se souvenait de ma remarque...

Quand il s'agissait de messages à livrer, une marge d'incertitude subsistait sur la façon dont il s'y prendrait. Cela dépendrait beaucoup de son humeur du moment ou de ses affinités avec ses interlocuteurs. Il se produisit ainsi des situations où, après avoir été convenablement «briefé» et pleinement conscient de certaines situations délicates, il n'en fit pas moins qu'à sa tête. En voici trois illustrations typiques.

«We want out!»

Le 13 décembre 1976, il participa à sa première conférence fédérale-provinciale comme premier ministre. On devait discuter d'économie et de fiscalité, mais, pour ses collègues des autres provinces, l'intérêt principal de leur venue à Ottawa se situait ailleurs. Le personnage Lévesque les intriguait. Ils avaient hâte de le connaître. L'occasion de s'entretenir en privé avec lui était toute trouvée: selon la coutume, une rencontre, la veille de la conférence, était prévue entre les premiers ministres des provinces.

Depuis longtemps au courant du rituel fédéral-provincial, j'informai Lévesque de la réunion avec ses homologues:

— Si vous pensez que je dois voir ces politiciens provinciaux, eh bien, je leur parlerai. Mais je leur dirai ma façon de penser.

Telle fut sa réponse.

«Ma façon de penser»? Lévesque irait-il les engueuler collectivement? À propos de quoi, d'ailleurs?

Attitude à mon avis malhabile au début d'un mandat qui promettait d'être tourmenté. Sans chercher à convaincre ses collègues, mission impossible, il pourrait au moins tenter de les séduire ou, en tout cas, de les neutraliser partiellement. Bien que peu porté sur les opérations de «relations publiques», il en était à mon avis fort capable. Devant des auditoires ontariens au départ hostiles, il était parvenu depuis un ou deux ans à se faire applaudir. En désaccord avec lui, ils le respectaient.

Tout était dans la manière.

Les premiers ministres des provinces se réuniraient d'abord seuls. Plus tard, leurs conseillers les rejoindraient. Lévesque me demanda d'aller le retrouver lorsque le groupe s'élargirait. Très bien, mais que dirait-il entre-temps, à huis clos, à ses collègues? Je lui fournis quelques indications, celle-ci entre autres, la plus importante:

— Parmi ces premiers ministres, celui de l'Alberta, Peter Lougheed, est le plus apte à s'élever contre Ottawa. Ensuite, il y a Brian Peckford, de Terre-Neuve, lui aussi anti-Ottawa. Organisez-vous pour ne pas les indisposer. Ils ne seront jamais d'accord sur la souveraineté du Québec, mais ils peuvent, pour leurs raisons à eux, compliquer la vie des fédéraux. Ça pourrait nous aider.

Or, il arriva ceci: de tous les premiers ministres, ce fut Lougheed, gentil, qui posa LA question:

— Well, René, what is it you *really* want for Québec?

À quoi Lévesque répondit du tac au tac:

— *We want out!*

Autant dire: «Je vous annonce que nous voulons nous sortir du Canada, que vous aimiez ça ou non.»

Ces gens-là espéraient du nouveau premier ministre du Québec qu'il mît en leur compagnie un peu d'eau dans son vin en atténuant la portée des réclamations politiques qu'on lui attribuait. Ils auraient adoré se faire annoncer par lui quelque chose comme ceci: «J'ai souvent prétendu en public que la souveraineté me paraissait essentielle, mais, vous savez, s'il n'y a pas moyen de faire autrement, je me contenterai à la rigueur d'un meilleur partage des pouvoirs en faveur du Québec.»

Comme si, au Québec, tout changement de l'équipe au pouvoir produisait en soi une avalanche de doutes, d'autres premiers ministres, on le sait, s'étaient dans le passé fait une obligation, peu après leur élection, de rassurer les milieux d'affaires et les autres gouvernements. Lévesque était disposé à ces contacts, mais pas dans l'optique de ses prédécesseurs. Car pour donner le genre d'assurances recherchées, il lui aurait fallu renier ses convictions ou, ce qui n'était guère mieux, en donner l'impression. Même sous prétexte d'«habileté», il n'y aurait jamais consenti.

Je fus renversé d'apprendre comment il avait répondu à Lougheed. Sans cacher ses intentions, il aurait pu y mettre des formes. Pourquoi avoir agressé ses collègues, Lougheed en particulier?

Vraiment, comme première démarche de rapprochement interprovincial...

Lévesque, lui, était au contraire satisfait de sa rencontre. Il admit volontiers «y avoir été un peu fort», excuse fréquente chez lui, mais s'en tira ainsi, avec un petit sourire penaud:

— Bon, d'accord, j'aurais pu m'exprimer autrement, mais j'avais envie de leur parler dans la face. Je me sens mieux, maintenant que c'est fait!

Aucune contrition ni ferme propos de ne plus recommencer. Il s'était fait plaisir. En réalité, il n'avait pas un instant songé à suivre mes conseils.

Pourtant, ni Lougheed ni aucun autre premier ministre ne semblèrent avoir été choqués. Politesse de leur part? Non. Ils avaient plutôt apprécié la prestation de leur collègue québécois au style novateur. Avec lui il y aurait de l'action!

Il faut dire aussi, comme je l'appris plus tard, qu'ils n'avaient pas pris au pied de la lettre son *We want out!»* et les explications qui suivirent. Ils les attribuèrent à son tempérament bouillant, à l'enthousiasme normal du néophyte et au fait qu'il voulait éviter de perdre la face en leur donnant le sentiment qu'il n'était pas sérieux.

Avec le temps cependant, ils finirent par comprendre avec quelque appréhension combien résolu était cet homme. Leur respect à son endroit s'en trouva accru, leur inquiétude aussi, mais évidemment pas leur adhésion à ses objectifs politiques. Si Lévesque s'efforça, souvent avec beaucoup de succès, de s'en faire des alliés occasionnels contre des initiatives

Ottawa, décembre 1976. Première rencontre de Pierre Elliott Trudeau avec René Lévesque après l'élection québécoise de novembre 1976.

fédérales qui leur déplaisaient à eux comme au Québec, il ne chercha jamais le moins du monde à les convaincre de l'aider à réaliser la souveraineté. Là-dessus, il estima toujours futile de déployer auprès d'eux des trésors de diplomatie. Il devinait que, tôt ou tard, ils tenteraient avec les fédéraux de lui barrer la route. En quoi il avait raison.

D'où, je pense bien, son «*We want out!*» désabusé et prémonitoire de décembre 1976.

La bonne parole à New York

Pour ses interventions importantes, ses conseillers lui préparaient du matériel de base et, parfois, quelques passages à y insérer s'il le désirait. Mais il demeurait vraiment l'auteur des discours qu'il prononçait. Des cinq premiers ministres que j'ai connus, il fut le seul à les rédiger lui-même, le plus souvent sous forme de simples schémas, mais parfois de manière plus élaborée, avec des arguments renouvelés, toujours bien structurés, remplis d'images et de formules originales. Tout cela à la main.

Et, plus angoissant, à la toute dernière minute. C'était un journaliste, avait dit Lesage...

Sitôt élu, il reçut une multitude d'invitations à prendre la parole devant des auditoires aussi curieux de l'entendre qu'alarmés par ses intentions présumées. C'est ainsi qu'il se retrouva, à la fin de janvier 1977, devant la prestigieuse tribune de l'*Economic Club of New York*. Il n'affectionnait pas les *establishments*, on le sait, et l'*Economic Club* en était la quintessence.

Vers six heures de l'après-midi, la veille du départ, j'ignorais encore en quoi consisterait son message devant cet auditoire select et redoutable. C'était surprenant. Je me serais normalement attendu à être consulté sur le contenu d'un discours comme celui-là.

Soucieux, j'allai voir Lévesque à son bureau dans l'immeuble contigu au mien (encore une fois le hasard voulut que mon bureau de ministre eût une aussi bonne situation stratégique que celui que j'occupais comme sous-ministre). C'était l'heure de la journée où, autour d'un verre, en compagnie de membres de son cabinet ou de connaissances, il discutait des événements de la journée. Il m'arrivait de me présenter chez lui, sans rendez-vous, et de me joindre au groupe si les circonstances le permettaient.

Cet après-midi-là, Lévesque était seul, assis à sa table de travail. Il me fit signe d'entrer, mais, le voyant occupé, j'hésitai.

— Venez, pas de problème, je finissais mon discours de New York. Prenez-vous un verre. Je continuerai tantôt, insista-t-il.

Son discours pas terminé? À 48 heures du moment où il devait le prononcer! Je n'en revenais pas:

— Êtes-vous en train de m'apprendre que votre texte n'est pas encore prêt? lui demandai-je.

— J'ai ici toutes les notes qu'il me faut, répliqua-t-il pour me calmer. Il ne reste qu'un peu de rédaction. Plus la traduction.

Lors de son assermentation comme premier ministre, il avait demandé au public de «laisser la chance au coureur». Or, je le trouvais lui-même littéralement en pleine course contre la montre. Je n'osai pas lui proposer de lire son manuscrit (manuscrit: c'était le cas de le dire, les feuilles de son brouillon fait-main couvraient son bureau). Inutile de le perturber avec des avertissements ultimes. D'ailleurs, tenait-il à «bénéficier» de mes avis? Le cas échéant, il m'aurait fait signe plus tôt. Je le quittai, nullement rasséréné.

Le discours de New York fut un *flop*. Grave. Lévesque avait mal choisi certains rapprochements (comment en effet conjuguer, comme il le fit, la révolution américaine et l'indépendance à venir du Québec?) et mal réussi, selon son auditoire, à exprimer ses intentions non étatistes (seulement une compagnie d'amiante serait nationalisée, mais voilà, elle était propriété de la General Dynamics, compagnie américaine!).

Aucun doute: son message passa la rampe. Il impressionna favorablement la portion du public québécois déjà acquise à ses idées (l'allocution était télévisée en direct), mais, négativement (le mot est faible), l'*establishment* new-yorkais auquel il s'adressait. Celui-ci, peuplé de vendeurs et d'acheteurs d'obligations d'Hydro-Québec — un microcosme mercantile, selon Lévesque —, tenait à sauvegarder la rentabilité de son commerce et de ses placements et souhaitait en gros deux choses: qu'il mette un bémol bien senti à son projet d'indépendance et, surtout, car cela les inquiétait davantage, qu'il offre des garanties étanches à l'effet qu'une politique de nationalisations tous azimuts n'était pas au programme de son gouvernement social-démocrate. Mieux encore, qu'il ne s'en produirait aucune. À retenir qu'aux États-Unis, la social-démocratie confine au socialisme, et que celui-ci est un proche parent du communisme.

Bref, si un groupe souhaitait apprendre qu'avec le Parti québécois ce serait *business as usual*, c'était bien celui là.

Sur la place de New York, les personnalités politiques étrangères, aux intentions jugées douteuses, s'arrangent en général pour offrir d'elles et de leur gouvernement une image «responsable». Décodé, le mot signifie qu'ils viennent y dire les paroles que leurs auditeurs aiment entendre et qu'ils font preuve de «réalisme». Dans la mesure où l'orateur ne ment pas effrontément, on n'exige pas que ses propos collent entièrement à toutes les nuances de la réalité ni qu'ils révèlent le détail de ses intentions. Les règles du jeu tolèrent les angles arrondis et la géométrie variable. On ne veut pas connaître son itinéraire précis, mais sa trajectoire générale.

Lévesque ne répondit pas aux attentes du «microcosme mercantile». Il savait que ce milieu espérait de lui une sorte de soumission tacite à ses normes, doublée d'un acte d'adhésion à ses valeurs. C'était suffisant pour l'inciter à aller à contre-courant et pour accentuer le côté provocant de son discours, mais l'élément déterminant fut, j'en suis sûr, son penchant naturel à exprimer ce qu'il avait sur le cœur.

Dans certains discours, Lévesque cherchait moins à persuader qu'à s'extérioriser ou même à se défouler. Il donnait *son* opinion, il exposait *ses* raisons, il décrivait *ses* sentiments. Pour le style, il s'ajustait plus ou moins à son auditoire; pour le contenu, il s'ajustait surtout à lui-même.

De la sorte, même s'il y mettait des formes, il lui arrivait de se prononcer davantage en chef de parti qu'en chef de gouvernement. C'est un peu ce qui s'est passé à New York.

Paris n'est pas New York

Lévesque se targuait d'une connaissance approfondie de la mentalité américaine, mais laissait entendre ne pas trop savoir par quel bout prendre les Français. Pourtant, il y excella.

En novembre 1977, il effectua son premier voyage officiel en France où il fut reçu avec cordialité et intérêt. On l'avait invité à prendre la parole — une première — devant les membres de l'Assemblée nationale, plusieurs centaines de personnes. Ce serait son discours le plus important de la tournée.

La veille, nous nous trouvions à Metz et le départ pour Paris devait avoir lieu tôt le lendemain matin. Lévesque ayant quitté le Québec plusieurs jours avant moi, je n'avais pas encore pris connaissance de son texte, mais il m'avait promis que cette fois il serait terminé à temps. À son habitude il y ferait des retouches de dernière minute. Au besoin, j'y mettrais mon grain de sel.

Notre groupe prit le repas du soir avec lui à son hôtel et discuta, dans sa suite, de divers aspects du voyage. Vers dix heures il nous demanda de le laisser seul. Il voulait revoir son discours du lendemain après-midi devant les parlementaires français.

Je voulus y jeter un coup d'œil. Il me présenta, comme aux autres, une dizaine de feuillets rédigés à la main, manifestement un brouillon, auxquels étaient greffées quelques notes dactylographiées provenant de ses conseillers. «Il sera tapé demain matin, après ma révision», dit-il. Sa révision? La première rédaction n'était même pas finie! Et nous étions à quelques heures du moment solennel. Une angoisse me traversa: allions-nous revivre à Paris l'expérience de New York?

Une lecture rapide me rassura: pas de comparaisons hasardeuses, des tournures de phrase évocatrices, un style irréprochable. Du bon Lévesque. Sauf qu'il lui restait pas mal de travail à faire pour rendre le tout impeccable. Si tard dans la soirée! Avec un ou deux autres membres du groupe, je m'offris à l'aider. Il y consentit en grognant un peu.

Fier de «sa» loi sur le financement des partis, peut-être la plus sévère au monde, il tenait à la mettre en évidence. Louise Beaudoin, directrice de mon cabinet à l'époque, lui fit remarquer que le sujet n'était peut-être pas des plus appropriés devant un auditoire beaucoup plus tolérant que lui en matière de financement politique occulte et sceptique sur les réglementations à cet égard! Il pouvait certes faire allusion à sa réforme, mais mieux valait, proposa-t-elle, insister sur la loi 101, initiative de nature à impressionner davantage les parlementaires français et plus crédible à leurs yeux. Il accepta.

Notre collaboration au discours, la mienne en tout cas, fut brève. J'accrochai d'abord sur certains termes. Dit-on «se moquer *de* quelqu'un», ou «moquer quelqu'un». J'avais tiqué sur la deuxième formule, retenue par Lévesque. Échange grammatico-sémantique à onze heures du soir, bien sûr sans dictionnaire à portée de la main. Lévesque soutint mordicus que son expression était correcte et qu'on pouvait utiliser les deux formules. Peut-être avait-il raison? (Effectivement, il avait raison.)

Puis, dans son manuscrit, il établissait un rapport entre l'obstination des Québécois et celle d'Astérix, personnage bien connu d'une bande dessinée française, en lutte permanente avec les occupants romains. Il me sembla déplacé de faire appel à Astérix dans un discours aussi officiel. Lévesque ne voulut rien savoir. Il avait besoin d'Astérix!

Autant aller me coucher. De toute façon, le reste du discours (si son auteur le terminait à temps!) était potable. On ne revivrait pas New York.

Il termina son texte pendant la nuit. Sa prestation se révéla un succès complet. Par son ton et le contenu de son message, Lévesque séduisit son auditoire. Un journal cita même, comme brillante trouvaille, son passage sur Astérix.

Ses autres interventions publiques furent à l'avenant. Souvent il eut à improviser. Jamais je n'avais entendu de petites allocutions aussi bien calibrées et aussi pleines de sens, de vrais bijoux. En 1961, j'avais été fier de Lesage dans des circonstances semblables. En 1977, je le fus davantage de Lévesque. Devant un tel artiste du verbe, mes scrupules de Metz me parurent rétrospectivement mal inspirés.

De fait, à maintes reprises, j'ai constaté que, forcé d'improviser, Lévesque s'en tirait de manière remarquable. À l'écouter, il était difficile de croire que les mots choisis et les sentiments exprimés lui étaient venus spontanément, souvent dans les quelques secondes du trajet à parcourir entre sa chaise dans une salle et la tribune d'où, sans l'avoir prévenu, on lui demandait de prendre la parole. Et pourtant... Il n'était peut-être pas toujours préparé à parler, mais constamment prêt à dire quelque chose, sachant d'instinct qu'avec ou sans préavis il découvrirait en lui-même le message à transmettre.

C'est aussi au fond de lui-même qu'il puisait autant sa réaction initiale aux problèmes qui se présentaient, que sa décision d'agir ou de ne rien faire dans tel ou tel cas. En voici deux illustrations, parmi tant d'autres.

L'automne ou le printemps?

Lévesque détestait «jouer avec le monde». Éprouva-t-il ce sentiment en octobre 1980, quelques mois après le référendum?

Le Parti québécois avait été élu en novembre 1976, quatre ans avant, durée classique d'un mandat, même si la Constitution canadienne prévoit qu'il puisse s'étendre sur cinq ans. Si on s'en tenait à la tradition, des élections devraient donc avoir lieu au Québec dans les semaines à venir. Sombre perspective: tous les sondages, notamment ceux du Parti, annonçaient une défaite spectaculaire du gouvernement. Le politologue Daniel Latouche, consulté à leur sujet, fit connaître son avis sans détour: Lévesque lui-même serait battu!

Or, Trudeau venait de déroger à la tradition des quatre ans: avant d'appeler l'électorat aux urnes en février 1979, il avait laissé son mandat durer presque un an de plus. Cette décision ne lui avait pas épargné la déconfiture (les conservateurs furent élus et gardèrent le pouvoir jus-qu'au renversement de Clark en décembre), mais le précédent pouvait servir. En effet, en vertu de quel noble et contraignant principe le gou-vernement de René Lévesque devrait-il, lui, se présenter à l'abattoir électoral à un moment particulièrement contre-indiqué, alors qu'il avait le droit de demeurer au poste un an encore et que Trudeau ne s'était pas gêné pour le faire?

La conclusion semblait évidente: attendre. Certain d'être battu à plate couture à l'automne 1980, le gouvernement avait une mince chance d'être moins enfoncé au printemps 1981. Les choses ne pouvant être pires quatre ou cinq mois plus tard, peut-être seraient-elles meilleures? Si l'option du Parti québécois faisait problème, le degré de satisfaction de la population à l'endroit de son administration était encourageant. L'entêtement de Trudeau à réaliser son coup de force constitutionnel postréférendaire favoriserait peut-être aussi ceux qui s'y opposaient. Une majorité d'électeurs avaient voté non au référendum, mais tous ceux-là n'avaient pas pour autant donné leur accord au type de réformes concoctées par le premier ministre fédéral.

Lévesque partageait cette analyse, mais, certains jours, ses com-mentaires laissaient entendre que, «veux, veux pas», l'échéance était arrivée. Quatre ans après 1976, le gouvernement devait solliciter un nou-veau mandat et faire son possible pour l'obtenir malgré les circonstances peu opportunes. À d'autres moments, par contre, il était moins catégorique, comme s'il regrettait l'«obligation morale» dans laquelle se trouvait le gouvernement d'aller se faire massacrer, alors que sur le plan légal rien ne l'y forçait et que, sur le plan stratégique, un délai serait bienvenu.

Au fond, l'idée de «jouer» avec la date de l'élection lui déplaisait tout autant que l'impression qu'il donnerait ainsi de s'accrocher au pouvoir. Cela, semble-t-il, avait pour lui un petit côté finassier peu conforme à sa notion de la démocratie et de la franchise qu'il avait promise à la population. Pour le faire raisonner autrement, ses collègues partisans d'un report des élections devraient mobiliser des arguments probants et, il va sans dire, appuyés sur autre chose que le désir, même en filigrane, de rester au pouvoir quelques mois de plus.

D'habitude un premier ministre ne discute pas ouvertement de la date des élections pendant les réunions du cabinet. La décision relève de lui et de lui seul. Rien ne l'oblige à consulter ses collègues. Néanmoins, au début d'octobre, à deux reprises Lévesque voulut connaître l'opinion du Conseil des ministres, se réservant bien sûr la décision ultime.

Finalement, certains collègues, notamment Marc-André Bédard et Claude Charron, privilégiant comme moi des élections tardives, avancèrent des raisons susceptibles de le toucher. Une campagne électorale d'automne distrairait pendant quelques semaines cruciales le gouvernement de la lutte contre le coup de force postréférendaire annoncé par Trudeau (le «rapatriement» unilatéral de la constitution). En plus, Québec absent, les cinq ou six provinces qui paraissaient enclines à s'opposer aussi à Trudeau persévéreraient-elles? Dans ces conditions, le devoir du gouvernement ne consistait-il pas d'abord et avant tout à faire obstacle à l'agression dont le Québec risquait d'être l'objet?

Pour faire pencher la balance, Charron ajouta que, après avoir reçu «une claque dans la face» avec le référendum de mai, le gouvernement passerait pour masochiste et irresponsable s'il se hâtait d'aller chercher un «coup de poing dans le front» avec une élection en novembre!

Lévesque reporta donc les élections au printemps 1981.

Curieusement, à partir de décembre et surtout de janvier, la cote du gouvernement se mit à monter dans les sondages internes du Parti. Elle devint meilleure d'une fois à l'autre, si bien que Lévesque, toujours aussi transparent (c'était parfois au-dessus de ses forces de garder un secret), déclara à la fin de janvier au cours d'une rencontre à huis clos avec un groupe de consuls en poste au Québec que la prochaine élection reporterait le Parti québécois au pouvoir avec 70 députés, peut-être davantage! La nouvelle coula et donna l'occasion à certains commentateurs de déclarer que le premier ministre rêvait en couleurs, tant il allait de soi que les libéraux de Claude Ryan seraient les favoris. Pourtant le 13 avril suivant, le «rêve en couleurs» se réalisa.

Lévesque nous avait-il un peu joué la comédie en laissant croire qu'il réprouvait un report des élections? Pas sûr. Le plus plausible est qu'il aurait refusé de prendre cette décision tant et aussi longtemps qu'elle lui aurait semblé n'être justifiée que par une tentative de se cramponner au pouvoir.

Étrange comportement pour un chef politique? Pour un politicien ordinaire, peut-être, mais pour Lévesque... C'est d'ailleurs ce genre de trait qui le rendait à la fois attachant, imprévisible, fascinant et, à l'occasion, exaspérant.

«Je ne le sentais pas...»

Pour agir avec confiance et sérénité, il devait se sentir mû par son ressort intérieur. C'était, aurait-on dit, sa façon d'être honnête avec lui-même, de «pouvoir se regarder dans le miroir», selon son expression. On l'a vu plus haut à propos de son premier échange avec Lougheed en décembre 1976: ce même ressort, mélange d'impulsions et d'intuitions, le portait aussi à prendre des attitudes ou à prononcer des paroles qu'on ne pouvait pas toujours ranger dans le casier des perles diplomatiques.

Il était raisonnable, mais non purement rationnel. Pour l'influencer, il ne suffisait pas de lui expliquer par a + b le bien-fondé d'une orientation politique quelconque, ni de lui en fournir une preuve mathématique. Il fallait surtout l'accrocher à partir de ses propres valeurs. Lorsqu'il devait, par la force des choses, se plier à des arguments techniques, il s'y résolvait parfois de plus ou moins bonne grâce, comme prisonnier impuissant du raisonnement des autres. Alors, il agissait non par goût, mais parce qu'il ne pouvait éviter de faire autrement.

Un jour, en conférence fédérale-provinciale, je lui demandai pourquoi il n'avait pas servi à ses interlocuteurs un argument que je lui avais préparé et sur lequel nous nous étions entendus avant la rencontre. «Je ne le sentais pas», me dit-il, hochant la tête. Une autre fois, je lui avais suggéré de téléphoner à un premier ministre de l'Ouest pour élaborer avec lui une position commune. Deux ou trois jours après, il n'en avait encore rien fait:

— Je ne le sentais pas...

Ces quelques mots pouvaient signifier bien des choses: son instinct le faisait hésiter, le moment lui semblait mal choisi, la personne à qui parler l'ennuyait et que sais-je encore. Mais, quel que fût le motif immédiat, on pouvait être chaque fois sûr qu'il avait ses raisons à lui de ne pas agir. Il était alors sage de ne pas insister.

Si le hasard ou quelque obligation le forçait quand même à aller de l'avant, il n'était pas des plus accommodants.

Et si l'opération envisagée ne réussissait pas, son excuse était prête:
— Pas étonnant, je ne le sentais pas!

23

Regards sur un leader

Lévesque, ministre, n'avait pas été un modèle de solidarité ministérielle ni un exemple à suivre quant à la discipline de parti ou à la ponctualité. Premier ministre, comment se comporterait-il?

Le président du Conseil

En 1976, faisant du porte à porte dans le comté de Jean-Talon, j'étais tombé sur un de ses anciens collègues qui m'avait dit de lui: «C'est un individualiste qui se fout des conventions et des normes. Si jamais il se retrouve premier ministre, son cabinet sera désordonné, sans système. Il y aura trop de poètes. Lui-même en est un. C'est un bohème.»

Eh bien non, de façon générale aucune prédisposition à la poésie ou au désordre dans son Conseil des ministres.

Lévesque était devenu ponctuel (enfin presque, à peine dix minutes de retard), mais pas nécessairement en pleine forme intellectuelle tôt le matin. Celle-ci s'améliorait à mesure que la journée avançait, pour devenir superbe à des moments où celle des autres commençait à décroître. Question de métabolisme sans doute.

Plus patient aussi: chacun pouvait exprimer le fond de sa pensée et même le contredire.

Il exigeait par contre une solidarité sans faille, une fois les décisions prises. Comme Johnson, et Lesage avant lui, il appréhendait les audaces des francs-tireurs. D'ailleurs, tous les premiers ministres, toutes les personnes en situation d'autorité, craignent leurs embardées. Lévesque, franc-tireur émérite en son temps de ministre, en savait long sur leur influence possible...

Et, en plus, il s'attendait au respect intégral de l'ordre du jour.

Rigidité que tout cela? En un sens, oui, mais la direction de deux douzaines de ministres issus d'une formation comme le Parti québécois n'était pas de tout repos. Il fallait de la discipline.

Tous souscrivaient à l'idéal souverainiste, mais plusieurs, dans leurs domaines, voulaient mener à bien des projets précis auxquels ils s'étaient personnellement identifiés ou désiraient l'être: nouvelle politique de ceci, réforme globale de cela, réaménagement majeur de telle autre chose, etc. Les compromis, ajustements et autres adaptations normales dans la vie en groupe, étaient moins faciles à réaliser avec des gens ainsi motivés, et de surcroît légitimement désireux de «faire leur marque», que ce n'eût été le cas avec des ministres aux ambitions plus ondoyantes ou immédiates, principalement soucieux de «faire de la politique» plutôt que d'influencer leurs contemporains de façon durable.

Il va de soi que l'ordre du jour des séances du cabinet était établi d'avance. Le gros des documents nécessaires étaient transmis aux ministres le vendredi ou le lundi précédant ces séances. Elles avaient lieu le mercredi, jour traditionnel au Québec pour les réunions du Conseil des ministres. Lévesque s'attendait à ce que ses collègues aient étudié avec leurs conseillers les dossiers reçus et qu'ils en traitent en connaissance de cause. Il insistait pour que chacun dépasse son cadre quotidien de préoccupations et s'intéresse aussi à l'ensemble des questions gouvernementales.

Manière comme une autre de faire mousser le sens de l'État.

Ce souci d'ordre et de vision avait le défaut de ne pas tenir compte des événements courants dont les ministres souhaitaient parler entre eux: une crise éclatée deux jours plus tôt, un sondage publié en fin de semaine, une critique de l'opposition la veille, un malaise dont un collègue venait d'apprendre l'existence, n'importe quoi. Ces questions, généralement imprévisibles, s'incorporaient mal au programme régulier de travail. Pourtant, elles étaient souvent plus urgentes, en tout cas plus électoralement pertinentes, que les autres points de l'ordre du jour. Il était vraiment frustrant de se réunir en Conseil des ministres et de devoir les passer sous silence.

Lévesque le comprit et décida qu'au début de chaque réunion un «rapide» tour de table serait consacré aux sujets d'actualité. Rapide? Il aurait dû se méfier. Les échanges dégénéraient facilement en une heure, ou plus, de palabres. À peu près tous les ministres mettaient leur(s) grain(s) de sel et autres condiments.

Régulièrement, Lévesque priait l'assemblée d'éviter le déballage d'«états d'âme», une façon à lui d'inviter à la concision et de rappeler que chacun n'était pas chaque fois obligé d'intervenir sur tout.

Succès relatif: rares furent les tours de tables qui ne prirent effectivement que les «quelques minutes seulement» qu'on devait y mettre. Souvent — la tentation était trop forte — ils dérivaient vers des considérations périphériques, elles-mêmes sources d'interventions supplémentaires. Patient, Lévesque, laissait d'abord s'exprimer les plus volubiles de ses collègues, puis remuait sur son fauteuil et essayait de conclure, espérant que les ministres non encore entendus comprendraient que la discussion arrivait à son terme. Succès mitigé là aussi, quelqu'un trouvant presque toujours le moyen de réclamer «juste une seconde» pour ajouter un «bref» commentaire. Réponse de Lévesque:

— OK, mais vite. Et attention: je ne veux pas que votre intervention relance la discussion.

En réalité, ces «tours de table» lui étaient utiles. Sans en avoir l'air, il consultait ainsi ses collègues sur des sujets de politique courante. Il s'en servit par exemple, comme je l'ai raconté plus haut, pour connaître leur avis sur l'opportunité de la tenue d'élections générales à l'automne 1980.

Consensus

Sur les grandes décisions du gouvernement, pas de votes formels. Lévesque recherchait toujours le consensus, ce terme signifiant une majorité d'appuis.

Je ne me souviens pas de l'avoir vu imposer une décision qu'il n'aurait partagée qu'avec une minorité de ministres. Quand il sentait le consensus proche, probable ou possible, il s'arrangeait, mine de rien, pour résumer à sa façon les opinions exprimées jusque-là: «Donc, on s'entend pour...», «Si je comprends bien, vous seriez d'accord pour...», etc. En fait, ses résumés exagéraient parfois le degré d'entente réalisé et étiraient l'étendue des appuis — ce dont personne n'était dupe —, mais les échanges avaient selon lui assez duré, son idée était faite et il voulait en finir. Bonne méthode: généralement, à ce stade du débat, ceux qui croyaient avoir encore des arguments à ajouter écourtaient leurs interventions. Ou s'en privaient.

La plupart du temps, Lévesque laissait s'amorcer la discussion sans se prononcer, mais, quand son choix était déjà ferme, il gardait soigneusement le cap sur la conclusion à laquelle il souhaitait voir ses collègues parvenir. Sa technique consistait alors à attendre que des ministres, à leur tour de parole, formulent un avis correspondant à sa pensée. Il tentait ensuite, sur cette base et invoquant comme par hasard l'opinion qui venait d'être formulée, de construire un consensus.

Même tactique dans les situations où il hésitait à froisser, par ses critiques, celui de ses collègues qui défendait un point de vue discutable: il se servait, comme argument ou comme justification pour «fouiller le dossier davantage», des doutes émis par d'autres ministres.

Dans certains cas présentant des risques de division, il retardait le plus longtemps possible l'annonce de son opinion définitive, quitte, au besoin, à la reporter à la semaine suivante.

Aux réunions du conseil exécutif du Parti, il utilisait déjà ces procédés obliques, mais moins souvent qu'il ne le fit devenu premier ministre, poste où les décisions à proposer ou à orienter sont bien plus lourdes de conséquences. En ne plaçant pas immédiatement le doigt entre l'écorce et l'arbre, il exerçait son leadership sans chaque fois mettre son autorité en cause et sans gâter ses relations avec les ministres dont les opinions divergeaient des siennes. Ce qui ne lui interdisait pas de trancher: les compromis boiteux et les tergiversations n'étaient pas son fort.

Une conversation fortuite m'éclaira sur une autre facette de sa méthode.

En plus des ministres, les séances du conseil étaient suivies et analysées par le secrétaire général du gouvernement et son adjoint(e), et aussi par un ou deux membres du cabinet personnel de Lévesque. La discussion porta un jour sur un projet de réforme dont, à la lumière des explications venant du proposeur, certains éléments me parurent inquiétants. Étrangement, aucun de ceux qui avaient jusque-là parlé n'en avait encore identifié les failles les plus sérieuses. J'allai discrètement communiquer mon étonnement à Jean-Roch Boivin, chef de cabinet du premier ministre, présent au fond de la salle:

— Lévesque n'est sûrement pas d'accord; nous perdons notre temps.

— C'est sûr qu'il n'est pas d'accord, mais il espère que quelqu'un finira par attacher le grelot.

— Si on m'avait averti, j'aurais demandé la parole plus tôt. Pourquoi Lévesque ne s'est-il pas arrangé avec moi avant la réunion, ou avec d'autres qui sont certainement opposés eux aussi?

— Lévesque ne fera pas ça. Tôt ou tard, ça se saurait et il ne veut absolument pas créer de clans entre les ministres: les confidents, qui seraient dans le coup, et les autres qu'on écarterait. Déjà nous avons eu de la difficulté à éviter ce problème avec le comité des priorités*.

---

*Formé tout de suite après l'élection de 1976, le comité des priorités était le plus important des comités du cabinet et groupait, outre le premier ministre, celui des Finances, celui des Affaires intergouvernementales et les ministres d'État. Comme son nom l'indique, son travail de réflexion portait sur les grandes orientations du gouvernement. Il ne décida jamais rien dont l'ensemble des ministres ne fût pas informé en temps utile et consacra le plus clair de ses travaux aux choix budgétaires. Jacques Parizeau, ministre des Finances et auteur du discours du budget, mit toujours ses collègues du comité au courant de ses principales décisions avant de les annoncer à l'Assemblée nationale, contrairement à ses prédécesseurs, partisans du secret en la matière. Le geste, apprécié par ses collègues, ne fut jamais à l'origine de «fuites».

Effectivement et pour autant que je sache, Lévesque ne s'est jamais au préalable «arrangé» avec des ministres pour faciliter ou bloquer une décision au niveau du conseil.

Jean-Roch Boivin voyait juste: compte tenu des susceptibilités que cette façon de faire aurait heurtées dans une équipe ministérielle aussi chatouilleuse, je suis convaincu que la chose se serait sue.

Les vertus de l'opacité

Contrairement à sa tendance naturelle, à quelques moments importants Lévesque opta pour un mutisme surprenant qui priva ses collègues, du moins pour un temps, de l'occasion de discuter à fond d'orientations essentielles.

Quoique toujours d'humeur déchiffrable (quand il était de mauvais poil, on s'en apercevait vite!), il pratiquait devant ses collègues une prudente opacité sur divers sujets que la conjoncture rendait délicats. Ces sujets, il ne les inscrivait pas à l'ordre du jour. Ou feignait de les ignorer. Si bien que le Conseil n'en discutait que lorsque Lévesque estimait ne pas pouvoir agir autrement. Alors il les «laissait» inscrire au programme.

C'est ce qui se produisit pour au moins deux sujets me concernant: l'élaboration de la Question référendaire et la mise au point de la stratégie fédérale-provinciale que le Québec dut adopter après le référendum. Dans le premier cas (j'y reviendrai), il m'interdit dès 1977 de soulever de moi-même le sujet au Conseil des ministres (comment interpréter autrement son: «Tenez-vous tranquille, je vous prie!» qu'il me glissa à l'oreille?). Dans le second, il me demanda de me limiter à des considérations générales. Surtout, de ne pas me perdre dans la «plomberie».

Ce comportement s'explique du fait que, malgré ses précautions et appels (ou rappels) à la discipline, certains objectifs lui échappèrent toujours.

La discrétion, par exemple.

Comme Lesage, il avait la hantise du «coulage» provenant des séances du Conseil. Lui-même, pourtant, n'avait pas été, dans son temps de ministre, vertueux en la matière. Il ne devint jamais d'ailleurs, une fois premier ministre, un forcené du silence.

S'il se fiait assez à la retenue de ses collègues, il avait beaucoup moins confiance en celle de leurs conseillers immédiats qui, par les comptes rendus de leurs ministres, savaient en gros aussi bien comment se déroulaient les délibérations du Conseil que ce dont on y parlait.

Les ministres avaient prêté un serment d'office qui les enjoignait de respecter le secret ministériel, mais les membres de leurs cabinets n'étaient pas astreints à une contrainte aussi stricte. Pour défendre leurs points de vue ou induire le gouvernement à choisir l'orientation désirée par eux (et/ou par leur ministre), certains pratiquaient la «transparence modulée» en faisant des confidences à des amis journalistes.

Ensuite, par recoupement d'informations, ceux-ci «révélaient» des mesures non encore décidées et «prévoyaient» que d'autres, pourtant désirées, ne verraient peut-être pas le jour, à la grande déception des groupes de pression qui s'efforçaient de les faire adopter; d'où réactions du public. De façon générale, les journalistes tentaient de se fabriquer, sans toujours y parvenir, l'idée la plus exacte possible des opinions et des tendances en présence (ou en conflit) au Conseil des ministres. Comportement typique et compréhensible, connu de Lévesque, membre de la même profession.

La divulgation (toujours inopportune aux yeux de quiconque est au pouvoir) de ce genre de «révélations» compliquait singulièrement les arbitrages délicats auxquels Lévesque devait procéder pour harmoniser les points de vue quelquefois contradictoires de ses collègues. Il lui fallait en outre répondre aux interrogations pressantes d'une presse cherchant à en savoir davantage sur les divisions plus ou moins proclamées du Conseil des ministres ou sur ses crises appréhendées.

Pour combattre ces risques médiatiques évidents ou encore tarir à leur source des disputes prévisibles entre ministres ne fréquentant pas les mêmes longueurs d'onde, il arriva donc à Lévesque — on le comprend — de mettre délibérément et pour un temps de côté l'examen de certains dossiers trop «glissants». Disons, en les reportant d'une semaine à l'autre. Ou à plus tard.

Ses prédécesseurs auraient (et avaient déjà) agi de même. Continuité...

La liberté d'expression, sa durée et ses formes

Sur la durée des séances de cabinet, ses espoirs ne furent jamais non plus vraiment satisfaits: elles étaient interminables. Je m'amusais d'ailleurs à dire que ces réunions constituaient une excellente définition de l'éternité: on ne savait pas au juste quand elles commençaient et elles n'avaient pas de fin!

Complexité des sujets ou propension des ministres, plusieurs étant de formation universitaire et ayant des lumières sur presque tout, toujours est-il que, convoquées pour dix heures du matin, les séances du mercredi se terminaient tard en fin d'après-midi, sinon en soirée. Le lunch se prenait sur place, dans une salle attenante. En temps de session de l'Assemblée nationale, les délibérations étaient suspendues pour la période de questions et reprenaient ensuite.

Afin d'alléger le travail du Conseil, des comités placés sous la direction de ministres d'État (innovation mise de l'avant par Lévesque sur la suggestion de Louis Bernard) étaient censés «mâcher» au préalable les dossiers sectoriels. Peine (presque) perdue. Souvent la discussion repartait. Des points en principe réglés étaient remis en cause car les échanges révélaient des éléments jugés nouveaux par certains participants. Consolation: les dossiers étaient scrutés deux fois plutôt qu'une!

Cela ne suffisait pas pour éviter des explorations plus raffinées. C'est pourquoi, trois ou quatre fois par année, le Conseil des ministres se réservait toute une fin de semaine pour «faire le point». En fait, il s'agissait de séances «allongées» et supplémentaires du cabinet. On avait plus de temps pour parler plus longuement de plus de sujets.

Les réunions se tenaient hors de Québec, en région, dans un hôtel loué pour la circonstance. Ce n'était pas tout à fait des retraites fermées: les conjoint(e)s des ministres pouvaient se joindre à eux (elles), mais Lévesque priait les ministres de ne pas profiter des temps libres (il y en avait, rationnés) pour «s'épivarder» dans toutes sortes d'activités: réunions partisanes dans les environs, visites à des membres éloignés de la famille, reprises de contact avec des amis, échappées diverses. En principe, leur isolement relatif était censé permettre aux membres du cabinet de délaisser leurs activités courantes pour se concentrer sur les affaires de l'État. Mais pas sur celles du Parti. Lévesque tenait à la distinction.

Règles monastiques, mais aucune perte de contact avec la réalité: au départ de l'hôtel chacun se voyait remettre un compte détaillé pour les repas de son (sa) conjoint(e), plus ceux de ses enfants, le cas échéant... Normal: la fonction ministérielle n'annule pas la responsabilité familiale.

«Ça se fait ailleurs»

On vend mieux une réforme ambitieuse si elle s'applique déjà ailleurs sans problème.

Un de mes collègues proposa un jour au Conseil des ministres l'adoption d'une mesure sociale caractéristique des réformes d'envergure qu'affectionnait l'aile la plus «avancée» du Parti québécois. Elle était attendue dans les milieux syndicaux. Il avait mis beaucoup de soin et de compétence à la préparer. Un comité ministériel l'avait scrutée et y avait même ajouté d'autres dispositions innovatrices.

Les ministres chargés de dossiers économiques s'inquiétaient par contre de l'impact possible de cette mesure sur le volume des investissements, les relations du travail et les finances publiques. D'habitude plus réservé devant les réformes de nature «cosmique» (son expression), Lévesque, lui, semblait peu préoccupé, au-dessus de ses affaires. Il donna la parole au responsable du projet et invita ensuite les autres à parler.

L'échange, fort civil, dura longtemps et donna un peu ceci. Tour à tour, des ministres intervinrent:

— L'article X de la nouvelle loi ne va-t-il pas un peu trop loin?

— Non. De toute façon, l'expérience de la Suède à cet égard est encourageante.

— L'article Y ne va-t-il pas effrayer beaucoup de patrons?

— Difficile de voir pourquoi. Dans tel État américain aucun grave problème n'est survenu depuis qu'un article semblable y a été adopté.

— Peut-être, mais l'article Z paraît révolutionnaire.

— Pas vraiment. Une disposition du même genre existe depuis des années en Allemagne fédérale.

La discussion se poursuivit sur ce ton. Chaque fois qu'était soulevée une objection ou qu'une inquiétude était exprimée au sujet d'un aspect du projet, il se trouvait toujours un pays quelconque qui, apparemment, s'y était aisément adapté.

Une impression générale subsistait: la réforme proposée était pratique courante un peu partout ailleurs. Pourquoi le gouvernement québécois, social-démocrate bon teint, hésiterait-il, quant à lui, à aller de l'avant avec une mesure qui n'avait pas effrayé des pays souvent plus conservateurs?

Silencieux, consultant ses notes, Lévesque dirigeait la réunion et distribuait les droits de parole sans participer aux échanges. Le but de la réforme devait certainement lui convenir, mais il était surprenant de ne pas l'entendre s'interroger sur certaines de ses modalités radicales.

Tout à coup, vers la fin, il s'excusa presque d'interrompre la séquence des interventions:

— J'ai une toute petite question: quels pays, a-t-on dit, appliquent déjà une mesure aussi considérable? La Suède?

— Ce pays a en effet déjà mis en œuvre plusieurs des composantes de notre proposition, répondit le ministre en cause.

— Ah bon, plusieurs, *mais pas toutes*. Et l'Allemagne?

— On y trouve aussi certaines des mesures incluses dans notre projet, précisa le ministre.

— Bon, certaines, *mais pas toutes*. S'agit-il des mêmes qu'en Suède?

— Non, fit le ministre, exposant les différences.

Et ainsi de suite. Punch final de Lévesque:

— Si je comprends bien, on ne trouve dans aucun pays une législation aussi étendue que celle dont nous discutons.

— Je n'ai jamais prétendu que notre projet était intégralement mis en œuvre dans d'autres pays, mais plusieurs de ses dispositions le sont ici et là. Ça c'est sûr, expliqua le ministre.

Habilement, Lévesque avait atteint son but. La réforme étudiée, sans doute généreuse et ouverte, irait plus loin que tout ce qui existait ailleurs. Adoptée telle quelle, elle aurait propulsé le Québec en terrain largement inexploré. Il le savait depuis le début de la séance, mais attendait le moment opportun pour faire ressortir cette particularité.

Il va sans dire que la fameuse réforme fut «remâchée». Plus modeste et plus réaliste que le projet original, elle fait aujourd'hui partie des lois qui régissent le Québec.

Le truc de la «petite question» était classique. Lévesque se présentait au conseil des ministres parfaitement au fait de ses dossiers. Aidé de ses conseillers, il avait lu et annoté les mémoires soumis et, souvent aussi, les documents annexés. On pouvait le croire sur parole quand il proclamait son ignorance des ramifications de certains dossiers techniques, mais son sens politique (ou son simple bon sens) alertait en permanence sa perspicacité et l'amenait à dégager d'un coup d'œil l'essentiel de l'accessoire. Et à le souligner par une «petite question», précisément.

«À qui nous attaquons-nous aujourd'hui?»

Le Conseil des ministres du Parti québécois fut d'une luxuriante fertilité législative, du moins au cours de son premier mandat. Les réformes et projets se succédèrent, et il ne se passait pratiquement pas une semaine sans qu'un ministre indiquât son intention de revoir en profondeur — «on aurait dû faire ça depuis longtemps!» — telle ou telle législation. À la fin de chaque session parlementaire, le gouvernement pouvait faire état d'une activité remarquable et présenter fièrement la liste des lois adoptées. En cette matière, la créativité collective se comparait avantageusement à celle de l'«équipe du tonnerre» de Jean Lesage.

Au début, la fébrilité réformatrice s'expliquait. Le régime Bourassa avait fait preuve de timidité dans plusieurs domaines et le Parti québécois, désormais *vrai gouvernement*, devait s'acquitter de ses engagements électoraux. À la longue, Lévesque devint moins enthousiaste. Les innovations persistantes des ministres ou les corrections aux lois en vigueur, souvent inspirées par les fonctionnaires et dictées par des considérations administratives, n'avaient plus l'heur de l'émouvoir.

Les sondages du Parti avaient révélé une corrélation bizarre: le gouvernement était plus populaire quand l'Assemblée nationale ne siégeait pas! On aurait dit que le degré de satisfaction à son endroit oscillait en raison inverse de son activité législative ou de sa visibilité. Diverses interprétations s'offraient, mais Lévesque avait la sienne:

— Vous voyez, disait-il, le public est satisfait de nous quand on lui foute la paix...

Il en avait contre ce qu'il appelait les «diarrhées de lois», surtout lorsque le projet envisagé par l'un ou l'autre de ses collègues lui semblait en même temps d'importance secondaire, de portée surtout administrative et apte à créer du mécontentement. Il avait été frappé par une critique des libéraux selon laquelle, à cause de ses réglementations multiples (langue, assistance sociale, etc.), le Parti québécois se comportait en «gouvernement d'inspecteurs et de surveillants». Il n'était pas loin d'être d'accord et notait souvent aussi, à la blague, que son Conseil des ministres, par activisme, avait réussi à déranger à peu près tout ce qui bougeait au Québec. Et surtout tout ce qui ne bougeait pas.

Son humour n'était pas toujours apprécié. Un matin, ouvrant une séance du Conseil des ministres qui devait se pencher sur un projet de loi dont certaines composantes étaient à son avis douteuses, il déclara à la cantonade avec un petit sourire moqueur: «Bon, à quelle classe de la société nous attaquons-nous aujourd'hui?» Rire général, sauf chez le proposeur de la loi.

Ironie, il fut lui-même «attaqué», comme on va le voir, par les règlements et normes de son propre gouvernement.

Les joies de la «technocratie»

Il existait un type de «plomberie» que Lévesque appelait «cuisine».

C'était celle qui était née des problématiques technocratiques dont, laissée à elle-même, n'importe quelle administration est prolifique: ajustement de lois les unes aux autres, modifications à des organismes, réglementations complexes, etc. Il s'en occupa néanmoins avec tout autant de soin que du reste, sauf qu'il rouspétait alors volontiers contre les subtilités à son avis assommantes des fonctionnaires avocats, comptables ou économistes dont, par osmose ou proximité, l'influence se répercutait ouvertement sur ses ministres.

Parfois, il s'en prenait à la «technocratie», terme alors nimbé d'une aura nettement péjorative.

Au début des années 1960, l'appartenance à la classe mandarinale était flatteuse et valorisante, mais, à écouter Lévesque, c'était moins le cas au milieu des années 1970. Dans ses mauvais jours, il oubliait (ou, plus exactement, feignait d'oublier) contre toute logique qu'il était, lui, comme chef de gouvernement, l'ultime responsable des faits et gestes de la fonction publique, après tout soumise à des instructions venues d'en haut. Informé de la teneur des règlements issus des lois conçues par son propre Conseil des ministres, il était parfois renversé de leur ampleur et considérait que la «technocratie», de son propre chef, distillait pêle-mêle directives, normes et autres nuisances aux fins de compliquer indûment la vie de l'honnête citoyen. À en croire le premier ministre en ces moments de défoulement, elle éprouvait une jouissance coupable à transformer en embarras procéduriers et tatillons des législations adoptées de bonne foi en vue du bien commun.

Lévesque, on le sait, écrivait ses discours à la main. Pour cela, il se servait des instruments graphiques fournis par l'administration, en l'occurrence une sorte de crayon standard à feutre noir ou bleu et à bout fin. Pointu, le délicat outil résistait mal à la pression de sa main alerte et décidée. Il en «épointait» donc des quantités appréciables et pestait contre leur fragilité.

Un matin, scène révélatrice et amusante, je me trouvai devant lui à son bureau. Il devait rapidement écrire quelque chose, mais son crayon avait disparu. Il demanda à un témoin de lui passer le sien. À peine avait-il commencé à écrire que son visage s'éclaira:

— Tiens, c'est exactement le genre de stylo que je veux. Solide et qui glisse sur la feuille.

Il fit venir une secrétaire:

— À l'avenir, j'écrirai avec ceci, lui dit-il, montrant joyeusement l'instrument; commandez-en une provision.

La secrétaire:

— Ces crayons sont fabriqués au Japon, pas au Québec ni au Canada. Nous n'en avons pas et impossible d'en acheter; ce serait contraire aux règlements de notre politique d'achat.

Lévesque, furieux, héla un garde du corps dans l'antichambre:

— Voici 10 $. Allez m'acheter un paquet de stylos comme celui-ci à la librairie Garneau ou ailleurs. Si le gouvernement est trop stupide pour les fournir, je les paierai de ma poche. Maudite technocratie.

«On n'y peut rien»

Devant des situations pourtant aisément prévisibles, Lévesque faisait parfois preuve d'un fatalisme, d'une résignation, qui m'horripilait franchement. Il le savait d'ailleurs et me taquinait là-dessus, mais aucune consolation là pour moi: il s'agissait de l'un des points sur lesquels nos tempéraments étaient aux antipodes.

En fondant son propre parti, geste interventionniste s'il en fut, il avait posé un acte susceptible de modifier la dynamique canado-québécoise. Des années durant, il multiplia ses interventions devant des auditoires peu enclins à la compréhension ou à la mansuétude envers un Québec récalcitrant. Au pouvoir, il présida à de nouvelles initiatives et favorisa la réforme de programmes et d'organismes publics, suite revue et corrigée de la Révolution tranquille.

En somme, toute sa démarche était depuis longtemps volontariste, déterminée, conforme au personnage. Sauf qu'en certaines circonstances il lui arriva étrangement d'adopter une conduite passive, contraire au tempérament qu'on lui connaissait.

Déroutant.

Par exemple, bien que disposant de bons motifs pour le faire, il refusait de s'engager dans des événements courants qu'il aurait (peut-être) pu infléchir ou sur lesquels un geste ou un mot de sa part aurait jeté un éclairage différent. Ainsi, à la veille d'une réunion importante des libéraux ou en prévision d'une déclaration hostile de Trudeau, il lui aurait parfois été facile d'intervenir par un énoncé substantiel qui aurait répondu d'avance aux attaques ou, sait-on jamais, dérangé les plans jamais complètement secrets des adversaires. De bonne guerre, la méthode est familière aux politiciens et Lévesque en fut d'ailleurs souvent victime. «On n'y peut rien; ils ont droit de faire leur *show*», répondait-il aux suggestions des membres de son entourage qui auraient souhaité une action préventive de sa part.

Même résignation apparente dans d'autres domaines. Par exemple, les sondages montraient que des couches de la société québécoise (personnes âgées, minorités culturelles, etc.) étaient gravement réfractaires à la souveraineté. Or, on aurait dit qu'il avait renoncé non seulement à les persuader, mais même à neutraliser leur méfiance. «On n'y peut rien; ils sont irrécupérables», avait-il coutume de répéter. Surprenant de la part de la même personne qui, dans son comté lors de l'élection d'avril 1970, avait consacré un temps énorme à faire campagne auprès de groupes dont tous étaient sûrs d'avance qu'ils voteraient contre lui.

Peut-être cette expérience ou d'autres du genre l'avaient-elles en quelque sorte amené à rationaliser ses efforts et à investir son énergie auprès d'éléments politiquement plus «rentables»? Explication déficiente car, en plusieurs occasions, il consentit, comme en 1970, à s'expliquer avec soin devant des auditoires encore plus désespérément hostiles. Encore plus déroutant.

Le plus déconcertant pour moi, c'était le peu de souci qu'il portait à un aspect précis de la mise en marché de politiques majeures. Quand un gouvernement conçoit une vaste législation, affectant de larges segments de la société, il sait fort bien que les opposants protesteront lourdement sitôt l'annonce faite. Il est donc tout à fait légitime pour lui, par des contacts ou des appels discrets, de veiller à ce que ses appuis se manifestent aussi. Autrement, il risque d'affronter un concert de vociférations capables de donner au public l'impression inquiétante que sa législation sera porteuse de séquelles catastrophiques.

Lévesque n'avait pas ce genre de réflexe. Ce trait (on ne le retrouvait heureusement pas chez tous ses ministres et conseillers) déteignait malgré tout sur l'ensemble du gouvernement. Même si celui-ci, aux dires de l'opposition parlementaire, était «truffé de grands communicateurs», il serait faux de croire que les législations ou décisions importantes du Parti québécois donnèrent lieu à des manœuvres alambiquées de relations publiques. Ces législations furent d'ailleurs typiques en ce sens que, sauf rares exceptions, elles furent toujours accueillies par un chœur de réprobations criardes, organisé lui. Ce fut notamment le cas des lois sur l'assurance-automobile et sur le zonage agricole. La même chose se produisit lors du lancement du Livre blanc sur la souveraineté-association.

Cette façon d'agir (ou de ne rien faire) m'indisposait tant qu'un jour, au Conseil des ministres, je m'élevai contre l'absence de préparation adéquate de la population à une autre de nos ambitieuses lois. Vu les réactions négatives probables de ceux dont elle menacerait les privilèges, pourquoi ne pas nous concerter pour demander aux nombreux groupes avantagés de manifester leur contentement? De la sorte, la population ne conclurait pas que le gouvernement venait de l'accabler d'une nouvelle calamité péquiste.

— Si le monde veut chialer, on n'y peut rien, répondit Lévesque

À quoi, impatienté, je m'entendis répliquer:

— Écoutez, il me semble que nous sommes en politique parce qu'on peut quelque chose!

Lévesque, encore plus impatienté:

— Nous n'irons pas monter notre propre claque d'admirateurs ou cuisiner des gens pour qu'ils viennent nous encenser.

Fin de l'échange.

Comme il fallait s'y attendre, cette loi (à l'instar de bien d'autres) souleva les récriminations prévues et l'opposition libérale les exploita à fond pour prétendre qu'une fois de plus le gouvernement s'était fourvoyé.

Dire qu'il aurait été si simple, par quelques coups de téléphone ou autres prises de contact, de demander à ceux qu'elle favorisait de s'exprimer... Ils en vinrent à se manifester, mais d'eux-mêmes, en ordre dispersé et plus tard. Trop tard. La loi était mal partie.

Aujourd'hui encore, un tel laisser-faire demeure une énigme pour moi, tellement il cadre mal avec l'inventivité naturelle de Lévesque. Il reste une ou deux hypothèses: ou bien la démarche requise se serait peut-être trop rapprochée à son goût de ces calculs «stratégiques» plus ou moins honnêtes qu'il redoutait et dont on dira un mot plus loin; ou bien Lévesque, ancien journaliste, était vraiment scrupuleux par rapport à toute intervention qui pouvait, même de loin, ressembler à une manipulation de l'opinion publique.

Discret ou renfermé?

Dans un chapitre précédent, j'ai écrit que Lévesque paraissait plus à l'aise devant une foule nombreuse qu'en face d'une personne seule, dans l'intimité de son bureau.

Il est d'ailleurs significatif que pratiquement aucun de ses ministres ne le tutoyait. À ma connaissance, seul Robert Burns l'osait. Un ou deux autres se permettaient parfois de s'adresser à lui en utilisant son prénom, mais en le vouvoyant. Quelques-uns se servaient de son titre: M. le premier ministre, mais en général on l'appelait M. Lévesque. La réaction était naturelle, l'intéressé n'ayant jamais là-dessus imposé quelque protocole que ce soit. Lui-même n'avait pas le tutoiement facile, même pas auprès des membres de son cabinet personnel.

Cette déférence contrastait singulièrement avec la familiarité bon enfant que de braves citoyens manifestaient à son endroit lors de ses sorties publiques. Ils l'interpellaient chaleureusement: «Lâche pas, René!», «René, je voudrais te dire quelque chose», etc.

Il va de soi que, comme premier ministre, il ne pouvait pas toujours éviter les discussions de fond avec un vis-à-vis unique, l'un de ses ministres par exemple, mais il ne les recherchait pas. Même chose avec ses députés. Même si tous pouvaient l'appeler ou lui demander rendez-vous (à quelques reprises, il les avait invités à le faire), la pratique n'était pas très répandue. Lévesque n'était pas distant, mais le respect que beaucoup lui portaient ne favorisait pas l'intimité.

En ce qui me concerne, quoique très à l'aise avec lui, je ne lui ai pourtant presque jamais demandé de rendez-vous. De mon bureau proche du sien, rien de plus facile, après m'être entendu avec sa secrétaire, que d'aller «faire un saut dans son coin» pour lui exposer un projet ou un problème.

Plus simple encore, de courts appels téléphoniques suffisaient, à peu près toujours dans les termes suivants: «M. Lévesque, j'ai pensé à ceci; êtes-vous d'accord?» ou «Je pars pour tel endroit. OK si je vois Untel»? ou «À la conférence de la semaine prochaine, je dirai ceci. Ça vous va?» Jamais de «mémos» comme ceux dont j'inondais Lesage quinze ans plus tôt (c'est pourquoi on n'en trouvera pas dans les annexes documentaires de ce livre).

À l'occasion même, je lui demandais ses «instructions» ou lui faisais rapport en le croisant dans un corridor ou pendant un court entretien dans l'antichambre de l'Assemblée nationale.

Désordre? Bonne franquette? Pas vraiment, plutôt une grande complicité et une multitude d'ententes tacites. Je le comprenais à demi-mot, et c'était réciproque.

Par son tempérament, sa formation, ses expériences de vie et ses méthodes de travail, il différait énormément de moi. Je sais que certaines de mes façons de procéder lui tapaient sur les nerfs (et réciproquement...), par exemple mes apartés humoristiques au Conseil des ministres. Avec un peu de mauvaise volonté d'un côté ou de l'autre, nous aurions eu tout pour être à couteaux tirés. Pourtant, malgré des échanges quelquefois vifs et même des éclats, je me suis rarement aussi bien entendu sur l'essentiel avec quelqu'un. Quand il s'exprimait sur des questions importantes — l'association économique avec le Canada ou des réformes comme la loi 101 (dont il trouva les premières versions franchement exagérées) —, ses propos correspondaient à mes propres opinions, même si nous n'en avions pas discuté ensemble au préalable.

Au point que des collègues ont à tort imaginé maintes connivences entre nous deux. Il est vrai que je me trouvais souvent en sa compagnie au cours de voyages à l'extérieur, de rencontres intergouvernementales, ou, pourquoi pas, de «parties de cartes» occasionnelles, mais, dans ces circonstances, je n'étais jamais seul avec lui. L'eussé-je été qu'il n'aurait pas comploté. Ce n'était pas son style.

Je me suis d'ailleurs rendu compte d'une chose qui en étonnera sans doute beaucoup: si j'additionne tous les moments que j'ai passés en tête-à-tête avec lui à l'époque où j'étais ministre, un peu plus de cinq ans, le total n'atteint pas deux heures! Moins d'une demi-heure en moyenne par année! Incroyable, mais vrai.

Pourquoi si peu de conciliabules? Parce qu'ils n'étaient pas nécessaires.

Situation exceptionnelle? Probablement moins qu'on peut le croire car j'ai l'impression que mes collègues, sauf un ou deux, ne le rencontraient pas tellement plus souvent que moi. Il déléguait beaucoup de tâches aux membres de son cabinet personnel, notamment à Louis Bernard, puis à Jean-Roch Boivin et à Martine Tremblay, en qui il avait pleine confiance.

Quand, par hasard, il se produisait un «trou» inattendu dans son horaire, il ne cherchait pas à le combler en invitant un collègue à venir «placoter». Il demeura toujours accueillant, mais on ne sentait chez lui rien de grégaire. Il connaissait énormément de monde, mais avait peu d'amis et ne semblait pas s'en plaindre.

Il se plaignait d'ailleurs rarement, sauf peut-être d'une responsabilité inhérente à sa fonction.

Souvent, en effet, il a déclaré en public que la formation d'un Conseil des ministres représentait pour tout premier ministre un affligeant casse-tête. La modification de ce conseil, une fois formé, demeurait toutefois pour lui une corvée encore pire. C'était à ses yeux vivre une véritable épreuve que de ne pas nommer ministre un député méritant qui espérait la promotion ou, plus dramatique, de renvoyer un ministre. Il ne s'y résolvait qu'en dernier recours et le plus tard possible.

Cette réticence était due, on le devine, aux problèmes humains toujours inévitables lorsque, d'autorité, on bouscule sans préavis la carrière d'un collègue. Je soupçonne cependant que l'obligation d'avoir à rencontrer la «victime» en tête-à-tête lui était encore plus pénible. C'est pourquoi, me laissa-t-il entendre une fois, il aurait souhaité annoncer la mauvaise nouvelle par un appel téléphonique, moins éprouvant qu'une rencontre parce que plus bref, attitude qui tenait à la timidité plutôt qu'à la désinvolture.

Une «job tuante»!

Lorsqu'il ressentait le besoin de rappeler son cabinet à l'ordre ou de le stimuler, Lévesque se lançait dans de petits monologues, pas du tout improvisés, pleins de nuances et d'allusions subtiles que les intéressés étaient en mesure de saisir sans effort et d'accepter sans perdre la face. Parlant d'abord à voix plutôt basse et d'un ton calme, il lui arrivait en cours de route de s'animer et de dépasser un peu sa pensée.

Périodiquement, il attirait l'attention de ses ministres sur certains de leurs devoirs. Un jour, l'opposition s'était plainte de ne pouvoir poser de questions à certains ministres fréquemment absents de l'Assemblée. La critique avait piqué Lévesque qui décida de faire un «prône» en bonne et due forme à la réunion suivante du cabinet. Son laïus, une sorte de Sermon sur la colline parlementaire, peut se résumer ainsi:

«Les ministres doivent être présents à la période de questions; sinon on manque de respect envers les députés, ceux de l'opposition comme les nôtres.

«D'ailleurs, députés vous-mêmes, vous devriez passer plus de temps à l'Assemblée, et pas seulement pour la période de questions.

«Pensez aussi que, ministres, vous demeurez les premiers administrateurs de vos ministères. Il vous faut en suivre toutes les activités, rencontrer souvent votre personnel de direction aussi bien que les autres fonctionnaires, tout ça pour garder un esprit d'équipe.

«Même attitude d'ouverture dans votre bureau de comté. Les gens veulent vous voir, pas seulement une journée par semaine. Prenez part aux événements locaux, les fins de semaine.

«C'est vrai aussi pour votre région. Faites des tournées des comtés avoisinants.

«Allez aussi dans les autres régions.

«De temps en temps, faites du porte à porte, dans votre comté et ailleurs au Québec.

«Prenez la parole devant les clubs sociaux, les groupements d'affaires, les étudiants.

«Ne négligez pas les médias. Faites des rencontres avec les équipes éditoriales, prenez le temps d'expliquer nos politiques.

«De plus, soyez disponibles. Voyez le monde ordinaire, pas uniquement les militants du parti.

«Pour ceux-là, il existe des activités essentielles à ne pas négliger. Par exemple, consacrez certains soirs à des réunions de votre exécutif de comté ou de celui de votre région.

«Évidemment, on s'attend aussi à vous voir aux congrès de comté ou de région.

«Si vous passez par Montréal, faites un saut à la permanence nationale: nos gens seront heureux de vous voir.

«Il est important aussi d'être activement présent aux réunions du conseil national.

«Vous devez également participer à la campagne annuelle de financement, en suivre le déroulement, encourager nos solliciteurs.

«Bien sûr, il ne faut pas oublier que, dans tout ça, les réunions du Conseil des ministres demeurent une priorité.

«Celles des comités du conseil également.»

Le Sermon avait l'air terminé, mais Lévesque se ravisa soudain, encore plus insistant:

«Ah oui, vous devez aussi parler de la souveraineté chaque fois que c'est possible.

«Et penser au référendum à venir.

«Nous sommes en politique pour faire marcher le gouvernement, mais notre responsabilité est bien plus large que celle de n'importe quel autre cabinet antérieur: nous avons en outre la souveraineté à préparer et à faire.

«Cela, nous devons y réfléchir à chaque minute.»

Ouf! Tout un programme. Lévesque s'était laissé emporter. J'avais calculé le temps requis pour les responsabilités dont il venait de nous rappeler le caractère essentiel et souvent simultané de chacune. Trente heures par jour, dix jours par semaine, le don d'ubiquité et une santé granitique auraient été insuffisants.

À voix assez haute pour être entendu, je risquai une petite remarque perfide:

— Et nos familles? Elles réclament aussi du temps. Il faudrait les ajouter à la liste...

Ricanement feutré chez certains collègues, aussi abasourdis que moi par l'ampleur insoupçonnée des tâches ministérielles et autres qui venaient de nous être décrites en termes impérieux. Encore sur sa lancée, Lévesque tomba dans le piège:

— Ben oui, il y a aussi les familles. Il faut s'en occuper. Ça va de soi, tout le monde le sait.

Je demandai la parole.

— Ouais, unique intervention, une minute seulement, fit Lévesque.

Hésitant, grimaçant et peu invitant, il avait laissé choir son stylo sur la table, signe infaillible d'impatience croissante et d'éclat imminent.

— Je voudrais parler d'un malaise qui guette les ministres: le *syndrome de la binne*!

La *binne*?

Rires ici et là dans la salle. «Où Morin s'en va-t-il?» semblaient se demander certains collègues, néanmoins curieux de connaître la suite. Ce n'était pas la première fois que je me servais devant eux de tournures imagées (une fois, notamment, j'avais parlé d'un autre syndrome, celui du *poisson rouge* pour caractériser certaines actions politiquement peu efficaces, à mon avis, d'activistes péquistes: «ça s'agite beaucoup dans le bocal, mais ça ne change rien dans l'appartement»).

— Voyons donc! répliqua avec fermeté un Lévesque mécontent, qu'est-ce que c'est que cette histoire-là?

Il était à la veille de s'emporter contre moi, mais j'avais commencé. Autant finir, et advienne que pourra. Il y a de ces moments où on pense davantage aux causes qu'aux conséquences.

— Eh bien, voilà, dis-je comme entrée en matière, le premier ministre vient de me faire penser à une maîtresse d'école devant sa classe.

Lévesque s'agita sur son fauteuil:

— Pour l'amour du ciel, dit-il sévèrement, où voulez-vous en venir?

Ma réponse ressembla à ceci:

«Il était une fois une maîtresse d'école qui voulait expliquer le phénomène de la Vie à sa classe. À cette fin, elle remplit jusqu'au bord un bocal de fèves et le plaça en évidence sur son pupitre. Aujourd'hui, tout ça est endormi, mais demain j'y ferai entrer la Vie, dit-elle aux élèves. Le lendemain, elle versa de l'eau dans le bocal. L'eau, c'était la Vie. Premier jour: rien. Ni le deuxième, ni plusieurs autres par la suite. Les élèves étaient perplexes: à quoi servait la Vie? Puis, les fèves commencèrent à se fendre et le bocal se peupla d'effilochements multiformes verdâtres surgis d'elles. Un beau matin, surprise: pendant la nuit, le bocal avait éclaté. La Vie avait fait se développer les fèves, mais comme il y en avait trop dans le contenant, il avait cédé à la pression. Fin de mon intervention.»

— Alors, fit Lévesque interloqué, à quoi rime cette parabole?

— Chaque ministre est un bocal, lui dis-je. Tantôt, vous y avez jeté des fèves, l'une après l'autre: la fève de la période de questions, celle de l'Assemblée nationale, celle du bureau de comté et ainsi de suite. Le bocal a été rempli jusqu'au bouchon. Comme il faut aussi y ajouter la Vie — dans notre cas, c'est la politique — le bocal va sûrement finir par péter. Trop de *binnes* et trop d'eau en même temps.

Éclat de rire généralisé. Sauf de la part de Lévesque.

— C'est vrai qu'on a une *job* tuante, répliqua-t-il en serrant les lèvres, mais c'est nous qui l'avons voulu.

Il se hâta de passer à autre chose, appréhendant sans doute un tour de table verbeux sur le *syndrome de la binne*.

Entre lui et moi, l'expression resta (occasionnellement, il m'interrogea sur mes diverses *binnes* ministérielles); elle l'avait sans doute frappé car elle illustrait effectivement un trait propre à notre gouvernement.

Revenant plus tard sur ma parabole, il nota que son gouvernement se comparait à celui de Lesage sur deux plans, mais pas sur un troisième. Ainsi, comme le gouvernement Lesage, il se comportait par la force des choses en administration provinciale, situation qu'on retrouvait ailleurs au Canada, et, comme du temps de Lesage, il assumait à l'égard de sa population francophone minoritaire en Amérique du Nord un rôle de véritable levier national. Ce rôle, dont aucune autre administration provinciale n'était chargée par rapport à sa propre population, l'obligeait à prendre des initiatives originales et lui imposait de lourdes responsabilités. Leurs retombées linguistiques et culturelles engendraient un stress qui, selon Lévesque, avait certainement dû affecter la santé de ses prédécesseurs. Décidément, la condition politique québécoise était unique.

C'est sur un troisième plan, précisa-t-il, que le gouvernement péquiste se distinguait radicalement de celui de Lesage. Il s'était en effet donné, en plus, une autre tâche, encore plus «stressante»: construire un nouveau pays, ambition et espoir à la source de tensions et de rivalités sans précédent avec le pouvoir central.

Vraiment, que de *binnes* dans nos bocaux individuels!

Se ressourcer...

Lévesque était conscient des contraintes envahissantes de son métier et des exigences exténuantes de l'action. Un premier ministre est en effet mal placé pour prendre des congés sabbatiques! Il compensait cela par une grande curiosité envers les expériences étrangères dont le Québec pouvait s'inspirer et faisait de son mieux pour se tenir au courant des tendances majeures de l'économie ou de la société.

Ce qui lui permettait d'une certaine façon de se ressourcer et, en les confrontant à des notions nouvelles ou à des perspectives différentes, d'enrichir, de relativiser ou même de corriger les certitudes qu'il avait acquises de longue date.

N'empêche qu'il s'offusquait parfois quand, pour bien faire, quelqu'un lui proposait de prendre un peu de recul, par exemple en discutant avec des spécialistes ou des penseurs extérieurs au gouvernement et qui, eux, présumait-on, seraient en mesure d'évoquer devant lui des avenues sociales, économiques ou culturelles plus larges que celles de son univers quotidien.

Avant le référendum comme après, l'idée nous était venue, à des personnes de son entourage ainsi qu'à moi-même, de lui organiser quelques rencontres avec des intellectuels connus qui, sympathiques à sa cause, ne demandaient pas mieux. Il y consacrerait de temps à autre une heure ou deux, lunch ou dîner. Jamais il ne rejeta le projet, mais jamais non plus il n'y donna suite.

Certaines remarques empreintes de lassitude firent bientôt comprendre que notre trouvaille ne l'emballait pas: «X s'imagine-t-il m'en apprendre sur le Québec», ou «Je sais d'avance ce que Y va me dire», ou bien «Celui-là, j'aime mieux ne pas lui parler; il va s'en vanter et raconter partout qu'il est mon conseiller», ou encore «J'ai lu les articles d'Untel; à quoi sert de le voir?» Lévesque ne ressentait pas le besoin criant de «comparer les états d'âme». Il n'était pas non plus à l'aise avec les intellectuels.

Il est bien possible aussi que sa réserve naturelle et, surtout, son peu d'inclination pour les tête-à-tête l'aient éloigné de ce type d'échanges.

...et faire le vide

La conception que Lévesque avait des vacances ne ressemblait pas à la mienne.

Sa manière d'en prendre consistait à «faire le vide». Ses deux ou trois congés par année allaient de quelques jours tranquilles chez lui à deux semaines sur une plage américaine.

Alors, muni de quelques livres, il s'extrayait de l'humanité québécoise et canadienne et, surtout, enjoignait à tous de ne pas chercher à entrer en contact avec lui, hormis «cataclysme, et encore...» À l'extérieur, il se tenait loin du téléphone et lisait les journaux locaux, mais ne recherchait pas particulièrement ceux qui provenaient du Québec.

Dans la même situation, Bourassa veillait à ce qu'ils lui soient (tous) transmis par la voie la plus rapide et usait généreusement du téléphone.

Johnson et Bourassa se détendaient en discutant de politique, tard le soir, avec leurs conseillers. Lesage et Bertrand aussi, mais à un moindre degré.

Dans ses rares temps libres, Lévesque tenait à ne pas en parler, règle tacite observée par ceux de sa parenté ou de ses connaissances qui, de temps à autre, partageaient un repas au restaurant avec lui. S'il s'agissait d'une partie de cartes, la règle devenait absolue.

La légende veut que Lévesque ait été un amateur forcené de *blackjack* ou de poker, «vice» auquel, toujours selon la légende, il se serait régulièrement adonné des nuits entières, en des périodes où il aurait pourtant eu besoin de récupérer pour affronter le lendemain les obligations de sa tâche.

La vérité est moins scandaleuse. Pour lui et certains de ses collègues, la tentation irrésistible d'une «petite *game*» survenait surtout le samedi soir, au moment des conseils nationaux du Parti ou encore lorsque le cabinet se réunissait dans un hôtel pour toute une fin de semaine. Marc-André Bédard, Camille Laurin, Lucien Lessard ou moi-même étions ses compagnons les plus assidus dans cette activité certes non programmée de façon officielle, mais que tous, accoutumés au rituel, prévoyaient.

Je me souviens moins de la durée de ces parties de cartes que de leur caractère décontracté. Il eût été quasi sacrilège pour quiconque de profiter de la complicité ambiante pour glisser des messages à Lévesque. Pendant ces heures privilégiées, il n'était plus question du gouvernement ni de la souveraineté. Le vide, comme Lévesque l'aimait.

Il n'y avait pas non plus de protocole arrêté. Jouaient aux cartes avec le premier ministre, outre les habitués, ceux ou celles que le hasard avait groupés autour de la même table. S'y trouvaient parfois des ministres, des députés ou des conseillers avec qui il avait eu des désaccords l'après-midi même, mais rien n'en paraissait.

Aux conférences intergouvernementales, par contre, aucun loisir pour ce genre de récréation. Personne d'ailleurs n'aurait eu l'idée de lui proposer une *game*. Sauf dans l'avion de retour.

De fait, la seule fois que j'y vis Lévesque jouer aux cartes se produisit en Saskatchewan, à l'occasion d'une réunion des premiers ministres provinciaux. Tout le groupe se transportait de Regina à un lieu de villégiature situé dans le nord de la province. Le trajet devait prendre deux ou trois heures, mais il fut retardé en raison de barrages élevés par des autochtones désireux de parlementer avec le premier ministre de la province, Allan Blakeney. Lévesque et moi avions pris place dans l'un des Winnebago mis à la disposition des délégués. Deux ou trois autres personnes s'étaient jointes à nous, dont le ministre des finances de l'Ontario, Darcy McKeough. Au détour d'une conversation à bâtons rompus, découverte: le ministre ontarien se déclara amateur de *blackjack*. «Dommage que nous n'ayons pas de cartes», déplora Lévesque. Surprise: il y en avait dans le véhicule.

Quatre heures après, McKeough dut regretter sa confidence: il avait enrichi le premier ministre du Québec d'une centaine de dollars.

Formule inédite de péréquation!

24

La question du référendum

— Pourquoi n'annoncerions-nous pas ça tout de suite? avais-je suggéré à Lévesque.

C'était en 1978. Une indiscrétion venait de m'apprendre qu'une maison réputée conduirait bientôt un grand sondage politique à travers le Québec. D'où une idée qui, de prime abord, me parut innocente et pertinente. Le gouvernement avait en effet une ou deux bonnes nouvelles à annoncer, mais la date de leur divulgation n'avait pas encore été arrêtée: pourquoi ne pas les lancer quelques jours avant le sondage? Elles pourraient peut-être avoir un effet positif sur le degré de satisfaction de la population, ce qui, par contrecoup, stimulerait nos partisans.

J'en fis la proposition à Lévesque au détour d'une conversation sur autre chose, mais je regrettai tout de suite mon initiative.

— Pas question de manipuler l'opinion publique, répliqua-t-il; si le gouvernement commence à s'embarquer dans des manœuvres comme celle-là, où s'arrêtera-t-il?

Mon bien-aimé premier ministre n'eût pas été plus outré si je lui avais suggéré, pour plaire aux électeurs délinquants, une légalisation rétroactive de la fraude fiscale! J'eus beau faire valoir qu'il ne s'agissait pas d'influencer indûment qui que ce soit ni de diffuser de fausses nouvelles ni d'inventer des projets pour la circonstance, mais seulement de gérer avec intelligence le moment d'annonces que, de toute façon, nous devions faire, cela ne servit à rien.

Je m'étais rendu coupable de «stratégie».

Le tacticien

Le mot stratégie vient d'apparaître entre guillemets (comme celui de technocratie au chapitre précédent) car Lévesque lui donnait parfois un sens si péjoratif que ce concept rejoignait alors dans une même réprobation des compagnons aussi peu recommandables que le subterfuge, l'intrigue, la ruse et le mensonge. Pour Lévesque, stratégie et stratagème étaient des concepts jumeaux.

En août 1973, je l'avais rencontré pendant ses vacances dans le Maine. C'était à l'époque du Watergate. Il suivait l'affaire en scrutant tous les journaux possibles. La question le passionnait. Selon lui, Nixon, combinard notoire, s'était certainement fourvoyé dans une sombre histoire, sans doute condamnée par justice immanente à tourner mal, jalonnée comme elle était de «stratégies» et de «calculs», deux méthodes dans son optique apparentées à l'hypocrisie. Lévesque n'aurait jamais agi comme un Nixon ou laissé des «organisateurs» forcer les situations en provoquant les événements.

La politique, rappelait-il souvent, est «un océan de pelures de bananes». Il n'ignorait pas que certains adversaires et autres opérateurs malveillants pouvaient tendre des pièges à son parti ou à tel ou tel de ses porte-parole, mais se refusa toujours à utiliser contre eux, même préventivement, des méthodes semblables aux leurs. Il était l'antithèse du conspirateur. Les «armes non conventionnelles» lui répugnaient.

Les montages et mises en scène médiatiques ne lui plaisaient pas beaucoup plus. Je le sentais réservé au cours de certaines grandes assemblées partisanes d'avant 1976, à son goût trop animées de musique enlevante et de jeux de lumières impressionnants: «On va passer pour des Goebbels», murmurait, maugréant, cet ancien correspondant de guerre. Et que dire de ces accueils enthousiastes et de ces interminables applaudissements qui éclataient dans ces mêmes assemblées et qui l'empêchaient pendant deux ou trois minutes de commencer son discours: cette ébullition le mettait parfois de mauvaise humeur, surtout lorsque, du fond de la salle, quelqu'un entonnait «Mon cher René, c'est à ton tour...» En 1979, parce qu'il ne pouvait pas faire autrement, il se plia avec réticence à la présentation solennelle, en conférence de presse extraordinaire au Centre des congrès à Québec, du Livre blanc sur la souveraineté-association. Il aurait préféré un lancement plus discret.

Il méprisait aussi vigoureusement tout ce qui lui semblait être un détournement de faits à des fins partisanes. S'il lui arrivait de faire des déclarations contestables sur l'évolution historique ou constitutionnelle du Québec, c'est qu'il croyait à ce qu'il disait et non parce qu'il visait à inventer une réalité en «tirant la couverte» du côté de sa thèse.

Ces dispositions expliquent en partie son indignation devant le coup de force postréférendaire d'Ottawa (rapatriement unilatéral de la constitution). Pour les mêmes motifs, il fustigea autant le FLQ que ceux qui exploitèrent la crise d'octobre 1970 contre les souverainistes québécois. Toujours pour les mêmes raisons, il s'en était pris quelques mois plus tôt aux tireurs de ficelles qui avaient concocté le «coup de la Brink's» lors de la campagne électorale d'avril 1970. Son entêtement à assainir le financement des partis naquit aussi de sa résolution à les affranchir des influences occultes et des jeux de coulisses de bailleurs de fonds désireux de rentabiliser leurs «investissements» dans les caisses électorales. On pourrait multiplier les exemples.

Bref, Lévesque éprouvait une hostilité viscérale pour toute démarche dans laquelle, à tort ou à raison, il croyait flairer quelque tentative de «traficotage». Par tempérament et peut-être aussi parce qu'il confondait inconsciemment manipulation et stratégie, il avait plutôt tendance à user de tactique, bien qu'il soit parfois difficile dans la réalité de savoir où finit l'une et où l'autre commence.

On se rendait compte de ce trait lorsque le gouvernement devait passer de l'expression de sa volonté politique à la mise en œuvre des mesures qui en découlaient. Entre les deux s'interposaient la conception et l'agencement des gestes à poser, en somme le cheminement critique, monde naturellement attrayant pour les «artificiers de tout acabit» (dixit Lévesque). Lui n'était pas de ceux-là, mais il demeurait attentif aux détails des opérations bien plus qu'on aurait été porté à le penser. Il exigeait des comptes rendus, étudiait les chiffres, examinait les alternatives et secouait les retardataires. Ses appréciations et ses directives étaient alors guidées par son sens pratique et ses réactions intuitives, souvent plus riches en enseignements réalistes que les spéculations décorées de supputations à longue portée dans lesquelles se complaisaient maints stratèges.

Malgré le soin qu'il y mettait, cela ne l'empêcha pas, à l'occasion, de ravaler l'application de certaines décisions au rang banal de «plomberie» (ou de «tuyauterie»). Si ce mot apparaissait dans l'une de ses interventions, ses familiers comprenaient à quoi s'en tenir: Lévesque se «couvrait», non pour dissimuler, mais pour éviter de se faire interroger sur des opérations en cours ou à venir: en effet, ou bien celles-ci étaient confidentielles, ou bien il manquait d'information, ou bien la répétition de données déjà connues l'ennuyait.

La «cuisine administrative» courante (une autre de ses expressions) n'exerçait à vrai dire aucun charme sur lui et, bien qu'il y portât attention, il tenait à ne pas être accaparé par elle. Il trouvait néanmoins que certains de ses ministres s'en délectaient exagérément, aux dépens de tâches plus politiques.

— Nous ne devons pas devenir des sous-ministres hantés par la gestion, avertissait-il; chacun son métier.

Remarque bien dans la ligne du personnage. Certes, il se savait responsable ultime d'un immense complexe administratif — l'État québécois — et il en redoutait, justement parce que c'était un État, la tendance génétique à tout régenter, mais, avant tout, il caressait un «projet de société» excluant l'embrigadement administratif et ses excès.

C'est peut-être pourquoi, en réaction contre la «Machine» et de peur d'être avalé par elle, il conserva, comme pour se prémunir, une affinité pour les situations humaines, les questions concrètes et, en particulier, le contact avec la foule. Alors, laissé à lui-même, loin des tentacules de la «Machine», en communion avec un auditoire réceptif, il ouvrait, sensible et pénétrant, des horizons stimulants et improvisait de façon souvent géniale.

Pas toujours avec le même succès, cependant. «On ne gagne pas chaque bataille», disait-il de ses performances spontanées moins réussies que d'autres, «mais c'est la moyenne au bâton qui compte». Repartie, soit dit en passant, non exempte d'un certain réflexe stratégique...

Personne ne connaît l'avenir

À l'été 1980, je lui présentai une démarche assez complexe: il s'agissait d'amener les autres provinces à faire front commun avec le Québec «séparatiste» contre la manœuvre constitutionnelle unilatérale imaginée par Trudeau après le référendum de mai. Connaissant la propension de Lévesque pour les interruptions, je le priai de me laisser terminer avant d'intervenir.

Il s'inclina, mais, au milieu de mon exposé, traça nerveusement sur une feuille quelques traits entrecroisés et des points d'interrogation. Étrange.

J'étais lancé dans ma démonstration:

— Si les fédéraux font X, nous pourrions entreprendre Y ou Z avec les autres provinces. Mais si nous recourons à Y, surviennent alors deux autres possibilités: A et B. Par contre, si c'est Z, les voies C, D et E s'offrent.

Ainsi de suite, avec subdivision de chaque nouvelle hypothèse.

— Je vous résumais, soupira Lévesque, interrogé ensuite sur son petit dessin.

Il n'avait retenu de mes propos que le X de départ et les deux autres lettres, Y et Z. Les points d'interrogation illustraient, me dit-il, ses doutes sur la sagesse de s'intéresser tout de suite à des hypothèses selon lui alambiquées.

— Pour le moment, je suis d'accord avez vos trois premières lettres, conclut-il, mais attendons le déroulement des discussions avant de décider comment traiter le reste de l'alphabet.

Lévesque détestait planifier à trop long terme. «Nous traverserons le pont, une fois rendus à la rivière», avait-il coutume de dire comme bien d'autres politiciens. Selon lui, trop de variables entraient en ligne de compte pour que l'on sache sérieusement à quoi s'en tenir sur celles qui se prolongeaient au-delà de l'avenir immédiat. Il avouait candidement que les programmations prospectives et autres «sophistications» n'étaient pas son *bag*.

Malgré ma technique de présentation et mes subdivisions avec symboles grecs (manie de professeur), je n'étais pas vraiment en désaccord avec lui sur les risques d'une prévision trop rigide. On dit que gouverner c'est prévoir. Lévesque croyait sans doute souscrire à ce dicton, mais il l'appliquait à sa manière. Pour lui, gouverner c'était moins prévoir que prévenir les phénomènes prévisibles. Il renonçait à deviner ceux qui relevaient presque du hasard, préférant *sentir* les choses quand (et si) elles arrivaient que d'essayer de les *pressentir* lorsqu'elles n'étaient qu'en gestation imperceptible et qu'on ignorait tout de leur forme finale.

Les extrapolations futurologiques raffinées le laissaient froid; il aimait à dire que, de toute façon, des événements inattendus s'empressent tôt ou tard de bousculer les plus belles constructions intellectuelles. Là-dessus, il ressemblait assez aux autres personnalités de son rang que des circonstances échappant à leur contrôle ou urgentes obligent à des décisions rapides, *hic et nunc*. Tout repose alors sur leur intuition, les conseils de leur entourage et la chance.

En revanche, les événements issus d'engagements envers la population sont loin d'être accidentels. Étant donné qu'ils en sont à l'origine, les politiciens peuvent les voir venir longtemps d'avance et s'y préparer à loisir. Il arrive cependant que, devant des conditions de réalisation qui se révèlent moins satisfaisantes qu'ils l'espéraient, certains élus «pragmatiques» s'emploient à imaginer des astuces pour se faire relever de façon plus ou moins vraisemblable de leurs promesses, même les plus fermes, ou pour les modifier sans que cela paraisse trop.

Pas Lévesque.

Chose promise, chose due

Non seulement l'engagement de tenir un référendum sur l'avenir politique du Québec n'avait rien d'un promesse à la légère, mais eût-il été moins catégorique que, même dans ce cas, Lévesque n'aurait jamais une seule seconde envisagé de s'en libérer, peu importent les circonstances. À travers le programme de son parti et maints discours, il avait donné sa parole. Dès lors, la consultation promise aurait lieu à l'intérieur du délai prévu. Quoi qu'il advînt.

La démarche référendaire soulevait trois interrogations pratiques: *quand?* (moment de la consultation), *comment?* (organisation de l'opération) et *quoi?* (nature de la Question à poser). Si les deux dernières étaient prématurées lors de l'élection du Parti québécois en novembre 1976, la réponse à la première était à moitié connue dès ce moment: la date précise manquait encore, mais la consultation surviendrait au cours du premier mandat du gouvernement

Pourquoi s'obliger à un référendum *pendant le premier mandat?* Pourquoi pas plus tard? Ou n'importe quand? N'aurait-on pu se contenter, au congrès de novembre 1974, de déclarer que l'avenir politique du Québec se déciderait de cette manière plutôt que par élection, sans annoncer d'avance un calendrier indiquant aux adversaires à peu près quand fourbir leurs armes?

J'ai expliqué dans un chapitre précédent que la majorité «étapiste» du Parti québécois voyait le recours au référendum comme un moyen démocratique de hâter l'accession du Québec à la souveraineté. La minorité indépendantiste pure et dure voulait, elle, la garantie que le fait d'ajouter l'étape du référendum (selon eux, une élection aurait suffi) ne retarderait pas la réalisation de l'objectif. Pour l'une ou pour l'autre, il aurait été illogique, à cause du délai supplémentaire qui en aurait résulté, de repousser cette consultation à un avenir indéterminé. Sans compter que la fixation du moment opportun aurait alors dépendu du jugement et du bon vouloir de politiciens qui risquaient entre-temps d'être tentés par la conservation du pouvoir à tout prix...

Plus important encore à mon sens dans le choix du moment, fut le propre sentiment de Lévesque. Il savait évidemment que l'opposition libérale et l'*establishment* fédéraliste d'Ottawa ne cesseraient pas de le houspiller si jamais son engagement référendaire demeurait trop vague, mais là n'était pas sa considération majeure. Comme tout élu, il détestait manquer de marge de manœuvre, mais, même en supposant que la chose lui eût été politiquement possible, je suis convaincu qu'il n'aurait jamais accepté, pour reprendre son expression, de «jouer avec le monde» à propos du référendum. Il s'agissait pour lui d'une démarche aux conséquences trop lourdes pour qu'il la traite comme une vulgaire tactique à court terme ou, tel un hochet partisan, l'agiter à des fins électoralistes.

Face au résultat de mai 1980, certains se sont par la suite demandés si, malgré les remous que cette décision aurait causés dans le Parti et à l'extérieur, il n'aurait pas été en définitive plus intelligent de reporter cette consultation à plus tard, par exemple à un second mandat du gouvernement, quitte à attendre une époque où les sondages seraient devenus totalement rassurants. Bonne question en effet! Sauf qu'on imagine assez aisément le résultat encore plus piteux du OUI si cette consultation avait eu lieu pendant la grave récession économique qui frappa autant le Canada que bien d'autres pays et qui, précisément, dura presque tout le second mandat du Parti québécois*!

---

*Au cours de l'été 1980, certains analystes universitaires avancèrent l'idée que le résultat négatif du référendum de mai était une conséquence de l'élection *trop hâtive* du Parti québécois, en novembre 1976. Selon eux, ce parti avait commis l'«erreur stratégique» d'arriver au pouvoir *trop tôt*, ce qui le força à consulter la population à un moment ou elle n'était pas encore mûre pour la souveraineté. Si l'élection victorieuse avait eu lieu en 1980, juste avant la récession, ces analystes auraient-il alors jugé qu'elle était *trop tardive* et que le moment ne se prêtait plus à la décision populaire?... Lévesque, ironique, se posait encore la question après sa démission en juin 1985.

Et sur quoi, pendant le premier mandat, aurait-on bien pu se fonder pour espérer, au cours du second, une tendance de l'opinion publique si inéluctable et si invincible en faveur du OUI qu'elle aurait compensé les critiques et hurlements pharisaïques de l'opposition, les reproches culpabilisants des souverainistes et les accusations de mauvaise foi qui auraient assailli le gouvernement de partout, advenant un report du référendum? De toute façon, pour les raisons qu'on vient de voir, ni le Parti ni surtout Lévesque n'auraient opté pour une période ultérieure.

Son opinion claire et irrévocable m'avait d'ailleurs été confirmée en octobre 1976, pendant la campagne électorale.

Après une allocution dans mon comté, un petit groupe d'auditeurs s'étaient étonnés devant moi de l'engagement du Parti sur le moment où se tiendrait le référendum: pourquoi se mettre ainsi «les pieds dans le ciment», expression familière de Lévesque? Ma réponse avait été banalement conforme à l'orthodoxie péquiste, mais, quelques jours plus tard, je dis un mot de cet échange à Lévesque. Au cas où son opinion aurait évolué.

Non, c'était toujours la même: «Le référendum n'est pas un *gadget* et je n'ai pas envie de finasser sur un événement aussi déterminant». Dans le contexte, le principe du «non-finassage» s'appliquait aussi à la période où la consultation aurait lieu. J'étais d'accord.

Même lorsque nos sondages successifs de 1978 et de 1979 interdisaient tout optimisme, y compris le moins délirant, je ne revins plus jamais, ni avec lui ni avec personne d'autre, sur l'idée d'un report possible de la consultation à des jours (espérés) meilleurs. Chose promise, chose due.

On s'organise

Il restait à déterminer quand l'événement surviendrait à l'intérieur des quatre ou cinq années du mandat.

«On ne prendra pas le public par surprise. Il aura le temps de voir venir», précisa Lévesque dès qu'un journaliste lui demanda, peu après l'élection du parti, si le référendum se tiendrait dans les tout prochains mois. En l'absence d'une loi sur les consultations populaires, la précipitation eût de toute façon été impossible — il fallait d'abord faire adopter cette loi —, mais cette obligation était moins déterminante pour Lévesque que son souci rigoureux de «ne pas jouer avec le référendum».

Même souci à propos de la loi nécessaire. Il importait à ses yeux d'établir des règles du jeu claires, de laisser ensuite au public le temps de les comprendre et surtout de saisir toutes les dimensions de l'enjeu. «Nous n'irions pas loin avec un référendum gagné sous de fausses représentations ou parce que les gens n'auraient pas eu le loisir de réfléchir; ça se retournerait contre nous», s'évertuait-il à expliquer à ceux de ses partisans qui, croyant les circonstances favorables en 1977 (ils avaient tort), en réclamaient la tenue hâtive. Il poursuivait sa pensée ainsi: «En plus, si nous arrivions avec le référendum sans préavis suffisant, les gens penseraient qu'il y a anguille sous roche et le résultat pourrait être désastreux.»

Je ne discutai jamais avec Lévesque de l'organisation même de la consultation. Il confia la préparation de la loi requise à Robert Burns, ministre de la Réforme parlementaire. Aidé de ses conseillers, il créa également, aux fins du camp du OUI, un Comité national du référendum à qui il confia, sous sa direction, la conception et la logistique de la campagne à venir. À l'instar d'autres ministres, je collaborai très étroitement avec ce comité, mais, contrairement à ce que certains ont pu penser, je ne fus pas le grand responsable de la campagne référendaire proprement dite. Lévesque n'aurait pas commis l'erreur de m'offrir ce défi et j'imagine que je n'aurais jamais eu la sottise, le cas échéant, de l'accepter! Le comité était en bonne partie formé de membres de son cabinet beaucoup plus expérimentés et compétents que moi en matière d'organisation électorale et plus fréquemment en contact avec les diverses instances du Parti.

Trois tâches particulières m'échurent cependant. Les deux premières relevaient de mes fonctions ministérielles. En 1978, pour éclairer le débat, je commandai à des spécialistes plusieurs études techniques sur l'association économique Québec-Canada; elles furent rendues publiques sitôt terminées. En 1979, je fis en outre conduire par le Centre de recherche en opinion publique (CROP) un sondage, le plus élaboré du genre et diffusé lui aussi, sur les attitudes et les aspirations des Québécois.

La troisième tâche me fut confiée par Lévesque lui-même en février 1979, comme je me trouvais dans son bureau pour autre chose. À la fin de notre bref entretien, ses «instructions» prirent le tour suivant:

— Quand ça vous tentera, faites-moi donc deux ou trois projets de question pour le référendum.

— OK, mais je ne peux pas les inventer tout seul.

— Faites-vous aider par qui vous voudrez, mais pas de comité ministériel. Sinon on retrouvera tout dans les journaux avant que vous m'en parliez.

Message reçu. Embêtant: ne rien dire aux autres ministres alors que, dans le cas présent, j'avais rêvé d'une participation de plusieurs de mes collègues...

Au fait, que contiendrait cette fameuse Question? Après l'avoir quitté, je m'aperçus que Lévesque n'avait pas offert de suggestions. À cause d'un vieux réflexe de sous-ministre* né de ma fréquentation de ses quatre prédécesseurs, j'avais oublié de lui en demander.

---

*Une fois que je l'interrogeais sur la marche à suivre dans un dossier qu'il venait de me confier, Lesage m'avait rétorqué avec une pointe d'impatience: «Écoutez, vous êtes payé assez cher comme sous-ministre (16 000 $ par année à l'époque) pour savoir comment vous en sortir!». La remarque m'avait frappé; on ne me la répéterait plus. À compter de ce moment, je cessai de requérir des directives précises de «mes» premiers ministres. À la lumière d'intentions souvent esquissées ou laconiques, je m'arrangeai pour déduire la conduite qui m'apparaissait convenir aux circonstances. J'appris ainsi à traduire à ma façon, en orientations politiques applicables, des volontés gouvernementales peu explicites. Ce qui me permettait d'introduire ici et là un peu/beaucoup du mien dans la démarche globale. Telle était, estimais-je, la marge de manœuvre tolérée en vertu de mes fonctions.

Pour être à l'aise dans le cas de la Question référendaire, j'avais besoin d'en savoir davantage. Revenu à mon bureau, je téléphonai à Lévesque:

— Avez-vous vous-même pensé à un libellé quelconque?

— Pas tellement, mais il faut qu'elle porte sur notre option, la souveraineté-association. Elle devrait aussi contenir assez de précisions pour que le public sache à quoi s'en tenir. En somme notre Question doit être «pédagogique», explicative.

— OK, j'essaie.

— Attention, pas de présentation agressive contre le reste du Canada. On n'est pas là pour l'attaquer ou le détruire, mais pour nous organiser autrement avec lui.

C'était mince, mais d'autres précisions vinrent dans les semaines suivantes. De l'un à l'autre, les sondages révélaient en effet plus d'appuis à un *mandat* de négocier une nouvelle entente Canada-Québec sur la base de la souveraineté-association qu'à l'option elle-même. On sentait nettement que la population voulait «voir venir» et qu'elle ne tenait pas à donner un chèque en blanc au gouvernement. Connaissant ses préventions contre les sondages, je me demandais comment Lévesque réagirait. Il ne se montra pas plus surpris que moi de cette tendance: «Je m'en doutais», dit-il.

Pour lui, la souveraineté-association concrétiserait un nouveau contrat global entre le Québec et le Canada. Il tenait à la souveraineté au point d'y avoir consacré sa vie politique et, à un moindre degré, à l'association économique, mais il tenait tout de même à celle-ci comme complément réaliste de la première. D'où l'insistance qu'il mettait parfois à souligner la présence d'un trait d'union entre la souveraineté et l'association. Cette orientation, il l'avait déjà développée, dix ans plus tôt, dans son *Option Québec* et la répétait depuis, ce qui le distinguait des «séparatistes purs et durs». Dans cette perspective, il allait pour lui de soi que le nouveau contrat résulterait par définition de pourparlers entre futurs partenaires. Il fut donc entièrement d'accord pour que la Question fît allusion à un *mandat* de négocier une «nouvelle entente Québec-Canada», expression dont il s'inspira d'ailleurs pour le titre du livre blanc que le gouvernement devait ultérieurement publier sur son option.

Je tenais mes «instructions», mais j'ignorais que d'autres me seraient fournies à l'Assemblée nationale même, en présence de tous les députés!

Une période de réponses

Dans tout régime parlementaire démocratique, les députés peuvent interroger les membres du gouvernement, y compris le premier ministre, sur leurs décisions ou sur des affaires courantes. Un temps est prévu à cette fin. Sa durée, sa fréquence et ses règles varient selon les Parlements. Au Québec, il a lieu tous les jours où l'Assemblée nationale se réunit et dure de quarante-cinq minutes à une heure.

Il s'agit de la période de questions. On a raison de l'appeler ainsi, plutôt que période de réponses. Les membres du gouvernement visent moins à fournir les éclaircissements demandés qu'à éviter les pièges tendus par l'opposition ou à les retourner contre elle, et celle-ci, de son côté, cherche moins à s'informer qu'à embarrasser le gouvernement.

Lévesque, par respect pour l'Assemblée nationale (une des très rares institutions qu'il ne raillait pas), prenait cette période au sérieux; en fait il donnait l'impression de s'y plaire. Pour lui, elle était véritablement une période de réponses. Il n'y était pas toujours d'une ponctualité exemplaire, mais il tenait à ne pas la manquer, au cas, justement, où il serait interrogé. Le cas échéant, c'est-à-dire presque tous les jours de session, il livrait les éclaircissements ou les indications qu'on réclamait de lui. Il s'y préparait avec soin, veillant même à s'assurer de la présence des ministres dont il pourrait avoir besoin.

Il ne révélait pas tout, mais, peu partisan de l'esquive ou des restrictions mentales, il exécrait prendre des détours et tourner autour du pot. Cette disposition, louable en soi, portait peu à conséquence quand les questions concernaient l'administration des programmes ou d'autres sujets courants, ceux justement sur lesquels il s'était bien préparé. Lévesque répondait de son mieux et demandait au besoin à l'un de ses collègues de fournir des explications supplémentaires.

Les choses se gâtaient cependant lorsque les ténors de l'opposition se mettaient à le harceler sur des sujets d'ordre essentiellement politique ou sur des hypothèses concernant la démarche référendaire. Ils avaient beau jeu: connaissant la tendance de Lévesque à répondre, ils étaient d'avance presque sûrs de tirer de lui des indices utiles.

Quand les mêmes questions revenaient jour après jour, Lévesque fournissait naturellement les mêmes répliques, mais parfois avec des développements apparemment inédits ou des nuances anodines. Il n'en fallait pas plus pour donner à l'opposition un prétexte pour revenir à la charge: le premier ministre venait, selon elle, d'évoquer des nouveautés déconcertantes dont le bon peuple devait être informé d'urgence.

J'étais inquiet. Les interventions de l'opposition se faisaient sans préavis et étaient constamment accompagnées de sous-questions plus ou moins piégées. Il y avait un risque réel que Lévesque, peu enclin aux faux-fuyants, fût graduellement amené à en dire bien davantage que nécessaire. Ou, plus dangereux, à s'engager sans retour à partir d'improvisations de bonne foi, inspirées tantôt par ses convictions anciennes, tantôt par des impressions récentes, tantôt par son humeur du moment.

Pour se rendre à l'Assemblée, il quittait son bureau cinq minutes (ou moins) avant la période de questions et empruntait un tunnel sous la Grande-Allée (la construction, commencée sous Bertrand, en fut achevée sous Bourassa qui put ainsi, après octobre 1970, se mettre à l'abri des terroristes éventuels et des journalistes trop curieux). Ce quasi-labyrinthe était accessible aux ministres dont les bureaux se trouvaient dans l'immeuble à proximité du sien. Mon cas. Certains jours, je fis littéralement le guet à l'extrémité du tunnel sous son immeuble. De là, comme par hasard, j'attrapais Lévesque au passage et l'accompagnais ensuite vers l'Assemblée. En quelques courtes minutes, je pouvais ainsi, d'un air aussi détaché que le permettait notre pas militaire, le mettre en garde contre les traquenards que me paraissaient cacher les insistances prévisibles de l'opposition. Ou encore je le précédais en allant l'accueillir face à l'ascenseur qui, au terme de son voyage souterrain, le régurgitait à l'Assemblée nationale.

Me voyant surgir à un bout ou à un autre du souterrain, Lévesque, qui avait tout compris, s'amusait de mes appréhensions:

— Pas d'indiscrétion à craindre de ma part aujourd'hui. J'ignore encore quand le référendum aura lieu et quelle Question nous poserons! Les libéraux auront beau me torturer, ils n'en sauront pas plus. Leur picochage fait partie des règles du jeu. On n'y peut rien.

Ou bien encore:

— Ah, vous voilà! Alors, qu'est-ce que je ne dois pas dire?

Ce chassé-croisé ne servit finalement pas à grand-chose, d'autant plus que, souvent à l'extérieur du Québec à cause de mes fonctions, il m'était impossible de prodiguer mes conseils de prudence en temps utile. «Pendant votre absence, je me suis senti terriblement seul dans mon tunnel», disait parfois Lévesque à la blague.

Nous n'étions encore qu'au début de 1979. Combien de temps pourrait-il tenir sans «se faire embarquer»? Avec les mini-indices déjà accumulés à la suite de ce jeu du chat et de la souris, l'opposition commençait à créer une psychose préréférendaire négative: «Le gouvernement a peur de la Question qu'il doit poser», «Il fait exprès d'en retarder la divulgation», «C'est la preuve qu'elle sera insidieuse», etc. Certains prétendaient même que le gouvernement violait sa promesse de tenir le référendum dans les deux premières années de son mandat (en fait, jamais un tel engagement n'avait été pris). Le tout sur fond de machiavélisme péquiste présumé.

Le plus souvent, Lévesque commençait ses réponses en rappelant que la position du gouvernement n'était pas entièrement arrêtée. Il aurait pu se borner à cela, l'information étant honnête et exacte, mais, devant la pression de l'opposition, il lui arriva sur sa lancée d'ajouter des précisions qui lui venaient à l'esprit et qui, pour les ministres assistant aux débats, étaient autant de révélations.

Une fois, notamment, l'opposition se mit à le harceler de plus près que d'habitude, toujours sur le contenu de la Question. Il se contenta de promettre, ce qui semblait aller de soi et comme il me l'avait déjà dit au téléphone, qu'elle porterait sur l'option fondamentale du Parti québécois *et pas sur autre chose.* Un point, c'est tout. Or, je venais tout juste de commencer à réfléchir à une approche différente et je n'avais pas encore eu l'occasion d'en avertir Lévesque. Conséquence de sa réponse: adieu mon approche* originale.

---

*Craignant un appui insuffisant à la souveraineté-association (les sondages étaient uniformément révélateurs à cet égard), j'avais en effet pensé à limiter les dégats éventuels grâce à une Question offrant plusieurs choix: indépendance, souveraineté-association, statut particulier, fédéralisme décentralisé et statu quo. En combinant les adhésions obtenues par les trois premières voies, peut-être aurait-on pu dégager une majorité substantielle en faveur d'un réaménagement radical du statut du Québec? Autrement dit, je cherchais à éviter de forcer les partisans d'un statut particulier ou même des séparatistes inconditionnels à joindre leur refus de la souveraineté-association à celui des tenants du statu quo. C'est-à-dire à éviter le «Qui n'est pas avec nous est contre nous!» Bref, ne pas accroître, par un biais technique, le nombre de nos opposants. Ou, si l'on veut, récupérer ceux qui étaient récupérables.

Quand Lévesque donna sa réponse à l'Assemblée, je n'avais pas encore raffiné mon hypothèse de travail ni testé sa valeur électorale pas plus que sa «recevabilité». Pour me réconforter par après de la tournure d'événements qui m'empêchaient d'aller plus loin dans cette direction, j'imaginai que plusieurs de nos ministres et députés ainsi que les instances du parti n'auraient de toute façon sans doute jamais permis une formulation aussi «politique».

L'opposition talonna ensuite Lévesque pour savoir quand les Québécois apprendraient la teneur de la Question: seulement au cours du débat auquel elle devait donner lieu à l'Assemblée, c'est-à-dire à la veille de la campagne référendaire, ou plusieurs semaines avant, de manière à rendre le processus plus démocratique? Lévesque répondit que le processus démocratique serait entièrement respecté car la population serait informée fort longtemps avant le référendum. Oui, mais combien longtemps avant, insista l'opposition, quelques semaines ou quelques mois? Plutôt quelques mois, précisa Lévesque. Serait-ce avant la fin de l'année 1979, au cours de l'hiver, au printemps, ou quoi encore? demanda l'opposition. Avant la fin de l'année, conclut Lévesque.

Et voilà! Un engagement formel venait d'être pris: nous ferions connaître la Question au plus tard en décembre 1979.

Dans ce cas-ci, le renseignement livré aux libéraux ne comportait pas d'inconvénients. Nous envisagions effectivement un délai substantiel entre la date où la Question serait annoncée et celle du référendum. Néanmoins, la décision proprement dite de la divulguer à un moment plutôt qu'à un autre fut d'une certaine manière prise à l'Assemblée nationale, en réponse à l'opposition, et non au Conseil des ministres.

À la mi-décembre 1979, coup de théâtre: le gouvernement Clark était renversé à Ottawa. Des élections fédérales se tiendraient donc dans les semaines suivantes. Pour éviter toute interférence, Lévesque avait toujours souhaité que le référendum eût lieu loin d'une période électorale fédérale. Déjà, la loi prévoyait que celui-ci ne pouvait coïncider avec une élection au Québec. Pluie d'interrogations de la part des libéraux: les événements d'Ottawa allaient-il *encore* retarder le référendum? Message sous-entendu: le gouvernement péquiste, qui ne demandait pas mieux, trouverait-il, dans ces péripéties, une nouvelle excuse pour reporter cette importante consultation populaire et, du même coup, faire perdurer une incertitude néfaste pour l'économie du Québec? Etc. Etc. Lévesque perçut le sous-entendu. Sa réponse: non, la campagne électorale fédérale ne retarderait rien.

Ce qui revenait à annoncer qu'on procéderait au référendum quelque temps *après* les élections fédérales normalement prévues pour février, mais *avant* la fin de juillet, puisqu'en principe, entre août et novembre, le Parti québécois au pouvoir depuis quatre ans devrait lui-même retourner devant le peuple. On vient en effet de le dire, la loi interdisait la tenue simultanée d'une élection et d'un référendum. Il ne restait donc plus que mai ou juin 1980 comme mois plausibles, juillet étant exclu pour cause d'été.

Les sondages, autant publics qu'internes au Parti québécois, n'annonçaient pas un appui si répandu à la souveraineté-association que l'on pût tenir cette consultation n'importe quand et être sûr de la gagner. Bien au contraire. Peut-être ces élections fédérales inattendues auraient-elles fourni au gouvernement un motif valide (cas de force majeure?) de modifier le déroulement chronologique de sa démarche? J'y songeai un moment, mais on ne le saura jamais. Dès décembre 1979, par sa réponse à l'Assemblée nationale, Lévesque s'était en quelque sorte «mis les pieds dans le ciment».

Le «ciment» et la «tuyauterie»

Lévesque n'a pas inventé l'expression qui vient d'être citée, mais il l'utilisait couramment. Pour lui, elle signifiait avoir contracté une promesse: une fois politiquement engagé envers le public, on devait tenir parole.

Les circonstances lui imposèrent à l'occasion de transgresser cette règle de vie (c'en était une à ses yeux), mais ce fut à propos de matières d'importance secondaire et toujours pour des raisons de bon sens. En revanche, comme on l'a déjà noté, rien au monde ne l'aurait fait bouger à propos de son engagement référendaire de 1976. Entêtement? Plutôt une réaction de vieille date contre les manipulations auxquelles se livrent régulièrement les partis dans le but d'acquérir ou de conserver le pouvoir.

La sincérité et la franchise de Lévesque représentaient deux des facettes les plus attachantes de sa personnalité. C'était celles qui, entre autres, m'avaient attiré vers lui quinze ans plus tôt. Au cours des années, à travers son expérience et sa réflexion, cet homme s'était construit une «certaine idée» du Québec et de ce qu'il pouvait devenir. Il ne s'agissait pas, chez lui, d'articles de foi bornés, dogmatiques, immuables dans tous leurs aspects, gravés une fois pour toutes dans sa conscience, mais, si l'on peut dire, d'intuitions fermes et vivantes susceptibles d'être enrichies au contact des opinions d'autrui et à la lumière des faits. D'où, je pense, son aptitude à allier son intransigeance spontanée et sa tolérance acquise dans un équilibre bien à lui que des observateurs, à partir d'un examen superficiel, persistèrent à juger instable. Cet équilibre, spécial on en conviendra, et difficile à saisir même pour ses proches, exprimait en fait l'essence d'un personnage qui, quoique disposé à discuter, s'il le fallait, du navire à emprunter, avait tout de même depuis longtemps choisi son fleuve.

Quand une question de l'opposition concernait ses certitudes (ou, si l'on veut, le volet «fleuve» de son tempérament), il ne craignait pas de «se mettre les pieds dans le ciment». Celles-ci lui fournissaient un cadre de référence constant et lui suggéraient d'emblée les indications à donner à ceux qui voulaient en savoir plus sur ses intentions. Quand il s'exprimait dans cette veine, il ne parlait pas en politicien calculateur, mais en être humain chez qui la sincérité des avis qu'il émettait se conjuguait à des combinaisons, variables selon les circonstances, d'émotivité naturelle et d'analyse objective. Outre son talent inné pour la parole, cela peut expliquer pourquoi il improvisait si facilement ses allocutions et rédigeait lui-même ses discours. Pour savoir quoi dire ou à quoi tendre, il ne ressentait pas le besoin de *briefings* laborieux et d'aide-mémoire circonstanciés. Il connaissait la destination de son fleuve.

Mêmes attitudes en ce qui concernait les actes à poser pour concrétiser ses orientations. Puisque celles-ci étaient claires dans son esprit et nullement sujettes à varier en fonction des sondages, il lui importait que les démarches afférentes (c'est-à-dire le cheminement critique) ne viennent pas brouiller les pistes en donnant prétexte à des supputations fabriquées et sans fin sur les intentions véritables du gouvernement. Lévesque aurait sans doute préféré moins d'interpellations des libéraux sur la Question référendaire ou sur la date de la consultation. Cependant, dans la mesure où des députés, démocratiquement élus et qui en avaient le droit, s'adressaient à lui, il estimait de son devoir de leur répondre. Il le faisait alors d'abord et avant tout à la lumière de ses convictions, en essayant de son mieux de demeurer aussi discret que possible sur les renseignements de nature à se révéler précieux qu'il pouvait par inadvertance livrer à des adversaires dont, il le savait fort bien, le but n'était sûrement pas de l'aider à réaliser ses projets.

Je trouvais quant à moi injuste que les députés de l'opposition essaient, par leurs insinuations et pour miner sa crédibilité autant que sa cause, d'accoler à cet homme si droit l'image improbable d'un politicien sinueux et retors.

Conscient des risques de la période de questions, Lévesque en minimisait la portée, se disant (et nous disant) que ses réponses ne portaient après tout que sur la «tuyauterie» du référendum. Problème: de mon point de vue, celle-ci constituait pour le moins une mécanique d'ordre stratégique...

Bien entendu, sa façon de procéder me mettait souvent dans tous mes états et fut la cause, entre nous, de quelques échanges aussi brefs que peu sereins. N'empêche que, réflexion faite, j'en vins plus tard à une conclusion à première vue paradoxale: à supposer que la date exacte du référendum, la teneur de la Question et, pourquoi pas, la stratégie complète du camp du OUI eussent pu être connues de tous, disons dès 1977, ces indications n'auraient pas affecté de manière significative le résultat de la consultation de 1980!

Peut-être la transparence de Lévesque avait-elle, en partie, son origine dans un réflexe inconscient en vertu duquel il fallait, pour prévenir toute déviation répréhensible, «mettre les pieds dans le ciment» aux concepteurs et organisateurs de l'opération référendaire? Pour empêcher d'avance le gouvernement de «jouer avec le monde»? J'ai tendance à le croire.

La Question

Beaucoup ont cru que la conception de la Question s'avéra être une entreprise pénible, longue et parsemée d'obstacles politico-sémantiques, à laquelle participèrent dans le plus grand secret une foule de spécialistes et de conseillers. C'est faux.

Lévesque m'en avait d'abord indiqué en gros le contenu qu'il voulait y trouver. On a aussi vu que, par ses réponses à l'Assemblée, il ajouta des précisions en cours de route... Il ne souhaitait pas non plus que j'en discute avec mes collègues. Je formai donc un petit comité composé de Louis Bernard, Secrétaire général du gouvernement, Louise Beaudoin, directrice de mon cabinet, et Daniel Latouche, conseiller politique au cabinet du premier ministre. Entre mars et octobre 1979, le groupe se réunit cinq ou six fois dans mon bureau, généralement pendant une heure en fin d'après-midi. Il va de soi qu'en plus de ces rencontres nous avions beaucoup de conversations. À partir d'un schéma général préparé tout d'abord par moi, chacun apporta ses suggestions et corrections que les autres scrutèrent et modifièrent.

Notre petit comité fabriqua des textes (j'étais chargé d'en conserver une unique version, la plus récente, les autres étant détruites au fur et à mesure par crainte de «coulage»; je le regrette un peu aujourd'hui car il m'est difficile de reconstituer autrement que dans ses grandes lignes l'élaboration de la question référendaire). Au hasard de nos échanges, surgirent deux idées nouvelles.

La première n'eut pas de suite, même si Lévesque la considéra un moment avec sympathie. Plutôt que de soumettre à la population une question de type pédagogique, c'est-à-dire descriptive comme celle que nous préparions, on pourrait concevoir un projet de loi sur la souveraineté-association, presque une constitution du Québec souverain, dans lequel, sur plusieurs pages au besoin, toutes les composantes de notre option seraient incluses, et demander ensuite à l'électorat, par une très courte question, de dire si le tout lui convenait. Par exemple: «Êtes-vous d'accord avec le projet de loi X?» Cette approche me plaisait (j'y avais pensé dès le début), mais comportait un risque semblable à celui qui s'était matérialisé pour le «budget de l'An I» de 1973: les opposants y découvriraient quantités de «lacunes» et les monteraient en épingle. Elle fut abandonnée.

L'autre idée consistait à soumettre à un référendum de ratification le résultat des pourparlers Québec-Ottawa. Autrement dit, le premier référendum, celui qui nous occupait, porterait sur le mandat de négocier, tandis que le second statuerait, le cas échéant, sur le changement de statut politique du Québec découlant de la négociation.

Je me souviendrai toujours de l'accueil de Lévesque à cette dernière idée.

J'étais allé lui en dire un mot rapide dans son bureau. Dans l'éventualité d'un désaccord de sa part, mieux valait en être informé sans délai pour ne pas travailler inutilement. Or, il fut enthousiasmé, bien plus, aurait-on dit, qu'en 1974, lorsque j'avais évoqué devant lui le recours au référendum comme mode d'accession à la souveraineté. Tout comme alors, il poursuivit de lui-même le raisonnement que je m'apprêtais à lui exposer. D'une part, la population serait constamment dans le coup: elle aurait l'occasion d'approuver le mandat (premier référendum) et, ensuite, nouveauté, elle se prononcerait sur son aboutissement (deuxième référendum). Approche démocratiquement sans faille. D'autre part, cette façon d'agir collait à la mentalité québécoise et atténuait les craintes. Il me répéta une phrase que j'avais déjà entendue: «De nos jours les gens sont près à entrer en religion, mais à condition de pouvoir défroquer». Puis, comme pour légitimer encore plus la notion d'un second référendum, il ajouta:

— On ne trompe personne, au contraire. De toute façon, il faudra bien que la population ratifie formellement la constitution d'un Québec souverain. Vu qu'on ne peut pas y couper, pourquoi ne pas l'annoncer dans la Question?

Eussé-je connu la suite que j'aurais gardé ma langue. À mon tour ravi de son attitude, je crus en effet opportun d'en remettre:

— Je suis content que notre approche vous convienne. J'en ai justement parlé, hier, à X (un de nos collègues). Il pense exactement comme vous.

Lévesque, soudain figé, me fixa. Éclat imminent:

— Quoi? Vous avez été placoter de ça à d'autres?

— Pas «placoter», ni à «d'autres». Seulement à X, juste pour voir son sentiment. Il a du sens politique.

— Et vous, pas beaucoup de discrétion. Je vous avais dit de ne pas mettre d'autres ministres dans le coup. Maintenant, vous les convoquez en comité!

— Pas du tout. C'est le seul, il n'est pas venu à notre comité et je lui ai uniquement parlé du second référendum.

— Il ne fallait surtout pas! Maintenant ça va se savoir partout. Je gage que Untel et Unetelle de son entourage sont déjà au courant. Demain les journalistes seront avertis et, par eux, les libéraux et Ottawa. Avec votre expérience, vous n'auriez pas pu vous retenir? Pour une fois.

— Pour une fois? Vous ne trouvez pas que vous charriez?

La scène, verbalement tumultueuse, se poursuivit sur ce ton, désagréable. J'eus droit (de Lévesque, eh oui!) à une leçon condensée de stratégie, et à une algarade sans précédent de sa part.

Notre rencontre ne dura pas dix minutes. Je le quittai, fâché, presque résolu à tout laisser tomber. De retour à mon bureau, nos derniers mots me revenaient sans cesse à l'esprit:

— Écoutez, lui avais-je dis-je en partant, si c'est ainsi, vous pourriez faire écrire VOTRE Question par quelqu'un d'autre!

— Ouais, mais si on a besoin d'une Question, c'est à cause de VOTRE sacré référendum!

«VOTRE sacré référendum?» Vraiment, il devait être furieux pour m'avoir dit pareille chose. Peut-être m'appellerait-il le lendemain pour m'expliquer, selon la formule consacrée, que ses paroles avaient «dépassé sa pensée»? Non, le lendemain nul signe de contrition. Quand je le revis deux ou trois jours après mon «procès» expéditif, aucune allusion, comme si rien n'était arrivé. C'était sa façon à lui de pratiquer le *business as usual*...

En tout cas, pas besoin d'être grand clerc pour comprendre qu'il tenait au second référendum...

Sprint final

Début novembre 1979, notre comité avait mis au point un projet qui me semblait une ébauche «potable». Il demandait à la population d'approuver ou de rejeter une démarche dont la présentation ressemblait en gros à ceci:

Le gouvernement du Québec a fait connaître sa proposition de négocier avec les représentants du reste du Canada une nouvelle entente fondée sur l'égalité des droits des partenaires. Cette entente permettrait au Québec d'atteindre en même temps un double objectif: acquérir la souveraineté politique et maintenir des liens étroits d'association économique et monétaire avec le reste du Canada. Les résultats des négociations seraient soumis à la population par voie de référendum.

Je suggérai à Lévesque de mettre le sujet à l'ordre du jour d'un prochain Conseil des ministres:

— Aucune urgence, répondit-il. Je me suis engagé à rendre la Question publique avant la fin de l'année. Ce sera juste avant Noël. Le Conseil des ministres l'examinera la veille de son annonce, pas avant. Autrement il y aura du coulage, avec atterrissage tout croche dans les médias. D'ici là, pas un mot à personne.

Lévesque précisa aussi qu'entre-temps il «mobiliserait ses méninges» pour améliorer, si possible, notre «brouillon».

La Question devait être annoncée à l'Assemblée nationale le jeudi 20 décembre, dans l'après-midi. La veille, le Conseil des ministres y consacra toute sa réunion. Tout d'abord, Lévesque me surprit. Le projet qu'il lut devant les ministres était sensiblement différent du mien. J'étais un peu perdu. Où voulait-il en venir? Lise Payette m'avait demandé au début de la réunion si je connaissais le libellé dont nous serions saisis. «Le mien, oui, lui dis-je, mais pas celui de Lévesque». Visiblement, elle ne m'avait pas cru, sans doute persuadée que j'étais de connivence avec le premier ministre.

La formulation de Lévesque ne fut pas trop bien reçue. Les ministres, étonnés, sauf celui à qui j'en avais parlé, n'avaient jamais eu vent du deuxième référendum (Lévesque l'avait conservé dans son projet). Mais le reste de sa formulation n'allait pas non plus: Lévesque admit que des «fils pendaient encore», façon comme une autre d'inviter à la critique...

Je me suis par après demandé s'il ne s'était pas, à dessein, arrangé pour obtenir une sorte de rejet initial, pour mieux faire ensuite passer le projet auquel il tenait. Comment le savoir? Il fit ensuite distribuer le mien auquel il avait apporté des changements dont, par exemple, l'ajout d'une définition succincte de la souveraineté et de l'association. Après maints tours de table, commentaires, corrections et additions provenant des ministres, en fin d'après-midi il suspendit la réunion jusqu'après le repas, disant qu'il irait dans son bureau «repenser à tout ça et mijoter quelque chose». Pendant que s'exprimaient ses collègues, il avait pris une bonne quantité de notes.

La continuation de la réunion, le soir, n'était pas prévue. Certains ministres avaient déjà pris des engagements. Ils les retardèrent, mais, les discussions s'éternisant, certains furent forcés de partir avant la fin. De toute façon, le nouveau projet soumis par Lévesque après le repas correspondait à peu près à celui de la fin de l'après-midi et qui devait devenir la Question officielle. Elle ne subit pas ensuite de modifications majeures.

Majeures, non, du moins de mon point de vue, mais on apporta tout de même des changements à quelques mots et à la disposition générale du texte. Pendant la soirée, en effet, un ministre, Denis Vaugeois, demanda soudain si, ainsi formulée, la Question était légale!

Légale? Vérification faite, on constata en effet que la Loi sur le référendum imposait de rédiger la Question en une seule phrase. Or le projet que nous étions en train d'étudier était précédé d'un préambule qui en comportait trois ou quatre! Ce préambule faisait-il, à strictement parler, partie de la Question? D'après nous, non, puisqu'il s'agissait d'une explicitation, d'une entrée en matière. Si on l'inscrivait sur le bulletin de vote, faudrait-il la considérer comme partie intégrante de la Question qui deviendrait ainsi beaucoup plus longue?

Ce petit problème fut scruté pendant la nuit par un groupe de juristes et d'autres spécialistes. Finalement Daniel Latouche, à l'aube, proposa de faire tenir le tout en une seule phrase: dans le texte agréé par les ministres, on remplaça les points par des points-virgules et lia l'ensemble, préambule et Question proprement dite!

Ce réexamen nocturne conduisit aussi à une autre correction portant sur un passage suggéré comme compromis par Jacques Parizeau, juste avant de nous quitter[1].

Y repensant, quelques ministres restés sur place le jugèrent en effet moins clair qu'au moment où tous, au terme de la réunion, s'y étaient ralliés, moi compris. Effectivement, une nouvelle formulation paraissait s'imposer.

Embêtant.

Je fis part de la situation à Louis Bernard: il était du même avis que moi et en informa Lévesque encore dans son bureau. Celui-ci reconnut

---

1. Malgré mes recherches, je n'ai pas pu retrouver le passage en question. Qui plus est, autant moi-même que mes anciens collègues et les fonctionnaires consultés pendant la préparation de ce livre en avons oublié la teneur! Je me souviens seulement que les quelques mots en cause furent, comme il se devait, notés par un des membres du cabinet du premier ministre, présent à la séance du conseil, et ensuite remis à Lévesque qui s'était chargé de les intégrer à la Question.

avoir eu ses propres doutes sur le passage qui avait fait consensus dans la soirée, mais, puisque tout le monde semblait d'accord, il n'avait pas voulu prolonger la discussion en les exprimant. Il songerait, dit-il, à une autre tournure qui signifierait la même chose. Mais cela attendrait au lendemain matin. La journée avait été longue.

Ce qui revenait à prévoir que la Question qui serait annoncée à quelques heures de là à l'Assemblée risquait de différer de celle que les ministres absents, Parizeau en particulier, estimaient établie au moment de leur départ. Réagiraient-ils mal?

Par acquit de conscience, vers une heure du matin je fis part de mes appréhensions à Jean-Roch Boivin, chef de cabinet du premier ministre. Je me demandais si quelqu'un (dans mon esprit, Lévesque lui-même) ne devait pas les avertir dans la matinée:

— Peut-être, me répondit-il en substance, mais c'est à lui de décider. Il a entendu tout le monde et va mettre un point final au libellé demain matin. On verra alors.

Lévesque n'appela personne, croyant, me dit-il après coup, que je m'en étais moi-même chargé. Pourtant, il ne me blâma jamais de ne pas l'avoir fait! D'ailleurs, comment avertir mes collègues sans connaître la dernière version de la Question? Je n'en pris connaissance qu'autour de midi, le lendemain, en me rendant moi-même au secrétariat du premier ministre. Je présumai alors que Parizeau et les autres avaient dû être informés du changement.

J'ai toujours amicalement soupçonné Lévesque d'avoir voulu s'éviter un ultime et ennuyeux «tour de table» téléphonique où certains, semblait-il redouter, en auraient profité pour suggérer, juste avant son dévoilement, de nouvelles mini-variantes de la Question.

Quoi qu'il en soit, pendant un moment ce défaut de communications provoqua un malentendu sur ce qui s'était passé après le Conseil des ministres de la veille.

À 14 heures, devant l'Assemblée nationale, Lévesque lut le texte de la Question. La sienne. La mienne aussi, du moins en substance. La voici:

> Le gouvernement du Québec a fait connaître sa proposition d'en arriver, avec le reste du Canada, à une nouvelle entente fondée sur l'égalité des peuples;
>
> cette entente permettrait au Québec d'acquérir le pouvoir exclusif de faire ses lois, de percevoir ses impôts et d'établir ses relations extérieures — ce qui est la souveraineté — et, en même temps, de maintenir avec le reste du Canada une association économique comportant l'utilisation de la même monnaie;
>
> tout changement de statut politique résultant de ces négociations sera soumis à la population par référendum;

en conséquence, accordez-vous au gouvernement du Québec le mandat de négocier l'entente proposée entre le Québec et le Canada?

Il était parfaitement légitime de concevoir la formulation la plus avantageuse pour le OUI. D'aucuns ont pensé que là se trouvait la raison pour laquelle le référendum ne porta pas directement sur l'indépendance du Québec, mais sur la souveraineté-association: d'après les sondages en effet, plus de citoyens préféraient la seconde à la première, perçue comme trop «séparatiste».

En réalité, il se produisit à ce propos une confusion entretenue par des adversaires fédéralistes auxquels se joignirent involontairement, dans une sorte d'alliance objective, les tenants d'une ligne plus radicale, souvent des partisans du défunt Rassemblement pour l'indépendance nationale (RIN) à qui la Question finalement choisie parut trop «molle». La clef de l'énigme, si toutefois énigme il y avait, était purement et simplement que, selon le souhait de Lévesque et comme la cohérence le voulait, la Question devait porter sur l'option du Parti québécois. Or, cette option était la souveraineté-association, pas autre chose!

Comme je l'ai dit plus haut, l'idée du mandat de négocier, aussi introduite dans la Question dès nos premières réflexions, tenait au fait que si le Québec pouvait lui-même décider de sa souveraineté, l'association, elle, exigeait nécessairement des pourparlers avec le pouvoir central afin d'en arriver à des arrangements sur les institutions communes et sur les pouvoirs à exercer ensemble. En plus de tenir compte de la réalité politique, cette notion rassurait le public comme nous le montrait l'analyse de tous les sondages. Raison supplémentaire pour en parler.

S'il y a mandat de négocier et qu'à son terme la négociation conduit à l'institution d'organismes communs et de mécanismes d'association économique, il s'ensuit qu'une relation d'une nouvelle nature existera désormais entre le Québec et le Canada. C'est pourquoi, dans son préambule, la Question y fit allusion. Elle était d'ailleurs en substance décrite dans le Livre blanc que le gouvernement avait publié le 1er novembre et qui portait le titre de *Québec-Canada: une nouvelle entente.*

D'aucuns virent dans l'expression «nouvelle entente» un truc visant à adoucir encore davantage un «séparatisme» que toute la phraséologie de la Question tentait, vainement selon eux, de masquer. En fait, elle correspondait exactement à ce que Lévesque avait toujours eu en tête: le Québec était désireux non de s'isoler ni de détruire le Canada comme s'il en était un ennemi, mais de lui proposer un rapport différent entre partenaires éventuels, respectueux de leurs différences de mentalités et d'aspirations.

La suite, mais non la fin...

La réponse du 20 mai 1980 est connue. Certains l'attribuèrent à la Question elle-même, décrite comme obscure, alambiquée ou longue. Pourtant, à la lire aujourd'hui, force est de constater qu'elle disait exactement ce qu'elle voulait dire. Rien de plus, rien de moins. Comme Lévesque la souhaitait. Dans ses mémoires (*Attendez que je me rappelle...*, p. 405), il écrirait: «C'était plutôt long et lourd, mais également, pour employer un mot à la mode, d'une parfaite *transparence*. En quatre petits paragraphes et une centaine de mots, l'essentiel était là pour qui savait lire.»

Selon certains, une problématique carrément «séparatiste» («Voulez-vous un Québec totalement indépendant et rejetant toute forme d'association?») aurait conduit à un meilleur résultat référendaire; à la lumière des sondages, c'était plus que douteux. À ce compte-là, une approche encore plus brutale («Êtes-vous favorable à la séparation sanglante du Québec?») aurait produit un score splendide!

En dépit d'interprétations plus savantes du NON référendaire, je suis plutôt porté à penser, même si cela a l'air d'une explication circulaire, qu'il tenait essentiellement à un facteur: à l'époque, les Québécois, quelles que fussent leurs raisons (promesses de Trudeau?...) ou leurs analyses, n'étaient tout simplement pas en majorité disposés à accorder au gouvernement ce qu'il demandait, c'est-à-dire, «le mandat de négocier l'entente proposée entre le Québec et le Canada»!

C'est d'ailleurs bien ainsi que le comprit Lévesque. C'est pourquoi il souffrit de ce NON plus qu'il ne l'a jamais avoué, mais, comme toujours dans les coups durs, il trouva en lui-même le courage de supporter l'adversité. Il le montra d'ailleurs le soir du 20 mai 1980 par le discours plein de dignité qu'il prononça devant des milliers de partisans éplorés, discours qui tranchait singulièrement avec celui, grinçant et revanchard, de Claude Ryan, protagoniste en chef du NON, qui se voyait déjà premier ministre.

Certains observateurs étrangers furent surpris de la sérénité avec laquelle les partisans du OUI (41 %) accueillirent le résultat du référendum: pas de manifestations spontanées et bruyantes, pas de contestation généralisée, pas de déclarations incendiaires, pas d'émeutes. Ils ne comprirent pas tous jusqu'à quel point, ce soir-là, Lévesque avait été à la hauteur de la situation et su agir de manière responsable. Ils ne comprirent pas non plus que, au-delà du message de leur premier ministre, les Québécois étaient foncièrement démocratiques et respectueux de l'opinion d'autrui. Constatation dont il conviendra de se souvenir quand certains évoqueront, à la manière d'un épouvantail, les «excès possibles» du nationalisme québécois.

En tout cas, à compter du 21 mai, tout en conservant sa foi en ses convictions, Lévesque assuma loyalement les conséquences du refus déchirant que venait de lui servir son peuple.

Les Québécois avaient majoritairement signifié qu'ils étaient encore désireux de donner une chance supplémentaire au régime fédéral. Les protagonistes du NON n'avaient-ils pas promis de le renouveler? Fort bien. Dans ces conditions, le devoir d'un premier ministre du Québec était de tenter l'expérience sans tricher.

Tout le long des négociations postréférendaires qui menèrent à l'isolement planifié du Québec et à l'imposition d'une constitution qui réduisait ses pouvoirs sans le consentement de son Assemblée nationale, j'ai été le témoin constant et immédiat de l'honnêteté et de la lucidité de Lévesque. S'il donnait parfois l'impression de ne pas s'inquiéter, c'est peut-être qu'il savait par intuition que l'expérience de ces négociations serait en définitive concluante, pédagogique, et que la suite des événements lui donnerait finalement raison.

Quitter la scène...

On l'a vu ici et là dans ce livre: la politique active m'intéressait, mais sans me passionner, loin de là. Conseiller, oui; acteur, non. Cette disposition d'esprit explique ma décision, à la fin d'octobre 1981, de me «mettre la tête sur le billot» comme aurait dit Lévesque. J'en ai parlé dans *Lendemains piégés*.

Handicapé par le résultat du référendum, le Québec disposait de peu de moyens pour bloquer le coup de force fédéral (connu sous l'appellation — impropre — de rapatriement unilatéral de la Constitution). À vrai dire, il n'y avait qu'un moyen: s'allier aux provinces qui s'opposaient aussi, pour leurs propres raisons, au plan de Trudeau. Dès l'été 1980 Lévesque avait accepté cette stratégie et, sur ma proposition, le Conseil des ministres avait aussi donné son accord.

Les fronts communs interprovinciaux ont, comme commun dénominateur, celui d'être particulièrement éphémères, à peine le temps d'une ou deux conférences fédérales-provinciales. Or celui de 1980-1981 groupa huit provinces et dura plus de quinze mois, un record!

À l'automne 1981, il était toutefois devenu évident que sa survie était menacée. La Saskatchewan et la Colombie-Britannique semblaient de plus en plus disposées à conclure avec Ottawa des arrangements avantageux pour elles. Le cas échéant, les autres les imiteraient et le Québec se retrouverait seul.

J'étais depuis plusieurs mois publiquement identifié à la stratégie du front commun. Pour cette raison, au cours d'une rencontre avec mes collègues des autres provinces à Toronto à la fin d'octobre, je leur annonçai comme allant de soi que si notre alliance était brisée, ma démission comme ministre et député suivrait automatiquement. C'est ce qui devait se produire. Le 6 novembre 1981, le lendemain même de la manœuvre Ottawa-provinces anglophones qui isola le Québec (la «nuit des longs couteaux», selon les médias), je pris sur moi de transmettre à tous les autres ministres provinciaux chargés de la Constitution une lettre où, entre autres choses, il transparaissait que, pour moi, la situation avait atteint un point de non-retour.

Lévesque savait depuis le début que mon engagement en politique ne valait que pour quelques années et même qu'il se terminerait peut-être avec la tenue du référendum, quel qu'en fût le résultat. Lors d'une conférence fédérale-provinciale à Ottawa, il se trouvait à proximité quand un journaliste qui m'avait connu sous-ministre voulut savoir si j'aimais la politique active. En riant, il répondit à ma place: «Très modérément», insistant sur le «très»..

Vers la mi-novembre, je lui confirmai à son bureau mon intention de partir.

— Je m'y attendais, dit-il, triste, mais je comprends.

Il ajouta ceci, significatif de son état d'esprit à l'époque:

— Des fois j'aimerais bien pouvoir en faire autant...

Au début de janvier 1982, peu après mon départ, je le revis chez lui à Montréal. À mon grand étonnement, il me demanda si la Délégation générale du Québec en France m'intéressait. Le mandat du délégué alors en poste, Yves Michaud, prenait fin en principe dans les mois à venir. Je lui réitérai ma vive préférence pour la vie universitaire.

Mes contacts avec lui se maintinrent, toujours aussi amicaux, je dirais, en un sens, plus étroits qu'auparavant.

Et ce, même après que je l'eus involontairement blessé par une de mes remarques reproduite hors contexte dans les journaux quelques semaines avant sa démission comme premier ministre en 1985. Un journaliste m'avait demandé si je n'estimais pas le temps venu, pour Lévesque, de partir. J'avais essayé de m'en tirer en répondant en substance que celui-ci était mieux placé que moi pour le savoir et qu'en

Simple suggestion =

Comme votre sous-titre
sera forcément explicatif
et "plain" (le meilleur, à mon
sens, étant "Les relations
internationales du Québec,
1960-85")

il me semble que le titre,
lui, devrait avoir un peu de
sex-appeal.

Puis - je vous rappeler une
jolie expression que vous trouvez,
en philosophant un peu, à
la page 179 =

"_L'art de l'impossible_"

(ou qq'chose du genre) _René_.

Note manuscrite où René Lévesque suggère à l'auteur un titre pour son livre sur les relations internationales du Québec (février 1987).

politique l'important est de deviner quand tirer sa révérence. J'avais aussi reconnu, simple constatation, que plusieurs personnes souhaitaient effectivement son départ. De la manière dont elle était présentée, la nouvelle donnait l'impression que je partageais entièrement cet avis. Dans ce genre de cas, on a beau s'expliquer, on demeure toujours partiellement coupable...

En 1986, occupé à la rédaction de ses mémoires, Lévesque m'appela deux ou trois fois, notamment pour ceci:

— J'aimerais consacrer quelques paragraphes à l'élaboration de la Question référendaire et j'aurais besoin des divers projets conçus à l'époque par votre petit comité. Je n'en ai aucun dans mes papiers.

— Figurez-vous donc que moi non plus, justement parce que vous ne vouliez pas que j'en conserve. Vous aviez peur que nos projets de Question circulent!

— Hum, ce n'est pas très intelligent de les avoir jetés! Pour une fois, vous auriez pu désobéir...

En mars 1987, il accepta la corvée de me faire ses observations sur le manuscrit d'un livre que je terminais sur les relations internationales du Québec. Une brique de presque 500 pages dactylographiées qu'il lut en entier. Si attentivement, d'ailleurs, qu'il considéra fort peu heureux mon titre provisoire. Toujours champion de la formule appropriée, il en suggéra un autre, *L'Art de l'impossible*, que j'adoptai sur-le-champ. Il consentit aussi à me fournir ce qu'il appelait moqueusement «une phrase immortelle» à mettre sous sa signature au dos du livre. «J'espère que ça n'en torpillera pas la vente,» avait-il précisé.

En été 1987, toujours chez lui à Montréal, je l'informai d'un nouveau projet: un autre livre qui, cette fois, raconterait par le menu la saga du rapatriement de la constitution et dans lequel seraient publiés maints documents inédits. Il fut enthousiasmé et se déclara prêt à servir de «source» si je me donnais la peine de l'interviewer.

Ce fut lui qui m'interviewa en septembre sur la francophonie, dans le cadre d'une série d'émissions traitant d'affaires internationales. Il venait de retourner à son ancien métier de journaliste et se sentait détendu, plein d'entrain.

Pour le livre en gestation, *Lendemains piégés*, rendez-vous fut pris: on se reverrait quelques semaines plus tard.

Le rendez-vous fut manqué. Lévesque décéda le 1er novembre.

Pour ses funérailles, Radio-Canada organisa une émission spéciale télévisée en direct. J'y participais comme commentateur. Peu avant de quitter les ondes, j'eus à résumer brièvement l'apport selon moi le plus marquant de Lévesque aux Québécois.

Tout ce que je trouvai à dire fut quelque chose comme ceci: «Il nous a appris à avoir confiance en nous-mêmes...»

Le goût du pouvoir?

Jean Lesage, Daniel Johnson, Jean-Jacques Bertrand, Robert Bourassa et René Lévesque...

Qu'est ce qui, au fond d'eux-mêmes, a motivé ces cinq hommes, si différents par l'origine, la formation, le tempérament et les perspectives, à se fixer la politique comme objectif de vie et à mettre tant d'efforts pour y réussir?

Je l'ignore. Qui plus est, je n'ai jamais abordé la question avec eux.

Certes, il y a la réponse classique: le *goût du pouvoir*, appliquée indifféremment à toute personne que la politique attire.

Vite dit.

C'est comme si, dans un autre ordre d'idées, on expliquait le tourisme par le goût des déplacements! En admettant que ce soit vrai et que le fait de se trouver en avion ou en auto offre de rares satisfactions, on ne saurait toujours pas pourquoi tel ou tel touriste raffole des transports!

Interpréter l'engagement politique à partir du goût du pouvoir revient à affirmer que des gens cherchent à se faire élire — ou à devenir premier ministre — pour exercer un ascendant sur leurs semblables! Explication peu éclairante, qui rend compte de la cause par sa conséquence.

La convoitise du pouvoir, comme objectif présumé, ne révèle en effet pas grand-chose de ce qui, à mon sens, est davantage significatif sur le plan humain: les motivations intimes des professionnels de la politique. Ce sont ces mobiles internes qui pourraient nous dire *pourquoi* tel ou tel personnage (en l'occurrence l'un ou l'autre des premiers ministres dont le présent livre a parlé) aurait ressenti ce fameux goût du pouvoir, *pourquoi* il aurait tant eu envie d'exercer une autorité politique.

Si quelqu'un consacre, pendant des années, son énergie, ses biens ou sa santé à conquérir le pouvoir, c'est qu'il doit sûrement se trouver chez lui, dans sa personnalité ou dans son expérience de vie, quelque chose quelque part, qui à ses yeux lui donne raison, le somme ou l'excuse d'agir en ce sens.

Mais quoi?

M'en serais-je enquis auprès de mes patrons successifs que je les aurais probablement pris au dépourvu. De toute façon j'aurais eu droit, avec raison, à des dérobades. Même chez Lévesque.

Car interroger à ce propos un homme politique installé au sommet de la hiérarchie — ceux que j'ai connus de près, comme tous les autres —, c'est chercher à entrouvrir indiscrètement, par une sorte d'effraction psychologique, la porte d'un domaine réservé qu'il résiste par instinct à offrir à la curiosité avide de l'extérieur. À tort ou à raison, il le pressent meublé de considérations, nobles ou non, qu'il ne s'avoue pas toujours à lui-même et dont, d'ailleurs, il n'est pas nécessairement conscient.

Domaine où, à vrai dire, s'entassent, en vrac, se complétant ou se contredisant, les rêves de jeunesse, les frustrations à venger, les ambitions plus ou moins avouables, les preuves de réussite personnelle qu'on cherche à se donner, la notoriété qu'on espère mériter auprès de ses contemporains, le sentiment sincère d'avoir quelque chose à leur apporter, la conviction de détenir les solutions dont la société a besoin et quoi encore. Dans tout homme politique comme dans tout individu, il se trouve un espace où peuvent fort bien cohabiter le sublime et le trivial.

Il y a aussi le jeu des accidents de parcours et des aléas de la vie qui font qu'on se sent en certaines circonstances, à tort ou à raison, «obligé» d'emprunter des trajectoires auxquelles on n'avait peut-être pas songé et dans lesquelles, puisqu'elles s'offrent, on s'engage par réflexe, inclination, défi ou désir de se réaliser. Ou parce qu'on y décèle confusément un «appel du devoir», un signe quelconque du destin.

Bref, «mes» premiers ministres se sont sans doute orientés vers la politique pour des considérations qui les regardent et dont certaines, d'ordre plus personnel, étaient, peut-être à leur insu, terrées quelque part dans leur *fort* intérieur.

À aucun moment je n'ai essayé de les dé-terrer. Ce n'était pas de mes affaires.

Analyse politique, oui. Psychanalyse...

Toute vocation, y compris la leur — et même toute occupation ou tout hobby —, est l'aboutissement d'une combinaison variable de pulsions et de circonstances. Pourquoi devient-on ingénieur, alpiniste, fabricant de bicyclettes ou restaurateur? Pourquoi est-on, dans ses temps libres, philatéliste, entraîneur de base-ball amateur, bricoleur ou fidèle de Beethoven?

Si on veut absolument savoir pourquoi certains optent pour la politique et les «fouiller» à ce propos d'une manière inquisitrice, un peu comme s'ils étaient coupables de nourrir d'étranges penchants, il serait juste, en contrepartie, de découvrir en vertu de quelle propension innée d'autres enseignent les mathématiques, aiment les voyages en Amérique du Sud, visitent les expositions d'icônes russes ou deviennent médecins, journalistes ou gérants de magasins d'alimentation.

Je ne sais donc pas avec certitude pourquoi Lesage et ses quatre successeurs ont choisi la politique comme profession, ni dans quelle mesure ils avaient le «goût du pouvoir». Quoi qu'il en soit, je ne leur reprocherais pas, le cas échéant, de l'avoir éprouvé. D'autres ont le goût de l'argent ou celui de ne rien faire, et personne ne cherche à savoir pourquoi.

Les personnalités politiques, il est vrai, attirent l'attention. Parce que, d'abord, elles sont constamment à la une de l'actualité et, ensuite, parce que la population, qui les élit, croit bien les connaître ou, en tout cas, décide périodiquement de leur sort.

La population devine aussi que, chez nous et comme on a pu le vérifier dans ces pages, l'ascendant d'un premier ministre sur le gouvernement est immense.

Cet ascendant se heurte cependant à certaines limites.

Celles, bien sûr, dont tout le monde est conscient: conjoncture internationale, situation économique globale et autres grandes variables de ce genre qui, si elles servent souvent à justifier l'inaction ou à expliquer les échecs, fixent néanmoins des bornes aux meilleures intentions.

Celles aussi, terre-à-terre, plus immédiates en un sens, qui concernent l'exercice *quotidien* du pouvoir. C'est là que j'ai trouvé en quoi «mes» premiers ministres étaient *identiques*. En fait, c'est seulement en cela qu'ils le furent!

Dans la vie administrative courante et dans les dossiers ordinaires, leur influence était en effet souvent bien moindre que le grand public ne le croit généralement. Notre régime gouvernemental et les exigences de la démocratie forcent les premiers ministres à composer avec des collègues, des organismes, des groupes et des citoyens: impossible, donc, pour eux de dominer entièrement tous ces intervenants et tous leurs actes. Malgré leur rang hiérarchique élevé, ils font face à des difficultés qui ont la caractéristique fâcheuse de surgir sans avertissement, comme pour venir à dessein leur rappeler, si hautes que soient leurs fonctions de personnages publics, combien celles-ci demeurent ancrées dans une réalité bien prosaïque.

Cette constatation pourrait donner lieu à un long développement sur les grandeurs et misères du leadership et de l'autorité politiques. Mon propos sera ici plus modeste. Je me contenterai d'illustrer mon idée en citant, pour conclure, trois petites phrases, indices voilés d'une certaine impuissance, mais aussi presque des cris du cœur. Elles ont de particulier le fait d'avoir toutes été prononcées en termes à peu près équivalents et toujours sur le ton de la surprise exaspérée, par *chacun* des premiers ministres qui ont fait l'objet de ce livre.

• En prenant connaissance, le matin, d'un problème qui défraie la manchette des médias:

—*Comment se fait-il que personne ne m'ait parlé de ça avant?*

• Aux prises avec des plaintes provoquées par une orientation d'ordre administratif mal accueillie par la population:

—*Voulez-vous bien me dire qui, dans le gouvernement, est allé prendre une décision comme celle-là?*

• Devant la découverte tardive qu'une mesure décrétée par le Conseil des ministres n'a finalement rien résolu:

—*Ah non, pas encore! Je pensais pourtant que cette affaire-là était réglée!*

Annexes documentaires

Les documents qui suivent ne sont pas tous présentés par ordre chronologique, mais en fonction de la matière du livre. Des passages en ont parfois été omis à cause de leur longueur ou parce qu'ils concernaient des situations de peu d'intérêt aujourd'hui; ces omissions n'entraînent aucun changement de sens.

Les Documents 1 et 2 sont des exemples typiques des «mémos» que je faisais parvenir à Jean Lesage à propos de questions sur lesquelles je croyais opportun d'attirer son attention. J'ai produit plusieurs de ces «mémos», mais n'en ai retrouvé que quelques-uns.

Les Documents 3 à 7 concernent divers problèmes liés à la rédaction des discours ou des interventions de Lesage.

Les Documents 8 et 9 traitent de certaines difficultés de coordination en 1965.

Le Document 10 est ma seule note à Lesage sur la notion de statut particulier pour le Québec.

Le Document 11 contient ma réponse à une proposition de Lesage de me présenter, aux élections de 1966, comme candidat libéral dans Montmorency.

Le Document 12 reproduit une partie substantielle d'une note à Daniel Johnson qui lui a été transmise quelques jours avant sa mort.

Le Document 13, rédigé à l'intention de Jean-Jacques Bertrand, fait état de certains comportements d'Ottawa dans ses relations avec la France, peu après le départ de de Gaulle.

Le Document 14 porte sur la première réunion constitutionnelle de Robert Bourassa.

Le Document 15, destiné à Robert Bourassa, analyse la situation de la négociation constitutionnelle à quelques mois de la conférence de Victoria, en juin 1971.

Les Documents 16 à 21 contiennent des notes et messages concernant l'opportunité de la présence des ambassadeurs du Canada auprès de Robert Bourassa, pendant sa tournée européenne d'avril 1971.

Le Document 22 contient de larges extraits d'un projet d'abolition du ministère des Affaires intergouvernementales proposé, en 1971, par Paul Tellier, alors «prêté» à Robert Bourassa par le Bureau de Pierre Elliott Trudeau. Des extraits de mes commentaires sur ce projet se trouvent dans le Document 23.

La lettre annonçant à Robert Bourassa mon intention de quitter la fonction publique (juillet 1971) apparaît dans le Document 24.

Le Document 25 est la lettre faisant part à Lesage de cette décision en octobre 1971. Sa réponse apparaît dans le Document 26.

Document 1

Le 24 juin 1962

Mémo au premier ministre
De Claude Morin

Sujet: *critiques contre le gouvernement*

Parmi les critiques que j'ai entendues contre le gouvernement, il y a les suivantes qui méritent, je crois, de vous être signalées.

a) *action mal synchronisée:*

On adopte de nouvelles lois, mais on n'a pas tout le personnel compétent voulu pour les mettre efficacement en action. (...) L'opinion n'y est pas assez longtemps préparée d'avance et ne les apprécie pas à leur juste valeur. Une fois adoptées, on passe à d'autres, sans faire suffisamment de publicité. Avec le résultat que le public aujourd'hui en ignore la plupart ou qu'il en connaît seulement les aspects problèmes.

(...) On a démoli un ordre de choses, mais on ne l'a pas encore remplacé. Les services qu['il] rendait sont disparus, mais d'autres n'ont pas été créés à leur place. Je m'explique par un exemple. On a aboli, ou tenté d'abolir, le patronage, ce qui est une excellente idée. Mais comme tel, le patronage répondait à un besoin (...). [Il] donnait à la population l'impression qu'on «s'occupait d'elle», qu'«il y avait moyen de s'arranger». Or rien n'a remplacé ce paternalisme d'État et, apparemment, ce qui reste de patronage se fait autant à l'avantage des «bleus» que des «rouges».

Il arrive aussi que les avantages personnels que la population peut encore obtenir (pensions, primes, prêts agricoles, etc.), même plus généreux, prennent un temps fou à être accordés, ce qui en amoindrit l'effet électoral.

b) *manque d'imagination et mentalité inchangée:*

On reproche au gouvernement d'avoir conservé, à des postes responsables, de hauts fonctionnaires de l'ancien régime et que sa politique s'en ressent. (...) Parmi les nouveaux fonctionnaires choisis pour occuper des postes clés, le gouvernement a recruté un bon nombre de personnes qui sont déjà au déclin de leurs carrières et qui ont la mentalité de 1935. Il y a, de fait, une lutte sourde entre les jeunes équipes montées dans certains ministères et les anciens fonctionnaires en autorité ou ces «nouveaux» dont la vision administrative est étroite et qui sont fondamentalement conservateurs. En somme, il y a un immense fossé entre leur esprit et celui, par exemple, du programme libéral.

c) *politique de compromis:*

On trouve que le gouvernement ne s'affirme pas assez et qu'il tente de ménager tout le monde. On dit que les réformes sont trop avancées pour plaire aux conservateurs et trop timides pour plaire aux novateurs. Ou encore, en présence de deux groupes à intérêts divergents, le gouvernement accorde à l'un et à l'autre une partie de ce qu'ils veulent, avec le résultat que les deux groupes partent mécontents.

Je dirai paradoxalement que le gouvernement doit se faire des ennemis et qu'il doit choisir ceux-ci. Il lui faut absolument s'appuyer sur une partie de la population; c'est ce que tous les gouvernements font. Selon le principe que «les ennemis de nos ennemis sont nos amis», le gouvernement se trouve donc des alliés. (...) Je dirais que le Parti libéral conserve la grande partie des intellectuels et une bonne proportion de la moyenne bourgeoisie. Je pense aussi qu'il n'a pas effrayé la classe capitaliste, proprement dite.

Mais tout le reste de notre société est prêt à écouter quelqu'un d'autre, comme vient de le prouver le Crédit social [Note de l'auteur: aux dernières élections fédérales]. (...)

Claude Morin

Document 2

Le 5 janvier 1966

Mémo au premier ministre
De Claude Morin
Sujet: *votre rencontre avec (un journaliste anglophone)*
J'ai vu, dans votre agenda, que vous rencontriez (ce journaliste) samedi matin, chez vous. J'ai pensé qu'il serait utile que vous sachiez ceci.

Je connais très bien (ce journaliste) qui est un de mes bons amis. C'est un garçon très intelligent, consciencieux, et qui est porté à fouiller les problèmes et à bien se renseigner. Il est cependant profondément inquiet de ce qui se passe au Québec. Il nous voit plus ou moins en train d'établir subrepticement une séparation de fait et cherche partout des indices qui le confirmeraient dans ses appréhensions. (...)

J'ai discuté avec lui récemment, à Ottawa, pour lui expliquer que l'aboutissement d'un statut particulier était moins à craindre qu'un statu quo persistant, mais je ne crois pas l'avoir tellement rassuré. Il craint en effet le statut particulier, qui conduit à l'État associé, qui conduit au séparatisme, etc.

J'ai remarqué qu'il tient souvent à parler français. Comme il n'est pas absolument *fluent* ni dans son expression de cette langue, ni dans sa compréhension, il perd des nuances importantes. Ainsi, votre discours de Sainte-Foy l'a apeuré net car il n'a pas saisi toutes les distinctions. Heureusement que je l'ai vu le lendemain!

De plus il écrit surtout pour l'Ouest canadien et je pense qu'il est un peu influencé par ses patrons qui voient dans le Québec une sorte de diable constitutionnel vaguement bolchevique.

À noter cependant qu'il s'est fait, dans ses journaux, le protagoniste de l'établissement d'écoles pour les minorités dans les provinces anglaises, et cela dès 1961. Il est donc, malgré ses craintes, sympathique aux aspirations culturelles et linguistiques des francophones, mais ne voudrait pas qu'on porte atteinte à l'intégrité politique du pays.

Claude Morin

Document 3

Le 25 août 1962

Mémo au premier ministre
De Claude Morin

Sujet: *les discours*

Je viens de terminer le discours pour la Fête du Travail. Si je ne me trompe pas, ce sera le 70e que j'écris pour vous depuis un peu moins de deux ans. Je me sens capable d'en écrire autant, sinon plus, dans les mois qui viennent, mais en toute honnêteté je dois vous soumettre les considérations suivantes que j'ai en tête depuis quelque temps.

Sauf pour les deux discours du budget, j'ai écrit tous les autres textes sans vous en avoir parlé avant. Nous n'avons jamais discuté ensemble, avant coup, du contenu ou de la portée des discours. Pendant un bon bout de temps cela ne me causait pas tellement de problèmes car il y avait bien des choses à dire à partir du programme du Parti libéral et des premières réalisations du gouvernement depuis 1960.

Cependant, de plus en plus je deviens inquiet. Je suis toujours tout seul pour préparer des textes (sauf ceux que je laisse à d'autres, mais ceux-ci ne sont pas nombreux), je n'ai personne à consulter et je dois me fier à ce que je crois être les tendances de l'opinion publique. À date, il n'y a pas eu de problème et, au contraire, vos discours vous ont apporté des éloges; j'en suis heureux.

Mais je ne peux pas continuer comme cela. Je sais bien que vous êtes terriblement occupé et c'est une des raisons pour lesquelles je n'ai jamais voulu vous imposer le fardeau de trouver un sujet à développer.

Je pense qu'il faut une réorganisation des discours. Pour cela il devrait y avoir une équipe autour de vous et avec moi pour qu'ensemble nous élaborions des thèmes précis, pour que nous construisions une «image» politique. Il faudrait aussi que d'autres puissent écrire des discours. Je serais prêt à les réviser et, en collaboration avec eux, à instaurer une continuité de pensée. Il serait facile d'avoir un comité à cette fin. Les discours sont trop importants et ont trop de répercussions pour que je les fasse en vase clos. À force de m'imaginer un auditoire, je finirai par écrire pour un auditoire imaginaire et par être vague.

En plus de cela, il y a le malaise politique actuel. Je vous dis franchement que j'écris dans un brouillard car, n'étant pas assez informé des véritables intentions du gouvernement, je ne peux pas être précis. On va finir par s'en apercevoir. Exemple: dans le discours de la Fête du Travail, j'écris pour un groupe de citoyens assez mécontents du ministère du Travail et impatients en face de la «politique de grandeur». C'est un texte extrêmement difficile car la moindre expression qui a l'air d'une promesse va faire un *splash* dans les journaux. Je suis donc forcé de parler à côté du sujet, en termes généraux. (...)

J'aurais bien d'autres choses à ajouter, mais il faudrait que je vous voie.

Claude Morin

Document 4

Le 4 février 1963

Mémo au premier ministre
De Claude Morin

Sujet: *une contradiction apparente*

En comparant votre discours au Congrès des affaires canadiennes (novembre 1961) à celui que vous venez de prononcer à Charlottetown, il est possible, pour celui qui regarderait ces textes d'un œil superficiel, de trouver un changement marqué d'attitude. On peut même s'attendre que, en déformant un peu le sens de vos paroles, l'Union nationale parle de contradiction.

En effet, dans le premier texte, vous présentez l'expérience confédérative comme non terminée. Par conséquent, vous dites qu'il est trop tôt pour rendre un jugement définitif sur le degré de succès de la confédération.

Dans l'autre texte, l'opinion est plus catégorique. Il y a apparence de succès de la confédération dans un certain nombre de domaines, mais il n'y en a pas dans le sentiment d'appartenance du groupement canadien-français.

(...)[Je ne vois] pas de contradiction. Voici le raisonnement que je me suis fait: il y a eu évolution dans votre attitude entre les deux dates. Vous êtes un peu moins optimiste qu'avant, pour les raisons suivantes:

a) Plusieurs mois se sont écoulés depuis novembre 1961 et la confédération ne s'est pas améliorée, au contraire.

b) Le gouvernement fédéral n'a rien fait pour améliorer la situation, et on constate même un durcissement de ce côté, bien que vous ayez clairement fait part au reste du Canada des désirs de l'élément français.

c) En somme, on semble en train de refuser de tenter pleinement l'expérience confédérative.

Dans ces conditions, il est tout à fait normal que votre espoir de novembre 1961 soit moins prononcé aujourd'hui qu'il l'était alors.

J'ajoute les commentaires suivants:

a) une telle opinion de votre part est politiquement mieux acceptée maintenant qu'elle ne l'aurait été en novembre 1961;

d) elle démontre au reste du Canada que le temps d'une réorientation sérieuse est venu et que le Canada français y tient;

c) elle enlève à Johnson le crédit possible d'une attitude plus nette puisqu'on pourrait établir, dans la position libérale, une filiation logique entre novembre 1961 (et avant) et février 1963;

d) elle prouve au reste du Canada que «you want business» et que cette réorientation est la seule façon de sauvegarder l'avenir du pays, ce qui est en définitive autant à l'avantage des Canadiens anglais qu'au nôtre;

e) elle assouplira peut-être les dispositions fédérales en matière de répartition des sources de revenus, si jamais cela devient indispensable.(...)

Claude Morin

Document 5

Le 3 novembre 1964

Mémo au premier ministre
De Claude Morin

Sujet: *le discours de Toronto*

Comme promis, voici le projet de discours pour Toronto. Le texte est un peu plus long que d'habitude, mais j'ai indiqué entre crochets les passages «coupables», c'est-à-dire qui peuvent être coupés.(...) Vous constaterez que j'ai suivi le sens du résumé que je vous ai soumis avant votre départ, même si l'ordre de l'argumentation n'est pas le même, ce qui est inévitable lorsqu'on se met à écrire.(...)

Claude Morin

Document 6

Le 27 octobre 1965

Mémo à René Arthur
De Claude Morin

Sujet: *article pour le journal* Le Monde

Je te demanderais de le lire pour me faire tes commentaires. M. Lesage ne pourra pas l'approuver lui-même puisqu'il est parti. Par ailleurs, *Le Monde* doit l'avoir reçu pour le 8 novembre.

Devrais-je, d'après toi, le soumettre au premier ministre intérimaire? Ou bien allons-nous procéder nous-mêmes, comme de bons technocrates?

Claude Morin

Document 7

Le 27 octobre 1965

Mémo à Claude Morin

Compte tenu des modifications insignifiantes [à faire], je suis d'accord avec le texte et sur la nécessité de l'envoyer avant le retour du P. M.

René Arthur

Document 8

(mars ou avril 1965)

Mémo au premier ministre
De Claude Morin

Sujet: *le Québec et la Confédération*

Je me rends compte que, probablement sans s'être consultés (...). MM. Pierre Laporte, René Lévesque, Bona Arsenault (et Jean-Jacques-Bertrand) en sont arrivés à l'idée approximative suivante:

«L'état actuel de la Confédération ne peut absolument plus durer; le séparatisme complet présenterait de son côté des problèmes énormes. Il ne reste qu'une solution: le Canada de l'avenir sera composé de neuf provinces dont une, le Québec, aura un statut particulier. En somme, on en arrivera à une sorte de séparatisme politique avec marché commun économique. C'est la seule façon de ne pas tout casser ni tout gâcher.»

En scrutant leurs discours, je constate fréquemment que vos collègues frisent cette idée. Je m'efforce cependant de la retenir le plus possible parce que, si je la trouve féconde, je crois qu'elle est prématurée et, surtout, que ce serait au premier ministre du Québec qu'il appartiendrait de l'annoncer.

1) Elle est féconde en ce sens que c'est probablement de ce côté que, de toute façon, le Canada s'en va. Beaucoup de gens pensent ainsi sans le savoir clairement. Par ailleurs, la politique actuelle du Québec et l'attitude du fédéral nous y conduisent.

2) Elle serait prématurée parce que ce n'est pas tout de l'annoncer; il faut aussi savoir quoi faire ensuite. (...)

3) C'est à vous qu'il appartient, d'après moi, d'annoncer une telle idée à cause de votre rôle et aussi parce qu'une idée comme celle-là peut devenir un objectif national pas mal emballant (un *national purpose* à la Kennedy!) (...)

Claude Morin

Document 9

Le 15 septembre 1965

Mémo au premier ministre
De Claude Morin

Sujet: *les relations internationales du Québec*

(...) Nous avons probablement eu raison, il y a quelques mois, d'exprimer aussi clairement que nous l'avons fait nos projets de relations avec d'autres pays, notamment la France. Nous avons montré par là que nos intentions étaient fermes. Toutefois, la tactique pour les mois à venir doit être très différente. Le projet d'entente culturelle France-Québec va bien et nous pourrons en arriver à des accommodements sur plusieurs autres questions. Le tout suppose une négociation remarquablement délicate (...). Cette négociation ne réussira que si nous sommes très discrets du côté québécois. La moindre déclaration publique qui serait mal interprétée par le fédéral risque de nous reporter loin en arrière (...). On craint surtout, à Ottawa, que nous ne présentions certains accommodements à venir comme des victoires éclatantes remportées sur le gouvernement fédéral. Les autres pays sont également aux aguets pour voir comment nous allons nous comporter dans les mois à venir. (...)

Je me permets donc de vous demander ceci. Pourriez-vous faire part de cette situation délicate à vos collègues en leur expliquant que nous avons trop à gagner pour risquer de tout perdre à la suite de déclarations publiques (et parfois même privées) qui serviraient de prétextes à Ottawa pour bloquer des solutions possibles. Si des journalistes posent des questions sur la façon dont Ottawa considère nos projets internationaux, je suggérerais que l'on réponde que vous vous occupez vous-même des négociations nécessaires.

En somme, nous n'avons pas besoin de provoquer de publicité sur ces sujets. La signature de notre prochaine entente fera assez de bruit d'elle-même, même si Ottawa signe avec la France son accord culturel avant nous. Il en sera également ainsi le jour où nous aurons pu trouver moyen d'avoir, dans les délégations canadiennes auprès des organismes internationaux spécialisés, un délégué du Québec choisi directement par nous. Dans ces circonstances, laissons faire les événements (...).

Claude Morin

Document 10

Le 23 décembre 1965

Mémo au premier ministre
De Claude Morin

Sujet: *le statut particulier*

1) Après la Conquête, un choix s'est posé pour les Canadiens français: devaient-ils lutter pour conserver leur langue et leur culture? ou devaient-ils tranquillement abandonner la partie et se laisser assimiler par le plus fort? Ils ont choisi de lutter.

(...) Une des meilleures façons, pour eux, de conserver leur langue et leur culture a été de se replier sur eux-mêmes, dans leurs villages, auprès de leurs curés et de quelques notables, dans l'agriculture, occupation où ils pouvaient facilement s'engager. De la sorte, ils ne se trouvèrent pas exposés aux dangers qu'ils voyaient dans la vie urbaine, commerciale ou industrielle où les conquérants commençaient à jouer le rôle le plus important. De la sorte également, ils conservèrent intactes leurs traditions.

Ce fut la période proprement dite de la survivance. Elle était d'allure plutôt négative et visait à protéger une fleur fragile dans un enclos bien gardé des intempéries.

2) À l'heure actuelle, en 1965, un tel repli sur soi-même n'est ni possible, ni efficace.

Il n'est pas possible parce qu'il n'existe plus de distance géographique ou psychologique, dans le monde actuel (transports, radio, TV, journaux, etc.). (...) Il n'est pas efficace car il en résulterait un niveau de vie inférieur comparativement au reste du Canada et aux USA. (...)

3) (...) Le gouvernement actuel du Québec a choisi l'hypothèse de l'affirmation. (...)

4) (...) [De son action, il résulte que] nous ne sommes plus ce que nous étions et [que] nous ne sommes pas encore devenus ce que nous pouvons être.

Sur le plan des objectifs, nous essayons aujourd'hui de nous donner tous les moyens voulus pour nous affirmer. Cela dérange un tas de monde. Nous-mêmes, d'abord, car le gouvernement n'administre plus passivement, il guide. Ensuite, tout le reste du Canada car, dans la mesure où nous voulons mettre la main sur des moyens d'action, nous sommes souvent forcés de les enlever au gouvernement fédéral. En somme, nous avons entrepris de construire une société nouvelle. Peut-être l'avons-nous commencée sans en voir toutes les conséquences? Le fait est que nous avons suscité des aspirations qui étaient latentes. Si le gouvernement actuel ne l'avait pas fait, un autre se serait attaqué à la tâche de façon peut-être plus radicale. (...) Quiconque mettait fin au régime duplessiste récoltait du même coup la tâche de reconstruction qui s'imposait. Et si personne n'avait électoralement mis fin au régime duplessiste, la situation aurait pourri à un point tel qu'un déséquilibre sérieux aurait ébranlé notre société. Le choix entre la survivance et l'affirmation se serait posé encore plus crûment et, l'instinct de conservation jouant, l'action vers l'affirmation aurait été encore plus désordonnée. Il n'y avait pas moyen d'en sortir. Ce qui m'étonne aujourd'hui ce n'est pas qu'en cinq ans le gouvernement actuel ait fait autant, c'est qu'il ait réussi à faire autant sans désorganiser le tout. C'est pour cela que notre révolution a été «tranquille».

Sur le plan des moyens d'action, la population du Québec a choisi d'agir par l'intermédiaire de son gouvernement provincial. C'était normal et attendu. Personne ne pouvait imaginer que notre levier serait le gouvernement du Canada. Cela aurait été contre toutes les tendances de notre histoire.

5) (...) Il existe deux sociétés au Canada. Celle de langue française et l'autre (...) La nôtre survivait; elle ne s'affirmait pas. [En s'affirmant] systématiquement, elle s'est différenciée davantage de l'autre.

Il y a plusieurs aboutissements possible à un tel processus.

Le séparatisme en est un (...) Dans un pays fédéral, il y a déjà un certain degré de séparation. Quand on y parle partout la même langue, il y a peu de danger que le séparatisme finisse par y germer. Quand il y a deux sociétés structurées, le danger est présent. C'est notre cas (...).

Le statut particulier en est un autre. C'est celui qui semble actuellement le plus plausible pour nous. Il donne en effet une autonomie suffisante au Québec sans remettre en question l'interdépendance économique. (...) Il peut être un obstacle au séparatisme recherché par les indépendantistes.

Pour plusieurs [citoyens] cependant, il peut apparaître comme un pas vers le séparatisme. Ces gens oublient qu'il en est de même du statut particulier par rapport au séparatisme que du socialisme par rapport au communisme. Le premier empêche l'avènement du second. [Mais si] l'on fait obstacle au premier, de plus en plus de gens peuvent devenir excédés et rechercher le second. Une des preuves de tout ceci, je la trouve dans les attaques des indépendantistes contre la notion de statut particulier. Ils avouent par là qu'ils le craignent plus que le statu quo.

6) Je suis personnellement en faveur du statut particulier (...) parce qu'il court-circuite le séparatisme (...) et aussi parce qu'il rendra le Québec plus fort. (...) Il y a toutefois des écueils à éviter en essayant de rendre le Québec plus fort:
- le reste du Canada ne doit pas s'imaginer que nous sommes plus ou moins en train de nous séparer;
- notre population ne doit pas perdre intérêt envers le gouvernement du Canada;
- nous devons nous hâter d'inventer de nouveaux modes de collaboration avec le reste du pays et, particulièrement, le gouvernement fédéral;
- sous prétexte de devenir plus forts, nous ne devons pas nous affaiblir en entreprenant trop de choses nouvelles en même temps.

Je crois sincèrement que tous ces risques sont évitables. En somme, nous courons un risque calculé. Jusqu'à maintenant nous avons réussi à la fois à nous affirmer sans nous désintéresser du domaine proprement fédéral. Il n'en reste pas moins que nous poursuivons une action dont les éléments peuvent paraître contradictoires. D'un côté, nous nous renforçons pendant une période où le gouvernement fédéral est faible. De l'autre, nous répétons souvent notre désir de maintenir l'entité canadienne. Les gens risquent de ne plus comprendre.

Cette action contradictoire vient du fait que le Québec est à la fois une province dans un pays et le cadre géographique d'une véritable société. Plus exactement, il est une partie du pays qui s'appelle le Canada et la patrie immédiate d'une communauté différente de l'ensemble de la population nord-américaine. Cela nous oblige à jouer sur deux tableaux. Si nous étions séparatistes, nous oublierions le Canada. Si nous étions fédéralistes genre Trudeau, nous oublierions la communauté nationale. Or, nous ne sommes ni l'un ni l'autre. D'où contradiction apparente. (...)

7) (...) J'ai nettement l'impression que l'immense majorité de notre population recherche tout simplement le fédéralisme véritable (...) [grâce auquel] notre

communauté nationale pourrait s'épanouir sans que le Canada comme tel soit menacé. (...) Notre drame, au Québec, vient de ce que nous visons à un fédéralisme véritable, alors que le reste du Canada s'intéresse beaucoup moins que nous à un tel fédéralisme car il n'en a pas besoin. Or, le Québec, lui, en a un besoin vital. Sans lui, nous disparaissons à plus ou moins brève échéance.

(...) Le Québec est vraiment le seul à vouloir jouer selon les règles du jeu [fédéraliste] ; les autres provinces, à des degrés divers, tendent vers la centralisation, vers le gouvernement unitaire. En ce sens, on peut dire que le Canada est de moins en moins un pays fédéral. Pourtant le Québec, lui, sans s'en rendre clairement compte, veut vivre dans un régime fédéral. C'est cela qu'on est graduellement en train de lui refuser. Et le résultat curieux de tout cela est que, parce qu'il tient aux avantages du fédéralisme, le Québec est en voie de se construire un statut particulier dans un pays supposément fédéral.

Sans se tromper, on peut donc dire que ce n'est pas le Québec qui ne veut plus du régime fédéral, ce sont les autres provinces. Comme on ne peut pas les forcer à changer d'attitude et comme le Québec ne peut tout de même pas accepter de perdre son identité sous prétexte de permettre la création, au Canada, d'un régime unitaire, nous sommes fatalement amenés à nous différencier des autres provinces.

Je ne vois pas comment une telle évolution vers une différentiation accrue pourrait être freinée. Pourtant, dans la mesure où elle n'est pas contrôlée, elle devient dangereuse.

(...) Le statut particulier [résultera donc en partie] de notre engagement profond [envers le fédéralisme] par rapport au désintéressement des autres provinces, [mais il provoquera] un déséquilibre. Cela peut être évité dans ses manifestations les plus dommageables si nous pouvons, malgré notre particularisation, trouver avec le reste du pays non pas des modes de sujétion, mais de collaboration. (...) Grâce à ces modes de collaboration, nous pourrons donner la preuve que nous ne sommes pas sur la voie de la séparation, mais dans celle d'une différentiation qui, en définitive, renforcera le Canada parce que nous n'aurons plus de complexe à collaborer avec le reste du pays. (...)

Si le Québec est différent des autres provinces dans plusieurs domaines, il leur ressemble dans d'autres. Notre tâche, au cours des mois qui viennent, sera de déterminer plus clairement quels champs d'action nous devons entièrement contrôler pour demeurer différents et nous affirmer, et quels champs d'action peuvent donner lieu à des entreprises de collaboration étroite avec le fédéral. Nous avons déjà une idée des uns et des autres, mais il faudra préciser. (...)

Je vois fort bien le jour où, après nous être affirmés dans plusieurs domaines, après avoir construit un Québec très fort, nous nous tournerons vers Ottawa pour lui proposer (...) des programmes de collaboration pensés par nous, discutés ensemble et mis en œuvre sans atteinte juridique à notre autonomie. Nous n'en sommes politiquement pas encore là, mais je pense qu'avec de la bonne volonté et une assurance nouvelle nous réussirons à établir, au Canada, un régime fédéral d'un nouveau type où l'autonomie des provinces par rapport au gouvernement central ne sera pas nécessairement aussi étendue d'une province à l'autre.

Je ne serais pas étonné que ce soit nous, du Québec, qui contribuerons le plus à créer un nouvel équilibre où le cadre canadien sera maintenu et renforcé, sans que pour autant notre communauté culturelle en soit menacée, au contraire.

Claude Morin

Document 11

Le 5 janvier 1966

Mémo au premier ministre
De Claude Morin

Sujet: *ma carrière politique*

Vous pensez bien que j'ai énormément réfléchi à la proposition que M. Alexandre LaRue m'a faite en votre nom et que vous m'avez confirmée l'autre jour. Depuis ce temps, à cause de certains téléphones que j'ai eus, je suis convaincu qu'il s'agit vraiment d'un désir bien sincère de citoyens de Montmorency. Je suis à la fois touché par votre confiance et flatté par l'opinion que plusieurs personnes semblent avoir de moi.

Je ne peux cependant pas accepter votre offre. Objectivement, je crois que je réussirais à m'acquitter de la responsabilité qu'elle suppose. Mais, subjectivement, je m'engagerais dans une voie que je ne crois pas faite pour moi. Cela tient à plusieurs raisons.

Je ne pense pas avoir le tempérament de l'homme public. Il y a trop de choses dans la vie politique que je ferais de mauvais gré. Je pourrais donner le change un certain temps, mais un jour je n'en pourrais plus. Je suis trop sincère avec vous pour vous cacher ce trait de mon caractère. D'ailleurs, je suis certain que vous le connaissez. J'aime bien également qu'on me donne le crédit de ce que, de temps à autre, je réussis, mais je préfère que ce crédit vienne de vous ou de vos collègues, pas du public. Entre être trop connu ou pas assez, je choisis sinon l'obscurité, du moins l'absence de notoriété.

Je ne me crois surtout pas fait pour ce que l'on appelle la «politique active». J'aime la politique comme telle (c'est ce que je fais à longueur de journée) et c'est ce en quoi consistent les relations fédérales-provinciales. Là-dedans, je suis à l'aise, très à l'aise. Mais je ne me vois pas discuter avec des électeurs. Mon orientation est nettement axée sur la fonction publique et sur le rôle que j'y peux jouer. J'occupe actuellement un poste qui, dans tout le gouvernement, est le seul qui puisse m'emballer autant. Je m'y donne entièrement, sans calculer mes heures, ni ma fatigue. Si j'étais ministre de ce ministère, ce ne serait plus la même chose. J'aurais d'autres préoccupations, d'autres obligations.

Dans les conditions actuelles, et pour longtemps, je pense que le premier ministre et le ministre des affaires fédérales-provinciales doivent être le même homme. C'est une condition fondamentale d'efficacité. Je crois que ma venue ne ferait qu'embrouiller les choses. L'arrangement actuel est à peu près le meilleur qui puisse exister.

Par ailleurs, je ne vois pas quel autre ministère m'intéresserait autant que mon poste actuel de sous-ministre des Affaires fédérales-provinciales. Je m'exprime ainsi non pas parce que je manque d'ambition, mais parce que je me sens plus sûr de moi et mieux à ma place dans le poste que j'occupe présentement que n'importe où ailleurs. Si tel n'était pas le cas, je vous le dirais bien franchement car je me sentirais vite devenir moins efficace.

Un petit exemple. Pendant deux ans, j'ai été conseiller économique du cabinet en même temps que sous-ministre. Un jour, je me suis rendu compte que Jacques Parizeau pourrait me remplacer dans le premier poste et qu'il ferait mieux que moi. Je vous ai suggéré de prendre contact avec lui à ce sujet. Je connais un tas de monde qui comprend mal que j'aie laissé aller à un autre cette responsabilité. Ces gens savent évidemment que Jacques est très compétent, mais ne comprennent pas ce qu'ils trouvent être un curieux désintéressement de ma part. Pourtant, moi je suis parfaitement heureux du choix de Jacques avec qui je m'entends admirablement. Je n'ai pas du tout le sentiment d'avoir perdu quoi que ce soit. Au contraire, je pense avoir contribué à renforcer l'administration publique du Québec.

Tout cela pour vous dire ceci. Comme je l'ai mentionné plus haut, je ne vois pas qui, d'autre que vous-même, pourrait être ministre des Affaires fédérales-provinciales. Très candidement, j'ajoute que je ne vois pas qui d'autre que moi pourrait, pour le moment, être sous-ministre de ce ministère. Je ne me crois pas éternellement irremplaçable; je veux dire que je suis en train de construire une petite machine, pas prétentieuse du tout, qui ne marche pas si mal et que j'aime bien. La combinaison actuelle a toutes les chances de succès. En changeant de statut, je réglerais peut-être un problème électoral qui n'est pas à négliger, mais je risquerais d'être moins heureux dans ma fonction.

(...) Quoi qu'il en soit, je suis certain que vous comprendrez que je veux vous demeurer entièrement loyal dans un poste où je me sens chaque jour touché de la confiance que vous m'avez manifestée en 1963.

Claude Morin

Document 12

Le 1er septembre 1968

Note à M. Daniel Johnson
De Claude Morin

Sujet: *réflexion sur nos objectifs et notre stratégie*

I- *Une situation politique nouvelle*

La situation politique canadienne actuelle nous force à préciser nos objectifs et à repenser notre stratégie générale. Par suite de l'élection de M. Trudeau, des difficultés croissantes des provinces et du Québec en particulier, et de l'évolution consécutive des esprits, le pendule du fédéralisme canadien tend de nouveau vers Ottawa. Pendant quelques années nous avions commencé à faire du Québec un État moderne sur lequel le peuple canadien-français pouvait compter et s'appuyer. De plus en plus, si nous ne réagissons pas vite, nous devrons tout simplement nous contenter d'administrer une province comme les autres.

On peut penser que, par définition, le pendule reviendra de nouveau vers les provinces et béatement nous en consoler. Mais si le retour du pendule se produit (ce qui n'est plus nécessairement assuré), il peut prendre dix, quinze ou vingt ans. Pour le Québec, il sera alors trop tard. On aura déjà posé les gestes qui auront donné au gouvernement fédéral la responsabilité prioritaire et définitive des domaines d'action déterminants pour la société de demain. Ces domaines sont, entre autres, ceux du développement régional, de la recherche scientifique, du transport, des communications, de l'urbanisme, de la technologie, des loisirs, etc.

Pour ne pas se rendre compte de cette évolution prévisible, il faut ou bien être incapable d'imaginer le monde dans dix ou vingt ans, ou bien ne pas comprendre comment, au Canada, le gouvernement central a habilement su, dans le passé, mettre la main sur les domaines vraiment vitaux, ou bien se comporter comme un conseil municipal préoccupé d'objectifs immédiats, mais d'importance mineure pour le développement de la société.

Pendant plusieurs années nous avons essayé de répondre à la question: *What does Québec want?* Nos notions nébuleuses du début ont été précisées et aujourd'hui, si l'on tient compte des derniers documents mis au point, on peut croire que nous y avons apporté une réponse substantielle. Mais cette réponse ne vaut que sur le plan constitutionnel. Elle n'explique pas fondamentalement pourquoi nous la formulons, sauf par implications. Et, selon les interprétations que s'en fait chaque individu, ces implications peuvent être contradictoires et donner l'impression que nous manquons de cohérence. On pourra désormais, et avec raison, nous poser une autre question, plus pertinente: *Why do you want what you want?*

En d'autres termes, on tiendra à savoir - et pas seulement au Canada anglais - ce que nous voulons en définitive faire du Québec. Quel genre de société voulons-nous y construire? Voulons-nous activement être quelque chose d'original, ou nous contenter de demeurer passivement un appendice économique et politique du continent nord-américain? Quel horizon proposons-nous à notre population? Quel est notre «national purpose»?

II- *Le vacuum québécois*

Compte tenu de tout ce qui a été dit et écrit sur les objectifs du Québec, nous pourrions être portés à croire que nous possédons effectivement toute l'infrastructure idéologique nécessaire, que nous savons où nous allons et pourquoi, que notre plan d'action est nettement établi. Or, à mon sens, il n'en est rien. Certes nous avons en mains des éléments sûrs et nous avons eu des initiatives heureuses. Mais, si je peux m'exprimer ainsi, nous agissons de façon déséquilibrée et accidentelle, sans que nos gestes découlent d'un plan d'ensemble réfléchi. Ainsi, nous nous préoccupons fortement de nos relations internationales et nous en faisons un cas de guerre politique avec Ottawa, mais en même temps nous ignorons à peu près le domaine de la recherche scientifique et personne n'élève la voix lorsque Ottawa annonce qu'il instituera un ministère du développement régional. Nous nous tracassons au sujet de la francophonie universelle, mais nous n'avons pas encore de politique de la langue au Québec. Nous déclarons vouloir nous occuper de nos affaires nous-mêmes, mais nous continuons à nous fier à peu près exclusivement aux investisseurs américains pour développer notre économie. Je pourrais ajouter quelques exemples, mais ce qui précède suffit, je pense, pour montrer que nous ne voyons pas encore très bien les secteurs où il nous faut agir vite, aujourd'hui, si nous voulons que, demain, le Québec contrôle autre chose que des domaines d'intérêt purement local ou folklorique.

Ce qui est encore plus grave, c'est que nous n'avons pas su donner à notre population un objectif collectif. Elle n'est vraiment pas alertée de la façon qu'il convient à ce que j'appellerais «notre question nationale». Elle réagit de la même façon aux conflits ouvriers-patronaux qu'à nos disputes fédérales-provinciales. Elle en est devenue excédée. Dans le premier cas, elle ne voit plus ce qu'on pourrait appeler la «promotion ouvrière», mais plutôt de sordides questions financières. Dans le second cas, elle perçoit des chicanes stériles de politiciens là où il s'agit souvent d'efforts d'affirmation nationale. Pourquoi? Parce que personne encore ne lui a sérieusement expliqué ce qui est en jeu. Et cela n'a pas été possible parce que nous n'avons pas encore d'option claire quant à l'avenir du Québec. Nous en sommes encore à cultiver des doutes sur l'avenir du Canada, alors que nous devrions semer des certitudes sur celui du Québec.

En somme, par notre comportement général, notre manque de politiques hardies et l'absence d'objectifs nets, nous sommes tout simplement en train de donner la preuve d'un des postulats de base du gouvernement fédéral actuel. Selon ce postulat, «les provinces, étant près, trop près même des problèmes immédiats, des groupements de pression et des corps intermédiaires, elles sont nécessairement limitées dans leurs horizons. Il leur manque la vision globale que seul le gouvernement fédéral peut avoir. Les gouvernements provinciaux sont nécessairement de tendance conservatrice, un peu comme le sont les commissions scolaires. Cela est inévitable et c'est pourquoi, dans un pays comme le Canada, le dynamisme créateur ne peut vraiment venir que du gouvernement fédéral.»

III- *Les nouveaux horizons*

À l'heure actuelle, la seule position politique vraiment logique qui existe au pays est celle de M. Trudeau. Elle est forte, respectable, séduisante et simple. Il demande au Canada français de jouer le jeu canadien avec le Canada anglais, à l'intérieur du fédéralisme. Il nous dit que nous sommes assez forts pour nous passer de vivre en serre chaude. Mieux vaut, comme groupe, nous dit-il, influencer et même contrôler le gouvernement de vingt millions de citoyens que celui de six millions. «Être maîtres chez nous dans tout le Québec, c'est bien; être maîtres chez nous dans tout le Canada, c'est mieux!» En somme, Trudeau propose un défi, ouvre des horizons et s'efforce de présenter un idéal digne.

Or, cet idéal comporte, pour le Québec et le Canada français, d'immenses dangers. Il n'est ni aussi digne ni aussi sûr qu'il peut sembler l'être de prime abord. Toutefois, la position simple, claire et apparemment logique que M. Trudeau a fait valoir pendant sa campagne électorale, jointe au dynamisme créateur et à l'esprit d'innovation qu'on lui accorde dans beaucoup de milieux, permettent désormais au gouvernement fédéral de répondre de façon cohérente à la plupart de nos arguments habituels, à tous ceux, par exemple, qui sont fondés sur «les deux nations», «le véritable fédéralisme», «le Québec comme point d'appui du Canada français», «l'égalité des Canadiens français et des Canadiens anglais», etc. Bien sûr, souvent il se servira de sophismes, mais le fait demeure que nos batteries traditionnelles ont dorénavant besoin d'être rechargées. Il nous faudra présenter notre point de vue tout autrement.

Si nous ne nous ressaisissons pas vite, nous n'aurons plus à opposer au fédéral que des sentiments et quelques slogans. Nous aurons de nouveau l'air de défendre le passé alors qu'Ottawa symbolisera l'avenir. En nous opposant à Ottawa avec les mêmes arguments et les mêmes comportements que ceux qui nous caractérisent encore, nous aurons l'air d'échevins de village qui s'opposent à la construction d'une autoroute parce que cela dérangerait le commerce local!

Des principes de M. Trudeau peuvent découler des politiques extrêmement claires et cohérentes. À partir des principes que nous avons déjà énoncés publiquement du côté québécois, on peut aussi bien se diriger vers l'indépendance que vers un fédéralisme classique. On peut aussi bien avoir une société de type révolutionnnaire, qu'une communauté axée sur le conservatisme économique et social et en marge du mouvement moderne. Si nos principes d'action sont aussi ambivalents, cela ne provient pas, comme on aimerait peut-être le croire pour se consoler, d'une astuce politique remarquable, mais bien plutôt du fait que nous en sommes demeurés à des considérations superficielles et que nous n'avons pas vraiment d'objectifs clairs.

Peut-être la théorie de M. Trudeau est-elle la bonne? Peut-être est-ce lui qui a raison, car il propose une option qui se tient. Il vaut au moins la peine de se le demander, car si c'est lui qui avait raison, nous causerions du tort à toute notre population en lui proposant autre chose. Il conviendra surtout de se demander quels dangers représentent pour nous les positions fédérales actuelles. J'y viens plus loin.

Chose certaine, nos arguments «constitutionnels» habituels ont perdu de leur portée. Pendant quelque temps, leur ambiguïté ne nous a pas nui car il y avait un vacuum idéologique à Ottawa. Contre des personnes qui n'avaient qu'à répéter de vieilles notions usées sur l'avenir du pays, n'importe quoi d'un peu nouveau semblait sinon nous donner raison, du moins nous donner du leadership. D'autant que nous posions alors des gestes donnant l'impression que nous avions en tête tout un plan bien structuré: Caisse de dépôt, régime de rentes, retrait des programmes conjoints, gains fiscaux, création d'un ministère des Affaires intergouvernementales, d'un ministère des Institutions financières, etc. En somme, pendant quelques années, au royaume des aveugles nous avons été les borgnes!

IV- *Le leadership fédéral*

Bien qu'il soit encore trop tôt pour être catégorique, j'ai l'impression que la force potentielle des positions fédérales tient à quelques facteurs comme les suivants:

1) Réorientation du nationalisme québécois

Tout en étant antinationaliste québécois, Trudeau est nationaliste canadien. Pour le moment, il semble y réussir sans pour cela laisser supposer chez les Québécois qu'il est probritannique ou promonarchie, contrairement à Laurier ou Saint-Laurent. C'est peut-être la première fois que nous voyons cette forme particulière de nationalisme canadien chez le premier ministre du pays. Trudeau peut agir comme si le nationalisme québécois n'était qu'une étape d'un autre nationalisme plus étendu et plus créateur, le nationalisme pancanadien. Il est susceptible de canaliser les énergies de ceux qui ont besoin de voir grand. S'il est habile, il acceptera certains éléments du nationalisme québécois et s'en servira pour le dépasser.

2) Appel direct à la population

Trudeau peut faire valoir son point de vue en se préoccupant peu des gouvernements provinciaux, grâce à la qualité de sa présence à la TV et dans les journaux. Ainsi il peut facilement présenter le désir d'autonomie du Québec comme n'étant que l'expression d'un conservatisme dépassé. Il pourra prétendre que seuls les politiciens et fonctionnaires du Québec désirent l'autonomie de leur gouvernement par rapport au gouvernement fédéral, un peu comme les commissaires d'école désirent l'autonomie des commissions scolaires par rapport au gouvernement québécois. Et il se trouvera pas mal de monde pour le croire, d'autant plus que le gouvernement fédéral ne peut plus être présenté aux Québécois comme anti-canadien-français, bien au contraire.

3) Dynamisme et innovation

Trudeau se trouve actuellement, grâce à ses publicistes mais aussi à ses qualités indéniables, à prendre figure de véritable moteur du Canada de demain. Au même moment, les provinces ressentent des difficultés de tous ordres et s'efforcent d'habituer leurs populations respectives à l'idée que tel ou tel projet ne peut être entrepris. En d'autres termes, au moment même où les gouvernements provinciaux seront peut-être obligés d'expliquer à leur population pourquoi le temps est couvert chez eux, Trudeau montre à cette même population que le soleil se lève à Ottawa, et ce pour la première fois depuis une décennie! Tous ceux qui ont besoin d'horizon, et ils sont nombreux, risquent de trouver la perspective attrayante.

4) Fascination du risque

Curieusement, Trudeau s'est attiré plusieurs Québécois en leur faisant valoir qu'il y avait un défi à assumer. Une sorte de masochisme collectif peut jouer dans de telles circonstances (...). Trudeau demande aux Québécois de participer, avec les risques inévitables que cela comporte, au changement de toute la société canadienne, plutôt que de s'isoler.

5) Franchise

Que son raisonnement soit fondé ou non, et qu'il le fasse effectivement ou non, il reste que Trudeau est le seul politicien fédéral que la population croit capable, spontanément et à la grande joie de la galerie, de dire, par exemple, au gouvernement du Québec qu'il ferait mieux de s'occuper de l'éducation sur la Basse Côte-Nord que de celle des Gabonais! (...)

6) «Nationalité» du premier ministre du Canada

L'influence qui provient du fait que Trudeau soit canadien-français est trop visible dans la situation actuelle pour que je m'arrête longuement sur ce point. Chose certaine, plusieurs étrangers que j'ai récemment rencontrés voient mal pourquoi nous ne pavoisons pas, puisque le Québec a «réussi» à faire élire un des siens à la tête du pays!

Ce sont des facteurs comme ceux que je viens d'énumérer qui, à mon avis, modifient complètement la conjoncture à laquelle nous étions habitués. Ils nous forcent à réévaluer plusieurs de nos positions actuelles.

* * *

Il n'y a pas de doute dans mon esprit que la «minute de vérité» approche. Je m'excuse de cette expression-cliché, mais c'est la seule qui me semble s'appliquer présentement. En effet, pour la première fois nous aurons à faire face à un premier ministre canadien qui posera carrément le problème du statut futur du Québec et de toutes ses implications. Pearson, qui en était conscient, n'osait pas le faire car il ne savait pas trop à quoi s'en tenir sur bien des choses qui nous concernaient, sans compter qu'il était de langue anglaise. Trudeau, lui, a des positions arrêtées depuis des années et est canadien-français. De plus, il peut être démagogue. Nous ne nous en tirerons pas en invoquant la Constitution ou les droits de la nation canadienne-française, car c'est justement à cela qu'il «osera» s'attaquer tout en proposant autre chose d'apparemment attrayant à une bonne partie de notre population.

Nous aurons donc, tôt ou tard, à engager le débat sur le fond même de notre problème, car la solution Trudeau à ce problème ne peut, telle qu'on la connaît aujourd'hui, que conduire à une assimilation en douceur et plus ou moins consciente. (...)

Claude Morin

Document 13

Le 15 juillet 1969

Note à M. Jean-Jacques Bertrand
De Claude Morin

Sujet: *quelques erreurs diplomatiques fédérales*

On reconnaît aisément à Paris qu'il a pu y avoir du tort des deux côtés dans le domaine des relations Ottawa-Paris. On admet que le Général de Gaulle y a été «un peu fort» et qu'il a, après son retour du Québec [en 1967] manifesté passablement de rigidité (interdiction à ses ministres d'aller à Ottawa, mentions plus ou moins opportunes du Québec dans ses conférences de presses, etc.).

Cependant, il y a plusieurs choses qu'on pardonnera difficilement à Ottawa: l'ironie de Trudeau sur la stabilité du franc («Vive le franc libre!»), ses pointes fréquentes contre la France en public et en privé, les déclarations privées mais hostiles de certains diplomates canadiens à l'étranger devant d'autres diplomates, les remarques désobligeantes de certains députés fédéraux de passage en France, etc. On ne prise pas non plus beaucoup la presse canadienne d'expression anglaise qu'on croit, à tort ou à raison, inspirée par Ottawa. Enfin, on ne croit pas beaucoup à la sincérité d'Ottawa qui s'est, pendant des générations, désintéressé de la langue française, mais qui, aujourd'hui, parce que le Québec a commencé à s'affirmer, manifeste une volonté soudaine de «francophonie» et prétend même que le Québec n'a rien à y voir sur le plan international et que tout doit passer par Ottawa.

J'ajoute aussi qu'à tort ou à raison la France n'a pas trop apprécié les incursions faites par les fédéraux dans certains pays francophones d'Afrique qu'elle considère comme sa «chasse gardée», d'autant plus que les fédéraux en profitaient pour accuser indirectement la France d'intervenir dans les affaires canadiennes en incitant ses anciennes colonies à inviter le Québec à des conférences internationales. Point n'est besoin de dire que ces anciennes colonies n'ont pas prisé ce genre d'allusions, même discrètes. En outre, les fédéraux ont fait miroiter des millions de dollars; ces pays africains francophones aimeraient bien recevoir une aide dont ils ont besoin, mais acceptent mal que leurs interlocuteurs croient pouvoir les acheter. D'ailleurs cette attitude vaut autant pour les offres d'aide de la France, mais dans ce cas il s'agit au moins d'anciennes colonies authentiques!

L'erreur fédérale la plus récente (et peut-être actuellement la plus nuisible puisqu'elle touche M. Pompidou lui-même) a été commise il y a cinq semaines environ, entre les deux tours du vote pour la présidence.

M. Laurent, directeur général des relations culturelles aux Affaires étrangères, devait, tel qu'entendu, venir à Québec présider la délégation française à la session de la Commission permanente de coopération franco-québécoise. Il n'y avait pas de mystère à cela (...). Or, Ottawa, apprenant la chose et s'imaginant que les circonstances étaient politiquement bonnes (de Gaulle parti, tout va changer!), a demandé au diplomate Black [de l'ambassade du Canada en France] d'aller exiger que M. Laurent aille également à Ottawa, et pas seulement à Québec. M. Laurent pouvait difficilement accepter car, ce séjour n'étant pas prévu à son horaire, il avait déjà pris toutes ses dispositions pour ne passer que deux jours ici, durée de la session de la commission. De plus, il n'avait rien à discuter avec Ottawa, la commission franco-canadienne s'étant déjà réunie en janvier ou février dernier.

Devant ce refus, les fédéraux sont revenus à la charge de façon brutale et arrogante. Toujours par l'entremise de Black, ils ont menacé la France de faire poser des questions [par un député fédéral] à la Chambre des communes, à Ottawa [et à laquelle le gouvernement répondrait] en soulevant un tollé, et surtout d'aller porter à M. Poher* tout le dossier d'une nouvelle «intervention» gaulliste dans les affaires canadiennes, tout cela en pleine campagne électorale pour le deuxième tour à la présidence! De la sorte, M. Pompidou se serait vu accuser d'interférence politique, tout comme de Gaulle, et M. Poher aurait pu utiliser le tout pour ses propres fins électorales. La presse française s'en serait mêlée, etc.

Dans une telle conjoncture de chantage, la France a cédé et M. Laurent n'est pas venu, ni à Ottawa, ni à Québec où il s'est fait remplacer, à la dernière minute, par son adjoint.

Drôle de «victoire» cependant pour Ottawa. En effet, non seulement, ce qui est normal, M. Laurent a été indisposé, mais il en fut de même de beaucoup de ses collègues aux Affaires étrangères où le moins qu'on puisse dire est que les gaullistes demeurent nettement plus nombreux que les partisans de M. Poher!

On m'a souvent parlé, à Paris, de cet incident. La France accepte qu'on fasse des pressions sur elle (c'est normal), mais cette sorte de chantage électoral lui a paru un procédé grossier dans tous les sens du terme.

Claude Morin

---

* Note de l'auteur: candidat contre Georges Pompidou à la présidence de la France.

Document 14

Le 27 août 1970

Note au premier ministre

Sujet: *la réunion constitutionnelle des 14 et 15 septembre*

A- D'abord il est essentiel de tenir compte de trois faits:

1) C'est le Québec qui est la raison d'être et le pivot de la réforme constitutionnelle. C'est lui qui l'a causée par ses gestes depuis 1960 et par les déclarations de ses porte-parole.
2) On a, par conséquent, hâte de savoir ce que pense le nouveau gouvernement. À l'extérieur du Québec, certains espèrent qu'il rejettera presque toutes les positions antérieures pour ne conserver que les plus «orthodoxes» et, au Québec même, d'autres personnes espèrent que le nouveau gouvernement sera docile et cédera.
3) La réforme constitutionnelle n'est pas au fond une discussion juridique, mais une opération politique au cours de laquelle le Québec sera obligé de se définir.

B- Dans cette perspective, il y a certaines erreurs à éviter:

1) Indisposer le reste du Canada en affirmant des principes connus pour lui être inacceptables.
2) Faire la même chose, à l'inverse, envers une partie de la population québécoise.
3) Rouvrir le débat constitutionnel au Québec en rejetant les documents de travail déjà présentés. Il faudrait alors en fabriquer d'autres.
4) Créer des attentes inutiles en déclarant que la réforme constitutionnelle est tellement urgente qu'elle devrait être terminée sous peu.
5) Indisposer le fédéral et rendre les autres provinces perplexes en laissant entendre qu'elle est secondaire ou inutile.

C- Le format de la conférence (séance de travail à huis clos) se prête mal à des déclarations solennelles. Par contre, une déclaration initiale paraît nécessaire puisqu'il s'agit de la première réunion constitutionnelle du nouveau gouvernement; en outre, le premier ministre sera certainement questionné sur l'ensemble du sujet. Les attitudes suivantes pourraient être prises dans cette déclaration et au cours des rencontres avec les journalistes.

1) Assumer pleinement la nécessité de la poursuite sérieuse de la réforme.
2) Faire preuve d'une certaine continuité quant aux principes fondamentaux.
3) Exprimer ce qu'on pense du travail accompli, c'est-à-dire faire le point.
4) Accepter comme documents de travail ceux qui ont déjà été soumis, quitte à dire qu'ils seront précisés au fur et à mesure.
5) Ouvrir des perspectives donnant des indications sur les idées du nouveau gouvernement concernant, par exemple, la flexibilité nécessaire du fédéralisme, les communications, la politique tarifaire, les politiques de ressources humaines, l'immigration, etc.
6) Quant aux sujets de discussions prévus à l'ordre du jour, la position précise du Québec et la stratégie à leur propos pourront être définies la semaine prochaine, après la réunion de fonctionnaires qui aura lieu lundi et mardi, les 30 août et 1ᵉʳ septembre.

Claude Morin

Document 15

Le 16 février 1971

Note à M. Robert Bourassa
De: Claude Morin

Sujet: *la dernière conférence constitutionnelle et la prochaine étape*

Mercredi dernier, dans ton bureau, j'ai dit que je te ferais une note sur le sujet précité. La voici, avec mon style personnel.

I- *L'allure de la conférence*

1) Nous avons vécu une tentative de bulldozage de la part du gouvernement central et avec l'assentiment implicite des autres provinces. L'objectif d'Ottawa était clairement d'obtenir une acceptation rapide de toute une série de questions portant sur la mécanique et les apparences. L'ordre du jour établi a été changé à la dernière minute et nous avons assisté à une avalanche de propositions préparées par le fédéral.

2) Nous avons été subtilement amenés à nous défendre de n'être pas immédiatement d'accord sur ces propositions. C'est sur nous que l'odieux de l'hésitation et même du refus a fini par reposer. Sciemment ou non, nous avons été manœuvrés dans cette situation. Dès lors je me demande si Turner a bien interprété notre position dans sa tournée des autres provinces et s'il n'a pas fait naître des espoirs sans fondement. Mais dans quelle mesure connaissait-il vraiment notre approche? Lui avons-nous involontairement laissé croire que nous marcherons dans un «package deal» sans substance?

3) Avant la conférence, j'avais compris qu'il était question, pour juin, d'un «package deal» contenant 9 ou 10 sujets dont la politique sociale et auquel, conformément à une décision du Conseil des ministres du Québec, on devait ajouter d'ici là une autre question d'ordre culturel. J'avais aussi compris que le tout continuerait à se négocier bilatéralement entre février et juin. Or, à Ottawa, il n'était plus question de la politique sociale.

4) Quoi qu'il en soit, le bulldozage n'a pas fonctionné comme prévu. Tu as tenu le coup, malgré les assauts amicaux, pressants, impatients ou hostiles. Tu as réintroduit la politique sociale dans le paysage par la peau des dents et tu ne t'es engagé à rien de définitif au cours de la conférence. Mais les autres provinces ont été déçues et le fédéral n'a pas pu faire la triomphante conférence de presse dont j'imagine qu'il rêvait sans cependant trop y croire. Pour ce qui est de la conférence, les nouvelles montrent clairement que tu n'as rien cédé. Depuis, tu as toutefois commencé à donner l'impression à la presse que tu avais carrément décidé d'aller de l'avant avec la formule d'amendement, grâce à tes 72 députés!*

5) En fait, qu'as-tu gagné à la conférence? Une seule chose, à mon avis: du temps. Et le temps a cette fâcheuse caractéristique qu'il passe. Nous nous retrouverons donc vite devant une échéance très sérieuse, celle de juin. J'y reviens plus loin.

II- *Les leçons de la conférence*

1) (...) le fédéral voulait naturellement montrer qu'il y avait progrès. Il a donc tenté de nous faire accepter à la vapeur le principe de toute une série de

---

* Note de l'auteur: avec 72 députés élus en avril 1970, les libéraux détenaient la majorité absolue de l'Asssemblée nationale du Québec.

modifications constitutionnelles qui, en gros, convenaient au reste du pays et qui, commodément, correspondaient aussi à ses [propres] priorités. Or ces modifications ne touchent pas la répartition des compétences, sujet qui, pour le Québec, est pratiquement sa seule justification de poursuivre le processus de révision. En conséquence, parce que le gouvernement fédéral a un peu bousculé la procédure, nous sommes aujourd'hui forcés d'examiner en priorité des questions qui ne sont pas prioritaires pour nous.

2) Avant la conférence, nous avions vu venir ce danger. C'est pourquoi nous avons proposé l'examen d'une question de substance: la politique sociale. Mais, à moins d'être d'une naïveté impardonnable, il nous faut bien reconnaître que rien ne tente moins le fédéral aujourd'hui que de discuter d'amendements constitutionnels en matière de politique sociale. (...) Bien sûr, Ottawa parait prêt à des accommodements quant à certains programmes de sécurité du revenu, mais c'est surtout pour éviter que nous posions carrément le problème constitutionnel. En d'autres termes, il essaiera pragmatiquement de «s'arranger avec le Québec» pour lui enlever des raisons de se plaindre et pour lui démontrer que des modifications à la constitution sont inutiles «puisqu'on peut s'entendre autrement». Avec le résultat que, si nous acceptions une telle technique, nous demeurerions dépendants du fédéral pour ce qui est de la conception de la politique sociale. Et rien ne sera réglé. Nous serons joyeusement passés à côté de la question. Pour nous amadouer, on nous rend un vibrant hommage sur notre conception de la politique sociale, on se dit d'accord, on nous étouffe d'éloges quant à la qualité de nos aspirations, on fait grand état des «points communs» entre le fédéral et nous, en somme on «prouve» qu'il n'y a pas et qu'il n'y a jamais eu de problème. Dans ce cas comme dans bien d'autres, on se prépare en réalité à nous laisser le fardeau désagréable de faire la preuve que tout ne va pas pour le mieux dans le meilleur des mondes constitutionnels.

3) Et, dans tout ce beau panorama, comment introduire un sujet d'ordre culturel, comme les communications par exemple, sans se faire massacrer et sans avoir l'air d'être de mauvaise foi? En réalité, nous avons été placés dans un cadre où [l'addition de] toute nouvelle question paraîtra intruse et non pertinente.

4) Toutefois, il ne serait pas impossible, en bons fédéralistes dociles, d'essayer de vendre à la population du Québec le paquet tel qu'il se présente, c'est-à-dire sans la politique sociale. Mais j'ai bien l'impression que nous ne sommes pas au bout de nos peines, du moins si j'en juge par les premières réactions des partis d'opposition. (...)

5) S'il y a eu «erreur» de notre part (...), c'est d'avoir accepté, en septembre, d'examiner en priorité la formule d'amendement. Je sais que nous ne pouvions pas tellement faire autrement à l'époque, mais tout le reste découle de cette décision.

III- *Les écueils de la prochaine étape*

1) Plus haut, je disais que tu avais réussi à gagner du temps. Cela veut dire exactement quatre mois d'ici la conférence de juin. C'est peu pour tout ce qui reste à faire.

2) Voyons d'abord comment Ottawa et les autres provinces imaginent que les événements vont se dérouler d'ici là. Tous ces gens tiennent plus ou moins pour acquis qu'en juin il y aura accord formel et définitif sur la formule de rapatriement, la formule d'amendement, les droits fondamentaux, la Cour suprême, les disparités régionales, les mécanismes des relations fédérales-provinciales et la modernisation de la Constitution (préambule, etc.). En fait, et ils ont raison

de le penser, c'est en juin que tout cela se décidera ou que tout cela s'effoirera. En juin, il ne te sera pas possible de demander des délais pour étudier les «implications juridiques et autres» des modifications projetées. Il faudra nous exécuter (sans jeu de mots) sur-le-champ.

3) Par ailleurs, ni Ottawa (on sait pourquoi) ni les autres provinces ne s'attendent à ce qu'il y ait au même moment accord formel sur la politique sociale [ou sur d'autres sujets que nous aurions fait ajouter à l'ordre du jour. Par contre, nous espérons] qu'il y aura déblocage réel sur le plan de la substance, c'est-à-dire en ce qui concerne la répartition des compétences. Après tout, c'est pour cela, selon nous, que la révision constitutionnelle a commencé.

4) Le Québec et le reste du Canada ne sont donc pas sur la même fréquence. Le drame est que pour obtenir un véritable déblocage il faudra que quelqu'un cède. Or si nous débloquons en cédant, tu vois d'ici ce qui arrivera. Sur le plan politique, je n'ai pas de dessin à te faire. Sur le plan de la personnalité du Québec, une soumission de notre part nous ferait devenir une subvidision administrative du gouvernement fédéral, car une soumission dans le domaine de la politique sociale (domaine réclamé depuis des années) nous amènerait à céder dans d'autres secteurs. Et ainsi de suite, car le fédéralisme, tel que compris par Ottawa, veut dire qu'Ottawa détient tous les pouvoirs importants et déterminants et que les provinces s'occupent des questions locales. Le Québec n'a jamais accepté d'être sous la tutelle fédérale et, en fait, il ne l'acceptera jamais car, qu'on le veuille ou non, le Québec, à défaut d'être un pays, est au moins une patrie.

5) Il faut donc qu'Ottawa cède. Là-dessus, ne nous faisons pas d'illusion: qu'il s'agisse de politique sociale ou de quoi que ce soit de majeur, rien ne me porte à croire qu'Ottawa soit prêt à laisser aller aux provinces en général et au Québec en particulier des pouvoirs importants qu'il détient présentement ou qu'il croit détenir. Il en a pratiquement fait une question de principe. Cela ne veut toutefois pas dire que la situation est désespérée, mais des moments difficiles nous attendent.

6) Car une conjoncture très grave vient de s'amorcer pour nous. Via la formule d'amendement ou la politique sociale, c'est tout le problème du Québec qui est posé. Nous n'avons plus le choix; il nous faudra exprimer en termes très précis ce que veut le Québec. Nous n'en sommes plus à de vagues allusions à un statut particulier possible ou à l'exposé sommaire de la théorie des deux nations. La période verbale 1960-1970 est révolue. Nous sommes engagés par la force des choses dans une trajectoire au cours de laquelle le «problème constitutionnel» prendra une formulation très concrète et très politique. Il n'est pas question de l'éviter, ne serait-ce qu'à cause de la conférence à venir en juin. Et si d'aventure tu voulais éviter le problème (ce que je ne crois pas être le cas), quelqu'un d'autre le poserait à ta place. (...)

7) Plusieurs prétendent qu'une fois adopté le «package deal» proposé par Ottawa, la révision constitutionnelle aura de la difficulté à se poursuivre à notre satisfaction puisque le reste du Canada aura obtenu ce qui l'intéresse et qu'il verra moins la nécessité de [continuer à] examiner des propositions de réformes émanant du Québec. Je ne peux pas honnêtement dire que ce genre de situation est inévitable, mais je pense qu'il y a pas mal de vrai là-dedans. De toute façon, il est évident que le «package deal» fédéral accepté, la suite de la révision dépendra de notre seule volonté de la faire se poursuivre. Encore une fois, nous aurons le fardeau de la preuve. Nos propositions en matière sociale (et les autres auxquelles nous pourrions songer) ont donc, me semble-t-il, plus de chance d'être examinées maintenant et peut-être même acceptées si le reste du

Canada a l'impression qu'elles sont liées d'une certaine façon à notre acceptation du «package deal». Le moins qu'on puisse dire c'est que nos chances sont meilleures maintenant, soit d'ici juin, qu'après une acceptation du «package deal».

8) Il faut donc foncer. Si nous ne réussissons pas maintenant, comment espérer réussir plus tard? Nous avons quatre mois pour compléter l'opération, mais il nous reste peu de semaines pour établir une stratégie globale. Ce qui vaut pour la politique sociale s'applique aussi à n'importe quelle autre proposition venant du Québec.

9) C'est à un véritable test auquel nous allons nous livrer. Si nous ne réussissons pas à débloquer la politique sociale (et les autres sujets éventuels) d'ici juin après y avoir mis l'énergie, la compétence et la persuasion possibles et après avoir, je l'espère, évité toute erreur de parcours, il nous faudra bien comprendre que le gouvernement fédéral ne veut vraiment pas modifier la répartition des pouvoirs au pays. Ce qui signifierait à toutes fins utiles la fin des espoirs du Québec en une négociation constitutionnelle intelligente.

10) Une des raisons qui expliquent l'attitude peu encourageante d'Ottawa est la suivante. On se dit, là-bas, que tu ne peux risquer un affrontement qui démontrerait une mésentente avec Ottawa car cela servirait de munition au PQ. En conséquence, Ottawa croit qu'il lui suffit de ne pas bouger, te laissant le soin de l'attaquer et de risquer une déconfiture, ce que, selon eux, tu n'oseras pas faire car tu es en quelque sorte, toujours selon eux, prisonnier de l'obligation dans laquelle tu te trouves politiquement d'éviter des querelles fédérales-provinciales qui aideraient le PQ. D'où la sérénité fédérale devant nos ambitions en matière de politique sociale, ou dans n'importe quel autre domaine. Nos amis sont en possession tranquille de la certitude.

IV- *Les gestes à poser*

Il faut donc mettre toutes les chances de notre côté car l'enjeu est capital.

1) D'abord, notre dossier doit être impeccable. Je ne suis pas inquiet à ce sujet. Nous sommes déjà prêts; il reste peut-être quelques textes à rédiger et quelques modifications techniques à faire, c'est tout.

2) Dans nos négociations avec le fédéral, et dès le début, il nous faut absolument lier l'aspect «agencement et coordination des programmes» à l'aspect constitutionnel de la politique sociale, et ne discuter que dans ce cadre. Il faut que le fédéral sache, dès le départ, que nous sommes vitalement intéressés autant à bien organiser nos programmes qu'à déterminer la répartition des compétences constitutionnelles (...).

3) Il est en outre essentiel que le fédéral et les autres provinces connaissent clairement notre position. Nous aurons l'occasion de l'exposer [lorsque nous serons] à Ottawa, mais nous devrons aussi sonder les autres provinces et leur démontrer que notre affaire a de l'allure. Ce qui veut dire que quelqu'un devra probablement aller voir soit leur premier ministre, soit quelqu'un près de lui. Il devra y aller avec un texte d'une clarté et d'une franchise limpides, ou se faire précéder d'un tel texte accompagné par une lettre de toi. Même si la chose m'ennuie, je suis prêt à me charger de cette mission si tu le veux et si, bien sûr, aucun ministre ne le fait. Cette seconde solution serait meilleure. Mais je suis prêt à me «sacrifier» s'il le faut car je connais tous ces premiers ministres et tous leurs fonctionnaires, et j'ai établi des liens d'amitié avec pas mal de monde dans les autres provinces depuis toutes les années que je suis dans les parages.

4) Si, au cours des prochains mois, nous devions nous apercevoir, pour quelque raison que ce soit, que nous ne marcherons pas dans le «package deal» en juin,

il sera de la plus haute importance d'en avertir nos partenaires. Ce serait tragique de le faire seulement à Victoria.

Conclusion

J'ai voulu, dans cette note, attirer ton attention sur le test qui s'en vient. Il m'apparaît être le plus important depuis le début de la révision constitutionnelle. Il devait avoir lieu tôt ou tard, quoi que nous fassions. C'est maintenant qu'il arrive.

Claude Morin

Document 16

Le 26 janvier 1971

(Télex) de Jean Chapdelaine [délégué général du Québec en France]
à Claude Morin, sous-ministre

Sujet: *visite du premier ministre*

1. L'ambassadeur du Canada m'a téléphoné hier pour m'informer des instructions qu'il avait reçues et aussi de celles qu'avaient reçues ses collègues à Londres, Rome et Bonn au sujet des rencontres au sommet, président en France, président, premier ministre ou chancelier dans les autres pays.

2. Les instructions prévoient quelques différences entre Paris et les trois autres postes (...), mais s'inspirent de la politique de présence du représentant du Canada en ces circonstances.

3. (...) Les instructions sont basées sur un échange oral sans doute entre monsieur Prieur du cabinet du premier ministre à Québec, et son correspondant du cabinet du premier ministre à Ottawa. La proposition d'Ottawa, agréée me dit-on, avec monsieur Prieur est à l'effet que pour des raisons politiques (qui ne sont pas explicitées mais qui n'ont pas vraiment besoin de l'être) un compromis serait envisagé à Paris (...)

9. Pour Londres, une pratique comme [la présence de l'ambassadeur] me semble assez étonnante. Elle ne s'expliquerait que par un désir particulièrement marqué d'affirmer une subordination, ou du moins une bien stricte allégeance, à des fins qui, évidemment, dépassent Londres.

10. Car c'est une longue tradition à Londres que les premiers ministres des provinces canadiennes, tout comme les premiers ministres des États australiens, y ont libre accès et circulation. (...)

Document 17

Le 29 janvier 1971

(Extrait d'un télex) de Jean Chapdelaine [délégué général du Québec en France]
à Claude Morin, sous-ministre

Sujet: *visite du premier ministre à Paris, Londres, Rome et Bonn*

Les ambassadeurs du Canada dans ces quatre pays [France, Grande-Bretagne,

Italie et Allemagne] ont reçu des instructions d'Ottawa au sujet de cette visite. L'ambassadeur [du Canada en France] Cadieux m'en a fait part et m'a dit qu'elles avaient l'assentiment du cabinet de monsieur Bourassa, donc, sans doute, de monsieur Bourassa lui-même.

Ces instructions sont établies sur les impératifs de la politique de *présence* des représentants du Canada en ces circonstances. Elles requièrent donc que l'ambassadeur intervienne pour la prise des rendez-vous au sommet et qu'il y *accompagne* le premier ministre (...).

Pour Rome et Bonn, il est normal que les choses se passent comme prévu par le gouvernement canadien. C'est la tradition.

Pour Londres, c'est une longue tradition que si le haut-commissaire [l'ambassadeur] prend le rendez-vous, il n'accompagne pas le premier ministre provincial au rendez-vous. La tradition serait donc battue en brèche à l'occasion, la première, de la visite du premier ministre Bourassa, «en vertu des impératifs, etc.» (...)

Pour Paris [on peut] conclure que la pratique est fermement établie.Pour les entretiens de premiers ministres ou d'autres ministres, l'ambassadeur n'a pas à en être, ni pour leur organisation, ni, encore moins, pour y participer. (...)

Il est intéressant de noter que l'intérêt habituel d'Ottawa va beaucoup plus à la substance, l'entretien, qu'aux apparences, la présence de l'ambassadeur aux côtés du premier ministre à la sortie de l'Élysée (...). C'est le contraire cette fois.

L'opération a un but de relations publiques — que les photographes prennent la photo de monsieur Bourassa avec le représentant officiel du Canada à Londres comme à Paris, à Bonn comme à Rome (...)

Document 18

Le 17 février 1971

(Extrait d'une) Note au Premier ministre
De Claude Morin

Il s'est produit un malentendu à [propos de l'ambassadeur du Canada à Londres]. En effet, il semble qu'Ottawa lui a donné instruction de t'accompagner constamment, suite apparemment à un vœu que quelqu'un de ton entourage aurait exprimé à Ottawa pour «éviter des problèmes». En fait, cela pourrait en poser: en Grande-Bretagne, les provinces canadiennes [faisant partie d'un pays du Commonwealth] ont un statut élevé et elles ont toutes ou presque un délégué général. En somme, elles «font partie de la famille» et l'ambassadeur du Canada n'a pas à les surveiller. C'est pourquoi ni Robarts ni d'autres premiers ministres de provinces canadiennes n'ont dépendu de l'ambassadeur lors de voyages antérieurs. Il semblerait donc que, de toutes les provinces, ce sera le Québec qui aura été «plus catholique que le pape»... Cela risque de paraître curieux. (...)

Je dois te dire que je n'étais pas au courant (Yves Michaud* non plus) de cette apparente démarche fondée sur une méconnaissance des usages en Grande-Bretagne. Si nous l'avions été avant coup, il est évident que nous aurions fait valoir l'incongruité d'un tel zèle de la part du Québec.

Claude Morin

---

* Note de l'auteur: conseiller du premier ministre en matières internationales.

Document 19

Le 2 avril 1971

Monsieur Romuald Miville-desChênes, Chef du protocole
Hôtel du gouvernement, Québec

Sujet: *visite de monsieur le premier ministre Bourassa en Europe*

Comme suite à une récente conversation entre monsieur le premier ministre Bourassa et monsieur Marc Lalonde, je viens d'informer monsieur l'ambassadeur du Canada à Paris que monsieur le premier ministre était d'accord pour qu'il se rende l'accueillir à son arrivée à Paris.

À moins d'avis contraire, je prends pour acquis qu'il en sera de même pour les autres capitales que visitera monsieur Bourassa.

Léopold Amyot, dir. adj., coordination
Ministère des affaires extérieures

Document 20

Le 2 avril 1971

Télex à monsieur Robert Bourassa, premier ministre
de Romuald Miville-desChênes, chef du protocole

Monsieur le premier ministre,

Je reçois à l'instant un télex du ministère des Affaires extérieures, signé par Léopold Amyot, qui, je vous l'avoue, m'étonne beaucoup. Je suis en effet étonné de recevoir des instructions des Affaires extérieures pour la préparation du programme de mon premier ministre.(...)

Comme vous souhaitiez que vos accueils et vos départs se fassent de façon très simple, nous étions convenus qu'aucun des représentants des pays visités, non plus que l'ambassadeur du Canada dans ces divers pays, ne seraient présents à vos arrivées ou à vos départs. Je vous en ai parlé de vive voix. Je vous ai expliqué ce que je dirais au ministère des Affaires extérieures et, après avoir obtenu votre accord, j'ai soumis le texte à monsieur Langlois [chef de cabinet] comme vous me l'aviez demandé. Il fut approuvé.(...)

Il est à craindre que le ministère des Affaires extérieures s'adresse toujours directement à vous pour faire changer vos propres décisions. Toutefois, vous comprendrez qu'il est très gênant pour nous d'être désavoués de la sorte. (...)

Document 21

Le 5 avril 1971

Télex à monsieur Léopold Amyot
De Romuald Miville-desChênes

(...) Comme votre message semblait remettre en question la décision de M. Bourassa (...) — j'allais dire entrait en contradiction avec les directives reçues du premier ministre —, je me suis aussitôt mis en consultation avec Québec. (J'ai) de plus parlé avec

M. Langlois. Celui-ci a répondu qi'il n'y a pas de changements et que l'on maintenait les décisions prises antérieurement (...).

En outre, M. Langlois m'a confirmé cette affirmation par un nouveau message que j'ai reçu à Rome, le 3 avril.(...)

Document 22*

(Premier projet)
Le 5 août 1971

Document de travail
sur les structures et le rôle du
ministère des Affaires intergouvernementales

1- Objet du mémoire

L'objet du présent mémoire est de décrire brièvement le rôle, l'organisation et le fonctionnement du ministère des Affaires intergouvernementales et d'analyser l'opportunité de le maintenir, de le modifier ou de l'abolir.

2- Rôle statutaire du ministère

Le ministère est d'abord un organisme de coordination horizontale. Sa loi organique lui confie quatre responsabilités principales:
- coordonner toutes les activités du gouvernement à l'extérieur du Québec ainsi que celles de ses ministères et organismes;
- veiller à toutes les relations qui peuvent exister entre le gouvernement, ses ministères et organismes et les autres gouvernements ou organismes à l'extérieur du Québec;
- veiller à la négociation des ententes qui peuvent être conclues entre le Québec et l'extérieur;
- prendre les mesures nécessaires pour favoriser la coopération intergouvernementale.

3- Organisation et fonctionnement (...)

4- Efficience et efficacité du ministère

Il est opportun d'analyser l'efficience et l'efficacité du ministère afin de remettre en cause son existence[1]. En d'autres termes, doit-il être maintenu dans sa forme actuelle, être modifié ou aboli?

a) Efficience

Les faits permettent de douter que le ministère s'acquitte du mandat que lui avait confié l'Assemblée nationale. Le travail du ministère semble laisser à désirer quant à chacune des quatre principales responsabilités statutaires qui lui ont été confiées.

Le travail de coordination du ministère n'est pas toujours satisfaisant[2]. Par exemple, il a beaucoup de difficultés à développer des positions «québécoises» portant sur l'ensemble du contentieux fédéral-provincial[3]. Faute d'une coordination efficace, il est arrivé lors de négociations avec le gouvernement

---

* Note de l'auteur: les renvois qui apparaissent dans ce document reportent aux commentaires contenus dans ma réplique (Document 23).

canadien que les attitudes de divers ministères ou organismes soient contradictoires ou paradoxales[4]. D'ailleurs, le ministère lui-même ne s'est pas toujours préoccupé de développer une vue d'ensemble des problèmes fédéraux-provinciaux au sein de l'administration[5].

D'autre part, le ministère a souvent été perçu par les gestionnaires comme un obstacle à franchir plutôt qu'un conseiller à consulter[6]. Il n'a pas su s'imposer comme un canal formel de consultation, de négociations ou de coordination dans les relations entre les divers gouvernements. Ceci eut souvent pour résultat que ministères et organismes ont préféré discuter directement avec les autres gouvernements sans passer par l'intermédiaire du ministère des affaires intergouvernementales.

Quant aux relations avec les autres gouvernements, les structures du ministère ont souvent contribué à alourdir les mécanismes de relations fédérales-provinciales plutôt qu'à résoudre les problèmes[7]. Il n'est pas rare que des problèmes spécifiques, qui pourraient facilement être réglés à la satisfaction de tous par les ministères québécois et fédéraux concernés, traînent en longueur à cause des interventions du ministère des Affaires intergouvernementales[8].

Dans le domaine des ententes, plusieurs des plus importantes ont été négociées avec succès par les ministères ou organismes impliqués. À titre d'exemple mentionnons le programme conjoint des zones spéciales dont le budget a connu une augmentation très substantielle grâce aux négociations menées par l'Office de planification et de développement du Québec[9].

Enfin, quant à la coopération internationale, plusieurs des programmes existants ont été mis sur pied et développés en dehors des cadres du ministère des Affaires intergouvernementales. Ainsi les ententes concernant la présence de plusieurs enseignants québécois en Afrique francophone ont été négociées entre l'Agence canadienne de développement international et le ministère de l'Éducation[10].

En somme, le gouvernement poursuivait des objectifs très précis en créant un ministère des Affaires intergouvernementales. Ces objectifs furent consignés dans la loi organique du ministère. Celui-ci a sans doute rempli partiellement le rôle pour lequel il avait été créé[11]. Cependant, le temps qui s'est écoulé depuis sa création, les changements très rapides dans le domaine des relations fédérales-provinciales et la façon dont le ministère s'est acquitté de son rôle justifient, nous semble-t-il, de remettre en cause son existence[12].

b) Efficacité

(...) Certains secteurs du ministère sont laissés sans directives précises et chacun y travaille un peu à sa guise[13].

La politique administrative du ministère est parfois négligée. Il est arrivé, par exemple, que des officiers supérieurs du ministère aient négligé de se présenter à des réunions où leur participation était attendue, et ce sans donner aucun signe de vie[14]. Le rapport annuel du ministère pour l'année 69-70 n'a pas encore été complété en dépit de l'obligation statutaire de le déposer annuellement à l'Assemblée nationale[15]. (...)

5- *Principales déficiences*

a) absence de politique générale

[Par son action, le ministère] est susceptible d'affecter le fonctionnement même de tout l'État fédéral canadien, l'image que projette le Québec au Canada et à l'étranger, et la crédibilité et le fonctionnement du gouvernement québécois.

[Il] doit donc faire l'objet d'une politique globale qui sert les intérêts québécois et qui est élaborée non par les fonctionnaires mais par le gouvernement[16]. Les autorités du ministère ont failli à leur tâche en ne soumettant pas au cabinet des alternatives quant aux politiques qui doivent être adoptées[17].

Il faut déplorer au niveau du cabinet l'absence d'un plan d'ensemble qui devrait être préparé par le ministère et soumis au Conseil des ministres afin de permettre au gouvernement de dégager une perspective générale. Les décisions sont souvent prises aujourd'hui de façon «ad hoc» et isolée sans qu'il n'existe véritablement une politique soit du contentieux fédéral-provincial, soit de la révision constitutionnelle[18].

b) absence d'une structure de supervision

Cet état de choses est dû à une deuxième déficience majeure. Il n'existe pas présentement de mécanisme au niveau du Conseil des ministres pour assister le ministère dans l'élaboration d'une politique globale et cohérente. (...) Parmi les ministères chargés de coordination horizontale, seul le ministère des Affaires intergouvernementales ne dispose pas d'un comité du cabinet pour l'assister dans l'élaboration d'une politique des relations intergouvernementales et dans son application[19].

C'est sans doute le principale raison pour laquelle ce ministère a toujours plus ou moins échappé à l'emprise et au contrôle du cabinet.

6- Suggestions

Il est opportun d'explorer de façon préliminaire les changements qui pourraient être apportés. L'objectif ultime de toute modification aux structures actuelles doit être évidemment de pouvoir élaborer dans le domaine des affaires intergouvernementales une politique aussi logique et cohérente que celles qui peuvent exister dans les autres missions gouvernementales (v.g. politique économique, politique sociale)[20].

1. Transférer au secrétariat du conseil exécutif les fonctions de coordination présentement exercées par le ministère des Affaires intergouvernementales[21]. (...)

2. Transférer au ministère de l'Industrie et du Commerce les délégations à l'étranger et les bureaux économiques[22]. (...)

3. Remettre aux ministères l'élaboration, la coordination et l'administration des programmes de coopération avec l'extérieur. Les deux principaux ministères affectés ou impliqués sont ceux de l'Éducation et des Affaires culturelles. Ces deux ministères pourraient absorber le personnel affecté actuellement à cette tâche au ministère des Affaires intergouvernementales[23].

4. Nommer auprès du Conseil exécutif un conseiller spécial en relations internationales[24] et abolir la direction des relations internationales[24]. (...) Dépouillée des délégations et bureaux économiques à l'étranger, la direction des relations internationales est réduite à peu de choses. Cette direction pourrait être abolie et remplacée par un conseiller spécial auprès du premier ministre. Cette structure, beaucoup plus souple, conviendrait davantage aux fonctions impliquées puisque celles-ci ne portent pas sur l'exécution de programmes mais consistent plutôt à développer des liens avec des gouvernements ou des organismes étrangers[25].

5. Abolir la direction des relations fédérales-provinciales et interprovinciales et transférer les fonctions de celle-ci au secrétariat général du Conseil exécutif.

Le secrétaire général du Conseil exécutif s'est vu confier par le premier ministre la responsabilité des principales négociations portant sur la révision de la Constitution[26]. Il serait opportun que celui-ci soit responsable non seulement de l'ensemble des travaux de la révision constitutionnelle mais également de tout le champ des relations fédérales-provinciales. À cet effet, tout le personnel de la direction des relations fédérales-provinciales et interprovinciales serait transféré au secrétariat[27].

Ce changement serait d'autant plus souhaitable qu'il rendrait les structures conformes à la réalité. En effet, depuis la création du ministère des Affaires fédérales-provinciales, le premier ministre, sous tous les régimes, a généralement préféré se réserver pour plusieurs raisons le portefeuille de ce ministère[28]. L'importance des relations fédérales-provinciales dans notre système de gouvernement rend ce secteur très sensible. D'autre part, le domaine des relations internationales relève traditionnellement de la prérogative de l'exécutif[29]. Il serait donc plus conforme à la réalité de confier au ministère du premier ministre le champ d'activité présentement exercé par les Affaires intergouvernementales.

6. En conséquence, abolir le ministère des Affaires intergouvernementales. L'abolition du ministère aurait pour avantage additionnel de faciliter le travail du ministre d'État responsable [Oswald Parent], puisqu'il serait en mesure de travailler en plus étroite collaboration avec le personnel relevant du premier ministre[30].

Conclusion

1 L'abolition du ministère des Affaires intergouvernementales placerait davantage sous la responsabilité immédiate du premier ministre le personnel déjà affecté à ce secteur.

2. Le rôle déjà existant du secrétariat général faciliterait l'élaboration par le cabinet d'une politique globale des relations intergouvernementales[31].

3. Les relations internationales du Québec seraient davantage orientées sur la priorité du gouvernement, le développement économique[32].

4. Les efforts de coordination seraient plus fructueux étant donné les instruments que possède le secrétariat général à cet effet[33].

Paul M. Tellier
Secrétaire du comité sur la réforme administrative

Document 23

Le 12 août 1971

[Extraits des]
Commentaires de Claude Morin
sur le «premier projet» de Paul Tellier

1. Tiens, tiens! Ainsi donc, le but de l'analyse — c'est écrit en toutes lettres — est de «remettre en cause» l'existence du ministère, ni plus ni moins. L'auteur semble avoir oublié une autre possibilité, celle d'en améliorer le fonctionnement en lui permettant de mieux jouer son rôle. Évidemment, c'est là un détail, mais à aucun endroit du texte on insiste sur le fait que le ministère pourrait être amélioré. On vise seulement à le faire disparaître, objectif qui ne manque pas d'une certaine noblesse absurde, mais qui aurait été fondé sur plus de réalisme si on avait vraiment réussi à prouver que le ministère n'était pas «améliorable».

2. Tout ce paragraphe est plein de faussetés et d'assertions non prouvées, ce qui peut s'excuser étant donné a) qu'il s'agit d'un premier projet de texte, b) que l'auteur n'a pas une longue expérience de la fonction publique québécoise ni une connaissance étendue de l'histoire des dernières années et c) qu'il ne paraît pas avoir consulté ceux qui

étaient au courant. Je suis parfaitement d'accord pour dire que le travail de coordination du ministère n'est pas satisfaisant; c'est le seul point où l'auteur met le doigt sur un vrai problème. Mais pourquoi en est-il ainsi? Chose certaine, ce n'est pas la faute du ministère, mais bien plutôt du manque de directives qui auraient pu être données par le Conseil exécutif et qui auraient insisté sur la nécessité de la coordination. À l'heure actuelle, et pas seulement dans le domaine intergouvernemental, nous avons probablement atteint au Québec des sommets quant au manque de coordination, des championnats même...

3. Je suis étonné d'apprendre que le ministère «a beaucoup de difficultés à développer des positions *québécoises* portant sur l'ensemble du contentieux fédéral-provincial». Je croyais au contraire, dans ma naïveté fondamentale, que nous avions surtout développé des positions *québécoises* déplaisant à certains activistes fédéraux, justement à ceux-là mêmes qui aimeraient bien que le ministère disparaisse...

4. (...) Si de telles contradictions ont eu lieu, elles se sont probablement produites précisément grâce au manque de coordination que se sont efforcés de maintenir certains ministères. L'auteur aurait aussi pu signaler que les autres provinces font souvent état de la cohérence de nos positions.

5. Je ne comprends pas exactement ce que cela veut dire, mais ce n'est pas grave. C'est une des accusations les plus ridicules que je m'attendais à voir porter sur le ministère. Nous avons tellement souvent été critiqués, parce que nous n'avions que des vues d'ensemble, que je n'en dis pas plus sur le sujet.

6. Bien sûr, comme n'importe quel autre organisme central. Et la trésorerie alors?

7. Il faudrait pourtant s'entendre. Ou bien le ministère doit faire de la coordination, et alors il «alourdit» inévitablement le processus de négociation, ou bien il n'en fait pas. Le texte dit que le ministère manque à son devoir de coordination. Admettons que cela soit vrai, mais dans ce cas il ne faudrait pas venir nous dire que nous retardons des choses dont nous sommes absents.

8. Que veut dire «à la satisfaction de tous»? Si «tous» veut dire le gouvernement fédéral, on a raison. Et puis, encore une fois, comment le ministère peut-il retarder des discussions auxquelles, par ailleurs, on lui reproche d'être étranger? Ce doit être là un mystère administratif. (...)

9. L'auteur ignore ici un détail. Si le budget a connu une augmentation, c'est bien plutôt parce que l'administration québécoise a pu, au cours des années, mettre au point beaucoup de nouveaux projets. Cela n'a pas grand-chose à voir avec le fait que les négociations aient été menées par l'OPDQ. Et, de toute façon, le ministère a constamment suivi ces négociations. (...)

10. L'auteur ignore ici une des techniques de la négociation fédérale-provinciale, celle qui consiste à faire faire par des tiers, et ce pour des raisons d'efficacité, des opérations qui ont plus de chance de réussir. Ainsi, dans le cas présent, il était plus facile de réussir en mettant de l'avant la responsabilité exclusive du Québec en éducation. Aussi, le ministère de l'Éducation a-t-il joué un rôle de premier plan, ce qui a permis certains gains. J'ai comme l'impression que si nous avions parlé des exigences de la politique étrangère du Québec plutôt que de sa responsabilité en éducation, nous aurions eu moins de succès. Peut-être suis-je encore naïf? En outre, il ne faudrait tout de même pas oublier que c'est d'abord au ministère de l'Éducation, sous l'impulsion de M. Gérin-Lajoie, que l'intérêt du Québec envers l'extérieur s'est d'abord manifesté, et cela bien avant qu'il n'existe un ministère des Affaires intergouvernementales. Que des ententes aient alors été conclues sans le concours du ministère me semble d'une haute probabilité.

11. En quoi le ministère a-t-il partiellement réussi? J'aimerais bien le savoir car, à lire tout le «premier projet», j'en retiens plutôt l'impression que la création du ministère fut une sorte de calamité administrative et politique. (...)

12. Non, moi je ne vois pas très bien la relation de cause à effet. C'est un peu comme si on disait: «Des automobiles font des accidents; il faut revenir au transport à cheval».

13. Quand le ministère connaîtra un peu mieux la politique fédérale-provinciale qu'entend suivre le gouvernement, cela aidera probablement [et] lorsque le ministère aura l'impression que le gouvernement veut bien se coordonner plutôt que de poursuivre une politique d'immédiatisme aigu dans ce domaine, cela aura des chances d'aider.

14. En passant, le mot «officiers» est un anglicisme. Je comprends qu'une bonne politique de bilinguisme comporte de ces avatars linguistiques. Il faut dire «fonctionnaires». Prendre note de cela pour le «deuxième projet». Cela dit, revenons-en au fond de la question. Je ne sais pas de quoi il est question ici. Quoi qu'il en soit, je serais curieux de savoir combien de fonctionnaires du ministère de l'Éducation ou des Travaux publics ont été absents de réunions où ils avaient été convoqués. S'il y en a, je suggérerais qu'on abolisse ces deux ministères.

15. Effectivement, le rapport du ministère n'est pas prêt. Qui plus est, j'ignore quand il le sera et je m'en contrefiche éperdument, vu le peu d'utilité de tels rapports. Le comité sur la réforme administrative devrait se pencher sur la nécessité ou non de produire de tels rapports à une époque où, si on l'a oublié, l'information a d'autres moyens de se manifester que par le truchement de rapports généralement ennuyeux et portant de toute façon sur des exercices financiers antérieurs. Cela serait plus opportun que de chercher des puces à des institutions gouvernementales qu'on connaît mal et qu'on cherche prétexte à condamner.

16. Ainsi donc, il semblerait que la politique du ministère soit élaborée par des fonctionnaires. Ce doivent être de brillants fonctionnaires puisqu'ils auraient réussi à faire tout cela sans que le gouvernement s'en doute et probablement malgré lui. Je propose qu'on leur offre une médaille quelconque.

17. Comme fonctionnaire, si je voulais me garder dans les bonnes grâces relatives du gouvernement, je n'irais pas écrire [comme le fait Paul M. Tellier] que le premier ministre ne consulte pas son cabinet. Car c'est ce que dit le passage en cause ici puisque les «autorités du ministère» sont, depuis quelques mois, le premier ministre lui-même. Et, avant lui, M. Marcel Masse. Et avant, MM. Jean-Jacques Bertrand, Daniel Johnson et Jean Lesage! Cela fait pas mal de monde qui n'ont pas suffisamment tenu compte de leur cabinet. Bien sûr, une des «autorités du ministère» est le sous-ministre, mais qu'on le croie ou non, cela lui arrive à l'occasion de consulter le ministre, son patron. Il arrive même qu'il parte en voyage avec lui. Qui plus est, parfois ils se parlent.

18. Tout ce paragraphe concerne le cabinet dont l'action est critiquée. Je suggère que l'auteur du «premier projet» prépare un autre «premier projet» pour proposer l'abolition du Conseil exécutif qui, semble-t-il, a lamentablement failli à sa tâche, tout comme le ministère des Affaires intergouvernementales. Il faut être logique. Incidemment, je signale que dès janvier dernier le ministère a préparé un très long texte sur le contentieux fédéral-provincial. Des mois plus tard, j'ai cru me rendre compte que nombre de ministres ignoraient l'existence dudit document, ou ne l'avaient pas lu. Je suggère que l'auteur du «premier projet» propose, dans un autre premier projet, l'abolition des ministres en question.

19. Ce n'est tout de même pas de ma faute. Il y a des mois, des années même, j'ai proposé tout cela. (...) Une candide pensée me vient à l'esprit. Tout le «premier projet» ne vise-t-il pas, en définitive, à faire en sorte que l'auteur du «premier projet» soit consacré secrétaire de ce comité? Si tel était le cas, une chose serait certaine: la liaison organique et la coordination totale avec Ottawa seraient assurées. Il faudrait cependant s'assurer que ledit comité ne traite rien qui soit de nature confidentielle.

20. Tiens, il existe une politique logique et cohérente dans le domaine de la politique économique québécoise! Vite, qu'on me l'explique.

21. Contradiction entre cette proposition et la troisième, qui suit immédiatement.

22. Cela existait avant 1967. C'était la pagaille car il y a, à l'étranger, des fonctionnaires de plusieurs ministères. L'auteur semble l'ignorer. Je vois mal comment, par exemple, les fonctionnaires des Affaires culturelles ou de l'Éducation se tireraient d'affaire une fois qu'ils seraient dirigés par le ministère de l'Industrie et du Commerce. On a connu cela avant. Un peu de mémoire suffit pour se rendre compte qu'on retournerait en arrière. C'est une sorte de progrès comme un autre.

23. L'auteur ignore que non pas deux, mais au moins une douzaine de ministères ont des activités de coopération avec l'extérieur. Allons-nous avoir autant de «politiques étrangères québécoises» qu'il y a de ministères? Encore une fois, c'est cette situation, potentielle à l'époque, que l'on a voulu corriger en 1967.

24. Cela existait avant 1967. Le conseiller spécial s'appelait André Patry. Il est un de ceux qui, après expérience, a justement proposé de créer un ministère des Affaires intergouvernementales (...).

25. Comment développer des liens avec l'extérieur sans contrôler directement les programmes? Cela a déjà été essayé avec un succès fort relatif (voir paragraphe précédent). C'est comme si quelqu'un essayait de coucher avec une femme sans aller dans le même lit: ça peut se faire, mais on risque de joyeux tours de rein!

26. Tiens, on ose contredire le premier ministre qui m'a personnellement dit qu'il n'en était rien. Mais peut-être l'auteur [du «premier projet»] n'est-il pas au courant de tout?

27. Et qui coordonnerait les coordonnateurs? (...)

28. Nous nageons ici en pleine logique non cartésienne. En effet, on dit d'une part que presque toujours le premier ministre a eu la responsabilité des Affaires fédérales-provinciales: effectivement, il est présentement titulaire du ministère. Or, dans le même paragraphe, on propose d'autre part de confier au premier ministre la responsabilité de ce secteur. Mais il l'a déjà! Je ne comprends plus très bien. [On veut] abolir un ministère relevant du premier ministre pour s'assurer que le premier ministre est bien responsable des activités dudit ministère! Vite, qu'on m'apporte une lanterne!

29. Depuis quand le domaine des relations internationales relève-t-il de la prérogative de l'exécutif? Tout ne relève-t-il pas en fait de l'exécutif? Décidément, mon quotient intellectuel n'est plus ce que j'avais imaginé qu'il était.

30. Ça y est, je viens de perdre complètement les pédales. Comment pourrait-il y avoir un ministre d'État pour un ministère aboli? Vraiment, je m'aperçois que j'ignore les nouvelles tendances de la théorie et de la pratique en matière d'administration publique. Il est temps que j'aille me recycler.

31. Si le secrétariat général existe déjà (ce qu'affirme le «premier projet») il doit être en mesure de s'acquitter de cette fonction. En toute logique, si l'on n'est pas content de la politique de la voirie, faudrait-il faire absorber ce ministère par le secrétariat général? Et que fait-on si on n'est pas satisfait du gouvernement fédéral? Le faire absorber par le secrétariat général?

32. Dans le même ordre d'idées, il faudrait confier l'industrie et le commerce au secrétariat général. De même que les richesses naturelles, les terres et forêts, etc. Ah oui! et les transports.

33. Vraiment?

Autre commentaire:

Je dois faire un aveu. Je me suis bien amusé à écrire ce qui précède. Je l'ai fait en grande partie la nuit, en écoutant des cassettes inspiratrices sur mon magnétophone Sony. Je sais bien que j'ai analysé un «premier projet», mais comme ce «premier projet» était comique, j'ai pensé qu'il était séant de traiter du tout avec une certaine ironie et une insolence de bon aloi. On n'a pas souvent l'occasion de rire dans la fonction publique.

Je me devais de saisir celle qui se présentait. Je me devais aussi de me hâter de peur qu'après révision par quelqu'un de plus expérimenté le «premier projet» perde de sa candeur amusante.

S'il y a d'autres «premiers projets» du genre, je voudrais bien les lire. Comme je ne prends pas de vacances cette année, je compense par la lecture d'œuvres humoristiques.

Claude Morin

Document 24

Le 6 juillet 1971

Monsieur Robert Bourassa
Premier ministre et ministre des
Affaires intergouvernementales
Gouvernement du Québec.

Monsieur le premier ministre,

Après y avoir mûrement réfléchi pendant des mois et comme je vous l'ai déja mentionné, j'en suis venu à la conclusion qu'ayant été plusieurs années fonctionnaire je devais, au moins pour quelque temps, m'orienter autrement. Je sais fort bien que rien ne m'empêcherait de conserver mon poste actuel. Pourtant, malgré cela, je vous demande, par la présente, de bien vouloir accepter ma démission comme sous-ministre des Affaires intergouvernementales. Cette décision, croyez-moi, m'est difficile, mais je pense qu'à cette époque de ma vie elle est souhaitable.

Il y a plus de huit ans que je suis sous-ministre; auparavant j'avais agi presque trois ans comme conseiller du premier ministre. Pendant toute cette période, j'ai fait de mon mieux pour servir les gouvernements qui se sont succédé. Par mes fonctions, j'ai eu la chance d'acquérir une expérience vraiment unique et des connaissances que je n'aurais pu obtenir nulle part ailleurs. J'ai eu l'occasion de vivre à peu près toutes les méthodes de négociation fédérale-provinciale et de me familiariser avec une immense variété de problèmes et de situations. Mais j'ai surtout eu, pendant ces années, le sentiment de participer, dans la mesure de mes moyens à quelque chose de grand: le début d'un Québec nouveau. Je n'oublierai jamais la confiance que vous avez toujours eue envers moi, ainsi que celle que m'ont démontrée vos prédécesseurs: M. Lesage qui a créé le ministère, M. Johnson qui en a accru les responsabilités, de même que MM. Bertrand, Masse et [Gérard D.] Lévesque. Il me faut aussi souligner la collaboration compétente des fonctionnnaires anciens et actuels du ministère auxquels aurait souvent dû revenir la plus grande partie des mérites qu'en certaines circonstances on a cru bon de m'attribuer.

Pour éviter tout malentendu concernant mon départ, je tiens à préciser que je quitterai volontairement mes fonctions actuelles, en toute liberté et sans aucune pression externe ou interne. Ma décision découle d'une option personnelle. Afin que les choses soient bien claires, je n'ai aucune objection à ce que, en temps opportun, vous rendiez la présente lettre publique.

Ma démission, si vous le voulez bien, pourrait prendre effet à compter du 1er septembre prochain. J'accepterais cependant, car je crois que c'est mon devoir, d'agir comme conseiller du ministre des Affaires intergouvernementales pendant le mois qui suivra, entre autres choses pour aider mon successeur. Le 1er octobre, je quitterai la fonction publique pour retourner à l'enseignement. Si vous le désirez, je serais cependant d'accord pour demeurer à votre disposition, après cette date, à titre de conseiller.

Il est évident que, même à l'extérieur du gouvernement, je continuerai à servir le Québec. On peut le faire de bien des façons. Pour le moment, j'ai choisi une nouvelle option.

En vous disant mon amitié et en vous remerciant de nouveau de la confiance que vous m'avez constamment manifestée, je vous prie, Monsieur le premier ministre, d'agréer l'expression de sentiments les meilleurs.

Le sous-ministre
Claude Morin

Document 25

Le 29 septembre 1971

L'honorable Jean Lesage, avocat
580 Grande-Allée
Québec 4, Québec

Cher monsieur Lesage,

Comme vous le savez, je quitterai mon poste ces jours-ci. J'ai pris cette décision après y avoir longuement réfléchi et non sans certains déchirements.

Au cours des derniers mois, je n'ai pas été vous parler de la décision que j'étais en train de mûrir. Je n'avais pas besoin de le faire; je savais que vous auriez été d'accord. Je ne pouvais cependant pas partir d'ici sans vous dire par écrit que c'est en fait à vous que je dois d'être devenu ce que j'ai été. Vous m'avez amené à la fonction publique et c'est vous, à l'époque, qui avez le premier commencé à montrer à la jeunesse québécoise qu'elle pouvait croire en la création d'un Québec nouveau et y participer activement. Vous nous avez inspiré à tous, et à moi en particulier, une confiance inébranlable envers le Québec et son avenir.

Je me souviendrai toujours qu'en 1966, juste au moment du changement de gouvernement, vous êtes venu à mon bureau me dire que mon devoir était de rester à mon poste. J'y suis resté et, par la suite, je ne l'ai jamais regretté. J'y ai acquis une expérience unique.

À mes yeux, vous avez été plus qu'un homme politique et plus qu'un politicien: vous avez été un homme d'État dynamique, courageux et prestigieux. Vous êtes arrivé à un moment de l'histoire des Québécois et vous n'avez pas hésité à incarner leurs aspirations.

Je veux vous réitérer l'immense admiration que j'ai envers vous et envers le renouveau québécois que vous avez provoqué au moment où je me permets de penser qu'il fallait le faire. Je veux aussi que vous sachiez que, quoi qu'il arrive (et je n'en sais vraiment rien de précis à l'heure actuelle), je n'hésiterai jamais à témoigner personnellement et dans la mesure de mes moyens de ce que je pourrais appeler votre «sens du Québec». Ce sera ma façon de continuer à vous être loyal au-delà des années.

Merci encore de m'avoir donné l'occasion de vivre l'expérience fascinante que j'ai connue ici.

Je vous prie, cher monsieur Lesage, d'agréer l'expression de mes sentiments d'amitié les plus sincères.

Claude Morin

Document 26

Lac Beauport, le 24 octobre 1971

Mon cher Claude,

Votre trop aimable lettre du 29 septembre m'est parvenue au moment même où je partais pour des vacances de trois semaines en Espagne. Nous arrivons, reposés et heureux comme Ulysse. Je voulais vous écrire d'Espagne, mais dans l'excitation du départ j'avais oublié de noter votre adresse.

Je pardonne volontiers à votre amitié les exagérations de votre lettre quant au rôle que j'ai pu jouer dans le renouveau du Québec. Je ne puis que signaler que vous m'avez puissamment secondé et même inspiré. Votre dévotion à notre Québec a été, avec votre intelligence et votre sens du devoir, le moteur de l'immense tâche que vous avez accomplie.

Je regrette que vous ayez quitté votre poste, mais je crois deviner les raisons qui vous ont amené à cette décision. J'aimerais toutefois en causer avec vous. Nous pourrions prendre un déjeuner ensemble au début de novembre (...).

Veuillez agréer, mon cher Claude, l'expression de ma sincère amitié. Mes hommages à Madame Morin.

Jean Lesage

Index des noms cités

W

Wagner, Claude, 115, 175-178, 202, 359
White, Peter, 234
Willard, Joseph, 138
Winters, Robert, 100

En plus de se trouver dans la partie du livre qui leur est expressément consacrée, les noms des premiers ministres apparaissent aussi aux pages suivantes:

Table

RENÉ LÉVESQUE

Autres titres au catalogue du Boréal

Bernard Arcand
Le Jaguar et le Tamanoir

Normand R. Ball, directeur,
et l'Association canadienne des travaux publics
Bâtir un pays. Histoire des travaux publics au Canada

Claude Beauchamp
Agropur
Cinquante ans de rêves et de réalisations depuis la
Société coopérative agricole du canton de Granby, 1938-1988

Bertrand Bellon et Jorge Niosi
L'industrie américaine. Fin de siècle.

Gérard Boismenu, Laurent Mailhot, Jacques Rouillard
Le Québec en textes
Anthologie 1940-1986

Sous la direction de Craig Brown,
édition française établie par Paul-André Linteau
Histoire générale du Canada

Luc Bureau
La Terre et Moi

André Cellard
Histoire de la folie au Québec de 1600 à 1850

Luc Chartrand, Raymond Duchesne, Yves Gingras
Histoire des sciences au Québec

Stephen Clarkson et Christina McCall
Trudeau. L'Homme, l'Utopie, L'Histoire

Marta Danylewycz
Profession : religieuse. Un choix pour les Québécoises, 1840-1920

Denys Delâge
Le pays renversé. Amérindiens et Européens en Amérique du Nord-Est, 1600-1664

Danielle Dion-McKinnon
Sillery. Au carrefour de l'histoire

Micheline Dumont et Nadia Fahmy-Eid
Les couventines
L'éducation des filles au Québec
dans les congrégations religieuses enseignantes, 1840-1960

François-Marc Gagnon, Denise Petel
Hommes effarables et Bestes sauvages
Images du Nouveau Monde d'après les voyages de Jacques Cartier

Yves Gingras
Les Origines de la recherche scientifique au Canada.
Le cas des physiciens

Marcel Rioux
Un peuple dans le siècle

Jacques Rouillard
Ah les États !
Les travailleurs canadiens-français
dans l'industrie textile de la Nouvelle-Angleterre
d'après le témoignage des derniers migrants

Jacques Rouillard
Histoire du syndicalisme québécois

Fernande Roy
Progrès, Harmonie et Liberté
Le libéralisme des milieux d'affaires francophones à Montréal au tournant du siècle

Ronald Rudin
Banking en français
Les banques canadiennes-françaises, 1835-1925

Françoise Têtu de Labsade
Le Québec, un pays, une culture

Marcel Trudel
Mémoires d'un autre siècle

Sous la direction de Nive Voisine et de Jean Hamelin
Les Ultramontains canadiens-français.
Études d'histoire religieuse présentées au professeur Philippe Sylvain

Sous la direction de Nive Voisine
Histoire du catholicisme québécois.
Tome I : Le XXe siècle, 1898-1940 (par Jean Hamelin et Nicole Gagnon) ;
Tome II : Le XXe siècle, de 1940 à nos jours (par Jean Hamelin)

Typographie et mise en pages:
Les Éditions du Boréal

Ce deuxième tirage a été achevé d'imprimer en novembre 1991

Achevé Imprimerie
d'imprimer Gagné Ltée
au Canada Louiseville